Schwarz in Oberhessen

Geschichte, Topographie und Menschen eines Dorfes am Rande des Vogelsberges

Gerhard Habermehl 1998

Herausgegeben von der Vereinsgemeinschaft ›Förderverein Schwarz‹

Schwarz in Oberhessen. Geschichte, Topographie und Menschen eines Dorfes am Rande des Vogelsberges.

Das Titelbild zeigt das Wappen von Schwarz (siehe ›Anhang E‹). Auf der Rückseite ist das Dokument der urkundlichen Ersterwähnung zu sehen (s. Seite 38 und ›Anhang D‹ Seite 527)

Text und Bilder wurden mit besonderer Sorgfalt recherchiert. Herausgeber und Autor können jedoch für eventuell verbliebene fehlerhafte Angaben und deren Folgen weder eine juristische Verantwortung noch irgendeine Haftung übernehmen.

 Zeichnungen, Bilder und Tabellen stammen, soweit nicht anders angegeben, vom Verfasser, bzw. wurden diesem zum Zwecke der Veröffentlichung zur Verfügung gestellt (siehe Abbildungsverzeichnis, Seite 543).

Karten des Hessischen Landesvermessungsamtes Wiesbaden:
Kartengrundlage ist die Topographische Karte 1 : 25 000 (TK 25) Blatt 5222. Die Genehmigung zur Verfielfältigung und Veröffentlichung erfolgte durch das Hessische Landesvermessungsamt Wiesbaden unter der Nr. 98-1-083 für das Heimatbuch Schwarz. Anderweitige Nutzungen und Vervielfältigungen unterliegen der Zustimmung des Hessischen Landesvermessungsamtes.

Die Deutsche Bibliothek – CIP-Einheitsaufnahme
Habermehl, Gerhard:
Schwarz in Oberhessen: Geschichte, Topographie und Menschen eines Dorfes am Rande des Vogelsberges/Gerhard Habermehl.
Hrsg. von der Vereinsgemeinschaft ›Förderverein Schwarz‹. – Schwarz: Vereinsgemeinschaft Förderverein Schwarz, 1998

ISBN 3-00-003682-2

1. Auflage 1998

Verfasser: Gerhard Habermehl; In der Hohl 8; 36323 Schwarz; Tel.: 06646/568
Herausgeber: Die Vereinsgemeinschaft ›Förderverein Schwarz‹
Satz, Layout, Umschlaggestaltung: G. Habermehl, 36323 Schwarz
Druck und Buchbindearbeiten: Brühlsche Universitätsdruckerei Gießen

Printed in Germany.

Inhaltsverzeichnis

›Wer für die Zukunft sorgen will,
muß die Vergangenheit mit Ehrfurcht
und die Gegenwart mit Mißtrauen aufnehmen.‹

Joseph Joubert

Vorwort

Am 2. Februar 1295 wurde in der ehemaligen Johanniterkommende zu Grebenau eine Urkunde von besonderer Tragweite für Schwarz erstellt. Neben der Priorin und dem gesamten Konvent der Nonnen des Klosters Immichenhain auf der einen sowie des Kommendators und der frommen Brüder der Kommende in Grebenau auf der anderen Seite wurde auch der Pfarrpriester Herbord zu Schwarz aufgeführt. Das genannte Datum hatte für den Ort Schwarz nachhaltige Folgen. Man hatte die Voraussetzung gefunden im Jahre 1995 zwei runde Geburtstage zu feiern, nämlich die 700. Wiederkehr der urkundlichen Ersterwähnung der Kirchengemeinde wie auch der politischen Gemeinde. Die Feste und Vorträge zogen sich über das ganze Jahr 1995 hin. Schon während der Vorbereitungen zu den verschiedenen Veranstaltungen wurde allgemein der Wunsch geäußert, die Geschichte des Ortes mittels aller bisher vorliegenden geschichtlichen Abhandlungen des Verfassers sowie der noch aufzuarbeitenden historischen Quellen in einem Heimatbuch zusammenzufassen. Mit dem vorliegenden Werk findet dies nun seinen Abschluß.

Heimat

Heimat ist ein vielzitiertes Wort. Aber was ist Heimat?
Der Begriff Heimat hat viele Interpretationen, und kann für jeden Menschen etwas anderes sein. So ist die Heimat der Ort, in dem man lebt und seine Familie und Freunde hat. Heimat ist aber auch, wo man etwas Liebes zurückgelassen hat und die Gedanken hinschweifen. Heimat ist mitunter da, wo man einfach nur sein Ein- und Auskommen findet. Sie kann auch die vertraute Natur, der Wald, das Wiesental sein, kurz alles, was einem in vielen Jahren an das Herz gewachsen ist. Und schließlich kann sie eine Belastung mit persönlichen Nachteilen bedeuten, wenn man zu ihr steht und sie schützen und verteidigen muß. Eine Heimat setzt aber immer Menschen voraus, die sie als solche empfinden und die in ihr leben oder darin gelebt haben. Darum wird dieses Buch auch viel von diesen Menschen berichten, von den Häusern, die sie bewohnten, von den Ackerfluren, die sie begangen haben und nicht zuletzt auch von ihren Schicksalen; denn jeder Einzelne hat seinen eigenen Werdegang und seine ganz persönliche Geschichte.

Vielmals haben uns unsere Ahnen den Weg vorgegeben, den wir heute gehen. Sei es, daß sie ein Bauerngut aufgebaut und uns hinterlassen haben, oder auch einen kleinen Handwerksbetrieb, den wir weiterführen. Vielleicht waren sie nur arme Leute und wir selbst leben in diesen ›kleinen‹ Verhältnissen weiter. Bereits der chinesische Philosoph Kung-fu-tse (Konfuzius) schrieb vor über 2500 Jahren, d. h. zu einer Zeit, aus der die Geschichtsschreibung von Nord- und Mitteleuropa noch nichts Nennenswertes zu berichten weiß: ›Erzähle mir deine Vergangenheit, und ich werde deine Zukunft erkennen.‹ Die Familiengeschichte des Ortes Schwarz wird darum ein besonderer Schwerpunkt dieses Werkes sein.

Die Strukturen des Betrachtungsgebietes waren von jeher einem ständigen Wandel unterworfen. Große geschichtliche Ereignisse, die in der Weltliteratur ihren Niederschlag hätten finden können, sind hier allerdings nicht geschehen. Dafür war unsere Heimat nicht bedeutend genug. Man hat sich um dieses Fleckchen Erde nicht gerissen. Aus dem Dunkel der Geschichte heraus hatte sich der Ort zu einem echten Bauerndorf mit einer Schule und Kirche, mit kleinen Handwerksbetrieben und Geschäften geformt. Die Gebietsentwicklungen zu Beginn der siebziger Jahre dieses Jahrhunderts haben allerdings das natürlich Gewachsene zerstört. Die dörfliche Identität ist dadurch in einigen Teilen verlorengegangen. Was bleibt, ist daß die hier wohnenden Menschen durch die Vereine und kirchlichen Gruppen den ursprünglichen Gemeinsinn so weit wie möglich zu erhalten suchen.

Grundlagen

Dieses heimatgeschichtliche Werk ist sicher keine hochwissenschaftliche Arbeit, aber die Ermittlung der Grundlagen ist dennoch umfassend und sorgfältig erfolgt. Das heißt allerdings nicht, daß sich hier und dort vielleicht Übertragungsfehler in den vielfältigen Prozessen der Buchentstehung eingeschlichen haben könnten. Quellenangaben wurden jeweils am Seitenende angegeben. Auf übermäßige Quellenverzeichnisse, wie sie in wissenschaftlichen Geschichtswerken üblich sind, wurde jedoch bewußt verzichtet. Die zusammengefaßten Literaturhinweise, die Angabe der benutzten Archive und die als Fußnoten angeführten Fundstellen ermöglichen es, eigene Recherchen anzustellen und tiefer in die Materie einzusteigen. So hat der interessierte Leser die Möglichkeit, aus eigenem Antrieb geschichtliche Daten selbst nachzuvollziehen oder zu ergänzen.

Insbesondere wenn alle Berichte von nur einem Autor kommen, besteht die Möglichkeit, daß ein Buch zu unisono oder abwechslungslos wirkt. Falls dieser Eindruck entstehen sollte, bitte ich den

Leser um Nachsicht. Man mag sich vielleicht fragen, ob es bei einigen Ausführungen sinnvoll war, bis ins Detail zu gehen. Das gilt insbesondere für die Salbücher von 1573 und 1722. Hier hätte man durchaus nur die angegebenen Flur- und Personennamen aufzuführen brauchen. Letztlich wurde diese Variante jedoch als zu abstrakt verworfen. So erscheinen sie nun wörtlich wiedergegeben und in ihre Umgebung eingebettet, so wie sie auch im Salbuch aufgeführt sind.

Wichtige Informationen zum Gebrauch dieses Buches.

Die folgenden Konventionen liegen dem Buch zu Grunde: Historische Begriffe und Namen, die für das Untersuchungsgebiet von Bedeutung sind, wurden *kursiv* gedruckt, ebenso wie Abschriften aus alten Urkunden, Gesetzestexten und dergleichen. Persönliche Briefe und Berichte, sowie alte Redewendungen und Aussagen wurden zusätzlich in *‚einfache typografische Anführungszeichen‘* gesetzt. Für das Verständnis wichtige Worte, und auch Dorfnamen sind in ›einfachen eckigen Anführungszeichen hervorgehoben‹ dargestellt. Die Namen von Autoren wurden als KAPITÄLCHEN geschrieben. Zitate von anderen Autoren sind an Absätzen mit »normalen eckigen Anführungszeichen« zu erkennen. Auf eine Besonderheit der Wortgestaltung soll schließlich noch hingewiesen werden. In den Anfangskapiteln erscheinen bei einigen Vokalen Zusatzzeichen, wie beispielsweise ›å‹, ›ë‹, ›ø‹ oder ›:‹. Sie stellen eine Art einfacher Lautschrift dar und bezeichnen Zwischenlaute, die nur in der Mundart oder im Dialekt vorkommen. Im Kapitel ›Mundart‹ ist darüber mehr zu erfahren.

Untersuchungsgebiet

Einige Leser werden sich sicher schon gefragt haben, wie unser Lebensraum entstanden ist und wie er sich zur heutigen Form entwickelt hat. Dabei wird er früher oder später, je nach Forschungsdrang, Wissensstand und auch freier Zeit, an eine undurchdringbare Grenze gestoßen sein.

In den letzten zwei bis drei Jahrhunderten haben sich indes schon viele Forscher mit den geschichtlichen Abläufen in unserer Region befaßt. Sie haben historisches Material zusammengetragen und veröffentlicht. Es haben sich Archive gebildet, in denen schriftliche Hinterlassenschaften regional gesammelt und geordnet wurden. Archäologen haben Bodenforschungen betrieben und ausgewertet. Alle diese Bausteine stehen uns heute zur Verfügung, um die Monographie einer Landschaft zu betreiben oder die Historie eines Ortes zu erforschen. Man muß aus dem vorhandenen Material die entsprechenden Mosaiksteinchen heraussuchen, in einen Gesamtkontext stellen und schließlich auch interpretieren, so erhält man einen Überblick über die Vergangenheit.

Auch wenn man einen eingegrenzten Bereich wie Schwarz betrachtet, muß man, um die Entstehungsgeschichte verdeutlichen zu können, die anfänglichen historischen und territorialen Grenzen sehr weit ziehen. Nach und nach wird sich der Raum enger eingrenzen lassen, denn die vor- und frühgeschichtlichen Abläufe können nur global und umfassend wiedergegeben werden, da über lokale Ereignisse meist keine oder nur sehr späte und spärliche Erkenntnisse und Grundlagen vorliegen. Doch es kann in diesem Buch nicht auf alle Einzelheiten aus tiefer Vorzeit eingegangen werden. Hierüber kann man in der entsprechenden Literatur mehr erfahren.

In der geschichtlichen Zeit werden wir uns aus historischen Gründen mehr mit den Orten aus dem *Oberland*, also Brauerschwend, Rainrod und Renzendorf beschäftigen als mit den zum jetzigen Stadtbereich Grebenau gehörenden Gemeinden, wozu seit der Gebietsreform im Jahr 1972 auch Schwarz zählt. Denn obwohl Schwarz siedlungsmäßig zum jetzigen Landschaftsbereich Gründchen und zum Wassereinzugsgebiet Jossa–Fulda–Weser, diesseits der Schwalm-Fulda-Wasserscheide, gehört, bestanden bis Ende des 18. und zum Beginn des letzten Jahrhunderts keine großen gemeinsamen Schnittstellen mit den heute verschwisterten und benachbarten Ortschaften. Es ist überdies eine gewisse Rivalität entstanden, die sogar bis auf den heutigen Tag zu spüren ist. Dies hängt u. a. mit der frühen territorialen Entwicklung des Gebiets und dem eigenständigen Gericht Schwarz zusammen, und wird in den folgenden Abschnitten noch behandelt werden.

Zum Schluß möchte ich meiner Frau und meinen Kindern danken, daß sie mir die Zeit einräumten, die jahrelangen Forschungen durchzuführen und die damit verbundenen familiären Beeinträchtigungen in Kauf nahmen. Dem geschichtsinteressierten Leser, dem Heimat- und Familienforscher und ganz besonders den Schwärzern hoffe ich eine unterhaltsame, interessante und aufschlußreiche Lektüre vorzustellen.

Schwarz, im Juli 1998 *Gerhard Habermehl*

Die Vor- und Frühzeit (bis 375 n. Chr.)

Die Zeitgeschichte wird in verschiedene Epochen unterteilt, in welchen erdgeschichtliche Bewegungen, prähistorische Bodenfunde und kulturhistorische Entwicklungen der Menschen den Ausschlag geben. Umgekehrt wird aufgrund der Beschaffenheit eines Fundmaterials, der Bearbeitung und der Fundorte von Arbeitsgeräten, Waffen und Kunstwerken ein Gegenstand einer entsprechenden Ära zugeordnet. Die untenstehende Zeittafel soll zunächst einen Überblick über die Menschheitsgeschichte in Europa bieten.

Die Alt- und Mittelsteinzeit

Nachdem die verschiedenen Eiszeiten vorübergegangen waren und sich die Gletscher zurückgebildet hatten, zogen wilde Tierherden und nomadisierende Menschen durch die eisfreien Landschaften. Es waren Jäger und Sammler, die mit den jagdbaren Tieren zogen,

Die Menschheitsgeschichte in Europa		
Zeitraum	**Epoche**	**Kultur**
750.000	Ältere Steinzeit – Paläolithikum	-
8.000	Mittlere Steinzeit – Mesolithikum	-
4.000	Jüngere Steinzeit	Bandkeramiker
3.000	(Neolithikum)	Rössener
3.000	•	Michelsberger
2.500	•	Steinkammer-Leute
2.500	•	Schnurkeramiker
2.000	•	Glockenbecher-Leute
2.000	•	Zonenkeramiker
1.800	Stein-Kupfer-Übergangszeit	-
1.600	Hügelgräber-Bronzezeit	-
1.200	Urnenfelder-Kultur	-
800	Ältere Eisenzeit	Älteres Hallstatt
600	•	Jüngeres Hallstatt
450	Jüngere Eisenzeit	Keltisches Latène
100	•	Germanisches Latène
-50	Römerzeit	-
260	Völkerwanderungszeit	-
600	Merowingisch-karolingische Zeit	-

Tabelle 1: Die Menschheitsgeschichte in Europa. [Quelle: Oberhessisches Museum Gießen]

und die verschiedenen Jahreszeiten mit den Angeboten von Beeren und Wildfrüchten für sich ausnutzten. Die Waffen und Geräte bestanden aus roh behauenen Steinen, deren Oberflächen im Laufe der Menschheitsgeschichte stetig verfeinert wurden. Steingeräte aus der Altsteinzeit, der sogenannten *Faustkeilkultur* (Steingeräte des Acheulèen), wurden östlich von Schwalmtal-Rainrod gefunden.[1] Die Zeit, in der die damaligen Menschen lebten, nennen wir heute die *Ursprungszeit*, die *Altsteinzeit*, und die *Mittelsteinzeit*. Letztere dauerte ungefähr von 8000 bis 5000 Jahre vor Christi Geburt.

Die Jungsteinzeit

Eine mehr oder weniger sporadische Besiedlung unseres Gebietes hat wahrscheinlich, relativ spät, in der letzten Phase der Jungsteinzeit begonnen. Es ist aber von großen Lücken in der Besiedlung auszugehen, da die natürlichen Wohnplätze, wie Höhlen und überhängende Felspartien hier selten sind. Auch das Fehlen von leicht bearbeitbaren Böden, wie Löß und verwandte Erdarten, standen der frühen Inbesitznahme des Landes entgegen. Das sich nach Osten öffnende, gegen rauhe Winde ungeschützte Schwarzatal war damit nicht geeignet, Menschen über einen längeren Zeitraum zu beherbergen. Zudem war die Stelle, an der Schwarz heute liegt, früher eine bewaldete, dunkle, tiefe und feuchte Schlucht. Besser waren die Verhältnisse im Distrikt Oberschwarz und am Oberlauf der Schwarza, dem Bach, der unserem Ort einst den Namen gab. Es ist davon auszugehen, daß die Ansiedlungen im hiesigen Gebiet dort ihren Ursprung haben. Die lichten Wälder und Matten lagen näher an der Sonne und der Kalkberg, der sich mit seinem Rücken weit in das Tal hineinschiebt, bot Schutz vor dem eiskalten Ostwind.

Fundstücke aus der späten Jungsteinzeit, ungefähr 2000 bis 1600 v. Chr. sind das Relikt eines Steinbeiles vom Beerberg bei Rainrod[2] und der Rest eines Glockenbechers, der in einer Sandgrube bei Grebenau gefunden wurde. Das letzte Stück ist im Oberhessischen Museum in Gießen ausgestellt.[3] Als vorgeschichtliche Kultstätte aus dem gleichen Zeitraum ist der Altarstein bei den Wiesen von Oberschwarz anzusehen.

Altarsteine als jungsteinzeitliche Kultstätte

Der Altarstein unweit der Wüstung Oberschwarz, in der Gemarkung Schwarz, wird von Forschern wohl zu Recht als jungsteinzeitliche Kult- und Opferstätte angesehen. Er besteht aus Quarzit-

---

[1] Fiedler, in: Die Vorgeschichte Hessens

[2] Kunkel: Vorgeschichtliches aus dem nördlichen Hessen

[3] Crusius: Der Kreis Alsfeld; Oberhess. Museum Gießen, Ausstellungsvitrine

Abb. 1: Der Altarstein im heutigen Zustand – ein Naturdenkmal.

sandstein, einem Ablagerungs- oder Sedimentgestein und ist fest mit dem Erdreich verbunden. An allen sichtbaren Seiten weist er sogenannte Wurzellöcher auf. Das ganze Gebiet zwischen dem riedeselischen Besitz und dem Sandbrunnen besteht aus dem stark quarzhaltigen Sandstein, der sich an einer eng begrenzten Stelle zu reinem Quarzit verdichtet. Dieser wurde in jüngerer Zeit für wirtschaftliche Zwecke abgebaut und diente im Altertum wahrscheinlich zur Herstellung von steinzeitlichen Werkzeugen. Durch Witterungs- und Erosionseinflüsse, vielleicht durch Schürfungen während der Eiszeiten trat der Steinblock aus der Erde hervor. Die weichen Teile wurden abgetragen und abgeschliffen, die festeren Bestandteile stellen das jetzige Gebilde dar.

Die ›Kultstätte Altarstein‹ wird oft in der derzeitigen Gestalt als ursprünglich und vollständig angesehen. Es ist jedoch davon auszugehen, daß mindestens vier Elemente die ehedem kultische Anlage unserer vor- und frühgeschichtlichen Vorfahren bildeten: der heutige Altarstein, die naheliegende Quelle (Altarbrunnen), der sogenannte Findling und der Wald selbst.

Mit dem Findling ist der große, mächtige Steinblock an der Kirche zu Schwarz gemeint. Er trägt seit dem Jahre 1923 die Tafel mit den Namen der im Weltkrieg gefallenen Soldaten. Dieser *Menhir* oder *Hinkelstein*, wie solche aufrechtstehenden Steine noch genannt werden, lag früher in der Wiese zu Oberschwarz, etwa in Höhe des Altarsteines, aber von diesem durch die Schlucht getrennt. Von dort wurde er auf einer pferdebespannten, aus Baumstämmen hergestellten Rutsche und auf Rollen in das Dorf geschleift und dient seitdem wie gesagt als Kriegerdenkmal.

Der Menhir stand ursprünglich mit großer Wahrscheinlichkeit auf dem nunmehrigen Steinrelikt des Altarsteins. Vergleichende augen-

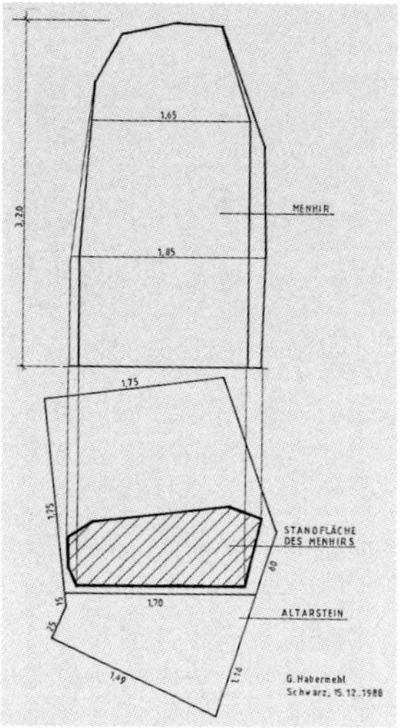

Abb. 2: Grundrißprojektion des Altarsteins auf die Standfläche des Menhirs (Schematische Darstellung).

Anmerkung: Die Maße des Menhirs an der Kirche wurden vom Verfasser und von Herrn Helmut Eifert anläßlich der Neugestaltung des Vorplatzes vor dem Kriegerdenkmal aufgenommen. Kurz vor Redaktionsschluß wurde von Herrn Günther Schulz aus Alsfeld mitgeteilt, daß im Bereich des Altarsteines zwei Tonscherben aus dem 10. und 12. Jahrhundert n. Chr. aufgefunden wurden.

scheinliche und maßliche Untersuchungen haben ergeben, daß der erdverbundene Steinblock und das heutige Kriegerdenkmal aus dem gleichen mineralischen Material bestehen und in den Abmessungen in einem Teilbereich fast deckungsgleich aufeinanderpassen.

Zwar kann man durchaus die These der vier zusammengehörenden Elemente als Kultstätte anzweifeln, denn immerhin lagen die Steine seit Menschengedenken circa 40 Meter voneinander getrennt, dazwischen befand sich zudem die Schlucht und der Altarbrunnen sprudelt weit unterhalb des Altarsteines. All diesen Tatsachen sind jedoch auch eindeutige Belege für eine Kultstätte entgegenzuhalten. Aus den folgenden Überlegungen heraus soll verdeutlicht werden, warum es sich bei der Stätte Altarstein um eine für unsere Gegend bedeutsame vor- und frühgeschichtliche Anlage gehandelt haben könnte.

Aus der Zeit um 2000 v. Chr. sind in ganz Nordwesteuropa und auch in Hessen große, aufrechtstehende Steine bekannt, die der westeuropäischen *Megalithkultur* zugeordnet werden und anscheinend kultischen Zwecken dienten. Welchen religiösen Wert sie besaßen, kann aber nicht genau gesagt werden. Wie oben bereits angedeutet, passen beide Steine in einem Bereich fast deckungsgleich aufeinander. Das zeigt die nebenstehende Grundrißskizze.

Das Gebiet Oberschwarz–Kohlhaupt ist bekanntlich eine wichtige Wegekreuzung vor- und frühgeschichtlicher sowie mittelalterlicher Verbindungsstraßen gewesen. Hier zogen die jungsteinzeitlichen Menschen und die Hügelgräberbronzeleute in nordsüdlicher Richtung und besiedelten die Bergrücken und -hänge rechts und links das Bergsattels zwischen Knüll und Vogelsberg.[4] Ein Straßenabschnitt wird im Mittelalter als ›Weinstraße‹ bezeichnet.[5] Die Fernverbindung bestand zwischen der niederhessischen Senke, dem alten Sitz der *Chatten*, und ging über Steinau an der Straße und dem Spessart bis an den Main. Eine westöstliche Verbindung, der südliche Wegstrang durch die ›Kurzen Hessen‹, in unserem Bereich besser als die ›Frankfurter Straße‹ bekannt, führte ebenfalls über das Kohlhaupt und vorbei am Altarstein und an Oberschwarz. Auf dieser Straße zogen Könige, Kriegs- und Handelsleute, von Frankfurt und der Wetterau kommend, nach Thüringen und Sachsen oder umgekehrt. Die heutige Schlucht zwischen Altarstein und der Oberschwarzer Wiese war vor 1200 Jahren, also um 800 n. Chr., noch eine flache Mulde, die sich erst im Laufe der Jahrhunderte zur jetzigen Beschaffenheit vergrößerte, als oberhalb, auf dem Wolfsnacken, nach Eisenerz gegraben wurde. Bedingt durch die Bodenveränderungen, änderte auch die Quelle ihre Lage.

---

[4] Crusius: Der Kreis Alsfeld

[5] K. Th. Ch. Müller: Alte Wege und Straßen in Oberhessen.

Aus dem vorher gesagten kann man folgende Schlußfolgerung ziehen: Der Menhir stand auf dem erdverbundenen Block. Beide Steine stellten ein gewaltiges, ehrfurchteinflößendes Monument dar. In der Nähe entsprang die Quelle, deren Wasser in die kultischen Handlungen, welche hier stattfanden, einbezogen wurde. Das Ganze stand in einem heiligen Hain. Die alten Wege, die sich hier kreuzten, verliehen dem Heiligtum eine gewisse Mittelpunktfunktion, eine dementsprechend große Bedeutung und starke Frequentierung.

Abb. 3: Der Altarstein um 2000 v. Chr. – eine jungsteinzeitliche Kultstätte?

Es ist möglich, daß um 800 n. Chr. auf den vorbeschriebenen Straßen auch Mönche und Missionare der christlichen Kirche reisten. Sie kamen zwangsläufig mit der Kultstätte in Berührung. Vielleicht haben sie, wie die dem germanischen Gott Thor geweihte Donareiche bei Fritzlar, den Stein gefällt und ihn über die Schlucht, damals eine flache Mulde, hinweggeschafft, um ein Wiederaufrichten unmöglich zu machen. Auf dem verbliebenen Stein wurden möglicherweise Zeremonien der neuen Religion verrichtet. Die überlieferte Bezeichnung ›Altarstein‹ (vom Lateinischen: altaria, Tisch) läßt nur den Schluß der christlichen Inbesitznahme zu. Ansonsten würde er möglicherweise Heidenstein oder Opferstein heißen, und vielleicht den Namen einer germanischen Göttin tragen.

Die alten heidnischen Kultplätze wurden anfangs von den Christen fast alle zerstört. Später wurden sie aufgrund eines päpstlichen Erlasses in die kirchlichen Handlungen mit einbezogen. Und dies mit dem Hintergedanken, die Urbevölkerung wieder an ihre gewohnten Stätten zurückzuholen, und somit ihre Bekehrung zu erleichtern. So ist denkbar, daß an der alten zerstörten jungsteinzeitlichen Kultstätte Altarstein ehedem Mönche die christliche Lehre predigten, durchsetzt mit heidnischem Götterglauben. Die Ureinwohner werden weitestgehend an den alten Gebräuchen festgehalten haben, bis der sprichwörtliche stete Tropfen der Heilslehre jüngere Generationen für das Christentum empfänglicher machte.

Kulturen der Jungsteinzeit

Soweit weitere Menschen in der Jungsteinzeit hier lebten oder zumindest beim Durchziehen verweilten, werden deren Kulturen unter anderem nach den bei ihnen gefundenen und unterschiedlich bemusterten Tongefäßen, sowie deren Fundorten benannt.

Die *Bandkeramiker* werden der Zeit von 3500 bis 2300 v. Chr. zugeordnet. Die *Rössener* und *Michelberger Kulturen* lebten von ca. 2300 bis 2000 v. Chr., und sind u. a. in der Wetterau nachweisbar. Um 2000 v. Chr., existierte die *Megalithkultur* mit den Steinkistengräbern in Nordhessen (Züschen), und den großen aufrechtstehenden Steinen, den oben beschriebenen Menhiren. Berümte Zeugen hierfür sind die Steinfelder in Westfrankreich, Stonehenge in England, der lange Stein in Langenstein bei Marburg und nichtzuletzt auch unser Altarstein in der Oberschwarz. Ab 2000 v. Chr. sind die *Becherkulturen* vorhanden, einhergehend mit der Kultur der *Schnurkeramik*. Als letzte ist die Kultur der *Glockenbecherleute* zu nennen, die von Westen her nach Hessen kamen. Sie hinterließen uns den für unsere Gegend kulturhistorisch interessanten Glockenbecher von Grebenau.

Die Hügelgräberbronzezeit

Zwischen 1600 und 800 vor Christi Geburt wurde hier eine Menschengruppe seßhaft, die heute nach den in den Wäldern verstreuten Totenhügeln oder Hügelgräbern und den darin gefundenen Bronzewaffen, Werkzeugen und Schmuckstücken die *Hügelgräberbronzeleute* genannt werden. Sie kamen anscheinend über den Höhensattel zwischen Knüll und Vogelsberg und besiedelten die Bergrücken- und hänge in der Nähe von Quellen, wie auch Crusius berichtet. Die Bestattungsweise in Hügelgräbern war sehr wahrscheinlich höhergestellten Personen vorbehalten, denn sonst müßten wesentlich mehr *Tumuli* vorhanden sein. Man nimmt an, daß zur Bronzezeit warme und trockene Jahreszeiten vorherrschten, welche die Wälder der Höhen zu parkähnlichen Landschaften werden ließen. Dadurch waren beste Verhältnisse für Vieh- und Weidewirtschaft gegeben. In den Wäldern rund um Schwarz sind die Gräber noch gut zu sehen, da sie durch den Baumbewuchs geschützt sind. Auch in den jetzigen Feldfluren befanden sich viele Hügelgräber. Die Lage von zweien ist aus Fundberichten vom Beginn dieses Jahrhunderts bekannt. Sie sind allerdings durch Überackerung in siebzig Jahren stark abgeflacht und als Hügelgräber kaum noch zu erkennen. Andere sind jahrhundertelang den landwirtschaftlichen Arbeiten ausgesetzt gewesen und letztlich ganz verschwunden.

Abb. 4: Hügelgräbergruppe im Distrikt Rodacker.

Seit der Bronzezeit ist auch hier von einer stetig zunehmenden Siedlungstätigkeit auszugehen. Sie setzte sich von den Höhen fort über die Bergnasen zwischen den Zusammenflüssen von Schwarza und Leimelbach sowie zwischen Schwarza und Wisselbach. Der heutige Standort der Kirche, auf der Bergnase zwischen den letztgenannten Bächen, ist mit Sicherheit altes Siedlungsgebiet.

Grabungsberichte von Gräbern aus der Bronzezeit

Ein Grabhügel im Distrikt Rodacker in Schwarz

Bericht das Archäologen Paul Helmke über ein Hügelgrab, das während der Flurbereinigung in 1923 geöffnet wurde:

Das Tal der Schwarze, die sich, an beiden Ufern von Äckern bedeckten Höhen begleitet in nordöstlicher Richtung der Jossa zuwendet und von ihr aufgenommenen Wasser an die Fulda abgibt, zeigt geologisch wie archäologisch, aber auch landschaftlich ein charakteristisches Antlitz: Buntsandstein; mächtige von dunklen Tannenwäldern bedeckte Kuppen (Köhlberg, Auerberg, Kohlhaupt, Eisenberg), allmählich nach der Tiefe zu in Ackerland tragende Höhen übergehend, die zuletzt steil zum Bett das Baches abfallen. Drunten liegt das Dorf Schwarz, von saftigen Wiesen umrahmt, die sich nach Grebenau und Niederjossa zu verbreitern, während sich gleichzeitig die Höhen immer mehr senken. Und an halber Höhe der Kuppen, sowie da, wo letztere mit dem Ackerland zusammenstoßen, hohe Grabhügel, zum Teil vereinzelt, zum Teil in kleineren Gruppen beisammen.

Eine solche Gruppe liegt auf den südlichen Höhen der Schwarza über dem Dorf an einer Stelle, die auf dem Meßtischblatt Grebenau (1:25.000) als die Teichhecken bezeichnet ist. Der trigonometrische Punkt 395,2 befindet sich genau auf der Mitte eines Grabhügels, und östlich von ihm, 177,5 m entfernt, liegt im Distrikt Rodacker Flur 8. Abt. 1 mit einigen anderen ein Hügel, der im Jahre 1923 der Feldbereinigung unterlag und deshalb von dem Denkmalpfleger für die Bodenaltertümer in der Provinz Oberhessen untersucht wurde. Ermöglicht wurde die Grabung durch eine Geldunterstützung vonseiten des Landesamtes für das Bildungswesen, ganz besonders aber durch die tatkräftige Hilfe das Herrn Kreisdirektors Dr. Stammler (Alsfeld) und die des Herrn Oberförsters Zimmer (Lauterbach); nicht zu vergessen der tätigen Mithilfe von Herrn Lehrer Lippert (Schwarz) und seiner eifrigen Schüler, die es in ihrer Entdeckerfreude den beiden rührigen Straßenwarten Falk aus Udenhausen und Eifert aus Schwarz gleichzutun suchten.

Unser Grabhügel hat einen Durchmesser von rund 13 m und liegt mit seiner höchsten Stelle 1,30 m über dem Umland, das sich nach Osten senkt (zwei andere dicht dabei befindliche kleine Erdbuckel sind durch Anhäufen von abgelesenen Steinen entstanden). Daher stellt er sich von dieser Seite am mächtigsten dar; von einer Ab-

grenzung durch Randsteine und einen durch den Hügel überragenden Steinblock ist nichts zu finden.
Nach der Entfernung der schwachen Humusschicht kommt der eigentliche Bau des Hügels zutage und entpuppt sich als eine gewölbtes aus großen und kleinen Sandsteinen unregelmäßig gebildete Kalotte. Wie nun aber die obersten lockeren Steine abgelesen sind, erscheint zuerst auf der südlichen, dann auch auf der östlichen und westlichen Seite eine Randmauer, die aus Platten gebaut ist und fast senkrecht aufsteigt; sie ist auf der am tiefsten gelegenen Ost- und Südseite 1 m hoch und wird mit dem nach Westen und Norden ansteigenden Gelände immer niedriger, ist sogar auf der halben Nordwestseite gar nicht mehr nachzuweisen. Ihre Stärke beträgt 1,50 m; am merkwürdigsten aber ist ihre Form: auf der Ostseite ist sie als Gerade errichtet und hat eine Länge von 3,10 m Außenmaß; an diese setzt sich in westlicher Richtung ein Ovalteil

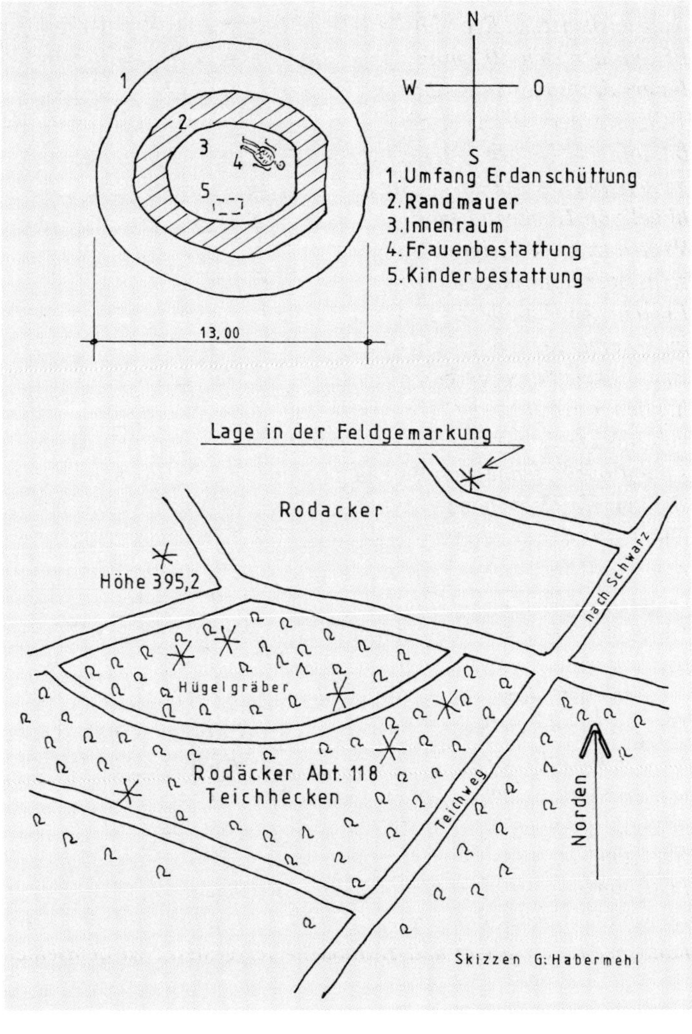

Abb. 5: Skizze des im Jahr 1923 geöffneten Hügelgrabes nach dem Bericht von HELMKE

mit einem Längendurchmesser von 9,30 m an, während der größte Breitendurchmesser die Länge von 8 m erreicht (Außenmaß). Letzterer ist von der östlichen Geradwand 5 m entfernt. Der Grabbau hat also in seinem äußeren Umfang die Form eines Hufeisens, nur daß die beiden Stollen im Osten durch eine geradlinige Mauer verbunden sind.

Wenn man im Auge behält, daß sich das Gelände auf die kurze Entfernung der Hügellänge (W–O) fast um 1 m nach Osten senkt, so liegt es nahe anzunehmen, daß die Wand auf dieser tiefsten Seite als eine Art Stützmauer gerade und nicht als Oval ausgebaut worden ist. Andererseits ist auch der Gedanke berechtigt, daß es sich hier um die Nachbildung eines Hausfundamentes oder um die Reste eines wirklichen Hauses handelt.

Das hat nun Veranlassung gegeben, das Innere das Grabhügels ganz auszuräumen, um etwa vorhandene Spuren von Bewohntsein des Baues festzustellen; aber es hat sich nichts dergleichen gefunden, weder der kleinste Scherben, noch Metallgeräte, noch ein Herd oder Aschenreste. Die Mauer steht vielmehr auf dem gewachsenen Boden, der sich 30 cm unter der Humusdecke befindet, und das Innere des Baues zeigt ebenfalls den glatten, gewachsenen Boden. Trotzdem bleibt die Möglichkeit bestehen, daß man es mit der Nachbildung das Unterbaus eines Hauses der Bronzezeit in dieser Gegend zu tun hat; leider sind die zur selben Gruppe gehörenden Grabhügel von Hochwald bedeckt, und der oben erwähnte Hügel im Westen trägt den trigonometrischen Stein, sodaß vorläufig wenigstens eine Kontrollgrabung an dieser Stelle ausgeschlossen ist.

Etwa in der Mitte der Südseite hat sich dicht neben der Randmauer im Inneren des Grabbaues eine Kinderbestattung gefunden; zwar ist das Skelett ganz vergangen, nicht einmal Moderspuren sind vorhanden, aber aus der Auffindung eines kleinen Bronze-Armbandes von 4,6 cm Durchmesser und 6 mm Breite mit übergreifenden, stumpf auslaufenden Enden ergibt sich der Beweis dafür, daß es sich um ein Kindergrab handelt. Es liegt nicht auf dem Boden der Hütte, sondern 0,5 m höher auf einer Erdschicht und ist mit senkrecht gestellten Sandsteinplatten auf rund 1 m Umfang überbaut. Neben dem Ring im Grabe liegt eine Handvoll Holzkohle.

Wo Nord- und Ostseite zusammenstoßen, liegen ebenfalls dicht neben der Innenseite der Mauer die kärglichen Reste eines weiblichen Skeletts, Kopf im Südosten; es ruht auf einer 50 cm hohen Unterlage von weißem Sand. An Schmuck wurden erhoben zwei stark zerdrückte Armspiralen aus Bronze mit einem dreieckigen Durchschnitt (4 mm breit), sowie eine Doppel-Brillennadel, und am Fuß des Skeletts 2 m nordwestlich vom Kopf drei Stücke einer Bronzenadel; ihr Kopf ist vergangen.

Die Untersuchung der Holzkohlenreste im Botanischen Institut der Universität Gießen durch Herrn Privatdozent Dr. Funk hat das Vorhandensein von Eiche und Hainbuche festgestellt; zu demselben

Schluß ist das Forstinstitut Tharandt gelangt. Die Funde kommen in das Museum zu Alsfeld.

Die Bedeutung dieses der Hügelgräber-Bronzezeit angehörenden Grabhügels liegt nach dem Gesagten in der Form der Anlage; es ist dabei nicht ohne Interesse, an einen von Veeck, Marburg, auf der Gießener Tagung das Südwestdeutschen Verbandes für Altertumsforschung im Jahre 1921 gehaltenen Vortrages zu erinnern, in dem er auf mehrere von ihm untersuchte Hügel von Nieder-Jossa aufmerksam macht, die nach seiner Beschreibung deutliche Beweise nicht nur der Hüttenform, sondern auch des Bewohntgewesenseins vor ihrer Benutzung als Grabmäler gezeigt haben. Dem Grabhügel von Schwarz kommt zwar die letztgenannte Eigenschaft nicht zu; aber daß er die Gestalt eines Hausgrundrisses hat, wird um so wahrscheinlicher, als Schwarz und Nieder-Jossa örtlich und geologisch eng zueinander gehören ...

Notizen zu Hügelgräbern nach Otto Kunkel, 1926

Vor den Eichen:

Von fünf Hügeln (Durchmesser 5 bis 8 m, Höhe 2 bis 3 m) sollen früher einige am Fuße mit rohen Sandsteinplatten umstellt gewesen sein. Zwei Hügel wurden untersucht:

Hügel 1: Im Westteile Kohlenstelle, im Inneren 2,50 m lange, 1 m breite, 50 cm hohe Steinpackung in Nord-Südrichtung, darin Skelettreste (ein Zahn von Karies zerfressen), Kopf im Norden, ohne Beigaben. Hügel 2: Auf Steinunterlage schwarze Erde, darin Absatzbeil; Keulenkopfnadel, fein geriefelt, mit durchbohrtem geschwollenem Halse; Nadelschaft, vielleicht von Rollennadel.[6]

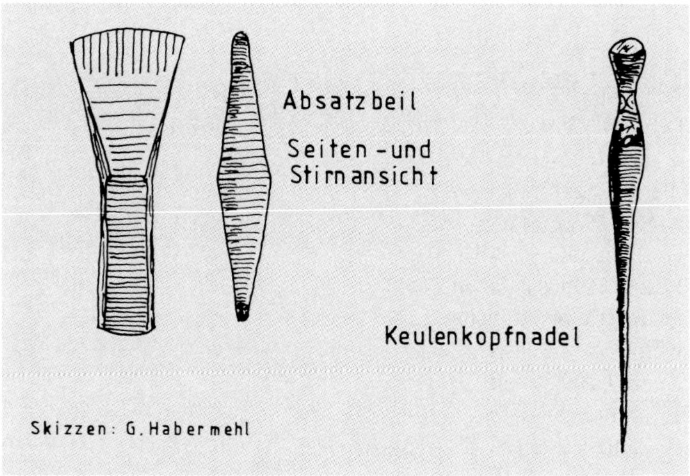

Abb. 6: Skizze: Keulenkopfnadel und Absatzbeil aus dem Hügel 2, ›Vor den Eichen‹.

[6] Anmerkung: Der untersuchte Hügel im Rodacker wird zweimal erwähnt, bei Helmke und bei Kunkel. Man sieht, wie die Meinungen bezüglich der Annahme eines Hausfundamentes auseinandergehen.

Rodacker:
Südlich des Dorfes, Flur 8, Distrikt Rodäcker, Abteilung 1, in der Nähe der Frankfurter Straße: Hügelgruppe aus 4, 3, 1 Hügel gebildet:
Hügel 1: Durchmesser etwa 13 m; auf so abschüssigem Gelände, daß die Hügelsohle im Osten 1 m tiefer liegt als im Westen. Aufschüttung aus plattenartigem Buntsandstein. Um den Ostteil des Hügels nach Abräumung der oberen Schichten hufeisenförmige, mauerartige Steinsetzung (wohl eher als Stütze an der dem Gelände nach gefährdetsten Stelle aufzufassen, denn als Hausfundament, woran Helmke denkt). Im Inneren zwei Bestattungen, beide, etwa 50 cm über der Hügelsohle, auf ziemlich starker Unterlage weißen Sandes. Als Beigabe der einen, südlicheren, Bestattung fand sich eine schlichte Kinderarmspange mit spitzen übergreifenden Enden. Vom anderen etwa 2 m langen, wie das erste durch Platten geschützten Grabe sind Skelettreste erhalten, Kopf im Südosten; dabei zwei zermürbte Armspiralen, eine Doppelspiralnadel und zwei Nadelbruchstücke (Museum Alsfeld).

Am Windhain:
Hügel von 8 m Durchmesser und 1 m Höhe, von einem Steinkranze umgeben; Aufschüttung aus Erde ohne Steine. Mitten, etwa 15 cm über dem gewachsenen Grunde, 5 cm starke Brandschicht von etwa 5 m Ausdehnung, daneben mehrere Kohlennester. Keine datierten Funde.

Im Birkenfeld:
Grabhügel von 11,50 m Durchmesser und 1,25 m Höhe. In der westlichen Hälfte Steinpackung von 3 m Länge und Breite. Bruchstück eines Bronzeringes (Museum Alsfeld).

Bericht des Lehrers Möbus

Lehrer Möbus erstellte nach dem Krieg einen Bericht für das Landesamt für Vor- und Frühgeschichte in Marburg. Hierin ging es um die anfangs erwähnten Hügelgräber ›Vor den Eichen‹. Man war sich 1949 nicht ganz sicher, um wieviel Gräber es sich ursprünglich handelte. Das Landesamt in Marburg hatte daraufhin Herrn Lehrer Möbus gebeten, etwas Licht in das Dunkel um diese Hügelgräbergruppe zu bringen. Möbus hat daraufhin verschiedene Einwohner von Schwarz zu diesen bronzezeitlichen Gräbern befragt. Konrad Habermehl, bekannt als ›Fasselkonn‹, erklärte, er sei als 15jähriger dabeigewesen als zwei Gräber geöffnet wurden. Es seien damals drei gewesen, von fünfen wisse er nichts. Das war also um das Jahr 1890. Damals wäre die Fläche Ödland gewesen, auf das die Schafe und Ziegen zum Weiden getrieben wurden. Nur eine Frau aus dem Ort behauptete, daß auch ein drittes Hügelgrab geöffnet worden sei.

Da fiel Lehrer Möbus eine heimatgeschichtliche Chronik des früheren Lehrers Lippert in die Hände, die dieser in 1911 aufgestellt hatte. Herr Lehrer Lippert schreibt darin:
Hügelgräber finden wir 4 Stück westlich des Ortes ›Am Schießplatz‹ (›Vor den Eichen‹, d. V.). Eines wurde von dem früheren Kreisschulinspektor Peter Müller aus Alsfeld geöffnet, ohne Fund. Ein anderes durch Lehrer Walter, der einen Bronzemeisel und eine Bronzespange zutage förderte.[7] *Ein drittes wurde durch eine Kommission Alsfelder Herren geöffnet, die ein prächtiges Skelett eines hünenhaften Menschen aufdeckten, den sie scherzhaft ›Siegfried‹ nannten.*

Statt das Geheimnis der Hügelgruppe ›Vor den Eichen‹ zu lüften, ist der Sachstand nun ziemlich unklar. Man erkennt hieran, welche Ungereimtheiten entstehen können, wenn nicht exakt und wissenschaftlich geforscht wird. Nicht zuletzt deshalb wird immer wieder davor gewarnt, ohne entsprechende Sachkenntnis auf Schatzsuche zu gehen. Vieles wurde dadurch bereits unwiederbringlich zerstört.

Die Eisenzeit

Von der anschließenden *Eisenzeit*, die mit der *Hallstattzeit* begann und sich mit der *Latènezeit* fortsetzte, liegen keine Nachrichten oder Funde vor. Die Eisenschlackenhügel bei dem Altarstein, in der Steinwiese und am Westabhang des Auerberges sind nachweisbar in einer wesentlich späteren Ära entstanden. Möglicherweise geben die von Herrn Schulz gefundenen Tonscherben aus dem 10. und 12. Jahrhundert den Zeitrahmen vor, in dem hier das Eisenerz geschmolzen wurde.

Die *Kelten* werden eng mit der Eisenzeit in Verbindung gebracht. Sie werden als Träger der eisenzeitlichen Kultur betrachtet. Um 400 v. Chr. verlagerten sich Teilstämme der Kelten von Süden kommend nach Norden und stießen mit den dort lebenden Germanen zusammen. Wie weit sie in das hessische Bergland vordrangen, ist nicht bekannt, jedoch wurden sie von den germanischen Chatten wieder zurückgedrängt. Geblieben sind viele Worte und Namen, die auf keltischen Ursprung zurückgeführt werden, so auch der Gewässername, der letzlich dem Ort Schwarz seinen Namen gab: *Suarzaha* – Schwarza.

[7] Anmerkung: Es sind die oben abgebildeten Gegenstände, das Absatzbeil und die Keulenkopfnadel.

Die Germanisierung

Gegen Ende der Bronzezeit und verstärkt während der Hallstatt- und Latènezeit, cirka 500 bis 200 v. Chr., stießen Menschengruppen von Norden und Nordosten kommend nach hier vor, welche die Germanisierung unseres Gebietes einleiteten. Sie nahmen die hiesige Bevölkerung in ihre Reihen auf oder überlagerten sie. Um 100 v. Chr. war diese Assimilation weitgehend abgeschlossen.

Diese Zuwanderungsgruppe wird den *Indogermanen*, genauer, den *West-Indogermanen* zugerechnet, deren ursprüngliche Heimat vermutlich die Steppe an der oberen und mittleren Wolga gewesen ist. Von dort wanderten sie nach Westen und teilten sich dort in *Italiker, Griechen, Slawen, Kelten* und *Germanen*, und letztere wiederum in Ost-, West- und Nordgermanen. Die Westgermanen ließen sich vorerst zwischen Weichsel und Elbe nieder, bevor sie gegen 500, wie oben beschrieben, weiter nach Westen drangen. Die Stämme der uns berührenden Westgermanen hießen: *Markomannen, Quaden, Semnonen, Cherusker* und *Chatten*.

Die Frage, ob unsere Landschaft während der Vor- und Frühzeit fortwährend bewohnt war, kann mit Sicherheit verneint werden. Es muß, wie oben schon einmal angedeutet, mit größeren Zeitabschnitten der Siedlungsleere gerechnet worden.[8]

Die römische Zeit

Mitte des letzten vorchristlichen Jahrhunderts traten die Römer unter Cäsar auf den Plan. Sie siedelten sich auch rechtsrheinisch, und sogar bis an den Westrand des Vogelsberges an. Gegen die anrennenden germanischen Stämme errichteten sie einen Pfahlgraben, den sogenannten *Limes*, um damit ihr errungenes Gebiet abzusichern. Von Zeit zu Zeit unternahmen sie Feldzüge gegen die Germanen um diese aufgrund von Übergriffen zu strafen und drangen in das germanische Hinterland ein. Die römisch-germanischen Kämpfe und Plänkeleien dauerten mit wechselndem Kriegsglück von 58 v. Chr. bis zuletzt 260 n. Chr. Überwiegend der germanische Stamm der Chatten war in die Streitigkeiten verwickelt, bis es vereinten germanischen Völkern unter Führung der Alemannen gelang, die Römer auf die linke Rheinseite zurückzuwerfen.

Die Chatten haben sich während der jahrhundertelangen Auseinandersetzungen in vorderster Front aufgerieben und sind in anderen Volksgruppen, vorwiegend in den Franken, aufgegangen. Sie sind auch in den Erbanlagen der späteren Hessen vorhanden.Unsere

[8] Crusius, a. a. O.

Gegend wird nur als Aufmarschgebiet der Germanen zum Vogelsberg gedient haben, von wo aus sie in die Wetterau einfielen und die Römer bedrängten.

Die Franken

Einen großen Einfluß auf unser Gebiet nahm die fränkische Entwicklung und Landnahme, die ungefähr 400 nach Chr. Geburt einsetzte. Der Volksstamm aus der Niederrheinebene wuchs zur beherrschenden Macht zwischen Atlantik und Elbe empor. Die Franken breiteten sich über Gallien, das heutige Frankreich, und über die germanischen Stämme östlich des Rheins aus und nahmen diese Völker in sich auf. Die *Alamannen* drängten sie vom Mittelrhein nach Südwestdeutschland hinweg.

Bekannt ist uns der Frankenherrscher Clodewig, der sich in 498 christlich taufen ließ. Seine Nachfolger nannten sich *Merowinger*. Diese verloren ihre Macht mehr und mehr an ihre Gefolgsleute und *Hausmeier*. Schließlich wurden letztere die herrschende Schicht im Frankenreich. Es entstand das karolingische Herrscherhaus mit den bedeutenden Namen Pippin dem Älteren und dem Mittleren, Karl Martell, der die Araber bei Tours und Potiers in 732 schlug, Karlmann, einem weiteren Pippin und schließlich Karl dem Großen, welcher seit 768 fränkischer König war und im Jahre 800 in Rom zum Kaiser gekrönt wurde.

Den Franken wird ein anfänglicher Verwaltungsaufbau zugeschrieben, der seinen Niederschlag in Marken, Hundertschaften und Gerichten, sowie in den uns berührenden fränkischen Gauen, dem Hessengau, dem Lahngau, und Wetteraugau fand. Wie weit diese Verwaltungseinheiten allerdings von der germanischen Herrschaftsstruktur übernommen wurden, ist ein Streitpunkt der Gelehrten. Frühe Urkunden und damit einhergehende Güterübertragungen an die umliegenden Klöster belegen den Einfluß der fränkischen Herrscher auf unsere Landschaft.

Die geschichtliche Zeit

Während der großen Völkerwanderung, die um 375 n. Chr. einsetzte, drängten osteuropäische und asiatische Völkerscharen nach Westen und nordeuropäische nach Süden und der gesamte Kontinent geriet in Bewegung. Mit den Anfängen des Christentums, das durch römische Legionäre und Kaufleute um die Mitte des ersten Jahrhunderts neuer Zeitrechnung nach Norden getragen wurde und sich in Germanien ausbreitete, endet die Vor- und Frühzeit und es fängt das Frühmittelalter an.

Es beginnt die geschichtliche Zeit, die Ära der ersten schriftlichen Hinterlassenschaften und Urkunden. Die Geschichtsforschung ist nun nicht mehr allein auf Bodenfunde angewiesen, sondern kann auf der Basis von Schriftstücken agieren, die überwiegend in den klösterlichen Schreibstuben angefertigt wurden. Dadurch ist unter anderem auch zu erklären, warum viele Dorfjubiläen in einem relativ kurz bemessenen Zeitraum auftreten. Wenn auch anfangs die schriftlichen Belege noch sehr vereinzelt auftreten und auch viele Urkunden verfälscht und ›verunechtet‹ wurden, wie zum Beispiel der frühe Urkundenbestand des Klosters Fulda[9] zeigt, so ist man nun doch auf Grund fester Daten in der Lage Geschichte exakt nachzuvollziehen.

Man kann die geschichtliche Zeit einteilen in das Frühmittelalter, Hochmittelalter und Spätmittelalter. Die Zeit nach 1492, der Entdeckung Amerikas durch Kolumbus, bezeichnet man allgemein als die Neuzeit.

---

[9] Stengel: Urkundenbuch des Klosters Fulda.

Die frühe territoriale Entwicklung

Die grundlegende gebietliche Aufteilung unserer Region begann mit der Christianisierung und der Einverleibung in den fränkischen Machtbereich um 400 n. Chr. In der vorchristlichen Zeit bestimmten naturgegebene Grenzen wie Flüsse und Höhenzüge die Ausdehnung bestimmter Herrschaftsbereiche. Das Land war in *Zenten, Hundertschaften* und *Gaue* aufgegliedert, über deren Ausdehnungen und Bewandtnis noch heute diskutiert wird. Die Gründung der Klöster Fulda (744 n. Chr.) und Hersfeld (769 n. Chr.) im fast unberührten Gebiet der *Buchonia*, des Buchenlandes, und ihre territoriale, wirtschaftliche und geistliche Ausdehnung auf das Umland schuf kirchliche Bezirke und nahm Einfluß auf das überschaubare Territorium. Fulda wurde angeblich auf einem alten merowingischen Königshof gegründet.

Die Klöster entstanden mit Unterstützung und unter dem Schutz der fränkischen Herrscher. *Bonifatius*, der die Errichtung des Klosters Fulda seinem Schüler *Sturmius* aufgetragen hatte, schreibt in einem seiner Briefe, daß er ohne den Schutz der fränkischen Fürsten nichts vermöge.[10] Bonifatius war ein äußerst fleißiger Briefeschreiber, deshalb ist auch über seine Tätigkeiten verhältnismäßig viel bekannt.

Die kirchlichen Einrichtungen und die weltlichen Herrscher arbeiteten damals meist Hand in Hand. Das blieb jahrhundertelang so, da aus den regierenden Häusern, ob Fürstenhäusern im Großen oder Niederadligen im Kleinen, die Zweit- oder Nachgeborenen in den Klöstern und politischen Institutionen ihr Auskommen fanden und oft mit deren Leitung beauftragt wurden. Man war verwandt oder verschwägert. Als Wegbereiter und vorgeschobene Posten in einer fast feindlichen Region, die Sachsen waren nicht weit entfernt, leisteten die Klöster Fulda und Hersfeld Missionsarbeit und unterstützten den wirtschaftlichen Ausbau des Umlandes. So kamen die Klöster in den Besitz der Region.

Von Bonifatius in 751 dem päpstlichen Stuhl unterstellt, wurde das Kloster Fulda im Jahre 765 durch den fränkischen Herrscher Pippin in den Rang einer Reichsabtei erhoben und reich mit Zentbesitz

[10] Mon. Germ. epist. 63, Seite 110

ausgestattet. Damit geriet es später jedoch unter den Einfluß des Königs der Franken.

Die Gründung des Klosters Hersfeld durch *Lullus* erfolgte in 769, nachdem dort früher schon eine Klause bestanden hatte, die aber wegen der Nähe zum Sachsenland zeitweilig aufgegeben worden war. Beide Klöster, Fulda und Hersfeld, beeinflußten in den folgenden Jahrhunderten die Geschichte unseres Gebietes in besonderem Maße. Der Sachsenfeldzug Karls des Großen in 772 wurde von Fulda aus geführt.

Im Jahre 774 wurde der Reichsabtei Fulda durch König Karl dem Großen die volle Immunität verliehen. Das hieß, freie Abtwahl und Befreiung der weltlichen Besitzungen von der staatlichen Gewalt. Durch königliche Schenkungen wurde Fulda die größte kirchliche Macht nördlich der Alpen, mit Ländereien und Besitzungen, die bis zu 15.000 Hufen geschätzt werden, das sind nach heutigem Maß ungefähr 450.000 Morgen.[11]

Der Einfluß des Klosters Fulda

Die Ausdehnung des Fuldaer Klosterbesitzes führte schließlich zum Bau und 812 zur Einweihung der Schlitzer Kirche durch den Fuldaer Abt Ratgan und den Mainzer Erzbischof. Ein weiterer Fuldaer Abt mit Namen Raban, von 822 bis 842, errichtete auf dem Petersberg bei Fulda, damals hieß er noch Ugesberg (Eulenberg), eine Kirche und ein Benediktinerkloster. Dieses mußte auch mit Land und Pfründen ausgestattet werden, um den Mönchen ein Einkommen und den Lebensunterhalt zu gewährleisten. Nach der Gründung dürfte diesem Kloster in und um Schwarz größerer Grundbesitz übereignet worden sein, denn zu einem späteren Zeitpunkt, in 1140 und auch noch in 1462, sind diese Eigentumsverhältnisse schriftlich belegt, wie wir weiter unten sehen werden. Die Reichsabtei Fulda hatte unser Territorium somit vereinnahmt und bestimmte unsere weitere gebietliche und politische Entwicklung. Mit der weltlichen Expansion von Fulda ist auch die kirchliche Missionierung in diesem Lebensraum erfolgt.

Das Schlitzer Großkirchspiel

Der zwischenzeitlichen Stärkung der Schlitzer Kirche und der Schlitzer Ministerialen oder Niederadligen folgte die Bildung eines Kirchensprengels um Schlitz und Lauterbach, der im 10. Jahrhundert um die Mark Oberaula vergrößert wurde. Es entstand

[11] DEMANDT: Geschichte des Landes Hessen, 1980

Abb. 7: Das Schlitzer Großkirchspiel im 10 Jh. n. Chr.

Das Großkirchspiel Schlitz wurde aus der Urmark Schlitz u. den Marken Lauterbach und Oberaula gebildet. Die fälschliche Großmark Ottrau (falsche Urkunde vom 31.08.782) bildeten die Marken Ottrau, Oberaula, Niederaula. [Literatur: Dr. Th. Haas, in: Fuldaer Geschichtsblätter; Wenk: Hessische Landesgeschichte].

unter der Obhut von Fulda das Großkirchspiel Schlitz, das sich letztlich aus der Urmark Schlitz und den Marken Lauterbach und Oberaula zusammensetzte.[12]

Von diesen kleinen und großen Kirchenbezirken liegen undatierte, voneinander unabhängige Grenzbeschreibungen vor, die in das 10. Jahrhundert einzuordnen sind. Der Grenzzug der Großmark Schlitz tangierte Schwarz westlich: *‚inde usque in Mose, inde in Rotenbah, inde in Lintenbah'*. Das bedeutet: *‚von da bis zum Berg Mose (angeblich der Rotzenberg, d. Verf.), in den Bachlauf des Rotzenbach, den Lingelbach hinein'*. Beginn und Ende dieser alten Grenzbeschreibung ist die Stelle, an der die Jossa bei Niederjossa in die Fulda mündet. Die Mutterkirche für Schwarz war aufgrund dieser und auch einer anderen Grenzbeschreibung angeblich Oberaula.[13] Man muß mit diesen Schlüssen allerdings sehr vorsichtig sein, da nicht alle angeführten Grenzpunkte einwandfrei identifizierbar sind.

[12] Haas in: Fuldaer Geschichtsblätter, 1912, Nr. 8/9

[13] nach Landau, in: Hessengau

So wird von HAAS[14] der Terminus ›Chenetebach‹ an den Preußischen Entenschnabel westlich Bad Salzschlirf gelegt, wobei man als Schwärzer dabei eher an unsere Knechtbach denkt, die ja unmittelbar an den Grenzzug Rotzenberg–Rotzenbach–Lingelbach stößt. Auch der genannte Kalkberg (Keberberc) wird bei Maar vermutet, wo ja auch ein gleichnamiger Berg vorhanden ist. Der Kalkberg in der Gemarkung Schwarz ist mit seiner in das Tal der Schwarza vorgeschobenen Nase viel markanter und damit eher als frühmittelalterlicher Grenzpunkt vorstellbar, zumal die in der Grenzbeschreibung angeführte Eschelbach (Esginebach) direkt am Kalkberg bei Schwarz beginnt. Würde man die Grenzlinie verlegen, ergäben sich bezüglich der Mutterkirche wahrscheinlich ganz andere Perspektiven. Danach könnte Schwarz eine Tochterkirche von Grebenau, Lauterbach oder Schlitz gewesen sein. Dies würde auch eher der landschaftlichen Zugehörigkeit entsprechen. Aber schriftliche Belege über eine übergeordnete Mutterkirche für Schwarz liegen nicht vor.

Interessant ist, daß die alten Grenzzüge aus dem vorigen Jahrtausend zum Teil noch den heutigen Gemarkungs- und Gebietsgrenzen entsprechen und die genannten Flurnamen auch heute noch Bestand haben. Dazu einige Flurbezeichnungen aus der großen Schlitzer Grenzbeschreibung aus dem 10. Jahrhundert und der Beschreibung der Mark Ottrau, die nach 1057 entstanden ist:

Rotenbah	–	Rotzenbach
Lintenbah	–	Lingelbach
Esginebach	–	Eschelbach
Leimenbrunnun	–	Leimelbach
Suarzaha	–	Schwarza
Chenetebah	–	Knechtbach (?)
Jazaha	–	Jossa

Eine noch gültige Grenze aus dieser Zeit verläuft über den Rotzenberg, wo sie früher das Dörnbergsche Gebiet vom Amt Alsfeld und später das Amt Alsfeld von dem Gericht Schwarz trennte, und nun die Großgemeinden Grebenau und Alsfeld scheidet. Ebenso bildet die Eschelbach die heutige Grenze zwischen Schwarz und dem Riedeselschen Maar und Wernges.

Die Gaugeographie

Als früheste politische Gliederung aus fränkischer Zeit betrachtet man die Aufteilung des Landes in Gaue.[15] Es stellt sich die Frage, inwieweit der Rotzenberg und Auerberg Grenzpunkte zwischen den hier angrenzenden fränkischen Gauen, dem Hessengau und Lahn-

[14] HAAS, a.a.O.

[15] siehe auch oben: Die Franken

gau, dem Wetteraugau und der Buchonia waren. Die Berge liegen im Zuge der Wasserscheide Schwalm–Fulda und bildeten eine natürliche Barriere zwischen mindestens drei Landschaftsgebieten. Die Gaue entstanden mit großer Wahrscheinlichkeit auf der Grundlage von natürlich vorgegebenen Landschaftsmerkmalen, wie Trennung durch große Flüsse und Bergketten, Zusammengehörigkeit durch verbindende Täler und Wasserwege. Die Zugehörigkeit zu einem bestimmten Gau und die Tatsache überhaupt, daß diese existierten, ergibt sich aus alten Urkunden, in denen verschiedene Orte als einem bestimmten Gau zugehörig genannt werden. So wird Alsfeld dem Lahngau, Ottrau dem Hessengau und Grebenau dem Gau ›Wettereiba‹ zugeordnet. Letzteres hat sich allerdings als Irrtum des Urkundenschreibers herausgestellt. Die Bildung dieser landschaftlichen Bezirke wird bis in die germanische Zeit zurückgeführt, doch einen sicheren Beleg darüber bleibt die Forschung bis heute schuldig. Schwarz wird nirgends mit einem Gau in Verbindung gebracht. Doch ist anzunehmen, daß gerade Schwarz am Schnittpunkt dieser verschiedenen Verwaltungsbezirke gelegen hat, und mehr zum Hessengau hin tendierte. Die sprachliche Anlehnung zum Niederhessischen dürfte den Weg dorthin weisen.

Die falsche Urkunde von 782

Unser Landstrich gehörte nach wie vor zum Stift Fulda. Gegenüber dem geschlossenen Fuldaer Territorium, das von Hammelburg im Süden bis zum Knüllgebirge im Norden reichte, besaß die Abtei Hersfeld nur Streubesitz westlich und östlich des nach Norden gerichteten Fuldaer Keiles. Diese Verhältnisse veranlaßten hersfeldische Mönche zur Ausstellung einer falschen Urkunde, mit Datum 31. August 782. Daraus ging hervor, daß angeblich Karl der Große der Abtei Hersfeld die Kirche und Zent Ottrau schenkte. Es wurde in dem Schriftstück eine Großmark konstruiert, deren Grenze ebenfalls genau beschrieben wurde.[16] Sie setzte sich zusammen aus den Marken Niederaula im Osten, Ottrau im Westen und Oberaula in der Mitte. Die beabsichtigte Einverleibung des Oberaulaer Sprengels liegt auf der Hand.

Grundlage dieses Falsifikates war eine tatsächlich erfolgte kleine Ottrauer Schenkung an Hersfeld. Sicher ist, daß Hersfeld nie den ernsthaften Versuch machte, diesen Besitztitel für sich in Anspruch zu nehmen. Tatsache ist auch, daß die Fälschung um das Jahr 1057 erfolgte, und ebenso sicher ist, daß es sich wirklich um eine Fälschung handelte.[17] Diese Feststellung ist für Schwarz wichtig, wurde doch von allen Forschern in den letzten 250 Jahren das Jahr 782

[16] Wenk, in: Urkundenbuch zur hessischen Landesgeschichte
[17] Schröder, E.: Urkundenstudien

als urkundliche Ersterwähnung des Ortes Schwarz benannt. Aber diese Annahme konnte nicht stimmen, da in der falschen Urkunde als Grenzpunkte nur Berge und Wasserläufe genannt werden und diese Flurbezeichnungen nie auf einen Ort hinwiesen. Flurnamen sind meist sehr alt, Orte gleichen Namens können jedoch viel später entstanden und damit jünger sein.

Der Schwarz betreffende Urkundenauszug lautet:
31. August 782: ‚... ibi vadato flumine usque in Fuldam, inde sursum in Jazaha, in Suarzaha, inde deorsum in Leimelbrunnun & Ypha, sic deorsum in Sualmanaha ...‘

In freier Übersetzung bedeutet das in etwa:
31. August 782: ‚... von dem Gewässer Fulda aufwärts in die Jossa, hinein in die Schwarza, von da hinunter zum Leimelbachbrunnen und in die Eifa, abwärts in die Schwalm ...‘

Vögte und Gerichtsherren

Im Jahre 1011 erschien im Fuldaer Klostergebiet ein Grafenvogt mit Namen Lando, einem Sohn des seitherigen Abtes Arkanbald. Seine Vogtei reichte bald bis an die Jossa. Nach den Vorschriften der Kirche durfte von den meisten geistlichen Territorialherren die Blutgerichtsbarkeit nicht ausgeübt werden. Sie setzten deshalb Vögte ein, welche diese weltliche Strafe ausführten. Die Vögte wickelten auch die profanen Geschäfte zwischen den geistlichen Grundherren und deren Lehensnehmern ab. Es waren meist hochgestellte Persönlichkeiten und Adlige, wie zum Beispiel die Grafen von Ziegenhain, die wegen ihrer Macht auch die Durchsetzung von Verordnungen und Forderungen, wie zum Beispiel im diesseitigen Teil des großen Fuldaer Territoriums, durchführen und erzwingen konnten.

So wird 1111 ein Gozmar als ziegenhainischer Stiftsvogt über fuldische Besitzungen bekannt. Er leitete eine lange Reihe ziegenhainisch-fuldischer Beziehungen ein, die bis zum Absterben der Grafen von Ziegenhain im Jahre 1450 reichten. Die Ziegenhainer Grafen besaßen auch die Vogteirechte über das Gericht Schwarz. Sie waren nach dem Erzbischof von Mainz und der sich gerade bildenden hessischen Landgrafschaft die dritte Macht in Nordhessen. Ursprünglich mit allen Privilegien als Vögte ausgestattet, übten sie hier zum Schluß nur noch eine Art Schirmvogtei aus.

So wie das Kloster Fulda die gesamte Verwaltung seines Gebietes nicht mehr alleine durchführen konnte, bestand auch nicht die Möglichkeit, alle Ländereien selbständig zu bewirtschaften. Von Fulda ausgehend, wurden die Liegenschaften wahrscheinlich den

Schlitzer Ministerialen oder Niederadligen als Lehen aufgetragen. Aus diesem Personenkreis entwickelten sich die herausragenden Adelsgeschlechter in unserer Region, welche das Land urbar machten und an die unterste Schicht, die Bauern, als Afterlehen weitergaben.

Wie anfangs schon gesagt, wurde das Kloster Fulda nach seiner Gründung reich mit Grundbesitz ausgestattet und geriet langsam in die Abhängigkeit der weltliche Fürsten, die ihrerseits nun gewisse Forderungen stellten. Die Abtei war so gezwungen, stets eine Schar von unter Waffen stehenden, von ihr abhängigen Rittern um sich zu versammeln und hatte dem Kaiser Heerfolge zu leisten. Die Rekrutierung erfolgte aus den Reihen der adligen Lehensnehmer. Die Äbte beteiligten sich als Landesherren manchmal selbst an den Kriegszügen. Ein Abt ist während eines solchen Auszuges sogar umgekommen, allerdings durch – Altersschwäche.

Als Lehnsmannen aus dieser Zeit, nach Mitte des 12. Jahrhundert, sind zu nennen: die Grafen in Schlitz, die Herren von Wartenberg und Eisenbach und später deren Nachfolger die Barone Riedesel, die Herren von Romrod, von Altenburg, von Liederbach, die Finke und andere, die alle mehr oder weniger Einfluß über unser Gebiet erlangten. Als stärkstes hier ansässiges Geschlecht, außer den Grafen in Schlitz und den Riedesel zu Eisenbach, entwickelten sich die Herren von Romrod. Sie besaßen ein großes Einflußgebiet, das sich über das südliche Gericht Lingelbach mit der Burg Herzberg, Reimenrod, die Gerichte Schwarz und Hopfgarten, das Dorf Romrod, Dotzelrod und weitere Orte und Güter westlich von Alsfeld erstreckte.

Jeder dieser vorgenannten Adligen besaß ein kleines Territorium, in dem er als Gerichtsherr über bestimmte Rechte verfügte. Im Laufe der Jahrhunderte versuchten einige, Souveräne über die ihnen übertragenen Gebiete zu werden. Nach vielen Machtkämpfen gelang dies in unserer Region zwei Geschlechtern, den Grafen von Schlitz gen. v. Görtz und den Barone Riedesel zu Eisenbach. Sie schafften dies, indem sie ihr Land zusammenhielten. Die Herren v. Romrod jedoch minderten ihre Besitzungen und schwächten sich durch mehrere Erbteilungen.

Getrennte Wege – Schwarz und Grebenau

Um 1260 begannen die Grafen v. Ziegenhain von ihrer fuldischen Vogtei Grebenau aus, zusammen mit dem Hersfelder Abt einen Händel mit dem Fuldaer Abt Berthous. Dies hatte auch für Schwarz letzlich nachhaltige Folgen. Zum einen wurden in der Umgegend viele Burgen zerstört, und zum anderen machte der Fuldaer Abt, der am Ende den Sieg davon trug, den Grafen von Ziegenhain zur Auflage, ihre Güter und Rechte bei Grebenau einer geistlichen Institution zu überlassen. Über diese von verschiedenen Autoren und Forschern gehandelten Angaben liegen jedoch nur ungesicherte Erkenntnisse vor.

Der Johanniterorden in Nidda erwarb aber 1270 die Güter des Grafen Gottfried v. Ziegenhain in Waldkappel bei Grebenau, mit Zustimmung des Fuldaer Abtes Berthous, der wegen seiner geringen Größe auch ›Abt Fingerhut‹ genannt wurde.[18] Der Kaufpreis betrug, einschließlich der Jurisdiktion, 335 Kölnische Mark. Weitere fuldische Lehen um Grebenau wurden von den Lehensnehmern, v. Altenburg, v. Merlau und anderen, nach und nach an den Johanniterorden verkauft, der daraufhin schließlich eine Kommende in Grebenau gründete.

Die Herren von Romrod hatten sich wahrscheinlich aus dem Streit herausgehalten, denn sie wurden von den Restriktionen des Abtes Fingerhut nicht nachhaltig berührt. So kam es, daß Grebenau und die Ortschaften Eulersdorf, Reimenrod und Udenhausen bis 1526 einer geistlichen Institution angehörten und dann hessisch wurden, mit der weiteren Verlehnung an die Herren Pleß. Schwarz blieb unter den Rittern ein adliges Gericht, bis es nach Absterben der Gerichtsherren, der Finke in 1564, der v. Liederbach in 1568 und nach Übergabe des Merlauer Teiles in 1570 an Hessen überging. Die Orte Bieben, Merlos und Wallersdorf bildeten ein dem Kloster Haina zustehendes eigenes Gericht, das Gericht Wallersdorf. Sie werden in der Geschichtsliteratur als die ›Hainischen Dörfer‹ bezeichnet und kamen in 1605 an das Amt Grebenau, das in diesem Zuge zur Stadt erhoben wurde. Aus dieser Konstellation heraus blieben das Amt Grebenau und das Gericht Schwarz eigene und unterschiedlich verwaltete Institutionen, bis um 1821 die Landrats- und später die Kreisreinteilung erfolgte. Am 31.07.1972 verlor die Gemeinde Schwarz ihre Eigenständigkeit und ging in der Großgemeinde Grebenau auf.

Die Landgrafschaft

Gleichzeitig mit den oben angeführten Abläufen hat sich seit dem 12. Jahrhundert die Landgrafschaft Hessen gebildet. Von den fränkischen Hochadelsfamilien, den Ruppertinern und Konradinern, über die Wernerschen und Gisonischen Grafengeschlechter, waren Teile Althessens an die Thüringer Landgrafen gelangt. In die folgende Zeit fallen die Auseinandersetzungen des Thüringer Landgrafenhauses mit dem Mainzer Erzbistum und auch die Entstehung

[18] Crusius: Der Kreis Alsfeld, 1974 (Diss. 1933)

einer weiteren Macht in Hessen, der Grafschaft Ziegenhain. Aber erst durch die Anwesenheit der Heiligen Elisabeth, der Witwe des Landgrafen Ludwig IV. von Thüringen, auf ihrem Witwensitz in Marburg und durch deren Tochter Sophie, der Herzogin von Brabant, die für ihren Sohn Heinrich das hessische Erbe erstritt, nahm die hessische Landgrafschaft um 1247 Formen an. Von kleinen auseinanderliegenden Gebietsfetzen ausgehend vergrößerte sich die Landgrafschaft durch Zuerwerbungen und Erbschaften. Es ist hier im besonderen die Grafschaft Ziegenhain mit Nidda hervorzuheben, die im Jahre 1450 an Hessen fiel und so die bisher getrennten Gebietsteile Niederhessen und Oberhessen zusammenführte. Den größten Gewinn jedoch, der eine Ausdehnung Hessens nach Süden bis über den Main brachte, machte die Landgrafschaft mit der Erwerbung der Grafschaft Katzenelnbogen im Jahre 1479.

Nach der Teilung Hessens durch *Landgraf Philipp den Großmütigen* in vier Landesteile im Jahr 1567, findet man Schwarz in der Landgrafschaft Hessen–Marburg, bis nach dem Aussterben der Marburger Linie im Jahr 1604 diese Marburger Besitzung aufgeteilt wurde und an die Landgrafschaften Hessen–Darmstadt und Hessen–Kassel kam. Seit dieser Zeit gehörte Schwarz zur Landgrafschaft und dem späteren Großherzogtum Hessen (Hessen–Darmstadt). Hessen–Kassel wurde 1866 von Preussen annekdiert. Nach dem Ersten Weltkrieg wurde der ›Großherzog zu Hessen und bei Rhein‹ am 9. November 1918 durch revolutionäre Truppenverbände formlos abgesetzt. Der Ort Schwarz fand sich nun im neu gebildeten Volksstaat Hessen wieder.

Oberhessen

›Schwarz in Oberhessen‹, der Titel dieses Buches, wirft mit Sicherheit die Frage auf, was und wo Oberhessen eigentlich genau ist. Die Herkunft des Namens reicht bis in die hessische Frühzeit zurück. Schon bei der ersten Landesteilung zwischen den Landgrafen Johann und Otto in 1308 wurden die beiden Landesteile als das Niederfürstentum und das Oberfürstentum bezeichnet. Auch wenn danach viele Gebietsverschiebungen erfolgt sind, hat sich doch aus dieser Konstellation der Name Oberhessen entwickelt. 1935 heißt es in einem Lexikon: Provinz des Freistaates Hessen; 3287 Quadratkilometer; 348 000 Einwohner; Hauptstadt Gießen. Der Volksbrockhaus erklärt: Provinz des ehemaligen Freistaates Hessen–Darmstadt (jetzt zu Hessen, umfaßte Gießener Becken, Wetterau, Vogelsberg und Ausläufer des Taunus). Von 1919–1932 stammt eine Verwaltungskarte mit dem Titel: ›Verwaltungskarte des Volksstaates Hessen, Provinz Oberhessen‹. Danach besteht das Gebiet aus den Kreisen Alsfeld, Büdingen, Friedberg, Gießen, Lauterbach und Schotten (Hess. Landes- und Hochschulbibliothek Darmstadt; Mappe 234/18).

Die Geschichte von Schwarz

Die Ursprünge der sieben Gemeinden des heutigen Lebensraumes Gründchen sind gleicher Art. Nachdem das Kloster Fulda im 9. Jahrhundert die geistliche und weltliche Herrschaft über das Gebiet übernommen hatte, waren die Dörfer und Güter an verschiedene adlige Geschlechter verlehnt worden. Die Grafen von Ziegenhain traten als Vögte der Fuldaer Äbte auf. Während im Grebenauer Bereich mehrere Adelsgeschlechter begütert waren, gehörte der Ort Schwarz und das ganze spätere Gericht Schwarz allein den Herren von Romrod.

In den 60er Jahren des 13. Jahrhunderts entwickelte sich Schwarz, von den anderen im Landschaftsbereich zusammengehörenden Orten um Grebenau, in geschichtlicher Hinsicht in eine völlig andere Richtung. Die ziegenhainische Vogtei Grebenau mußte an eine geistliche Institution abgetreten werden und der Johanniterorden erwarb nach und nach diesen Gebietsteil. Schwarz blieb um diese Zeit fuldisches Lehen der Herren v. Romrod, und die Grafen v. Ziegenhain behielten hier weiter ihre Vogteirechte.

Es entstand das Gericht Schwarz mit den Orten Schwarz, Brauerschwend, Rainrod, Renzendorf und den heutigen Wüstungen Kelberg, Lenzenrod, und Oberschwarz sowie dem Finken- und Liederbacher Hof bei Rainrod. Curt v. Romrod nannte das Gericht Schwarz zu einem späteren Zeitpunkt sein *‚eygen Erbgericht'*. Das deutet darauf hin, daß Schwarz schon sehr früh dem Romröder Geschlecht gehörte.[19]

Erste Nennung des Ortes Schwarz und der Besitzer.

Um 1140 erscheint der Ortsname *Swartzaha* in einem Fuldaer Kopialbuch. Das Fuldaer Benediktinerkloster St. Petersberg besaß um diese Zeit Liegenschaften in Schwarz, die der Abt Konrad zwischen 1134 und 1140 erworben hatte. Die darin genannten Fuldaer Äbte und deren Amtszeiten sind: Sturmius (744 bis 779), Bangulfus (779 bis 802), Rabanus (822 bis 842), Haichon (917 bis 923), Heinrich (1126 bis 1132) und Conrad (1134 bis 1140). Die Übersetzung des entsprechenden Abschnitts im Kopialbuch lautet wie folgt (Übersetzer: Herr Wilhelmy Senior):

[19] Zu den geschichtlichen Daten: siehe folgende Kapitel

Diözese Fulda mit ihrer dazugehörenden Hierarchie (Rangordnung)

Alte Kunde vom Kloster des Heiligen Petrus

Das Amt des Hl. Petrus, das in Vgesberc ist, nahm zuerst der Abt Sturmius an und danach Bangulfus, der auch die Kirche erbaut hat, die hernach Rabanus vollendet hat; an diesem Ort waren unter Rabanus zuerst Mönche; dann haben unter dem Abt Haichon Domherren diesen Ort in Besitz genommen, die dort bis zur Zeit des heiligen Abtes Heinrich gewesen sind, der dorthin wieder Mönche gebracht hat. Der Herr Conrad aber, der dort ruht, hat die Güter des Klosters vermehrt, zu Gunsten des Hl. Apostels Petrus und des Hl. Märtyrers Bonifatius. Dies sind die Güter die sich dorthin erstrecken: Swartzaha, Herbeslebe, Habesbach, Sconerstete, Goitzendorp, Leles, Stiftings, Engilmares, Heidelbach, Huswartes, Kaltenbuchen, Gerhartes, Mittilesdorp, Werngeres, Melpach, Bingenheim, Hiltriches, Slatenrod, Spurkeles, Budesbach, Hengenheim, & ein gewisses Forestum nahe Swalheim, & in Westphalia Herigoteshusun, & Reginburc.

Die urkundliche Ersterwähnung von Schwarz.

Viel später, am 2. Februar 1295, erfolgte die urkundliche Ersterwähnung von Schwarz. In dem betreffenden Dokument (siehe Abb. 8) heißt es unter anderem: *‚necnon dominum Herbordum plebanum in Suarzahe'*. Übersetzt: *‚und auch Herr Herbord, Pfarrpriester in Schwarz'*. Die späte urkundliche Erwähnung kann nur bedeuten, daß der Ort im Früh- und Hochmittelalter über einen längeren Zeitraum Besitztum nur eines Lehensnehmers war, nämlich der Herren v. Romrod. Es haben keine Wechsel statt gefunden, die eine schriftliche Niederlegung erfordert hätten.

Spätestens seit 1314 hatte das Augustinerchorfrauenstift Immichenhain, ein Nonnenkloster, das aber auch zeitweilig als Doppelkloster mit Mönchen besetzt war, Besitz in Schwarz. Denn 1454 erklärte Cordt v. Romrod, daß seine seligen Eltern vor 140 Jahren, also 1314, von ihren Erbgerichten Schwarz und Brauerschwend dem Kloster zu ihrem Seelenheil einige Zuwendungen erbracht hätten. Als Erinnerung an diese Zeit ist uns der Flurname ›Nonnstück‹, für ein dem Kloster zustehendes Gut, erhalten geblieben.

1341 kam zwischen den Romröder Lehensträgern, sowie Curt und Widukind Fink ein Teilungsvertrag über die Ganerbschaft und die Lehens- und Eigenleute im Gericht Schwarz und Rainrod zustande. Wohl durch Einheirat oder Vermittlung des Fuldaer Abtes waren die Finken Miteigentümer oder Ganerben von Schwarz geworden. Die Vermutung einer Einheirat liegt nahe, denn es erscheinen 1382 ein Heinrich Fink und Adelheid, eine geborene v. Romrod und verwitwete Kuchenmeister, mit ihrem Sohn Henne Kuchenmeister, in einer Kirtorfer Urkunde. Graf Johann v. Ziegenhain belehnte in 1354 als Vogt des Klosters Fulda die v. Romrod und zwei Linien der Fink erneut je zur Hälfte mit dem Gericht Schwarz. Schon 1320 besaßen die Riedesel zu Eisenbach im Gerichtsbezirk ein Vorwerk in Brauerschwend. 1350 waren die Grafen v. Schlitz, gen. v. Görtz, gering begütert und auch die Abtei Hersfeld hatte Besitzungen in Oberschwarz und Kelberg, zwei spätere Wüstungen.

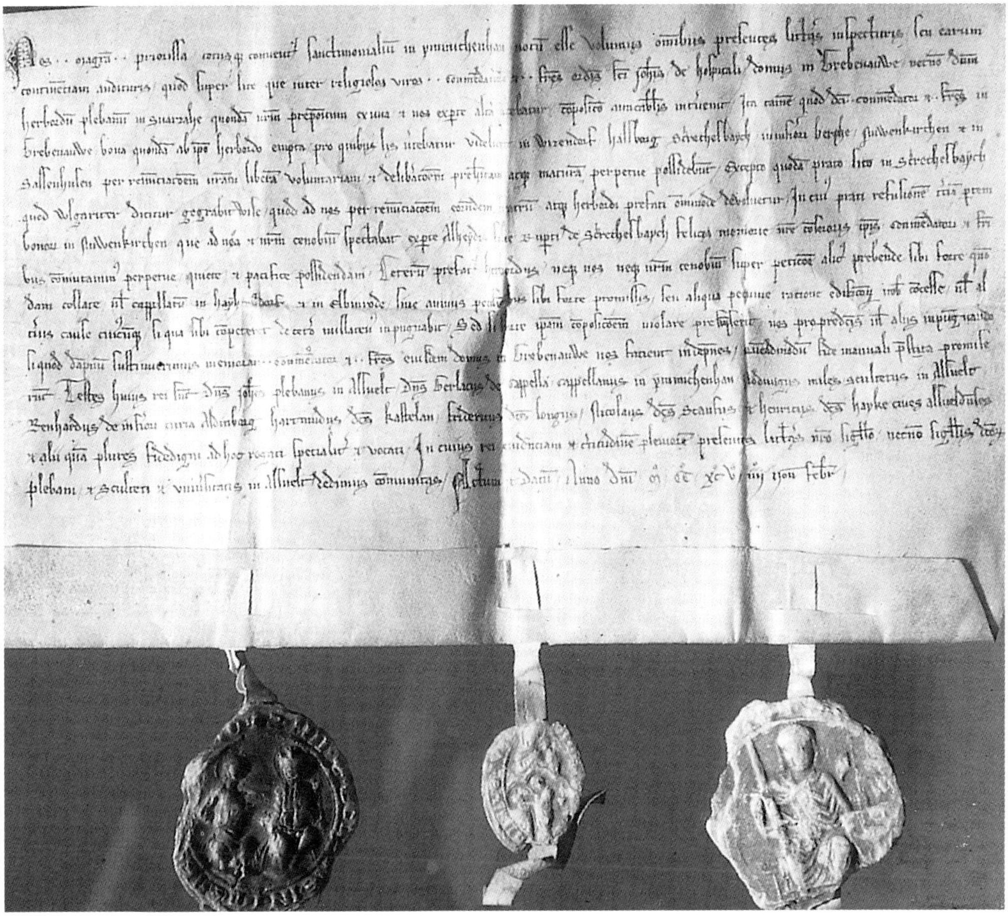

Abb. 8: Dokument der urkundlichen Ersterwähnung v. Schwarz vom 2. Februar 1295. Herbord ist Pfarrer von Schwarz (Beginn 3. Zeile; s. a. Seite 527).

Im Jahre 1355 hatten Curd Finke und Else, seine eheliche Wirtin, ein Gut in der heutigen Wüstung Ober-Kelberg. Wydekint Fink und Ehefrau Sanne verkauften dem Propst, der Meisterin und dem *'Convent zu Ymechinhein ihre Hube zu Reinrodde auf Wiederkauf, ausgenommen ihres Gerichtes Recht'*. Und Conrad Sasse, Bürger zu Alsfeld, bekannte, daß er *'seiner Tochter Katharinen, Klosterjungfrau zu Ymmechinhagen, ihr Gut zu Lentzerode eigentümlich gegeben habe und nach besagter Katharinen Tod das Gut bei dem Kloster bleiben solle ...'*

Hermann und Dytmar v. Liederbach versuchten 1371 im Gericht Schwarz Fuß zu fassen, indem sie einen Teil des finkischen Besitzes erwarben, welcher aber größtenteils wieder an die Finke zurückfiel. Conrad Czop und seine Gattin Christine verkauften 1382 ihr Gut zu Kelberg, genannt *'vor-Ymghen-guyd'*. Gegen Ende des 14. Jahrhunderts sehen wir alle Dörfer im Gericht Schwarz noch blühen. Es sind die oben schon erwähnten Orte Brauerschwend, Kelberg, Ober- und Niederkelberg, Oberschwarz, Lenzenrod, Rainrod, Renzendorf und Schwarz sowie der Liederbacher- und der Finkenhof bei Rainrod.

Oft werden die Orte Schwarz, Brauerschwend, Rainrod und Kelberg in den alten Schriften einzeln als Gericht bezeichnet. Es ist nicht zu erklären, welche Bewandtnis dies hatte. Vielleicht war es kurz vor der Bildung des Gerichtsbezirks Schwarz. Denn es ist nicht sichergestellt, zu welchem Zeitpunkt das Gericht Schwarz eingerichtet wurde. Es haben auch andere Familien Güter im Gericht Schwarz erworben und besessen, wie wir oben sahen. Doch die Gerichtshoheit oder die Gerichtsbarkeit blieb immer bei den Gerichtsherren. Die Riedesel hatten jedoch besondere Privilegien, auf die später noch näher eingegangen wird.

In 1398 erschien nun ein anderer Interessent, der sich im Gericht Schwarz einkaufte, und mit der Macht des Stärkeren nach und nach verschiedene Anteile erwarb. Landgraf Hermann I. (der Gelehrte) v. Hessen erhielt von Heinrich Summers Witwe, nach dessen *‚Ansprache‘* an sie, ihre sämtlichen Güter in Alsfeld und den umliegenden Dörfern, so in Schwarz, Oberschwarz und *‚Nyddern Kelberg‘*, Rainrod und Brauerschwend. Der Landgraf versuchte hiermit auch Einfluß auf die v. Romrod, die v. Liederbach und die Finken zu nehmen, und nicht zu vergessen, auch die Vogtei über das ganze Gericht Schwarz, die ja noch den Grafen v. Ziegenhain zustand und von Fulda zu Lehen rührte. Letztlich war es auch ein Versuch, den Einfluß von Fulda in der Region zu schwächen.

Graf Johann v. Ziegenhain belehnte am 29. März 1405 die Brüder Heinrich und Curt Fink, und die Brüder Heinrich und Johann Fink, Vettern untereiander, mit einem Teil des Gerichts Schwarz, mit Gericht und Freiheit, wie es vorher Appel und Heinrich v. Romrod hatten. Die beiden Linien Fink besaßen je ein Viertel also die Hälfte und Curt v. Romrod hatte die andere Hälfte des Gerichts Schwarz inne. Es ist das letzte Mal, daß die Grafen v. Ziegenhain bei uns als Vögte in Erscheinung traten. Abt Johann von Fulda übertrug Landgraf Ludwig am 21. Juli 1433 die Lehen, die vorher Graf Johann v. Ziegenhain von seinem Stift besaß, unter anderem die Stadt Alsfeld, die Burg Altenburg und wahrscheinlich auch das Gericht Schwarz. Johann v. Ziegenhain übergab 1437, da er ohne Nachkommen geblieben war, aufgrund eines Versprechens dem Landgrafen seine Grafschaften Ziegenhain und Nidda, die er dann als Lehen wieder empfing. Mit Johann v. Ziegenhain starb dieses nordhessische Grafengeschlecht im Mannesstamm aus und alle Lehnsherrlichkeit und die Vogteirechte übten nun die Landgrafen aus. Die fuldischen Lehen der v. Romrod und der Fink wurden nun aus der Hand des Landgrafen vergeben.

Ein neuer Gerichtsherr erschien im Jahre 1455. Nachdem die v. Liederbach schon vorher versucht hatten, sich im Gericht Schwarz einzukaufen, gelang dies jetzt. Curt v. Romrod versetzte seinen Teil, die Hälfte des Gerichts Schwarz, an Henne, Werner und Eckehart v. Liederbach. Die v. Romrod zogen sich auf ihre thüringischen Besitzungen in Wenigentaft und Buttlar zurück, die sie schon seit dem Ende des 14. Jahrhunderts dort besaßen.

Weitere Belehnungen an die Fink und v. Liederbach erfolgten in 1459 und 1460, jeweils nach dem Ablehen eines Gerichtsherren. Die Finke beschwerten sich zwar, daß die v. Liederbach die Lehen in der angezeigten Form bekamen, aber die Finke und Liederbacher wurden durch den Propst auf dem Petersberg und den Fuldaer Marschal Stam v. Schlitz, gen. v. Görtz, in 1462 dahin geeinigt, daß die v. Liederbach und ihre Erben das Halbe Gericht Schwarz empfangen und verdienen sollten, weil sie es *'für ihr Geld inne haben, doch unschädlich der Finken und erben ir erlosunge'*. Dies ist interessant, zeigt es doch, daß der Fuldaer Propst auf dem Petersberg noch der Eigentümer von Schwarz war, wie es in dem Kopialbuch um 1140 angezeigt ist.

Die beiden Töchter Eckehards v. Liederbach, Anna und Else, erhielten in 1469 dessen vierten Teil am Gericht, das andere Viertel besaß Werner v. Liederbach. Durch landgräflichen Lehensbrief bekamen sie diesen in 1482 als Ausstattungsvermögen übertragen. Eine Hälfte des Liederbacher Teiles brachte Anna, die Tochter Eckehardts, 1490 in die Ehe mit Eberhard von Merlau ein.[20] Die Lehensverteilung im Gericht Schwarz sah nun wie folgt aus:
Ein Viertel des Gerichtes gehörte Eberhard v. Merlau, ein weiteres Georg v. Liederbach, die andere Hälfte hatte Ludwig Fink inne. Dessen Sohn Andreas besaß sie als letzter Fink bis zu seinem Ableben im Jahre 1564. Das Mannlehen der Finken fiel damit an die Landgrafen von Hessen. Das gleiche geschah 1568 mit dem liederbachschen Teil, als die v. Liederbach im hiesigen Bereich ausstarben. 1570 trat Hector v. Merlau seinen Teil an Hessen ab. Hector war bis zu seinem Tode in 1579 noch an den Einnahmen aus seinem vierten Teil des Gerichts Schwarz beteiligt. Auch seiner Witwe Anna, einer geborenen Rüsser, wurden noch gewisse Einkünfte zu ihrem Lebensunterhalt zugestanden. Darüber wurde im landgräflichen Schriftverkehr befunden.[21]

Landgraf Philipp der Großmütige hatte das Gericht Schwarz nach der Reformation in 1526 von Fulda übernommen. Es war die Zeit als fast aller Kirchenbesitz säkularisiert also verweltlicht wurde. Dies dürfte kein großer Aufwand gewesen sein, denn als Vogt der

[20] Crusius: Der Kreis Alsfeld
[21] siehe Anhang D

Fuldaer Abtei hatte Philipp schon großen Einfluß gewonnen. Die Lehensrechte und die niedere Gerichtsbarkeit besaßen aber immer noch die alten Gerichtsherren bis zu ihrem Ableben. Durch Verwandtschaft und Verschwägerung hatte sich ein starker Clan gebildet, eine sogenannte Ganerbschaft, die für einen Außenstehenden den Zugriff auf das Gericht fast nicht zuließ. Aus diesem Grunde ist das Gericht Schwarz, gegenüber anderen benachbarten Gebieten, auch sehr spät hessisch geworden.

Die Landgrafschaft Hessen hatte sich in vier Jahrhunderten aus teilweise zersplitterten Territorien zu einer Einheit gebildet. Landgraf Philipp der Großmütige bestimmte jedoch in seinem Testament, daß die vier Söhne aus seiner ersten Ehe die Landgrafschaft unter sich aufteilen sollten. Die Söhne aus seiner Nebenehe, die Grafen v. Diez, wurden gering abgefunden, zum Beispiel mit dem Amt Ulrichstein u. a. Das Amt Alsfeld, und damit auch Schwarz, kam zur Landgrafschaft Hessen–Marburg unter dem Landgrafen Ludwig IV. dem Älteren. Nach Landgraf Ludwigs Tod wurde im Jahre 1604 dessen Territorium geteilt und den Landgrafen in Kassel und Darmstadt als Erbe zugeschrieben. Der Gießener und Alsfelder Bereich mit Schwarz gehörte von nun an dem Landgrafen Ludwig V. von Darmstadt. Damit wurde unser Gebiet, über zweieinhalb Jahrhunderte hessen-darmstädtisch. Die dritte noch existierende kleinste Landgrafschaft, das Niederfürstentum Katzenellnbogen, ging später auch in den beiden verbleibenden großen Landesherrschaften auf.

Die Armut des hessisch-darmstädtischen Raumes in den folgenden Jahrhunderten war sprichwörtlich. In den Wirren vor und während des 30jährigen Krieges gerieten die beiden Landesfürsten in Kassel und Darmstadt wegen Glaubensfragen und Gebietsansprüchen völlig auseinander und später aneinander. Sie verbündeten sich mit verschiedenen Parteien. Hessen–Darmstadt hielt es mehr mit der katholischen Liga und Hessen–Kassel mit den protestantischen Fürsten. Dies hatte gerade hier, wo die Grenze zwischen Darmstadt und Kassel in unmittelbarer Nähe verlief, fatale Folgen, die sich durch Kriegshandlungen, Truppendurchmärsche und Einquartierungen mit allen ihren Nöten zeigten. Die Drangsale des 30jährigen Krieges sind hinreichend bekannt. Aus den Kriegs- und Pestjahren 1635/37 sind in Schwarz 42 Familien genannt, die entweder ganz oder teilweise ausgestorben, verarmt oder weggezogen sind.

Noch vor dem großen und langen Krieg, in der Zeit des Landgrafen zu Marburg und nach dem Dahinscheiden der adligen Gerichtsherren, wurde in 1573 das Salbuch von Schwarz aufgestellt. In diesem Zins- und Lehnsbuch sind die Rechte des neuen Herren und die Pflichten der Untertanen festgeschrieben. Auch die Grenzen des Gerichts Schwarz wurden aufgezeichnet. Seit 1547 konnte der

Ort auch einen evangelischen Pfarrer aufweisen und ab dem Jahre 1626 einen Schulmeister.

Auch nach dem *Westfälischen Frieden* gingen weitere Kriegs- und Notzeiten nicht spurlos vorüber. 1746, ein Jahrhundert später während des österreichischen Erbfolgekrieges, lagerten die Panduren in Schwarz, wie der damalige Pfarrer Roth als Augenzeuge festgehalten hat. 1762 und 1763, gegen Ende des 7jährigen Krieges, *‚campierten große Haufen Kriegsvolk in unserer Gegend: von Grebenau bis Almenrodt und vom Schwarzbrunnen bis Eisenbach stund alles voller Zelter ...‘*

Von den Kriegen 1792 bis 1797 und von 1809 bis 1815, in der napoleonischen Zeit, war auch Schwarz mehr oder weniger direkt betroffen. Die hessische Landgrafschaft wurde in 1806 von Napoleon in ein Großherzogtum umgewandelt und der Landgraf, nunmehr Großherzog, wurde mit ›Königliche Hoheit‹ angesprochen. Hessen–Darmstadt hatte sich dem von Napoleon gegründeten Rheinbund angeschlossen und kam während der napoleonischen Besetzung, im Gegensatz zu Hessen–Kassel, verhältnismäßig gut weg, wenn man die situationsbedingten Abgaben und Kontributionen außer acht läßt.

Im Jahr 1821 wurde die alte Ämter- und Gerichtsverfassung aufgehoben. Das Land wurde in Landratsbezirke und später in Kreise aufgeteilt. Das Gericht Schwarz hörte auf als Verwaltungsbezirk in der bisherigen Form zu bestehen. Schwarz gehörte zuerst zum Landratsbezirk Romrod, anschließend zum Landratsbezirk Alsfeld und dann durch Umbenennung in 1832 zum Kreis Alsfeld. Bereits in 1817 hatte man mit der Planung eines Schulgebäudes begonnen, das schließlich in 1827 fertiggestellt war.

1849 beteiligte sich Hessen am Badischen Feldzug zur Niederwerfung der freiheitlichen Bestrebungen in diesem Großherzogtum. Aus Schwarz sind 12 Kriegsteilnehmer bekannt. Im Jahr 1866 fand schließlich der Krieg zwischen Preußen und Österreich statt, der letztlich die hessen-kasselische Annektion durch Preußen zur Folge hatte. Während dieses Krieges hatte es nach der Kirchenchronik nur in Lauterbach eine Einquartierung gegeben, und Schwarz blieb von allen Repressionen verschont.

Um die Mitte des Jahrhunderts, von cirka 1825 bis 1875, wanderten viele Bürger nach Amerika aus. Der Grund war die große wirtschaftliche Not, hervorgerufen durch den Niedergang der Hausweberei und drückende Schulden, die sich manche aufluden, als sie im Zuge der Allodifikation ihre seitherigen Lehen, das heißt die Häuser und Güter, käuflich erwarben.

Auch der Deutsch–Französische Krieg in 1870/71 sah wieder Schwärzer Bürger auf den Kriegsschauplätzen. 15 Mann zogen aus, und ein Soldat, Herr Becker, blieb im Feld.[22] Dieser Krieg vereinte jedoch das Deutsche Vaterland. In der allgemeinen anhaltenden Euphorie wurde am 2. September 1887 der Kriegerverein gegründet, dem andere Zusammenschlüsse folgten.

Der Vicinalweg nach Eifa wurde in 1875 weitergebaut und 1876 vollendet. Der Anbau von Obstbäumen an diesem Weg mißlang aber zunächst. Der Fahrweg nach Udenhausen sollte noch vor Weihnachten 1876 in Angriff genommen werden.[23] Im Ort wurde er teilweise schon 1860, bei der Hallemühle mit einem Wasserdurchfluß, geplant, und die Straße nach Eulersdorf sollte nach 1877 mit einer neuen Trassenführung gebaut werden. Der Verbindungsweg zum Nachbarort war bis dahin die heutige Ortsstraße ›Im Eisfeld‹ und der weiterführende Feldweg. Zur Mühle fuhr man durch die schmale Gasse hinter dem Anwesen des Jakob Wagner hinab. Noch vor dem neuen Straßenbau mußte Jakob Wagner seinen Stall, der im jetzigen Straßenbereich stand, abbrechen, und zum Nordhang hin einen neuen Bau errichten. Jedoch erst von 1886 bis 1897 wurde die Kreisstraße nach Eulersdorf und von 1904 bis 1906 die Straße von Schwarz nach Udenhausen als Schotterstraße, mit einem Unterbau aus Stücksteinen, ausgebaut. 1906 bis 1910 wurde eine steinerne Brücke über die Schwarza geschlagen.[24]

In den Jahren 1892 und 1897 wurden die Backhäuser erneuert, und in 1903/04 die neue Schule errichtet. Seit 1911 erhält der Ort sein Trinkwasser über ein Leitungsnetz und einen Hochbehälter durch einen Brunnen am Fuße des Auerbergs. In den Gemeinderatssitzungen ging es schon 1908 zwischen den Befürwortern und Gegnern turbulent zu. Die Bauern im Talbereich hatten zum Teil gute Brunnen und die ärmere Bevölkerung an den Hanglagen mußte das Wasser im schlechten Gemeindebrunnen schöpfen. Dem damaligen Bürgermeister Krug, der für eine Wasserleitung war, warf man vor, die Wasserversorgung aus Eigennutz für sein neues Haus bauen zu wollen. Er konnte sich erstmals bei den Gemeindevertretern nicht durchsetzen. Aber die dauernden Mißstände mit dem Trinkwasser brachten schließlich das Wasserleitungsnetz auch nach Schwarz. Das Wasser aus dem Seipelsbrunnen mitten im Ort wurde später bei Bedarf in das neue Wasserbassin hochgepumpt.

Die Verkehrsbedingungen verbesserten sich nachhaltig als im Kriegsjahr 1916 die Nebenbahn Alsfeld–Niederaula fertiggestellt, und am 1. April des Jahres in aller Stille eingeweiht wurde. Damit

[22] Kirchenchronik Schwarz
[23] Kirchenchronik Schwarz
[24] Gemeindearchiv

bekam Schwarz seine Bahnstation. Einen Tag zuvor, am 30. März, hatte die Personenpost mit reichgeschmückter Postkutsche und dem Postkutscher Kurt Dippel aus Grebenau ihre letzte Fahrt gefahren.[25]

Von den Schrecken des Ersten Weltkrieges berichtet die Inschrift der mittleren Kirchenglocke: ›195 Personen zogen in den Krieg, 36 Mann starben für das Vaterland, 18 waren in Gefangenschaft.‹ Mit der Ablösung der Monarchie in Deutschland wurde der Großherzog Ernst Ludwig von Hessen und bei Rhein am 9. November 1918 abgesetzt und es entstand der Volksstaat Hessen. Die Revolution, die in einigen Gegenden ihre Blüten trieb, konnte hier in Schwarz nicht richtig Fuß fassen. Es scheiterte in einer öffentlichen Versammlung schon an der Bildung eines Bürgerrates.

Nach der Notzeit des Ersten Weltkrieges wurde Schwarz in 1923 an das elektrische Leitungsnetz angeschlossen, und so beging man an Heilig Abend dieses Jahres in der Kirche das Lichtfest. In 1911 wurde die Feldbereinigung in der Gemarkung Schwarz eingeleitet und in 1936 abgeschlossen.[26] Die wirtschaftlichen Verhältnisse in unserer Region veranlaßten wieder viele Bürger, ihren Lebensunterhalt außerhalb von Schwarz zu verdienen. Sie zogen überwiegend nach Westfalen, um in Gruben und Zechen und auf dem Bau zu arbeiten. Die Notstandsarbeiten, welche hier die Arbeitslosigkeit vermindern sollten und überwiegend Feld- und Waldwegebau beinhalteten, waren für die Massenarbeitslosigkeit kein Allheilmittel. Einige ›Westfäler‹ sind später wieder zurückgekommen, andere haben ihre Wurzeln dort geschlagen.

Nach der Machtübernahme durch die Nationalsozialisten in 1933 geschah zunächst ein kleines Wirtschaftswunder, denn die Autobahn wurde gebaut und sorgte für Arbeit. Der Wohnungsbau lebte auf und die Dungstätten der landwirtschaflichen Betriebe wurden mit Fördermitteln modernisiert. Aber auch am Westwall wurden Bunker errichtet, die den dorthin verpflichteten Personen zwar ein Einkommen verschafften, aber leider auch in eine andere Richtung wiesen. Eine freie Entscheidung über eine Arbeitsplatzwahl hatten die wenigsten. Man wurde dienstverpflichtet, das heißt man bekam eine Arbeitsstelle zugewiesen, die man auch anzutreten hatte.

Die einen wußten es schon immer, die anderen wollten von nichts etwas wissen. Es kam der große Krieg, den die Ersteren vorausgesagt hatten. Wie bei allen politischen und gesellschaftlichen Ereignissen und Entscheidungen gab es auch in der nationalsozialistischen Zeit Mitläufer und gering Beteiligte. Der von deutschem Boden angezettelte Zweite Weltkrieg entfachte einen Weltenbrand,

[25] Kirchenchronik Schwarz
[26] Gemeindearchiv

der auch unser Heimatdorf schwer traf. Einschließlich der Angehörigen der Heimatvertriebenen kehrten fünfundsechzig Soldaten nicht mehr aus dem Krieg zurück. Gegen Ende das Krieges geriet der Ort direkt in die Schußlinie, als Schwarz beim Anrücken der Amerikaner Ende März 1945 direkt beschossen wurde. Dabei kamen fünf Menschen, zwei Fremdarbeiter und drei Soldaten, ums Leben. Zwei Bauernhöfe brannten mit einem Teil des Viehbestandes nieder. Viele Gebäude im Dorf und auch örtliche Einrichtungen wurden beschädigt.

Als Kind saß man mit der Mutter einige Tage in einem Kartoffelkeller und harrte der Dinge, die da kommen würden. Einige hatten sich in den beiden Durchlässen der Bahnüberführungen niedergelassen, mit immerhin bis zu acht Metern Erdüberdeckung, wobei die Eingänge mit Bohlen und Sandsäcken verbarrikadiert wurden. Diese sicheren Aufenthaltsorte waren natürlich überfüllt. Ältere Männer, die schon im Ersten Weltkrieg Erfahrungen mit Grabenbau und Grabenkämpfen gesammelt hatten, trieben schon Wochen vorher Stollen in die Böschungen, die später als Unterstände dienen sollten. Die Neugierde trieb uns Kinder jeden Tag, auch noch während der letzten Kriegstage, in die Wälder und in das Feld, um Bombentrichter zu begutachten und um Fundmunition in die Luft zu sprengen, was glücklicherweise fast nie gelang. Dabei waren wir gerade 6 bis 10 Jahre alt.

Was die Menschen noch lange nach dem Krieg begleitete, war die Trauer um die toten und vermißten Angehörigen. Und als Erinnerung gegen das Vergessen konnte man noch lange an allen Häusern lesen: ›Als Schutzraum geeignet für so und so viele Personen‹. Und ebensolange stand an der Schulmauer geschrieben: ›Sieg oder Sibirien‹. Dieser Slogan beschäftigte sogar noch Konrad Adenauer beim Aufbau der neuen Republik, und so wurde man täglich daran erinnert, daß sich Angehörige oder Bekannte noch in russischer, französischer, englischer und sonstiger Gefangenschaft befanden, welche für die letzten Wehrmachtsangehörigen erst 1949 endete.

Schon am 16. Oktober 1945 konstituierte sich das Land Großhessen unter amerikanischem Einfluß, das sich aber später in Hessen umbenannte. Bereits in 1945 begann wieder die Bautätigkeit in Schwarz und zeugte von einem starken Aufbau- und Überlebenswillen. Mit der Vertreibung der Sudeten- und Ostdeutschen Landsleute in 1946 und den folgenden Jahren stieg auch in Schwarz die Einwohnerzahl sprunghaft an, die im Jahre 1950 mit 985 Personen ihren höchsten Stand erreichte. Nach den anfänglichen, wohnraumbedingten Schwierigkeiten integrierten sich unsere neuen Mitbürger schnell in unserer Gemeinde. Sie sprachen unsere Sprache, hatten dieselben Bedürfnisse und die gleichen, meist jedoch schlimmere Erlebnisse. Die Kinder übermittelten als Boten für die Zuteilungskommission Nachrichten, und halfen hier und da den Neuankömmlingen im Alltag. Freundschaften wurden schnell geschlossen. Viele Heimatvertriebene wanderten im Laufe der Zeit zu neuen Arbeitsplätzen ab. Die Arbeitslosigkeit nach dem Kriege machte den Bewohnern zu schaffen. Viele Mitbürger arbeiteten wieder in den Großstädten, überwiegend in Frankfurt.

Wieder im Rahmen von Notstandsarbeiten wurde Anfang der 50er Jahre der Kanalbau in Handschachtung durchgeführt, und die Wasserleitung wurde erneuert. Es setzte hier eine rege Bautätigkeit ein, die unseren Ort nach Westen und Osten ausdehnte. In den umliegenden Städten Lauterbach, Alsfeld und Schlitz wurden nun wieder viele Arbeitsplätze geschaffen. Selbst das Gewerbe in Schwarz expandierte. Die Bürger hatten sich eine kleine Wohlstandsgemeinde geschaffen.

Der letzte große Einschnitt in unserem Ort ging mit den Gemeinde-und Gebietsreformen der 70er Jahre einher. Die Kreise Alsfeld und Lauterbach schlossen sich am 1. August 1972 zum Vogelsbergkreis zusammen. Schwarz ging am 31. August 1972 nach schweren Geburtswehen in der Großgemeinde Grebenau auf. Damit verlor Schwarz die Bürgerverwaltung und büßte schließlich auch seine Volksschule ein. Für viele Schwärzer sieht es so aus, als ob sich mit dem Beginn der Reformen die Zukunft zurückentwickelt, denn manches, was zu Beginn der 70er Jahre als zukunftsorientiert gepriesen wurde, erweist sich nunmehr als Rückschritt. Wie in allen Gemeinden verringern sich die landwirtschaftlichen Betriebe, das Kleingewerbe und die Arbeitsplätze. Heute muß man teils weit nach außerhalb fahren um Arbeit zu finden, wie schon so oft im Laufe der Geschichte. Die Betriebe der Großgemeinde können nicht alle Arbeitssuchenden aufnehmen oder beschäftigen. Das rege Gemeinschaftsleben wird nun durch die Vereine und die kirchlichen Vereinigungen aufrechterhalten.

Die wohl vorerst letzten große Maßnahmen, die Schwarz in seinem Aussehen veränderten, waren die Kanalbau- und Wasserleitungsarbeiten und die Erneuerung der Ortsdurchfahrt, die von 1993 bis 1995 durchgeführt wurden.

Kurz bevor das letzte Kapitel dieses Buches geschrieben wurde, war zu erfahren, daß noch in 1998 mit dem Bau des schon lange geplanten Dorfgemeinschaftshauses Schwarz begonnen werden soll.

Die Chronik von Schwarz

Die nun folgende Chronik von Schwarz stellt weitestgehend eine Zusammenfassung aus den verschiedenen Nachrichten und Regesten dar. Viele Ausführungen finden an anderen Stellen dieses Buches eine detailiertere Darstellung.

100.000: Der Neandertaler-Mensch.

800.000 –9.000 (Altsteinzeit)
Aus der Alt- und Mittelsteinzeit liegen, mit Ausnahme von Rainrod, keine Funde oder Erkenntnisse vor, die über die Anwesenheit von Menschen in Schwarz zeugen könnten.

8000: Ausklang der letzten Eiszeit.

9.000–4.000 (Mittelsteinzeit)
(siehe Altsteinzeit)

5000: Beginn erster Hochkulturen in Mesopotamien und Ägypten.

2640: Bau der ersten ägyptischen Pyramide für den König Djoser in Sakkara.
2550: Bau d. Cheopspyramide bei Gise.

1800: Die Kultstätte von Stonehenge in

4.000–1.600 (Jungsteinzeit)
Funde aus der späten Jungsteinzeit sind das Relikt eines Steinbeiles, das bei Rainrod, sowie der Rest eines Glockenbechers, der bei Grebenau gefunden wurde. In den gleichen Zeitraum, etwa 2000 v. Chr., ist die ›Kultstätte Altarstein‹ als Heiligtum der vorgeschichtlichen Menschen einzuordnen. Dieser Stein gehört wahrscheinlich zur jungsteinzeitlichen Megalithkultur.

1250: Beginn des Auszuges der Israeliten aus Ägyten unter Führung v. Moses.

1012: Saul König Israels. Ihm folgen 1004 David und 964 Salomo († 926).

1.600–800 (Bronzezeit)
Die Bronzezeit gliedert sich in die Hügelgräberbronzezeit und die Urnenfelderbronzezeit. Auf die Besiedlung unserer Gegend während der Bronzezeit weisen die vielen Grabhügel in den umliegenden Wäldern hin. Einige wurden geöffnet, und die Funde in den Museen untergebracht.

800: Griechen entwickeln das moderne Alphabet aus der phönikischen Schrift.

800: Kelten u. Germanen kämpfen u. d. Vorherrschaft in Nord- u. Mitteleuropa.

800 v. Chr. (Beginn der Eisenzeit)
Die Eisenzeit teilt sich in die Latène- und Hallstattkultur. Über die frühe Eisenzeit liegen keine Einblicke vor. Die Eisenschlackenhügel beim Altarstein und in der Steinwiese sind vermutlich viel später entstanden.

9 n. Chr.: Schlacht gegen die Römer im Teutoburger Wald (Weserbergland).

451: Schlacht gegen die Hunnen auf den Katalaunischen Feldern.

400 v. Chr.–400 n. Chr. (›Suarzaha‹)
In dieser Zeitspanne ist unter keltischem Einfluß der Gewässername *Suarzaha* (›über schwarzem Grund fließendes Wasser‹ oder ›Schwarzwasser‹) später der Ortsname Schwarz entstanden.

31. August 782 (Falsche Urkunde)
Mit diesem Datum erschien vor dem Jahr 1057 eine falsche Urkunde hersfeldischer Mönche. Diese wollten die zur Abtei Fulda gehörige Mark Oberaula, in der auch Schwarz lag, an sich ziehen. Die Mark Oberaula bildete mit der Mark Lauterbach und der Urmark Schlitz das zu Fulda zählende Großkirchspiel Schlitz. Die für Schwarz interessante Passage lautet: ‚*ibi vadato flumine usque in Fuldam, inde sursum in Jazaha, in Suarzaha, inde in deorsum in Leimelbrunnun & Ypha, sic deorsum in Sualmanaha*'.
Frei übersetzt bedeutet es: ‚*von dem Gewässer Fulda aufwärts in die Jossa, hinein in die Schwarza, von da hinunter zum Leimelbachbrunnen und in die Eifa, abwärts in die Schwalm*'
Das ganze ist die Grenzbeschreibung einer fiktiven Mark Ottrau. Ob der ›Ort‹ Schwarz oder ›Suarzaha‹ schon bestanden hat, kann nicht gesagt werden. Jedoch wird die Gründung der Orte mit den Endungen ›aha‹ in den Zeitraum vor 800 n.Chr. eingeordnet.
[Quelle: Wenck II: Hess. Landesgeschichte; Schröder: Urkundenstudien, Crusius: Der Kreis Alsfeld]

768: Karl der übernimmt die Herrschaft über das Frankenreich von seinem Vater Pippin III.

800: Karl der Große wird in Rom von Papst Leo III. zum Kaiser gekrönt.

20. September 812
Die Schlitzer Kirche wird eingeweiht. Im 9. oder 10. Jahrhundert wird das Schlitzer Großkirchspiel gegründet (siehe oben). Schwarz liegt in der Mark Oberaula.
[Quelle: Haas, in: Fuldaer Geschichtsbl.; Schannat: Buchonia Vet.]

28.01.814: Karl der Große stirbt. Nachfolger wird sein Sohn Ludwig I.

etwa 1011
Als erster nachweisbarer Grafenvogt über das Fuldaer Gebiet erscheint Lando, ein Sohn des seitherigen Abtes Erkanbald. Die Vogtei reicht bis an die Jossa.
[Quelle: Hofemann, A.: Studien zur Entwicklung des Territoriums der Reichsabtei Fulda]

1008: Es wird ein Lahngaugraf Giso genannt (s. u.).

1024: Grafengeschlecht Werner in Hessen (s. u.).

etwa 1111
Graf (?) Gozmar ist erster ziegenhainischer Vogt über das Fuldaer Stiftsgebiet. Später sind die Ziegenhainer Grafen die Vögte über das Gericht Schwarz.
[Quelle: Dronke: Codex Nr. 771; Hofemann, A.: a. a. O.]

1122: Landgraf Ludwig von Thüringen übernimmt Besitzungen seines verstorbenen Schwiegervaters Giso.

etwa 1140 (Erste Nennung)
In einem Fuldaer Kopialbuch wird Schwarz erstmals erwähnt. Es wurde festgehalten, daß das Kloster Petersberg bei Fulda Güter in Schwarz hatte: ‚*Vetus Notitia pro Monasterio S. Petri. [...] usque ad tempora pii Henrici Abbatie [...]. Haec sunt bona, quae illuc pertinent: Swartzahe [...]*'. Frei übersetzt bedeutet es: ‚*Alte Kenntnis vom Kloster Sanct Petri. [...] zur Zeit des seligen Abtes Heinrich [...]. Dies sind Güter, die sich erstrecken über: Schwarz [...]*'
[Quelle: Kuchenbecker: Anal. Hassiaca; Schannat: Dioecesis Fuldensis]

1140: Heinrich Raspe II., thür. Landgraf und Besitzer der damaligen hessischen Gebiete.

1228: Landgräfin Elisabeth von Thüringen bezieht ihren Witwensitz in Marburg, Wwe. Lgr. Ludwig IV.

1248: Herzogin Sophie von Brabant, Tochter der vorgenannten (hl.) Elisabeth, erstreitet f. ihren Sohn Heinrich (Heinrich I. das Kind) das hessische Erbe.

1250: Abtrennung Hessens vom thüringischen Landgrafenhaus.

1292: Erhebung Landgraf Heinrich I. zum Mitglied des Reichfürstenstandes.

2. Februar 1295 (Urkundliche Ersterwähnung)
Die betreffende Stelle der Urkunde lautet: *‚et f'ratres ordinis s. Johannis in Grobenauwe necnon dominum Herbordum plebanum in Suarzahe'*. Die Vorsteherin und der gesamte Convent des Klosters Immichenhain, sowie der Komtur und die frommen Brüder des Johanniterordens in Grebenau sind zusammengekommen, um über verschiedene genannte Güter und Grundstücke zu verhandeln. Hierzu wurde der Pfarrer von Schwarz eingeladen. Dieser hatte als früherer Propst des Klosters Immichenhain Grundstücksverkäufe getätigt und sollte als bestens informierte Person einige Aussagen machen.
[Quelle: StAD: Abt. A 3, Urkunden Oberhessen, 1295 Febr. 2, L: Grebenau; BAUR: Hess. Urkunden 1, Nr. 291]

1308: Erste Teilung der Landgrafschaft Hessen. Lgr. Otto im Oberfürstentum (Oberhessen) mit Marburg und Lgr. Johann im Niederfürstentum (Niederhessen) mit Kassel.

1311: Nach dem Tode Johanns Hessen wiedervereint unter Otto.

1328: Die mainzischen erzbischöflichen Truppen werden v. Landgraf Heinrich II. bei Wetzlar geschlagen.

etwa 1314
Das Augustiner-Chorfrauenstift zu Immichenhain hat Besitz in Schwarz. 1454 erklärt Cordt v. Romerod, daß seine seligen Eltern vor 140 Jahren (also 1314 n. Chr.) von ihren Gütern und Erbgerichten in Schwarz und Brauerschwend zu ihrem Seelengerät dem Kloster einige Zuwendungen erbracht haben. Von Mitte des 15. Jahrhunderts bis 1503 wird in dem noch vorliegenden Zins- und Forstregister des Klosters Immichenhain ein dem Kloster zustehendes Gut in Schwarz genannt. Noch heute heißt eine Feldflur das ›Nonnstück‹.
[Quelle: StAM: A 1I, Kloster Immichenhain, Fol. 29; StAM: Bestand 22a 2]

1313: Mit Schießpulver werden erstmals Schüsse aus einem Rohr abgegeben.

1. September 1320
Die Riedesel zu Eisenbach besitzen ein Vorwerk in Brauerschwend, dem späteren Gericht Schwarz.
[Quelle: BECKER: Riedesel II, Nr. 76]

1346: Der Deutsche Orden kauft den Dänen Estland ab.

1341 (Teilungsvertrag)
Teilungsvertrag zwischen Friedrich v. Rommrod, Ritter, Eberwein und Heinrich, seinen Söhnen und Widekint und Curt Finck, Gebrüdern, über die Ganerbschaft im Gericht Rainrod und Schwarz. Der Abschluß des Vertrages hatte wohl auch famliäre Auswirkungen auf die Geschlechter v. Romrod und Finke. Einmal werden die Finke Teilhaber an den Besitzungen derer v. Romrad in Rainrod und dem späteren Gericht Schwarz. Danach, im Jahre 1382, werden Heinrich Fink und seine eheliche Wirtin Adelheid v. Romrod, verw. Kuchenmeister, genannt. Der Wortlaut des Teilungsvertrages von 1341:
‚Ich Friderich von Rumerade, Ritter, Eberwein onnd Henrich mein Söhne, bekennen öffentlich an dissem brieff allen die in sehen oder hören lesen, das wir geteilt han mit Widekindt onnd Curtenn Fincken, den gebrüdern, onser ganerbe, onnser lehen onnd eigen leuth, onnd gutt, die des tags off den gute sassen, des gerichts zu

Reinerode, onnd alles das dar tzu haelt, ersucht onnd onersucht, die onser welde onnd onser gemeine leuthe, die off den guter nicht einsitz onnd was onseir glichen tzugeteilt. Das han wir an onser brieffe anders wo beschrieben, on die welde onnd die gemeine leuth die wir miteinander behalten gleicherwiss, alß vor alß lange bis wir sie auch geteilet. Es ist auch onder onns geredt, wen das onser keiner mit seine teilt, wollte Ichtes begenne, das die andern mit Ime sollten richten vor die lehn hern onnd sollten Ime des gönne, ohn alle widderrede, vor dass mehr wehren, das der leuthe die ons off beide seiten tzugeteilt sein, keiner von onns wehre, so soldte jederman seinem mann nachfolgen, es werhe fraw oder man, die Ime off den tag tzugeteilt, wehre auch ist.
Gerade, wehre das die kein man, busshafft wurdt, in dem Bericht off wes gut der sitzt, dem sollt er seine welte sinnen. Wo aber anders bus erschiene, die onser keiner gut nicht ersitz, die welte solt man ons beide fehenn, sameth auch es sol onnser keiner des andern man tzu Ime nehmen, der Inen anhoret, onnd Ime off den tag tzugeteilt wart.
Es ist auch onder onns verredet, das onser keiner man In onnser felden roden soll, es ensei onnser beide willen. Bei disser rede seint gewesen, die Erbarn leuthe Werner vonn Lidderbach onnd Henrich von Fischborn, bürger tzu Aldenburg onnd tzu Alsfelt, Conradt, Henrich onnd Ludwig von Suarsa, onnd Seibert von Lentzigenrode onnd anders biderleuthe. Disser rede tzu einem orkunde Geben wir die vorgnante Friderich, Eberwein onnd Heinrich vonn Romrode diessen brieff mit onnsern Insigel offentlich versiegelt. Der ist geben nach gottes geburt eintausendreihundert Jar in die ein onnd virtzigsten Jar, an onsers gn. ofsert. Coll.'
[Quelle: StAD: E 12 Konv. 156a (v. Liederbach), Fol 81f; StAD: Abt. A 3, Urk. Oberh, 1382 Nov. 20, L: Kirtorf]

1350
Die Herren v. Schlitz gen. v. Görtz sind im Gericht Schwarz gering begütert.
[Quelle: StAM: Hersfelder Kopiar 24, fol. 30v]

1349: Die in 1347 von Italien eingeschleppte Pest fordert auch in Deutschland viele Tode

1350
Die Abtei Hersfeld hat Besitzungen in Schwarz, Oberschwarz und Kelberg. Desgleichen auch im 15. und 16. Jahrhundert.
[Quelle: StAM: Hersfelder Kopiar 249 und 251]

1354
Graf Johann v. Ziegenhain, als Vogt von Fulda, belehnt die v. Romrod und die Finke mit dem Gericht Schwarz. Die v. Romrod und zwei Linien der Fink besitzen das Gericht je zur Hälfte in Ganerbschaft.
[Quelle: Landau: Hessengau, S. 135; Weiss: Die Gerichtsverfassung in Oberhessen]

1356 Kaiser Karl IV. erläßt die Goldene Bulle. Künftig wählen 7 deutsche Kurfürsten den König.

10. September 1355

Curd Finke und Else, dessen eheliche Wirtin, bekennen, daß sie *‚ihr Gut zu Obirn Kelberg gelegen, da Heinrich Stuwemden aufsitzt, dem Kloster Ymmichenhagen vor 60 Schillinge großer Turnose wiederkäuflich verkauft haben.'*
[Quelle: StAM: A II, Kloster Immichenhain, fol. 105]

1360 Neue Pestwellen in Deutschland.

11. September 1358

Der Wäppner Wydekint Fincke und Sanne, dessen eheliche Wirtin, bekennen, daß sie *‚dem Propst, der Meisterin und dem Convent des Klosters Ymechinhein ihre Hube zu Reinerodde gelegen, mit aller Zubehörunge, ausgenommen ihres Gerichtes Recht, verkauft haben.'*
[Quelle: StAM: A II, Kloster Immichenhain, fol. 157]

1362: Riesige Heuschreckenschwärme werden von Mittelmeerwinden über die Alpen nach Deutschland getrieben und zerstüren große Teile der Ernte.

1364: Erbvertrag zwischen den Häusern Habsburg und Luxemburg.

29. September 1361

Der Alsfeld Bürger Conrad Sasse und Lucharde, dessen eheliche Wirtin, bekennen, daß sie *‚ihrer Tochter Katherinen, Klosterjungfrau zu Ymmechenhagen, ihr Gut zu Lentzenrode gelegen, so sie von Alheyd Liderbächin erkauft gehabt, eigenthümlich gegeben haben und nach besagter Katherinen Todte, beym vorgenannten Kloster bleiben solle.'*
[Quelle: StAM: A II, Kloster Immichenhain, fol. 121]

1371: Landgraf Hermann II.

3. April 1371

Heinrich und Conrad Fink verkaufen ihren Teil am Gericht Schwarz an Hermann und Dytmar v. Liederbach auf Wiederkauf (¼ des Gerichtsbezirks):
‚Wir Fricze Apel ond Heinrich von Romrode gebrudere, Heinrich ond Hans Finken, gebrudere, bekennen, daz sie gebedin han Junchern Gotfride Grefin zu Cygenhain, daz he bekenne sinnen willen ond virhengnisse darczu gebe, daz Heinrich ond Conrad Finken, gebrudere, onsir vetern ond frund han virsast ir teil an dem gerichte czu Swartza, dez selbin Gerichten wir ganerbin sin ond czu rechtem manlehen han von ons Junchern obeneat ond von irre graschaff, Hermanen ond Dytmaren von Lyderbach, gebrudern, vor cccxx phund hellere umb eyne widerlosunge. Geb. n. Chr. geb. M.CCC.LXXI, an sunt alz man singet Quasimodogeniti.'
[Quelle: StAD: Abt A 3 Urkunden Oberhessen, L: Schwarz; Baur: Hessische Urkunden I, Nr. 1044]

1372: Im Kampf gegen den Adelsbund der Sterner scheitert Landgraf Hermann II. vor der Burg Herzberg.

1372

Der von den v. Liederbach erworbene Anteil am Gericht Schwarz geht überwiegend an die Finke zurück. Gegenurkunde der v. Liederbach.
[Quelle: Crusius: Der Kreis Alsfeld, S. 88; StAD: Abt. E 12, Konv. 156 a, fol. 52ff, cop. (?)]

4. Februar 1381
Conrad Czop und seine Gattin Cirstine verkaufen unter anderem der Jungfrau Lyne Gradis ihr Gut zu Kelberg genannt *,Vor-Ymghenguyd'*, von dem Wigant von Kelberg und seine Ganerben jährlich geben 33 Schilling Pfennige, 2 Michelshühner und ein Fastnachtshuhn.
[Quelle: MOGV: Bd. 5, NF (EBEL: Regesten zur Geschichte der Stadt Alsfeld)]

1378: Das große abendländische Schisma beginnt.

28. September 1398
Katharina Summers, Heinrich Summers Witwe, überläßt Landgraf Hermann I. von Hessen, wegen dessen ›Ansprache‹ an sie, ihre sämtlichen Güter in Alsfeld und in den umliegenden Dörfern.
,Eyn gud zu Reynrade, eyn gud zu Bruwirswende, eyn wüste gud gelegin zu Nyddern Kelberg, eyn gudichin zu Swarze, eyn gud zu Obernswarze.'
Die hessischen Landgrafen versuchen, hiermit auch Einfluß auf das den v. Romrod, den v. Liederbach und den Finken zustehende Gericht Schwarz zu nehmen.
[Quelle: StAD: A 3, Urkunden Oberhessen, L: Alsfeld]

1398: Der Stecknitzkanal zwischen Elbe und Ostsee wird fertiggestellt.

29. März 1405
Graf Johann v. Ziegenhain belehnt Heinrich und Curt Fink, Gebrüder, Heinrich und Johann Fink, auch Gebrüder, also Vettern, mit dem Gericht Schwarz, mit Gericht und Freiheit wie es vorher Appel und Heinrich v. Romrod hatten.
[Quelle: CRUSIUS: Der Kreis Alsfeld, S. 119; WEISS: Gerichtsverfassung , S. 133; StAD: Abt. E 12 (v. Liederbach)]

1402: Die Hanse besiegt den Seeräuberbund der Viktualienbrüder. Hinrichtung Störtebeckers.

1415: Auf dem Konstanzer Konzil wird der tschechische Reformator Hus verbrannt.

21. Juli 1433
Abt Johann v. Fulda belehnt Landgraf Ludwig mit den von Graf Johann zu Ziegenhain von seinem Stift tragenden Lehen, u. a. mit der Stadt Alsfeld, der Burg Altenburg und wahrscheinlich auch mit dem Gericht Schwarz. (dgl. 2. August 1446).
[Quelle: SCRIBA: Regesten Oberhessen, Nr. 2161]

1429: Ritter Hermann Riedesel wird mit der Anwartschaft auf das Erbmarschalamt belehnt.

1431: Jeanne d' Arc wird in Reims als Ketzerin verbrannt.

2. Februar 1437
Graf Johann zu Ziegenhain und Nidda trägt Landgraf Ludwig zu Hessen seine Grafschaft auf und erhält sie als Lehen zurück.
[Quelle: SCRIBA: Regesten Oberhessen, Nr 2174]

1. Dezember 1449
Weistum über die Freiheit der eisenbachischen Männer in Brauerschwend und Rainrod, im Gericht Schwarz.
[Quelle: GRIMM: Weistümer, S. 357; SCRIBA: Regesten Oberhessen, Nr. 2309; Zeitschrift für hessische Geschichte und Landeskunde]

1450: Die Grafschaft Ziegenhain fällt an Hessen.

1450

Mit Graf Johann v. Ziegenhain stirbt dieses Geschlecht im Mannesstamm aus. Alle Lehensherrlichkeit und die Vogteirechte über Schwarz haben die Landgrafen zu Hessen.
[Quelle: SCHANNAT: Clientel Fuld.; BRAUER: Grafschaft Ziegenhain]

1455: Landgraf Ludwig I. erläßt eine Landespolizeiordnung, in der Glücksspiel und Zechen nach dem Abendläuten verboten ist.

1455: Johannes Gutenberg druckt erstmals seine Bibel.

6. Mai 1455

Curt v. Romrod d. J. versetzt seinen Teil (die Hälfte) am Gericht Schwarz an Henne, Werner und Eckart v. Liederbach:
‚Ich Cort von Romerodt, Anna myn eliche hußfrauwe ond Ich Katharina von Romerade, Wilhelms von Romerode selige Tochter bekennen, das wir verkaufft han onsern teyl an den gerichten zu Swartza, Kelberg, Reynrode and Bruerswende mit allen Iren zugehorungen dene vesten Hennen, Werner ond Eckarte von Liderbach vor funffhundert gude genge wol wichtige Rinische gulden off widerkauffe. Diß zcu orkunde so han ich obg. Conrat von Romerodt myn Eygen Ingeß an diesen brieff gehangen, so han ich obg. Katherin gebeten hern Burgharte von Colmoetsche, Ritter, ond Hansen von der Thanne, das die Ire Ingeß an diesen brieff auch han thun hengen. Dat. a. d. M.CCCC.LV. ipso die Johannis ante portem latinam.‘
[Quelle: StAD: Urkunden Oberhessen, L: Schwarz; BAUR: Hessische Urkunden IV, Nr. 179]

17. Juni 1457

Die *‚Voylswiese zu Lenzenrode‘* (Wüstung) wird erwähnt.
[Quelle: BECKER: Riedesel II, Nr. 840; REICHARDT: Siedlungsnamen]

3. März 1459

Landgraf Ludwig belehnt Heinrich Fink mit dem halben Gericht Schwarz zu Mannlehen, das vordem seinem Bruder Widekint gehörte, sowie das Burglehen zu Altenburg.
[Quelle: WEISS: Gerichtsverfassung; CRUSIUS: Der Kreis Alsteld; MGAA: Reihe 6 und Reihe 10]

1460: Befristete Teilung Hessens zwischen den Brüdern Ludwig II. (Niederhessen) und Heinrich III. (Oberhessen).

1460

Landgraf Ludwig belehnt Werner und Echarius v. Liederbach mit dem halben Gericht Schwarz zu Mannlehen. Die Finke beschweren sich, daß die v. Liederbach das Lehen empfangen haben.
[Quelle: CRUSIUS: Der Kreis Alsfeld; StAD: Abt. E 14 G]

1461–1463: Die Mainzer Stiftsfehde ruiniert das Erzstift.

1462

Die Finke und die v. Liederbach werden durch den Propst auf dem Petersberg bei Fulda und dem Fuldaer Marschall Stam v. Schlitz gen. v. Görtz dahin geeinigt, daß die v. Liederbach und ihre Erben das halbe Gericht Schwarz empfangen und verdienen sollen, weil sie es für ihr Geld inne haben *‚doch unschädlich der Finken und erben ir erlosungen‘*.

Das bedeutet, daß die Abtei Fulda, Probstei Petersberg noch Grundherr über den Gerichtsbezirk Schwarz ist (s. a. 1140). Die hessischen Landgrafen übten die Vogteirechte für Fulda aus (s. 1460) wie früher die Grafen von Ziegenhain.
[Quelle: Crusius: Der Kreis Alsfeld, S. 119; Landau III; StAD: Abt. E 12]

17. Januar 1464
Hermann Riedesel, Erbmarschal zu Hessen, verleiht das Mühlgütchen zu Renzendorf, im Gericht Schwarz.
[Quelle: Becker: Riedesel II, Nr. 938]

1466
Bis zu diesem Jahr bildete das Gericht Schwarz eine einzige Pfarrei, was sich später änderte.
[Quelle: Landau: Hessengau, S. 130; Landau: Territorien]

13. Februar 1467
Die Gebrüder Hermann und Georg Riedesel verkaufen auf Wiederkauf an den Bürger Alsfelder Gram Hanse ihre eigenen und freien Güter im Gericht Schwarz:
‚die Güter zu Reynrade, die Moller Henne innehat, das Gut zu Bruerswende, das der alte Contze Heybermel innehatte, ein Gut deselbst, das der alte Henne Hebermehl innehatte, ein Gütchen daselbst, das der junge Henne Hebermehl und zwei Güter daselbst, die der alte Welker innehatte,ein Gut zu Rentzendorff, das Mole Wigant gehörte und die Mühlenwiese halb daselbst.‘
[Quelle: Becker: Riedesel II, Nr. 1038; Becker, in: MOGV Bd. 38, Nr. 29]

1467: Auf einem Landtag am Spieß versucht die gesamte hessische Landesvertretung den Streit der Landgrafenbrüder Ludwig II und Heinrich III. wegen der Landesteilung zu schlichten.

27. Dezember 1467
Die Brüder und Vettern Heinrich und Ludwig Fink und Hermann Fink erhalten das halbe Gericht Schwarz von Landgraf Heinrich als Lehen, wie es vorher Heinrich Fink (†) besaß. Nach Landgraf Heinrichs Tode war nur noch Ludwig Fink am Leben.
[Quelle: Crusius: Der Kreis Alsfeld; MGAA: Reihe 6, S. 176; StAM: Lehensurkunde Fink]

27. April 1469
Gramhans, Bürger zu Alsfeld, veräußert einen Teil seiner im Jahr 1467 (s. d.) von den v. Riedesel erworbenen Güter an das Kloster St. Augustinus in Alsfeld.
[Quelle: MOGV: Bd. 38, S. 35]

1469
Die beiden Töchter Eckards v. Liederbach, Anne und Else, erhalten Eckards Teil (ein Viertel) am Gericht Schwarz. Das andere Vier-

1471: Landgraf Heinrich III. übernimmt die Vormundschaft über die Söhne seines verstorbenen Bruders Ludwig.

tel besitzt Werner v. Liederbach. Eckard ist anscheinend im Jahre 1469 verstorben.
[Quelle: WAGNER, in: Archiv f. hessische Geschichte, Bd. 6, S. 474]

1482
Durch landgräflichen Lehensbrief erhalten Anne und Else v. Liederbach ihren Teil am Gericht Schwarz als Ausstattungsvermögen.
[Quelle: CRUSIUS: Der Kreis Alsfeld, S. 89; StAD: Abt. E 14G]

1485
›Swartz‹ wird erwähnt
[Quelle: REIMER: Historisches Ortsverzeichnis; StAM: Fuldaer Kopiar 12, 200]

1492: Entdeckung Amerikas durch Christoph Columbus.

9. Januar 1490
Eberhart v. Merlau bekennt, daß er *‚von Landgraf Wilhelm den Teil des Gerichtes Schwarz zu Lehen erhalten hat, wie solchen weiland Eckart v. Liederbach gehabt, und durch dessen Tochter Anna, nun seine Gattin, an ihn gekommen ist. Sonnabend nach Heilige drei Könige.‘*
[Quelle: SCRIBA: Regesten Oberhessen, 4. Abt., S. 99; GÜNTHER: Bilder aus der hessischen Vorzeit, S. 161; CRUSIUS: Der Kreis Alsfeld, S. 89; StAD: Abt. E 14G]

1494
›Swartze‹ wird erwähnt.
[Quelle: REIMER: Historisches Ortsverzeichnis; StAM: Politische Akten Fulda, 1494–1498, Bestand 90b]

1498: Heirat Landgraf Wilhelm III. mit der Pfalzgräfin Elisabeth.

1497
Das Präsentationsrecht des hersfeldischen Abtes für die Kirche zu Schwarz ist belegt.
[Quelle: CRUSIUS: Der Kreis Alsfeld, S. 50; Weirich: Kirchenorganisation im oberhess. Raum, S. 59; CLAASEN: Die kirchl. Organisation Althessens im MA, S. 10; StAM: Hersfelder Kopiar 251, fol. 26]

1500: Landgraf Wilhelm III. stirbt. Sein Vetter Wilhelm II. vereinigt so wieder ganz Hessen.

16. November 1500
Landgraf Wilhelm belehnt Elbert v. Merlau mit dem Teil des Gerichtes Schwarz (wie Urkunde von 9. Januar 1490).
[Quelle: GÜNTHER: Bilder aus der hessischen Vorzeit; StAD: Lehensakten v. Merlau, Konv. II]

1508: Landgraf Wilhelm II. überträgt d. Vormundschaft ü. seinen Sohn Philipp (den Großmütigen) an seine Frau Anna unter Umgehung der Regentschaftsräte.

8. Dezember 1511
Die Regentschaft zu Hessen belehnt Eberhart v. Merlau mit dem Teil des Gerichtes Schwarz (wie Urkunde von 9. Januar 1490).

Landgraf Wilhelm ist verstorben, der junge Landgraf Philipp ist noch nicht volljährig.
[Quelle: GÜNTHER: Bilder aus der hessischen Vorzeit; StAD: Lehnsakten Merlau]

5. Dezember 1515
Landgraf Philipp (nun für volljährig erklärt) belehnt Elbert v. Merlau mit dem Teil des Gerichtes Schwarz (wie Urkunde vom 9. Januar 1490).
[Quelle: GÜNTHER: Bilder; StAD: Lehnsakten Merlau]

1524–1525
Die Zeit der Bauernkriege. Diese spielen für unser Gebiet keine große Rolle. Landgraf Philipp schlägt die Aufstände bei Fulda und Hersfeld nieder.
[Quelle: DEMANDT: Geschichte den Landes Hessen

1524: Der spanische Konquistator Cortes beginnt mit der Unterwerfung des Aztekenreiches in Mittelamerika.

22. Oktober 1526 (Einführung der Reformation)
Einführung der Reformation in Hessen durch Landgraf Philipp den Großmütigen. In Grebenau und Udenhausen wurde ab 1527 evangelisch gepredigt, nachdem die Johanniterkomturei in 1526 an den Landgrafen gefallen war. Das Jahr der Einführung der Reformation in Schwarz ist nicht festzustellen. Anscheinend legten die Gerichtsherren, die Finke, die v. Liederbach und die v. Merlau keinen besonderen Wert auf eine Wandlung. Sie waren von jeher mit dem Kloster Fulda verbunden. Jedoch kann davon ausgegangen worden, daß spätestens seit 1534 im Gericht Schwarz evangelische Pfarrer tätig waren. Denn Kurt Birkenstock, erster evangelischer Pfarrer in Wallenrod (Kirchenpatron die Riedesel) von 1530 bis 1565, gestorben an der Pest, hat die Kirche zu Brauerschwend im Gericht Schwarz seit 1534 mitbetreut. In 1551 fordern ihn die Gerichtsherren auf, daß er nach Brauerschwend ziehen solle, damit die Kinder und Untertanen im Gericht Schwarz nicht versäumt würden.
[Quelle: BECKER: Riedesel III, S.. 265; HEPPE: Kirchengeschichte beider Hessen; DIEHL: Reformationsbuch]

1526: Reformation in Hessen.

1526: Schlacht bei Mohàcs gegen die Türken. Ungarn und Böhmen fallen an das Haus Habsburg.

1531: Gründung des Schmalkaldischen Bundes.

1538
Georg und Hermann (des letzteren Sohn ist Hans) v. Liederbach klagen am Appelationsgericht in Kassel gegen Heinrich und Andreas Fink und die v. Merlau wegen der Verteilung der Rechte am Gericht Schwarz (die Fink besitzen die Hälfte, die v. Liederbach und v. Merlau je ein Viertel).
[Quelle: WEISS: Gerichtsverfassung; StAD: Abt. E 12]

1540: Landgraf Philipp der Großmütige geht eine bigamistische Zweitehe mit d. ›Fräulein von der Sale‹ ein.

24. Oktober 1540
Landgraf Philipp belehnt Valentin v. Merlau mit dem Teil des Gerichtes Schwarz (wie Urkunde von 9. Januar 1490).
[Quelle: Günther: Bilderaus der hessischen Vorzeit; StAD: Lehnsakten Merlau]

3. März 1541
Andreas und Heinrich Fink, Hermann v. Liederbach und Valentin v. Merlau entlassen als Gerichtsherren des Gerichtes Schwarz einen Gefangenen aus der Haft.
[Quelle: Weiss: Gerichtsverfassung; StAM: FA XI, 33]

1546: Martin Luther †.

1547: Landgraf Philipp in Gefangenschaft des Kaisers.

1547
Als erster evangelischer Pfarrer in Schwarz ist Herr Heinrich bekannt.
[Quelle: Diehl: Hassia sacra I]

24. Dezember 1549
Die Gerichtsherren des Gerichtes Schwarz greifen in die Rechte der ›Freien Eisenbachischen Männer‹ in Brauerschwend ein.
[Quelle: Becker, in: MGAA Reihe 7, S 263f; Becker: Riedesel]

1550: Adam Riese verfaßt ein Lehrbuch des praktischen Rechnens, Wegbereiter der modernen Algebra.

1550
Die Gerichtsherren greifen wiederum in die kirchlichen Rechte der Riedesel in Brauerschwend, die dort das Patronat besitzen, ein. Sie setzen den Pfarrer ab und verschließen die Kirchentüre, wenn er eine Taufe zelebrieren will.
[Quelle: Becker: Riedesel III, S. 321]

1555: Reichstag zu Augsburg. Augsburger Religionsfriede. Katholiken und Lutheraner können künftig nebeneinander bestehen. Jedoch bestimmt die jeweilige Landesherrschaft, welcher Religion ein Gebiet angehört.

1554
Vom Marburger Statthalter aufgerichteter Abschied zwischen den Fink und den v. Liederbach, betreffend das Roden und Verwüsten der Wälder im Gericht Schwarz.
[Quelle: Crusius: Der Kreis Alsfeld; StAD: Abt. E 14G]

1554
Streit zwischen den Finken und den v. Merlau vor dem Marburger Hofgericht um das liederbachische Viertel am Gericht Schwarz.
[Quelle: Weiss: Gerichtsverfassung; StAD: Abt. E 12]

20. Dezember 1559
Das Hofgericht Marburg gibt Urteil in Sachen zwischen Valentin v. Merlau, Kläger, und den Einwohnern zu Schwarz, Beklagte, etlicher Dienste wegen.
[Quelle: StAD: Urkunden Oberhessen, L: Schwarz; Scriba: 4. Abt., S. 102; Günther: Bilder aus der hessischen Vorzeit]

20. Dezember 1559
Urteil des Hofgerichtes zu Marburg in Sachen Riedesel gegen die Gerichtsherren, betreffend der Klage der Riedesel (aufgrund der Vorfälle vom 24. Dezember 1549), das den Riedesel in allen Punkten recht gibt.
[Quelle: CRUSIUS: Der Kreis Alsfeld, S. 111; BECKER: Riedesel III, S. 471]

1564
Die Finken, die von der Landgrafschaft Hessen das halbe Gericht Schwarz zu Lehen haben, sterben im Mannesstamm aus. Das Mannlehen fällt an den Landgrafen.
[Quelle: CRUSIUS: Der Kreis Alsfeld, S. 119; LANDAU: Hessengau, S. 135; BECKER: Riedesel III, S. 471]

1562: Das Testament Philipp des Großmütigen legt die Teilung Hessens nach seinem Tode fest.

1565
Als Pfarrer in Schwarz wird Herr Kaspar erwähnt.
[Quelle: DIEHL: Hassia sacra I]

1567
Eine Zollstelle wird in Schwarz genannt. Sie gehört zum ›Alsfelder Schluß‹.
[Quelle: LEDDERHOSE: Kleine Schriften, Bd. 4, S. 200 ff.]

1567: Landgraf Philipp stirbt im Alter von 62 Jahren – Teilung Hessens.

1568
Tilemann Nolthius, vorher 14 Jahre katholischer Priester im Stift Fulda, wird evangelischer Pfarrer in Schwarz.
[Quelle: DIEHL/KÖHLER: Beiträge zur hess. Kirchengeschichte]

1568
Die Liederbacher, die ein Viertel des Gerichtes Schwarz als landgräfliches Lehen besitzen, sterben im Manneamstamm aus. Das Mannlehen fällt an den Landgrafen.
[Quelle: CRUSIUS: Der Kreis Alsfeld, S. 119; LANDAU: Hessengau; WEISS: Gerichtsverfassung]

6. Mai 1568
Landgraf Ludwig zu Marburg, Sohn Philipps des Großmütigen, belehnt Hector v. Merlau mit dem Teil den Gerichtes Schwarz (wie Urkunde vom 9. Januar 1490).
[Quelle: GÜNTHER: Bilder aus der hessischen Vorzeit; StAD: Lehnsakten Merlau]

1568
Der Rentmeister Daniel Heidwolf aus Alsfeld ist für das Gericht Schwarz zuständig.
Nachdem die Gerichtsherren Fink und v. Liederbach ausgestorben sind, müssen die Abgaben der Untertanen an den Landgrafen an

die Rentei Alsfeld abgeliegert werden. Schwarz gehört zum Amt Alsfeld.

1569: Gehard Mercator entwickelt die nach ihm benannte winkeltreue Landkartenprojektion.

17. April 1569

Landgraf Ludwig zu Marburg sowie Anna v. Liederbach, geb. v. Löwenstein, Elisabeth und Anna v. Liederbach, Witwe bzw. Töchter des Hermann v. Liederbach vergleichen sich wegen Leibzucht, Besserung, Ablegung der Bäue und der angemaßten Güter im Gericht Schwarz.
[Quelle: StAD: Abt A3, Urkunden Oberhessen, L: Schwarz; AHG: Bd. 6, S. 475]

1570: Graf Christoph Ernst v. Diez, ein Sohn aus der Nebenehe Landgraf Philipps d. Gm., wird von seinen Stiefbrüdern (den Landgrafenbrüdern) von der Burg Ulrichstein in die Festung Ziegenhain verbracht und eingekerkert.

1. Januar 1570

Urkunde des Landgrafen Ludwigs zu Marburg und der Riedesel zu Eisenbach die Untertanen und Rechte im Gericht Schwarz betreffend.
[Quelle: BECKER: Salbücher; StAD: Abt. A3, Urkunden Oberhessen, L: Crainfeld]

3. Juni 1570

Hector v. Merlau tritt seinen vierten Teil am Gericht Schwarz an den Landgrafen Ludwig zu Marburg, von welchem er denselben zu Lehen hat, ab. Ihm verbleiben aber bis zu seinen Ableben noch gewisse Einkünfte.
[Quelle: GÜNTHER: Bilder aus der hessischen Vorzeit, S. 168; SCRIBA: Regesten, 4. Abt., S. 103; StAD: Abt. A 3, Urkunden Oberhessen, L: Schwarz; CRUSIUS: Der Kreis Alsfeld, S. 119; StAD: Abt. E12]

1573: Das in Fulda eingerichtete Jesuitenkolleg wird vom Papst Gregor XIII. bestätigt. Ziel ist die Rekatholisierung der dem Lutherischen Glauben anhängenden Ritterschaft und anderer Abtrünniger in der Region.

1573

Das Salbuch des Gerichtes Schwarz wird aufgestellt. Es behandelt Einwohner, Dienste, Abgaben, Zoll, Lehen, Höfe.
[Quelle: StAD: Abt. C1, Salbücher 261/1; BECKER: Die Salbücher des Kreises Alsfeld]

1576

Das Grenzbuch des Gerichtes Schwarz wird 9 Jahre nach dem Tode Philipps des Großmütigen unter dem Landgrafen Ludwig zu Hessen–Marburg geschrieben. Die maßgebenden Beamten waren: Chritoph Eckard, Rentmeister zu Alsfeld und Reitz Löber, Schultheiß zu Schwarz, und andere.
[Quelle: MGAA: Reihe 6, S. 27f; BECKER: Die Salbücher des Kreises Alsfeld; Stadtarchiv Alsfeld]

1577

Hector v. Merlau ist noch zu einen Viertel an den Einkünften des Gerichtes Schwarz beteiligt.
[Quelle: StAM: S 40; WEISS: Gerichtsverfassung]

1578
Verdacht der Wiedertäuferei gegen den Pfarrer von Schwarz, Tileman Noltius, und verschiedener anderer Einwohner. Die Generalsynode der Evangelischen Kirche beordert den Superintendenten nach Schwarz, um in einer Predigt das Volk über die Verirrungen der Wiedertäuferei zu belehren und den Pfarrer nach gehaltener Predigt in Pönitenz (Buße) zu nehmen.
[Quelle: HEPPE: Kirchengeschichte beider Hessen I, S.464; BECKER: Riedesel III, S. 426]

26. April 1578
Hector v. Merlau macht sein Testament. Es betrifft auch das Gericht Schwarz.
[Quelle: GÜNTHER: Bilder aus der hessischen Vorzeit, S. 169; StAD: Abt. A3, Urkunden Oberhessen, L: Merlau]

13. August 1579
Anna, geb. Rüsser, Witwe Hectors († 1579) v. Merlau, tritt ihres Gatten Güter und Einkünfte gegen eine Rente und diverse Naturalien aus dem Gericht Schwarz an den Landgrafen Ludwig zu Marburg ab.
[Quelle: GÜNTHER: Bilder aus der hessischen Vorzeit, S. 170; StAD: Abt. A3, Urkunden Oberhessen, L: Merlau]

1582: Papst Gregor reformiert den 1628 Jahre alten Julianischen Kalender.

2. Oktober 1585
Landgraf Ludwig zu Marburg verleiht die *‚Mühle im Windhain‘* als Erblehen an Heinz Blum zu Schwarz. Gemeint ist die Finkenmühle (urkundl. Ersterwähnung).
[Quelle: StAD: Abt. A3, Urkunden Oberhessen, L: Schwarz (II) darin (I).]

1585: Die Gründung einer ersten Kolonie auf amerikanischem Boden durch Sir Walter Raleigh schlägt fehl.

2. Oktober 1585
Landgraf Ludwig zu Marburg verleiht die *‚Mühle unterm Dorf Schwarz, genannt die mittelste Mühle‘*, als Erblehen an Ruepel Weitz. Es ist die Hannchesmühle (urkundl. Ersterwähnung). 1576 wird der damalige Besitzer Reitz Nau *‚wegen Falschmünzerei in besagter Mühle vor das peinliche Gericht gestellt.‘*
[Quelle: StAD: Abt. A3, Urkunden Oberhessen, L: Schwarz (IV) darin (III).]

2. Oktober 1585
Landgraf Ludwig zu Marburg verleiht *‚die Hart Muhlen‘* zwischen dem Lichtenstein und dem Kilberge an Peter Habich (urkundl. Ersterwähnung).
[Quelle: StAD: Abt. A3, Urkunden Oberhessen, L: Schwarz (VI) darin (V).]

2. Oktober 1585
Landgraf Ludwig zu Marburg verleiht die *‚Mühle unten nächst am Dorf, die Hallmühle genannt‘* an Cuntz Wegfahrt, sonst Curt Wahl genannt, als Erblehen (urkundl. Ersterwähnung).
[Quelle: StAD: Abt. A3, Urkunden Oberhessen, L: Schwarz ((VIII) darin (VII)]

1589
Die in Schwarz noch vorhandene älteste Glocke wird (in Fulda) gegossen. Die Inschrift lautet in gotischen Buchstaben: ›Mein trost ist Christus. 1589.‹

1596: Landgraf Georg I. stirbt in Darmstadt.

1599 (Niederländischer Krieg)
Die spanischen Truppen hausen in Westfalen und am Niederrhein fürchterlich. Das Amt Alsfeld mit Romrod und dem Gericht Schwarz stellt 19 Heerwagen für die Landgrafschaft Hessen.
[Quelle: MGAA: Reihe 11, S. 315 f (Herbert Konsog); Demandt: Die Geschichte das Landen Hessen. S. 245]

1. Februar 1601
Eine Urkunde von Landgraf Ludwig zu Marburg für Einwohner im Gericht Schwarz, betrifft die Hardtmühle.
[Quelle: StAD: Abt. A3, Urkunden Oberhessen, L: Schwarz]

1603
Tilemann Nolthius, seit 36 Jahren Pfarrer in Schwarz und vorher 14 Jahre als katholischer Priester im Stift Fulda, wird wegen schwerer Verfehlungen gezwungen auf das Pfarramt zu verzichten. Er wird zum Opfermannsdienst (Kirchendiener) degradiert.
[Quelle: Diehl/Köhler: Beiträge zur hess. Kirchengeschichte]

1604: Die Landgrafschaft Hessen-Kassel wird calvinistisch.

1604
Nach dem Tode des Landgrafen Ludwig IV. des Älteren zu Marburg wird die Landgrafschaft Hessen–Marburg aufgeteilt. Der Bereich Gießen–Alsfeld, und somit auch Schwarz, kommt zur Landgrafschaft Hessen–Darmstadt unter Landgraf Ludwig V. dem Jüngeren.
[Quelle: Demandt: Die Geschichte des Landes Hessen]

14. März 1605 (Zunftbrief)
Ludwig Landgraf zu Hessen, Graf zu Catzenelnbogen, Dietz, Ziegenhain und Nidda bestätigt den Meistern des Leinweberhandwerks in der Stadt Alsfeld, in den Ämtern Alsfeld, Romrod und in dem Gericht Schwarz die Ordnung und Zunft, die ihnen von Landgraf Philipp und Ludwig dem Älteren erneuert worden ist. Wer in ihre Zunft und Bruderschaft kommen will *‚soll ingeseßner Bürger daselbst sein, und das Handwerk nach Erkenntnis der Meister recht u. redlich gelernt haben [...]. Es soll kein Leinweber im*

Gericht Schwarz gelitten werden, Frauentuch zu machen, er mache denn die alte Alsfeldtisch rechte Breite.'
[Quelle: StAD: Abt. E 10/H 7, Konv. 128; MOGV: Bd. 33, S. 177 (Becker, Alsfelder Urkunden)]

1618–1648 (Dreißigjähriger Krieg)
(Eine nähere Beschreibung ist im Abschnitt ›Kriege‹ zu finden)

1618: Der Prager Fenstersturz. Auslöser des Dreißigjährigen Krieges.

30. Mai 1622
Herzog Christian zu Braunschweig und Lüneburg zieht 1622 plündernd und brandschatzend durch das Oberfürstentum Hessen–Darmstadt. Der Obrist Kniphausen beraubt Schwarz und das Amt Grebenau. Die Schäden im Gericht Schwarz belaufen sich auf 28.094,5 Gulden.
[Quelle:Quartalblätter des Hististorischen Vereins, NF Bd. 1; StAD: Abt. E8 Konv. 24]

1620: Die Pilgerväter landen mit der Mayflower in Nordamerika und gründen die Stadt Plymouth.

1626
Ein Lehrer wird in Schwarz erwähnt.
[Quelle: Diehl: Hassia sacra I]

1631
Die kaiserlichen Truppen unter Fugger hausen in der Umgegend. Ihnen folgt Tilly mit seinen Truppen und das Schwedische Heer.
[Quelle: MGAA: Reihe 11 (Bratge)]

1630: König Gustav Adolf landet in Pommern und greift zu Gunsten der Lutheraner in den Krieg ein.

1635
Es gibt viele Pesttote in Schwarz. Henn Creutzer wird von der Benninghausischen Soldateska erschossen.
[Quelle: MGAA: Reihe 10, S. 221ff (Geisel); StAD: Abt. E 14B, Konv. 33]

1632: König Gustav Adolf fällt in der Schlacht bei Lützen.

1632: Tilly, Feldherr der katholischen Liga, wird tödlich verwundet und stirbt in Ingolstadt.

1634: Wallenstein in Eger ermordet.

1637
Die Kroaten liegen im Quartier.
[Quelle: MGAA: Reihe 11 (Bratge)]

1640
Elia Stoer ist Rentmeister und Schultheiß im Gericht Schwarz
[Quelle: Becker: Riedesel III]

1640: Friedrich Wilhelm der Große Kurfürst wird Kurfürst von Brandenburg.

1646: Der Hessenkrieg.

1648: Westfälischer Frieden.

1662 (Das Kirchenbuch)
Die Eintragungen im Kirchenbuch Schwarz beginnen. Es enthält laut landesherrlicher Vorschriften die Namen von den Täuflingen, den Heiratenden, den Verstorbenen und jenen, welche die Buße abgelegt haben. Im Schlußteil sollen besondere Gegebenheiten und Vorfälle aus dem Ort niedergeschrieben werden.
[Quelle: Herrmann: Inventare der evangelischen Pfarrarchive; Pfarrarchiv Schwarz]

10. Mai 1665
Landgraf Ludwig VI. († 1678) bestätigt den Meistern des Leinweberhandwerks in der Stadt Alsfeld, in Romrod und im Gericht Schwarz ihre Ordnung.
[Quelle: MOGV: Bd. 33, S. 184f; StAD: Abt. E 10 (s. a. 1605)]

1669: In Lübeck findet der letzte Hansetag statt.

1667
Die Kirchengemeinde Eifa wird Filial der Kirchengemeinde Schwarz.
[Quelle: MGAA: Reihe 7; Kirchenchronik]

1673: Burg und Stadt Friedberg werden von französischen Truppen besetzt.

1673
Landgraf Ludwig VI zu Hessen–Darmstadt überläßt Johann XV. Riedesel zu Eisenbach die Niedere Jagd im Gericht Schwarz mit Verpfändung des Amtes Grebenau.
[Quelle: Becker: Riedesel III, S. 251]

1674
Die ärztliche Versorgung des Gerichtes Schwarz wird vom Stadt- und Landphysikus Dr. Schleiermacher zu Alsfeld besorgt. Das Gericht Schwarz bezahlt dafür 6 Gulden per anno.
[Quelle: MGAA: Reihe 2, S. 113]

1683: Wien kann der 2. Belagerung durch die Türken standhalten. Mit dem Sieg bei Kahlenberg werden die Osmanen aus Europa vertrieben.

1683
Das Gericht Schwarz gehört zum Oberamt Alsfeld.
[Quelle: Crusius: Der Kreis Alsfeld]

1708: Landgraf Ernst Ludwig führt die Parforcejagd ein.

1717: Aufstellung d. Herkules b. Kassel.

1707
Daniel Merian erstellt eine Grenzbeschreibung der Gemarkung Schwarz sowie eine Zeichnung über den Grenzverlauf.
[Quelle: StAD: Abt. P1, Nr. 1111; StAD: Abt. E13, Nr. 25/86]

1722: In Hessen-Darmstadt ergeht eine Warnung gegen die österreichische Auswanderungswerbung für das Banat.

1722
Das zweite Salbuch des Gerichtes Schwarz wird geschrieben (fußend auf dem Salbuch von 1573).
[Quelle: StAD: Abt. C1, Salbücher 261/2]

1741: Der Schlesische Krieg wird zum Österreichischen Erbfolgekrieg.

1746 (Österreichischer Erbfolgekrieg)
In Schwarz ist eine merkwürdige Truppe einquartiert, Panduren, eine irreguläre österreichische Truppeneinheit. Pfarrer Roth, der von 1744 bis 1794 Seelsorger in Schwarz ist, berichtet im Kirchenbuch darüber. (Eine nähere Beschreibung ist unter dem Abschnitt ›Kriege‹ zu finden)
[Quelle: Kirchenbuch Schwarz 1745–1807; MGAA: R. 8, S. 134]

1756: Mit dem Einmarsch preußischer Truppen in Sachsen beginnt der Siebenjährige Krieg.

1756–1763 (Siebenjähriger Krieg)
(Eine nähere Beschreibung ist unter Abschnitt ›Kriege‹ zu finden)
[Quelle: MGAA: Reihe 2, S. 153ff; Lauterbacher Geschichtsblätter]

1770
Der Abbruch der Schwärzer Kirche wird verfügt.
[Quelle: DIEHL: Hassia sacra]

1770
Zunftbrief des Landgrafen für die Maurer und Pflasterer im Gericht Schwarz.
[Quelle: StAD: Abt. E10 (stark beschädigt)]

1771: Ein Reichstagsgutachten untersagt den Handwerkern den Blauen Montag.

1777
Oberlandkommission zur Hebung von Landwirtschaft und Bodenkultur. Daraus folgt: Stallfütterung, Kleeanbau, Wiesenmelioration, Kartoffelanbau und Beseitigung der Waldweide.
[Quelle: CRUSIUS: Der Kreis Alsfeld]

1777: Erlaß der hessen-darmstädtischen Brand-Assecurations-Ordnung begründet die Brandversicherungskammer Darmstadt.

1778
Die neue Kirche zu Schwarz ist fertiggestellt. Die Orgel wird 1808 eingebaut.
[Quelle: DIEHL: Hassia sacra]

1796
Während der französischen Revolutionskriege finden Einquartierungen in Schwarz statt. Die Kriegskostenrechnung für das Gericht Schwarz beträgt 1611 fl. (Gulden) und 31 ¾ kr. (Kreuzer).
[Quelle: MGAA: Reihe 3; Gemeindearchiv, Kriegskostenrechnung]

1792: Französisch besetztes Frankfurt wird von hessisch-preußischen Truppen befreit.

1792–1799 (Französische Revolutionskriege)
(Eine nähere Beschreibung ist unter Abschnitt ›Kriege‹ zu finden.)
[Quelle: MGAA: Reihe 10, S. 146]

1804–1815 (Napoleonische Kaiserzeit)
(Eine nähere Beschreibung ist unter Abschnitt ›Kriege‹ zu finden.)

1803: Reichsdeputationsausschuß in Regensburg. Alle Kirchengüter, außer den kurfürstlich-mainzischen, werden säkularisiert. Auflösung der Reichsunmittelbarkeit vieler kl. Herrschaften, die Mediatisierung

1805–1807
Kriegskosten des Gerichtes Schwarz: 1017 fl. 28 kr.
[Quelle: MGAA: Reihe 4]

1809–1812
Opfer der napoleonischen Feldzüge aus Schwarz: Conrad Becker (Leib. Füsil. Batl., † in Rußland), Johannes Riegelmann (Gardist, † in Ebersdorf an Blessur), Georg Ruppel (Leib. Rgt., † in Rußland), Andreas Stürtz (Leib. Füsil. Batl., † in Rußland).
[Quelle: MGAA: Reihe 9, S. 57; StAD: Abt. E8]

1811: In Preußen wird das Edikt zur Gewerbefreiheit erlassen. Befreiung vom Zunftzwang.

1. Mai 1812
Für die Vorbereitungen und während des russischen Feldzuges mußten für die Franzosen Fuhren geleistet werden. Die aufgelau-

1813: Beginn der Befreiungskriege gegen Napoleon.

1814: Wiener Kongreß.

1820: Der Abgeordnete v. Gagern fordert im Darmstädter Landtag die Freigabe der Auswanderung als Mittel gegen die Überbevölkerung.

1829: Georg Wilhelm Justin Wagner veröffentlicht den 1. Band seiner Statistisch-topographisch-historischen Beschreibung d. Großherzogtums Hessen.

fenen Etappengelder wurden später von den Gemeinden an die Fuhrleute zurückgezahlt. In Schwarz waren es 520 fl. 57 ½ kr.
[Quelle: Gemeindearchiv, Etappengelder; MGAA: Reihe 4]

1. November 1813–20. April 1815
Nach der napoleonischen Niederlage in Rußland und der Völkerschlacht bei Leipzig, vom 16.–19. Oktober 1813, wurde das französische Heer von Osten nach Westen zurückgedrängt. Auch hier wurden von den Gemeinden Kriegsfuhren für die Verbündeten Preußen, Russen und Österreicher, denen sich auch das zum Großherzogtum (seit 1806) avancierte Hessen–Darmstadt anschloß, geleistet. Die Schwarzer Fuhrleute fuhren laut Kriegsfuhrenverzeichnis bis nach Eisenach, Schlitz, Treysa, Hersfeld, Wisseck, Grünberg, Ruppertenrod und nach anderen Orten.
[Quelle: Gemeindearchiv, Kriegsfuhrenverz.; MGAA: Reihe 4]

Juli, August, November 1816
Einquartierung von Truppen in Schwarz.
[Quelle: Gemeindearchiv, Einquartierungslisten]

1817–1827
Planung und Bau der alten Schule mit Teilunterkellerung, Saal und Lehrerwohnung mit 3 Zimmern.
[Quelle: StAD: G15 Alsfeld M402]

1820
Aufhebung der Fronen im Großherzogtum Hessen.
[Quelle: MGAA: Reihe 11]

1821
Die Verwaltungseinheit Gericht Schwarz (und Amt Alsfeld) wird aufgehoben. Schwarz gehört zum Landratsbezirk Romrod
[Quelle: Ruppel: Hist. Ortsverzeichnis; Crusius: Der Kreis Alsfeld]

1828
Verlegung des Friedhofes nach außerhalb auf den Acker der Witwe von Heinrich Dörr *(‚Hanns's ahle Gådde')*. Der alte Friedhof an der Kirche konnte wegen der Enge und der vielen Verstorbenen nicht weiter belegt werden. Von 1798–1827 waren 473 Personen verstorben. Das waren im Durchschnitt jährlich cirka 30 Menschen, die beerdigt werden mußten.
[Quelle: StAD: G15 Alsfeld, P527]

1829
Schwarz gehört zum Landratsbezirk Alsfeld (Umbenennung).
[Quelle: Ruppel: Historisches Ortsverzeichnis]

1832
Schwarz gehört zum neugegründeten Kreis Alsfeld.
[Quelle: RUPPEL: Historisches Ortsverzeichnis]

1840–1885
Viele Auswanderungen aufgrund wirtschaftlicher Not und fürstlicher Härte.
[Quelle: GEISEL: Auswanderungen aus dem Kreis Alsfeld, Stadtarchiv Alsfeld]

1849 (Badischer Feldzug)
Badischer Feldzug zur Niederwerfung der freiheitlichen Bestrebungen im Großherzogtum Baden. Teilnehmer aus Schwarz sind auf seiten der großherzoglich- darmstädtischen Truppen zu finden (siehe Abschnitt ›Kriege‹).
[Quelle: MGAA: Reihe 9]

1848: Revolution in Teilen Europas.

3. Dezember 1861
Volkszählung im Großherzogtum Hessen. Für Schwarz ergibt sich folgendes:

1.	*bewohnbare Gebäude*	*104*
2.	*Haushaltungen*	*141*
3.	*am Ort Wohnende (Zollabrechnung)*	*696*
4.	*am Ort Anwesende(fakt.Bevölkerung)*	*669*
5.	*davon männlich*	*311*
6.	*in der Landwirtschaft Tätige*	*58*
7.	*Selbständige (Gewerbe, Industrie)*	*70*
8.	*Selbständige (Handel. 6-8 bez. auf)*	*1*
9.	*Landwirtsch. Berufszugehörige in % der anwesenden Bevölkerung*	*40,7*

[Quelle: Der Kreis Alsfeld]

1866: Hessen–Kassel wird von Preußen annekdiert.

1870–1871 (Deutsch–Französischer Krieg)
Aus Schwarz nahmen 15 Mann Teil. Ein Soldat, H. Becker, fällt.
[Quelle: Kirchenchronik Schwarz]

1871: Gründung d. Deutschen Reiches.

1878
Der Friedhof wird vergrößert
[Quelle: StAD: G15 Alsfeld, P527]

1878: Nach zwei Attentaten auf Kaiser Wilhelm II. wird das Sozialistengesetz vom Reichstag verabschiedet.

1887
Die Veteranen des Krieges von 1870/71 gründen den Kriegerverein, der bis 1937 besteht. 1894 hat er sogar eine Gesangsabteilung.
[Quelle: Vereinsunterlagen, Herr Georg Walter]

1892–1897
Die beiden Backhäuser, das an der Bach und das Kuttebackhaus, werden erneuert. 1824 bestanden in Schwarz vier Backhäuser.
[Quelle: Gemeindearchiv, Allg. Bauwesen; StAD: G15, Alsfeld]

1890: Helgoland wird von Deutschland im Tausch gegen Sansibar von England erworben.

1902: Als erster Staat Deutschlands erläßt das Großherzogtum Hessen ein modernes Denkmalschutzgesetz.

1903–1904
Eine neue Schule wird gebaut. Sie besitzt im Erdgeschoß einen großen Saal und im Obergeschoß eine Lehrerwohnung. Es bestand schon eine im Jahre 1827 errichtete Schule. Wegen Platzmangels wurde auch ein Fabrikraum der Fuhrschen Weberei (jetzt Landwirt Krug, Rainröder Weg) als Schullokal und Lehrerwohnung benutzt.
[Quelle: StAD: G15, Alsfeld]

1903
Der Männergesangverein wird gegründet.
[Quelle: Vereinsunterlagen]

1911: Der Norweger Amundsen erreicht als erster den Südpol.

1911
Die Wasserleitung wird gebaut. Schwarz bekommt das Trinkwasser über ein Leitungsnetz und ein Hochbassin vom Sandbrunnen.
[Quelle: Gemeindearchiv, Allg. Bauwesen]

1913: In den USA erfindet Henry Ford das Fließband.

1913–1916
Die Bahn wird gebaut. Schwarz erhält eine Bahnstation an der Strekke Alsfeld–Niederaula.
[Quelle: Gemeindearchiv, Allg. Bauwesen]

1914: Erster Weltkrieg. Die Edertalsperre ist fertiggestellt.

1914–1918 (Erster Weltkrieg)
Aus Schwarz nahmen 195 Personen teil. 36 Mann starben für das Vaterland, 18 waren in Gefangenschaft (siehe ›Kriege‹).
[Quelle: Gemeindearchiv, Meldebögen; Denkmal; Glockenguß Mittlere Glocke 1921]

1922: Reichspräsident Ebert erklärt das Deutschlandlied zur Nationalhymne.

1922
Die alte Schule erhält einen zweiten Stock, ohne staatl. Bauaufsicht, jedoch mit finanzieller Unterstützung der Behörde. Lehrer Lippert und die Schüler sind aktiv am Bau beteiligt.
[Quelle: StAD: G15, Alsfeld]

1911–1936
Feldbereinigung in der Gemarkung Schwarz.
[Quelle: Gemeindearchiv, Flurbereinigungsakten; StAD: G15 Kreis Alsfeld, T45]

1923: Besetzung des Ruhrgebietes durch französisch-belgische Truppen.

1923: Ermächtigungsgesetz der Deutschen Regierung.

1923
Schwarz erhält die Stromversorgung und elektrisches Licht. Weihnachten findet ein Lichtfest in der Kirche statt.
[Quelle: Gemeindearchiv/Pfarrchronik]

1926: Die Deutsche Lufthansa AG wird gegründet.

1926
Die neue Schule wird umgebaut und renoviert.
[Quelle: Grebenau und seine Stadtteile: Bildband; StAD, G15 Alsfeld]

1926–1932 (Arbeitslosigkeit u. Weltwirtschaftskrise)
Es werden sogenannte Notstandsarbeiten in der Wald- und Feldgemarkung ausgeführt. Viele Ortsbürger arbeiten in Westfalen.

1931: Hoover-Moratorium. Die USA stunden den europäischen Ländern ihre Kriegsschulden.

1933–1939 (Machtübernahme)
Viele Ortsbürger arbeiten im Reichsarbeitsdienst, beim Autobahnbau und am Westwall (siehe ›Kriege‹).

1933: Reichskanzler v. Schleicher tritt zurück. Reichspräsident v. Hindenburg ernennt Adolf Hitler zum Reichskanzler.

1939–1945 (Zweiter Weltkrieg)
65 Personen fallen auf den Kriegsschauplätzen oder werden vermißt. Ende März 1945 wird der Ort von amerikanischer Artillerie beschossen. Zwei Bauernhöfe brennen ab und viele Gebäude werden beschädigt. 5 Personen, 3 Soldaten der deutschen Wehrmacht und 2 polnische Fremdarbeiter sterben (siehe ›Kriege‹).

1939: Der Zweite Weltkrieg.

1945: Jalta-Konferenz. Die Spaltung Deutschlands in vier Besatzungszonen wird beschlossen. Ende des Krieges. Die erste Atombombe wird eingesetzt.

1946
Aufnahme der Heimatvertriebenen.

1946: 12 Personen werden im Nürnberger Kriegsverbrecherprozeß zum Tode verurteilt.

1948
Mit 40 Deutschen Mark (DM) Kopfgeld fängt für die Schwärzer eine neue Zeit mit veränderter Kaufkultur an.

1948: Währungsreform in Deutschland.

1949
Die letzten Schwärzer Kriegsgefangenen kommen aus Rußland.

1949: Der Parlamentarische Rat verabschiedet das Grundgesetz.

1952/53
Das Spritzenhaus mit einem Bürgermeisterbüro wird gebaut.

1952: Erstmals beteiligen sich wieder Deutsche an den Olympischen Spielen.

1963
Das Baugebiet Goethestraße wird erschlossen.

1972
Schwarz verliert seine kommunale Selbständigkeit.

1972: EG-Erweiterung durch die Länder Großbritannien, Irland, Dänemark.

1975
Das Baugebiet Schillerstraße wird genehmigt.

1975: Herabsetzung des Volljährigkeitsalters von 21 auf 18 Jahre.

1983
Das Gemeindehaus wird von der bürgerlichen und der Kirchengemeinde gebaut.

1993
Die Erneuerung der Ortsdurchfahrt beginnt nach langem Kampf mit den Behörden.

1993: Europäischer Binnenmarkt. Freier Verkehr zw. 12 europäischen Staaten.

1998
Ein Dorfgemeinschaftshaus soll gebaut werden. Die Abbrucharbeiten haben aufgrund der Auftragsvergaben begonnen.

Bei den vorausgegangenen Darlegungen sollte berücksichtigt werden, daß die alten Wege und Straßen nie eine feste Trasse darstellten, wie es heute bei den befestigten Straßen der Fall ist. Jahreszeit, Witterung und die allgemeine Sicherheit bestimmten den Verlauf. Wenn ein Weg aufgrund starker Regenfälle unpassierbar geworden war, wich man notwendigerweise ein paar Meter, wenn nicht sogar Kilometer vom Weg ab und suchte sich eine neue und sichere Passage. So ist auch zu erklären, weshalb man bei bekannten alten Straßen oft mehrere Wagenspuren oder Wegspuren nebeneinander vorfindet.

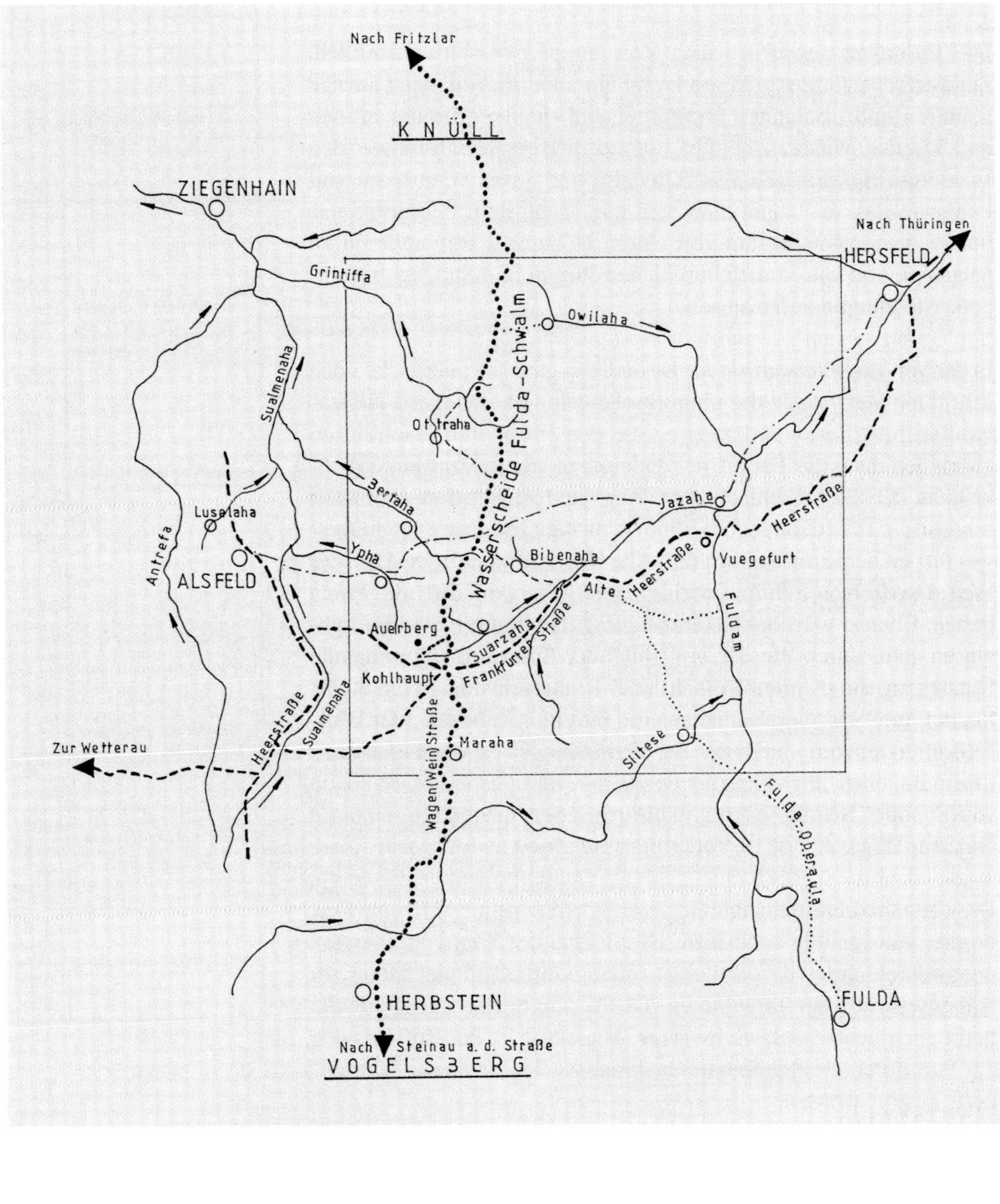

Abb. 9: Frühe Straßen und Fernwanderwege.

[Literatur: Th. Müller, Wenk, Schannat, Crusius; Zeichnung: Gerhard Habermehl, 1987]

Die Kurzen Hessen

Der Weg ›durch die kurzen Hessen‹ war die Hauptverkehrsader, die den nördlichen Vogelsberg berührte.[27] Er führte von Frankfurt kommend durch die Wetterau, über Grünberg nach Ruppertenrod, von dort nach Groß-Felda, Windhausen und Vadenrod, überquerte die Schwalm, zog über die Schwalmhöhe, kreuzte die von Hergersdorf kommende ›Heristraza‹, die Heerstraße, führte östlich Brauerschwend zum Kohlhaupt hinauf und verlief weiter nach Osten Richtung Schwarz und Grebenau. Dieser Straßenzug heißt hier im Volksmund auch die ›Frankfurter Straße‹. Im Salbuch des Gerichts Schwarz von 1573 wird sie als die *‚Straße von Grebenau auf Frankfurt'* bezeichnet. Von Grebenau stieg sie wieder hinauf, auf die kleine Wasserscheide zwischen Fulda und Jossa, zu der im Meßtischblatt verzeichneten ›Alten Heerstraße‹ und neigte sich dann in das Fuldatal hinab nach Wegfurt. Dort überquerte sie die Fulda, gelangte auf die gegenüberliegende Höhenkette und verlief als ›Heerstraße‹ auf der Wasserscheide zwischen Fulda und Haune nach Hersfeld. Von dort führte die Straße weiter über Friedewald (dort das bekannte Nadelör) nach Thüringen.

Ein weiterer, als die ›Kurzen Hessen‹ bezeichneter Straßenzug, führte weiter nördlich über Romrod, Alsfeld, Lingelbach, Breitenbach und Niederaula nach Hersfeld. Diese alte Straße deckt sich überwiegend mit der neuen Straßenführung, der Bundesstraße 62. Der nördliche Wegezug ist allerdings wesentlich jünger als der alte Höhenweg. Die Burgen Herzberg und Romrod trugen besonders zur Sicherung dieser Handelsstraße bei. Wahrscheinlich sind sie sogar zu diesem Zwecke erbaut worden.

Die Weinstraße

Die wichtigste Nord-Südverbindung, die unser Gebiet tangierte, war die sogenannte ›Weinstraße‹. Sie verband den Spessart im Süden mit der Niederhessischen Senke im Norden. Müller[28] beschreibt den Straßenzug. Er läßt ihn in Steinau an der Straße beginnen und führt ihn über, oder vorbei an den Gemarkungen Ulmbach, Ürzell, Neustall, Fleschenbach Freiensteinau, Obermoos, Crainfeld, Vaitshain, Ilbeshausen, Altenschlirf bis nach Herbstein. Weiter berührte sie die Gemarkungen von Hopfmannsfeld, Rixfeld, Frischborn, Eisenbach und Lauterbach. Die Straße ließ die letztbenannte Stadt rechts liegen und führte weiter nach Maar. Dort verlief sie zwischen Bilskuppe, die sie knapp links liegen ließ, und dem Maarer Kalkberg den leichten Hang hinan auf die Höhe, um

[27] Diemer
[28] Müller, a. a. O.

dann nach links abbiegend in den Wald hineinzutreten. Am Schwarzbrunnen überschritt sie die Gemarkungsgrenze Maar–Schwarz, kreuzte die Frankfurter Straße, führte am Schwärzer Kalkberg ins Tal hinunter bis zur Schwarza. Der weitere Weg, den Hang hinauf, heißt auch heute noch ›Alter Lingelbacher Weg‹. Oben überquerte die Weinstraße den Schöffenweg, verlief durch die Strutheeg zur Alsfelder Straße und weiter zum Plättchen, wo sie den Weg von Rainrod auf Reimenrod und Eulersdorf überschritt. Die Straße verlief durch die Hesseln, an der Blauen Pitsch vorbei, verband sich vor Lingelbach mit dem Ottrauer Weg, der von Grebenau und Bieben heranführte, auch die ›Alte Straße‹ genannt, ging weiter durch Lingelbach, wo sie den nördlichen Wegstrang durch die Kurzen Hessen schnitt, und zog geradeaus durch den Wald bis nach Ottrau, von wo sie im weiteren Verlauf nach Neukirchen und darüber hinaus weiterzog.

Bei dem Namen der Straße waren sich einige Publizisten nicht einig, ob es eine Straße war, über die überwiegend Wein transportiert wurde, oder ob Weinstraße von Wagenstraße abgeleitet war. Die Bezeichnung von Müller als ›Weinstraße‹ erscheint indes plausibler, so daß dieser Terminus im weiteren Verwendung finden soll. In den Salbüchern von Schwarz (1573 und 1722) wird festgehalten, daß die Untertanen die Weinfuhren des Frankenweines ein Stück Wegs fahren mußten und auch, daß sich hier eine Zollstelle befand, an welcher der *Gulden Weinzoll* erhoben wurde. Die Weinstraße war eine ausgesprochene Höhenstraße, die sich überwiegend über die Wasserscheiden hinzog. Dieser Umstand weist auf eine Benutzung bis in die Vorzeit hin. Crusius nimmt diese Höhen als Zugstraße der Hügelgräberbronzeleute an und weist besonders darauf hin, daß die Besiedelung unseres Gebietes wahrscheinlich von diesen Höhen aus erfolgte. Die Grundlage für diese Annahme ist die Ortsnamensforschung.

Regionale Straßen

Der Udenhäuser Weg

Ein alter Fußpfad führte von Udenhausen kommend den Udenhäuser Berg hinauf. Es ist der Weg, den die Udenhausener zur Bahnstation und in den Ort Schwarz gingen. Er senkte sich ins Tal hinab und ging über den Alten Weg, über die Schwarza, am heutigen Friedhof vorbei und zum Unterfeld aufwärts, fiel in das Tal der Knechtbach hinab, um dann durch den Wald nach Reimenrod und Bieben zu gelangen. Die ausgetretenen Waldpfade waren noch in den fünfziger Jahren dieses Jahrhunderts stark begangen und frei von jedem Gestrüpp und Geäst.

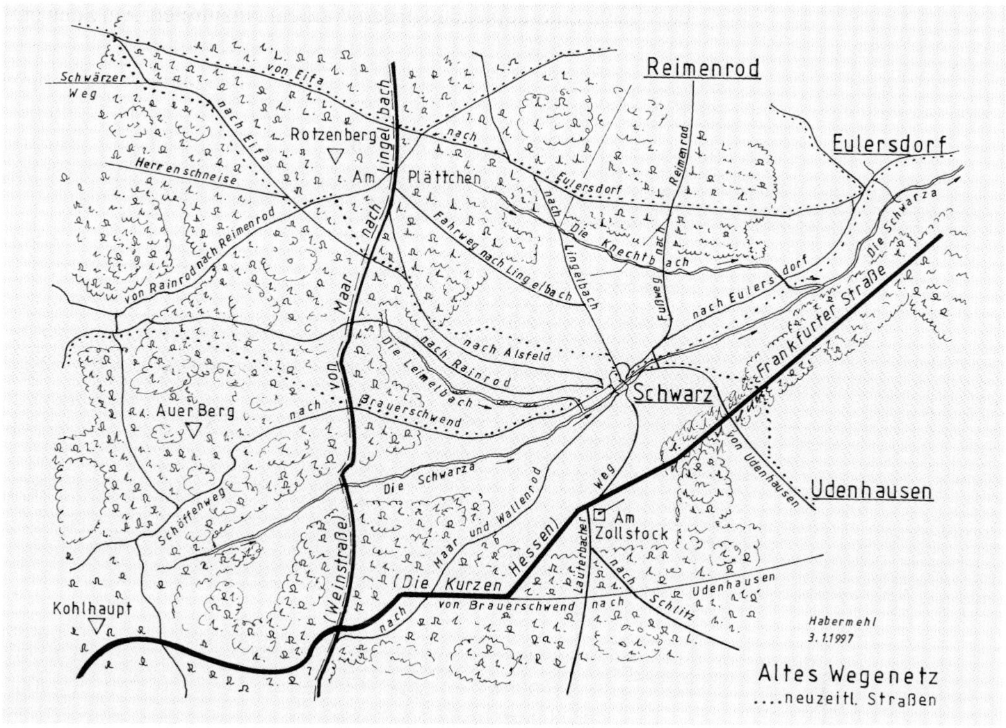

Abb. 10: Alte Straßen in der engeren Heimat. (Zeichnung: G. Habermehl, Schwarz 1997).

Als Kinder war es uns immer ein Vergnügen lautlos über die weichen Waldwege zu gehen oder zu schleichen. Daß man aber auf jahrhundertealten Verbindungswegen wandelte wurde einem erst später bewußt.

Angeregt durch die Arbeit von MÜLLER und durch seine Quellenhinweise hat sich der Verfasser die alten Karten der letzten zweihundert Jahre angesehen und festgestellt, daß viele alte Wege und auch Hohlen eingezeichnet sind, die sich heute noch feststellen lassen. Allerdings ist im freien Gelände durch die Feldbereinigungen mancher alte Weg untergegangen. Seitlich der alten Wege, die heute noch benutzt werden und zum Teil ausgebaut sind, sieht man immer wieder einen oder mehrere Einschnitte im Gelände. Es sind alte Wegspuren, die genutzt wurden, wenn ein vielbefahrener Weg vorübergehend unpassierbar geworden war.

Der Lingelbacher Weg

Von Schwarz nach Lingelbach ging ein Fußweg durch die Knechtbach und den Langen Tannenwald, der ›Lingelbacher Weg‹. Er verlief über die Straße von Eifa nach Eulersdorf, dann weiter über die Straße von Eifa nach Reimenrod, durch den Forstort Espig, über die Landesgrenze Hessen–Preußen, stieß auf den Ottrauer Weg und verband sich mit diesem bis zum genannten Ort.

Der Fahrweg nach Lingelbach verlief ein Stück des Weges mit der Straße nach Eifa und bog am heutigen Waldrand und Wasserwerk nach rechts ab, führte schräg durch den Wald, die sogenannte ›Schoppendelle‹, hinauf zur Höhe, verband sich am Plättchen mit der alten Weinstraße und ging mit dieser unisono nach unserem entfernten Nachbarort. Die Wegspuren kann man noch im Wald erkennen.

Der Schöffenweg

Mit dem ›Schöffenweg‹ hat es eine besondere Bewandtnis. Auf ihm schritten die Schwarzer Schöffen zu den ungebotenen und gebotenen Gerichtstagen unserer adligen Gerichtsherren nach Brauerschwend. Der Schöffenweg führte in Schlangenlinien südlich am Auerberg vorbei bis zur Wegkreuzung auf der Anhöhe und verlief geradeaus weiter in Richtung Lenzenrod. Im Verlauf der letzten Strecke sind noch tiefe Spuren zu sehen.

Der Lauterbacher Weg

Der ›Lauterbacher Weg‹ führte den Sengerberg hinauf, hoch zur Flur ›Am Zollstock‹, lief anschließend unterhalb der Teichhecken in den Wald hinein und über den ersten, zweiten und dritten Rück ins Werngeser Feld, berührte Wernges westlich als ›Schwärzer Weg‹ und endete schließlich im Bereich des heutigen Bahnhofs in der Stadt Lauterbach.

Lauterbach war für Schwarz ein Haupthandelsplatz, auf dem ein Großteil von Vieh und der hier produzierten Güter umgesetzt wurde. Ausschlaggebend war die gute Verkehrsverbindung, die durch den angeführten Weg dorthin bestand. Die Verbindung war wesentlich besser als nach unserem Amtsort Alsfeld. Am Zollstock bog vom Lauterbacher Weg auch der Fahrweg nach Schlitz ab, der weiter über den damaligen Kutscherweg, die heutige ›Koppstraße‹ (von Klimches Kopf), oberhalb der Schneidmühle und unterhalb des Mühlberges das Tal am Jungen Holz hinauf, in den Wald und weiter nach Schlitz führte. Der Fußweg nach Schlitz hatte allerdings einen anderen Verlauf.

Der Zollstock

Wo sich viele Straßen kreuzten, durfte auch eine Zollstelle nicht fehlen. In den vorangegangenen Beschreibungen wurde der Terminus schon mehrmals benutzt. Oberhalb von Schwarz, an der Kreuzung der Frankfurter Straße (hier ein Teilstück durch die Kurzen Hessen) und des Lauterbacher Weges heißt die Feldflur ›Zollstock‹ und ›Am Zollstock‹. Hier stand eine landgräfliche Zollstelle.

Zölle zu erheben war ursprünglich ein Privileg des Kaisers. Erst durch kaiserliche Konzessionen wurden verschiedene Zollgerechtsame an die Landesfürsten übertragen. Landgraf Hermann der Gelehrte empfing in 1373 von Kaiser Karl IV. die Belehnung des Fürstentums und der Landgrafschaft Hessen und die Regalien zur Erhebung von Zöllen. Der ›Gulden Weinzoll‹ ist jüngeren Ursprungs. Das Privileg dazu erhielt Landgraf Wilhelm II. von Kaiser Max in 1505 als Belohnung für besondere Verdienste. Von jedem Fuder Wein das durch Hessen geführt wurde, hatte der Landgraf das Recht, einen Rheinischen Gulden zu erheben.[29] Die Zollstellen konnten nach Gefallen errichtet oder verändert werden.

Jeder Amtsort, der in der Nähe einer Amtsgrenze gegen fremdes Gebiet lag, und den die Straße, auf der Waren eingeführt wurden, zuerst berührte, besaß eine Zollstelle. Im 18. Jahrhundert waren die Zollstätten, wie sie zur Beförderung der Zollabrechnung oder des Zollabschlusses des Gulden-Weinzolls bedurften, in Hessen in 14 Schlüsse aufgeteilt. Die Zollstätten in Schwarz und Wallersdorf gehörten zum Alsfelder Schluß.[30] Als Zöllner sind die folgenden Schwärzer Personen bekannt:

1766	Johann Heinrich Becker, jetziger Zöllner
1775	Eckhart Becker, gewesener Zöllner
1776	Conrad v. Keitz, gewesener Zöllner
1780	Nicolaus Noll, genannt der Zollschneider, seine Ehefrau hieß mit Dorfnamen die ›Zollmärschel‹.
1790	Johann Heinrich Dörr (* 1747), Fähnrich des Altausschusses und Zöllner (er war Begründer der Schütze-Linie Dörr u. gab seinen Nachfahren den Dorfnamen ›Schützes‹).
1798	Johannes Noll, fürstlicher Zöllner

Nach Aufhebung der Ämter- und Gerichtsverfassung im Jahre 1821 gehörten Schwarz und Grebenau zum Zollbereiterdistrikt Schlitz, die Zollstöcke verloren ihre Funktion.

[29] Ledderhose, in: Kleine Schriften; siehe auch: Salbuch des Gerichts Schwarz
[30] Ledderhose, a. a. O.

Wüstungen und Altertümer

Ortswüstungen

Vor Jahrzehnten wurde noch vermutet, die meisten Wüstungen seien während des Dreißigjährigen Krieges entstanden. Ältere Leute berichten, daß noch die Urgroßeltern Mauerreste ehemaliger Ortschaften gesehen hätten. Doch wenn Dinge im Verborgenen liegen, ranken sich darum Geschichten und Erzählungen, die im Laufe der Zeit immer mehr ausgeschmückt werden. Als im vorigen Jahrhundert Forscher der historischen Vereine durch die Dörfer und Fluren zogen, um altertümliche Hinterlassenschaften unserer Vorfahren aufzufinden, bereiste auch ein Herr des Archivs für Hessische Geschichte- und Altertumskunde unser Gebiet. Von einem Revierförster namens Jäger, der ihm selbst einiges über die Region erzählte, bekam er einen ortskundigen Führer mit auf den Weg. In seinem Bericht geht er auf zwei Wüstungen und Besonderheiten im ehemaligen Gerichtsgebiet Schwarz ein:[31]

Lenzenrod:
Von diesem Orte existiert noch ein Brunnen, der den Namen Lenzenröder Born führt und von dem die Sage geht, er sei so tief wie ein Wiesbaum.

Oberschwarz:
Endlich soll unweit Schwarz ein Oberschwarz gelegen haben. An einem dort gelegenen Brunnen, der Schwarzborn oder Schwarzbrunnen genannt, findet noch jedes Jahr, auf Himmelfahrtstag eine Volksversammlung statt, wobei Musik gemacht wird. Zwischen Schwarz und dem Kohlhaupt (einem Berge) sollen, nach Aussage des Herrn Schullehrer Habermehl zu Brauerschwend, noch etliche Reste von der Kirche zu sehen sein.

Eine Herausforderung war es über die angeblichen Reste der alten Kirche zu Oberschwarz mehr in Erfahrung zu bringen, und so blieb nur die Durchsicht der alten Salbücher von 1573 und 1722. Hier sind die Grundstücke in den einzelnen Fluren, deren Besitzer und Anlieger genannt. So zum Beispiel an wessen Besitz das Stück Land oder die Wiese anstößt oder an welchem Wald oder welcher Hohl

[31] Quelle: AfHG und Lku., Bd. 3

das bezeichnete Areal liegt. Aber es werden keine Reste einer Kirche erwähnt, obwohl die Liegenschaften in dem Distrikt Oberschwarz alle aufgeführt sind. Auch die Kirchenchronik von 1858, die auf das ausgegangene Dorf eingeht, berichtet nichts von Mauerresten. Es bleibt uns bei den Wüstungen nur die Möglichkeit, uns an die folgenden Eintragungen und Jahreszahlen zu halten:

Oberschwarz

1350
Die Abtei Hersfeld hat Besitzungen in Schwarz, Oberschwarz und Kelberg.
[StAM, Herfelder Kopiar 249 und 251]

28. September 1398
Katharina Summer, Heinrich Summers Witwe, überläßt Landgraf Hermann I., wegen dessen *,Ansprache'* an sie, ihre sämtlichen Güter in Alsfeld, und den umliegenden Dörfern *,eyn gud zu Reynrade, [...] eyn gud zu Bruwirswende, [...] eyn wüste gud gelegin zu Nyddern Kelberg, [...] eyn gudichin zu Swarze [...] eyn gud zu Obernswarze ...'*
[StAD, Abt. A3, Urkunden Oberhessen]

Lenzenrod

29. September 1361
Conrad Sasse, Bürger zu Alsfeld, und Lucharde, dessen eheliche Wirtin bekennen, daß sie *,ihrer Tochter Katharinen, Klosterjungfrau zu Ymmechinhagen, ihr gut zu Lentzenrode gelegen, so sie von Alheyd Liderbechin erkauft gehabt, eigenthümlich gegeben hatten und nach besagter Katarinen Todte, beym vorgenannten Kloster bleiben solle.'*
[StAM: AII, Kloster Immichenhain, fol. 121]

Kelberg (Oberkelberg, Niederkelberg)

1350
Die Abtei Hersfeld (siehe ›Oberschwarz‹)

10. September 1355
Curd Finke und Else, dessen eheliche Wirtin, bekennen, daß sie *,ihr Gut zu Obirn Kelberg gelegen, da Heinrich Stuwemden aufsitzt, dem Kloster Ymmichenhagen vor 60 Schilling großer Turnose wiederkäuflich verkauft hätten.'*
[StAM: AII, Kloster Immichenhain fol. 105]

4. Februar 1381
Conrad Czop und seine Gattin Cirstine verkaufen unter anderem ,*der Jungfrau Lyne Gradis ihr Gut zu Kelberg, genannt Vor-Ymghenguyd, von dem Wigand von Kelberg und seine Ganerben jährlich geben 33 Schilling Pfennig, 2 Michelshühner und ein Fastnachtshuhn.*'
[MOGV: Bd. 5 NF, Ebel: Regesten zur Gesch. der Stadt Alksfeld]

28. September 1398
(Siehe ›Oberschwarz‹)

6. Mai 1455
Curt v. Romrod versetzt den ihm gehörenden Teil ,*an den gerichten Swartza, Kelberg, Reynrode ond Bruerswende mit allen Ihren zugehorungen ...*'.
Der Ort Oberschwarz wird 1455 im Gegensatz zu Kelberg schon nicht mehr erwähnt, möglicherweise lag er zu diesem Zeitpunkt schon wüst. Die Forschung geht davon aus, daß ein großer Teil der Ortswüstungen gegen Ende des 14. Jahrhunderts entstanden sind.
[StAD: Abt. A3, Urkunden Oberhessen]

Abb. 11: Denkmal am Auerberg. Initial: H.

Finkenhof und Liederbacher Hof

1573
Der Finkenhof und Liederbacher Hof bei Rainrod im Gericht Schwarz. Die Höfe gehörten den Geschlechtern und Gerichtsherren v. Liederbach und den Finke. Sie werden im Salbuch von 1573 aufgeführt, zu einem Zeitpunkt, da beide Familien schon im Mannesstamm ausgestorben waren. Die Höfe gehörten im genannten Jahr dem Landgrafen und kamen später an die Gemeinde Rainrod. Nachfolgend die Lage und Beschreibung:

Finkenhof
In denselben Hof gehört eine Hofraith zwischen Gemeine und einer Wiese in gemeldten Hof gehörig, hält ½ Morgen 4 Ruthen, darauf stehen eine Behausung zwey diehnhäuser, eine Scheuer und ein Schweinestall. Einen Garten hinter der Behausung zwischen dem Brauerschwender Weg u. fürstl. Gnaden Hofäcker, hält 1 Morgen. Wiesen:18 Morgen, ½ Viertel, 12 Ruthen. Huthen so mehrstentheils mit Sträuchern: 16 Morgen 3 Viertel, 3 Ruthen. Herbstfeld de anno 76 mit Korn bestellt: 22 Morgen, 3 ½ Ruthen. Lenzenfeld:13 Morgen 3 Viertel, 15 ½ Ruthen. Brachfeld: 23 Morgen, ½ Viertel, 8 ½ Ruthen. Summa aller Äcker thut 59 Morgen, 2 ½ Viertel, 17 ½ Ruthen.

Liederbacher Hof
In denselben Hof gehört eine Hofraith oben über dem Dorf zwischen der Gemeind und einem Acker in selbigen Hof gehörig, hält

1 Morgen 2 ½ Ruthen, darauf stehen ein behaußung, ein Backhäuslein und Scheuer und ein Schweinestall. Item ein Krautgarten zum Brunkels, zwischen füstl Gnaden Wiesen und der Gemein gelegen.
Wiesen: 27 Morgen 1 Viertel, 6 Ruthen. Hueden etc. Heiden: 37 Morgen, 4 Ruthen. Acker: 29 Morgen, 15 Ruthen. Lentzenfeld: 16 Morgen, 19 Ruthen. Brachfeld: 32 Morgen, 1½ Ruthen. Summa aller Acker 77 Morgen, 2 ½ Viertel, 5 Ruthen.

Von 1826 bis 1832 gab es Differenzen zwischen dem Forstfiskus und der Gemeinde Rainrod wegen des Eigentums und der Benutzung der Ländereien beider Höfe. Der Streit endete als Vergleich zwischen der Gemeinde als Erbbeständer und dem Fiskus.

Eichenrod

Im Distrikt Eichenrod an der Kreuzung des Rainröder Weges und der Köllenbergstraße wird eine Ortswüstung vermutet, doch darüber ist nichts genaues bekannt.

Abb. 12: Denkmal am Rotzenberg. Initial: L.

Flurwüstungen

Unter Flurwüstungen versteht man Felder und Wiesen, die aufgegeben und von selbst wieder zu Wald oder Ödland wurden. Wenn man alte Forstkarten aus dem 18. Jh. und Katasterkarten des 19. Jh. betrachtet, so stellt man fest, daß in den Wäldern viele Wiesen eingebettet lagen, die heute wieder mit Wald bewachsen sind. Von einem Chronisten ist beispielsweise folgendes zu erfahren:[32]
‚Nicht weit der Ortswüstung Eichenrod erhebt sich stolz der Auerberg, auf welchem der Landgraf Ludwig VIII. oft der Auerhahnsjagd zur Balzzeit sich erfreute, wie denn überhaupt hier wieder Vieles an die Anwesenheit der früheren Landgrafen erinnert. Auf dem Auerberg soll sich der Rest eines alten Walles befinden; was ich bisher allerdings nicht verifizieren konnte. ...‘

Altertümer in Schwarz

Im Gemeindearchiv Schwarz ist bei der Durchsicht alter Akten ein Fragebogen von 1882 zu finden, den der damalige Bürgermeister Habermehl bearbeitet hatte. Es wurden alle Gemeinden des Kreises aufgefordert, eventuelle Altertumer in der Gemarkungen der Kreisbehörde zu melden. Die darin gestellten Fragen und deren Antworten (in einfachen Anführungszeichen) sahen wie folgt aus:

[32] Quelle: AfHG und Lku., a.a.O.

Fragebogen von 1882

Fragebogen zur Aufstellung eines Verzeichnisses der Alterthümer und Kunstdenkmäler in der Gemarkung Schwarz, Bürgermeisterei Schwarz, Kreis Alsfeld. Hierzu -0- Beilagen:

1. *Gibt es gedruckte Nachrichten oder geschriebene Chroniken über den Ort? – ‚Ja, eine geschriebene Chronik, im Besitze der ev. Pfarrei Schwarz. Danach bestand Schwarz ursprünglich aus 15 bis 20 Höfen, scheinen bis zum Jahre 782 zurückzugehen.'*
2. *Sind Archive der Gemeinde oder von Familien daselbst und in wessen Verwahrung? – ‚Nein, nur eine Beschreibung (skizzenhaft) bezüglich der früheren Verhältnisse des Orts in der Chronik der ev. Pfarrei Schwarz.'*
3. *Sind alte Siegel oder Stempel der Gemeinde, Zünfte oder anderer Körperschaften vorhanden und in wessen Besitz? – ‚Ja, ein Siegel aus älterer Zeit, mit einem Löwen, ohne Jahreszahl.'*
4. *Welche Pfarr- und andere Kirchen sind in dem Ort? – ‚Eine Pfarrkirche; gebaut 1777, mit einem Thurm.'*
5. *Sind in dem Orte oder dessen Gemarkung für sich stehende Kapellen vorfindlich? Sind sie noch erhalten oder zerfallen? – ‚Nein.'*
6. *Sind in, an oder bei den Kirchen für sich stehende Altäre und dgl.? – ‚Nein.'*
7. *Sind sonstige, vor 1801 erbaute öffentl. Gebäude vorhanden, wie Schulhäuser, Klöster und dgl.? – ‚Außer der Kirche keine.'*
8. *Sind in oder bei dem Orte alte, durch alterthümliches Ansehen sich auszeichnende Privatgebäude? – ‚Keine.'*
9. *Ist oder war der Ort oder doch ein Theil desselben mit Befestigungswerken, wie Wall, Graben und Mauer umgeben? – ‚Nein.'*
10. *Sind Schlösser oder Burgen in oder bei dem Ort oder in seiner Gemarkung vorhanden oder vorhanden gewesen? – ‚Nein.'*
11. *Zeigen die die Kirchen umgebenden Kirch- oder Friedhöfe noch Reste ehemaliger Befestigung? – ‚Nein.'*
12. *Befinden sich an, in oder bei den unter Nr. 4 bis 11 bemerkten Bauten oder sonst wo in der Gemarkung alte Denkmäler, Wappen, Jahreszahlen oder sonstige Alterthümer wie Kreuze und behauene Steine? – ‚Nein. An der Pfarrscheuer, der vorderen Seite befindet sich ein Stein mit einer Jahreszahl aus dem letzten Jahrhundert.'*
13. *Gibt es Feldbreiten, Gewanne, Berge, Walddistricte und dergl., deren Namen in irgend einer Weise ungewöhnlich klingen? – ‚Durch Flur V zieht ein Feldweg, Nonnstück genannt. Außerdem gibt es einen Walddistrict‚Ober-Schwarz genannt. Wo der Sage nach früher ein Dorf gestanden haben soll, mit Namen Ober-Schwarz.'.*
14. *Sind alte Wasserleitungen und Brunnen eigenthümlicher Art vorhanden? – ‚Nein.'*
15. *Sind Schanzen oder Ringwälle, sowie altes Mauerwerk, welches für römischen oder altdeutschen Ursprungs angesehen wird, vorhanden? – ‚Nein.'*
16. *Führen durch die Gemarkung alte Straßen, welche häufig nach heutzutage Heerwege, Hohlwege, hohe Straßen, Römerstraßen, Weinstraßen, Geleitstraßen, etc. genannt werden, und wie geht ihr Zug? – ‚Ja. Durch Flur III und VII zieht ein Straßenweg welcher die Frankfurter Straße genannt wird.'*
17. *Gibt es in der Gemarkung alte Grabhügel, Hünengräber, Heidenkirchhöfe, sowie große alte Steine, sogenannte Hünensteine, und ähnliches? – ‚In Flur I*

Abb. 13: Denkmal in der Struth. Initialen: H v. P (Prinz Heinrich v. Preußen)

Nr. 38 und Flur IX Nr. 78 befinden sich einzelne Hügel, welche nach Sage Schutzhügel aus früheren Kriegszeiten oder Hünengräber sind.'

18. Findet oder fand man in oder bei denselben oder anderwärts in der Gemarkung alte Begräbnisplätze, Waffen, Gefäße, Geräthe, Münzen etc. und an welchen Stellen? – ,Nein.'

19. Haben Bauten, Denkmäler und Anlagen in dem Orte oder in seiner Gemarkung bestanden? – ,In Flur IX Glashüttenwerk der Sage nach.'

20. Knüpfen sich an die vorher bemerkten Bauten, Anlagen, Fundorte u. s. w. besondere Sagen oder Legenden insbesondere auch über Entstehung, Bestand oder Untergang? – ,Nein.'

21. Gibt es in dem Ort größere oder kleinere Sammlungen von Gemälden, Bildwerken, Gefäßen, Waffen, Geräthen und sonstigen Alterthümern? – ,Nein.'

Schwarz, den 29ten Juni 1882.
Großherzogliche Bürgermeisterei Schwarz, gez.: Habermehl.

Der Fragebogen bestätigt die Kenntnis von einem ausgegangenen Ort Oberschwarz, doch von Mauerresten einer Kirche wird auch hier nichts erwähnt.

Abb. 14: Denkmal an der Herrenschneiße. Initialen: E L (Großherzog Ernst Ludwig

Auerhahnsteine

Zum Auerberg bemerkt der Chronist des Vereins für hessische Geschichte und Landeskunde, daß der Landgraf Ludwig VIII. oft zur Balzzeit der Auerhähne hier weilte. Schon der hessische Titularforstmeister v. Kregting bezeichnete in der Beschreibung des Oberforstes Romrod, die er zwischen 1781 und 1788 erstellte, das Gebiet um den Auerberg als ›Auerhahnpfalz‹. Während die hessischen Landgrafen und späteren Großherzöge das Waldrevier um Romrod überwiegend zur Pirsch auf Hirsche bereisten, war das Schwärzer Waldgebiet um Auerberg und Rotzenberg durch die Auerhahnbestände ein bevorzugtes Revier zur Jagd auf das Auerwild. Auf einer älteren Flurkarte wird die jetzige Straße zum Köllenberg-Steinbruch als ›Herrenschneise‹ bezeichnet. Sie führt direkt in das Auerhahnjagdgebiet. Der Name des Auerberges könnte sogar auf das Vorkommen des Auerwildes zurückzuführen sein. Zwischen 1858 und 1901 wurden 4 Gedenksteine zur Erinnerung an die Auerhahnjagd gesetzt (siehe Abbildungen 11 bis 14). Sie tragen eine oder mehrere Jahreszahlen und dabei Einschläge, welche die Zahl der geschossenen Hähne angeben.

Denkmalbuch

Im Denkmalbuch des Kreises Alsfeld sind in 1998 vier denkmalgeschützte Einzelgebäude aus Schwarz verzeichnet: Die Schule, die Kirche, das Backhaus und der Bahnhof. Gesamtanlagen sind nicht aufgeführt.[33]

[33] Landesamt für Denkmalpflege, Außenstelle Marburg

Kirchliche Verhältnisse

Wenn wir uns mit Kirche befassen, stehen natürlich die Gegebenheiten um Schwarz im Vordergrund. Es stellt sich die Frage, wie das Christentum überhaupt hierher kam, und später eine Christengemeinde in Schwarz entstanden ist. Dies soll zuerst geklärt werden, bevor wir anschließend die kirchlichen Verhältnisse in unserer Gemeinde einer eingehenderen Betrachtung unterziehen.

Die Verbreitung des christlichen Glaubens

Vielleicht ist es etwas weit hergeholt mit der Bibel zu beginnen, aber für die Christen liegt der Ursprung ihres Glaubens nuneinmal in dem Buch der Bücher, der Bibel. Nach der biblischen Geschichte wird der Missionsbefehl an die elf Jünger Jesus im Evangelium des Matthäus, Kapitel 28, Verse 18 bis 20, erteilt. Die Botschaft Jesu an seine Jünger lautet bekanntlich: ›Gehet hinaus in die Welt, und lehret alle Völker‹.

Nach Jesu Christi Tode und Himmelfahrt bildete sich in Jerusalem um 34 nach der Zeitenwende eine Urgemeinde. Sie wurde in Palästina verfolgt und ihre Anhänger wurden in alle Windrichtungen verstreut. Die Apostel trugen die Christenlehre in die Welt und verbreiteten den neuen Glauben. Man denke an die Fahrten des Paulus nach Ephesus und Rom sowie in verschiedene Gebiete von Kleinasien, die in den Apostelbriefen beschrieben werden. Aber man denke auch an Petrus, der wie Paulus in Rom angeblich ums Leben kam. In Petrus, dem Fels, sieht ja die katholische Kirche den Vorgänger des Papstes. Die damals bekannte Welt war das Römische Weltreich, das sich um das Mittelmeer und hier besonders um das östliche und nördliche Meeresgebiet hinzog.

Die Römer

Bereits in 64 nach Christi Geburt kam es unter dem Kaiser Nero auch in Rom zu den ersten Christenverfolgungen. Es wird berichtet, daß die römische Christengemeinde zu dieser Zeit schon relativ groß war. Von Rom, der Hauptstadt des römischen Reiches aus, wurde der christliche Glaube durch Soldaten und Kaufleute in die römisch besetzten Gebiete und Provinzen getragen. Die Römer hatten schon in der Mitte des 1. Jahrhunderts Teile Galliens, des heutigen Frankreichs, erobert und griffen auch zur Insel Britannien hinüber. Gleichzeitig unternahmen sie Vorstöße über den Rhein und sicherten ihre rechtsrheinisch eroberten Gebiete mittels eines Pfahlgrabens, dem Limes, ab. Die Römer standen in ihrer Mehrheit dem Christentum feindlich gegenüber. Erst 313 n. Chr. machten sie die neue Lehre zu ihrer Staatsreligion. 476 ist das weströmische Reich schließlich untergegangen.

Die Franken

Vom Niederrhein her breitete sich der Volksstamm der Franken aus. Sie überlagerten die Gallier und die am Mittelrhein lebenden germanischen Volksstämme und sogen sie auf. Der Frankenherrscher Clodewig, dessen Frau schon christlich getauft war, trat 498/499 aufgrund eines Gelübdes, das er in schwerer Zeit geleistet hatte, mit seiner ganzen Sippe zum Christentum über.

Die Merowinger, so nannten sich die Franken nun als die Nachkommen des Frankenkönigs Clodewig, verloren ihre Macht mehr und mehr an ihre Gefolgsleute und Hofhalter. Und schließlich wurden diese Hausmeier die herrschende Schicht im Frankenreich. Es entstand das karolingische Herrscherhaus mit den fränkischen Herrschern Pippin d. Ä., Pippin d. M., Karl Martell, Karlmann, einem weiteren Pippin, dem ersten karolingischen König von 751 bis 768 und letztlich Karl dem Großen, der seit 768 fränkischer König war und in 800 zum Kaiser gekrönt wurde. Unter dem Schutz der Franken wurde der christliche Glaube später in das Territorium zwischen Rhein und Elbe getragen und in unserem großen Waldgebiet, der *Buchonia*, dem Buchenland, verankert.

Die iro-schottischen Mönche

Um 6OO n. Chr. hatte Papst Gregor der Große schon zahlreiche Missionen zu den Angeln und Sachsen auf die Britannische Insel gesandt, um diese nordgermanischen Volksstämme, die von Germanien auf die Insel ausgezogen waren, zu bekehren. Die heidnischen Angelsachsen hatten zuvor die christlichen Kelten vertrieben. Während der christliche Glaube der Angelsachsen wieder erstarrte, lebte dieser bei den Iren und im südlichen Schottland auf.

In der merowingischen Zeit kamen nun aus Britannien irische und schottische Mönche auf das europäische Festland und betrieben von Einsiedeleien und kleinen Kirchen aus eine vorsichtige christliche Mission in der heidnischen Bevölkerung. So nimmt man an, daß die Gründung der Stadt Schotten auf die Initiative der schottischen Mönche zurückzuführen ist. Die Namensverwandtschaft und auch die Geschichte der Stadt gibt Anlaß zu dieser Vermutung.

Bonifatius

Eine wesentliche Wende in der Verbreitung des Christentums trat ein, als der englische Mönch Winfried in 716 seine germanische Missionsarbeit begann. Nachdem er zu Anfang bei den Friesen mit der Missionierung wenig Erfolg hatte, wandte er sich zunächst nach Rom und erhielt am 18. Mai 719 vom Papst den neuen Namen Bonifatius und zugleich den Auftrag, die Heiden im ostfränkischen Reich, im weitesten Sinne also in unserem Raum, zu bekehren.

Er ging anfangs nach Thüringen und von da noch einmal nach Friesland, aber enttäuscht wandte er sich von dort wieder ab. Die altbritischen Missionare arbeiteten schon an der Bekehrung des Volkes und Bonifatius fand nicht das Gehör, das er sich erwünschte. Bonifatius ging deshalb in 721 nach Hessen. Hier traf er durch die vorangegangene iro-schottische Missionsarbeit auf Bewohner, welche schon früher mit dem Christentum in Berührung getreten waren, die allerdings noch nicht im festen Glauben standen. Der alte Götterglaube war noch das beherrschende Element in den Köpfen der Ureinwohner. Bonifatius gründete auf der Amöneburg, die schon mit hessisch-fränkischen Befehlshabern besetzt war, ein Kloster, und führte die Bewohner, nachdem er etliche neu getauft hatte, auf den rechten Glaubensweg zurück. Er wandte sich in 722 abermals nach Rom, wo er die Bischofsweihe erhielt und mit einem neuen Missionsauftrag ausgestattet wurde. Wieder zurück im Frankenland, bekam er in 723 von dem Hausmeier Karl Martell, dem eigentlichen Herrscher des Frankenreiches, einen Schutzbrief ausgestellt, der ihm die politische Unterstützung und die Rückendeckung für seine künftige Missionsarbeit gewährleistete.

Die iro-schottischen Mönche, die von Einsiedeleien und Klausen aus das Missionieren der in den Wäldern verstreut lebenden Heiden betrieben, fielen bei den Franken in Ungnade, und mußten sich schließlich zurückziehen. Bonifatius aber verbreitete die christliche Lehre nach römischer Prägung von nun an mit großer Energie und fester Zielsetzung. Eine der bekanntesten Handlungen von Bonifatius ist das Fällen der dem germanischen Gott Thor geweihten Donareiche bei Geismar, woraufhin nach der Überlieferung eine Massentaufe der heidnischen Hessen erfolgte. In 724 gründete Bonifatius das Kloster Fritzlar in der Nähe altgermanischer Kultstätten und in 741 das Hessenbistum Büraberg, der älteste hessische Bischofssitz. Anläßlich einer dritten Rom-Reise wurde Bonifatius zum Bischof von Mainz und zum päpstlichen Gesandten ernannt. Als solcher fügte er die bestehenden Gemeinden in eine kirchliche Ordnung ein und unterstellte schließlich die gesamte deutsche Kirche der Führung Roms. Auf Veranlassung von Bonifatius legte der Mönch Sturmius in 744 den Grundstein des Klosters Fulda, angeblich anstelle eines alten merowingischen Königshofes.

Sturmius war die Fulda aufwärts gezogen und fand erst nach langem Suchen eine geeignete Stelle, die seinem Meister Bonifatius gefiel. Lullus gründete in 769 das Kloster Hersfeld, nachdem dort früher schon eine Klause bestanden hatte.

Die Christianisierung Mitteleuropas ist in erster Linie stark von politischen Faktoren abhängig gewesen. Erst nachdem die Führer der verschieden Volksstämme selbst zum Christentum übergetreten waren, konnten die Völker in einer langwierigen Arbeit für die neue Religion gewonnen werden.[34] Dies ist allerdings ein Werdegang, der sich durch die Geschichte aller Volksreligionen verfolgen läßt. Man denke nur an die Einführung der späteren Reformation, wo es hieß: Wie der Landesfürst, so sollten seine Untertanen im Glauben stehen.

Die Missionsarbeit zog sich über Jahrhunderte hin, bis der letzte Heide für das Christentum gewonnen war. Man hat anfangs die Heiligtümer und Kultstätten der zu bekehrenden Menschen zerstört, um sie abrupt zum Übertritt in die neue Glaubenslehre zu zwingen. Aber es zeigte sich, daß man mit unerbittlichem Zwang das Gegenteil erreichte. Druck erzeugte Gegendruck, und wer läßt sich schon schnell von seinen althergebrachten Sitten und Gebräuchen abbringen. Die alten Götter, die in den Baumwipfeln der alten Eichen, in den Quellen und in der Luft lebten, hätten ja böse Rache nehmen können. Die bessere Religion mußte sich erst im Vergleich mit dem überlieferten Volksglauben durchsetzen und als besser herauskristallisieren. Auf einen päpstlichen Erlaß hin wurden schließlich die neuen Begegnungsstätten der Missionare, und die neu zu erbauenden Kirchen und Altäre, soweit erforderlich oder möglich, an dem Ort der alten germanischen Naturheiligtümer errichtet. Die Tage der früheren heidnischen Feste wurden von den Christen übernommen oder umgedeutet. So ist das Osterfest auf das Fest der germanischen Frühlingsgöttin Ostaria zurückzuführen und aus heidnischen Umzügen und Flurbegängen machte man Prozessionen, wie zum Beispiel an Fronleichnam. Die Ureinwohner wurden so langsam von der alten Naturreligion zum christlichen Glauben übergeleitet. Manche alte Kirche in der Umgegend steht so auf einem alten Heidenplatz. Aber täuschen wir uns nicht, die heidnische Religion lebte vielfach im Schatten des noch jungen christlichen Gottesdienstes weiter.

Der Einfluß der Klosters Fulda

Die Christianisierung unserer engeren und weiteren Heimat ist mit Sicherheit von den Klöstern in Fulda und Hersfeld aus erfolgt. Nach der Gründung der Klöster läßt sich Besitz beider Einrichtungen in

[34] A. Möckel, in: Gesch. d. Stadt Kirtorf

Verbindungen, die den früheren Immichenhainer Propst Herbord veranlaßt haben könnten, Pfarrer in Schwarz zu werden, bestanden also. Eine weitere Möglichkeit ist darin zu sehen, daß Herbord aufgrund der Beziehungen seinen Alterssitz als Pfarrer in Schwarz nahm. Denn in einer Urkunde von 1248 wird ein dem Kloster Immichenhain zugehöriger Bruder Herbord erwähnt.[37] Zeitlich gerechnet wäre er nach dem Eintritt in das Kloster, dem Aufstieg zum Propst und der Erwähnung in 1295 etwa 75 Jahre alt gewesen, als er als Pfarrer in Schwarz stand. Letztlich könnte Herbord auch Mitglied der Johanniter in Grebenau, mit einer dortigen Mutterkirche und einem Pfarrsitz in Schwarz, gewesen sein. Die Urkunde von 1295 rückt ihn als ehemaligen Propst des Klosters Immichenhain nämlich in die Nähe des Johanniterhauses.

Das Mainzer Archidiakonat

Außer der Urkunde von 1295 und dem nachgewiesenen Landbesitz der Propstei Petersberg gibt es aus der Ära des Mittelalters über kirchliche Angelegenheiten in Schwarz nichts zu berichten. Es gibt keine weiteren schriftlichen Unterlagen. Lediglich wird festgestellt, daß das Gericht Schwarz und die angrenzenden Bezirke zum Mainzer Archidiakonat St. Johannes des Täufers gehörten.

Die Mainzer Diözese gliederte sich im Mittelalter in große Verwaltungssprengel, sogenannte Archidiakonate. Diese waren Gebietseinteilungen unter den Mainzer Dompröpsten. Es waren Sendbezirke, die jeweils eine Anzahl von Pfarreien umfaßten. Für den Sprengel des Archidiakonats St. Johannes fehlt allerdings der direkte Nachweis oder ein Sendregister. Man rechnet den Leerraum und die Orte zwischen den anderen Archidiakonaten jedoch dem vorgenannten Archidiakonat St. Johannes zu. Bei dem zwei Kilometer entfernten Nachbarort Udenhausen wurde allerdings festgestellt, daß bei der Besetzung der Pfarrstelle der Propst von St. Johann zu Mainz unterrichtet werden und dieser den neuen Pfarrer einführen lassen sollte, so geschehen in 1436 und 1496.[38] Der Einfluß der Mainzer Archidiakonate auf das Betrachtungsgebiet erklärt sich daraus, daß die Abtei Fulda kirchlich dem Erzbistum Mainz unterstand. Für die Missionierung mögen die Archidiakonate anfangs von Bedeutung gewesen sein, sie hatten später allerdings keinen Einfluß auf das kirchliche Geschehen sondern waren nur noch reine Einrichtungen, um Pfründe abzuschöpfen.

Obwohl in der Johanniterkomturei zu Grebenau im Mittelalter viele Urkunden geschrieben wurden, gibt es auch dort über kirchliche Angelegenheiten nur sehr wenig zu berichten. Meist beziehen sich

[37] Urkundliche Ersterwähnung Hattendorfs
[38] Becker: Riedesel, Bd. 2

die Urkunden mehr oder weniger auf Grundstücksgeschäfte. Verschiedentlich werden die Namen der jeweiligen Pfarrer zu Udenhausen und die Konventsbrüder zu Grebenau genannt.

Die Abtei Hersfeld

Die Abtei Hersfeld hatte im Mittelalter ebenfalls geringen Besitz in Schwarz, desgleichen die Herren v. Schlitz, wie in einem Hersfelder Kopiar zu erfahren ist.[39] Es ist auch bekannt, daß der Hersfelder Abt im Mittelalter das Präsentationsrecht, das heißt das Vorschlagsrecht bei der Einsetzung des Pfarrers in Schwarz, bis 1570 besaß. Danach ging dieses Recht, gleichlaufend mit dem Übergang des Gerichts Schwarz, an die Landgrafschaft Hessen über.[40]

Das Zeitalter der Reformation

Die eigentliche Kirchengeschichte für das Betrachtungsgebiet begann kurz vor der Reformation Anfang des 15. Jahrhunderts. Seit dieser Zeit liegen Aufzeichnungen vor, die über die damaligen Verhältnisse in der Kirche berichten und das Entstehen und die Entwicklung des reformatorischen Gedankens darlegen.

Es war ursprünglich nicht daran gedacht, die Kirche zu spalten oder in grundlegender Form zu verändern. Die Gesamtsituation der Kirche verlangte einfach nach Reformen. Hus (*1369, †1415), einer der tschechischen Vorreformatoren, versuchte schon die verweltlichte römische Amtskirche zu reformieren. Er scheiterte jedoch mit seinen Ideen und wurde auf dem Scheiterhaufen verbrannt. Seine Anhänger trugen die Gedanken dennoch über das 15. Jahrhundert hinaus weiter. Die Hussiten gingen später in den Böhmischen Brüdern und den Herrenhuter Brüdergemeinden auf oder schlossen sich im 16. Jahrhundert der lutherischen Bewegung an.[41] War die Kirchensprache seit jeher die lateinische Sprache, so gingen die ketzerischen Pfarrer nun dazu über, deutsch zu predigen und die Lehren der römischen Kirche zum Teil in Frage zu stellen. 1517 schlug Martin Luther seine 95 Thesen an die Schloßkirche zu Wittenberg und entfachte damit einen unerbittlichen Kampf um die wahre Glaubenslehre. 1521 mußte er sich vor dem Reichstag in Worms dafür rechtfertigen.

In Hessen nahmen die reformatorischen Gedanken ganz in der Nähe ihren Anfang, nämlich in Alsfeld. Der Alsfelder Augustinermönch Tilemann Schnabel, der in Wittenberg studiert hatte und mit Martin Luther schon in Berührung getreten war, hörte von Vorgängen

[39] StAM: Hersfelder Kopiar 249 und 251
[40] StAD: Salbuch des Gerichts Schwarz 1573; Dorfbuch von Schwarz 1630
[41] Heppe: Kirchengeschichte

in Wittenberg. Er bekannte sich zu Luthers Werk und predigte evangelisch. 1522 hatte er ganz Alsfeld auf seiner Seite. Der junge hessische Landgraf Philipp, der damals in Romrod zur Jagd weilte, erfuhr von den aufrührerischen Predigten des Augustinermönches Tilemann Schnabel und untersagte dem Mönch das fernere evangelische Predigen. Schnabel entfernte sich jedoch lieber von Alsfeld und dem Hessenlande als die neue Lehre zu verleugnen. Landgraf Philipp, der, um das Verhältnis zum Kaiser nicht zu trüben, ursprünglich ein Gegner der evangelischen Bestrebungen war, wandelte sich jedoch nach einiger Zeit, als er sich mit dem neuen Gedankengut mehr und mehr auseinanderzusetzen hatte. Er wurde schließlich unter den deutschen Fürsten der größte Verfechter der reformatorischen Idee.

Nach dem Reichstag von Speyer im Juni 1526, der den deutschen Fürsten eine gewisse Freiheit in Glaubensdingen überließ, berief Landgraf Philipp einen kirchlichen Landtag nach Homberg in Niederhessen ein. Es wurden nach geltendem Recht alle, die als Stände des hessischen Volkes galten, eingeladen. Das waren die Ritterschaft, die Städte und die hohen geistlichen Würdenträger. Die höheren kirchlichen Würdenträger, welche die *Jurisdiction* oder die Rechtsprechung ausübten und besonders zu berücksichtigen gewesen wären, wohnten allerdings nicht in Hessen und so konnten nur nachgeordnete Geistliche ihre Stellungnahmen abgeben. Mit der theologischen Vorbereitung und Leitung des kirchlichen Landtages wurde Franz Lambert von Avignon betraut, ein ehemaliger Mönch aus Frankreich. Der Haupttenor der Zusammenkunft war, alle Mißbräuche der Kirche zu reformieren und die Kirche allein nach Gottes Wort auszurichten. Dieser vom 21.–22. Oktober 1526 stattfindende Landtag, ging als die *Homberger Synode* in die Geschichte ein. Die Synode und die erlassene Reformationsordnung gelten als zeitlicher Anlaß zur Einführung der kirchlichen Reformation in Hessen. Eine reformatorische Anordnung war, die Klöster aufzuheben. Der klösterliche Besitz wurde der hessischen Landgrafschaft unterstellt. Die Gebäude wurden in öffentliche Einrichtungen wie Hospitäler, Schulen und dergleichen umgewandelt. Die Mönche und Nonnen wurden abgefunden oder erhielten evangelische Pfarrstellen.

Von den Nachbargemeinden Grebenau und Udenhausen ist bekannt, daß der geistliche Ritteroden der Johanniter in Grebenau aufgelöst wurde. So war der erste Pfarrer, der in Udenhausen evangelisch predigen sollte, ein Mitglied der ehemaligen Johanniterkommende aus Grebenau. Damit ist belegt, daß in den beiden Orten das Wort Gottes schon 1527 nach der neuen Lehre verkündet wurde. In Schwarz ist in dieser Hinsicht noch kein Hinweis zu finden. In alten Schriften des riedeselischen Archives in Lauterbach ist zu lesen, daß die Gerichtsherren des Gerichts Schwarz den ersten evangelischen Pfarrer Kurt Birkenstock von Wallenrod, der in 1534 die Kirche zu Brauerschwend mitbetreute, an seiner Arbeit hinderten. Sie hatten ihm einfach die Kirchentüre verschlossen. Die Riedesel hatten in Brauerschwend den Kirchensatz. Brauerschwend, Rainrod, Renzendorf und Schwarz bildeten das adlige Gericht Schwarz, das zur Zeit der Reformation die Herren Finke, die v. Liederbach und die von Merlau als Gerichts- und kleine Territorialherren besaßen. Der Geschichtsschreiber LANDAU berichtet, daß das Gericht Schwarz seit dem Mittelalter immer aus einer Pfarrei bestand. Doch wir sehen, daß in Brauerschwend die Riedesel, die alte Rechte im Gericht Schwarz, insbesondere in Renzendorf und Brauerschwend hatten, die Kirchenpatrone waren und in Schwarz dem Abt zu Hersfeld das Einsetzungsrecht des Pfarrers zustand.

In der Geschichtsschreibung wird immer darauf hingewiesen, daß die Einführung der Reformation in Schwarz zeitlich nicht einzuordnen sei.[42] Das Gericht Schwarz war, wie schon erwähnt, seit alter Zeit ein Lehen des Fuldaer Klosters, welches ursprünglich den Herren von Romrod zustand und später von den vorgenannten Herrschaften erworben wurde. Darüber wird an anderer Stelle noch ausführlicher berichtet. Noch 1462 schlichtete der Propst des Fuldaer Klosters Petersberg mit dem Marschal Stam v. Schlitz, gen. v. Görtz, einen Streit zwischen den Finke und den v. Liederbach. Das bedeutet, daß die alten Verbindungen zwischen Fulda und den Gerichtsherren noch bestanden. Die Treue zum Lehnsherren in Fulda und die alten Traditionen ließen einen Umschwung zur evangelischen Lehre und eine Abkehr vom römischen Katholizismus einfach nicht ohne weiteres zu. DIEHL nennt in seiner Hassia sacra, dem evangelischen Pfarrerbuch, erstmals in 1547 einen Herrn Heinrich als den ersten evangelischen Pfarrer in Schwarz und in 1565 einen Herrn Kaspar. Im Jahre 1568 wurde Tilemann Nolthius, der vorher 14 Jahre lang katholischer Priester im Stift Fulda war, als evangelischer Pfarrer in Schwarz eingesetzt. Der Superintendent VIETOR schrieb später in einem Bericht, als es zu Unstimmigkeiten mit dem Pfarrer gekommen war, den Junkern des Gerichts Schwarz sei letztlich jeder Pfarrer recht gewesen, wenn er nur nicht viel gekostet und verlangt habe.

Die Kirchenvisitationen, die in den evangelischen Pfarreien nach der Reformation eingeführt wurden, fanden nach Angabe des Superintendenten in Schwarz erst nach 1570 statt, nach dem Aussterben der adligen Gerichtsjunker. In diesem Jahre übernahm der hessische Landgraf Ludwig zu Marburg das Gericht Schwarz. Das Präsentationsrecht ging von dem Abt zu Hersfeld an die Landgrafen zu Hessen über.[43]

---

[42] KÖHLER; HEPPE; DIEHL

[43] StAD: Salbuch 1573; Dorfbuch 1630 a. a. O.

Mit der Reformation wurden auch die Abteien Hersfeld und Fulda und das ganze Fuldaer Land von tiefgreifenden reformatorischen Bestrebungen durchsetzt, sie waren sogar über einen längeren Zeitraum evangelisch geworden. Nach 1570 jedoch sorgten dort starke katholische Kräfte, insbesondere die Jesuiten, alsbald wieder für eine unverbrüchliche Umkehr zur alten römischen Religion. Der Fuldaer Abt versuchte seit dieser Zeit auch im Schlitzerland und im Lauterbacher Junkerland die Bewohner zu rekatholisieren. Er bedrängte die Schlitzerländer Bevölkerung sowie die Riedesel und deren Untertanen, um sie wieder für den katholichen Glauben zu gewinnen. Während des Dreißigjährigen Krieges versuchte er dies sogar mit Hilfe von Truppen der katholischen Liga unter Tilly. Die Abtei stellte immer noch Ansprüche auf das riedeselsche Land, das es einst als Lehen vergeben hatte. Die Riedesel erkannten aber den Fürstabt nicht mehr als ihren Landesherren an. Die Barone, die auch seit alters her eine starke Bindung zu den hessischen Landgrafen hatten, konnten alle Angriffe abwehren. Das heutige Herbstein, das nach der Reformationszeit mehrmals seine Glaubensrichtung wechseln mußte, blieb letztlich der römischen Kirche verbunden und ist nun eine katholische Insel im Meer der umliegenden evangelischen Vogelsberggemeinden.

Lutherische und reformatorische Bestrebungen

Einen für die evangelische Sache schlechten Verlauf nahm der Streit um die Abendmahlsregelung, der nach der Abwendung von der römisch-katholischen Kirche und seit Einführung der Reformation zu Beginn des 16. Jahrhunderts schwelte, und sich später während des Dreißigjährigen Krieges mit großer Härte entfaltete.

Die Reformatoren der ersten Stunde und deren jeweilige Anhänger entbrannten im Widerstreit, ob nun Jesu Christi Blut und Leib bei der Reichung des Abendmahles gegeben würde, oder ob der Herr und Heiland nur mit seinem Geist anwesend sei. Um die gegensätzlichen Meinungen unter den Evangelischen auf einen gemeinsamen Nenner zu bringen, lud Landgraf Philipp von Hessen zu einem Kolloquium nach Marburg ein. In diesem Marburger Religionsgespräch in 1529 standen sich Luther und Melanchton auf der einen sowie Zwingli auf der anderen Seite gegenüber. Luther beharrte bei seiner Lehre von der fleischlichen Gegenwart Christi beim Abendmahl. Zwingli vertrat die dem Landgrafen angenehmere Fassung der subjektiven Anwesenheit. Eine Einigung wurde aber nicht erzielt. Die Katholiken warfen den Anhängern des Evangelischen Glaubens danach vor, daß sie nicht berechtigt seien, sich vom alten Glauben abzuwenden, da sie sich nicht einmal untereinander einigen könnten.

Solange der hessische Landgraf Philipp lebte, hielten sich die verschiedenen Strömungen in geordneten Grenzen. Nach Philipps Tod in 1567 wurde das Hessenland gemäß Testament und Erbvertrag unter die vier Söhne des Landgrafen aufgeteilt. Während Hessen–Darmstadt bei der lutherischen Lehre verblieb, wandte sich Hessen–Kassel mehr und mehr der calvinistischen Lehrmeinung zu. Hessen–Marburg, das nach dem kinderlosen Absterben des Landgrafen Ludwig 1604 zwischen Kassel und Darmstadt aufgeteilt wurde, nahm zwangsläufig das Bekenntnis des Landes an, dem es zugeteilt wurde.

Die unerbittlichen Gegensätze, die letztlich zwischen den beiden Hessen entstanden, führten dazu, daß sie sich im Dreißigjährigen Krieg gegenseitig bekämpften, wobei außer Glaubensdingen aber auch überwiegend um Gebietsvorteile gerungen wurde. Als Überbleibsel der unterschiedlichen Bestrebungen sind heute die Niederhessen ›Reformierte der Evangelischen Kirche von Kurhessen und Waldeck‹, schon Lingelbach, Berfa und Hatterode gehören dazu. Die Oberhessen sind ›Lutheraner der Evangelischen Kirche in Hessen und Nassau‹. So sind beide evangelischen Glaubens, nur von dem Abendmahl hat man eine unterschiedliche Auffassung.

Schriftliche Unterlagen der Pfarrei Schwarz

Frühes Rechnungswesen

Die schriftlichen Belege zur Kirchengeschichte in unserem Ort beginnen mit den ersten Kirchenrechnungen. Die kleinen gebundenen Heftchen liegen ab dem Jahre 1576 in Schwarz vor. Sie wurden über vierzig Jahre vor dem Dreißigjährigen Krieg geschrieben und sind nun schon mehr als 400 Jahre alt. Wie die Kirchenrechnung von 1581 (nächste Seite) zeigt, war der kirchliche Haushalt damals noch sehr klein.

Das gesamte Inverntar der Kirche bestand in 1589 aus: *‚1 Kupffern Kilch ist übergold, die Hessische Agenda, 1 alter Schrank, 42 leddern Eimer, 8 feuer Leitern und 2 feuer Hacken‘*. 1604 war dazugekommen: *‚1 kleiner Cathechismus von Luther mit Fragestücken, 1 Decke übern Altar und 1 Sandtuhr aufm Predigtstuhl.‘* Zum Vergleich sei das Kircheninventar aus dem Jahre 1798 aufgeführt, 20 Jahre nachdem die neue Kirche erbaut war. Das Pfarrhaus ist noch das alte, welches mitten im Dorfe stand. Es muß in einem sehr schlechten Zustand gewesen sein, wie wir noch mehrmals hören werden: *‚Inventarium 1798. Zum Pfarrhaus welches sehr zerfallen: 1 Waschkessel von Ertz nebst 3 Ofen, 2 Raufen vor das Vieh in den Ställen, 1 Rollseil in der Scheuer. In der Kirche: 3 Glocken, 2 Altartücher, 1 rothes undt weißes noch in guttem Stand, 1 Klingel-*

Register des Kastens zu Schwarz Anno 81

Heintz Dieffenbach & Enders, Schwartz, Kastenmeister

1. Eyn Nham stendiger Zins anno D 81:	
1 fl. vom Opffergarten	
1 ½ alb. 5 hlr. Senger Henn vom heiligen Gartten	
Summa Lettris	*1 fl., 2 alb., 4 ½ hlr.*
2. Eyn Nahm onstendiger Zins:	
20 alb. vom Kirchoff	
Summa Lettris	*20 alb.*
3. Eyn Nham gelt onstendig v. d. Hoffstadt:	
2 alb. Lentz Hebermehl	
2 ½ alb. Enders Phol	
Summa	*4 ½ alb.*
4. Eyn Nham Kapital:	
1 ½ fl., 2 ½ alb.	
Summa Lettris	*1 ½ fl., 2 ½ alb.*
5. Eyn Nham Wachs onstendig:	
1 Pfund Lentz Hebermehl	
½ Pfund Curtt Geise	
Summa Lettris	*1 ½ Pfund*
6. Eyn Nham gelt v. Wachs onstendig	
9 alb.	
Summa Lettris	*9 alb.*
7. Eyn Nham gelt Pension onstendig:	
6 ½ alb. Enders Becker von 6 fl.	
2 ½. alb. Pauel Becker von 3 fl.	
Summa Lettris	*9 alb.*
Summarum aller ein Nham stendig ond onstendig thutt	*4 fl., 7 ½ alb, 4 ½ hlr.*

1. Aus Gab anno D 81:	
1 ½ fl., 3 alb, 6 hlr. vor glocken Strang	
3 alb., 9 hlr. vor ostihen (Hostien)	
4 alb. vor Baum öhl	
1 alb., 9 hlr. vor ein Scheiben in die türe	
4 ½ alb. vor Communicanten Wein auff den Christag	
4 ½ alb. vor Communicanten Wein auff Pfingsten	
4 ½ alb. Huener Hennen futtern Holtz gelieffert zu vier todte Per(sonen)?	
1 alb., 6 hlr. vor Negel vor eine Gestreu (?) im Pharhaus	
Lettris summarum	*2 fl., 15 alb.*
2. Aus Gab anno 81:	
23 alb., 1 hlr. ist der Casten schuldig plieben	
4 ½ alb. hatt der pfarrer verechnet auf special sinoda	
Summa Lettris	*1 fl., 1 alb., 7 hlr.*
Summarum aller aus Gab thut	*3 fl., 16 alb., 7 hlr.*
Gegen ein ander verglichen oberwigtt die ein Nham die aus Gab	*17 alb., 4 hlr.*

Abgehört zu Alsfeldt den 31 Januari anno 82
Georgius Nigrinus, Superindendent; Christoph Eckharius, Rentmeister

beutel und 2 Kirchen Ordnungen nebst einem Gesangbuch, 4 zinnerne Kannen, jede zur Maas, 2 Kelch, 1 guter übergüldeter und ein alter von Zinn, 1 Hostienschachtel nebst Teller, 1 alte zinnerne Taufschüßel.'

Ein Obulus für die Reparatur der Kirche

Die alte Kirche, die in 1774 abgebrochen wurde und wahrscheinlich aus dem Mittelalter stammte, war schon im Jahre 1603 in einem sehr schlechten Zustand und drohte zusammenzubrechen. Vicesuperintendent Vietor zu Alsfeld, der auch die Kirchenvisitationen durchführte und die Kirchenrechnung prüfte, erstellte in diesem Jahr ein Bittschreiben für die Kirchengemeinde Schwarz. Darin werden die umliegenden Gemeinden gebeten den Kastenmeistern aus Schwarz, die sie aufsuchen werden, ein Scherflein für den Kirchenbau in deren Ort zu geben. Es war allgemein üblich, daß sich die Kirchengemeinden untereinander halfen. Auch in den Unterlagen der hiesigen Gemeinde erfährt man von kleinen Beträgen, die für andere Gemeinden gegeben wurden. Die Kirchenvertreter aus Schwarz machten sich so auf den Weg und sammelten auf tagelangen Reisen ein paar Spenden ein. Es ist sehr interessant zu lesen, in welchen Orten überall angefragt wurde. Selbst in den hessen-kasselanischen, in den hessen-marburgischen und in den riedeselischen Landen wurde von vielen Kastenmeistern, Bürgermeistern, ja sogar von Privatleuten, ein Obulus gegeben: Das Bittgesuch lautete wie folgt:

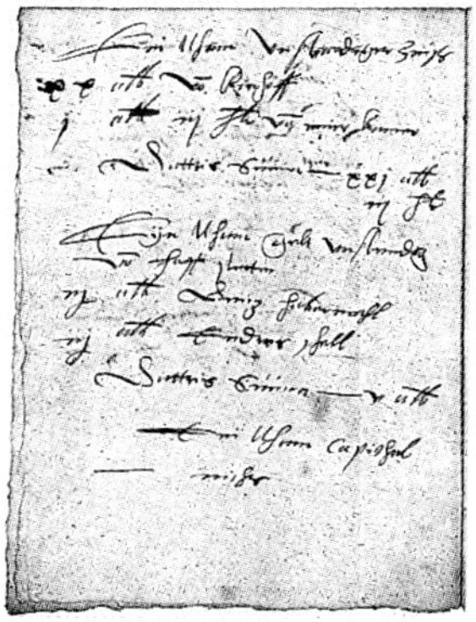

Abb. 15: Auszug aus der Kirchenrechnung von 1584.

Auf der linken Seite ist die komplette Abschrift einer Kirchenrechnung zu sehen. Der fl. (Gulden) wird zu 26 alb. (Albus) gerechnet, der alb. zu 12 hlr. (Heller). (siehe auch Kapitel ›Maße und Gewichte‹, S. 473)

,Demnach die Kirch zu Schwartz sehr Bawfällig ond ahn dem daß sie muß großen Schaden zu vermeiden, erbessertt werden. Der Casten aber selber Ohnvermögens, daß er den Bawkosten nitt ertragen kann, Alß hab ich dißen Zettel den Casten Meistern mitgetheilet, ond bin zu frieden, daß die vermöglichsten Casten im Ampte Alsfeld, ihnen zu dießem baw vertreglich steur thuen: Andre auch so fuer diße Leutlein von Schwartz in den Nachbarschaften ersuchen möcht, will ich dieß Lud freundlich gebetten haben, daß sie ihr Anliegen beherzigen ond Hilff erweisen wüllen: Daß bitt ich neben ihnen of zu tragende gelt hinwidder zu beschulten ontheilig.'– Sign. Alßfeldt, den 20ten May Ao 1603, Jeremias Vietorius, Sup. Intendent.

Eine vollständige Liste der Spender ist auf den nächsten beiden Seiten zu finden. Leider ist nicht überliefert, was mit dem Geld genau geschehen ist. Die Jahresrechnungen liegen nicht vollständig vor. Daß es überhaupt noch alte Schriftstücke gibt, ist trotzdem beachtenswert, wenn man bedenkt, daß einige alte Unterlagen einen langen Zeitraum von 400 Jahren überstanden haben, den Dreißigjährigen Krieg, feuchte Räume, Mäusefraß und dergleichen mehr. Auf der anderen Seite hat man oft kein Glück, wenn man nach jüngeren Akten über das Kirchenbauwesen, zum Beispiel nach Plä-

10 alb. die Bürgermeister und Gotteskasten zu Romrodt diesser Gemein Schwartz zugesteuert. Datum den 8ten May Ao 603; 1 fl. geben Bürgermeister ondt Raht zu Alsfeltt den verorthenden mennern von Schwartz zu ehr Bauung ihrer Kirchen mittgedheilet ond zugesteuert. Datum, 6ten Juny Anno 603; 6 alb. wegenn Volprecht Riedesels diespenz gesteuert den 10ten Juny Ao 603; 4 ½ alb. hat zu fürhabender besserung der Kirchen zu Schwartz zugesteuert der Kirchenbaw zu Lauternbach den 10ten Juny Ao 603; 3 alb. Johannes Schröderus Pfarrer daselbsten; 6 alb. hat ditrichs seliges Wittib zu Lautterbach gesteuert den 10ten Juny 1603; 2 alb. steuwret Adam Büttener Oberfurster zu Lautternbach zu fürhabender Kirchenbesserung; 3 alb. haben die Castenmeister zu Angerspach dießen leuthenn zu behülff der Besserung der Kirchen zu bessern gesteuert, geschehen am 11ten Juny Ao 603; 6 alb. Maria Eckhardin, Renthmeisters Wittwe zu Alsfelt, Actum denn 11ten Juny Ao 603; 3 alb. Johann vonn Gieß zue Alsfeldt, geschehen denn 11ten Juny Ao 603; 1 fl. hat der Gottes Casten zu Alsfeldt diesen mennern zu erbawung ihrer Kirche zugesteuert, Signand den 11ten Juny Ao 603; 3 ½ alb. Hans Caspar Rotzmann; 4 alb. Stam Rotzmann; 4 alb. Johan von Fredenhaussen, Pfr., den 17ten Juny Anno 603.

Lateris 1 = 4 fl. 1 alb.

3 alb. hat der Gottes Kasten zu Heidelbach denen von Schwartz zu verbesserung ihrer Kirchen zugesteuert, Actum 11ten Jun. Ao 603; 4 alb. der Gottes Kasten zu Holtzburgk denen von Schwartz zu verbesserung ihrer Kirchen p.p. Actum zugesteuert den 11ten Juny Ao 603. Georg Becker, Pfarrer I.; 3 ½ alb. der Gottes Casten zu Schrecksbach diesem Kirchenbaw zugesteuert den 11ten Juny Ao 1603. 3 alb. reparario ecclesiae Schönbergensis den 11ten Juni Ao 603; 2 alb. Gottes Casten Zell contriburett; 5 alb. hatt Bürgermeister ond Rath der Stadt Kirchhain zu dißem Kirchenbaw gesteuert, geschehen den 15ten Juny Ao 603; 4 alb. hatt Bürgermeister und Rath zue Kirttorff hierzu gesteuert den 11ten Juny Ao 603; 8 alb. zu dießem Kirchenbaw Johann Adrian von Döringenpergk am 14ten Juny Anno 1603; 4 alb. vom Gottes Casten zu Breydenbach beneben dem Hirtzberg den armen benachbarten zugesteuert 14ten Juny 1603; 2 alb. Heinrich Seiler, Renthmeister zu Grebenau hierzu gesteuert den 14ten Juny Anno 1603; 6 ½ alb. hat Bürgermeister ondt Rath zu Grebenau hier zu gesteuert den 14ten Juny Anno 1603; Sieben Weißpfennige hat der Casten zu Eudorff hirzu gesteuert den 18ten Juny Anno dmi 1603; 3 alb. Jost St. [...], Pfr. zu Alsfelld, den 18ten Juny Ao 603 gesteuert; 3 ½ alb. Henrich Vinck zu Alsfeld, 18ten Juno; 3 alb. Hans Krekel zu alsfeld pfingsten gegeben.

Latris 2 = 2 ¼ fl, 4 Pf.

3 ½ alb. Cuntz Schlanhoff zu Alsfeldt den 18ten Juny gesteuert Ao 1603; 2 alb. Lorenz bickingk zu Alsfeld den 15ten Juny gesteuert 1603; Vier den halben alb. hat der Gottes Kasten zu Obern Leußell denen zu Schwarz zu Verbesserung Irer Kirchen zu gesteuert, Actum den nechsten Sonnabend nach Pfingsten Ao 1603 Conraden Moller, Pfarrer daselbsten; 3 alb. Johannes Haeß zu Alsfeltt mitgesteuert den 18ten Juny Anno 1603; 3 alb. der Kasten zu Stompertenrode denen von Schwartz zu ihrem Pfarrhaus gesteuert signum den 18ten Juny 1603; 2 ½ alb. sindt aus dem gottes Kasten zu Ollrichstein den 19ten Juny gesteuert worden; 2 alb. hab ich onderschriebener Renthmeister zu Ollrichstein zu diesem Christlichen Werck gesteuert den 19ten Juny Ao 1603. Johann Reiser der Jüngere; 3 alb.

aus dem Kirchbaw Bobenhausen gesteuert den 19ten Juny Anno 1603; 3 alb. der Kasten zu Gr. eychen ihm Gericht Oberohmen gesteuert worden den 19ten Juny Anno 1603; 2 alb. Johann Wolfg. Schütz zu Windenhausen und zu Oberohmen Schulmeyster St: onnd Edelen Ef: Junckern Riedesselln zu Eyssenbach: Von diessem gericht geschen den 19ten Juny Anno 603; 3 ½ alb. Hanß Schmutt, Schenk, ond Clemens Bendter, Maier zu Laupach, ond Döringenbergischer Schulteß zu Ober omen zu diesem Christlichen Werk vermehrt. Datum den 19ten Juny 1603; 1 alb. 2 Pf. (?) Friederich Schlaff gegeben Gervasio de Anno 1603.

Lateris 3 = 1 fl., 6 ½ alb., 2 Pf.

18 Pf. hat der Casten zu Flensungen diesem Kirchenbaw zu Schwartz zu offenbarung mitgesteuert. Georg Schlanhof Pfr.; 18 Pf. der Kasten zu Grünberg. 2 fl. Bürgermeister zu Grünberg hinzugesteuert, 19ten Juny 603; 3 ½ alb Johann Reyser Renthmeister zu Grünberg gesteuert; 1 batzen hatt der Pfarrer zu Wirbergk dießem Christlichen Werck contribiert den 20ten Juny 603; 3 alb. hat der Casten zu Großenbußeck zu dießem Kirchenbaw denen zu Schwartz gesteuert den 20ten Juny Anno 1603; 3 alb. hatt zu dem Kirchen bauw zu Schwartz gesteuert von dem Casten zu Wissigk dem 20ten Tag Juny Anno 1603; 1 alb. 4 Pf. steuert der gottescasten zu 20ten Juny Ao 603 Gießen; Vier alb. hat Bürgermeister ond Rath der stat Gießen zu dießem Kirchenbaw gesteuert den 20ten Juny 603; 3 alb. Bürgermeister und Rath der Stadt Lich dießen zue dem gemein Werk eben zum Kirchenbaw gesteuert den 21ten Juny; 2 alb. aus dem Casten zu Laupach; 1 batzen [...] Euler zu Laup; 3 alb. der Gotteskasten zu Windhaußen den 22ten Juny; 2 alb. Justus Bückingk gesteuert 25ten Juny Ao 603 Alsfeldiae; 2 gnacken gegeben ein stux gegeben zu Schwartz in Hessen zu der Kirchen aus dem gottes Kasten zu Schlitz; Einen Reichsthaler hat der D. Jünger Her Otto Landgraff zu Heßen zur Steur verehret Anno 1603 M. july zu Alsffeld.

Laterit 3 fl. 1 alb.

9 alb. hab Ich Carll von Doringenbergk zue diesem Kirchenbauw zugesteuert den 15ten July Ao 1603; 2 alb. hatt der Casten zu Obernaula diesen Mennern zum Kirchenbauw zugesteuert den 15ten July Ao 03; 4 alb. hatt der Bürgermeister ond rath der stadt Schwartzenborn zum bauwen zur steur geben den 15ten July Anno 603; 2 alb. steuert Anna, weiland Syttrich Zitters Schultheißen zue Schwartzenborn relicta, zue dießem baw den 15ten July Ao 603; drei alb. hatt der gottes Casten zu Newkirchen nach einem geringen [...] zu dießem Christlichen Wergk zugesteuert den 15ten July Ao 603; 2 alb. in 9 Pf. gezehlet hatt Johann Rebenstock Stattschreiber zu Newkirchen zu dießem Christlichen Kirchenbauen zugesteuert ahm 15ten July Ao 1603; 4 alb. zu 9 Pf. haben Bürgermeister ondt Rath zu Newkirchen zu beforderung dieses Christlichen Wergks zu gesteuert 15ten July 1603; 2 alb. der gottes casten zu [...]; 2 alb. Heinrich Schröder Pfarrer daselbsten eodem Die 6 alb. Christoff Eckhartts Renthmeister zu Alsfeld gesteuert den 16ten August Ao 1603; 8 alb. hat girus Mor borgraf zu Marpurg gewen zu besserung der Kirchen zu Schwartz den 2ten novembers A 1603; Eilff fl. einige alb. hat onser gnedige Herr zu Marpurk zugesteuert.

Lateris 12 ½ fl., 4 ½ alb., 2 Pf.

Summarum 23 ½ fl. 2 alb.

nen der jetzigen Kirche, sucht. Die Schwarz betreffenden Unterlagen sind während des Zweiten Weltkrieges im Staatsarchiv in Darmstadt verbrannt.

Es ist früheren Geschichtsforschern zu verdanken, daß noch Beschreibungen der alten Kirche, des Pfarrhauses und der Glocken vorhanden sind. Diese Abhandlungen und Sammlungen, die auch andere Gemeinden betreffen, sind, verteilt auf viele Archive, der Nachwelt glücklicherweise erhalten geblieben. Aber auch die Kirchenbücher, die Kirchenstuhlbücher, Rechnungen und Amtsakten, die während des letzten Krieges in Schwarz verblieben sind, geben Auskunft über kirchliche Verhältnisse in unserem Ort.

Die kirchlichen Gebäude und die Baupflicht

Der Prälat Dr. Dr. Diehl schreibt in der ›Hassia sacra‹, dem hessischen Pfarrer-, Lehrer- und Baubuch:
»Schwarz besaß zur Zeit der Einführung der Reformation eine Pfarrkirche. Die Kirche diente nach Einführung der Reformation ihrer Bestimmung noch über 240 Jahre. Um die Mitte des 18. Jahrhunderts kam das Gotteshaus in Verfall. Im Jahr 1763 wird berichtet, daß der Hauptbogen zwischen der Kirche und dem Chor sowie der Kreuzbogen samt dem Gewölbe gesprungen und die ganze Kirche sehr baufällig sei, auch *‚der Thurm nicht mehr im Lot stehe'*. Im Jahre 1774 wurde die Kirche abgebrochen und mit der Errichtung eines Neubaues begonnen, der im Jahre 1777 vollendet ward.«

In einem Inventarium von 1806 ist festgehalten: *‚Die Kirche ist von der Gemeinde im Jahr 1774 neu erbaut worden und wird von der Gemeinde im Stand erhalten, ist von Steinen errichtet. Das Dach ist mit Ziegeln bedeckt, in dem Brandassecurationscatastro ist solche sub 77 mit 3000 fl. assecurirt. Der Thurm ist von Holz erbaut, hat in der Höhe bis an den Glockenstuhl 22 Fuß, in der Weite aber 14 1/2. Die weitere Höhe ist 30, die Weite 11 Fuß.'*

Größere bauliche Änderungen erfolgten in 1926, in diesem Jahr wurde das Dach des Kirchenschiffes umgedeckt, 1961 wurde die westliche Empore abgebrochen und die Orgel auf die östliche umgesetzt, eine aus denkmalpflegrischer Sicht unmögliche Lösung. 1979 wurde das Kirchengestühl erneuert. In 1982 wurden die Fundamente freigelegt und befestigt, die Wände erhielten einen Rundumanker und wurden verputzt. Ein neuer Innenanstrich erfolgte in 1984 und der Turm wurde in 1986 neu eingeschiefert. Bereits in 1920 war von der Firma Wenle in Bokenem eine neue Turmuhr eingebaut worden, die in 1966 von der bürgerlichen Gemeinde durch ein elektrisch betriebenes Uhrwerk ersetzt wurde, dabei wurden auch die Zifferblätter ausgewechselt. Vorher mußte die Uhr mit den steinernen Gewichten täglich aufgezogen werden.

Die Bau- und Unterhaltungspflicht oblag schon Anfang des 18. Jh. der bürgerlichen Gemeinde. Eifa, das seit spätestens 1667 ein Filialort der Kirchengemeinde Schwarz war, wurde immer wieder angehalten, sich an den Bau- und Reparaturkosten der kirchlichen Gebäude in Schwarz zu beteiligen. Daß sich der Nachbarort dazu weigerte, ist nur allzu verständlich. Es kam schließlich zu einem regelrechten Kirchenstreit zwischen den beiden Gemeinden. In einem Bericht des Geschichtsforschers G. Becker heißt es:
»Schon im Jahre 1723 erhoben die Bürgermeister, Vorsteher und sämtliche Gemeindeleute von Schwarz die Forderung bei dem hochfürstlichen Consistorium, daß *‚das Dorf Eiffa zu allen Bürden und Beschwerden wegen des Pfarrers das Drittel beitragen sollte‘*. In dieser Eingabe wird aufgeführt, daß die Gemeinde Schwarz, außer dem Viertel Korn, das Pfarrland ackern und zurechtmachen müsse, bis es besamt sei; der Dung und das Holz müsse gefahren und heimgebracht werden; dem Pfarrer müsse außerdem auch Gut und Weide für sein Vieh zur Verfügung gestellt werden. Dem gegenüber bestehe die Leistung der Filialgemeinde Eifa nur darin, daß sie *‚nur fünf Viertel Korn jährlich zur Pfarre gibt‘*, während sie keinerlei Arbeit oder Dienste zur Pfarr verrichten helfe. Da der Pfarrer alle Sonntage sowohl in Schwarz, wie in Eifa predige, sei eine stärkere Heranziehung der Filialgemeinde zu den Gerechtsamen des Pfarrers gerechtfertigt.

Abb. 16: Das alte Kirchlein aus dem Mittelalter (Skizze). Auf einer Gemarkungszeichnung aus dem Jahre 1707 hat die Kirche in der Mitte einen Dachreiter, wie oben dargestellt. Ob sie so ausgesehen hat?

Das geistliche und weltliche Amt zu Alsfeld, das zu einem Urteil aufgefordert wurde, hält in seinem Bericht vom 29. Oktober 1723, *‚der Suplikanten Suchen ganz neuerlich und unbegründet‘* und bezieht sich bezüglich der zwischen beiden Gemeinden bestehenden Rechtsverhältnisse auf eine Niederschrift des früheren Pfarrers Johann Georg Vietor aus Alsfeld (*1636, †1700; Pfarrer in Schwarz von 1665–1700). In dem Amtsbericht ist vermerkt, daß von altersher die Muttergemeinde allein des Pfarrers Güter habe aufstellen und düngen, die Frucht, das Heu und das Holz habe fahren müssen. Während die Pfarrer früher nach ihren Verpflichtungen nur alle 14 Tage in Eifa gepredigt hätten, sei mit dem Pfarrer Vietor eine Vereinbarung zu Stande gekommen, wonach er sich verpflichtete, jeden Sonntag dort zu predigen, wogegen sich die Gemeinde verpflichtete, ihm *‚von jedem Pflug daselbst anstatt der sonst nur schuldigen ½ Meste Korn, eine Meste Korn jährlich zu geben‘*. Mit den folgenden Pfarrern sei eine gleiche Vereinbarung zu Stande gekommen; es sei aber eine freiwillig übernommene Verplichtung die einem successor (Nachfolger) im Amt nicht binde. Von dieser ablehnenden Stellungnahme des zuständigen Amtes erhielten die Vertreter der klagenden Gemeinden Kenntnis mit dem Bemerken des Consistoriums, daß das Begehr ganz unbegründet und die beklagte Gemeinde Eifa ›in antiquissima libertatis possessione‹ (im uralten Besitz der Freiheit) sei. Daraufhin nahm die Gemeinde Schwarz von der Weiterverfolgung der Klage Abstand.

Das erwähnte ›pro memoria‹ des Pfarrers Vietor gibt interessante Aufschlüsse über die kirchlichen Verhältnisse in den beiden Gemeinden sowie über die zuständigen Einkommens- und Wirtschaftsverhältnisse dieses Pfarrers. Neben den Gefällen bestand dessen Einkommen aus dem Ertrag seiner Pfarrgüter, zu deren Bestellung die Pfarrgemeinde verpflichtet war. Mit welcher Freudigkeit diese Feldbestellung erfolgte, geht aus der bezeichnenden Bemerkung hervor: *‚sie geschieht nach Art der Frondienste mit Grunzen und Murren'*. Wenn er sich auch über das mangelnde Entgegenkommen seiner Pfarrkinder bei Erfüllung ihrer Verbindlichkeiten gegenüber ihrem Pfarrherrn beschweren mußte, so wird er doch nicht allzu schwer darunter gelitten haben; denn 35 Jahre wirkte er in Schwarz bis zu seinem im Jahre 1700 erfolgten Tode.

Neue Meinungsverschiedenheiten entstanden zwischen den beiden Gemeinden Eifa und Schwarz über die Aufbringung von Mitteln für kirchliche Zwecke, als für die Gemeinde Schwarz die Erbauung einer neuen Kirche in Frage kam. Im Jahre 1770 richtete der damalige Pfarrer Joh. Heinrich Roth, von 1744–1794 Pfarrer in Schwarz, eine Eingabe an die fürstliche Regierung, in der er auf die bedenkliche Baufälligkeit der Kirche hinwies. Die darauf veranlaßten Ermittlungen durch die fürstlichen Behörden bestätigten die Angaben dieser Eingabe. Nachdem bereits auf Vorschlag der Oberbaudirektion im Jahre 1770 die Herabnahme des Geläutes der Kirche angeordnet war, wurde im Jahre 1773 die Abtragung der Kirche und der Neuaufbau verfügt; obwohl die Gemeinde die Auffassung vertrat, daß *‚die Gefahr würklich so groß nicht sei, als sich solche unser Herr Pfarrer vorstellt'*. Nachdem die Gemeinde wiederholt bei Serenissimus um Bewilligung einer Kollekte zur Aufbringung der Kirchenmittel und um Erlassung des Geldes für das zur Kirchenerbauung aus den herrschaftlichen Waldungen erkauften Holzes nachgesucht hatte, kam sie in Erinnerung früher geltend gemachter Rechte dazu, auch von der Filialgemeinde Eifa einen Beitrag zu Erbauung der Mutterkirche zu verlangen. In einer Eingabe an die fürstliche Regierung vom Jahre 1774 begründete sie dies Verlangen damit, daß die Gemeinde Eifa bei Kirchenvisitationen, Buß- und Bettagen, auch Pfarrvorstellungen nach Schwarz zur Kirche kommen müsse und daß deshalb die Mutterkirche wegen dieses Zuzugs weitläufiger erbaut werden müsse.

Dieser Streitfall führte zu einem lang dauernden Prozeß, in dem die Gemeinde Schwarz in den ersten Instanzen ein obsiegendes Urteil gegen die Filialgemeinde erstritt. Aber in dritter Instanz erfolgte im Jahre 1776 die Abweisung der Klage. In dem Urteil ist die Rechtsregel anerkannt worden, daß eine Filialgemeinde, welche ihre eigene Kirche und besondere Gottesdienste hat, wohl zu den Pfarrgebäuden, keineswegs aber zu dem Bau und der Reparatur der Hauptkirche zu *‚concurrieren'* verbunden sei. Im Jahre 1802 wurden die beiden Gemeinden aufs neue wegen der Kosten eines neu zu erbauenden Pfarrhauses in Schwarz in einen Prozeß verwickelt. Die Akten des Landgerichts Gießen geben keinen Aufschluß über den Ausgang dieses Rechtsstreits.«

Soweit G. Becker in seinem Bericht. Zu einem Neubau eines Pfarrhauses ist es allerdings nicht gekommen. Die bürgerliche Gemeinde Schwarz erwarb im Jahre 1806 das Anwesen des ehemaligen Oberförsters Reitz. Reitz war im Herbst des Jahres 1803 im Alter von 45 Jahren an ›Auszehrung‹ gestorben. Er war Oberförster über die Forsten Brauerschwend und Elbenrod gewesen. Prälat Dr. Dr. Diehl schreibt in der Hassia sacra über das alte Pfarrhaus:
»Das aus mittelalterlicher Zeit stammende Pfarrhaus, in dem von der Reformation an die lutherischen Pfarrer von Schwarz wohnten, diente nach der Einführung der Reformation seiner Bestimmung noch etwa 270 Jahre. In der 2. Hälfte des 18. Jh. kam das Haus, das vorher schon recht übel war, in vollständigen Verfall. Im Jahre 1789 wird berichtet, daß das am tiefsten Ort des Dorfes gelegene Haus feucht und so klein sei, *‚daß ein Pfarrer mit Familie sich jämmerlich behelfen müsse‘*. Das Haus wird bei dieser Gelegenheit als *‚eines der elendsten Pfarrhäuser im ganzen Land‘* bezeichnet.

Das Konsistorium in Gießen war der Überzeugung, daß ein Pfarrhausneubau nicht zu umgehen sei. Es veranlaßte deshalb auch, daß von dem Gießener Baumeister Müller ein Bauriß für ein neues Pfarrhaus verfertigt wurde, das etwa in den oberen Pfarrgarten, gegenüber der Schule, an die Straße nach Alsfeld zu stehen kommen sollte. Die Verhandlungen, die im Jahre 1789 geführt wurden, verliefen ergebnislos und zwar deshalb, weil der Pfarrer von Schwarz, Johann Heinrich Roth, der schon 45 Jahre in dem Pfarrhaus gewohnt hatte, darum bat, daß man ihn in dem Hause belassen möge. Erst im Jahr 1801 wurden die Verhandlungen wegen Beschaffung eines neuen Pfarrhauses wieder aufgenommen. Der Gießener Baumeister Sonnemann berichtete damals, daß die Wohnung des Pfarrers zu Schwarz weit schlechter als die des Schulmeisters sei, und daß *‚wenige Hirten schlechter als der Pfarrer in Schwarz wohnten‘*. Auch die Verhandlungen des Jahres 1801 scheiterten. Im Jahre 1803 tauchte dann der Plan auf, das Pfarrhaus zu verkaufen und das Haus des im Herbst dieses Jahres verstorbenen Oberförsters Reitz anzukaufen. Im Jahre 1806 wurde dieser Kauf vollzogen. Der Kaufpreis war 2950 Gulden, Käufer die bürgerlichen Gemeinden Schwarz und Eifa.

Im Jahre 1807 wurde, nachdem das Reitzsche Haus zum Pfarrhaus eingerichtet und bezogen war, das bei der Kirche an der Straße gelegene alte Pfarrhaus veräußert und dann abgebrochen. Seine Baustelle ward in einen Garten verwandelt. Das im Jahre 1806 angekaufte Haus ist noch heute Pfarrhaus. Es ist in der Folgezeit mehrfach repariert worden. Die Baupflicht an dem Pfarrhaus zu Schwarz lag schon in der ersten Hälfte des 18. Jahrhunderts der bürgerlichen Gemeinde ob, die das ›onus aedificanti et reparandi‹ an dem Pfarrhaus bis nach 1800 hatte. In dem Inventarium von 1780 und auch 1795 wird über das alte Pfarrhaus und die Baupflicht berichtet: *‚Das Pfarrhaus ist nebst Scheunen und Ställen so verfallen, daß es keiner Reparation fähig zu seyn scheinet. Das onus aedificanti et reparandi obliegt der Gemeinde Schwarz.'«*

Abb. 17: Die Kirche von Schwarz auf einem Foto von etwa 1935.

Soweit Diehl in dem Baubuch der Hassia sacra. Das alte Pfarrhaus ist aber nicht gleich, nachdem es in 1806 veräußert wurde, abgebrochen worden. Es hatte danach noch folgende Besitzer: Georg Hedrich, Andreas Gerbig, Johannes Köhler II. (1844), Johannes Steuernagel (1849), Heinrich Noll XII. (1854) und danach Heinrich Urstadt II. und dessen Ehefrau Margarethe eine geborene Becker, die als Witwe den Johannes Eifländer heiratete. Das erworbene Grundstück rundete das Areal der neuen Besitzer, ›Oddstådts‹, ab. Es liegt am Scheitelpunkt der heutigen Alsfelder Straße und des Rainröder Weges. Im Inventarium zum neu erworbenen Pfarrhaus heiß es 1806:

‚Das Pfarrhaus ist in vorigem Jahr von der Gemeinde gekauft worden und wurde etliche Jahre zuvor von Grund aus repariret und in guten bewohnbaren Zustand gesetzt. Es ist solches von Holz erbaut und stehet auf einer 8 Fuß hohen Fundamentalmauer. Das Dach ist mit Ziegeln bedeckt, hat zwey Stock und stehet in dem Brandassecurationscatastro sub 78 mit 500 fl. assecurirt und liegt am Ende des Dorfes nach Norden.'

Nachdem Eifa sich im Jahre 1806 an dem Ankauf des Reitzischen Hauses beteiligt hatte, erscheint es an dem Pfarrhaus als zu einem Drittel baupflichtig. Das Pfarrhaus erhielt im Jahre 1819 einen eigenen Brunnen. Pfarrer Mönnig schrieb am 18. September 1819 in das Kirchenbuch:

‚Ao. 1818 im October wurde im jetzigen Pfarrhaus in Schwarz ein Brunnen gegraben, von 12 Klaftern, und den 14ten Sept. 1819 wurde zum erstenmal Waßer zum eigenen Gebrauch herausgezogen. Unter Bürgermeister Johannes Wegfahrt wurde er zu graben angefangen und von Heinrich Dörr (Zöllners Sohn) beendigt. Es hat beydem Gemeinden viel Geld und Mühe gekostet. Aber Wasser ist ja auch das Nötigste.'

Herausragende Reparaturen und Erneuerungen am Pfarrhaus waren eine neue Ziegeldeckung, die Anfang dieses Jahrhunderts in 1909 erfolgt ist. 1917 wurde nach jahrelangen Bemühungen die Abortanlage erneuert. Pfarrer Weber schreibt:

‚Endlich nach jahrelangen Mühen wurden die Abortverhältnisse im Pfarrhaus geordnet und der üble Geruch beseitigt, der dumpfe Gang mit dem unteren Abort entfernt und das Amtszimmer dadurch

vergrößert, so daß es jetzt geräumig ist. Die fürchterlichen Abortkasten außen abgerissen, ein Abortgang von unten gebaut und ein luftdichtes Hygiene-Klosett aufgebaut. Seit dieser Zeit hören Gerüche und Klagen auf, der jahrelange Kampf um die Abortanlage hat ein Ende.'

Die Schwärzer Gemeindevertreter taten sich schon immer schwer, wenn der Beschluß für eine Erneuerung getroffen werden mußte, die der Allgemeinheit oder dem Pfarrer und Lehrer zugute kommen sollte. Im Jahre 1953 erfolgte schließlich die Erneuerung der gesamten Nordwand, wobei das alte Fachwerk wegen Fäulnis herausgebrochen und durch eine Bimssteinwand ersetzt wurde. 1958 wurde ein Bad mit einer Toilette eingerichtet. Die alte Scheune mit Stall, die seit langem überflüssig geworden war, wurde 1963 abgebrochen und an ihrer Stelle eine Garage mit Waschküche errichtet. Im gleichen Jahr erfolgte im Haus der Einbau einer zentralen Ölversorgung mit Einzelöfen. 1964 wurde das Dach umgedeckt und eine Bitumenpappe unter die Ziegel gezogen sowie der Dachboden gedielt, und in 1983 eine Zentralheizung eingebaut. Im Jahr 1993 wurde eine komplette Innenrenovierung durchgeführt, wobei einige Fußböden erneuert und ein neuer Heizkessel mit Flüssiggasfeuerung sowie eine Solaranlage installiert wurden. Dem Verfasser dieses Buches oblag damals die Planung und Bauleitung. Ein alter Mauerstein aus der ehemaligen Scheune zeigt die Initialen ›IKM‹ und die Jahreszahl ›1795‹, wahrscheinlich die Erbauungszeit. Der Stein wurde in 1963 seitlich des Treppenaufganges zum Garten in die neu errichtete Mauer eingebaut.

Über die Bau- und Unterhaltungspflicht zu den Kirchengebäuden muß noch etwas gesagt werden: 1920 erfolgte die Trennung der Kirchenrechnung von der Gemeinderechnung. Der Filialort Eifa wurde 1957 offiziell von Schwarz getrennt. Die Ablösung der vorgenannten Baupflichten am Pfarrgebäude erfolgte 1967 durch die bürgerlichen Gemeinden: Eifa bzahlte 22.000,– DM in 12 Jahresraten, und Schwarz 45.000,– DM in 15 Jahresraten an die Kirchengemeinde Schwarz. Eifa hatte sich bis dahin noch mit einem Drittel und unsere Gemeinde mit zwei Dritteln an den Baukosten zu beteiligen. Die Bau- und Unterhaltungspflicht des Kirchengebäudes wurde von der Gemeinde in 1980 abgelöst. Die Stadt Grebenau bezahlte 236.114,05 DM. Damit gingen auch die Kirche und das Grundstück in den Besitz der Kirchengemeinde über.

Aufzeichnungen des Pfarrers Johann Georg Vietor

‚Schwartz hat zur Filial Eyffa, so ungefähr anderthalb stund Wegs darvon ablieget. Collator ist Serenissimus noster (kirchliche Obrigkeit ist der Fürst). Pastores, so viel in Erfahrung bringen können, sind gewesen M. Ludovicus Pistorius (1604–1622); Dominus

Conrad Schwert (1622–1626); Dns. Johann Lotzius oder Ludwig (1626–1636); M. Johannes Camerarius (1636–1639); Dns. Johannes Janus (Pfarrer zu Udenhausen und zu Schwarz 1639–1665); Dns. Joh. Georgius Vietor; Dns. Joh. Jakobus Scheubius Alsfeldianus (1701–1723); Dns. K. Hütteke (1725–1738).

Labores Sacri (Dienst des Pfarres): In der Mutter Kirch Schwartz wird alle Sonntag morgends zuerst gepredigt und darauf vom Pfarrer die Kinderlehr (so die Ordnung an ihm; maßen dem alten Herkommen gemäß, daß Pfarrer und Schuldiener daselbst mit der Kinderlehr im Wechsel) gehalten. Sonsten wird durchgehends das Jahr über uff jeden monatl. Bet-Tag, Apostel und mit einfallenden ordinarii (gewöhnlichen) Fest- und Feyertag der Gottesdienst allda mit Predigen verrichtet. Zweymal alle Woch Betstund, auch zuweilen, wo auditores (Zuhörer) vorhanden, Wochenpredigten gehalten, wie auch tempore Passionis tota historia passionis pro concione tractiert (in der Passionszeit die ganze Leidensgeschichte in der Predigt behandelt) etc. Gleichfalls wird auch in der Filial Eyffa jeden Sonntag gepredigt, sonsten ist de jure (von wo rechtlich) ein Pfarrer nur zu 14 Tagen dahin obstrigirt (verpflichtet).

Weil aber ich (n. H. Vietor) bey antretendem Ministerrio (Pfarramt) mich zu jedem Sonntag gegen Empfangung einer Mesten Korn von jedem Pflug persuadiren (überreden) lassen, als habe demselben sotaner maßen pro viliri et posse (nach Kraft und Können) bisher nachgelebt. Die Kinderlehr uff jeden Sonntag auf dem Filial auch exerciren fällt einem Pastori hiesigen Orts unmöglich, besonders zu Winterzeiten; maßen der Weg zu weit, und die Tag zu kurz, daß man ohnedem bey tiefem Schnee und scharfer Winters-Kälte mit gesundem Leib bei sinkenden Tagen kaum wiederum zurück nach Haus gelangen mag. Also versiehet sie dieselbe Schuldiener wie auch Bet-Stunde etc. mit Vorlesung und dergleichen. So mir aber Zeit übrig, wird he zu weilen chatechesis auch von mir examinirt (der Katechismus überhört).

Belangend Salarium (Einkommen) zu Schwartz, so fällt an Geld nichts, als der Casten gibt ein fl. in 26 alb. sub tutilo (unter der Bezeichnung) des Jahres vor die Wochenpredigten, item 13 alb. die Castenrechnung zu schreiben. An Korn soll die Gemeinde in Sach liefern 10 Viertel gute reine taugliche Frucht. Davon schütten sie 5 Viertel auf Ostern und 5 Viertel auf Michaelis. Es muß aber gemeiniglich der Pfarrer an statt reiner Frucht mit Dresper und Dorth sich vergnügen lassen und so Er das nicht will, gestehet ihm der Bauer nichts weiter; ja muß auch wohl zu Zeiten in Jahr und Tag borgen, und es den debetoribus nolens volens (den Schuldner mit oder ohne Willen) stehenlassen. Es ist auch hier ein eigenes Pfarrgut, bestehend ungefähr in 17 oder 18 Morgen Land, welches die Bauern einem pastori schuldig sind zu stellen, und wiewohl ich kaum den 4ten Teil aus Mangel Wießwachs zur nothdürftigen Besser- und Düngung unterm Pflug habe, dennoch geschiehts nach der Art der Frondienste mit Grunzen und Murren, auch daß ich es besser dächte; Disputiren auch das Eggen, weswegen ich mein Land selbst eggen muß. Sind gehalten, Pastori: die Düngung hinaus, alle Früchte hingegen, wie auch Holz, Heu und alle Notdurft herbey und heim zu führen. An Wießwachs: mache manches Jahr über 4 gute Wagen voll Gefutter nicht, daß ich also kümmerlich 2 Küh damit erhalten kan. Von Eyffa empfang ich Jahres Besoldung 8 ½ fl. in 26 alb. item 13 alb., auch von jedem Pflug 1 Mest Korn.

Accidentia (Gebühren): Baptisma (Taufe) 10 alb., Funeralia (Beerdigungen) 20 alb., Sponsalia cum proclamatione et copulatione (Hochzeit mit Aufgebot und Trauung) 1 Rtlr. und so ich will cum familia (mit Familie) freyes Mahl etc. testimonium baptismatis (Taufzeugnis) 5 alb., testimonium matrimonii (Ehezeugnis) 10 alb. a Poenitent (von Büsenden) 1 Rthr. Grüne Donnerstags-Eyer participient cum Pastore (mit dem Pfarrer teilen) beyde Schulmeister. Von Confirmanden nach Belieben etliche Eyer. Keinen Beichtpfennig. Allerley Opfer überlasse ich den Armen und dem Casten excepto (außer) was bey SS. Synaxi (griech.: Versammlung; hier Abendmahl) in specie für den Pfarrer an 1 Pf. etwa auf den Altar präsentirt würde, und a puerpera benedicenda (vor Aussegnung der Wöchnerin).

An Holz hab ich nicht einen Stecken frey, sondern muß alles beym teuersten bezahlen. An Wurst nicht ein Schweingen frey. An Feder-Vieh ist ein Gans zuständig. An Zinsen 31 alb. von etlichen Hofstätt und Dorfplätzen. An Garten. Nichts; muß Rüben und Kraut aufs freye Feld pflanzen. Freye Hut hab ich mit meinem Vieh. Straf-Gefäll: halb Ihro Durchlaucht, die andere Helft dem Casten.

Kirchen-Pfar- und Schulgebäu sind zu Schwartz jetztmal in ziemlichem esse (Zustand), ausgenommen Stallung und Scheuer. Zu Eyffa ist kein Schulhaus; ist nun erbaut. Jedes Ort erhält zwar ohne den Casten ihre eigene Bäu. Doch muß Eyffa zu hiesigem Pfarrhaus, Scheuer und Stallung die 1/3 Unkosten helfen tragen.'

Bei diesem Bericht von Vietor muß man bedenken, daß er noch im alten Pfarrhaus in der Mitte des Dorfes wohnte und er außer Wohnhaus, Scheuer und Stallung ‚*keine Quadratrute Platz*' um sich herum hatte. Die Ablösung der auf dem Pfarrgut lastenden ‚*Frondienste und Occonomiefahrten*' durch die Bauern erfolgte in 1863. Allerdings war ein Teil dieser Belastung schon durch einen Vertrag vom 6. Januar 1826 in eine ständige Grundrente umgewandelt worden.

Besoldung des Pfarrverwesers im Jahre 1857

Aus einer Aufforderung des Kreisamtes an die Gemeinde vom 14. März 1857 geht die Besoldung des damaligen Pfarrverwesers Diefenbach hervor:
Aus dem allgemeinen Kirchenfond 71 fl.; Aus dem geistlichen Baukasten 20 fl.; Aus dem Kirchenfond zu Schwarz 3 fl. 40 kr.; Aus dem Kirchenfond zu Eifa 14 fl.; Für in Geld verwandelte Fruchtbesoldung 50 fl.; Zinsen aus 30 fl. Pfarrkapital 1 fl. 30 kr.; Aus der Gemeindekasse zu Eifa 50 fl.; Accidenzien 40 fl.; für Korn aus Schwarz 70 fl. 5 kr.; Grundstücke 125 fl. 30 kr.; Haus und Garten 68 fl.; Summa 513 fl. 45 kr.

Religiöse Irrungen

Die Wiedertäuferei

Die Menschen des Mittelalters und der frühen Neuzeit standen nicht immer im festen Glauben. Sie waren oft geistergläubig, fürchteten sich vor Hexen und waren für alle möglichen Irrlehren leicht empfänglich. Während über Hexenverfolgungen bei uns nichts bekannt ist, wenn man vom Riedeselland um Lauterbach absieht, so breitete sich im Jahrhundert der Reformation eine andere Unart religiösen Lebens aus: Die Wiedertäuferei.

Im fuldischen, im hersfeldischen und im riedeselischen Land wird schon um 1527/1530 von Wiedertäufern berichtet und im schlitzischen ab 1535. Die Wiedertäufer lehnten die Kindertaufe ab. Sie propagierten die Erwachsenentaufe, waren gegen den Kriegsdienst und anderes mehr. Sie waren also der Obrigkeit ein Dorn im Auge. Die Regierung, sprich der Landgraf, versuchte schon frühzeitig durch Verordnungen, Erlasse, Strafandrohungen und auch durch Geldbusen und Landesverweis über die ‚*Schwarmgeister*' Herr zu werden. Man drohte und strafte, wenn man der Wiedertäufer habhaft wurde. Es wurden Artikel für das Verhör der Wiedertäufer aufgestellt, auf der anderen Seite versprach man die Strafen wieder auszusetzen, wenn die Beschuldigten der Wiedertäuferei abschwören würden. Bei Ausschreiben gegen die Sekte wurde auch auf die Stadt Münster in Westfalen verwiesen, in der die Wiedertäufer in 1534/35 die Herrschaft an sich rissen und ganz übel hausten, bis der Aufstand niedergeschlagen wurde.

Aus dem Amt Alsfeld erfährt man von einzelnen Personen, daß sie den Wiedertäufern angehörten. Im Gericht Schwarz breitete sich das Virus durch das Umtreiben der Glaubensabtrünnigen im Jahre 1578 aus. Am 16. Mai 1578 ermahnte der Landgraf Ludwig zu Marburg seinen Rentmeister Christof Eckhardt zu Alsfeld, den

Schwarmgeistern stärker entgegenzutreten und vor allem auf die Versammlungen, die in der ›Dicke‹ (Walddistrikt bei Elbenrod) oder der ›Spangenberger Dick‹ stattfänden, zu achten, und nicht nur ihre Führer und Sektierer, sondern auch alle ihre Nachfolger zu verhaften. Schon am 22. Mai 1578 gab Eckhardt einen Bericht über eine Versammlung an der Dicke an seinen Landgrafen: Der Förster vom Hain (Immichenhain), der beauftragt war sich umzusehen, hatte keine Wahrnehmungen machen können.

Abb. 17a: *Der spätgotische Taufstein aus dem 15. Jahrhundert.*

So hatte sich Rentmeister Eckhardt mit dem Oberföster und weiteren Beamten erkundigt und in Erfahrung gebracht, *‚das uf den ostersonntag in Jorg Dieden geholz, die Spangenbergische dicke genannt, uf einer platten, welche E. F. G. grenz rund 60 ruden weit ist, acht wiederteufer, so sich Huttische brüder nennen, und uf den pfingstdinstag 15 Schweitzerbruder im selben geholz bei einem bronnen, genannt der Friedrichsbronn, in mitternacht zuesammen kommen. Denselben sind aus den nechst umbliegenden dorfern als gericht Ottra und anderen orten ungefehrlichlichen anderthalbhundert personen zuegelaufen, dero meinung, wie sie sagen, das sie ihnen zuesehen wollen, und berichten diejenigen, so dabei gewesen: wan sie zuesammenkommen, so trete einer unter ihnen herfur, der tue eine predigt, und in ihrer itzigen letzten versamblung soll einer gepredigt haben von Hatzbach, welchen sie den Kuchenbecker nennen. Nach gehaltener predigt teufen sie diejenigen, welche in ihre gemeine begehren. Darnach breiten sie ein weis tuch uf die Erde, nehmen brot, schneiden solchs zue schnitten, brechens, darnach wein in einem silbernen becher, und ehr sies austeilen, sprechen sie die worte der einsatzung. Endlichen, wen sie sich umbfangen und gekust haben, so scheiden sie von einander.*

Weil ich auch in der erkundigung befunden, dass aus Schwartz 3 personen, nemblichen Herman Salmon, Hen Rode und Pauell Becker beneben ihren weibern sich des orts finden lassen auch ein zeit lang der kirchen geeussert, so habe ich sie beiwesent des pfarhern alhir vor genommen, und wiewol wir sie vleissig und umbstendlichen ermant, so sind sie doch uf der wiederteufer meinung beharrt und sich gar nicht abweisen lassen wollen. Derowegen ich ihnen vermoge und inhalt E.F.G. ordennung uferlegt, sich innerhalb 14 tagen aus dem lande zu machen. Sonsten weis man dieser orte von keiner versamblung noch das sie sonderlichen anhank haben sollten‘. – Alsfeld am 22. May anno 78

Am 31. Mai 1578 erlangte Rentmeister Eckhardt zu Alsfeld neue Erkenntnisse über die Wiedertäufer im Gericht Schwarz. Durch Befragung der Ortsvorsteher in den umliegenden Gemeinden hatte er Namen von Personen erfahren, die er in seinem Bericht dem Kanzler und den Räten in Marburg mitteilte. Bei einer neuen Zusammenkunft in der Dicke hatte man folgende Personen aus Schwarz gesehen: Den Pfarrer Thileman Nolte, Henn Hack, Merten Grunwald, Herman Rodt, Heintz Wegfort, Velten Zimmer und seine Mutter, der Schreiner, Schmiedt Henn, Hermann Dirstadt, Henn Mauers Witwe, Kehr Catharina, Hans Borndreger, Paul Becker und Hans Decher.

Zum Verhör vorgeladen gaben fast alle vor, daß sie nur aus Neugierde an der Versammlung teilgenommen hätten. ‚*Jedoch die Personen Herman Salmon, Henn Rodt, Enders Ortstadt und ihre weiber zu Schwarz haben sich beneben zweien alten manspersonen im ampt Romrodt rond erkleret bei der wiederteufer secten zue bleiben und zu sterben*‘. Anläßlich einer Vernehmung von Wiedertäufern im Amt Alsfeld bekannten sich unter anderen die Schwärzer Wiedertäufer Herman Salmon und Hen Rodt weiterhin zur Sekte. Andres Ortstadt und seine Frau hatten sich aber besonnen und waren wieder zu ‚*unserer christlichen Kirchen*‘ zurückgekehrt, wobei sie versprachen, auch dabei zu bleiben.

Der oben schon erwähnte Mertin Grunwalt von Schwarz hatte den Gembecher (Heimbecher) Hof in Schwarz gepachtet. Er wollte allerdings von hier wegziehen ‚*zu Freunden unter dem Kaiser*‘ wie er sagte, wurde aber laut Bericht vom 12. Juli 1578 wieder bei den Wiedertäufern entdeckt und mußte 5 fl. Strafe an den Rentmeister bezahlen. Als er nun endlich fortziehen wollte, nahm ihm der Landschultheiß Reitz Löber aus Alsfeld auch noch sein Pferd weg. Grunwalt beschwerte sich deshalb in einem Schreiben an Landgraf Ludwig über den Rentmeister zu Alsfeld:
‚*Underdes hat sich zutragen, das etliche widderteufer in walt sich versamlet und nachtpredige gehalten. Do bin ich als ein onverstendiger mensch aus einfalt auch hinzugangen und sehen wollen, was sie do mechten, bin aber ihres irtumbs nie anhengig gewesen, wie auch noch nit. Deswegen hat der rentmeister zu Alsfelt, das ich die nacht bei den widderteufern gewesen were, mir 5 fl. zur straff abgenommen. Wie ich aber itz hab fortzihen wollen, so ist vorgestert Reitz Löber, der landschulthess, zugefarn, mir armen mein pferd genommen und ins wirtshaus gezogen, mit frage, ob ich auch die 5 fl. straff entricht hette, und als ich ja gesagt, hat er weiter gefragt, wo ich dan hinzihen wolt, ob ich under die widderteufer zihen wolt. So hab ich armer mich erklert, das ich solches irtumbs nit were, wolts mit einem eid bestetigen. Ich muste armutshalber zu meinen freunden under den keyser zihen. Gleichwol ist er domit nit zufridde gewesen, sonder hat den gaul, so itzo schwachs ins wirtzhaus liget, mir nit widdergeben wollen ...*‘

Rentmeister Eckhardt berichtete nun dem Landgrafen, daß Grunwalt überschuldet gewesen sei und er sich der Sekte trotz angeblicher Absagen an die Wiedertäufer zuwenden würde, deshalb sei der Einbehalt von Vermögensteilen des Supplikanten gerechtfertigt.

Der Pfarrer Thilemann Noltius fiel der Obrigkeit immer wieder auf, indem er sich bei Zusammenkünften der Wiedertäufer finden ließ. So wurde er auch wieder bei einem Treffen am 8.05.1578 am Rimberg entdeckt. Auf die Frage, was er dort wollte, erklärte er, er sei nur als ,*auditor*', als Zuhörer, dabeigewesen. Im Juli wurde er ins Verhör genommen und er mußte sich äußern, warum er zu den Wiedertäufern gegangen war. Dabei erklärte er, daß auf den Pfingstmontag (19. Mai) ein Bauer von Storndorf, Hen Klint genannt, zu ihm auf den Kirchhof gekommen sei. Er habe ihm angezeigt, daß die Täufer wieder Lehre halten würden, und gefragt, ob er mitgehen möchte. Er sei nur gegangen, um zu hören wie sie predigten, und um über ihr Leben und ihren Wandel erzählen zu können. Bei der Versammlung seien über 300 Personen gewesen und es hätte ihn sehr verdrossen, daß er etlichen seiner Nachbarn begegnet wäre, die ihrer Kirche abgeschworen hätten. Am anderen Morgen, dem Pfingstdienstag, habe er ihnen den Text aus Joh. 10 in der Kirche vorgelesen: ,*Welcher zur unrechten tor hineingehet, der ist ein diep und morder.*' Früher wurde noch der dritte Festtag gefeiert.

Die Personen aus Schwarz, die Pfarrer Nolte der Wiedertäuferei bezichtigte, sind weiter oben schon in Erscheinung getreten. Die Angelegenheit hatte aber für unseren Pfarrer einen Pferdefuß. Nun bezichtigten die Angeschuldigten Herrn Nolte der Verführung von der Kanzel aus und baten um Straferlaß für sich selbst.
,*Am vorgangen sontage Misericordias domini dieses 78. jars (13. April) hat unser pfarherr er Tilemannus Noll uns armen das evangelium vom guten hirten in der kirchen vorgetragen und under anderm in der predigt angefangen und zu uns pfarrkindern der ganzen gemein gesagt, er hab nun ungeverlich 10 jar lang uns ein toten buchstaben gelert, denn es wer in deren zeit kein mensch lebendig geworden, wir müssen alle in die gruben und er selbst mit uns, und ferner gesagt: man schelte die bruder (gemeint sind die Wiedertäufer) und gebe in gross unrecht, sie aber haben gottlich recht und uns pfarrkinder semptlich gebetten, wir sollten umbkehren. ...*'

Zum Schluß wurde behauptet, Tilemann Nolte habe sie aufgefordert, mit ihm in Georg Diedens Geholz, in der Herrschaft des Kasseler Landgrafen Wilhelm, zu den Wiedertäufern zu gehen. Georg Diedens Geholz und die Spangenberger Dick grenzten wohl an die Elbenröder Dick, die an der Grenze von Hessen–Darmstadt (damals Hessen–Marburg) und Kurhessen lag. Die leidige Wiedertäufersache endete schließlich so, daß der Landgraf dem Rentmeister Christof Eckhard aufgab, streng auf die Durchführung des Synodalbescheides 191 zu achten. Darin hieß es, daß die Wiedertäufer streng zu bestrafen und außer Landes zu verweisen, und die Mitläufer mit fünf bis sechs Gulden zu belegen seien. Den Schwärzer Bürgern, die von ihrem Pfarrer verführt wurden, der Wiedertäuferei aber abschwörten, solle man die 5 fl. Strafe allerdings erlassen.

Tilemann Nolte

Tilemann Nolte verläßt uns aber noch nicht mit seinem ungereimten Leben. In 1603 war er bereits seit etwa 36 Jahren in Schwarz als Pfarrer tätig, nachdem er vorher 14 Jahre lang katholischer Priester im Stift Fulda wirkte. In diesem Jahr wurde Tilemann Nolthius vom Superintendenten Vietor gezwungen, auf sein Pfarramt zu verzichten und zum Opfermannsdienst in Schwarz degradiert. Da er sich das nicht gefallenlassen wollte, beschwerte er sich zweimal bei seinem Landesherren, dem Landgrafen Ludwig IV. zu Hessen-Marburg, und bat um Wiedereinsetzung in den Pfarrdienst. Diese Beschwerden von Nolthius gaben die Veranlassung dazu, daß Superintendent Vietor aufgefordert wurde, sich darüber zu äußern, weshalb er so scharf gegen Nolthius eingeschritten sei. Er tat das in zwei hochinteressanten Berichten vom 1. November 1603 und 2. Februar 1604, die schließlich zur Folge hatten, daß es bei der Absetzung des Pfarrers verblieb.

Der Chronist Dr. Dr. Wilhelm Diehl schreibt in seinen ›Beiträgen zur Hessischen Kirchengeschichte‹, daß die Wiedergabe der Mitteilungen über das Leben und den Wandel von Nolthius und auch die Berichte des Superintendenten Vietor für die Freunde der Volkskunde und Volkssprache sowie die Liturgiker der Kirche interessant und von Bedeutung seien, also sollen auch hier die herausragenden Punkte erwähnt werden. In seinem ersten Bericht ging Vietor auf die Herkunft von Nolthius ein:
‚Es hat anfangs nicht viel zu bedeuten, wie vor vielen Jahren er gen Schwarz zum Predigtamt gekommen und wie er E.F.G. (Euer Fürstlichen Gnaden) Superintendenten und Pfarhern [...] allen nuhn in Gott ruhenden bekannt gewesen, ist mir Gott lob wol wissent, wie er aus den Fuldischen Choreseln naher Schwarz, dero Zeitt, als es die Fincken und Liderbächer noch innegehabt, und durch E.F.G. noch nicht visitiret worden, kommen: Und es desmals geheissen Köpfern Geltt, Köpfern seelmess.‘

Und weiter berichtete Vietor wie Schwarz 1570 an den Landgrafen gekommen war. Später sei Nolthius mehrmals ermahnt worden und auf einer Synode zu Alsfeld, wo 22 Pastoren anwesend waren, seien diese mit dem Lebenswandel von Nolthius sehr unzufrieden gewesen. *‚Er hat mir auch Gott erbarms nicht zu sagen wissen, wer das Vatter Unser gemacht, wo es geschrieben stunde, wo der herrliche Spruch: Also hat Gott die welt geliebt, zu finden, daruber ich billich erschrocken ...‘*

Auch bei einer in Schwarz angesetzten Spezialvisitation, ist Nolthius nicht gut weggekommen. Die Predigten wären schlecht gewesen, er wisse nichts über das Abendmahl zu erzählen und er habe die Kinderlehr vernachlässigt, gerade im Winter, wo doch die Kinder am meisten Zeit dazu hätten. Von Superintendent Vietor am 6. Juli 1602 nach Gießen beordert, bat Nolthius *,dass er doch entweder gen Schwarz zum Opferdienst oder aber durch underthenige Intercession von E.F.G. in den Hohen Spital Hainaw sampt seinem Weibe möchte auffgenommen werden, [...] hat auch solchen Willen großer Ungemach zu verhüten mit seiner eigenen Faust auffs Papier gebracht, und underschrieben ...'*

Zum Schluß bat Vietor, der Landgraf möge Nolthius, mit dem man doch glimpflich umgegangen sei, und den man jedenfalls ebensogut *,als einen ungeschickten Esel'* hätte bloßstellen können, kurzerhand abweisen, und den nach Schwarz beförderten Pfarrer M. Ludwig Pistorius von Hersfeld auf dieser Stelle weiterhin belassen. Die Eifaer Filialisten jedoch, die sich für Nolthius mit unwahren Behauptungen ins Zeug gelegt hätten, seien wegen ihrer Unverschämtheit zur Rechenschaft zu ziehen. Pfarrer Nolthius hatte also durchaus auch seine Fürsprecher, hier die Eifaer Filialisten. Das erinnert uns an die oben erwähnten Beschuldigungen der Wiedertäuferei, wo man sich auch gegenseitig angeschuldigt hatte.

In seinem zweiten Bericht, den Vietor auf eine erneute Eingabe Nolthius' hin am 2. Februar 1604 einreichte, behandelte Vietor noch einmal die ganze Absetzungsgeschichte und er bezeichnete Nolthius als einen *,ungeschickten Ebenteurer'* und einen *,Choresel und seines Handwerks ein Fenstermächer'*. Er weist auch darauf hin, daß er sich noch an seine Kindheit zu erinnern wisse, und wie oft sein Vater, der Alsfelder Pfarrer M. Justus Vietor, darüber geklagt hatte, *,daß es des Orts Schwarz vor eingeführter hessischer Visitation erbarmlich in Kirchen zugangen und daß wenig bedacht worden ist'*, aber dies sei nicht zu ändern gewesen, da den damals von Hessen unabhängigen Junkern jeder Pfarrer recht gewesen wäre, wenn er nur wenig verlangt habe. Dem zweiten Bericht von Vietor liegt ein kulturgeschichtlich sehr interessantes Schriftstück bei, das hier wörtlich wiedergegeben wird:

Verzeichnis deren Klagenpuncten, so in Visitatione verschienenen Sommer über den Pfarher zu Schwarz ergangen:

1. *Hat ein halben Gulden vom Opfergelt entwendet, und nit wieder erstattet und als im nit weiter gestatten werden, solchs in sein Nutzen zu wenden, verbotten, solches weitter uffzuheben.*
2. *Hat niemals ein richtige Rechnung solcher erhobenen Almusen gehalten.*
3. *Wird vorbracht, daß er zeitlich sich in den Spinnstuben hat finden lassen und dorinnen den Eullnspigell abgelesen. (Anm.: Die Spinnstuben und Kirmessen waren damals streng verboten).*
4. *Sagen die Nachbarn selbsten, wan sie schoen wider die Kirchenordnung gefrevelt, hab er doch nit klagen dürfen, domit sie nur gegen ihn schwiegen.*
5. *Doher auch entstanden, dass sie mit den Pfargütern ihres gefallens umbgangen, solche geschmälert und geringert.*
6. *Sey übermassen sehr unfleissig gewesen in den Kinderlehren, solche des Winters, do doch die Leut die beste Zeit haben und wan die umbliegende Dorf-*

kirmessen gewäret, gar underlassen: Auch gar nit dorin sich etzlich mal dem Teuffel ergeben, er wollte sie nit zu Gevatterschaft stehen lassen.

7. *Wan er das Abentmal halten wöllen, hab er kein Vermahnung gethan, sondern angezeiget: Wer gehen wölte, solte alsdan kommen: Zudem in Ausspendung des Kelches zuweilen ein Baurn, dan sein Sohn ein Schneider gebraucht, und mehrerteils dorumb, domitt derselbige spärlich austeilen möchte und er vor sich zu seinem Haus desdo mehr Weins behalte: sollen auch deswegen etzliche Gezenck zwischen ihm und den Baurn nach gehaltenem Abentmal entstanden sein.*
8. *Geht auch communis vox et fama, dass er ander Leutt lieber sehe als sein weib und dass seyn zweites Weib deswegen ihn heftig berüchtiget. Wie dohin Hen Bingenwalts des Eltesten Rede laufen wollen.*
9. *Soll sich in einem Bawrngelöch zu sonderbahren prophanation der H. Tauff von einem Baurn haben teuffen lassen, wie Henrich Buchhamer meldet.*
10. *Und als ein armes Weib eines Kindleins genesen, und solches zu teufen, der Pharher eilends aus einer Zech gefordert worden, hat er grob herausgefharn und gesagt, er hab müssen warten, bis das Kind etc., sei der Verzug so lang worden, bis das Kindlein ohn Tauf dobei gestorben.*
11. *Hab zwar dermaleins uf einen grünen Donnerstag das Abentmal zuhalten verkündiget, sey aber in der Schenck nochmals so beweinet worden, das die Communicanten nitt haben können communiciret werden.*
12. *Ebenermassen hab er sich auch wegen seines stetigen Sauffens zu vilen Leichpredigten nit wöllen gebrauchen lassen.*
13. *Und ob er woll uf Teuffelholen sich verheissen, in so langer Zeit kein Wein zu trincken, oder in die Schenck zu gehen, so hab er doch nochmals denselbigen mit bestellen lassen und sey ins Wirtshaus gekrochen.*
14. *Hat sich zeittlich bei dem Widerteuferischen Geschmeiss finden lassen.*
15. *Auch über beschehene Vermanung zum andermall der Ordnung zuwidder ohn Proclamation Leutt bey Nacht in seinem umb Sauffens und Gelt willen ehelich zusamen copuliret.*
16. *Soll auch ein altes Pharregister vorigem Opfermann gezeiget, darneben aber gesagt haben, nach ihm solle es keiner mehr sehen. Inmassen er dan biss uf noch solche nitt ubergeben will.*

Und obwoll zu verhoffen gewest, er würde nhunmer post degradationem demütiger worden sein,

1. *jedoch so hat er sich bey weniger Zeitt zu Brauerschwein unchristlich überweinet, wie ein leichtfertiger Zäpf durchs Dorff geschrien und darneben vill unleidliche Wortte uber mich den itzigen Superintendenten ausgegossen.*
2. *Desgleichen den 9. Septemb sich verlauten lassen, er wöllte noch den Lutheranern ein Unehr tun und sich uf die Phar Marpäch im Stieft Fulda begeben.*
3. *Gegen selbige Zeit hat er auch gesoffen und geramst und gesagt, er sey uff zwey Rechen, ein Paur und ein Pfaff.*
4. *Stieftet vill Unwillen, wen er nhur kan, zwischen itzigem fommen Pfarher und den Bawrn.*
5. *Schilt denselbigen den 3 Octob., do er vol Weins von einer Kirmes kompt, ein Dieb und Schelmen: gibt sich dem Teuffel, solcher soll seyner Hend sterben.*
6. *Ist auch selbiges Mhal vors Pfarrhauss gelauffen, mit Gewalt hinein gewolt, wenn nit Lenz Habermell ihn abgewiesen.*

Soweit zum Pfarrer Nolthius, der 36 Jahre Seelsorger in Schwarz war. Früher war es oft so, daß die Pfarrer, einmal eingesetzt, bis zu ihrem Tode auf einer Pfarrstelle blieben. Der Pfarrer Heinrich Roth hielt es sogar 50 Jahre in Schwarz aus, von 1744 bis 1794. Die Abhandlungen über die Wiedertäufer und Pfarrer Nolthe sollen aber keine nachträgliche Verurteilung der betroffenen Personen sein, denn die damalige Zeit hat auch die Menschen geprägt. Und wir selbst sind alle schwache Menschen.

Glücklicherweise sind solche Vorkommnisse nicht nur in Schwarz zu belegen, wie das Beispiel des Pfarrers Lingelbach aus Udenhausen zeigt. Johannes Lingelbach war mit seinen Kirchenpatronen, den Riedesel zu Eisenbach bei Lauterbach, nach Ungarn in den Krieg gezogen, wahrscheinlich als Feldgeistlicher. Aus dem Kriegsleben hatte er eine große Unart mitgebracht. Man beklagte sich, daß er seit seiner Rückkehr keine rechtschaffene Predigt mehr gehalten hätte und daß er mit Schelten, Schelmen und Bösewichtern so um sich würfe, daß alsbald weder Mann noch Weib zu ihm in die Kirche gehen würden. Die Riedesel versprachen Besserung. Als er 1569 wieder einmal in den Krieg gezogen war, wurde er in Udenhausen abgesetzt und bekam eine neue Pfarrstelle in Engelrod, wo er sich allerdings auch nur bis zum Jahre 1577 hielt.

Die Glocken von Schwarz

Die Daten der Glocken haben Pfarrer Dannenberger und Lehrer Lippert in 1912, also noch vor dem Weltkriege, aufgenommen, so wie sie die Glocken im Turm vorfanden:

Die kleine Glocke

Die kleine Glocke aus dem Jahre 1589 ist die älteste bekannte Glokke. Sie trägt die Umschrift: ›Mein trost ist Christus 1589‹, in 23 mm hohen gotischen Buchstaben. Die Glocke hat eine Höhe von 33 cm und einen Durchmesser von 42 cm, die Tonhöhe war ›h‹. In der Kirchenrechnung aus dem Jahr 1588 steht unter Ausgaben: ‚*6 alb. haben Castenmeister verthan, als sie zu Fulda waren nach der glocken*'. Damals ist sie wahrscheinlich bestellt worden. Und in der Jahresrechnung von 1598 wurden ‚*6 alb. vor der großen glocken eizuhenken [...] verausgabt*'. Vielleicht wurde auch bereits die zweite Glocke angeschafft.

Abb. 17b: Die Glocke von 1589.

Im Jahre 1950 mußte die Glocke abgenommen werden, da sie einen Sprung hatte. Sie war nicht mehr zu gebrauchen und erhielt im selben Jahre Ersatz. Die nunmehr kleine Glocke wurde in 1950 von der Firma Rincker in Sinn gegossen und in Gebrauch genommen. Die Umschrift lautet: ›Einigkeit und Recht und Freiheit. GRS 1950‹. Die kleine Glocke war und ist die Totenglocke und wird auch zum Vaterunser geläutet. Sie war früher nach Osten hin aufgehängt.

Die mittlere Glocke

Die Vorgängerin der jetzigen Glocke wurde 1885 gegossen, sie war schon Ersatz für eine ältere, zersprungene Glocke. Dannenberger und Lippert berichten in 1912, daß die nach Westen aufgehängte mittlere Glocke die Schulglocke sei. Die Höhe betrug 68 cm, der Durchmesser 50 cm, und die Tonhöhe war ›cis‹. Die Inschrift lautete: ›Guss von Gebr. Ulrich in Apolda 1885 zu Ehre Gottes. Peter Habermehl, Bürgermeister. Georg Becker II., Beigeordneter.‹

Diese Glocke wurde im Ersten Weltkrieg in 1917 abgeholt und das Metall für Kriegszwecke verwendet. Die jetzige mittlere Glocke ist von 1921. Sie hat einen Durchmesser von 76 cm. Die Umschrift lautet: ›Kriegergedächtnisglocke. Am Weltkrieg 1914–1918 nahmen teil: 195 Mann aus Schwarz, 36 starben für das Vaterland, 18 waren in Kriegsgefangenschaft. Niemand hat größere Liebe denn die, daß er sein Leben läßt für seine Freunde. Gegossen in Sinn 1921 von F. W. Rincker, Nr. 2157, für die Gemeinde Schwarz. Bürgermeister Krug, Pfarrer Weber, Lehrer Lippert.‹

Die große Glocke

Laut Lippert und Dannenberger war diese Glocke in der Mitte aufgehängt, sie ist heute noch im Gebrauch. Die Höhe ist 97 ½ cm, der

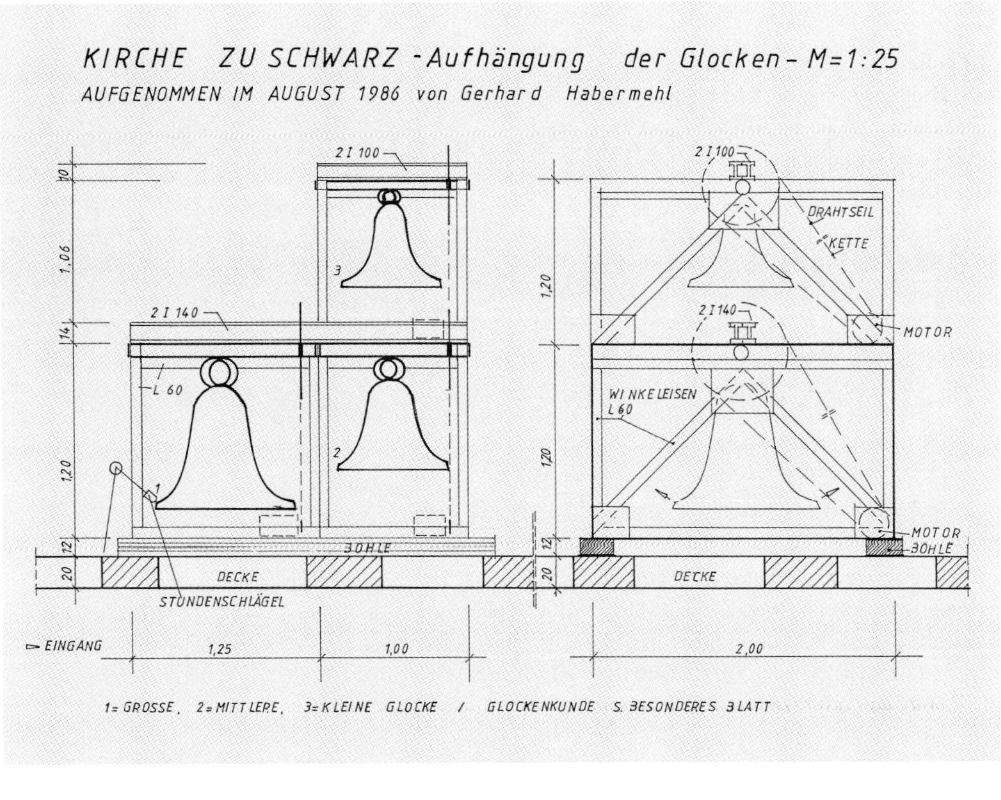

Abb. 18: Die Aufhängung der Glocken im heutigen Zustand. Skizze: G. Habermehl, 1986

Durchmesser 76 cm, die Tonhöhe aber war ›a‹. Die Inschrift um den Rand: ›Gos Mich Joes Schirmbein vor die Gemeinde Schwarz anno MVCCVI (1706).‹ Auf der Westseite unter dem Rand: ›Iesus spricht Mat. XI. kompt her zv mir Alle die Ihr Myhselig und beladen seydt. Ich will Evch Erqvicken. Iesus spricht Joh. Am VI. Wer zv mir kompt, den werde ich nicht hinavsstossen. Iesus spricht Math. Am IV. Dv sollst anbeten Gott deinen Herrn und Ihme alleine dienen.‹ Auf der Südseite unter dem Rand: ›Sprichw. XXVIII. Wer sein Ohr abwendet zu hören das Gesetz des Geb(et) ist ein Grevel. Ioh. IACOB Scheib P .T. Pastor. Iohannes Köhler – Iohannes Ruppel – Beyden BAVM(eister).‹

Die große Glocke wurde während des Zweiten Weltkrieges abgenommen und sollte zur Kriegsverwendung eingeschmolzen werden. Nach dem Kriege wurde sie jedoch in Hamburg auf der Glokkensammelstelle wiedergefunden und am 23. Juni 1950 mit der neuen kleinen Glocke wieder aufgehängt und feierlich ihrer Bestimmung übergeben.

Die jetzige Zusammenstellung

Das heutige Geläut der Kirche besteht auch aus drei Glocken, die auf die Töne ›gis–h–cis‹ gestimmt sind. Die große Glocke ist 450 kg schwer und wurde 1706 von Johannes Schirmbein in Marburg gegossen und hat so schon im Turm der alten abgebrochenen Kirche geläutet. Die mittlere Glocke mit 220 kg wurde 1921 als Ersatz für eine im 1. Weltkrieg eingeschmolzene Glocke angeschafft und von Rincker in Sinn gegossen. Die kleine Glocke mit 190 kg kam 1950 hinzu, sie wurde ebenfalls in Sinn gegossen. Die andere kleine Glocke, welche nicht mehr im Gebrauch ist, steht heute im Kirchenraum. Entgegen der früheren Einrichtung, von Osten nach Westen hintereinander angeordnet, hängen heute die Glocken in einem Stahlgestell. Unten nach Osten ausgerichtet die große, nach Westen die mittlere und über beiden die kleine Glocke.

Die Pfarrei Schwarz im Jahre 1900

In 1900 beschreibt der Pfarrer Röschen die evangelischen Pfarreien des damaligen Großherzogtums Hessen. Von der Pfarrei Schwarz wird folgendes berichtet:

a. Die Anstellung des Pfarrers erfolgt durch das Kirchenregiment.
b. Einwohner: Schwarz: 595 Ev., 1 Kath.; Eifa: 5/4 Std. westl., 539 Ev., 10 Isrealiten.
c. Gottesdienste: ½ 10 Uhr in Schwarz; um 1 Uhr in Eifa; Passionsgottesdienst in Schwarz und Eifa; Christmette in Schwarz; Katechismuslehre von Trin. bis Mich. abw. in Schwarz und Eifa; 6 Abendmahle in Schwarz, 7 in Eifa; Beichte in Schwarz tags zuvor; Haustaufe und Trauung agendar; Grabrede, auf Wunsch

in Schwarz Leichenpredigt; getrennte Konfirmantenstunde zu Schwarz im Pfarrhaus zu Eifa, im Schulhaus; lutherischer Katechismus.

d. *Kirche: in Schwarz mitten im Dorf, 1777 erbaut, gute Akustik; Kirche in Eifa, gute Akustik.*

e. *Pfarrhaus: am Dorfende, 2 Min. von der Kirche, bzw. 3 Min. von den Schulen, 6 Min. vom Friedhof, alt aber wohnlich, bis 1808 Oberförsterwohnung, 120 qm Grundfläche ½ unterkellert; I. Stock: 1 sehr großes, 1 kl. heizbares Zimmer, Konfirm.-Stube, gr. Flur, Küche, Waschküche; II. Stock: 4 niedere heizbare Zimmer, 2 Kammern; III. Stock: Speicher; Scheuer, 2 Schweineställe, Holzstall, Pumpe im Hof, gutes Trinkwasser, schöner Garten nach 3 Seiten des Hauses; Baulast Gemeinde.*

f. *Personenpost: Alsfeld-Grebenau, 2 ½ Stunde östl. von Alsfeld, dort Bahnstation Gießen–Fulda, Kreisamt, Amtsgericht, Realschule, Apotheke, Post; 2 ¼ Stunde nördl. von Lauterbach, dort Bahnstation Gießen–Fulda; ¾ Stunde südwestl. von Grebenau, dort Arzt; Nachbarpfarrei Udenhausen ½ Stunde.*

g. *Schwarz: an den Nordausläufern des Vogelsbergs, an der Schwarza, nach 3 Seiten schöne Wälder 10 Min., an der Kreisstraße Eifa–Grebenau, Sandboden, Kartoffel- und Fruchtanbau, Wiesen, gute Viehzucht, 5/4 Stunden vom Herzberg mit Burg und Gastwirtschaft.*

h. *Landwirte, etliche Weber; Communalsteuern je 42 Pf., Krämer am Ort, Fleisch und Brot aus Grebenau oder Alsfeld.*

i. *Schöner Hausgarten für Blumen, Gemüs, Kartoffeln und Gras, 30 Ar, 12 Mark, Pfarrgut verpachtet 330 Mark, kein Kirchenvermögen.*

Evangelische Pfarrer in Schwarz

In der nun folgenden Auflistung sind die in den Kirchenbüchern verzeichneten Pfarrer von Schwarz chronologisch aufgeführt:

1. Herr Heinrich: 1547 Pfarrer in Schwarz.
2. Herr Kaspar: 1565 Pfarrer in Schwarz.
3. Tileman Nolthe: zuerst 14 Jahre katholischer Priester im Stift Fulda, 1568–1604 Pfarrer in Schwarz, 1604 abgesetzt.
4. Ludwig Pistorius von Hersfeld: 1604–1622.
5. Konrad Schabert: (1599)-1622 Pfarrer in Ober-Breidenbach, 1622–1626 Pfarrer in Schwarz, † um Trinitatis 1626 ‚... *von Soldaten übel geschlagen*‘.
6. Johannes Lotzius von Marburg: 1626–1636.
7. Johannes Janus: Durch Verfügung vom 1. Mai 1639 wurde angeordnet, daß die Pfarrei Schwarz ‚*auf eine Zeit lang*‘ mit Udenhausen konjungiert und von dem Udenhausener Pfarrer Janus mitversehen werden sollte. Janus versah beide Pfarreien, zuerst von Udenhausen, später von Schwarz aus über 25 Jahre. Am 8. Dezember 1665 wurde wurde die Konjunktion beider Pfarreien aufgehoben. Janus zog nach Udenhausen, wo er im Anfang 1667 verstarb.
8. Johann Georg Vietor von Alsfeld: * Juli 1636, Sohn des Rektors Georg David Vietor, Immatr. Giessen (P.) 1653. 1665–1700 Pfarrer in Schwarz, †1700.
9. Johann Jakob Scheub von Alsfeld: 1701–1723 Pfarrer in Schwarz.
10. Johann Konrad Hütteke von Mengeringshausen: Immatr. Gießen 17. Juni 1702. 1704–1723 Rektor in Homberg a. d. Ohm. 1723–1738 Pfarrer in Schwarz. † 2. August 1738. Sein Adjunkt war 1738–1739 sein Sohn Johann Wilhelm.
11. Johann Wilhelm Hütteke: 1739–1744.
12. Johann Heinrich Roth von Erda: Sohn des Pfarrers Benjamin Roth. Immatr. Gießen 1732, 1742–1744 Diakonus in Homberg an der Ohm. 1744–1794 Pfarrer in Schwarz. Resigniert 1794. Sein Adjunkt war 1789–1794 Johann Konrad Spamer, der sein Nachfolger wurde.
13. Johann Konrad Spamer von Langd: 1794–1797.
14. Christian David Köhler von Blasbach: Sohn des Pfarrers Friedrich Christian Paul Köhler. Immatr. Gießen 1758. 1773–1789 Rektor in Schotten. 1789–1797 Pfarrer in Selnrod. 1797–1811 Pfarrer in Schwarz.

15. Johann Ludwig Mönnig von Arnstadt: 1811–1824.
16. Wilhelm Rössing: geb. 1792 zu Altenstadt. Sohn des Pfarrers Johann Rudolf Rössing. 1825–1859 Pfarrer in Schwarz. Wohnte seit 1851 nicht mehr in Schwarz, wo er bis 1860 in Dienst war und zuletzt durch Christian Diefenbach nach 1854 vikariert wurde.
17. Christian Diefenbach von Freienseen: 1860–1871. 1849 bis 1860 auf verschiedenen Stellen vikariert. Ab Juli 1860 Pfarrer in Schwarz, Sept. 1871 nach Eudorf versetzt.
18. Friedrich Textor von Eudorf: 1872–1876. Am 9. Juni 1835 in Eudorf geboren. Examen 1856. Erzieher in einer Grafenfamilie Siebenbürgens von 1858–1860. Hauslehrer in Hungen. Pfarrvikar und Pfarrverwalter in verschiedenen Pfarreien, auch in Brauerschwend. Am 14. April 1872 in Schwarz eingeführt. Anfang des Jahres 1876, nachdem er auf Sonntag Quasimodogeniti die Kinder noch konfirmiert hatte, ging er als Vikar noch Neukirchen im Odenwald.
    Pfarrvakanz von 1876 bis 1880. Die Dienstgeschäfte erledigte Pfarrer Lichmann von Udenhausen.
19. Friedrich Jacobi: * 22. März 1846 zu Ober-Roßbach: 1872–1873 Vikar in Lang-Göns. 1873 zu Stockstadt. 1873–1875 Vikar, dann Verwalter in Ober-Ramstadt. 1875 Vikar in Birkenau. 1875–1876 in Schwanheim. 1876 Verwalter in Rendel. 1876–1877 in Altenschlirf. 1877–1878 in Stumpertenrod. 1878–1879 in Nieder-Ohmen. 1879–1880 Verwalter. 1880–1884 Pfarrer in Schwarz. Pens. 1884.
20. Johannes Fritsch: * 17. Dezember 1858 zu Bottenhorn. Sohn des Pfarrers Wilhelm Fritsch. 1884–1886 Verwalter. 1886–1896 Pfarrer in Schwarz. Seit 1896 Pfarrer in Ruppertsburg.
21. Wilhelm Volp: * 25. Dezember zu Lich. Sohn des Gemeindeeinnehmers Karl Volp. 1884–1885 Vikar zu Wangershausen. 1885–1886 Verwalter in Herchenhain. 1886–1887 in Ulrichstein. 1887–1891 Pfarrer in Fürfeld. 1891–1897 Pfarrer in Groß-Winternheim. 1897–1904 Pfarrer in Schwarz. Anschließend in Nieder-Erlenbach. Pensioniert 1914.
22. Eduard Dannenberger: * 4. Dezember 1872 zu Crumstadt. Sohn des späteren Kreisarztes Hermann Dannenberger. 1898 Assistent zu Düdelsheim. 1898–1901 Vikar zu Ilbeshausen. 1901–1904 Verwalter in Hain-Gründau. 10. August 1904–1914 Pfarrer in Schwarz. Anschließend Verwendung in Peggau/Steiermark und Sachsen. Stand im Streit mit seinen vorgesetzten Kirchenbehörden. Dr. Dannenberger ist am 3. April 1943 in Porto Allegre/Brasilien verstorben.
    Vakanzvertretung (Spezialvikariat) durch Pfarrer Christoph Möbus in Udenhausen. Möbus war gebürtiger Nürnberger und der Vater des späteren Lehrers Walter Möbus in Schwarz.
23. Theodor Weber: * 20. Dezember 1875 zu Langen. Sohn des Schneiders Anton Weber. 1914–1914 zuerst Vikar, dann Assistent in Alsfeld. 1914–1915 Verwalter. Seit 1915 Pfarrer in Schwarz. Abschiedsgottesdienst am 4.03.1922.
24. Pfarrer Stork: * 28. November 1895 in Ober-Mossau bei Erbach. Sohn des Pfarrers Ludwig Stork. Maturitätsexamen (Abitur) 1914. Soldat 1914–1916. Von Ostern 1917 bis Weihnachten 1918 im Schuldienst in Klein-Linden. Studium in Heidelberg und Gießen. Predigerseminar in Friedberg. Pfarrverwalter in Kirtorf, Steinbach bei Gießen und Herchenhain. 17. Juni 1923 bis 1928 Pfarrer in Schwarz.
25. Pfarrer Landmann: Vorher Pfarrer in Wachenheim. Seit 18. April 1929 Pfarrer in Schwarz. Pfarrer Landmann gehörte zur Bekennenden Kirche. Erhielt vor seiner Pensionierung im Frühjahr 1938 Pfarrvikar Grosch, welcher ebenfalls seine Examina bei BK gemacht hatte, beigestellt. Pfarrer Landmann zog im Frühjahr 1938 mit seiner Familie nach Bielefeld.
26. Pfarrverwalter Walter Grosch: Seit Frühjahr 1938 Nachfolger von Pfarrer Landmann in Schwarz. Heirat April 1938. Wegen seines Glaubens und der Angehörigkeit zur Bekennenden Kirche wurde ihm Weihnachten 1938 von der Polizei die Hiobsbotschaft überbracht, binnen 24 Stunden das Pfarrhaus und das Hessenland zu verlassen. Große Betroffenheit in der Gemeinde, denn Walter Grosch war ein Mensch wie jeder andere, er war Soldat und machte jährlich seine Übungen.

27. Pfarrverwalter Paul Langer: * 8. 10.1913 in Gießen. Sohn des Bahnschaffners Albert Langer. Reifeprüfung 1932 und Studium in Gießen. 1937 theologisches Fakultätsexamen. Predigerseminar in Friedberg. 1938 acht Wochen Infantrie-Regiment 116 in Gießen. Einmarsch in das Sudetenland. Seit 6.1.1939 in Schwarz. Ende Aug. 1940 zur Wehrmacht eingezogen. Beförderung zum Leutnant d. R. Ende Febr. bis Anfang März 1945 in Budapest gefallen.
28. Pfarrvikar Herbert Wahl: August 1939 Wehrmacht. 19. Januar 1940 theologisches Schlußexamen. Am 8. September 1940 in Schwarz ordiniert. Mußte die Pfarrstellen Grebenau und Udenhausen mitverwalten. Wurde zum 1. November 1945 nach Burkhards bei Schotten versetzt, da man die Rückkehr des Pfarrers Langer erwartete, ohne von dessen Tod zu wissen.
29. Pfarrverwalter Gustav Jung: * 1893 als Pfarrerssohn in Wallau bei Wiesbaden. Studium in Gießen und Marburg. Kriegsfreiwilliger im Ersten Weltkrieg von 1914–1918. Vikariat in Dörsdorf im Unterlahnkreis. Januar 1923 bis Juli 1939 als 2. Geistlicher am Diakonissen-Mutterhaus Paulinenstiftung in Wiesbaden. Juli 1939 bis zum Ausbruch des Krieges im September Pfarrer der Johannisgemeinde Gießen. Wehrdienst als Hauptmann und Major bis zum Ende des Krieges (Ausbildungsdienst und Wehrmachtsfürsorge-Offizier). Im Erzgebirge in amerikanische Gefangenschaft. Entlassung Juni 1945. Die Familie ausgebombt, lebte in Eudorf. Wegen Parteizugehörigkeit drei Jahre vom Pfarramt suspendiert. Weihnachten 1947 den Dienst in Eifa wieder aufgenommen und am 16. Mai 1948 mit der Pfarrstelle Schwarz versehen. Ist am 27. April 1953 auf eigenen Wunsch in seine Heimat nach Horrweiler bei Bingen versetzt worden.
30. Pfarrvikar Hermann Thorwirt: * 1918 in Frankfurt. Pfarrvikar in Schwarz 1953. Als ständiger Pfarrer in Schwarz seit 1955. Schwere Erkrankung 1961/62. Verstorben am 17. Mai 1962 in Marburg im Alter von 44 Jahren, beigesetzt in Frankfurt a. M. am 21. Mai 1962.
31. Pfarrer Helmut Bauß: * November 1916. Bis 1961 Pfarrer in Melbach. Am 11. November 1962 in Schwarz eingeführt. Verabschiedet aus dem Pfarrdienst am 23. August 1981. Ist Anfang September 1981 nach Alsfeld gezogen.
32. Pfarrdiakonin Elfriede König: In Leusel und als Seelsorgerin im Krankenhaus Alsfeld bis Januar 1983. Seit 1. Februar 1983 Pfarrdiakonin in Schwarz und Udenhausen. Verabschiedung aus dem Dienst in Schwarz am 27.08.1989.
33. Pfarrvikar Hermann Wilhelmy: Seit 1.06.1990 in Schwarz. Am 24. Juni 1990 ordiniert. Mit Vertretungsstellen im Dekanat Alsfeld betraut. Am 31.08.1997 den Dienst in Schwarz beendet und eine Pfarrstelle in Gießen übernommen.
34. Seit dem 1. September 1997 ist die Pfarrstelle Schwarz vakant. Die Kirche zu Schwarz und Udenhausen wird von Pfarrvikar Toralf Kretschmer in Grebenau mitbetreut. Die Kirchengemeinden Schwarz und Udenhausen bemühen sich um die Anstellung eines neuen Pfarrers.

Die neuen Kirchenbauten

Nachdem nun doch noch die Rechnungsbelege zum Kirchenneubau von 1774 bis 1777 gefunden wurden, soll kurz über die jetzige Kirche berichtet werden. Vor allen Dingen sollen auch die Details und Zeichnungen der Kirche vorgestellt werden, die der Verfasser 1986, als der Turm neu eingedeckt wurde, erstellt hat. Alte Pläne sind anscheinend nicht mehr vorhanden. Aus den Rechnungsbelegen und dem Rechnungsbuch geht hervor, daß schon seit dem Jahre 1765 Kollekten gesammelt (s. S. rechts), Bittgänge in den umliegenden Dörfern durchgeführt und in der Gemeinde sogenannte ›Contributionen‹ für den Kirchenneubau erhoben wurden. Über die letzteren Erhebungen sind mehrere Hebregister vorhanden.

A. Einnahmen:

1.	*Schulmeister Stürz jun. zu Schwarz am 24. Juli 1774 mit*	*250 fl.*
2.	*Conrad Pfeffer in Udenhausen laut Obligation mit*	*300 fl.*
3.	*Joh. Henrich Dörr jun. zu Schwarz auf Michaeli 1774 mit*	*100 fl.*
4.	*Andreas Dörr daselbst am 24. Juli 1775 laut Handschein mit*	*56 fl.*
5.	*Hochwürden Herr Superintendent Ouvrier den 27. März 1775 mit*	*200 fl.*
6.	*Joh. Henrich Dörr zu Schwarz auf Petritag laut Handschein mit*	*100 fl.*
7.	*Herr Chirurgus Curtmann zu Alsfeld auf Johannistag 1775 mit*	*400 fl.*
8.	*Herr Pfarrer Welcker zu Grebenau aufs Neujahr 1776 mit*	*150 fl.*
9.	*Herr Schulmeister Stürz sen. zu Schwarz den 29. Sept. 1776 mit*	*186 fl.*
10.	*Bei demselben den 25. Oktober 1776 laut Obligation*	*100 fl.*
11.	*Caspar Eifländer daselbst laut Handschein von 1776 mit*	*20 fl.*
12.	*Herrn Schulmeister Stürz jun. in ao. 1775 mit*	*40 fl.*
	Summa an Kapitalien:	*1.902 fl.*

B. Ausgaben:

1.	*An Zinsen wurden bis 1776 gezahlt:*	*97 fl. 9 alb.*
2.	*Der Maurermeister und Weißbinder Johannes Menz zu Renzendorf 665 fl., die Maurergesellen und Handlanger Trankgeld und Grundbier für 9 fl. und 7 alb. Insgesamt*	*674 fl. 7 alb.*
3.	*Der Glasermeister Ernst Ludwig Hainer zu Storndorf für 7 ganze, 2 halbe und 2 Turmfenster sowie für Trankgeld*	*138 fl.*
4.	*Der Zimmermeister Krimmelbein erhielt (Darin sind enthalten 9 Paar Strümpfe für die Zimmergesellen als die Kirche gehoben wurde).*	*215 fl. 24 alb.*
5.	*Der Schreinermeister Harras und der Schreiner Martin Schnell erhielten*	*174 fl. 13 alb.*
6.	*Der Schieferdeckermeister Schmidt zu Lauterbach bekam (Davon waren 10 fl. für Schuh und Stümpfe und sonstige Unkosten bei Aufsteckung des Kreuzes und 15 alb. für Trankgeld bestimmt).*	*92 fl. 15 alb.*
	Das Ausgabegeld für die verakkordierten Arbeiten betrug	*1.294 fl. 29 alb.*
7.	*Dazu kamen die Kosten für die gelieferten Materialien*	*910 fl. 6 alb.*
8.	*Arbeiten die nach dem Hauptakkord ausgeführt wurden*	*75 fl. 3 alb. 1 pf.*
9.	*Für Diäten, Amts und ‚andere Sportuln'*	*67 fl. 29 alb. 2 pf.*
10.	*Für Gänge dem Baumeister Johannes Köhler*	*12 fl. 27 alb. 4 pf.*
11.	*Für Gänge und Auslagen verschiedener Gemeindsleute*	*33 fl. 8 alb.*
12.	*Dem Baumeister Johannes Mock für Gänge*	*59 fl. 17 alb.*
13.	*Extra und insgemein*	*117 fl. 22 alb. 3 pf.*
	Summa an Ausgaben:	*2.669 fl. 1 alb. 2 pf.*

Die ganzen Einnahmen von 1765 bis Ende 1776 betrugen	*2.889 fl. 23 alb. 7 pf.*
Die gesamten Ausgaben betrugen bis Ende 1776 Summa Summarum	*2.923 fl. 15 alb. 6 pf.*

Bei Einahmen von bislang 2.889 fl. 23 alb. 7 pf. und Ausgaben von 2923 fl. 15 alb. 6 pf. war eine Überzahlung bis dato von 33 fl. 21 alb. 7 pf. eingetreten.

Abb. 19 (Seite rechts): Schnitt durch Kirchenschiff und Turm. (Zeichnung: Gerhard Habermehl, Schwarz 1986)

Von 1765 bis 1776 waren von den ‚*Gemeindsleuthen*' 699 fl. 2 alb. und 6 pf. erhoben worden, wobei von jedem Mann 3 fl., von jenen aber, die keine Häuser besaßen, nur 1 fl. berechnet wurden. Von den ‚*Jungen Leuthen in Schwartz*' waren 5 fl. 5 alb. und 4 pf. verwilligt worden. Allein im Jahre 1775 wurde ein Heberegister zweimal geführt. Eine wichtige Finanzierungsmöglichkeit waren auch die aufgenommenen Kapitalien. Zurückbezahlt wurde mit 5% Zins oder ›Pension‹.

Die weiteren Ausgaben waren in 1777: 144 fl. 11 alb. 7 pf.; 1778: 567 fl. 10 alb. 4 pf.; 1779: 672 fl. 28 alb. 4 pf.; 1780: 543 fl. 12 alb. Ab dem Jahr 1777 wurden laut Heberegister wieder Gelder von den Gemeindegliedern erhoben und in 1778, 1779 und 1780 wurden die Kirchenbänke verlost. Letzeres brachte 511 fl. 15 alb. ein. Seit 1777/78 wurden die aufgenommenen Kapitalien und die Zinsen zurückbezahlt und es wurden noch kleinere Bauarbeiten ausgeführt. Die Kirchenrechnung zum Neubau der Kirche schloß 1780 ab. Am 05. April des Jahres wurde sie von Superintendent Ouvrier und dem Rentamtman Hallwachs in Schwarz abgehört. Man liest oft von Baumeistern aus der Gemeinde, wie zum Beispiel auf den Kirchenglocken und bei den vorstehenden bezahlten Botengängen. Hier sollte man sich jedoch nicht täuschen lassen, denn als Baumeister werden die beiden Kirchenrechner bezeichnet.

Die Bau- und Renovierungsarbeiten

1819 Es wird der Brunnen am Pfarrhaus gegraben.

1885 Die Mauer um den Pfarrgarten wird errichtet und erhält einen Zaun. Am 29. Juni zieht ein schweres Gewitter auf, wobei die Kirche, insbesondere das Dach und der Turm, beschädigt wird.

1887 Die Kirche wird innen gestrichen, nachdem sie stark verräuchert war.

1909 Das Ziegeldach auf dem Pfarrhaus wird erneuert.

1917 Die Abortanlage im Pfarrhaus wird geändert. Ablieferung der Glocken und der Orgelpfeifen für Kriegszwecke.

1921 Am 6. März Glockenweihe.

1922 Es wird eine Turmuhr eingebaut.

1926 Das Dach des Kirchenschiffes wird umgedeckt.

1942 Am 15. Mai werden die Kirchenglocken abgenommen.

1950 Am 23. Juni Glockenweihe.

1953 Die Nordwand am Pfarrgebäude wird mit Steinen erneuert. Trennung der Filiale Eifa von der Mutterkirche Schwarz gegen eine Ablösesumme (offiziell seit 1957).

1954 Udenhausen wird mit Schwarz pfarramtlich verbunden, bleibt aber selbständige Kirchengemeinde, da es eine ›Riedeselsche Patronatspfarrei‹ ist. Nach offizieller Lesart ist Udenhausen eine ›ständig unbesetzte Pfarrei‹.

1961 Die westliche Empore wird abgebaut einschließlich des zweiten Treppenaufganges. Die Orgel wird auf die östliche Empore, den alten Kirchenplätzen für die jungen Leute, umgesetzt.

1963 Stall und Scheune werden abgebrochen, dafür entsteht eine Garage.

1964 Das Dach des Pfarrhauses wird mit den vorhandenen Ziegeln umgedeckt. Es wird eine Bitumenpappe unterlegt. Die Geschoßtreppe und einige Fußböden werden erneuert. Die Giebel werden ausgebessert und gestrichen.

1966 Die Kirche erhält eine neue elektr. Uhr von der bürgerlichen Gemeinde.

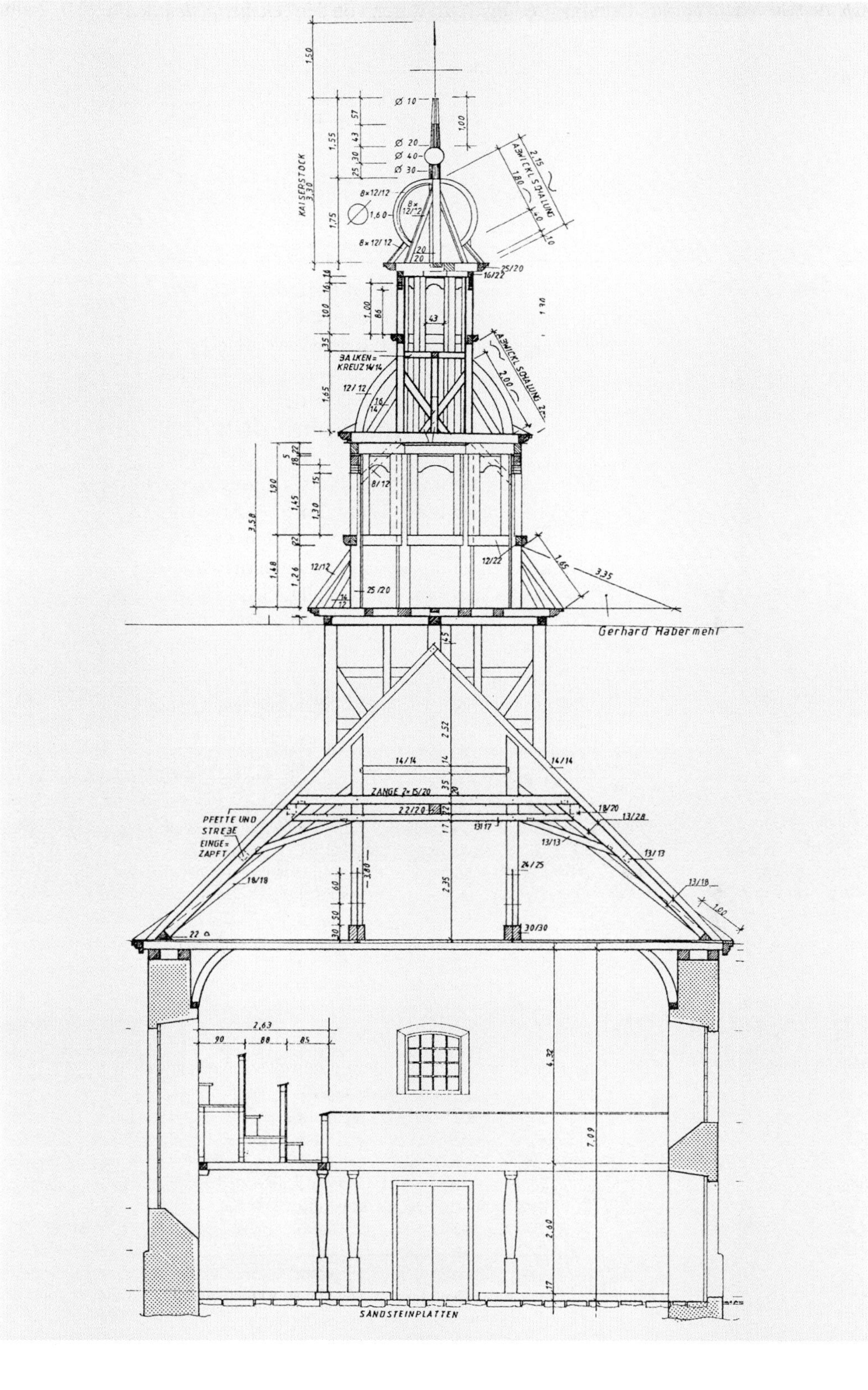
KAISERSTOCK 3,30
ABWICKLSCHALUNG
BALKEN= KREUZ 14/14
ZANGE 2×15/20
PFETTE UND STREBE EINGE= ZAPFT
Gerhard Habermehl
SANDSTEINPLATTEN

Abb. 20: Detail Glockenstuhl mit Fachwerk von der Eingangsseite.

Abb. 21 (Seite rechts): Detail Kirchturmspitze und Kuppel. (Alle Zeichnungen: Gerhard Habermehl, August 1986)

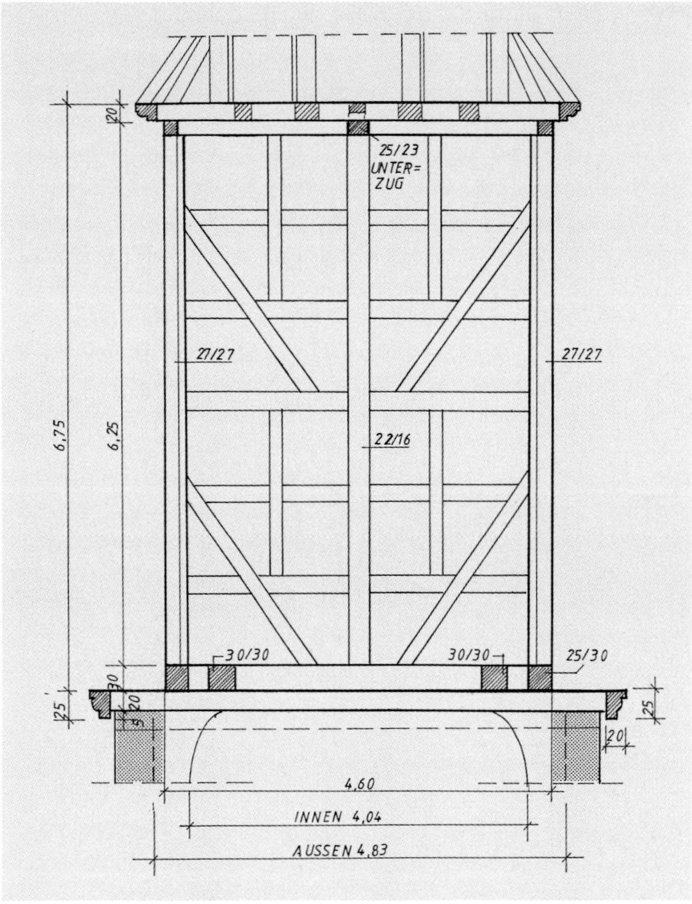

1974 Der obere Zugangsweg zur Kirche wird gebaut. Man stößt noch auf Skelette vom früheren Kirchhof.

1978 Der Holzzaun auf der Pfarrgartenmauer wird aus Lärchenholz errichtet. Der überdachte Freisitz entsteht. Das Pfarrhaus erhält eine neue Außentreppe, eine neue Dachrinne, Fallrohre und einen Schneefang. Die Schindeln werden ausgebessert. Der Außenanstrich wird erneuert. In Küche, Eßzimmer, Bad und Amtszimmer werden neue Fenster eingebaut.

1979 Ablösung der Bau- und Unterhaltungspflicht der Kirche durch die Stadt. Tritt 1980 in Kraft. Die Kirchenbänke werden erneuert.

1982 Außenputz und Maueranker im oberen Drittel an der Kirche. Dachrinnen werden angebracht. Die Fenster und die Treppe werden erneuert.

1984 Das Gemeindehaus wird am 11. November eingeweiht.

1985 Der Kircheninnenraum wird komplett neu gestrichen. Abschluß in 1986.

1986 Der Kirchturm wird neu eingeschiefert.

1988 Schenkungsvertrag über das Kirchengrundstück der Stadt an die Kirchenge meinde. Der Treppenaufgang zur Kirche wird erneuert.

1992 Schenkungsvertrag über das Kirchengebäude, nachdem man im Vertrag von 1988 irrtümlich vergessen hatte, dies zu überschreiben.

1993 Inneninstandsetzung des Pfarrhauses. Bad, Heizkessel, Solaranlage, Fußböden, Küche, Wasserinstallation, Abfluß.

1998 Im Pfarrhaus wurden alle Fenster erneuert. Der Westgiebel erhielt eine neue Verschindelung und das Gebäude einen neuen Außenanstrich. Die Ortgänge wurden mit Holz ausgebessert und erhielten eine Blechabdeckung.

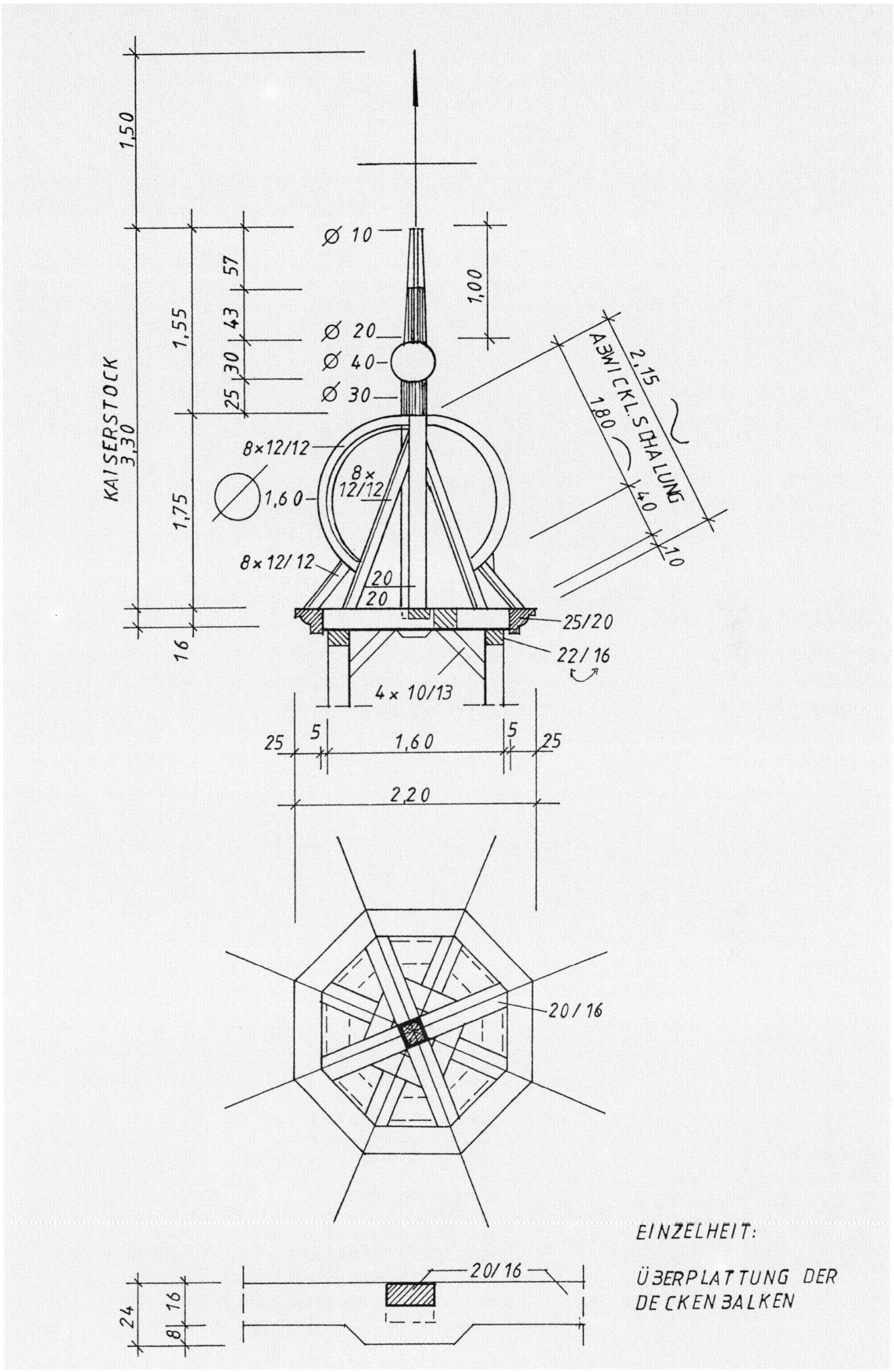
KAISERSTOCK
3,30
1,50
1,55
1,75
16
57
43
30
25
Ø 10
Ø 20
Ø 40
Ø 30
1,00
8×12/12
8×
12/12
1,60
8×12/12
20
20
25/20
22/16
4×10/13
2,15
ABWICKL.SCHALUNG
1,80
40
10
25
5
1,60
5
25
2,20
20/16
EINZELHEIT:
ÜBERPLATTUNG DER
DECKENBALKEN
20/16
24
16
8

Abb. 22 (unten): Detail Glockenraum der jetzigen 3 Glocken mit Decke.

(Alle Zeichnungen: Gerhard Habermehl, August 1986)

Abb. 23 (S. rechts, oben): Detail Hänge- u. Sprengewerk über dem Kirchenschiff.

Abb. 24 (S. rechts, unten): Detail Querschnitt des Kirchenschiffs.

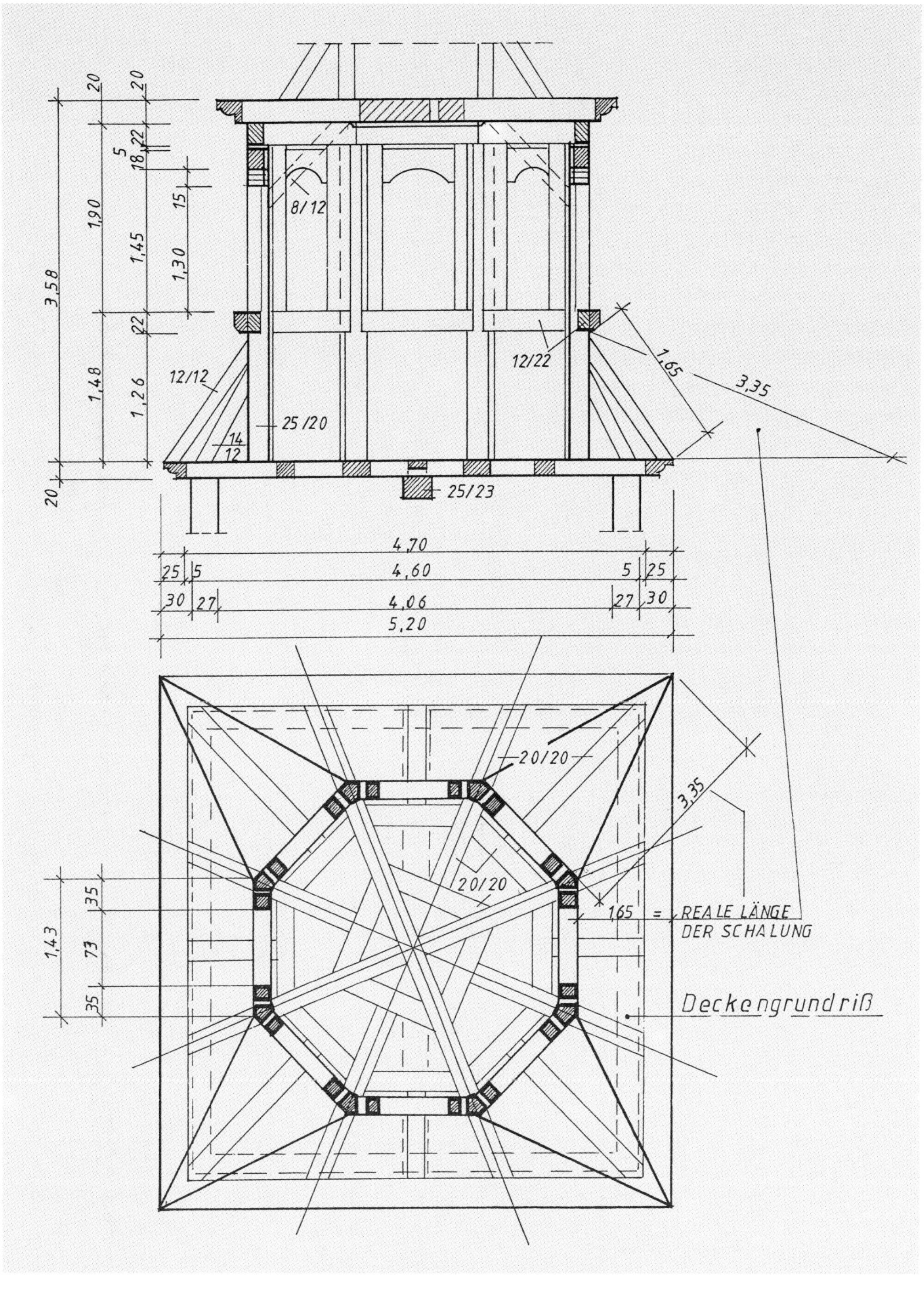

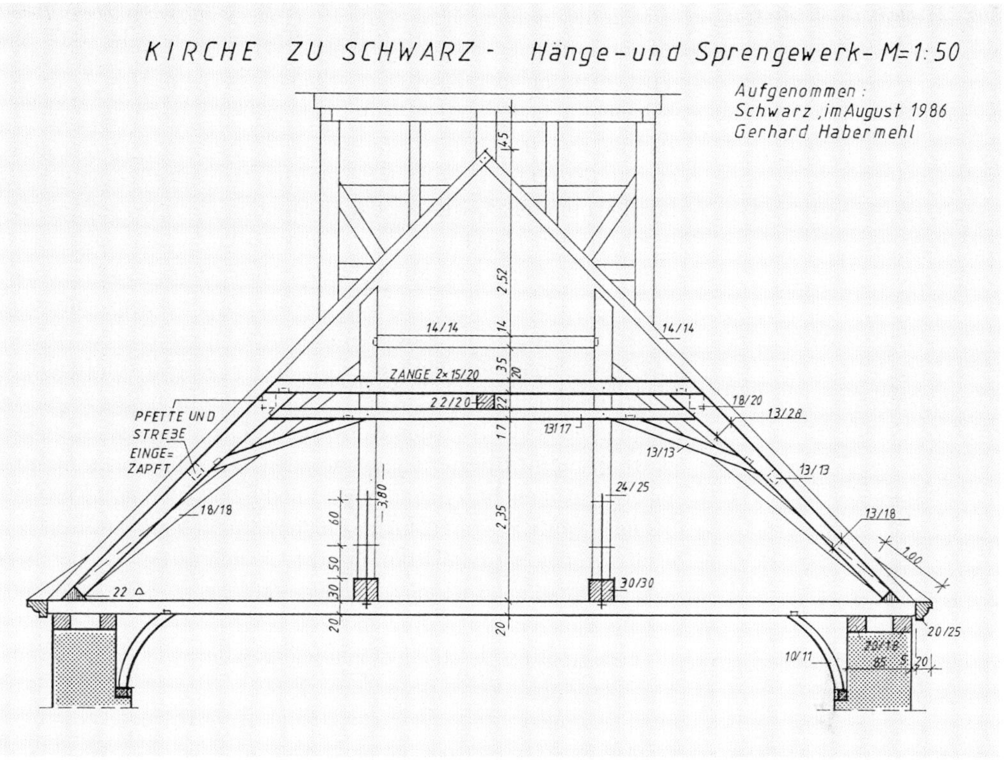
KIRCHE ZU SCHWARZ - Hänge-und Sprengewerk- M=1:50
Aufgenommen:
Schwarz, im August 1986
Gerhard Habermehl
ZANGE 2×15/20
PFETTE UND
STREBE
EINGE=
ZAPFT
SANDSTEINPLATTEN

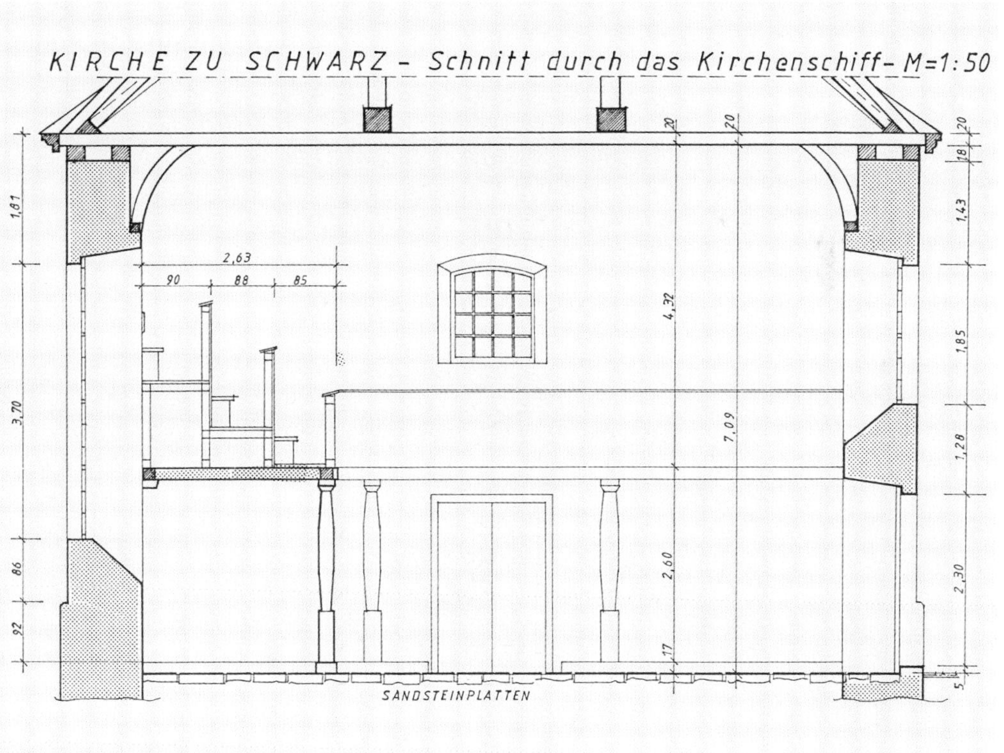
KIRCHE ZU SCHWARZ - Schnitt durch das Kirchenschiff- M=1:50
SANDSTEINPLATTEN

Abb. 25 (unten): Detail oberer Glockenraum mit Decke.

Pos. A: Glockenstuhl und -raum für die frühere kleine Glocke.
Pos. B: Aufhängevorrichtung.

Abb. 26 (S. rechts, oben): Balkenlage über dem Kirchenschiff.

Abb. 27 (S. rechts, unten): Grundriß des Kirchenraumes. Zeichnung.: G. Habermehl, 1986

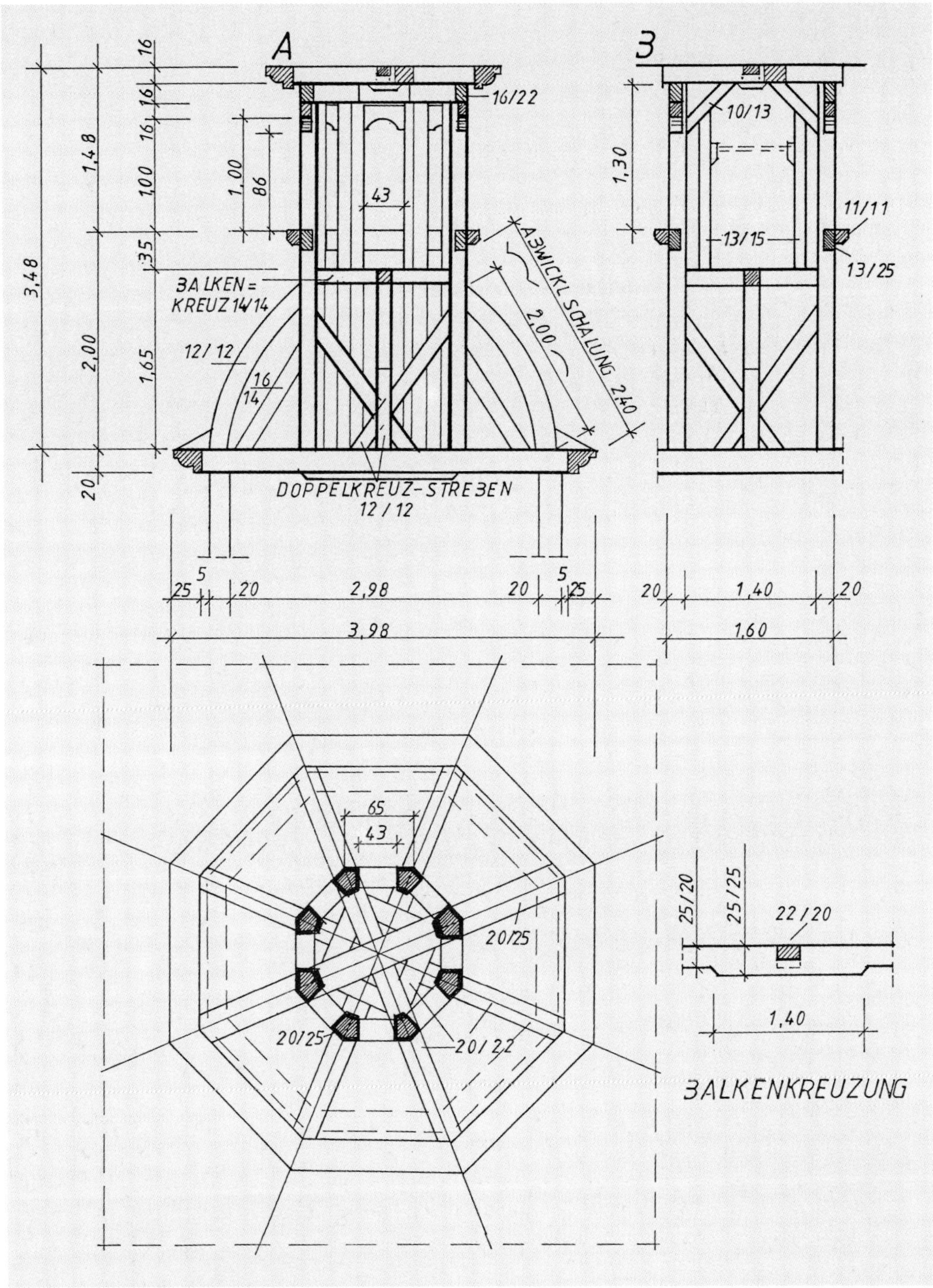

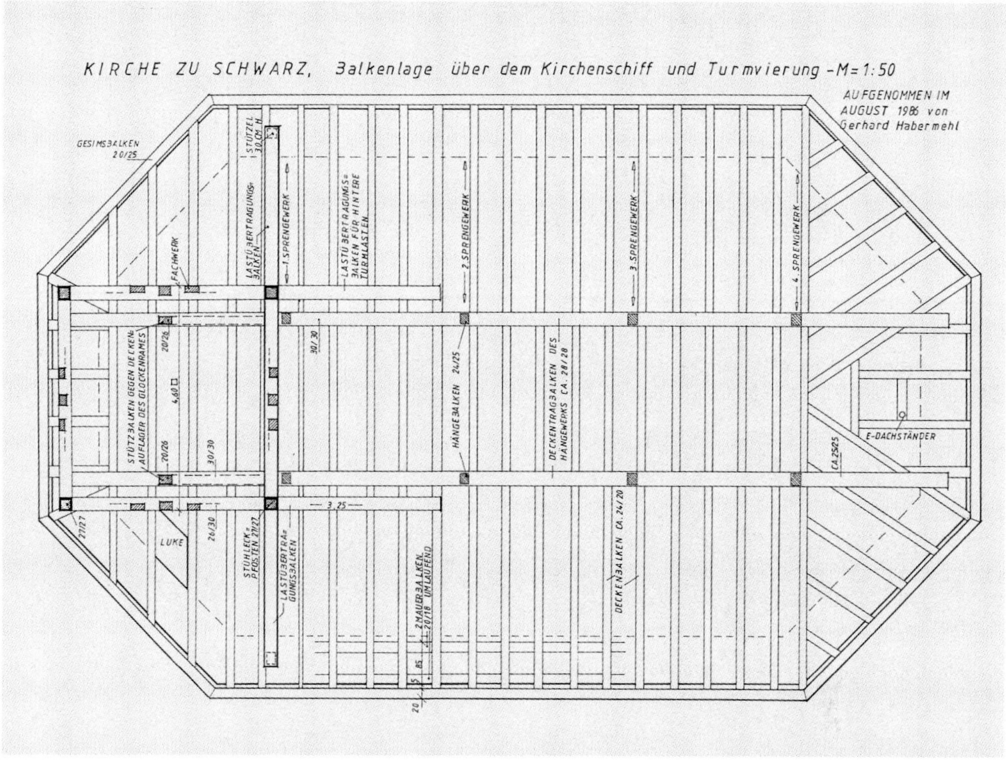
KIRCHE ZU SCHWARZ, Balkenlage über dem Kirchenschiff und Turmvierung - M=1:50
AUFGENOMMEN IM AUGUST 1986 von Gerhard Habermehl
GESIMSBALKEN 20/25
STÜTZEL 30 CM H.
LASTÜBERTRAGUNGS-BALKEN
1. SPRENGWERK
LASTÜBERTRAGUNGS-BALKEN FÜR HINTERE TURMLASTEN
2. SPRENGWERK
3. SPRENGWERK
4. SPRENGWERK
FACHWERK
STÜTZBALKEN GEGEN DECKEN-AUFLAGER DES GLOCKENRAMES
HÄNGEBALKEN 24/25
DECKENTRAGBALKEN DES HÄNGEWERKS CA. 28/28
E-DACHSTÄNDER
LUKE
STUHLECK-PFOSTEN 21/27
LASTÜBERTRAGUNGSBALKEN
2 MAUERBALKEN 20/18 UMLAUFEND
DECKENBALKEN CA. 24/20

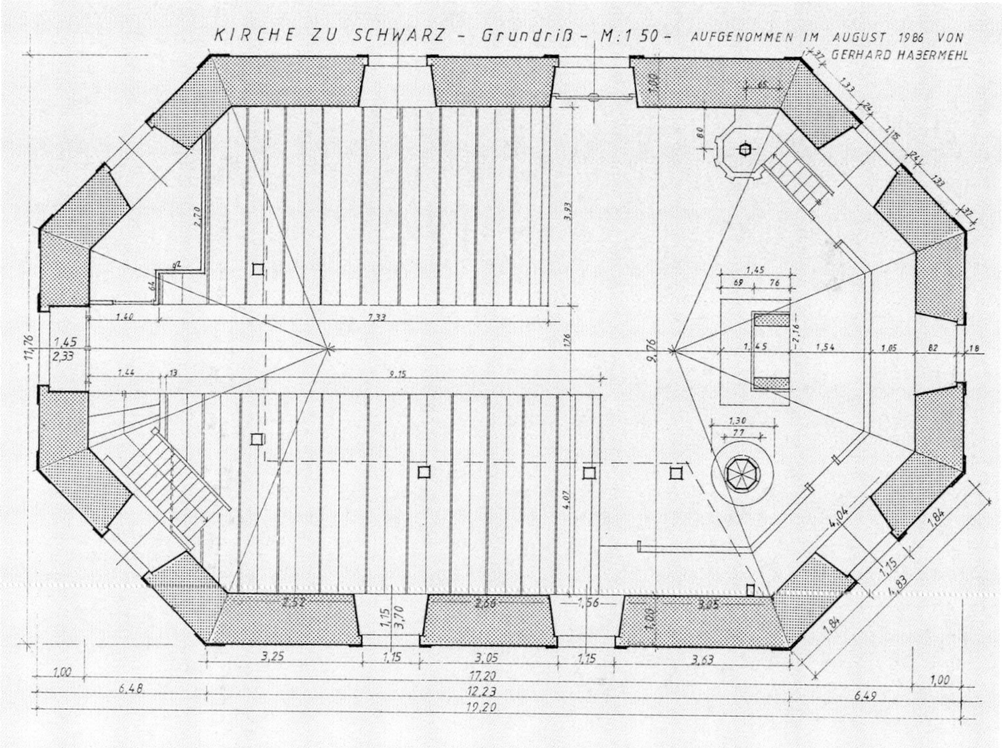
KIRCHE ZU SCHWARZ - Grundriß - M:1 50 - AUFGENOMMEN IM AUGUST 1986 VON GERHARD HABERMEHL
3,25
1,15
3,05
1,15
3,63
17,20
12,23
19,20
6,48
6,49
1,00
1,00
11,76
9,76

Das Salbuch von 1573

Nachdem das Gericht Schwarz von den Junkern, den ehemaligen adligen Gerichtsherren, an die Landgrafschaft Hessen gefallen war, ließ Landgraf Ludwig zu Hessen–Marburg ein Zins- und Abgabenregister aufstellen, das eine Übersicht über seine neuen Besitzungen ermöglichen sollte. Es gewährt zugleich aber auch einen Einblick in die damaligen Besitzverhältnisse unserer Vorfahren.

Register ober das dorff Schwarz onnd onnsers G. f. onnd Herrn Eigen onnd Ander geuter so In gemelt dorff gebraucht auch s. f. Gn. verzinset ond Jerlich berechnet werden.

Item Schwartz ist ein Dorrf, ohne alle mittel, inß Gericht Schwartz gehörigk. O. G. F. onnd Herrn Landtgraue Ludewigenn zu Heßen zuständigk. Darauß seindt dieß 73. Jharß Hen Beckern, Johanneß Michel ond Henn Liphart, Inwoner ond Scheffen, Vornembste onnd Verstendigste, daselbst vonn Hochgedachteß O. G. F onnd Herr wegen vor onnß S. f. gn. Rentmeister, onnd Renthschreibern erschienen, daselbsten man sie bei ihren eydenn onnd Pflichten, damit sie O. gn. F. ond Herrn zu Heßen verwanndt ond zugethan somit verwarnet onnd ermanet, dz sie eigentliche gründt, warhafftige Anzeigung onnd bericht thun wollen weß s. f. gn. vor hoheit ober Gericht, gerechtigkeit in gemeltem Dorff, desgleichen Holz, felt, waßer onnd sonsten habenn. Daruff sie onderschitlich Antworten onnd berichten wie nachuolgt, onnd erstlich: Daß gemelter o. g. f. onnd Herr zu Heßen in selbigem Dorff Schwarz, alle hohe ober herlich onnd gerechtigkeit, gepot, verpott, dinstfolge, steur ond was sonstenn demselben Anhengig ist, Habe onnd Herbracht.

Houelingk:
Item eß hat hochermelter O. g. f. onnd her izo nachuerzeihnete mann zu Schwarz, darunder sein zwelf Hoveling oder houbgueter onnd befaren dieselbigenn die nachbenannte, nemblich: Hanß Falck, Henn Carreß, Churt Grebe zu Grebenau,Peter onnd Henn Lippart, Hermann Beckern, Hen Peter onnd Mertenn Petern Hermann Roidt, Thomas onnd Henn Hoifmeiern, Heintz Pfoel onnd Churdt Falck, Valtin Bindewalt, Heintz Weitzel onnd Cuntz Lippert.

Daß Ander seindt Codtner onnd Einleuftige:
Cuntz Wegefurt, Lentz Heffermel, Henn Mahr, Eckhart Walter, Heintz Mahrs Wittwe, Fedder Hanßen Wittwe, Michal Fischerer, Henn Rodt, Endreß Ohrstadt, Heinz Dieffenbach, Cuntz Wagener, Lotz Dierstadt, Eckhartt Dieffenbach, Huener Heintz, Heintz Eisernn, Heintz Bindewalt der elter, Enderß Geiß, Cuntz Krausen Wittwe, Ruepel Weitz, Enderß Mollern,

Huener Jorge, Henn Seltzer der Junger, Henn Beckern, Hanß Gaub, Martin Reitz, Sching Henß Wittwe, Johanneß Ohrstadt, Ruepel Walter, Heinz Marß Wittwe, Eckhart Schuch, Henn Becker, Diepeln Peters Wittwe, Ludewig Kircher, Endreß Beckern, Heintz Blum, Nauw Johanneß Wittwe, Johannes Michel, Naw Reitz, Paul Leinweber, Gotschalck Reichart, Cuntz Hamer, Zimmer Henn, Hannß Lippert, Cuntz Geiß, Valtin Dummerlein, Peter Kalbfleisch, Adam Dierstadt, Maur Johannes der Jungern, Herman Solmeß, Endreß Becker, Dol Falck, Heintz Reichart, Hermann Dierstadt, Cuntz Pfoel, Valtin Mahr, Bernhart Bintzfort, Hannß Bintzfort, Cuntz Scheffern, Endreß Schwartz, Henn Baur, Johannes Schmit, Heintz Kreutzer, Weck Henn, Cuntz Auel, Martin Grunwald, Hen Hock, Heintz Bindewald der Junger.

Dienst:
Dieße obgemelte Inwoner, onnd da ihrer mer würdenn, seienn off erfordernn o. g. f. onnd Herrn, oder s. f. g. Amptsleute zu Alsfelt, wegen in Sachen Ire f. g. betreffend, inn onnd außerhalb Landtes, in Herzügenn oder sonstenn, so offt onnd wie sich daß begibt, farende onnd Andere Handdienst zu leistenn schuldig.

Faßnacht Huener onnd Junge Hain:
Item es gibt ein Jeder Inwoner deß Dorffs Schwartz von Haußenn zu Haußenn ein fastnachts Huhn onnd zween Junge Hain, außer halb wilcher ein Schepf, Setzer oder Heimburger ist, werden der Huener onnd nicht der Hainen gefreit.

Dinstgeldt:
Dieweil di Eltisten berichten dz daß Dinstgelt dr baueren nach vleißiger erkundigung onnd gelegenheit der gueter offgeschriebenn onnd nunmer vor ein stetiges geordtnet worden. So ist, muß jedem Dinstgelt, was er gibt, in seine Zinß specifikation genandt onnd geschrieben werden.

Schönbrodt:
Item es müßen die ondertanen im Dorff Schwartz von Haußen zu Haußen zwanzig binger Heller wilche vor ein Schönbrodt genant wird, Jerlichen gebenn, so o. g. f. onnd Hern onder der Zinßen verrechnett werdenn.

Leygelt onnd empfengnuß:
Item es berichten die Eltistenn, dz alle gueter im Dorff Schwartz, eß seien Hauß, Hoiff, Acker, gartenn, wießen oder wie die sonstenn nahmen haben mögen, Lehen gueter seienn. Also wem dieselbe durch absterbenn, Kauffen, oder sonstenn veräußert oder vererbt werden. Daß wer dieselben ein bekompt, solche entpfangen ond davon o. gn. f. onnd Hernn gebürliche Leyhe onnd entpfengnus gelt nach gelegenheit der guetern o. g. f. onnd Herrn geben onnd erlegenn müßenn.

Bestheupter:
Item eß berichtenn auch die Eltesten, daß wenn ein mann im Dorff Schwartz stirbet, dz sein Weib dz Besthaupt bedingenn onnd geltenn mußte. Ond sagen sonsten vor eigen leutt, so o. g. f. onnd Hern zuständigk seindtt, die einziehen, die werden wie andere durch den Bedtheber bebusamet.

Weinfurgelt:
Item eß haben alle Onderthanen im Gericht Schwartz dabeneben als die Junkern seligen in Obrigkeit geweßen, ihnen, den Junckern, ein Fuder weinß off ongefer 7 oder 8 meil wegeß weit, wo die Juncker dz selbige gekaufft, heimfüren müßen, solchs aber frei nachmalß durch ein offgerichten Rezeß offgehohen also dz sie nunmer 14 gulden stendig davür gebenn onnd der immerforten enthobenn sein.

Scheffereien:
Wilcher Onderthane im Dorff Schwartz Scheffereien, wen ihrer schon drei, vier oder mer zusammen scheffern, haltenn, muß Jeder Pfirch ein Hamel ond ein gulden Pfirchgelt gebenn, ist von wegen vorgedachtes Rezeß also geordtnet worden.

Hundthaffer:
Item eß gebenn merertheils gueter im Gericht Schwartz Hundthaffern, also, dz ein Hoiffguet vier mesten ond einleuftigeß zwo mesten Hundhaffern entrichtet. So ist von den Onderthanen im Dorrf Schwartz durch die Junckernn seligenn Ire Hundthaffern off die gueter stendig onnd nach gepuer gerechnet worden, wie ein Jedenn onderthanen Zinßenn solche specifice geschriebenn onnd benanndt.

Zehende:
Item es hat O. g. f. onnd Her vor dem Dorff Schwartz off dem rodtlandt gepürlichen Zehindenn, wird Jerlichs durch s. f. g. Dienern beritten, verlaunen ond berechnett.

Zoll:
Item eß hat O. g. F. onnd Herr zu Schwartz eine Zollstatt, onnd wirt der zu nachvolgender maßen erhobenn. Nemblichen: Item was vor beladene geschier, eß seyenn Wagen oder Karren, durch Schwartz faren, waßerley mehr die auch füren, gibtt von jedem Pfertt 4 pf. Item wen einer mitt ein Karen Salz zu Schwartz durch ferett, gibtt er vom Pferde 4 pf. Wann er aber dz Salz daselbsten außrufft onnd verkaufft, gibtt er ein 1/3 einer meste Salz, muß der Zolner verrechnen.

Viehezoll ond von Koppelpferden:
Item so Koppelpferde ond vieh durch Schwartz getrieben wirtt gibtt: Ein Koppelpferdtt 4 pf., Ein Rindtnoiß 2 pf., Ein Schwein 1 pf., Ein Ganß 1 hlr., Ein Schaff 1 pf.

Weinzoll:
Item waß vor wein durch Schwartz off Wagen oder Karn gepfueret wirtt, muß von jedem Fuder onserm g. f. onnd Hern zu zoll erlegt werden 1 fl. In gleichen, wan die gemeine oder Jemandt anderst daselbsten Francken wein zum erkauff Inlegtt, gebürt gleichfalls s. f. g. vom Fuder 1 fl.

Volgen o. g. f. onnd Herrn lehen ond zinßguetern zu Schwartz:

Adam Dirstadt:
Item eß hat Adam Dierstadt ein Koden guetgen, darin gehört: Ein Behausung zwischen Enderß Beckern onnd dem Opffergarten gelegenn. Item ein stück ackerß am erllen graben, zwischen Scheffer Cuntzen ond Heintz Reicharten gelegen. Item ein stück ackers am erllen grabenn, zwischen Scheffer Cuntzen ond Heintz Reicharten gelegenn zu 3 Mesten groiß. Item ein acker offm erllen grabenn, zwischen Lotz Dierstadt onnd dem walt gelegen zu 3 ½ mestem groiß. Item ein acker an der leimelbach gelegendt, zwischen Fedder Hanßen Wittwe onnd dem wege gelege 1 morgen. Item ein acker am Alsfelder wege zwischen den Hoiffmeiern onnd dem Holtz gelegendt 2 morgen.

Adam Dierstadt ond Churt Gilsa zu Eiff:
Item eß hebenn obgedachter Adam Dierstadt onnd Churt Gilsa zu Eiff eine wiese so nicht in obergemelts guetgen gehörig am Rotzinberge allerseits im walde gelegen.

Andreas Möller:
Item eß hat Andreas Moller ein Koden guetgen darin gehördt: Ein behausung zwischen Hermann Roeden onnd garttenn onnd Churt Grebenn behausung gelegendt. Item ein Scheur daselbst bei der behausung gelegendt. Item ein baumgarten an der gemein, oberm Dorff an Valtin Marß gartenn gelegendt. Item ein garten am Brauerschweiner wege zwischen Hen Hocken ond Basten Cuntzen gelegend. Item ein wiese Im Dimmel zwischen Heintz Eisern ond dem walt gelegenn. Item ein wiese off der strut, an der opperwiesenn ond Huener Heintzen wiese gelegenn. Item ein stück ackers am rabenn gartenn zwischen Bernhart Bintzfort ond Hen Beckern gelegen zu 6 mesten groß. Item ein stück ackers off der winter leidenn zwischen johennes Michelen ond Heintz Meurern gelegen 2 morgen. Item ein stück ackers off der Leimelbach zwischen Huener Jorgenn ond Herman Rodten wiese gelegen zu 2 ½ morgen. Item ein stück ackers offem Erlengraben zwischen Hen Rodten onnd der Drifft gelegen zu 2 morgen groß. Item ein acker am schneisberge zwischen Ludtewigk Kirchernn ond dem mahrer wege gelegen helt ¼ morgenn. Item eß hat bemelter Andreas Moller ein Wiese so nicht in dz guetgen gehörig, in der Escherbach, zwischenCuntz Geisen ond an den Grebenauischen wiesen gelegenn.

Andreas Becker:
Item eß hat Andreas Becker ein Koden guetgen darin gehört: Ein behausung zwischen Adam Dierstadt onnd Bernhart Binzfort gelegen. Item ein Scheuer daselbsten. Item ein Baumgartenn off der selben Hoiffreidt gelegenn. Item ein wiese zu Obern schwarz, die Klapswiese genandt, zwischen Hanß Hartman (?) onnd des Falckenn gelegenn. Item ein wiese in der Leimelbach, zwischen Heintz Khirn (Kirchern?) ond Hen Beckern gelegenn. Item ein Wiese in der Ohrbach, zwischen Johannes Michalen und m. g. F. onnd Hern klein orpach (?) gelegenn. Item ein wiese zu Eichenrodt, zwischen Clauß [...?] beiderseits gelegen. Item ein Acker im großenn felt zwischen Herman rodten beiderseitig zu 3 morgen groß. Item ein Acker im Onderfelt zwischen Hanß falckenn ond der falcken gelegen helt 3 morgenn. Item off der lingelbachischen Höhe, zwischen Valtenn Bindewalt ond Eckhart Dieffenbach gelegen, helt 2 morgen. Item ein Acker in der winter leidenn, zwischen Hen Lipparts wiese ond Chort Greben äcker gelegen, helt 1 morgen.

Andreas Orstadt:
Item eß hat Andreas Orstadt ein Koden guetgen darin gehört: Ein Behausung onnd scheur daran, zwischen Eisern Heintzen onnd fedderhansen Wittwenn gelegen. Item ein gartenn hinder der behausung, zwischen Hen Hacken ond Eisern Heintzen gelegen. Item ein wiese in der struit allerseits im walt gelegen. Item ein Driesch am Rotzenberge, allerseits im walt gelegen. Item ein Acker an der Leimelbach, zwischen Eisern Heintzen ond Huener Jorgen gelegenn zu 2 morgen groiß. Item ein Acker daselbst, zwischen Adam Dierstadt onnd Eisern Heintzen gelegen helt 2 morgen. Item ein Acker off der Schwarz, zwischen Heinz richartenn ond Herman Roedten gelegen. Item ein Acker offm Diergartenn zwischen Cuntz Auelnn onnd Hen Hacken gelegen 1 morgen.

Andreas Orstadt samt seiner geschwistern:
Item eß hat Andreas Orstadt sampt seinen geschwistern ein wiese zu obern schwarz. die Lange wiese genanndt, so inß gut gehörigt, um Heintz Richartten gelegen gibt 5 alb. Item ein wiese am Rotzenberge, zwischen Bernhart Bintzfort onnd Martin Reitzen gelegen gibt 5 alb.

Andreas Schwartz:
Item eß hat Andreas Schwartz ein Koden guetgen, darin gehört: Ein behausung an Bernhart Bintzfort gelegen. Item ein Scheur zwischen Heintz Pfoelnn onnd Thomaß Hoiffmeiern gelegen. Item ein gartenn onderm Dorff zwischen Reitz Naw onnd Heintz Dieffenbach gelegen. Item ein gartenn off der lingelbacher höhe, zwischen opper Annen Acker onnd Heintz Bindewalt gelegen. Item ein Wiese in der Ohrbach, zwischen Herman Dierstadt ond dem walt gelegen. Item ein wiese daselbst, zwischen Diepel Witwen ond Johanneß Micheln gelegen. Item ein wiese off der struit, zwischen Hen Bauer onnd Johannes Ohrstadt gelegen. Item ein Acker im Onderfelt, zwischen Valtin Bindewalt onnd Hen Weitzeln gelegen, helt 1 morgen.

Andres Geyse:
Item eß hat Andres Geise ein behausung zwischen Huener Heintzen ond Cuntz wagenern gelegent. Item ein gartenn an der winter leiden, zwischen Huener hermann ondt Herman rodten wiesen gelegen.

Bernhart Bintzfort:
Item eß hat Bernhart Bintzfort ein Koden guetgen, darin gehört: Ein behausung zwischen Endreß Beckern ondEndreß Schwartzenn gelegenn [...?]. Item ein Scheur zwischen Heintz eisern onnd Endreß Schwarzenn gelegendt. Item ein gartten vor seiner behausung, zwischen Heintz Kreutzern gelegen ond Adam Dierstadt. Item ein garten hinter seiner scheuer gelegenn, zwischen Heintz Kreutzern ond Heintz Pfoel. Item ein gartenn off der lingelbacher höhe, zwischen Heintz Bindewalt ond Valtin Bindewalt gelegen. Item eine wiese im Rainröder grunde, zwischen Heinecherß wiesenn ond dem strauchen gelegen. Item ein wiese vorm Rotzenberge, zwischen Heintz Kreutzern ond dem walt gelegen. Acker: Ein stück Ackerß im Raben grabenn, zwischen Endreß ond Hanß facken gelegen, helt 2 morgen.

Bamp Johanneß geutgen:
Darin gehörtt ein Hauß im Dorff, zwischen Cuntz Webern onnd Doll Falcken gelegent. Ein gartt. onderm Dorff, zwischen Cuntz Wegefardt onnd Heinbechers gartten gelegent. Item ein Wiese im Kielbergk, zwischen Martin Reitzenn onnd Ruepels Cuntzen gelegent, gibt ongefehr ein fuder Haws. Eckers: Berichtenn die nachpahrn, dass ongefehr inn ides felt drei oder vier

morgen gehören, so im windthain gelegen, ligen wüst. Wissen die eigentliche Anwande nicht An zu zeigen, soll erkündigt werden.

Churt Grebe:

Item eß hat Churt Grebe zu Grebenaw ein Hoiff, darin gehören nachvolgende gueter: Erstlich: Ein behausung zwischen Hanß falckenn ond Schelnn Endreßen gelegenn. Ein scheur zwischen ermeltenn gelegenn. Gartenn: Item ein Kraut garttenn in der Wieselbach, zwischen Heintz mollerß onnd den Pfarrgueternn gelegenn. Item ein baumgartenn widder dem Kronhoiff ond schmit hen gelegen. Wiesenn: Item ein wiese in der leimelbach, zwischen Herman rodten allerseits gelegenn. Item ein wiese in der Schwartz, zwischen Hen Liphardenn onnd Hanß falcken gelegen. Item ein wiese daselbst, zwischen Michel Fischernn ond Johannes Ohstadt gelegen. Item ein wiese in der Escherbach, zwischen Heintz Dieffinbach beiderseits gelegenn. Item ein wiese in der wieselbach, zwischen Heintz Pfoel onnd dem Pfar gueth gelegen. Item ein wiese in der Knechtbach, zwischen Hanß falcken ond dem falcken von Ellerßdorff. Item ein wiese beim eichbornn, zwischen Peter Kalbfleischenn onnd Henn mahren gelegen. Item ein wiesen, liegt darunter zwischen Kreutzer Heintz ond Hen mahren. Ackern: Ein stück Ackerß im großen felt, zwischen dem Pfarstück ond Heintz Pfoeln, helt 1 ½ morgen. Ein stück Ackerß, der faden Acker genannt, zwischenn schelnn Enderßenn ond Hen weitzeln, helt 2 ½ morgen. Ein stück Ackerß im rabenn grabenn, zwischen Bernhartt Bintzfortt ond Henn Carreß gelegen, helt 2 morgen. Ein stück Ackerß an der wintter leithen, zwischenn Endreß Beckernn ond Hanß Liphartten, helt 2 morgen. Item ein halbenn morgenn an der wintter Leithenn, zwischenn Hanß Liphardt onnd Huener Heintzen.

Cuntz Awell:

Item eß hat Cuntz Auell ein Koden guetgen, darin gehört: Ein behausung onnd scheuer aneinander, zwischen Martenn Grunewalt onnd Johann Schmidt gelegen. Item ein garten an der Gemein, an Hen falckenn wiese onnd dem wege gelegen. Item ein gertgenn daselbst, zwischen Endreß mollern onnd Hannß falckenn gelegen. Item ein baumgarthen an der gemein, am Reinrödern wege onnd Heintz richarts Acker gelegenn. Wiesenn: Item ein wiese am Koolhauck, zwischen Hen Lipharts ond dem walt gelegenn. Item ein wiese in der Auerbach, an Johanneß michelnn onnd dem kleinen Ohrberge gelegenn. Acker: Item ein Acker in der Knechtbach an Eckhart Dieffenbach onnd Herman rodt, helt 1 ½ morgen. Item ein Acker daselbst, zwischen Henn Weitzelnn onnd Eckhart schuchernn gelegenn, zu 2 ½ morgen. Item ein Acker offm weßelrein, zwischen Hen Hack onnd Martin grunewalt, helt 1 ½ morgen. Item ein Acker off der Drifft am Ohrberge, zwischen Heintz Reicharten onnd der drifft gelegen, helt 2 ½ morgen. Item ein Acker vor der Ziegelbach, zwischen Valtin mahrenn onnd dem walt gelegen, helt 1 ½ morgen. Item ein Acker daselbst, zwischen Herman rodt onnd Scheffer Cuntz gelegen, helt 1 morgen. Item ein wüst Driesch an der wintter leythenn, zwischen Hen Liphardenn onnd dem Jungen Meur Johanneß, helt 1 morgen.

Cuntz Wagenern:

Item eß hat Cuntz wagener ein Koden guetgen, darin gehört: Ein Hauß zwischen Huener Heintzen onnd Huener Jorgen. Item ein Garten off der Schwartz, zwischen Johann schmidt onnd Henn Beckern gelegen. Item ein Driesch off der winter leitten, zwischen Huener Jorgen onnd Cuntz geysenn. Item ein Driesch beim Hubelnn, zwischen Gottschalck reichart onnd Churt Greben.

Cuntz Lipherdt:
Item eß hat Cuntz Lippert ein halben Hoiff, darin gehört: Ein Hauß onnd Hoiffraidt sampt einer scheuern zwischen Ludewig Kirchernn onnd Hen weitzeln gelegen. Gartten: Ein gerthgenn hinder der scheuern gelegen. Item ein Kraut gartenn offm schneißberge, zwischen Johannes Eckardt onnd Meur Heintzen gelegen. Wiesenn: Item ein Wiese onderm winthain, zwischen Valtin Bindewalt onnd Henn weitzeln gelegenn. Item ein wiese in der Leimelbach, zwischen Herman Rodtenn beiderseits gelegenn. Item ein Wiese im weßenlappen, zwischen Henß Liphertenn onnd Henn weitzeln gelegen. Item ein Wiese in der steinwießen, zwischen Meur Johanneß wittwen onnd Heintz bindenwalt dem Jungernn gelegenn. Item ein Wiese in der Eschelbach, zwischen Eckhart Schuch onnd moller Endreß gelegenn. Acker: Item ein Acker onderm windthain, zwischen Heintz Pfoelnn onnd Valtin bindewalt gelegen, helt2 morgen. Item ein Acker beim Helgenstock, zwischen Valtin bintenwaldt onnd Churt Falckenn gelegen, helt 2 morgen. Item ein Acker off der Schwartz, zwischen Hen weitzelnn onnd Heintz reichartten gelegen, helt 2 morgen. Item ein Acker offem Weßel reihen, oben an Ludwigk Kirchernn, onden an Hen weitzeln gelegen, helt 1 ½ morgen. Item ein Acker an der Züngelbach, zwischenn Schwartz Cuntz onnd Cuntz Auelnn gelegen, helt 1 ½ mesten Kornmaß. Item ein Acker off der winter leithen, zwischenn Ludewigk Kirchernn onnd Hanß Lipherdenn gelegen, zu 1 ½ mesten Korn.

Cuntz Hamern:
Item eß hat Cuntz Hamer ein Koden guetgen, darin onnd zugehort: Ein behausung zwischen weckhanß (?) behausung onnd der straßen. Item ein Gartten beim Hauß, an deß Pfarrers Acker gelegen. Item ein Acker offem rabenn grabenn zwischen Kreutzer Endreß ond dem walt gelegen, helt 1 morgen.

Cuntz Kraußen Wittwe:
Item eß hat Cuntz Kraußen wittwe ein kleinß Häußlein offm Hanftsack gelegen onnd nichts weiterß.

Cuntz Pfoell:
Item eß hat Cuntz Pfoel ein Koden guetgen, darin gehört: Ein behausung an dem moller Churt wegefart gelegen. Item ein wiese im Kilberberge, zwischen Bamp Johanneß wiese onn dem walt gelegen. Item ein Acker in der spechtbach zwischen Valtin Bindewalt onnd Ruepel weitzeln gelegen, helt 3 morgen. Item ein Acker im windthain, zwischen Endreß Beckern ond Henn Bauernn gelegen, helt 1 morgen.

Cuntz Geyse:
Item eß hat Cuntz geyse ein Koeden guth, darin gehört: Ein Behausung zwischen Hen rodt onnd Endreß mollern. Ein gartten off der schwartz an der Drifft, zwischen Paul Leinß wittwe ond Lentz Haffermehln. Item ein Wiese offem Dimmel, zwischen Hen weitzeln onnd dem walt gelegen. Item ein Acker offem Diergarten, zwischen Henn Lipherts wiese onnd Gotschalck reicharts Acker gelegenn, zu 3 mesten groiß. Item ein Acker offem schneißberge, zwischen Johanneß Ohrstadt onn der Drifft gelegen, ist zu 3 mesten groiß. Item eß hat Cuntz geise noch ein wiese in der escherbach so nicht inß guthgenn gehörigk, zwischen der Grebenauischen wießen onnd Endreß mollerß wiesen gelegen.

Cuntz Wegefart:

Es hat Cuntz wegefurt ein mohl, daryn gehörenn nachuolgende guetern: Ein garthen am Odenhäuser wege, zwischen Eckhartt dieffenbach onnd seim eigen Acker gelegen. Item noch ein garthenn onderm wege, zwischen Hanß Bintzfurt onnd Hen seltzernn gelegen. Wiesenn: Item ein wiese im bastwalt, zwischen Valtin marenn onnd dem wolffsacker gelegen. Item die Mohlenwiese zwischen Henn Lipperten beiderseits gelegen. Item ein wiese bei der mohlen gelegen, zwischen Henn Petern ond der Mohlen. Ecker: Item ein Acker am Odenheuser wege, zwischen Eckhart dieffenbach onnd Herman beckern gelegen, helt 2 morgen. Item ein Acker im Windthain, zwischen Hermann beckern onnd Hanß Bintzfort gelegen, helt 2 morgen. Item ein Acker daselbst gelegen, an Hanß bintzfortt onnd seinem eigenen Acker gelegen, helt 2 morgen.

Cuntz Scheffer:

Item eß hat Cuntz scheffer ein koeden gutgenn, darin gehört: Hauß onnd Scheuern, oben am Dorff an der Hoifmeier wiesenn gelegen. Item ein baumgerthgen im nodtstal, zwischen Ludewig Kirchern onnd Eckhart Dieffenbach gelegen. Item ein Kraut gerthgenn off der Schwartz, zwischen Lentz Haffermel onnd Cuntz Pfolnn gelegen. Item ein wiesen zu Ichenrodt, zwischen Naw reitzen ond Herman dierstadt gelegen. Item ein wiesen Leppchen am Hauß gelegen. Ecker: Item ein Acker am Erlenngraben, zwischen Endreß Mollern ond Hen rodten gelegen, helt 2 morgen. Item ein Acker offem Diergardenn, zwischen Huener Jorgenn onnd Gotschalck reicharttenn gelegen, helt 1 morgen. Item ein Acker bei Naw reitzen Mohlenn, zu 1 mesten groß Item ein Acker an der winter leiden, zwischen Johannes Micheln ond Hen Lipperten, zu 1 morgen.

Churt Falck ond Heintz Pfoel:

Item eß habenn Churt falck onnd Heintz Pfoell ein Hoiff zu Schwartz, darin gehört: Zwo Behausung onnd scheur an einander. Item ein baumgarthen an der behausungk. Item ein Kraut garthen zwischen Hen beckern onnd Hen weitzeln gelegen. Item ein Kraut garthen an ihrer wießenn onnd Churt Grebenn wiesen gelegen. Wiesenn: Ein wieße in der weiselbach, ondenn an Valtinn bindewalts garthen, oben an Churt grebenn wiesenn stoßendt. Item ein Wieße onderm windthain an der Mohlen onnd naw reitzen wiesen gelegenn. Item ein wieße daselbst, zwischen Hen weitzeln beiderseits. Item ein wieße in der leimelbach, zwischen Hen ond Herman beckern gelegendt. Item ein wieße in der Knechtbach, zwischen Falckenn Hanßenn beiderseits. Item ein wieße hinderm Ohrbergk, zwischen Henn beckern onnd Herman dierstadt gelegenn. Ecker: Item ein Acker im Awefelt, zwischen Cuntz Lippert onnd Valtin bindewaldt gelegenn, helt 4 morgen. Item ein Acker im Kleinfelt, zwischen Herman onnd Henn rodt gelegen, helt 4 morgen. Item ein Acker im rabin grabenn, zwischen Henn Lippertt onnd Hermann dierstadt, helt 3 morgen. Item ein Acker im großenn felt, zwischenn Churt grebenn onnd Heintz Kehr (?) gelegenn, helt 2 morgen. Item ein Acker daselbst gelegen, zwischen Hermann beckern onnd Hen Lipperten gelegenn, helt 1 morgen. Item ein Acker darüber gelegenn, zwischenn Hermann beckern onnd obbemeltem Craut gartten gelegen, helt ½ morgen. Item ein Acker off der leimelbach, zwischenn Henn rodt onnd Valtin bindewalt gelegen, helt 1 ½ morgen. Item ein Acker daselbst gelegen, zwischen Hen Carreß beiderseits gelegen, helt zu 3 mesten groß. Item ein Acker offem diergrabenn, zwischenn Ludewig kircher onnd Huener Jorgenn gelegenn, helt 2 morgen. Item ein Triesch in der Spechtbach, zwischen Ruepel weitzelnn onnd dem walt gelegenn, helt 1 morgen. Item ein Acker ondenn an der knechtbach, zwischen Hanß falckenn onnd Endreß beckern gelegenn, helt zu 1 ½ morgen. Item ein Acker, der Heckinn (?) acker genannt, zwischen Endreß beckern ond Henn weitzeln gelegen, helt 1 ½ morgen. Item ein Acker am Grebenauer wege, zwischen dem wege onnd Endreß beckern gelegen, helt 2 morgen.

Doll Falck:
Item eß hat Doll falck ein Koeden guth, darin gehört: Eine behausung zwischen der Mohlenn onnd Hanß bintzfort gelegenn. Eine wieße off der struit, zwischen weck Hermann onnd Hanß Erharttenn. Item ein Acker am windthain, zwischen Cuntz wegefarts acker onnd Churt falckenn gelegen, helt 1 morgen. Item ein Acker daselbst, zwischen dem wüsten Drischen onnd Cuntz wegfartenn gelegenn, helt 1 morgen. Item ein Acker offem Diergarttenn, zwischenn Henn Lippertten ond Michel [...] gelegen, helt 1 morgen. Item ein Acker im Kleinfelt, zwischen Thomaß Hoifmeiernn onnd Eckhardt Dieffenbach gelegen, helt ½ morgen. Item eß hat obbemelter Doll falck ein wiese so nicht in benanndts guth gehörig, zwischen Endreß beckerenn onnd Meur Johanneß wittwe gelegenn.

Diepel Peters Wittwe:
Eß hat diepel Peters ein Koden guetgenn, darin gehört: Ein Hauß. Ein garthen daran. Ein garthenn ober dem Grebenauer wege, zwischen Hanß bintzfort onnd Cuntz Hamern. Wießenn: Ein wieße off der struit, zwischenn Herman beckernn onnd Huener Heintzen gelegen.

Eckhart Dieffenbach:
Item eß hat Eckhart dieffenbach ein Koeden güthgen, darin gehörtt: Eine behausung onnd scheuern daran, sampt ein gadenn an falcken Hanßenn gelegen. Item ein garthenn im nothstall, zwischenn scheffer Cuntzen onnd Johanneß michals acker gelegen. Item ein gart. in den Oddenheußschen bergenn, zwischen dem moller onnd Hen baurn gelegenn. Wießenn: Item ein wieße in der Knechtbach, zwischen Henn beckerß Hoiffwießenn onnd der drifft gelegenn. Item ein wießenn in der finckenn wießen an Heintz blumen wießenn ond Joist waltern zu Ellersdorff gelegenn. Item ein wieße zu Obernn schwartz, zwischenn Ruepel weitzelnn onnd Cuntz wegefortt gelegenn. Item ein wieße, die heinckelwieße genanndt, zwischen Maur Johanneß onnd Ruepelnn weitzelnn gelegenn. Folgt ein wiesen, die wiese gehört nicht inß guett. Ecker: Item ein Acker offem niddenhäußer berge, zwischen Cuntz wegefurt onnd Ludewig kirchern gelegen, helt zu 3 mesten. Item ein Acker offem schneidtberge, zwischen Ludewig kirchernn onnd michel fieschern gelegenn, helt 2 morgen. Item ein Acker off der wießelbach, zwischenn Henn Lippert onnd den falcken gelegenn, helt 2 morgenn. Item ein Acker off der lingelbacher höhe, zwischen Endreß beckernn onnd Henn Petern gelegen, helt 1 morgen. Item ein Acker in der Knechtbach, zwischenn Herman rodt onnd Martenn reitzenn gelegenn, helt 1 morgen. Item ein Acker daselbst, zwischenn Henn Lippert onnd Martenn Peternn gelegen, helt1 ½ morgen. Item ein Acker in der knechtbach, zwischen Hannß falckenn onnd Cuntz Auelnn gelegenn, helt 2 morgen. Item ein Acker in der Escherbach, zwischen Ludewigk Kirchernn onnd Jung Maur Johanneß gelegenn, helt 1 ¼ morgen. Item eß hat Eckhart Dieffenbach ein wieße in der Escherbach, zwischenn Henn Liphart onnd Churt grebenn gelegenn, gehört nicht inß guth.

Eckhart Schuch:
Item eß hat Eckhartt schuch ein Koeden gutgen, darin gehört: Ein Hauß onnd Scheuernn an einander. Ein gartten hinderm Hauß gelegenn. Item ein garten bei Naw reitzen mohlen, zwischenn Herman beckernn onnd scheffer Cuntzen gelegen. Wießenn: Ein wiese beim

schwarzborn, zwischen Ruepel Weitzelnn onnd Jung Acker Cuntzen zu Odenhaußenn gelegen. Ecker: Item ein Acker im Kleinfelt, zwischen Ruepel weitzeln onnd Thomaß Hoifmmeiern gelegen, helt 1 morgen. Item ein Acker am Grebenauer wege, zwischen Valten bindewalt onnd denn wiesenn gelegenn, helt 1 morgen. Item ein Acker daselbst, zwischen dem Paffen Acker ond Churt falckenn gelegenn, tzu 2 ½ mesten groiß. Item ein Acker im Nodtstal, zwischen Johanneß micheln onnd Johanneß eckhart gelegen 1 morgen. Item ein Acker in der Knechtbach, zwischen Valtinn mahr onnd Cuntz Auelnn gelegenn 1 morgen. Item ein Acker im windthain, zwischen Hanß binzfortt onnd Jung Meurer Johanneß gelegen1 morgen. Item eß hat Eckhart schuch ein wieße im [...] grabenn, gehört nicht inß gueth, zwischenn [...] von Ellerßdorff onnd Hanß falcken wießen gelegenn. Item ein wieße in der Escherbach zwischen Cuntz liphartenn onnd dem [...].

Eckhart Walter:

Eß hat Eckhart walter ein gütgen, darin gehört: Ein Hauß zwischen Michael fischer onnd Jung Maur Johanneß. Ein gartten an der Behaußung. Ein Acker im windthain, zwischen Heintz Blum onnd Valtin Bindewalt, helt 1 ½ morgen. Ein Acker offm windthain, zwischen Heintz Blum onnd dem walt, helt 1 morgen. Ein Acker bei der behaußung, zwischen Hermann becker onnd Ruepell walter, helt 1 morgen. Item eß hat Eckhart walter noch ein wieße im Reitzenloch zwischen Eckhart dieffenbach onnd den Hoiffmeiern.

Eitel Vogts Wittwe:

Eß hat Eitel Vogts Wittwe eine wieße zu Eichenroda gelegen, die schmererswieß genannt, zwischen Hanß falck onnd Henn Seltzers Erben.

Gottschalck Reichardt ond Hanß Lippert:

Item eß haben Gottschalck Rerichardt onnd Hen Lippert ein guth zusammen, darin gehörenn: Ein Behaußung zwischen Peter Kalbfleisch onnd Hanß Micheln gelegen. Item noch ein Behaußung daselbsten gelegen, sampt zween scheuern daran gelegenn. Item ein Garthen hinder denn Bauenn, zwischen Maur Johanneß garten onnd Henn Beckerß wießen gelegen. Wießen: Item ein Wießen im Weßen Lappen, zwischen Henn Weitzeln onnd Churt Liphart gelegen. Item ein Wieße zu Obern Schwartz, zwischen Enders Becker onnd Ludewigk Kirchern gelegenn. Item ein Wieße daselbst, die Kutwieße (?) genannt, zwischen Maur Johanneß Wittwe onnd Heintz Reichartenn gelegen. Ecker: Item ein Acker off der Leimelbach, zwischen Lentz Haffermehl onnd Hermann Rodt 1 Morgen. Item ein Acker offm Schneißberge, vorn an Johanneß Micheln hinden an Maur Johanneß Wittwe stoßend, helt 2 Morgen. Item ein Acker daselbst, forn an Johanneß Micheln, hinden an Maur Johanneß Reichartten stoßend 1 Morgen. Item ein Acker offm notstal, zwischen Enderß Mollern onnd dem wege gelegen 4 Morgen. Item ein Acker, auch im Nodtstal, zwischen Johanneß Ohrstadt onnd Heintz Reichartten gelegen 4 Morgen. Item ein Acker offm Diergarthen, fornn an Huener Jorgenn, hinden an Martin Grunwalt 2 Morgen. Item ein Acker daselbst, zwischen Heintz Reichartten beiderseits gelegen 1 Morgen. Item ein Acker am Heidplatz, zwischen Johanneß Micheln onnd dem Walt gelegen 4 Morgen. Item ein Acker an der Winter Leithen, zwischen Huener Heintzen onnd Falcken Hanßen Wießen, 3 Morgen.

Hen Schingbreys Wittwe:

Item es hat Henn Schingbreiß Wittwe ein Koden Gueth, darin gehört: Ein Behaußung onnd Scheuer zwischen Henn Beckern onnd Thomaß Hoiffmeiern. Item ein Baumgarthen an der

Scheuern gelegen. Wießen: Item eine Wieße zu Obern Schwartz, zwischen Valtin Marn onnd Ruepelnn Weitzelnn gelegenn. Item ein Wießen im Ziegengrabenn, an Scheffer Josten Wießen von Ellerßdorf onnd dem Walt gelegen. Item ein Wieße, die Theilwieße genannt, zwischen Thomaß Hoiffmeiern onnd Valtin Marn gelegen. Ecker: Item ein Acker vor den Bircken, zwischen Henn Beckernn onnd Heintz Kreutzern gelegen, helt 1 Morgen. Item ein Acker im Raben Graben, zwischen Hermann Dierstadt onnd Endreß Schwartz gelegen, zu 3 Mesten groß. Item ein Acker off der Knechtbach, zwischen Henn Maren onnd Martin Petern gelegen, helt 3 Morgen. Item ein Acker daselbst, zwischen Martin Petern onnd Henn Carreß gelegen, ist zu 3 Mesten groß.

Heintz Mars Wittwe:
Item eß hat Heintz mars Wittwe ein Koden gueth, darin gehört: Ein Behaußung an Eckharth Schuchs onnd Weck Henß (?) Behaußung gelegen. Ein Garthen an der Behausung, zwischen Eckhartt Schuch onnd dem Grebenauer Wege gelegen. Item ein Garthen obig dem Grebenauer Wege, zwischen Diepel Peterß Wittwe ond dem Wege gelegen. Wieße: Ein Wieße beim Pfeiffersborn, zwischen Eckhartt Schmidts acker onnd ihrem Acker gelegen. Ecker: Item ein Acker am Odenhäußer berge, zwischen Hermann Beckern ond dem wüsten Drieschen gelegen, zu 3 Mestem. Item ein Acker off der Schwartz, zwischen Valtin Mahren onnd Enderß Ohrstadt gelegen, helt 1 Morgen. Item ein Acker, liegt itzo wüst, in [...], zwischen Endreß Schwartzen onnd ihrer Wießen gelegen, helt 1 ½ Morgen.

Hen Hack:
Item eß hat Hen Hack ein Koden gueth, darin gehört: Ein Hauß, Scheur onnd Hoiffreidt zwischen Lentz Haffermehl onnd Martin Grünwalt. Ein garthen off der Schwartz, zwischen Falcken Hanßen wießen onnd Endreß Mollern gelegen. Item ein Garthen offm Kleinfelt, zwischen Henn Lipperts Garthen onnd wießen beiderseits gelegen. Wießen: Ein Wieße im Diergartten, zwischen Hen Lippertten onnd Johanneß Eckharden gelegen. Item ein Wießen am Ziegengraben, zwischen Heintz Kreutzerß Wießen onnd dem Walt gelegen. Item ein Wieße off der Struitt, zwischen Diepel Petern onnd Johanneß Dierstadt gelegen. Ecker: Item ein Acker offm Diergartten, zwischen Martenn Grünwalt onnd Endreß Ohrstadt gelegen 2 Morgen. Item ein Acker offm Dümmel, zwischen Hermann Solms onnd Henn Rodt gelegen 1 Morgen. Item ein Acker off der Schwartz, zwischen Heintz Reichartten onnd off der Drift gelegen 1 Morgen. Item ein Acker daselbst onderm Wege, zwischen Heintz Reichartten onnd Endreß Mollern gelegen 1 Morgen. Item ein Acker vorm Dümmel, zwischen Cuntz Aueln onnd dem Walt gelegen, zu ½ Morgen.

Hen Seltzer:
Item eß hat Hen Seltzer ein Koden guetgen, darin gehört: Ein Behaußung, Scheur onnd Hoifreide off [...]. Item ein gartten am Odenhäußer Wege, zwischen Cuntz Wegefurth onnd Jung maur Johanneß gelegen. Wießen: Ein Wießen onderm Ohrberge, zwischen Heintz Reichartten onnd Peter Beckers Wittwe gelegen. Ein Wieße auch daselbst in der Struth, zwischen Henn ond Peter Beckern. Ein Wieße zu Eichenrodt, zwischen Hen Maren ond der Schnurers Wießen gelegen. Ecker: Item ein Acker offm Schneißberge, zwischen Hen Carreß onnd Michael Fischern gelegen, helt 2 ½ Morgen. Item ein Acker am Nodtstal, zwischen Johanneß Micheln onnd Henn Weitzeln gelegen, helt 1 ½ Morgen 1 Mesten. Item ein Acker an der Schwartz, zwischen Hermann Roeden Wießen onnd Johanneß Meurerß Wittwe Acker ge-

legen, helt 1 Morgen. Item ein Acker ober der Wißelbach, am Hirdtacker onnd Hen Lippert gelegen, helt 1 Morgen.

Hen Carreß:
Item es hat Hen Carreß ein Hoiffgueth, darin gehört: Ein Behaußung, Scheur onnd Hoiffreide. Ein Gartenn am Odenhäuser Berge, zwischen Heintz Dieffenbach onnd Henn Lipperten gelegen. Item ein Baumgartten bei der Kirchen. Wießen: Item ein Wieße in der Knechtbach, zwischen Henn Lippertt onnd Henn Petern gelegen. Item ein Wieße in der Leimelbach, zwischen Falck Hanßen onnd Ludewigk Kirchern gelegen. Item ein Wieße in der Struit, zwischen dem Eppergueth onnd dem Hegewalt gelegen. Item ein Wieße im Kielnnberge, zwischen der Munchwießen (?) onnd Stotz Henchen gelegen. Ecker: Item ein Acker in der Leimelbach, zwischen Churt Falcken beiderseits gelegen, 2 ½ Morgen. Item ein Acker daselbst, zwischen Heintz Reichartten beiderseits gelegen 2 ½ Morgen. Item ein Acker offm Schneißberge, zwischen Henn Selzern onnd Basten Henn gelegen, helt 4 Morgen. Item ein Acker am Odenhäußer Berge, zwischen Heintz Dieffenbach onnd seim eigen Acker gelegen 2 Morgen. Item ein Acker in der Knechtbach, zwischen Henn Lipperten ond Churt Greben gelegen 2 Morgen.

Heintz onnd Endreß Beckern:
Item eß haben Heintz onnd Endreß Becker ein Koden guethgen, darin gehört: Ein Hoiffreide daruff stehen, zwo Behausung onnd ein Scheuer. Ein garten hinden an der Scheuer, an Ludewigk Kircherß garthen stoßend. Wießen: Item ein Wieße beim Eichborn, zwischen Heintz Kreutzerß onnd Kircher Heintzen gelegenn. Item ein Wieße im Stotzgeß Grabenn, zwischen Heintz Kreutzer onnd dem Walt gelegen. Item ein Wieße in der Ohrbach, zwischen Endreß Beckern onnd Huener Jorgen gelegen. Item ein Wießen lappen bei der Altarwießen, zwischen Enderß Aulnerß onnd Hanß Micheln gelegen. Item ein Wieße im Waßerloch, allseits im Walt gelegen. Ecker:Item ein Stück Acker offm Udenhäußer Berge, zwischen Henn Lippert onnd Maur Johanneß Wittwe gelegen, helt 14 ½ Morgen. Item ein Acker bei der Leimkauten, zwischen Ruepel Weitzeln onnd Reitzen Marttin gelegen, helt 2 ½ Morgen. Item ein Acker an der Leimkautten, an Ruepel Waltern onnd dem Walt gelegen, helt 1 Morgen.

Hen Becker der Schmidt:
Item eß hat Hen Becker ein Kodengut, darin gehört: Ein Hoiffreidt, daruff stehet Hauß ond Scheur onnd ein Gaden beneben. Ein Schweinekoben. Ein Garten an der Scheuer gelegen. Ein Garten im großen Felt, zwischen Churt Flacken onnd Zimmer Johanneß widtfraw. Wießen: Item ein Wieße am Dorff, die Futterwieße genanndt, zwischen Scheffer Cuntzen onnd Henn Lipphardenn. Item ein Wieße, die Reitzenwieße, genanndt, zwischen Eckhard Waltern onnd Maur Johanneß Witwen gelegen. Item ein Wieße im Kohlstückenn, zwischen Maur Johanneß Wittwe onnd Henn Petern gelegen. Item ein Wieße hinderm Ohrberge, zwischen Hermann Dierstadt onnd Thomaß Hoiffmeiern gelegen. Item ein Wieße in der Leimelbach, zwischen Huener Jorgen onnd Ruepel Waltern gelegen. Item ein Wieße im Salnn grundt, zwischen Thomaß Hoiffmeiern onnd Naw reitzen gelegen. Item ein Wieße in der Leimelbach, zwischen Churth Falcken onnd Huener Jorgen gelegen. Ecker: Item ein Acker beim nunsteck, zwischen Hanß Falcken onnd Thomaß Hoiffmeiern gelegen, helt 1 ½ Morgen. Item ein Acker off der Spitzen, zwischen Churt Greben onnd Henn Petern gelegen, helt 2 Morgen. Item ein Acker vor den Bircken, zwischen Sching Hanß Wittwe onnd Henn Lippert gelegen, helt 2 Morgen. Item ein Acker in der Knechtbach gelegen, zwischen Hen Lippert onnd Endreß mollern gelegen, helt 3 Mesten.

Henn onnd Martenn Lippert, genannt der Peter:

Item eß haben Hen ond Marten Lipprt ein Halbenm Hoiff, darin gehört: Ein Hoiffreidt, daruff stehen ein Behaußusung, ein Scheuer ond Gaden. Ein gart., genanndt der Delgarten, zwischen Henn Lippert onnd der Drifft gelegen. Item ein Gärtlein off der Leimelbach, zwischen Valtin Mahr onnd Henn Lippert gelegen. Item ein garten am Kirchhoiff, an Henn Lippert gelegenn. Wießen: Ein Mahlwieße genanndt, onderm Dorff, zwischen Hermann Rodt onnd Lotz Kirchern gelegen. Ein Wieße in der Schwartz, zwischen Hermann Rodt onnd Thomaß Hoiffmeiern gelegen. Item ein Wieße, die onderst Knechtbach, zwischen Henn Hoiffmeiern onnd Henn Lippert gelegenn. Item ein Wieße in der Knechtbach, zwischen Henn Carreß onnd Henn Lippert gelegen. Item ein Wieße zu Obern Schwartz, zwischen Sching Hanß Wittwe onnd Maur Johanneß Wittwe gelegen. Item ein Wieße in den Kolstücken, zwischen Henn Beckern onnd Henn Lipperten gelegen. Item ein Wieße in der Ohrbach, zwischen Heintz Bindenwalt dem Jüngeren onnd Thomaß Hoiffmeiern gelegen. Item ein Wieße im Diergarten, zwischen Henn Lipperts beiderseits gelegen. Ecker: Ein Stück offm Odenhäußer Berge, zwischen Henn Lippert beiderseits gelegen, helt 2 Morgen. Item ein Acker daselbst, zwischen Henn Lipperten beiderseits gelegen, helt zu 3 Mesten groiß. Item ein Acker darüber, zwischen Henn Lipperten beiderseits gelegen, helt 2 Morgen. Item ein Acker im Kleinfeldt, zwischen Henn Lipperten onnd Heinbechers Hoiff 1 ½ Morgen groiß. Item ein Acker vor den Bircken, zwischen Henn Lipperten beiderseits gelegen 2 Morgen. Item ein Acker in der Knechtbach, zwischen Henn Lipperten onnd Endreß mollern gelegenn 1 Morgen. Item ein Acker in der Knechtbach, zwischen Henn Lipperten onnd Thomaß Hoiffmeiern gelegen 1 Morgen. Item ein Acker daselbst, zwischen Sching Hanß Wittwe onnd Henn Lipperten ½ Morgen. Item ein Acker daselbst, zwischen Henn Lippert ond Hen Beckern gelegen 1 Morgen. Item ein Acker in der Knechtbach, zwischen Hanß Bintzfort onnd Churt Greben gelegen 1 Morgen. Item ein Acker daselbsten, zwischen Henn Lippert ond Sching Hanß Wittwe gelegen ½ Morgen. Item ein Acker off der Lingelbacher Höhe, zwischen Eckhart Dieffenbach onnd Heinbechers Hoiff 1 ½ Morgen. Item ein Acker off der Holnn, zwischen Henn Lippert onnd Hermann Dierstadt gelegen 1 Morgen. Item ein Acker daselbst, zwischen Henn Weitzeln onnd Hen Lippert gelegen, zu 3 Mesten groiß. Item ein Acker in der Wißelbach, zwischen Henn Lippert onnd Hermann Beckern gelegen 2 Mesten groiß.

Hanß Falck:

Item eß hat Hanß Falck ein Hoiff, darin gehört: Ein Hoifreide, daruff stehet ein Behausung, Scheur onnd Schweinkoben. Ein Garten am Grebenauer Wege, zwischen Ruepel Weitz ond Hermann Beckers Acker gelegen. Wießen: Item eine Wieße an der Hoiffreide, dz Nunstück genannt, an Hermann Beckerß Hoiffreide onnd an dem Waßer graben. Item ein Wieße, genannt der Helgenacker, zwischen Hermann Rodten onnd Henn Weitzelß garten gelegen. Item ein Wieße bei der Leimelbach, zwischen Hermann Roedten onnd Henn Carres gelegen. Item eine Wieße in der Schwartz, zwischen Hermann Rodten onnd Churt [...] gelegen. Item ein Wießen Lappen, zwischen Thomaß Hoiffmeiern ond Naw Johanneß Wittwe gelegen. Item ein Wieße zu Eichenrodt, zwischen Heintz Reichardt onnd Pflaum Hanß Wießen zu Brauerschwein gelegen. Item ein Wieße in der Knechtbach, zwischen Heintz onnd Cuntz Falck zu Ellerßdorff gelegen. Item ein Wießen Leppgen daselbst, zwischen Heintz Pfoehlß Wießen gelegen. Item ein Wieße onderm Dorf, zwischen Heintz Pfoehls onnd Hermann Beckers Wießen gelegen. Acker: Ein Stück Acker am Nunstück, zwischen Schmidt Hermann onnd Henn Beckers Acker gelegen, helt 14 Morgen. Ein Stück Ackers offm Birckenfeld, zwischen dem Pfarrstück ond

Hermann Dierstadt gelegen, helt 10 Morgen. Ein Stück Ackers im Onderfelt, zwischen Enderß onnd Hermann Beckern gelegen,helt 12 Morgen.

Henn Lippert der Elter:

Item eß hat Lippert ein halben Hoif, darin gehört: Ein Hoiffreidt, daruff stehet ein Behausung onnd ein Scheuer sampt ein Gaden onnd Schweinkoben. Ein Garten in der Del, zwischen Fedder Hanßen Wittwe onnd Henn Hacken gelegen. Wießen: Ein Wieße in der Schwartz, zwischen Churt Grebenn onnd Thomaß Hoiffmeiern gelegen. Eine Wieße im Diergartenn, zwischen Martenn Petern onnd Maur Johanneß Wittwe. Eine Wieße daselbst, zwischen Martinn Petern onnd Henn Hacken gelegen. Ein Wieße in Kolstücken, zwischen Hen Petern onnd Cuntz Aueln. Ein Wieße in der Struit, zwischen Zimmer Hanß Wittwe onnd den Holn gelegen. Ein Wieße in der Knechtbach, zwischen Hen Carreß onnd Hen Petern gelegen. Ein Wieße daselbst, zwischen Martinn Petern onnd Hen Carreß gelegen. Ein Wieße in der Weiselbach, zwischen Hen Weitzeln onnd Heintz Pfoeln. Ein Wieße in der Escherbach, zwischen Eckhart Dieffenbach ond der Grebenauer Wieße gelegen. Eckern: Ein Acker offm Odenhäußer Berge, zwischen Hen Beckern onnd Mauerß Wittwe gelegen 2 Morgen. Item ein Acker daselbst, zwischen Maur Johanneß Wittwen onnd Henn Petern gelegen 3 Morgen. Item noch ein Acker daselbst, zwischen Henn Beckern onnd Maur Johanneß Wittwe gelegen 1 Morgen. Item noch ein Acker daselbst, zwischen Henn Petern onnd Maur Johanneß Wittwe gelegen 1 Morgen. Item ein Acker im Rabengrabenn, zwischen Hermann Dierstadt onnd Heintz Pfoeln gelegen 2 Morgen. Item ein Acker vorn Bircken, zwischen Henn Petern onnd Heintz Kreutzern gelegen 1 Morgen. Item ein Acker daselbst, zwischen Reitzen Martinn onnd Henn Beckernn gelegen 1 Morgen. Item ein Acker in der Wißenbach, zwischen Eckhart Dieffenbach onnd Henn Petern gelegen, zu 1 ½ mesten Groß. Item ein Acker im Kleinfelt, zwischen Hermann Rodten onnd Peter Beckerß Wittwe gelegen 2 Morgen. Item ein Acker im Großen Felt, zwischen Heintz Pfoeln onnd Martin Petern gelegen 1 Morgen. Item ein Acker im Kleinfelt, zwischen Valtin Mahren onnd Eisern Heintzen gelegen ½ Morgen. Item ein Acker, der Heidenacker, zwischen Valtin onnd Martin Petern gelegen 2 Morgen 1 Viertel. Item ein Acker im Graben in der Knechtbach, zwischen Heintz Hoiffmeiern ond Eckhart Dieffenbach gelegen 1 Morgen. Item ein Acker in der Knechtbach, zwischen Hermann Rodt onnd Martinn Peters gelegen 3 ½ Morgen. Item ein Acker, oberm Hundtsacker, zwischen Martin Petern onnd Henn Maurn gelegen 2 ½ Morgen. Item ein Acker in der Knechtbach, zwischen Endreß Mollern onnd Hen carreß gelegen 2 Morgen. Item ein Acker daselbsten, an seiner eigenen Wießen onnd Hen Beckern gelegen ½ Morgen. Item ein Acker in der Winterleiden, zwischen Curt Scheffern onnd Thomaß Hoiffmeiern, zu 3 Mesten groß.

Heintz Blum der Möller:

Es hat Heintz Blum ein Mohlnn, dartzu gehören nachuolgende Guetern: Ein Behausung ond Scheur. Ein Gartenn obig dem Mohlen graben. Wießen: Ein Wieße onder dem Mohlnn graben, zwischen Valtin Bindenwalt gelegen. Item ein Wieße onder dem Haußе, zwischen Eckhartt Dieffenbach onnd dem Hauße. Eckern: Ein Ackerlein beim Möhlnn Grabenn, zwischen Eckhartt Waltern onnd Hanß Bintzfort gelegen 2 ½ Morgen. Ein Acker darüber, zwischen Hanß Bintzfort ond dem Windthain 2 ½ Morgen. Ein Acker offm Windthain, an der Grebenauer Straßen onnd dem Hegestrauch 2 ½ Morgen. Item noch ein Stück Ackers offm Windthain am Holtz 2 Morgen.

Heintz Bindenwalt der Alter:

Item es hat Heintz Bintenwalt ein Koden guetgen, darin gehört: Ein Haußs. Ein Acker offm Odenhäußer Berge, zwischen Michel Fischern onnd Henn Beckern gelegen 2 Morgen. Ein Acker in der Escherbach, zwischen Churt Grebenn ond Ludewigk Kirchern gelegen 1 Morgen.

Hen Roidt:

Item eß hat Hen Roidt ein Koden guetgen, darin gehört: Ein Behaußung onnd Scheur beieinander. Ein Garten off der Schwartz, zwischen Heintz Reicharts Acker onnd Johann Schmits Gartten. Wießen: Ein Wieße am Ohrberge, zwischen dem Walt onnd Jung Cuntz Binntenwalt. Ecker: Ein Acker im Kleinfelt, zwischen Churt Falcken onnd Lentz Haffermehl gelegen 1 ½ Morgen ¼. Ein Acker vorm Dommel, zwischen Hermann Solmeß onnd Heintz Reichartt gelegen 2 Morgen ¼. Ein Acker im Erlenn grabenn, zwischen Scheffer Cuntzen onnd Valtin Bindenwalt 1 Morge ½. Ein Acker off den Binackern, zwischen Valtin Mahrn onnd Endreß Eckhart gelegen ½ Morgen ¼. Ein Acker an der Leimelbach, zwischen Martin Grünwalt onnd Endreß Mollern ½ Morgen ½.

Heintz Kehr:

Es hat Heintz Kehr ein Koden guetgen, darin gehört: Ein Hauß ond ein Scheur. Ein gartten offm Kleinfelt, an Heintz Reichartts garten off der Schwartz. Ein garten off der Schwartz, zwischen Peter Kalbfleisch onnd Johann Schmidt. Wießen: Ein Wieße im Dümmel, zwischen Hen Weitzeln onnd Eißern Heintzen gelegenn. Ein Wieße in der Leimelbach, zwischen Dol Falcken onnd Johanneß Orstatten gelegen. Ecker: Ein Acker im Kleinfelt, zwischen Eckhart Dieffenbach onnd Heimbecher Hoiff gelegen 1 Morgen. Ein Acker off der Lingelbacher Höhe, zwischen dem Jung Heintz Bintenwalt onnd Heintz Pfoeln ½ Morgen ¼. Ein Acker im Diergarten, zwischen Heintz Reichard onnd Heintz Bintenwalt gelegenn ½ Morgen ¼ Morgen.

Heintz Bintenwalt der Junger:

Item es hat Heintz Bintenwalt der Junger ein Koden guetgen, darin gehört: Ein Haus ond Scheuer daran. Ein gartten off der Lingelbachischen Höhe, zwischen Endreß Schwartz onnd Bernhart Bintzfort gelegen. Wießen: Ein Wieße in der Ohrbach, zwischen Hen Petern onnd Henn roidt gelegen. Ein Wieße im Kielenberge, zwischen Reitzen Marttenn onnd dem Walt gelegen. Eckern: Ein Acker off der Lingelbachischen Höhe, zwischen Heintz Ker onnd Zimmer Johanneß Wittwe 1 Morgen. Ein Acker im Diergarten, zwischen Churt Falcken onnd Heintz Reichartenn gelegen 2 Morgen. Ein Driesch offm Diergarten, zwischen Heintz Kerrn onnd Huener Jorgen gelegen 1 Morgen. Ein Acker in der Escherbach, zwischen Churt Falcken onnd Ruepel Weitzeln gelegen ½ Morgen.

Herman Solmuß:

Item eß hat Herman Solmuß ein Koden guetgen, darin gehört: Ein Haus onnd Scheurenn. Wießen: Ein Wieße in der Struit, zwischen Endres Mollern onnd Valtin marn gelegen. Ein Wieße am Kilnbergk, zwischen Johanneß Micheln onnd Huener Jorgen. Eckern: Ein Acker vorm Dümmel, zwischen Henn Carres onnd Churt Falcken gelegen 1 ½ Morgen. Ein Acker off der Schwartz, zwischen Heintz Reicharten onnd Hen Haken gelegen 1 Morgen.

Hermann onnd Peter Becker:

Item es haben Hermann onnd Peter Becker einen gantzen Hoiff, darin gehören nachuolgende Güter: Hauptlichen ein Hoiffreide, daruff stehet ein Haus, ein Scheuer onnd ein gadenn. Ein Baumgarten hinter der Scheuer. Ein Krautgarten am Molen rain an des Pfarrherß Garten gelegen. Wießen: Ein Wießen, die Mohlen wieße genannt, zwischen des Pfarrherß onnd Falck Hanßen Wieße gelegen. Ein Wieße in der Leimelbach, zwischen Ludewigk Kircher onnd Churt Falcken gelegen. Ein Wieße beim Eichborn, zwischen der kleinen Struit onnd der großen Struit gelegen. Ein Wieße in dem Biegen, zwischen Heintz Kreutzern onnd Fedder Hanßen Wittwe gelegen. Ecker: Der Köhler Acker, zwischen Heintz Dieffenbach onnd Michel Fischern gelegen 5 Morgen. Der Delacker, zwischen Ludew. Kirchern onnd Ruepel Waltern gelegen 3 Morgen. Der Aspen Acker, zwischen Hermann Roidt onnd Hannß Falcken gelegen 3 Morgen. Der Rain Acker, zwischen Hermann Rodt onnd Heintz Dieffenbach gelegen, zu 3 mesten groß. Der Hoelnn Acker, zwischen Churt Falcken onnd Heintz Pfoelnn gelegen 2 Morgen. Der Birckenacker, zwischen Kreutzer Heintzen onnd Hermann Dierstadt gelegen 2 Morgen. Der Weiselbachsacker, zwischen dem Hirttacker onnd Henn Lipperten gelegen 2 Morgen. Im großen Felt, zwischen dem Hirtacker onnd Hermann Rodten gelegen 5 Morgen.

Hen Mahr:

Item es hat Hen Mar ein Koden guetgen, dartzu gehört: Ein Haus, ein Garten, ein Schweinekoben. Ein garten im großen Felde, zwischen Hen Wenntzeln ond Valtin Bintenwalt. Ein garten in der Weiselbach, zwischen Heintz eisern onnd Lotz Orstadt gelegen. Wießen: Ein Wieße beim Eichborn, zwischen Churt Grebenn onnd Heintz Kreutzern gelegen. Eine Wieße zu Eichenrodt, zwischen Hanß Falcken ond Pflaumen Hen (zu Brauerschwein) gelegen. Ein Wieße daselbst, zwischen Hanß Falcken onnd Plauer Hermann gelegen. Eine Wieße im Ziegengraben, zwischen Heintz Kreutzern onnd Schingbreis Wittwe gelegen. Eine Wieße im Sal grundt, zwischen Ludewigk Kirchern onnd Churt Grebenn gelegen. Ecker: Ein Acker im Notstall, an Maur Johannes Wittwe onnd Gotschalck Reichartenn gelegen 2 ½ Morgen. Ein Acker im großen Felt, zwischen Heintz Kreutzern onnd dem Pfarracker gelegen 2 Morgen. Ein Acker in der Knechtbach, zwischen Eckhart Dieffenbach onnd Hermann roidt gelegen ½ Morgen. Ein Acker daselbsten, zwischen Sching Hanß Wittwe onnd Henn Lippert gelegen 1 ½ Morgen. Item ein Acker beim Hadderacker, zwischen Heintz Kreutzern onnd eißern Heintzen gelegen 2 Morgen. Item ein Acker offm Erlenn grabenn, zwischen Valtin Bintenwalt onnd Hermann rodt gelegen 2 Morgen. Item ein Acker off der Schwartz, zwischen Hermann Roidten beiderseits gelegen 2 ½ Morgen. Item der Heidtacker an seim Garten gelegen ½ Morgen.

Heintz Eisern:

Item eß hat Heintz Eisern ein Koden guetgen, darin gehört: Ein Hauß ond Scheuer aneinander. Ein gart. hinderm Hauß, zwischen Henn Liperten beiderseits. Wießen: Ein Wieße offm hohen Kol haus, obig der Lipertswiesen gelegen. Ein Wieße in der Ohrbach, zwischen Huener Jorgen onnd Cloiß Koelern von Reinrod. Ecker: Ein Acker im Kleinfelt, zwischen Enderß Orstadt onnd Heintzen Pfoeln gelegen 1 ½ Morgen. Ein Acker offm Kleinfelt, zwischen Heintz Pfoeln ond Adam Dierstadtgelegen, zu 7 mesten groß. Ein Acker off der Leimelbacher Leiden, zwischen Endreß Orstadt ond der Drifft gelegen 1 ½ Morgen. Ein Acker, der Biegenacker, zwischen Fedder Hanßen Wittwe onnd der Drifft 1 ½ Morgen. Ein Acker vorn Bircken, zwischen Bernhart Bintzfort onnd Hen Marhen 1 Morgen ¼.

Heintz Dieffenbach:

Item eß hat Heintz Dieffenbach ein Koden gut, darin gehört: Ein Haus onnd Scheuer aneinander. Ein Gart. am Haus, zwischen Michel Fischern onnd Martin Reitzen gelegen. Ein gartten am alten Wege, zwischen Hermann Beckern ond dem Wegk gelegen. Wießen: Ein Wiese am Kilnberge, zwischen dem Kilnberge onnd Heimbechers Wiese gelegen. Ein Wiese zu obern Schwartz, zwischen Schinghens Wittwe ond Valtin Marn gelegen. Eckern: Ein Acker am Odenhäußer Berge, zwischen Becker Hermanns onnd Hen Carress 1 Morgen. Item eß hat bemelter Heintz Dieffenbach ein Wiese nicht in das Gut gehörigk offm Wolffs nacken, allerseits im Walt gelegen.

Heintz Kreutzer:

Item eß hat Heintz Kreutzer ein Koden guethgen, darin gehört: Ein Behausung onnd Scheur aneinander. Ein Gart. am Hause gelegen. Ein klein Baumgartgen vorm Hause. Ein gartten off der Wiesenbach, zwischen Hen Mahrn ond seim eigenen Acker. Wießen:Ein Wiese beim Eichborn, zwischen Hen Marn ond Endreß Beckern gelegen. Ein Wiese zu Eichenrodt, zwischen Henn Hoiffmeiern ond Heintz Binttenwalt. Ein Wiese im Ziegengraben, zwischen Hen mahrn ond Hen Hacken gelegen. Ein Wiese am Rotzenberg, zwischen Bernhart Bintzfort onnd der Drifft gelegen. Ein Wiese im Biegen, zwischen Fedder Hanßen Wittwe ond Peter Beckers Wittwe. Ecker: Ein Acker an Bircken, zwischen Bernhart Bintzfort ond der Opperfrawen ½ Morgen. Ein Acker daselbst, zwischen Hermann Dierstadt ond Bernhart Bintzfort gelegen 4 ½ Morgen. Ein Acker vorn Bircken, zwischen Hermann Dierstadt ond Bernhart Bintzfort gelegen 10 Morgen. Der Hadder Acker, zwischen Hermann Roidt ond Hen Mahrn gelegen 2 ½ Morgen. Item ein Acker an der Wisselbach, neben seim Krautgarten gelegen 2 ½ Morgen.

Huener Jorge:

Item es hat Huener Jorge ein Koden guetgen, darin gehört: Ein Haus ond Scheuer beieinander. Ein garten off der Leimelbach ond Hermann Roidts Wiese gelegen. Ein gartten auch daselbst off Hermann Roidts Wiese. Wiesen: Ein Wiese bei der Hartmohle, zwischen Johannes Micheln ond Heintz Kirchern von Iff gelegen. Ein Wiese in der Ohr Wiesen, zwischen Hen Beckern ond Heintz Eisern gelegen. Ecker: Ein Acker off der Leimelbach, zwischen Hermann Rodt ond Endreß Ohrstadt gelegen 1 Morgen. Ein Acker off der Schwartz, an seim Krautgarten ond Lentz Haffermehl gelegen ½ Morgen. Ein Acker off der Schwartz, zwischen Heintz ond Cuntz Lippert gelegen ½ Morgen. Ein Acker offm Diergarten, zwischen Martinn Grünwalt onnd Ludwig Kirchern gelegen 2 Morgen. Ein Acker auch daselbst, zwischen Martinn Grünwalt onnd Scheffer Cuntzen gelegen 3 Morgen. Ein Acker an der Winterleithen, zwischen Maur Johannes Wittwe ond Huener Heintzen ½ Morgen. Item es hat gemelter Huener Jorge ein Wiese in der Understen Leimelbach, zwischen Hen Hebeln ond Lentz Habermehl. Item ein Wiesen Lappen daselbsten, zwischen Hen Beckern ond Fedder Hanßen Wittwe gelegen. Item ein Wiese off der Strut, zwischen Endreß Mollern ond Diepel Peters Wittwe gelegen.

Hermann Roidt:

Item es hat Hermann Roidt einen Hoiffgut, darin gehört: Ein Haus onnd Scheuer beieinander, onnd ein Gaden. Ein gartenn am Haus gelegen. Wießen: Ein Wieße onder dem Dorff, die Mühlwiese genannt, zwischen der Pfarrwießen onnd Martin Peters. Ein Wieße, genannt die fueter, zwischen der Hirtt wießen onnd Thomaß Hoiffmeiern gelegenn. Ein Wieße in der

Schwartz, zwischen der Hirdtwießen onnd Hanß Falcken gelegen. Ein Wieße oben in der Schwartz, zwischen Henn Petern onnd Falcken Hanßenn. Ein Wieße in der Oberst Leimelbach, zwischen Churt Grebenn onnd Hanß Falcken. Ein Wieße in der Leimelbach, zwischen Churt Grebenn onnd Cuntz Lipperten. Ein Wieße in der Leimelbach, zwischen der Pfarrwießen onnd Hen Weitzeln. Ecker: Ein Acker im Unterfelt, zwischen dem Pfarracker onnd Enders Beckern gelegen 1 ½ Morgen. Ein Acker daselbsten, zwischen Hanß Falcken onnd Hermann Beckern gelegen 5 Morgen. Ein Acker off der Lingelbacher Höhe, zwischen Churt Falcken onnd dem Wege 5 Morgen. Ein Acker vor den Bircken, zwischen Hanß Falcken onnd Enderß Beckern gelegen 5 Morgen. Ein Acker im großen Felt, zwischen Henn Mahr onnd Endreß Beckern gelegen 1 ½ Morgen. Ein Acker in der Weiselbach, zwischen den Hoiffmeiern onnd Henn Lippert gelegen 2 Morgen. Ein Acker ober dem großen Felt, zwischen Heintz Kreutzern beiderseits onnd dem Wege 3 Morgen. Ein Acker offm Kleinfelt, zwischen Huener Jorgen onnd Churt Falcken gelegen 2 ½ Morgen. Ein Acker off der Leimelbach, zwischen seiner Wießen onnd Peter Kalbfleisch 1 Morgen. Ein Acker off der Schwartz, zwischen Heintz Reichardt onnd Henn Mar gelegen 2 ½ Morgen. Ein Acker off der Schwartz, zwischen Hen Mahr ond Lotz Kirchern gelegen 1 Morgen.

Henn Wentzel:
Item es hat Hen Wentzeln ein halben Hof, darin gehört: Ein Hauß onnd Scheur. Ein Gartten hinderm Kirchoff, zwischen Henn Carres onnd Heintz Eisern gelegen. Ein Garten noch daselbst, zwischen Henn Mahr ond Henn Lipperts Wießen. Wießen: Ein Wieße hinderm Windthain, zwischen Zimmer (?) Moller onnd Henn Lippert gelegen. Ein Wieße daselbst, zwischen Cuntz Lippert onnd Heintz Roede. Eine Wieße in der Knechtbach, zwischen Valtin Bindewalt onnd Heintz Dieffenbach. Eine Wieße in der Weiselbach, zwischen Hermann Roeden ond der Pfarrwießen. Eine Wieße off dem Dümmel, zwischen Heintz Kirchern ond Cuntz Geißenn gelegen. Eine Wieße in dem Weßen Lappen, zwischen Meuerß Wittwe ond Hanß Liphart. Eine Wieße daselbst, zwischen Cuntz Reichartt onnd Cuntz Lippert. Ackern: Ein Acker, der Schwartzacker, zwischen Cuntz Lippert ond Scheffer Cuntzen garten gelegen 3 Morgen. Der Heidtacker, zwischen Henn Marß garten onnd Hen Petern gelegen 1 Morgen. Ein Acker an der Knechtbach, zwischen Ruepel Waltern onnd Valtin Bindewalt 7 Morgen. Ein Acker offm Weßel Reihnn, zwischen Cuntz Lipperten onnd Ludewig Kirchern gelegen 1 ¼ Morgen. Ein Acker offm Schneißberge, zwischen Henn Carres ond Cuntz Lipperten gelegen 1 ¼ Morgen.

Huener Heintz:
Item es haben Huener Heintz ond Zimmer Hen ein guetgen, darin gehört: Ein Haus zwischen Endreß Geißen ond Cuntz Wagener. Ein Garten off der Leimelbach an Hermann Roidts Wießen gelegen. Item ein Acker am Erlen Grabenn, zwischen Heintz Roidt ond Heintz Reichartt, zu 3 mesten groß. Item ein Acker im Diergarten, zwischen Henn Liphardt ond Endreß Müllern 1 Morgen. Item ein Acker an der Winterleiden, zwischen Endreß Mollerß ond Johannes Micheln 1 Morgen.

Henn Zimmer:
Item eß hat Henn Zimmer ein guetgen, darin gehört: Ein Hauß. Ein Garten an der Winter leiden, zwischen Hermann Roidten Wießen ond Endreß Geißen garten gelegen. Ein Acker in der Spechtbach, zwischen Valtin Bindenwalt ond Ruepel Waltern gelegen 2 Morgen.

Johannes Schmidt:
Item eß hat Johann Schmidt ein Koden guetgen, darin gehört: Ein Heußlein. Ein Gartenn off der Schwartz, zwischen Heintz Khir ond Hen Rodt. Ein Wieße offm Bastwalt, an der Hohln onder dem Waltgraben. Ein Acker an der Leimelbach, zwischen Becker Hermanns Wießen ond Lentz Haffermehl gelegen 2 Morgen. Ein Acker vorm Dümmel, zwischen Lotz Dierstadt onnd Dol Falcken 1 Morgen.

Johannes Orstadt:
Item eß hat Johanneß Orstadt ein Koden gütgen, darin gehört: Ein Haus ond ein Scheur. Ein Baumgarten dahinter gelegen. Ein Krautgarten am Schneißberge, zwischen Johanneß Micheln ond Cuntz Lippert. Wießen: Eine Wieße am Ohrbergk, allerseits im Walt gelegen. Eine Wieße zu Obern Schwartz, zwischen Cuntz Greben ond Eckhart Waltern gelegen. Item eß hat Johanneß Orstadt eine besondere Wieße, so nicht in das Gut gehörigk, off d. Strut zwischen Endreß Schwartz ond Huener Heintzen gelegen. Ecker: Ein Acker im Notstal, zwischen Ruepel Weitzeln ond Hen Maurn gelegen 2 Morgen. Ein Acker bei der Leimenkauten, zwischen Ludewigk Kirchern onnd Hen Beckern gelegen 1 Morgen. Ein Acker am Schneißberge, zwischen Peter Franck ond Heintz Reichart gelegen 2 Morgen. Ein Acker daselbst, zwischen Gotschalck Reichartt onn Ruepel Weitzeln gelegen 3 Morgen. Ein Driesch offm Diergarten, zwischen Endreß Beckern ond dem Walt gelegen 1 Morgen.

Johanneß Maur der Elter:
Item es hat Johanneß Maur der Elter ein Koden gütgen, darin gehört: Ein Haus ond Scheur, liegt beieinander, sampt ein Gaden. Ein Gartenn an der Hoffreidt gelegen. Ein Garten am Schneißberge gelegen, Zwischen Ludewigk Kirchern ond Johanneß Micheln gelegen, ist noch ein Stück Ackers daran, helt zusammen 1 Morgen. Wießenn: Eine Wieße gelegen im Wesselappen, zwischen Hanß Falckenn ond Henn Weitzeln. Eine Wieße im Diergarten, zwischen Henn Lipperten beiderseits gelegen. Eine Wieße zu Obern Schwartz, die Bornwieße, Zwischen Ludewigk Kirchern ond Gotschalck Reicharten gelegen. Eine Wieße im Keitzengrundt, zwischen Hen Petern ond dem Walt am Weberßberge gelegen. Eine Wieße, die Steinwieße genandt, Zwischen Ludwigk Kirchern ond Hen Lippert gelegen. Ecker: Ein Stück Ackers offm Schneißberge, zwischen Johanneß Micheln ond Churt greben gelegen 6 Morgen. Ein Acker an der Winterleithen, zwischen Ludewig Kirchern ond Endreß Mauern gelegen 1 Morgen. Ein Acker daselbst, zwischen Gotschalck Reichart ond Ludewig Kirchern gelegen 3 ½ mesten. Ein Acker im Notstal, zwischen Ludewig Kirchern ond Hen Maurnn gelegen 2 Morgen. Ein Acker am Weimherwege (?), zwischen Ludewig Kirchern ond Hermann Beckern gelegen 1 Morgen ¼. Ein Acker off der triefft ond Ludewig Kirchern gelegen 2 Morgen ¼. Ein Acker offm Odenhäußer Berge, zwischen Hen Lipperten ond Ludewig Kirchern gelegen 2 Morgen. Ein Acker auch daselbst, zwischen Hen Lipharten ond Ludewig Kirchern gelegen ½, ¼.

Johanneß Meurer der elter sampt seinen Ganerben:
Item eß hat Johanneß Meurer der alt nachuolgende Wießen, so nicht ins gut gehörigk ond besonders Zinß geben, erstlichen: Eine Wieß, die Heinckelswieße genannt, zwischen dem Webersacker ond Ohrberg gelegen. Item eß hat Johanneß Meurer noch ein Wieße zu Obern Schwartz im Reitzenloch, so er omb Merlaw erkauft, zwischen Heintz Hecken onnd Henn Beckern gelegen.

Johanneß Meurer der Jünger modo Johannes Schmidt ond Lentz Meurer:
Item eß hat Johanneß Meurer ein Koden gütgen, darin gehört: Ein Hauß ond Scheur beieinander gelegen. Ein Scheur an der Hoffreide gelegen. Wießen: Ein Hudtweid off der Struit, zwischen der Opperwiesen ond Ludewig Kirchern gelegen. Eine Wieße hinden off der Struit, zwischen Hen Seltzern ond dem Walt gelegen. Ecker: Ein Acker off der Escherbach, zwischen Hen Liphard ond Eckhert Dieffenbach gelegen, zu 3 ½ mesten. Ein Acker an der winter Leithen, zwischen Endreß Mollern ond Cuntz Aueln gelegen ½ ¼ Morgen. Ein Acker offm Windthain, zwischen Ruepel Weitzeln ond der Drift (?) gelegen 1 Morgen. Ein Acker daselbst, zwischen Eckhart Schuch ond Cuntz Webern gelegen ½ ¼ Morgen. Ein Acker am Reinrödter Pfadt, zwischen Hen Beckern ond dem Pfadt gelegen ¼ ½ Morgen.

Lentz Hebbermehl:
Item eß hat Lentz Haffermehl ein Koden gütgen, darin gehört: Ein Haus ond Scheuer. Ein Garten offm nunstück, zwischen Hanß Falcken ond Hermann Roidt gelegen. Ein Garten off der Schwartz, zwischen Scheffer Cuntzen ond Paul Lein gelegen. Wießen: Nichts. Ecker: Ein Acker off derLeimelbach, zwischen Hen Liphart ond Huener Jorgen gelegen 1 Morgen. Ein Acker in der Knechtbach, zwischen Hen Weitzelnn beiderseits gelegen 1 Morgen.

Lotz Dierstadt:
Item eß hat Lotz Dierstadt ein Koden gütgen, darin gahört: Ein Haus ond Scheur beieinander. Ein Garten hinderm Hauß, zwischen Hack ond Endreß Dierstadt gelegen. Wießenn: Eine Wieße in der Leimelbach, zwischen Hen Becker ond Heintz Reichart gelegen. Ecker: Ein Acker off der Leimelbach, zwischen Johanneß Schmit ond dem Holz gelegen 1 Morgen ¼. Ein Acker vorm Dümmel, zwischen Heintz Pfoeln ond Heintz Kirn gelegen 1 ½ Morgen. Item eß hat Lotz Dierstadt noch ein wieße, so nicht in daß Gut gehörigk. Daruon gibt er beßondere Zinße. In der Struit ond Leimelbach gelegen, zwischen Weck Henn ond Ruepel Waltern ond Dol Falck ond Huener Jorgen gelegen.

Ludewigk Kircher:
Item es hat Ludewig Kircher ein Koden gütgen, darin gehört: Ein Hauß, Scheuer onnd Gaden. Item noch ein Hauß. Ein Gart. im nodtstal, zwischen Scheffer Cuntzen ond Johannes Eckhart gelegen. Ein Garten offm schneißberge, zwischen Hen Seltzers Acker ond Nauw Johannes Witwe Garten gelegen. Ein Garten an der Drifft gelegen, zwischen Hen Beckern ond der Drifft gelegen. Wießenn: Ein Wieße in Sahlen, die Boeden wieße genandt, zwischen Hanß Lippertenn ond Gotschalck reichart gelegen. Eine wieße daselbst, die Stein wieße genandt, zwischen Hen Lippart ond Maur Johanneß Witwe. Ein Wieße zu Obern schwartz, auch daselbst, zwischen Martin Peterß ond dem weberß berge gelegen. Ein wiese in der Leimelbach, zwischen Hen Cargeß ond Hermann beckern gelegen. Ein wieße im Sahlen grunde, zwischen der opper wießenn ond Churt greben gelegen. Ein wieße zu Jchenrodt, zwischen dem falcken ond Eitel voigtenn gelegen. Ein wieße beim eichborn, zwischen Peter franck ond Martein Grunwalt gelegen. Ein wieße obig dem Reinröder wege, zwischen Hen werners (?) ond Endreß Beckers wießen gelegen. Ecker: Ein Acker am Diergarten, zwischen Huener Jorgen ond Henn weitzeln gelegen 6 Morgen. Ein Acker im Nodtstal, zwischen Maur Johanneß Wittwe ond der Drifft gelegen 3 Morgen. Item ein Acker am Odenhäußer Berge, zwischen Hermann Becker ond Maur Johanneß Wittwe 4 Morgen. Item ein Acker daselbst, zwischen Hen Liphart ond dem wege gelegen 4 Morgen. Ein Acker in der Escherbach, zwischen Valten Bintenwalt ond

dem Walt gelegen, 2 Morgen. Ein Acker im Nodtstal, zwischen Herman Schmitt ond Maur Johannes Wittwe gelegen 2 Morgen. Ein Acker offm Schneißberge, zwischen Endreß Mollern ond Eckhart Dieffenbach gelegen 1 Morgen. Ein Acker off der Winter Leithen, zwischen Hen Seltzern onnd Johanneß Meurers Wittwe gelegen 1 Morgen. Ein Acker hinden an der Winter Leithen, zwischen Peter Francken ond Meur Johanneß Wittwe 1 Morgen. Ein Acker bei der Waßer Kautten, zwischen Ruepel Weitz ond Johanneß Eckhart gelegen 6 Morgen (?). Item eß hat gemelter Ludewig Kircher zwenn Wießenlappen, dero einer ann der Scheibelwießenn ond der ander bei der altar Wießenn gelegen, so nit inß gut gehört.

Michel Fischer:
Item eß hat Michel Fischer ein Kodengütgen, darin gehört: Ein Hauß ond Scheur beisammen. Ein garten an der Hoffreide gelegen. Ein Garten obig der Behausung gelegen, zwische Hen Baurnn ond seiner Hoffreidt. Wießen: Ein Wieße zu Obern Schwartz, zwischen Heintz Dieffenbach ond Eckhart Schuchen gelegen. Ecker: Ein Acker onderm Windthain, zwischen Valtin Bintenwalt ond Hermann Beckern 2 Morgen. Ein Acker offm Schneisberge, zwischen Eckhart Dieffenbach ond Ludewig Kirchern 2 Morgen. Ein Acker offm Diergarten, zwischen Dol Falcken ond Heintz Reicharten gelegen 2 Morgen.

Martin Reitz:
Item eß hat Martin Reitz ein Koden gütgen, darin gehört: Ein Hauß, ein Garten daran. Wießen: Ein Wieße off der Struit, zwischen Hen Baurn ond Jung Maur Johanneß gelegen. Ein Wieße im Kilberg graben, zwischen deß Heimbechers Hoiffs wießen ond dem Walt gelegen. Ein wieße offm Wolffsnacken, zwischen Michel Fischern on der Drifft gelegen. Ecker: Ein Acker off der Leimenkautenn, zwischen Hen Beckern ond der Drifft gelegen 1 Morgen. Ein Acker im großen Felt, zwischen Hen Lippardt ond den Hoiffmeiern gelegen 1 Morgen. Ein Acker in der Knechtbach, zwischen den Hoiffmeiern ond Heimbechers Wittwe gelegen 1 Morgen. Ein Akker im Kleinfelt, zwischen dem Hirdtacker ond Hermann Rodt gelegen ½ Morgen. Ein Acker in der Knechtbach, zwischen Sching Hanß Wittwe ond Hen Marn gelegen ½ Morgen. Ein Acker off der Sommerseiten, zwischen Bernhart Bintzfort ond Hen Carreß ½ Morgen. Ein Acker am Pfeiffers Graben, zwischen Carreß, Schmit Henn ond Mar Heintz Wittwe gelegen 1 Morgen. Item hat zwen wießen Lappen ihm Kielberg, dero eine im graben, zwischen seiner vorbemelten Wießen ond dem graben gelegen ist, der ander auch daselbsten, an Joist Scheffern ond Weck Hans Wieße gelegen. Item drei Ecker, dero einer am Lingelbacher Wege, zwischen Eckhart Dieffenbach ond Heimbecher Hoiff gelegn, helt 1 Morgen. Item ein Acker darunter, zwischen Eckhart Dieffenbach ond Heinbechers Hoiff gelegen 1 Morgen Item der Drit daselbsten, oben ond onden an Eckhart Dieffenbach gelegen 1 Morgen.

Merten Grünwalt:
Item eß hat Marten Grünwalt ein Koden gut, darin gehört: Ein Hauß, Scheur onnd Schweinekoben, ond Garten daran. Ein Garten off der Leimelbach, zwischen Hermann Roidt ond Huener Jorgen gelegen. Wießen: Ein Wieße beim Eichborn, zwischen Bernhart Bintzfort ond Ludewig Kirchern gelegen. Ein Wieße am Kalkberge inn Sahlen, zwischen Ludewig Kirchern ond Johanneß Micheln gelegen. Ecker: Ein Stück Ackerß offm Diergarten, zwischen Endreß Beckern ond Huener Jorgenn 6 Morgen. Ein Stück Ackerß darunter, zwischen Hen Hacken ond Huener Jorgen gelegen, 2 Morgen. Ein Acker off der Leimelbach, zwischen Hen Roidt ond seinem eigen Garten gelegen ½ Morgen. Ein Acker vorm Dümmel, zwischen Heintz Reichardt ond seim eigen Garten gelegen 3 Morgen.

Peter Franck:
Item eß hat Peter Franck ein Koden gutgen, darin gehört: Ein Heußchgen. Ein Garthgen daran. Ein Garten im Kleinfelt, zwischen Cuntz Aueln ond seim eigen Acker. Wießen: Ein Wieße beim Eichborn, zwischen Ludewig Kirchern ond Churt Greben gelegen. Ein Wieße in der Schwartz, zwischen Johanneß Micheln ond der Pfarr Wießen gelegen. Ecker: Ein Acker offm Kleinfelt, an seim selbsteigen Garten ond Hermann roiden gelegen 2 Morgen. Ein Acker offm Schneitberge, zwischen Ludewig Kirchern ond Johanneß Ohrstadt gelegen 2 Morgen. Ein Acker off der Schwartz, zwischen Hermann Roeden ond Heintz Reichart gelegen 1 Morgen. Ein Acker onderm Dorff, der Mohlen Acker, zwischen Hermann Becker ond Heintz Dieffenbach gelegen 1 Morgen.

Paul Leins Wittwe:
Item eß hat Paul Leins Wittwe ein Koden gut, darin gehört: Ein Haußß. Ein Gartenn off der Schwartz, zwischen Lentz Hebermehl ond Cuntz Geißen gelegenn. Ein garthgen daselbst, zwischen Hen Roidt ond Heintzen Khir gelegen. Wießen: Ein Wieße am Ohrbergk, stößt off den Reinröder Wegk.

Ruepel Walter:
Item eß hat Ruepel Walter ein Koden gutt,darin gehört: Ein Hauß ond Scheur. Ein Garten darbei. Wießen: Eine Wieße in der Leimelbach, zwischen Hen Beckern ond Lotz Dierstadt gelegen. Eine Wieße in der Struit, zwischen Lentz Hebbermehl ond Hen Seltzern gelegen. Eine Wieße zu Eichenrodt, an Heintz Reichartt ond dem Walt gelegen. Eine Wieße hinerm Ohrbergk, zwischen Heintz Pfoeln ond Endreß Schwartzen gelegen. Ecker: Ein Acker am Steinhauß, zwischen Hermann Beckern ond seim Hauß gelegen 2 Morgen. Ein Acker in der Spechtbach, zwischen Valtin Bintenwalt ond Hen Beckern gelegen 3 Morgen. Ein Acker darüber, zwischen Valtin Bindenwalt ond dem Walt 3 Morgen. Ein Acker beim Hoebeln, zwischen Valtin Bindenwalt ond Johanneß eckart gelegen 2 Morgen. Ein Acker off der Knechtbach, zwischen Hen Weitzeln ond Valtin Bindenwalt gelegen 2 Morgen.

Ruepel Weitz:
Item eß hat Ruepel Weitz ein Koden gutgen, darin gehört: Ein Hauß ond Scheur beisammen. Ein Garten am Grebenauer Wege ond Hanß Falcken Haußen gelegen. Wießen: Ein Wieße beim Schwartz Born, zwischen Schuch Eckhart ond dem Walt gelegen. Ein Wieße zu Obern Schwartz, zwischen Schinghanß Wittwe ond Eckhart Dieffenbach gelegen. Ecker: Ein Acker im Kleinfelt, zwischen Hermann Roidt ond Heintz Reichart gelegen 1 Morgen. Ein Acker in der Spechtbach, zwischen Ludewig Kirchern ond dem Wegk 2 Morgen. Ein Acker off dem Odenhäußschen Berg, zwischen Jung Maur Johanneß ond dem Weg gelegen 4 Morgen. Ein Acker offm Schmidtsberge, zwischen Endreß Mollern ond Hanß Micheln geleghen 3 ½ Morgen. Ein Acker im Nodtstal, zwischen Hermann Rodt ond Valtin Bindenwalts gelegen 1 Morgen ¼.

Ruepel Weitz ond seine Ganerben:
Item eß hat gemelter Ruepel Weitz sampt seinen Ganerben ein Wieße beim Sandtborn, so nicht in das Gut gehörigk. Geben daruon besondere Zinß.

Reitz Naw:
Item eß hat Reitz Naw ein mohlen, dartzu gehört: Ein Behausung, darin dz Mahlwerk, darbei ein Scheur. Ein Garten bei der Hoiffreidt. Wießen: Ein Wieße an der Mohln, an Hermann Beckern. Eine Wieße am Ohrbergk, zwischen Scheffer Cuntzen ond Hanß Bintzfort gelegen. Ein Hudt im Salen Grunde. Ecker: Ein Acker bei der Mohln, zwischen seiner Scheurn ond Cuntz Pfoeln gelegen 2 Morgen.

Thomaß ond Hen Hoiffmeier:
Item eß habenn Thomaß ond Hen Hoiffmeir ein Hoiff, darin gehört: Ein Hoiffreide, daruff stehen zwei Behausung ond zwei Scheuern. Ein Garten off der Hoiffreide. Ein Garten in der Wißelbach, zwischen Hermann Roidt onnd Henn Kreutzern gelegen. Wießen: Ein Wieße, die Fueterwieße, zwischen Scheffer Cuntzen onnd Hermann Rodten gelegen. Eine Wieße mitten in der Schwartz, zwischen Henn Peterß onnd Churt Greben gelegen. Eine Wieße in der Obersten Schwartz, zwischen Henn Lipperten onnd Heintz Falcken. Eine Wieße hinderm Ohrbergk, zwischen Martin Peterß onnd Henn Beckern gelegen. Ein Wieße zu Ichenrodt, zwischen Heintz Kreutzern onnd Heintz Bintenwalt. Eine Wieße bei der Hardtmohln, zwischen Endreß Schmermundt ond Valtin Marn. Eine Wieße im Sahlen Grunde, zwischen Hen Beckern onnd Naw Reitzen gelegen. Ein Wieße in der Knechtbach, zwischen Heimbechers Hoiff onnd Martin Peterß gelegen. Ecker: Ein Acker in der Knechtbach, an ihren Wießen gelegen onnd Hen Peterß 3 Morgen. Ein Acker im Raben graben, zwischen Bernhartt Bintzfort ond Henn Carres Wießen 3 Morgen. Ein Acker vornn Bircken, zwischen Heintz Eißern onnd Hermann Dierstadt gelegen 2 Morgen. Ein Acker im Kleinfelt, zwischen Heidacker (?) ond Eckart Schuch [...] gelegen 1 Morgen. Ein Acker offm großen Felt, zwischen Heintz Kreutzern onnd Hermann Beckern 8 Morgen. Ein Acker off der Höhe vornn Bircken, zwischen Endreß Schwartz ond Heintz Kreutzern 4 Morgen. Ein Acker in der Knechtbach, zwischen Hanß Falck ond Henn Beckern gelegen 4 Morgen.

Valtin Mar:
Item Eß hat Valtin Mar ein Koden gut, darin gehört: Ein Hauß. Ein Garten am Hauß. Ein Garten off der Schwartz, zwischen der Drifft ond Hen Petern gelegen. Wießen: Ein Wieße zu Obern Schwartz, zwischen Cuntz Wegefurth ond Hen Schingbreiß Wittwe. Ein Wieße bei der Hardt mohln, die Thalwiese genannt. Eine Wieße off der Struit, zwischen Endreß Mollern ond dem Hegewalt gelegen. Ecker: Ein Acker an der Schwartz, zwischen Hen Roidt ond Lentz Hebbermehl 1 Morgen. Ein Acker daselbst, zwischen Cuntz Aueln ond Heintz Mars Wittwe 1 ½ Morgen. Ein Acker vorm Dommel, zwischen Ruepel Weitzel ond dem Walt 1 Morgen. Ein Acker im Kleinfelt, zwischen Heintz Reichartt ond dem Hirdt Acker 2 Morgen. Ein Acker im Onderfelt, zwischen Eckhart Schuchen ond Hen Wentzeln gelegen 1 Morgen ¼.

Valtin Dümmerlein:
Item eß hat Valtin Dümmerlein ein Koden gutgen, darin gehört: Ein Haußgen. Ecker: Ein Acker off der Schwartz, zwischen Huener Jorgen ond Endreß Mollerß gelegen zu 3 Mesten groß. Ein Acker off der Winter Leithen, zwischen Endreß Geiße ond Huner Jorgen Acker ½ Morgen.

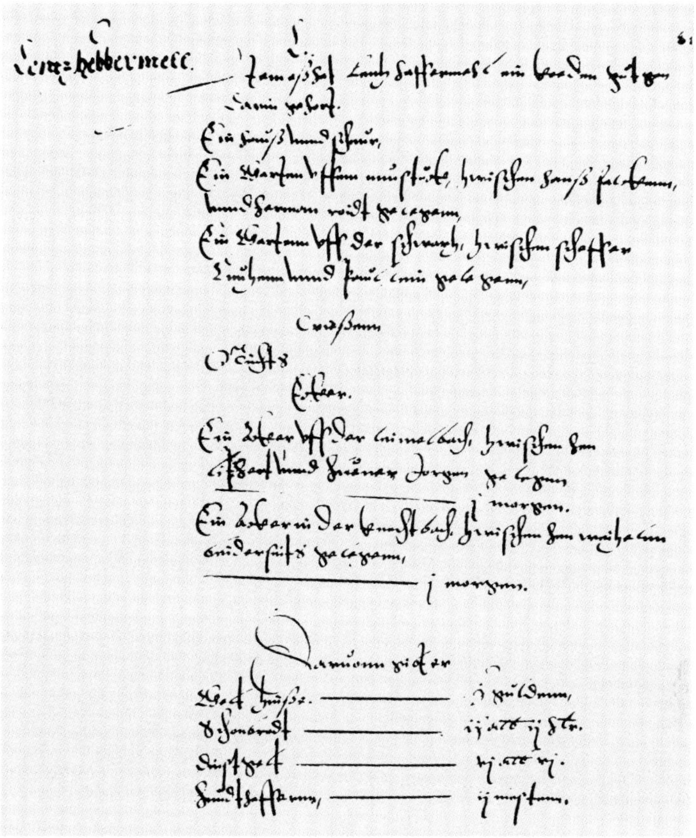

Abb. 28: Seite aus dem Salbuch von 1573. Der Eintrag zeigt die Besitzverhältnisse von Lentz Hebbermehl (siehe Seite 151)

Abb. 29: Der Saalengrund aus dem Salbuch von 1573 trägt auch heute noch seinen Namen – eine schöne Einrichtung.

Das Salbuch von 1722

Im Jahre 1722 ließ Landgraf Ernst Ludwig zu Hessen–Darmstadt ein zweites Salbuch über das Gericht Schwarz aufstellen, basierend auf jenem von 1573. Die örtlich maßgebenden Personen waren die Ortsvorsteher Johann Adam Falck und Johann Peter Rudolff. Sie mußten Auskunft über die bestehenden Verhältnisse geben. Von landgräflicher Seite war Johann Georg Kopp, zu der Zeit Amtsverweser der Rentnerei Alsfeld, bestellt.

Die Aufzeichnung fällt mit der Erstellung des hiesigen Gewannbuches fast zusammen. Die damaligen Guts- und Hofbesitzer, in beiden Büchern aufgeführt, sind fast identisch. Doch während im Salbuch nur der zum Zeitpunkt der Niederschrift auf der Hofstelle sitzende Hofmann festgehalten ist, werden die Haus- und Hofbesitzer im Gewannbuch bei jeder Neubelehnung weitergeführt. Der Autor hatte zwar gehofft, über das Salbuch von 1722 auf die Besitzer von 1573 zu stoßen, um relativ lückenlose Inhabernachweise der Höfe aufstellen zu können, dies gelang aber letztlich nur bei den Mühlen.

Wurde beim vorhergehenden Salbuch den Acker- und Wiesenflurnamen der Vorzug gegeben, so soll nun den Gebäuden und Hofreitengrößen ein gebührender Platz eingeräumt werden. Man kann feststellen, daß die Gutsbesitzer einen ganzen, einen halben, einen viertel oder sogar nur einen achtel Hof besaßen. Die Erblehenshöfe waren ursprünglich gleich groß. Das Salbuch von 1573 und auch ein anderes Register von Ende des 18. Jh. weist auf eine Gutsgröße von 25 Morgen hin. Das mag einer *Realhufe* entsprechen, die einst im Mittelalter als Hofstelle verliehen wurde. Die Größe der Hufen war landschaftlich nicht einheitlich, jedoch innerhalb einer Dorfschaft oder Gemarkung gleich. Die spätere Teilung bzw. Zuteilung von Rechten und Pflichten erfolgte durch fortschreitende Halbierung, deshalb die bruchteilhafte Größenaufteilung der Höfe.

Die allgemeinen Abgaben eines jeden Hofes oder Kodengutes waren ‚*Geldzinße, Schönbrodt, Dienstgelt, Hundthaffer*'. Bei einigen größeren Gütern kamen ‚*Korn, Haffer, Witzenmehl, Haffernmehl und Eyer*' hinzu. Nur bei ›Heinbechers Hof‹ erscheint statt des letztgenannten ‚*Kornpfocht und Haffernpfocht*'.

Abb. 30 (unten): Die reichverzierte Titelseite des Salbuches aus dem Jahre 1722.
(Text siehe folgende Seite).

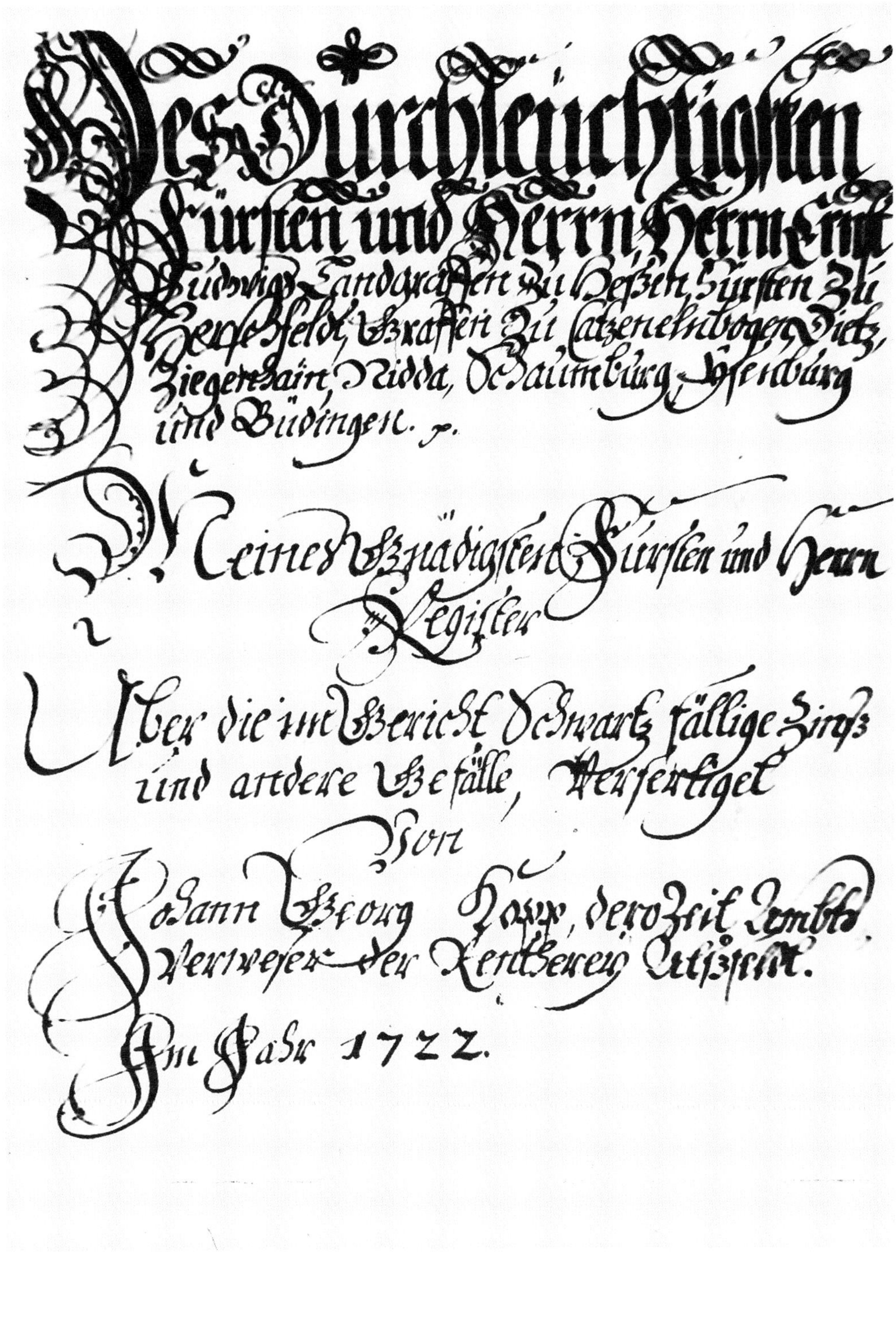

Des Durchlauchtigsten Fürsten und Herrn, Herrn Ernst Ludwig, Landgr. z. Hessen, Fürst z. Herßfeldt, Grafen z. Catzenelnbogen, Dietz, Ziegenhain, Nidda, Schaumburg, Ysenburg und Büdingen.

Meines Gnädigen Fürsten und Herrn.

Register über die im Gericht Schwartz fällige Zinß und andere Gefälle, verfertiget v. Johann Georg Kopp, derzeit Ambtsverweser der Rentnerey Alsfeldt. Im Jahr 1722:

In Verfertigung dießes Zinß Registers hat man sich nach dem Alten Saalbuch de anno 1573 gerichtet, und diejenige Güder beschrieben welche sich in vermeltem Saalbuch eingetragen finden. Es findet sich zwar in solchem Saalbuch bey etlichen Güdern auch die Morgen Zahl wie Viel ein jedes Gud hatte; Weilen aber solche mit der gegenwärtigen Morgen Zahl selten übereinkombt, und die Güder wie solche die Censiten anjetzo besitzen, mehrentheils größer oder kleiner befunden worden sindt. Auch über dießes in denen Steuern Steuerbücher die Morgen Zahl der Güter beschrieben sindt also hat Mann in dießem Zinßbuch keine Morgen Zahl beigesetzt. Der Gulden wird in dießem Register zu 30 Albus Frankfurter Wehrung gerechnet und der Alb. zu 8 Pfennigen.

Erbregister über Schwartz. Attestiert von denen Vorstehern daselbst Johann Adam Falck, Johann Petter Rudolff.

Index über das Dorff Schwartz:

Andreas Dörr, Andreas Hedderich der Müller, Adam Dierstadt, Albert Korwin, Andreas Geiß, Andreas Schreiner, Conrad Becker, Curd Noll der Kastenmeister, Conrad Gerbig, Clas Ruppels Erben, Cuntz Geißel, Christophel Schuch, Clas Haffermehls Selige, Clas Noll, Eckhard Noll, Eitel Vogts Selige, Georg Adam Ruppel, Georg David Vietor der Gerichtsschöff, Georg Heinrich Schmoll, Henrich Bindewald, Hanß Noll der Müller, Henrich Heß, Henrich Schmitt, Hanß Becker, Hanß Wegfarths Selige, Henrich Lippert, Henrich Wegfarth, Johannes Becker sen., Johannes Köhler, Johannes Becker jun. Kinder, Johann Caspar Köhler der Gartemann, Johann Melchior Becker, Johann Henrich Köhler, Johann Henrich Becker jun., Johannes Lippert, Johannes Beyenbach, Johannes Löwer, Johannes Dörr, Johann Henrich Mogk, Johann Adam Falck, Johannes Meurer, Johannes Föltzing, Jost Noll, Johann Henrich Gerbig, Johannes Noll jünger, Johannes Weinreich, Johann Henrich Noll der Müller, Johannes Güldener, Johann Melchior Noll, Johann Haffermehl der Gerichtsschöff, Johann Adam Pfahl, Johann Henrich Haffermehl sen., Johann Jost Rühl, Johann Henrich Haffermehl der Wirth, Johannes Ruppel jünger, Jacob Hansel, Johann Caspar Sauppen, Johann Henrich Hartmann, Johann Henrich Vopel, Johann Hermann Hedderichs relicta, Johannes Urstadt der Finckemüller, Johannes Heß, Johannes Wegfarth sen., Johannes Höppel, Johannes Wegfarth jun., Johannes Kalbfleisch, Johann Melchior Wegfarth, Paul Noll, Peter Rudolff, Peter Noll, Reitz Schneider, Steffan Noll, Thomas Wegfarth.

Andreas Dörr:
Hat ¼ eines Hofes.

Andreas Dörr:
Hat noch ¼ eines Hofes, eine Hofreithe am Opfergarten gelegen, mit Behausung, Scheuer, Schweinestall und einem Garten.

Adam Dierstadt:
Hat ein Guth (laut altem Salbuch pag. 13).

Andreas Geiß:
Hat eine Behausung zwischen Huener Heintz und Curt Wagener (laut altem Salbuch pag. 16).

Andreas Hedderich der Müller:
Hat ein Gütgen mit einer wüsten Hofstadt zwischen Clas Plochen und Johannes Weinrichs wüster Hofstadt.

Andreas Hedderich der Müller:
Hat ein Kodengütgen (Anm.: umfangreiche Besitzung) und Mühle, einen wüsten Hausplatz bei der Mühle.

Andreas Hedderich:
Hat eine Mühle. (Anmerkung: Die Hallemühle).

Albert Korwin:
Hat ein Kodengütgen mit Behausung auf der Gemeind, eine Scheuer und Hofreith.

Andreas Schreiner:
Hat ein Kodengütchen und Hofstatt zwischen der eigenen Scheuer und Johann Jost Rühln, darauf ein Haus.

Andreas Schreiner:
Hat noch ein Gütgen mit Hofstatt zwischen seinem Haus und Conrad Becker, darauf ein Scheuer (lt. altem Saalbuch pag. 45).

Conrad Becker:
Hat ein Kodengütgen mit Haus zwischen Andreas Schreiner und Johann Henrich Haffermehl.

Conrad Gerbig:
Hat ein Gut mit Hofreith am Schneißberger Weg, darauf ein Haus, Scheuer, Schweinestall, ein Garten hinter den Bäuen zwischen Georg David Vietor und Johannes Noll Wiese.

Cuntz Geisell:
Hat eine Wiese in der Escherbach (laut altem Salbuch pag. 22).

Clas Haffermehls Selige:
Hat ½ Hof, ein Haus im Dorf zwischen Johannes Weinrich und Johann Henrich Vopeln, ein Scheuer vor der Behausung in der Hofreith.

Clas Haffermehls Selige:
Hat noch ein Kodengütgen, ein Wießläppgen, so ehe dessen eine Hofreith gewesen, an Jacob Hanseln gelegen, ein Garten dabei überm Weg am Kirchhof (laut altem Salkbuch pag. 51).

Clas Noll:
Hat ein Kodengütgen mit Haus und Scheuer beisammen, an Johannes Güldener, ein Garten bei der Hofreith an Thomas Wegfarth gelegen. Ein Garten obig der Behausung zwischen Andreas Hedderich und seiner Behausung gelegen.

Clas Noll:
Hat noch ¼ eines Hofes.

Curt Noll der Kastenmeister:
Hat ein Gut mit einem Haus an Johannes Heß gelegen.

Curt Noll:
Hat noch ¼ eines Hofes, ein Baumgarten hinter der Kirche zwischen Johannes Dörren und Johannes Beckern.

Curt Noll:
Hat noch ein Kodenguth, darin eine kleine wüste Hofreithe an Albert Kornwin am Garten gelegen. Dieses Gütgen hat 1573 Valentin Demmerlein gehört (laut altem Salbuch, fol. 64).

Clas Ruppels Erben:
Haben ¼ eines Hofes.

Clas Ruppels Erben:
Haben noch ein Kodengütgen, eine Hofreith an Johann Adam Falcken und dem Gemeinen Weg gelegen, darauf ein Haus und Scheuer aneinander, ein Garten an der Hofreith zwischen Johann Adam Falck und Johannes Wegfarth gelegen.

Christoffel Schuch:
Hat ¼ eines Hofes.

Christoffel Schuch:
Hat noch ein Kodengütgen mit Hofreith am Mühlweg, darauf steht ein Haus und Scheuer aneinander.

Eckhard Noll:
Hat 1/4 eines Hofes, mit einer Hofreith an Johannes Nollen gelegen, darauf steht eine Behausung und eine Scheuer, ein Baumgarten an der Behausung.

Eitel Vogts Wittwe:
Hat eine Wiese gehabt (laut altem Salbuch, pag. 27).

Georg Adam Ruppel:
Hat ¼ eines Hofes, mit einer Hofreith an Johannes Wegfart gelegen, darauf eine Behausung samt Scheuer und Schweinestall.

Georg Adam Ruppel:
Hat noch ein Kodengut, eine Hofreite an Jost Nollen gelegen, ist dermalen wüst und nicht bebaut, ein Garten an der Hofreit gelegen, stößt an den Rainröder Pfadt.

Georg Henrich Schmoll:
Hat ein Kodengut mit einem Haus und Scheuer beieinander, bei Johann Haffermehl gelegen (laut altem Salbuch de anno 1573, fol. 23).

Georg David Vietor der Gerichtsschöff:
Hat ein Kodengütgen mit Haus und Scheuer beieinander, bei der Hohl am Gemeinen Weg gelegen, Ein Garten an der Hofreit, stößt an Peter Rudolff.

Henrich Bindewald:
Hat (laut altem Salbuch pag. 36) gehabt ein Kodengut, darin gehört ein Haus. Es kann nicht gesagt werden, wer diese Stücke jetzt besitzt.

Henrich Heß:
Hat ein Kodenguth, darin eine wüste Hofstatt an Conrad Becker gelegen.

Hanß Becker:
Hat (laut altem Salbuch pag. 49) ein Kodengütgen gehabt, darin hat gehört ein Häusgen und Garten. Es kann nicht ausgemacht werden, wer die Stücke jetzt besitzt.

Henrich Lippert:
Hat ein Kodengütgen, darin gehört ein Heußgen am Grebenauer Weg, bei Johannes Nollen gelegen.

Hanß Noll der Müller:
Hat eine Mühle unterm Dorf gelegen, eine Behausung, darinnen das Mahlwerk, eine Scheuer, ein Garten in der Hofreit.

Hanß Noll der Müller:
Hat noch ein Kodengütgen, eine Hofreit bei Henrich Lippert, zwischen dem Mühlweg und dem Grebenauer Weg gelegen, darauf steht eine Behausung.

Henrich Schmitt:
Hat ein achttheil eines Hofes mit einer Hofreithe bei Johannes Beyenbach gelegen, darauf ein Haus und Scheuer aneinander, sodann ein Schweinestall. Ein Baumgarten vor der Hofreith, stößt auf Johann Henrich Haffermehls Garten.

Hanß Wegfahrts Wittwe:
Hat ein Kodengütgen, eine Hofreith zwischen Johannes Beyenbach und Henrich Heß gelegen, liegt aber derzeit wüst und stehet kein Bau darauf. Ein Garten hinter der Hofreith, liegt an der Weißelbach zwischen Johannes Beyenbach und Johann Jacob Hansel.

Hanß Wegfahrts Wittwe:
Hat noch ein Kodengut mit einer Behausung und Scheuer zwischen Jost Noll und Adam Pfahl. Ein Baumgarten an der Scheuer gelegen gehört in dieses Gut (laut altem Salbuch pag. 28).

Hanß Wegfahrts Selige:
Hat noch eine Wiese am Rotzenberg allseits mit Wald umgeben.

Hanß Wegfahrts Selige:
Hat noch zwei Wiesen.

Henrich Wegfahrt:
Hat ein Kodengütgen und eine Behausung zwischen dem Steg und Johann Haffermehl gelegen.

Johannes Becker sen.:
Hat ein Hof, darin gehören nachfolgende Güter: Eine Behausung und eine Scheuer zwischen Reitz Schneider und Johann Henrich Köhler, ein Grasgärtgen beim Kirchhof zwischen Georg Henrich Schmoll und Melchior Wegfahrt.

Johannes Becker jun. Kinder:
Haben ¼ eines Hofes, eine Hofreith an Johannes Dörr jun. gelegen, mit einem Haus und Scheuer aneinander, ein Garten bei der Hofreith, ein Baumgarten hinter der Kirche zwischen Claus Noll und Curt Noll.

Johann Melchior Becker:
Hat ein Kodengütgen, eine Hofreith an Hanß Wegfahrt gelegen, darauf ein Haus, eine Scheuer, ein Schweinestall. Ein Garten bei der Hofreith unterm Haus gelegen, ein Garten hinter der Scheuer gelegen.

Johann Melchior Becker:
Hat noch eine Wiese zu Eichenrod.

Johann Henrich Becker jun.:
Hat eine Hofreith zwischen Johann Henrich Gerbig und dem Schulgarten, darauf steht ein Haus und Scheuer.

Johannes Beyenbach:
Hat ein Kodengütgen, ein Haus und Scheuer aneinander gelegen, an der Weißelbach, ein Garten umb der Hofreith gelegen. (Laut altem Salbuch, fol. 40, hat ein Acker vor den Bircken dazugehört).

Johannes Dörr:
Hat ¼ eines Hofes, eine Hofreith an Johannes Beckers Erben, darauf ein Haus und Scheuer aneinander, ein Gärtgen bei der Hofreith, ein Baumgarten hinter der Kirche zwischen Andreas Dörr und Curt Noll.

Johann Adam Falck:
Hat ein Kodengütgen, eine Hofreith an Clas Ruppels Erben, darauf ein Haus und Scheuer aneinander, ein Garten am Haus.

Johannes Föltzing:
Hat ein Kodengut, darin eine wüste Hofstatt am Eiffer Weg bei Henrich Schmitt gelegen, ein Garten hinterm Haus zwischen Henrich Heß und Henrich Schmidt gelegen. (Laut altem Salbuch, fol. 55, hat darin gehört ...).

Johann Henrich Gerbig:
Hat ein Kodengütgen.

Johann Henrich Gerbig, Johannes Weinreich:
Haben ein Kodengütgen, eine Behausung zwischen Johannes Mogk und Johannes Weinreich selbst, eine Scheuer daselbst, ein Baumgarten auf der selben Hofreith gelegen.

Johannes Weinreich:
Hat ein Kodengütgen, eine Behausung an Johann Henrich Vaupeln und dem Wasser gelegen, eine Scheuer daselbst an Johann Henrich Vaupels Wiese.

Johannes Weinreich:
Hat noch ein Kodenguth, darin eine Behausung an Johann Henrich Gerbig und dem Gemeinen Weg. (Laut altem Salbuch ...).

Johannes Weinreich:
Hat noch ein Kodengüthgen, darin eine Hofreith, dermalen wüst, zwischen dem Gemeinen Weg und dem Schulhaus, samt einem Garten an Falcken Hanß gelegen.

Johannes Weinreich:
Hat noch eine Wiese, gehört nicht in das Gut.

Johannes Weinreich:
Hat noch zwei Wiesen unterm Sandborn, die Großwiese genannt.

Johannes Güldner:
Hat ein Gütgen, darin ein Haus zwischen Clas Noll und Andreas Hedderich, ein Garten bei der Behausung zwischen seinem Acker und Clas Noll, ein Acker bei der Behausung und Johann Eckhard Pfahln gelegen.

Johannes Güldner:
Hat noch einen halben Hof.

Johann Haffermehl der Gerichtsschöff:
Hat einen halben Hof, darin ein Haus und Scheuer beieinander und ein Garten hinterm Haus, ein Garten überm Gemeinen Weg an Johann Caspar Köhler.

Johann Henrich Haffermehl sen.:
Hat ¼ eines Hofes, ein Hofreith zwischen dem Gemeinen Weg und dem Wasser beim Steg gelegen, darauf eine Behausung, eine Scheuer, ein Schweinestall, ein Garten hinter der Scheuer. (Laut altem Salbuch, fol. 32, hat dazu gehört ein Garten uffm Kirchhof an Henn Lippert gelegen).

Johann Henrich Haffermehl sen.:
Hat noch ein Kodengütgen, darin gehört eine Hofreith zwischen Johann Eckhard Pfahl und dem Udenhäuser Weg gelegen, ist aber nicht mehr bebaut, sondern wird zu einem Graslappen gebraucht, ein Garten daran, wird auch zu einem Graslappen gebraucht.

Johann Henrich Haffermehl der Wirth:
Hat ein Hofgut, darin gehört eine Behausung, Scheuer und Hofreith an Thomas Wegfahrt gelegen. Ein Baumgarten bei der Kirche gelegen.

Jacob Hansel:
Hat ein Kodengut, darin ein Haus, Scheuer und Hofreith zwischen dem gemeinen Weg und Andreas Dörr gelegen.

Johann Henrich Hartmann:
Hat ein Kodengut, darin eine Hofreith beim Kirchhoff, an Johann Melchior Wegfahrt gelegen, darauf steht ein Haus und Scheuer aneinander.

Johann Henrich Hartmann:
Hat noch ein Kodenguth, darin gehört eine wüste Hofstatt am Grebenauer Weg, bei Christoffel Schuch Behausung gelegen. Ein Garten an der Behausung zwischen Christoffel Schuch und dem Grebenauer Weg gelegen. Ein Garten obig dem Grebenauer Weg gelegen, zwischen Johannes Kalbfleisch und dem Weg.

Johann Henrich Hartmann:
Hat noch eine Wiese im Notstall und noch zwei Wiesen.

Johann Hermann Hedderichs relicta:
Hat ein Kodengut, darin ein Haus, eine Scheuer und ein Schweinekoben. Ein Garten, stößt an das Großfeld und den Heidgarten, zwischen Johannes und Clas Noll. Ein Garten in der Weißelbach, der Kirchhofsgarten, zwischen Johannes Beyenbach und Henrich Schmitt gelegen. Hat noch eine Wiese in der Eschelbach.

Johannes Heß:
Hat ein Kodenguth, darin ein Haus an Curd Noll gelegen. Hat noch einen Acker am Erlengraben.

Johannes Höppel:
Hat ein Kodenguth, darin eine Hofreith am Singerberg zwischen zwei Wegen gelegen, darauf ein Haus, eine Scheuer, ein Garten hinten an der Scheuer auf Johann Henrich Haffermehls Garten stoßend und an Johannes Köhler gelegen. Hat noch drei Wiesen.

Johannes Kalbfleisch:
Hat ein Kodenguth, darin ein Haus am Mühlweg an Johann Henrich Mogken Garten gelegen, ein Gärtgen beim Haus, ein Garten über dem Grebenauer Weg, zwischen Johann Henrich Hartmann und Johannes Becker Erben gelegen.

Johannes Köhler:
Hat ein Kodengut, darin gehört eine Hofreith am Schneißberger Weg, bei Peter Rudolph gelegen, darauf ein Haus, eine Scheuer, ein Schweinekoben und ein Gaden. (Laut altem Salbuch, fol. 56, hat darin gehört ...). Hat noch vier Wiesen.

Johann Caspar Köhler der Gartemann:
Hat ½ Hofguth, darin gehört eine Hofreith, darauf ein Haus, eine Scheuer, ein Garten vor, ein Garten hinter dem Haus. Hat noch eine Wiese beim Sandborn, die groß Wies genannt.

Johann Henrich Köhler:
Hat ½ Hof, darin eine Hofreith zwischen Johann Eckhart Pfahl und Johann Becker, darauf eine Behausung, eine Scheuer und ein Schweinekoben. Eine Futterwiese bei der Hofreith, das Nonnstück genannt zwischen dem Mühlgraben und Johann Henrich Vopel.

Johannes Lippert:
Hat ½ Hof, darin eine Hofreith zwischen Johannes Noll und Johannes Köhler, darauf ein Haus, eine Scheuer, ein Schweinestall, ein Garten hinter der Scheuer.

Johannes Löwer:
Hat ein Kodengütgen, darin eine Hofreith am Eifer Weg, darauf ein Haus und Scheuer aneinander und ein Schweinestall.

Johann Henrich Mogk:
Hat ½ Kodengütgen, darin gehört ein Garten am Schneißberger Weg hinter Paul Nollen Scheuer. Ein Acker am Wähnerberg bei Paul Nollen Hofreith, zwischen Paul Nollen und Albert Korwin.

Johann Henrich Mogk:
Hat noch ½ Hof, darin gehören eine Hofreith am Grebenauer Weg bei Johannes Kalbfleischen gelegen, darauf ein Haus und Scheuer aneinander, ein Gaden und ein Schweinestall. Ein Baumgarten bei der Hofreith zwischen der Hofreith und Johann Eckhart Pfahln gelegen. Hat noch eine Wiese in der Eschelbach.

Johannes Meurer:
Hat (laut altem Salbuch, fol. 53) ein Kodengütgen gehabt, darin ein Haus und Scheuer beieinander, eine Scheuer an der Hofreith, der derzeitige Besitzer ist nicht bekannt.

Abb. 31: Eine Seite aus dem Salbuch von 1722. Der Eintrag zeigt die Besitzverhältnisse von Johann Henrich Haffermehl sen. (s. S. 164).

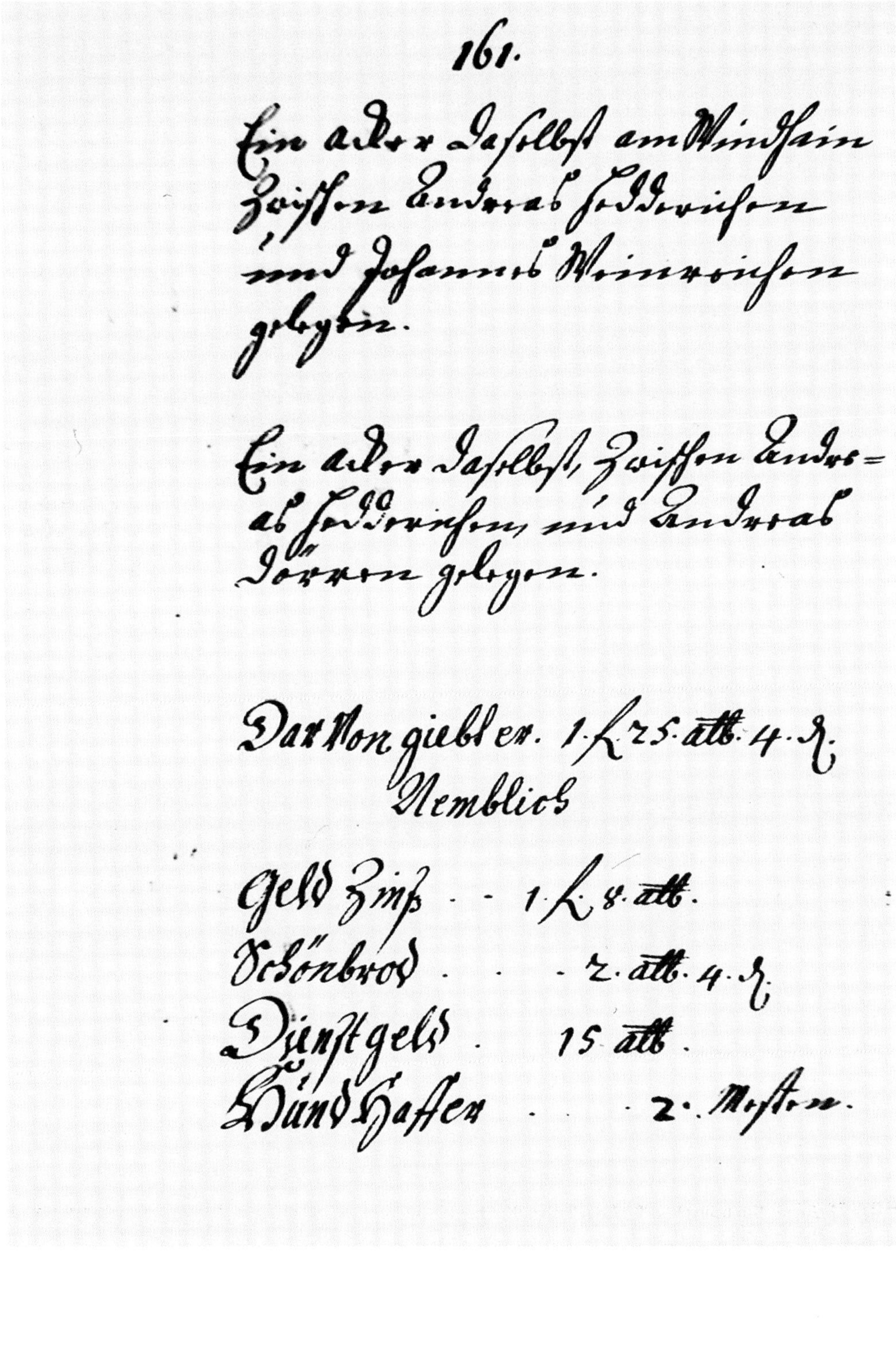

161.

Ein acker daselbst am Windhain zwischen Andreas Fedderichen und Johannes Weinreichen gelegen.

Ein acker daselbst, zwischen Andreas Fedderichen und Andreas Dörren gelegen.

Darvon giebt er. 1.fl. 25. alb. 4. hl.
Nemblich

Geld Zins . . 1.fl. 8. alb.
Schönbrod . . . . 2. alb. 4. hl.
Dienstgeld . 15. alb.
Hünd Haffer . . . 2. Mesten.

Die Schule

Die Schule entwickelte sich wie überall aus der kirchlichen Katechismuslehre. Letztere war in den hessischen Kirchenordnungen von Anfang an verankert, so in denen von 1532 und 1539 und dann in den Agenden der Jahre 1566 und 1574. Schon eine Erklärung von 1629 verordnete, daß die Eltern, die ihre Kinder nicht zur Schule schickten, gleichwohl dem Schulmeister das Schulgeld zu entrichten hätten. Die Ordnung von 1634 schrieb bereits auch den Schulzwang vor.[44]

Schulische Anfänge in Schwarz

Als erster Schulmeister in Schwarz wird im Jahre 1626 Bast Schraaß genannt.[45] Die älteste genauere Nachricht, die über die Schule vorliegt, ist in dem Abschied der Generalkirchenvisitation von 1628 enthalten, in der es heißt:
‚Zum sechsten, dieweiln auch der Schulmeister zu Schwarz wegen seiner wenigen Besoldung und, daß er den Winter über mehr nit dann ein Koppstück von einem Kind bekomme, sich sehr beschwert und umb einen geringen Beysatz nachgesucht, so soll ihm hinkünftig, innmaßen sonsten fast aller Enden uf dem Land gebreuchlich, von einem Kind des Jahrs über ein Gulden und also durch den Winter ein halber Gulden zum Lehrgeld entrichtet werden, und die Eltern, auch andere, so an deren Stat, hiermit ernstlich erinnert und vermahnet sein, die Kinder mit mehrer Angelegnuß, dan bishero geschehen, zur Schuell zu halten, allermaßen wie der Generalabschied umbständlicher nach sich führen wird.‘

Das Dorfbuch von 1630 erwähnt, daß in Schwarz der Opfermann (Kirchendiener) die Kinderschule versieht. Hier handelt es sich wahrscheinlich um eine Art Kindergottesdienst. In der Regel waren die kirchlichen Dienste der Cantoren, Organisten und Vorleser ein Nebenamt der Volksschullehrer. Sie standen in Ausübung des Kirchendienstes unter der Aufsicht der Kirchenbehörden. Auch in Schwarz mußte der niedrigere Glöcknerdienst ursprünglich vom Lehrer ausgeübt werden. Doch 1875 wurde per Gesetz der Glöckner-

[44] Karl Köhler: Kirchenrecht der evangelischen Kirche
[45] Diehl: Hassia sacra

dienst vom Schuldienst abgetrennt. Der Glöckner besorgte nun das bürgerliche Geläute und war gleichzeitig Schuldiener.[46]

Pfarrer und Lehrer

Prälat Dr. Dr. Diehl schreibt in der Hassia sacra, dem hessischen Pfarrer- und Lehrerbuch:
»Von der Errichtung der Schule an waren die Schwarzer Lehrer verpflichtet, den Glöcknerdienst zu versehen sowie bei den Gottesdiensten und den gottesdienstlichen Handlungen als Vorsinger oder Kantoren das herkömmliche Gesänge zu führen. Als im Jahre 1808 in der Schwarzer Kirche erstmalig eine Orgel aufgestellt ward, wurde der Organistendienst mit der Schulstelle verbunden. Bemerkt sei, daß in der Zeit von 1812 bis 1815 wegen des Organistendienstes zwischen der Gemeinde Schwarz und dem Lehrer Suppes ernste Schwierigkeiten bestanden, die damit zu Ende gingen, daß Suppes seine Schulstelle mit dem Nieder-Breidenbacher Lehrer Johann Heinrich Peter tauschte.[47]

Die Gemeinde hatte behauptet, daß Suppes im Verlauf von zwei Jahren die Orgel *'fast ruiniert'* habe, und darum gebeten, daß sie an seiner Statt einen besonderen Organisten annehmen dürfe. Bei einer durch den Grebenauer Kantor Bramm im Mai 1815 vorgenommenen Untersuchung des Falles wurde festgestellt, daß Suppes *'gut spiele und die Orgel in Ordnung sei'*. Die Anklagen der Gemeinde wies Bramm mit den Worten zurück: *'Die Gemeinde verlangt in der Kirche einen walzerischen kirmesartigen Vortrag, der aber nach meiner Meinung in die Kirche nicht paßt'*. Nach dem Abgang von Suppes nahm sein Nachfolger Peter, der *'die Orgel zu spielen nicht im Stande war'*, den Bauer Johannes Lang gegen Überlassung der Orgelbesoldung von 24 fl. (Gulden) zu seinem Stellvertreter an. Lang versah den Organistendienst noch in den 30er Jahren. Neben Lang wohnte in Schwarz noch ein zweiter orgelkundiger Bauer, Johannes Noll. Er hat zur Zeit eines Streites zwischen Lang und der Gemeinde vorübergehend für Lang den Organistendienst versehen. Mit der Schulstelle in Schwarz war schon im 18. Jahrhundert Lektorendienst verbunden. Über den Umfang dieses kirchlichen Dienstes ward durch Verfügung des Oberschulrats vom 6. November 1844 *'zu den Akten bemerkt, daß der Schullehrer in Schwarz verpflichtet ist, alle 14 Tage nachmittags Gottesdienst zu halten'.«*

Soweit Prälat Dr. Dr. Diehl.

---

[46] Kirchenchronik Schwarz

[47] Anmerkung des Verfassers: Lehrer Peter war der Urahn der heutigen Familien Peter in Schwarz. Er hatte allerdings seine liebe Not mit den Schwärzern, wie wir im Kapitel noch erfahren werden.

Die Besoldung

Aufgrund der Streitigkeiten zwischen Schullehrer Peter und der Gemeinde Schwarz wegen der Schulbesoldung, stellte man das Diensteinkommen des Lehrers zusammen. Die Differenzen wurden schließlich im Jahre 1837 von Kreisrat Neidhardt beigelegt. Man kann aus den Akten ersehen, wie sich die Besoldung und die Höhe des Entgeltes zusammensetzte. Zudem erfährt man, aus welchen Einzelleistungen, zum Teil auch aus Naturalien,vorher die Bezahlung bestanden hatte. Wie der Pfarrer, so hatte auch der Schullehrer einen Acker und einen Garten, aus dem er noch einen Teil seines Lebensunterhaltes bestreiten mußte.

Die Kreisamtsakte Nr. 500 vom 15. Februar 1837 auf der folgenden Seite gibt Auskunft über das Diensteinkommen des Lehrers zu Schwarz. Da leichte Unstimmigkeiten zwischen Lehrer Peter und Schulvorstand bestanden, legte der Kreisrat in Alsfeld am 24. Juli 1837 fest, daß dem derzeitigen und dem zukünftigen Lehrer jähr-

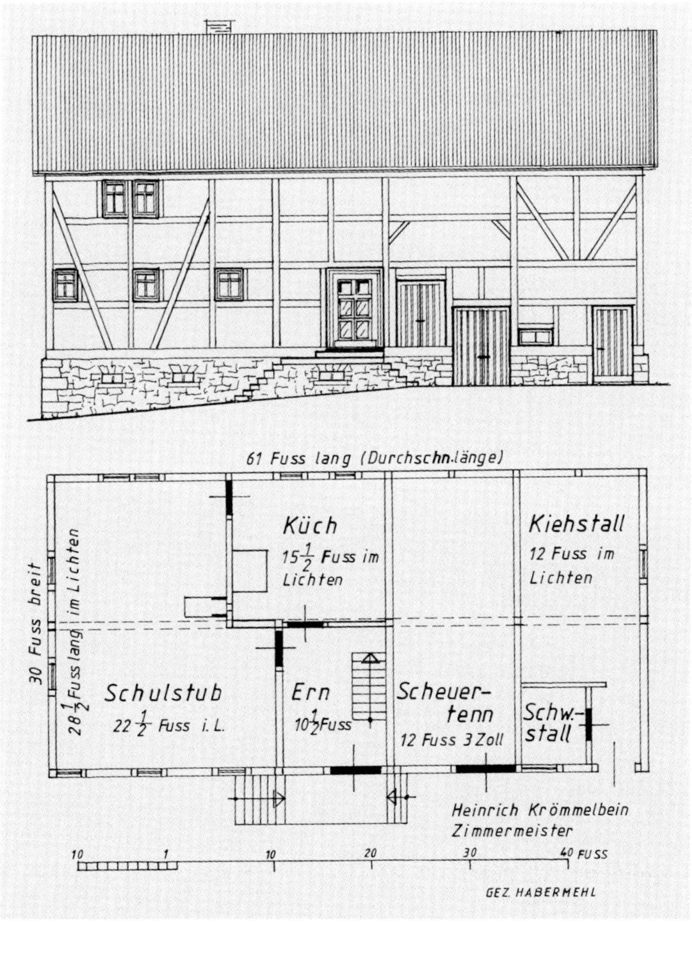

Abb. 32: Die alte Schule am Pfaffenberg bis 1826. (Zeichnung: Gerhard Habermehl, nach einer Vorlage von Zimmermeister Heinrich Krömmelbein u. Akten aus dem StAD, Abt. G15 Alsfeld, Nr. M 402).

Verzeichnis über das Diensteinkommen derer Schulstelle zu Schwarz im Kreise Alsfeld

Anmerkung: Unter den nachgenannten Gehaltstheilen ist die Vergütung für das Orgelspielen, Uhrstellen, Geläute und die Function eines Kirchendieners bei Taufhandlungen verbunden, auch hat der Lehrer alle 14 Tage einmal Predigtvorlesung zu halten.

Nr.	Beschreibung der Besoldungstheile und Angabe der Orte woher sie bezogen werden:	Ihr Geldwert beträgt und zwar aus: d. Staatsfiscus		anderen Quellen		Zusammen	
	I. Geld:	fl.	kr.	fl.	kr.	fl.	kr.
1.	Aus der Gemeindekasse zu Schwarz:						
	a. Entschädigung für die frühere Kornsichlingsabgabe			30	–		
	b. Entschädigung für die früher dem Schullehrer zur Benutzung eingegeben gewesene Waldwiese			8	–		
	c. Entschädigung für die frühere Kornabgabe, welche von jedem Otrsbürger zu entrichten war			50	–		
	d. für das Orgelspielen auf den Sonn- und Feiertagen			20	–		
2.	Schulgeld von jedem Schulkinde, einschl. der Vergütung von 10 Kreuzer für eine Frohndfuhre, vierzig Kreuzer daher von 125 Kindern nach 5jährigem Durchschnitt			83	20	191	20
3.	Accidenzien nach dem Ergebnis eines 10jährigen Durchschnittes:						
	a. von 27 Taufhandlungen zu 4 Kreuzer zu jeder			1	48		
	b. von drei Trauugen ohne Orgelspiel à 30 kr.			1	30		
	c. von zwei Trauungen mit Orgelspiel à 45 kr.			1	30		
	d. von zehn Beerdigungen ohne Gesang und Geläute à 22 kr. 2 hlr.			3	45		
	e. von fünf Beerdigungen mit Geläut und Gesang, ohne Orgelspiel à 45 Kreuzer			3	45		
	f. von fünf Beerdigungen mit Geläut, Gesang und Orgelspiel à 1 Gulden			5	–	17	18
						208	38
	II. Naturalien: werden nicht bezogen, da solche sammt und sonders in Geld verwandelt worden sind. Eine Berechtigung zur Erhebung von Neujahrgeschenken und Ostereier findet nicht statt.	Anmerkung des Lehrers Peter ad. II Naturalien betreffend: Über die Rechtsansprüche ist im Jahr 1821 höheren Orts entschieden worden und diese Entscheidung liegt in der Registratur beim Decanat zu Alsfeld. gez. H. Peter Gilt nicht! Rössing, Pfarrer und Schulvorstand					
	III. Grundstücke:						
4.	Einen Acker im Unterfeld, am Grebenauer Weg, an Johs Noll (Müller) gelegen 1¼ Morgen ¼ haltend			6	–		
5.	Einen Garten beim Schulhaus 72 Viertel 64 Klafter haltend, 22/43 des Flurbuchs			15	–		
6.	Für den Abnutzen des alten und des neuen Kirchhofs	4	–			25	–
						233	38
	IV. Wohnung:						
7.	die Wohnung im Schulhause wird angeschlagen zu			20	–	20	–
	Zusammen					253	38
	Hiervon gehen ab, die von dem Lehrer zu bestreitenden Ausgaben:						
	a. Für zwei Stecken buchen Scheidholz zur Heizung der Schulstube, welche die Gemeinde jedoch kostenfrei aus dem Walde anzufahren hat à 3 fl. 48 kr. nach dem Extraholzpreistarif vom 18. Aug. 1835	15	12				
	b. Grundzinse von dem alten Kirchhof in den Kirchenfonds		13			15	25
	bleiben					**238**	**13**

Der dermalige Lehrer Peter erhält in Gemäsheit der Verträge vom Jahr 1820 und 11. Febr. 1837 neben seiner Wohnung ein Fixum aus der Gemeindekasse und hat auf vorstehende Besoldung keinen Anspruch, jedoch muß er die hier angegebenen Lasten bestreiten.
Der Ortsschulvorstand: Pfarrer Rößing, Bürgermeister Noll; Die unständigen Mitglieder: Fink und Greb

Tabelle 3 (Seite links): Die Zusammensetzung des Lehrereinkommens in der Schule v. Schwarz im Jahre 1837.

lich 240 Gulden, verteilt auf 4 Raten, aus der Gemeindekasse zu zahlen waren. Die Wohnung war dabei nicht berücksichtigt. Es ist auch aus anderen Akten zu erfahren, daß der Lehrer Peter in stetem Streit mit dem Gemeindeschulvorstand und seinen Mitbürgern lag. Entgegen den üblichen Gepflogenheiten, daß die Schullehrer ihre eigenen Kinder als Adjunkt einsetzten und diese später dann ebenfalls eine Lehrerstelle übernahmen, ließ Heinrich Peter seine beiden Söhne einen handwerklichen Beruf erlernen. Sie wurden Schneider und Schreiner. Er wollte nicht, wie er es einmal nannte, daß seine Kinder auf die *‚Liebesdienste der Nachbarn und die Querelen mit der Verwaltung angewiesen sind'*.

Als Beitrag zur Bestreitung der der Gemeindekasse obliegenden Ausgaben sollte die Gemeinde Schulgeld erheben, und zwar von jedem Kind 40 Kreuzer. Weiter sollten Accidenzien von kirchlichen Handlungen berechnet und das Abnutzen der dem Lehrer zu seiner Unterhaltung beigestellten Acker und Gärten in Ansatz gebracht werden. Falls dies alles nicht ausreichte, war der Rest durch eine Umlage, bezogen auf das Steuerkapital der Ortseinwohner, aufzubringen.

Schulgeld im Jahre 1856

Im Jahr 1856 wurde das Schulgeld auf 20 xr. (Kreuzer) je Kind festgesetzt. Die Hebeliste zum 2. Semester 1856 sah Schulgeld für schulpflichtige Kinder von folgenden Familienvorständen vor:

Alles Andreas (1)	20 kr	Becker Georg II. (3)	1 fl
Becker Heinrich III. (1)	20 kr	Becker Heinrich V. (1)	20 kr
Becker Heinrich VII. (1)	20 kr	Becker Johannes IV. (2)	40 kr
Becker Konrad II. (1)	20 kr	Becker Konrad III. (1)	20 kr
Beienbach A. Elisabeth (1)	20 kr	Dörr Johannes II. (2)	40 kr
Dörr Johannes III. (1)	20 kr	Eifert Heinrich (1)	20 kr
Eifert Konrad (1)	20 kr	Eifländer Heinrich (2)	40 kr
Eifländer Johann III. (1)	20 kr	Eifländer Johann IV. (1)	20 kr
Eisenbach Heinrich (1)	20 kr	Fabel Johannes III. (2)	40 kr
Falk Johannes (3)	1 fl	Fiedler Konrad (2)	40 kr
Fink Johannes III. (1)	20 kr	Fuhr Konrad (1)	20 kr
Geisel Andreas (2)	40 kr	Geisel Georg (1)	20 kr
Gerbig Adam II. (2)	40 kr	Gerbig Andreas II. (1)	20 kr
Gerbig Heinrich IV. (1)	20 kr	Gerbig Heinrich V. (1)	20 kr
Gerbig Heinrich VI. (2)	40 kr	Gerbig Konrad (1)	20 kr
Gerbig Maria (1)	20 kr	Greb Heinrich (1)	20 kr
Habermehl Georg (1)	20 kr	Habermehl Heinrich II. (1)	20 kr
Habermehl Heinrich III. (3)	1 fl	Habermehl Lorenz (1)	20 kr
Habermehl Peter (1)	20 kr	Heß Michael (1)	20 kr
Hof Wilhelm (1)	20 kr	Hohl Heinrich (1)	20 kr
Jöckel Wilhelm (4)	1 fl 20 kr	Kaufmann Konrad (1)	20 kr
Koch Konrad (1)	20 kr	Köhler Georg (1)	20 kr
Koch Konrad (1)	20 xr	Köhler Georg (1)	20 xr
Köhler Johannes IV. (2)	40 xr	Köhler Konrad (1)	20 xr
Köhler Margarethe (1)	20 xr	Krug Johannes (1)	20 xr

Lang Heinrich (1)	20 xr	Lerch Konrad (2)	40 xr
Lippert Johannes (1)	20 xr	Mogk Heinrich (1)	20 xr
Noll Heinrich VI. (1)	20 xr	Noll Heinrich VII. (1)	20 xr
Noll Heinrich X. (1)	20 xr	Noll Heinrich XII. (2)	40 xr
Noll Jakob (4)	1 fl 20 xr	Noll Johannes V. (1)	20 xr
Noll Johannes VI. (1)	20 xr	Neeb Heinrich (3)	1 fl
Peter Karl (3)	1 fl	Peter Maria (1)	20 xr
Pfeffer Konrad (2)	40 xr	Reibeling Johannes (1)	20 xr
Rockel Johannes (1)	20 xr	Ruppel Peter (1)	20 xr
Schnell Heinrich (2)	40 xr	Schmiermund Kath. (1)	20 xr
Schmidt Johannes (1)	20 xr	Schnell Johannes (3)	1 fl
Schnicker Andreas (1)	20 xr	Schnicker Kath. (1)	20 xr
Schnicker Marg. (1)	20 xr	Schnicker Maria (1)	20 xr
Schött Peter (1)	20 xr	Schreiner Johann (3)	1 fl
Schuchard Peter (1)	20 xr	Spies Heinrich (1)	20 xr
Urstadt Johann (1)	20 xr	Urstadt Konrad (2)	40 xr
Wagner Adam (1)	20 xr	Weizel Konrad (2)	40 xr
Waldschmidt Wilh. (2)	40 xr	Wegfahrt Johannes (2)	40 xr
Wilker Jakob (1)	20 xr	Zimmer Johannes (1)	20 xr

Im 2. Semester 1856 gingen nach der oben angeführten Aufstellung 123 Kinder zur Schule. An Schulgeld erhob die Gemeinde 41 Gulden. Seit die Rechnungsbücher der Gemeinde geführt werden, war ein Abschnitt für die Schulausgaben beinhaltet. Nachdem die Ausgaben für die Schulen durch das Volksschulgesetz vom 25. Oktober 1921 vom Staat übernommen wurden, entfiel die Rubrik Schulausgaben- und einnahmen in der Gemeinderechnung.

Die Lehrer in Schwarz

1626–1642	Bast Schraaß (Schulmeister): Er wurde zwischen 1610 und 1626 von dem Superintendenten Johannes Winkelmann zum Schulmeister in Schwarz bestellt.
1677 ff.	Kaspar Winrich (Schulmeister).
bis 1749	Johann Heinrich Sterz (Lehrer): Geboren in Schwarz; † 1749.
1750-1786	Johannes Sterz (Lehrer): Geboren in Schwarz; 1720–1737 Lehrer in Reuters, 1737–1750 Lehrer in Udenhausen, † 1786 (85 Jahre alt). Er war der Bruder seines Vorgängers. Sein Adjunkt war 1773–1787 sein Sohn Johann Michael Sterz, der sein Nachfolger wurde.
1787–1811	Johann Michael Sterz (Lehrer): * 29. November 1742 in Udenhausen; Sohn des Lehrers Johannes Sterz; zuerst Bedienter bei der Fürstin von Gedern; 1773–1787 Adjunkt; 1811 emeritiert; † 25.12.1813. Sein Gehilfe war 1811 sein Sohn Johann Konrad Sterz.
1811–1812	Johann Konrad Sterz (Vikar): Geboren in Schwarz; Sohn des Lehrers Johann Michael Sterz; 1811 Schulgehilfe.
1812–1815	Kaspar Jakob Suppes (Lehrer): Geboren in Nieder-Moos.
1815–1842	Johann Heinrich Peter (Lehrer): Geboren in Hergersdorf. Sohn des Lehrers Andreas Peter; 1808–1812 Lehrer in Hergersdorf; 1812–1815 Lehrer in Nieder-Breidenbach; 1842 pensioniert, † 29.05. 1853.
1842–1845	Kaspar Lanz (Vikar): Aus Maulbach stammend. (siehe unten).
1846	Johann Georg Jost (Vikar): * 1822 in Dreieichenhain, 1840–1842 im Seminar, 1845 Vikar in Allertshofen, 1846 wegen Krankheit beurlaubt.
1846–1849	Christian Rabenau (Vikar): * 1824 in Alten-Buseck; 1841–1843 Seminar; 1843–1846 Vikar in Röthges; 1849 wg Krankheit beurlaubt.

1849–1866	Kaspar Lanz (Lehrer): * 25. Januar 1820 in Maulbach; Sohn des Landwirts Lanz; 1838–1840 im Seminar; 1840–1842 Vikar in Bernshausen, 1842–1845 Vikar in Schwarz; 1845–1846 Vikar in Groß-Felda; 1846–1849 Vikar in Bieben; 1866–1892 erster Lehrer in Angersbach; 1892 pensioniert; † 1901 in Altenburg.
1866–1910	Heinrich Walther (Lehrer): * 29.05.1845 in Langen-Bergheim; Sohn des Landwirts Walther; 1863–1865 im Seminar; 1866–1869 Vikar; 1910 pensioniert; † 1. März 1913.
1904–1929	Heinrich Lippert (Lehrer): 1904 wurde Lippert die 2. Schulstelle in Schwarz übertragen; ab 1909 Erster Lehrer in Schwarz. am 18. April 1929 pensioniert.
1911–1912	Walldorf (Schulverwalter): 2. Lehrer in Schwarz.
1912–1916	Ludwig Lehr (Lehrer): 2. Lehrer in Schwarz.
1916	Sauer (Schulverwalter): 2. Lehrer in Schwarz.
1916–1917	Morgenthaler (Schulverwalter): 2. Lehrer in Schwarz.
1917	Ludwig Lehr (Lehrer): 2. Lehrer in Schwarz.
1919–1930	Maul (Schulverwalter): 2. Lehrer in Schwarz.
1930–1935	Söhngen (Lehrer): 1. Lehrer in Schwarz.
1930–1937	Wilhelm Schütz (Lehrer): 2. Lehrer in Schwarz.
1935–1943	Heinrich Münstermann (Lehrer): 1. Lehrer in Schwarz; Dezember 1943 eingezogen; † Frühjahr 1944 an der Ostfront.
1937–1940	Karl Adam (Lehrer): 2. Lehrer in Schwarz; † 1943 gefallen.
1940	Johannes Loos (Lehrer): 2. Lehrer in Schwarz.
1943–1944	Finow (Lehrer).
1944–1945	Simon (Lehrer).
1945	Weichert (Lehrer).

Weitere Lehrer in Schwarz (ab 1945)

Fräulein Diehl von Grebenau, Lehrer Kapinus, Lehrer Möbus, Lehrer Buse, Fräulein Kling, Lehrer Brückmann, Lehrer Lied, Lehrer Lang, Frau Stanke, Lehrer Biedenkapp, Lehrer Witte.

Die Schulgebäude

Das angemietete Gebäude

In einem Bericht des Großherzoglichen Hessischen Kirchen- und Schulrates vom 30. März 1826 an die Regierung wurde darauf hingewiesen, daß schon in einem Landbaumeisterbericht vom 14. Oktober des Jahres 1818 der äußerst schlechte Zustand des Schulhauses zu Schwarz beklagt worden war. Schon im Jahr 1821 war ein Neubau in Erwägung gezogen worden, der bei Erstellung mit Lehmsteinen auf 1735 fl. und 59 kr. kommen sollte. Die Gemeinde erklärte sich zu der Maßnahme bereit, falls der ›Landständige Fonds‹ zu dem Projekt 500 fl. zusteuern würde. Doch man kam vorerst von einem Gebäude aus Lehmsteinen ab, wie Bürgermeister Ruppel am 23. Januar 1822 zu Protokoll gab. Er erklärte dies mit dem großen Holzvorkommen um Schwarz, auch wäre hier niemand, der sich mit dem Mauern von Mauersteinen verstünde. In einem Schreiben vom 30. Oktober 1823 an den Großherzoglichen Kreis- und Schulrat stellte Lehrer Peter in Schwarz fest, daß er schon seit Jahren um ein neues Schulhaus bitte, aber bis jetzt noch keine Veranstaltung dazu getroffen worden sei. Er gab zu bedenken, daß er in einer Stube seiner Wohnung, dem Schulhause, 106 Kinder und mehr unterrichten müsse und gleichzeitig seine Familie dabei wohne. Welche unangenehme Störung und welcher Verdruß und Nachteil daraus entstehe, ließe sich mehr erfühlen als beschreiben.

Dieser Zustand war entstanden, als die Lehrerwohnung, das Schulhaus und das Pfarrhaus, die alle früher bei Oddstädts standen, nach 1806 verkauft worden waren. Es wurde aber auch immer wieder die Reparatur des alten Hauses in Erwähnung gezogen. Weiter versuchte man ein besseres Schullokal anzumieten, wie sich aus einem Schreiben an den Landrat ergab:
‚Wohlgebohrener Herr, Hochgelehrter, Hochzuverehrender Herr Landrath. Jener Einwand des hiesigen Ortvorstandes, daß sich keine Stube zum Schulhalten dahier vorfände ist bestätiget, weil nicht allein der Wirth Heinrich Habermehl seine obere Stube gegen gehörige Vergütung sondern auch des Konrad Schmidts abgeschiedene Ehefrau im goldenen Hirsch ihre oberen Stuben zur Auswahl gegen gehörige Vergütung dargeboten hatten. Und auch der Wirth Heinrich Köhler ist nicht ganz abgeneigt seine obere Stube dazu herzugeben. Es wäre zwar zu wünschen, daß sich die dargebotenen Stuben nicht in Wirtshäusern befänden: Jedoch muß man sich im Nothfall vieles gefallen lassen. Es wäre sodann vielleicht nicht zweckwidrig; wenn diesen Leuten anbefohlen würde, ihre Gäste alsdann in Ordnung zu halten.‘

Am 8. Dezember 1823 gaben der damalige Bürgermeister Ruppel und der Vorsteher Noll beim Landrat zu Protokoll, daß das Schulhaus in Schwarz in Wirklichkeit nicht in dem schlechten Zustand sei, wie behauptet wurde. Sie bezweifelten die Angaben des Schullehrers Peter und steigerten sich zu der Aussage, daß der Lehrer und der Kantor Nothnagel von Grebenau, der Lehrer Peter beistand, gute Freunde seien und bei der Diffamierung des Schulhauses in das gleiche Horn stoßen würden. Der Streit um das Schulhaus eskalierte und Lehrer Peter fühlte sich ernsthaft bedroht. Sein Bericht an den Kirchen- und Schulrat zu Gießen soll ungekürzt wiedergegeben werden, zeigt er doch die Verhältnisse zwischen ihm und den Schwärzern, die wegen des Schulhauses und sonstiger Angelegenheiten anderer Meinung waren als er selbst:

‚Unterthänigste Vorstellung und Bitten von Seiten des Schullehrers Peter zu Schwarz, die Unmöglichkeit im dahiesigen Schulhause Schule zu halten, sodann die Gefahr bei dem Vier-Uhr-Läuten betreffend:
Hochverordneter Kirchen- und Schulrath, muß wohl meiner Verärgerung in dem Schulhause zu Schwarz fernerhin Schule zu halten und meine und der Schulkinder Gesundheit zu sichern auch das 4-

Uhr-Läuten fortzusetzen für Eigensinn von mir gehalten haben, indem hochderselbe, daß deren Schulunterricht hinfüro durch den Cantor Nothnagel zu Grebenau sowie das 4-Uhr-Läuten durch einen von mir zu accordierenden Stellvertreter auf meine Kosten geschehen solle, zu verordnen geruht hat. Allein dies ist wahrlich das Motiv meiner Verweigerung nicht. Es ist dem hohen Colleg bekannt, in welch erbärmlicher Gesundheit und Leben gefährdender Beschaffenheit das Schulhaus zu Schwarz sich befindet, ich berufe mich desfals nur auf das Zeugnis des Herrn Hofkammerraths Hofmann, welcher dasselbe auf seinen Amtsreisen bereits zwei Mal besichtiget hat, sowie auf der von dem Herrn Pfarrer Mönnig und von dem gedachten Cantor Nothnagel vor wenigen Tagen erstatteten Berichte.

Schon im vorigen Jahre habe ich bei Anbeginn des Winters auf der Anschaffung eines anderen Locals zur Haltung der Schule bei dem Herrn Landrathe des Bezirks bestanden, jedoch durch dessen Versicherung, daß im Laufe des nun jüngst verwichenen Sommers ein neues Schulhaus erbaut werden sollte und das Anstehen nur noch jenen Winter in dem alten Schulhaus auszudauern, mich hierzu beringen lassen. Während des letzten Sommers habe ich die Schule in der Kirche abgehalten, als aber die rauhere Jahreszeit das nicht mehr erlaubte, mein vorjähriges Gesuch um ein Local zu Winterschule erneuert, und die Unmöglichkeit in dem Schulhause ferner zu unterrichten, die außer dem Herrn Landrath Niemand verkennen wird zu erneuern, sofort im Gefühle der Pflicht gegen meine Familie für die Erhaltung meiner Gesundheit wie nicht wieder die Erhaltung derjenigen der Schuljugend Fürsorge zu tragen. Um die Sache kurz zu fassen, die Erklärung, daß ich ohne ein taugliches Local die Winterschule gar nicht anfangen könne beizufügen mich genöthigt gesehen.

Was hiernachs das 4-Uhr-Läuten betrifft, so ist die Unterlassung desselben nichts weniger als muthwillige Vernachlässigung meiner Dienstobliegenheiten, sondern ich bin dazu leider durch die höchste Gefahr gezwungen. Schon im vorigen Jahr mußte ich von einem Ausländer, der mich gutmüthig warnte, vernehmen, daß ein großer Theil der Gemeindsglieder von Schwarz bei einer Versammlung unverholen geäußert: Sie würden den Schullehrer doch noch todt schlagen und es schon bereits gethan haben, wenn sie nicht befürchteten alsdann dessen Familie ernähren zu müssen. Auf meine deshalbige Anzeige bei der Justizbehörde wurden mehrere Zeugen verhört, eine Entscheidung in der Sache ist aber noch nicht erfolgt. Gleichwohl habe ich das fragliche Läuten im vorigen Winter fortgesetzt, bis Andreas Köhler zu Schwarz mich über eine Schulstrafe, die seiner Schwägerin Knaben verdienter Maßen erhalten, auf offener Straße aufs höchste impertune Weise zur Rede stellte. Sofort nachdem ich ihm versicherte, daß ich den Knaben nicht ohne, daß er es verdient, bestrafen, man ihm aber keine Vorschrift noch weniger Verweis geben ließe, und ihm bemerkt hatte daß er, wenn er glaubte, daß dem Knaben von mir zuviel geschehe, mich bei meiner vorgesetzten Behörde verklagen möge, erwiederte: Verklagen mag ich ihn nicht, wer weiß aber, was ihm sonst begegnen kann.

Diese auffallende Bedrohung in Verbindung mit obbesagter Sinnesäußerung vieler Gemeindsglieder, sodann der mir schon früher jedoch unbewußt mehr von wem zu Ohren gekommenen Erklärung des Konrad Kern zu Schwarz: daß er für 300 fl. den Schulmeister todtschlagen wolle, machte es mir indessen rathsam, in der nächtlichen Frühe um 4 Uhr allein meine Wohnung zu verlassen, und durch das Läuten in der Kirche meinen Todtfeinden den Moment und Weg zur Ausführung ihres schändlichen Plans in die Ohren ertönen zu lassen.

Meine dieserthalbige Anzeige bei Großherzoglichem Regierungsamte blieb ohne Erfolg und hat die für die Sicherheit meines Lebens nöthige Schutzmittel nicht und eben so wenig eine Untersuchung der angegebenen Gründe, aus denen ich das 4-Uhr-Läuten nicht mehr unternehmen können, nicht bewirkt. Ich habe die Darstellung dieser Gründe, als jüngst die Periode des zukünftigen Läutens wieder eintrat, wiederholt, auch mündlich sollivitiert, von dem Herrn Landrath aber nur die Zusage erhalten, daß er hierüber, sowie über eine Verweisung der Winterschule zu beginnen, Bericht erstatten wolle, welcher ohne Zweifel die Veranlassung zu dem obgedachten nachdrücklichen Maasregeln dieser hohen Behörde gegen mich gewesen ist.

Hochdiese wird indessen aus gegenwärtiger Vorstellung des wahren Verhältnisses aus den Zeugnissen des Herrn Hofkammer-Raths Hofmann, die Berichte des Herrn Pfarrer Mönnig und des Cantors Nothnagel und einer allenfallsigen weiteren Untersuchung gnädig zu erweisen geruhen, daß nur wahrer Nothstand, nicht Eigensinn oder Widerspenstigkeit mich zu dem eingeschlagenen Weg gezwungen haben. Ich erlasse daher in zuversichtlichem Vertrauen auf die erlauchten Einsichten und bekannte Billigkeit des hohen Collegs die Bitte unter Aufhebung der zu meinem empfindlichen Schaden getroffenen profisorischen Maasgabe gerechtest gnädig zu verordnen, daß die Gemeinde Schwarz zur Anschaffung eines zum Abhalten der Winterschul tauglichen Locals nachdrücklich so wie zur demnächstigen Bauung eines neuen Schulhauses anzuweisen, auch mir zur Verrichtung des 4-Uhr-Läutens genügende Sicherheit meines Lebens und gegen alle Mißhandlungen zu verschaffen sei, auch mir zum Kostenersatze zu verhelfen.' – Gießen, am 19. November 1823; Der Rubrikat J. H. Peter.

Nach langen Hin und Her erklärte der Kirchen- und Schulrat, daß man die Reparation als einem einstweiligen Abhilfsmittel nachgeben möge, wenn durchaus nicht gebaut werden konnte oder sollte. Aufgrund eines Dekrets verpflichtete der Landrat Follenius von Romrod die Zimmer- und Maurermeister Krömmelbein und Weber, um das Schulhaus in Schwarz aufzunehmen und zu zeichnen, sowie Reparaturvorschläge zu machen. Zeichnung und Bericht wurden am 7. November 1824 dem Kirchen- und Schulrat in Gießen übermittelt.

Die Kosten für die Verbesserungsarbeiten schätzte man auf 503 fl. und 20 kr. Dabei wurde in Betrachtung gezogen, daß *‚die unteren Balken respektive die unteren Durchzüge 6' 3" (6 Fuß, 3 Zoll) respektive 5' 4" (altes Maß 75" und neues Maß resp. 64") hohe, 285" breite und 190" lange Stube, um eine leidliche Höhe von 10" neuen Maßes zu haben, diese Stube um 3 ½ Fuß vertieft werden müßte. Das sei möglich, weil ein Keller vorhanden sei‘*. Von anderer Stelle wurde jedoch vorgebracht, daß die angegebenen Kosten bei einer Tieferlegung des Schulraumes bei weitem überschritten würden. Auch zog man in Erwägung, daß bei dem vorhandenen Flächenraum von 541□' (Quadratfuß □') selbst für die bestehenden 100 Kinder, auf eines gerechnet 6□', nicht einmal der notdürftigste Raum gewährt sei. Man war also der Meinung, für die Zukunft betrachtet sei eine Reparatur des alten Schulhauses nicht sinnvoll.

Aus dem oben gesagten muß noch einiges erläutert werden. Der Fuß oder Schuh (›'‹) wurde vor 1817 regional und örtlich verschieden mit 27–30,5 cm bewertet. Hier wurde er mit 28,8 cm gehandelt, ab 1817 entsprach 1 Fuß gleich 12 Zoll oder nach heutigem Maß 30 cm. Ähnlich verhielt es sich mit dem Zoll (›"‹). Ursprünglich die Länge des 1. Daumengliedes, 1/10 bis 1/12 Zoll oder 2,4 cm, wurde er nach 1817 auf 2,5 cm festgesetzt. Umgerechnet hatte der Schulsaal also eine lichte Deckenhöhe von 187,2 cm. Aber unter dem Unterzug war nur eine Höhe von 159,6 cm vorhanden. Die Fläche des Schulraumes betrug mit 541 Quadratfuß ungefähr 48,70 m^2, das machte bei hundert Kindern cirka einen halben Quadratmeter für jedes einzelne Kind aus.

Siehe auch das Kapitel ›Maße und Gewichte‹.

Das neue Schulgebäude

Der Kirchen- und Schulrat zu Gießen stellte nun den Antrag, die Regierung möge der Gemeinde gnädigst erlauben, ein neues Schulhaus in Holz zu erbauen. Für das vorgesehene Fachwerkhaus war ein neuer Kostenanschlag in Höhe von 1365 fl. erstellt worden. Gegenüber dem ursprünglich vorgesehenen Haus mit Lehmsteinen, welches man mit 1735–1875 fl. veranschlagt hatte, war dies eine Ersparnis und so schlug man vor, der Gemeinde auch nur einen Zuschuß von 300 fl. zu gewähren.

Abb. 33: Das Schulhaus aus dem Jahre 1827. (Zeichnung: Gerhard Habermehl nach Akten aus dem StAD, Abt. G15 Alsfeld, Nr. M 402).

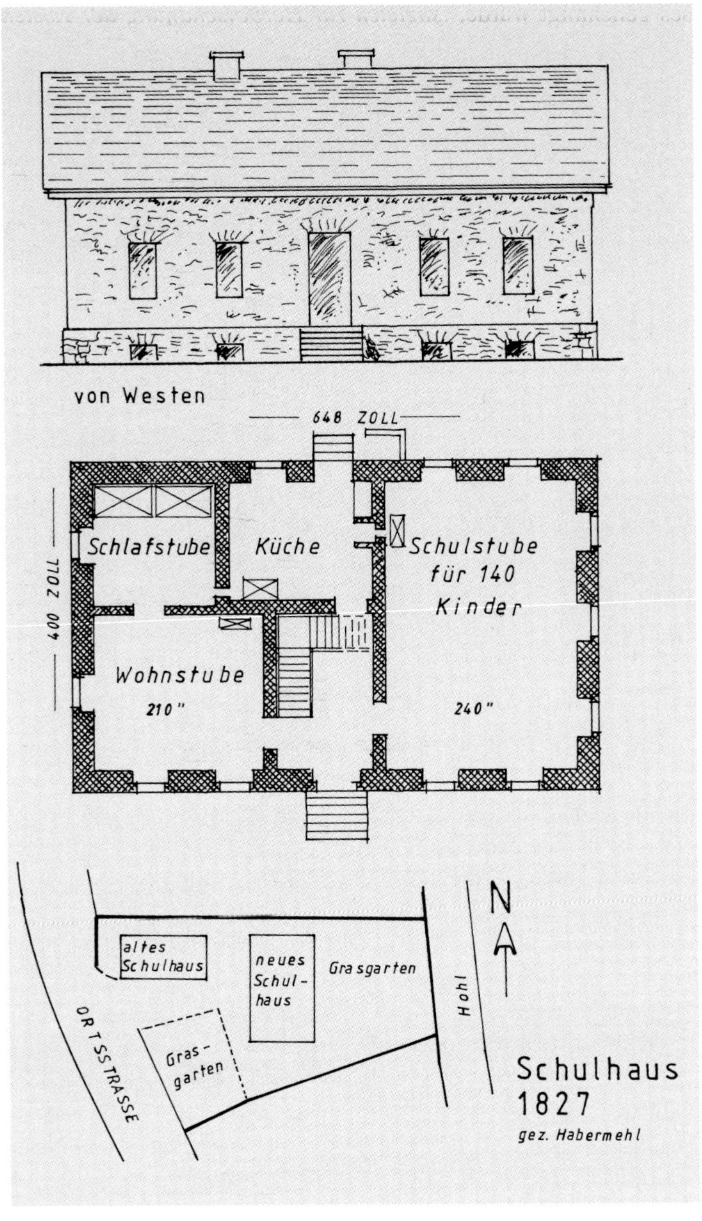

Schließlich wurde doch einem Massivbau der Zuschlag erteilt. Nun erschien Bürgermeister Noll bei Landrat Follenius in Romrod und gab zu Protokoll, daß man in Schwarz gar keine Mauersteine zur Verfügung habe und wegen der schwachen und schlechten Bespannung solche bei weitem nicht haben könne. Er meinte, daß der Neubau vom Fundament bis zum ersten Stockwerk in Mauersteinen und nur der Rest des Baues *‚aus Lehmsteinen und Holz thunlich sey'*. Er hoffe auch auf den Fall des Lehmsteinbaus die bewilligten 300 fl. in Anspruch nehmen zu können und versprach, sobald dieses genehmigt würde, *‚sogleich zur Herbeyschaffung der Kosten und Verfertigung der Lehmsteine die Veranstaltung zu treffen'.*

Endlich, am 17. August 1826 ging die Verfügung des Großherzoglich Hessischen Kirchen- und Schulrats der Provinz Oberhessen in Gießen an den Landrat Follenius in Romrod und den Kircheninspektor Vietor in Alsfeld, die Bauarbeiten zur Schule in Schwarz in die Wege zu leiten. Der Bau war nun mit 1535 bis 1600 fl. veranschlagt worden und der Zuschuß betrug nach wie vor nur 300 fl. Die Gemeindevertretung wurde wieder beim Landrat vorstellig, um auf ihr Unvermögen hinzuweisen, die restlichen Mittel aufzubringen und man nur die Möglichkeit sehe, ein Darlehen von 1000 fl. aufzunehmen. Ein erneutes Schreiben des Kirchen- und Schulrates an den Landrat und den Kircheninspektor vom 19.10.1826 besagte: *‚Nach der hierunter erfolgten höchsten Ministerialverfügung ist der fraglichen Gemeinde erlaubt worden, das Schulhaus in Lehmsteinen erbauen zu dürfen, wie nicht weniger ist ihr die bereits zugesagte Unterstützung von 300 fl. belassen worden, indem wir Sie daher hiervon in Kenntnis setzen, weisen wir Sie an, nunmehr nach unserem Schreiben vom 17ten August d. J. vorzuschreiten, nach deßen Erledigung erst die verwilligte Summe angewiesen wird.'*

Als am 30. Dezember des Jahres 1826 der Großherzogliche Oberförster Kobelt zu Schwarz sich in einer Bescheinigung bereit erklärte, der Gemeinde Schwarz das fehlende Geld zum Schulhausbau zu leihen, kam man endlich voran. Am 10. 01.1827 erfolgte die Ausschreibung für die Arbeiten zum neuen Schulhaus und zwar zu einem Bau aus Lehmsteinen. Die Ausschreibung beinhaltete:

a.	*Zimmerarbeit*	*126 fl*	*— xr*
b.	*Maurerarbeit*	*356 fl*	*22 xr*
c.	*Schreinerarbeit*	*127 fl*	*36 xr*
d.	*Schlosserarbeit*	*41 fl*	*6 xr*
e.	*Glaserarbeit mit Material*	*202 fl*	*21 xr*
f.	*ca. 98 Malter Kalk*	*163 fl*	*20 xr*
g.	*35000 Stück Lehmsteine, welche zum Teil von der Gemeinde gefertigt werden*	*70 fl*	*— xr*
h.	*700 Stück Backsteine*	*8 fl*	*24 xr*
i.	*Stroh und Kühhaare*	*10 fl*	*30 xr*
k.	*Sandsteinplatten, Treppensteine, Kellertürgewände*	*105 fl*	*54 xr*
l.	*Eiche und Tannen Diehlen*	*207 fl*	*14 xr*
m.	*850 St. Latten*	*85 fl*	*— xr*
n.	*Speicher-, Thor- und Decknägel*	*49 fl*	*32 xr*
o.	*14.000 St. Ziegel und 70 St. Fürstziegel*	*172 fl*	*40 xr*
	Insgesamt	***1735 fl***	***59 xr***

Der Schlitzer Landrat Hohmann teilte am 24. Januar 1827 dem für Schwarz zuständigen Romröder Landrat auf dessen Verlangen mit, daß die Schlitzer Handwerker Maurermeister Johannes Metzendorf, Zimmermeister Adam Knoblauch, Häfnermeister Johannes Zoll und Schlossermeister Johannes Thöt zünftige Meister seien.

Auf diese Feststellung wurde damals besonderer Wert gelegt. Er bescheinigte zudem, daß deren Vermögensverhältnisse die Übernahme der Arbeiten zuließe und sie würden auch die nötige Sicherheit zur Durchführung der Bauarbeiten gewährleisten. Die Versteigerung war am 25. Januar 1827:

Tabelle 4: Versteigerung der Bauarbeiten zum Neubau der Schule am 25. Januar 1827

Nr.	Beschreibung und Bieter	fl.	xr.
I.	**Die Mauer- und Weißbinderarbeit:**		
	Bei ersterer übernimmt die Gemeinde außer der Ausgrabung des Fundaments und die Lieferung der Bruchsteine nichts, als alle erforderlichen Fuhren und die Kost der Arbeitsleute. Ferner übernimmt die Gemeinde bei der Weißbinderarbeit den Kalk, die Aheid, die Haare, das Stroh, das Schalholz, nebst der Kost.		
	Es boten: Johannes Metzendorf von Schlitz	450	----
	Conrad Berlau von Reinrod	300	----
	Johannes Weiß von Wallersdorf	295	----
	Conrad Berlau	290	----
	Johannes Weiß	285	----
	Conrad Berlau	280	----
	Conrad Berlau, welchem als Meistbietendem der Zuschlag geschah, gez. Conrad Berlau		
II.	**Zimmerarbeit:**		
	Die Gemeinde liefert das Holz und gibt die Kost.		
	Es boten: Adam Knoblauch von Schlitz	180	----
	Eberhard Heidelbach von Alsfeld	125	----
	Andreas Gerbig aus Schwarz	100	----
	Heidelbach	95	----
	Gerbig	90	----
	Heidelbach	85	----
	Gerbig	50	----
	Heidelbach	40	----
	Knoblauch	35	----
	Gerbig	30	----
	Andreas Gerbig, welchem als Meistbietendem der Zuschlag geschah, gez. Andreas Gerbig		
III.	**Schreinerarbeit:**		
	Ohne Kost und Materialien.		
	Es boten: Johannes Greeb von Schwarz	400	----
	Johannes Harres von Oberbreitenbach	350	----
	Jacob Fuchs von Alsfeld	300	----
	Heinrich Hees von Kirtorf	280	----
	Heinrich Kimpel von Hopfgarten	270	----
	Jacob Demmer, Schwarz (stieg später ein)	170	----
	Harres	165	----
	Greeb	160	----
	Kimpel	155	----
	Demmer	150	----
	Greeb	145	----
	Demmer	140	----
	Jacob Demmer, welcher den Zuschlag erhält, gez. Jacob Demmer		
IV.	**Schlosserarbeit:**		
	Ohne Kost und Materialien.		
	Es boten: Johannes Thöt von Schlitz	50	----
	Justus Bornemann von Alsfeld	34	----
	Thöt	30	----
	Bornemann	28	----
	Pfannmüller zu Grebenau	27	----
	Bornemann	26	----
	Justus Bornemann, welcher den Zuschlag erhält, gez. Justus Bornemann		
V.	**Glaserarbeit:**		
	Gleichfalls ohne Kost und Materialien.		
	Es boten: Konrad Noll von Alsfeld	230	----
	Friedrich Klingel von Kirtorf	225	----
	Johannes Greeb von Schwarz	200	----
	Jacob Demmer von Schwarz	195	----
	Noll	180	----
	David Listmann von Alsfeld	170	----
	(Listmann, Noll und Greeb trieben sich über eine Reihe weiterer Gebote nach unten, bis schließlich Listmann der Zuschlage erteilt wurde mit:)	112	----
	David Listmann, welchem den Zuschlag erteilt wurde, gez. David Listmann		

Nr.	Beschreibung und Bieter	fl.	xr.
VI.	**Schieferarbeit:**		
	Ohne Kost und so, daß der Steindecker die Negel, sonst nichts, stellt.		
	Als einziger Bieter erschien Jacob Rößner von Alsfeld und bot:	26	----
	Die Gemeinde behält sich ihren Willen vor, gez. Jacob Rößner		
VII.	**Die Lieferung von 14.000 Plattziegel à 12 Zoll Höhe, 7 Zoll Weite (pro 1000 Stück):**		
	Die Gemeinde besorgt das Fahren.		
	Es boten: Adam Kalbfleisch u. Johannes Greb von Udenhausen	12	----
	Heinrich Etling von Alsfeld	11	----
	Kalbfleisch und Greb	10	----
	Etling	9	50
	Kalbfleisch und Greb	9	10
	Adam Kalbfleisch und Johannes Greb, welchen der Zuschlag erteilt wurde, gez. Adam Kalbfleisch, Johannes Greb		
VIII.	**Die Lieferung von 70 Forstziegel à 3 xr.:**		
	Es bot: Johannes Kalbfleisch	3	30
	Johannes Kalbfleisch, welcher den Zuschlag erhält, gez. Johannes Kalbfleisch		
VI.	**Die erforderlichen Latten, ganz strack zu 2 Zoll breit und 1 Zoll dick:**		
	Es boten: Heinrich Gerbig	1 ½ Pf	----
	Andreas Gerbig	1 Pf	----
	Andreas Gerbig, welchem der Zuschlag geschieht, gez. Andreas Gerbig		

Tabelle 4 (Fortsetzung).

Damit waren die Arbeiten zum Schulhausneubau vergeben. Am 25. März 1827 machte Lehrer Peter den Landrat auf die wenigen vorgesehenen Räume für seine Wohnung im neuen Schulhause aufmerksam. Die Küche, das Wohnzimmer und die Kammer, in die gerade vier Betten für ihn, seine Frau und die Kinder gingen, seien zu wenig. Er schlug vor, den Dachboden auszubauen. Am 30. März mahnte Bürgermeister Noll bei der Kreisbehörde höflichst an, die Genehmigung zum Schulhausbau zu gewähren, da sich die Unternehmer, hier insbesondere der Glasermeister Listmann, anderweitig Arbeit suchen würden.

Laut Bürgermeisterbericht an den Landrat Follenius zu Romrod sollte Ende April endlich mit den Mauerarbeiten begonnen werden. Da nun der Maurermeister Johannes Berlau von Rainrod zwischenzeitlich verstorben war, übertrug die Gemeinde dem Zimmermeister Andreas Gerbig die Mauerarbeiten. Aber letzterer mußte aufgrund einer Anordnung des Landrats vom 27. Mai 1827 die Arbeiten vorerst wieder einstellen, da ihm zur Auflage gemacht worden war, sich zuerst mit den Erben Berlau auseinanderzusetzen. Mit Verfügug des Gr. Hessischen Kirchen- und Schulrats der Provinz Oberhessen vom 28. Juni 1827 an Landrat Follenius wurde dem Zimmermeister Gerbig schließlich gestattet, die Mauerarbeiten weiterzuführen, wenn er sie zu den Bedingungen des verstorbenen Konrad Berlau übernehmen würde. Dem Schreinermeister Demmer zu Schwarz und dem Glasermeister Listmann in Alsfeld wurde am 1. bzw. 17 Oktober 1827 behördlich befohlen binnen 8 Tagen ihre Arbeiten abzuschließen, widrigenfalls würden die Arbeiten auf Kosten beider nochmals versteigert.

Am 13.11.1827 mußte Bürgermeister Noll über den Stand des Neubaus berichten. Unter *‚Die Erneuerung der Schule zu Schwarz, nebst dem angeblichen Abgang eines Schullocals‘* teilte er dem Kirchen- und Schulrat mit, daß das neue Schulhaus bis auf das Einsetzen der Fenster durch den Glaser Listmann fertiggestellt sei. Dieser war mit seiner Arbeit in Verzug geraten. Da man aber das alte angemietete Schulhaus seinem Besitzer zurückgegeben habe, und dieser es jetzt selbst bewohne, müsse die Schule für einige Zeit ausfallen.

Nochmals am 1. Dezember beschwerte sich Bürgermeister Noll beim Landrat über den Schreinermeister Demmer aus Schwarz, der die Türen zum Schulhaus noch nicht vollständig eingebaut hatte: *‚Da Rubrikat bis jetzt noch keine Thüren am neuen Schulbau bearbeitet hat, als die wo die Schule gehalten wird, durch zu viel Offenheit des Schulhauses brenndt kein Feuer in dem Ofen, auch bringt es kälte in die Stube, wo die Kinder unterrichtet werden. ...‘*

Am ärgsten traf die schleppende Arbeit den Schullehrer. Er wandte sich am 29. Oktober 1827 an das Großherzoglich Hessische Hochverordnete Regierungsamt wegen der *‚Bauung des neuen Schulhauses und dessen Mängeln, sowie der Benutzung daselbst‘*. Das neue Schulhaus sollte laut Versteigerungsprotokoll bis zu Ende des Monats Julius d. J. (Juli) fertiggestellt sein, aber es wäre immer noch nicht fertig. So wie er selbst die Sache einschätze, sei mit einer Fertigstellung im Jahre 1827 nicht mehr zu rechnen. Er bemängelte auch, daß die Arbeiten nicht sauber ausgeführt würden, sondern die Unternehmer nur an ihren Verdienst dächten.

Lehrer Peter rügte die schlechte Aufteilung des neuen Schulhauses. Das alte hätte viel mehr Räume enthalten. Es hätte aus Wohnhaus, Scheuer, Vieh- und Schweinestall bestanden, alles unter einem Dach. In dem alten Schulhaus hätte die Scheuer auch als Ort für die Aufbewahrung des Holzes benutzt werden können. Als aber mit dem Bau des neuen Schulhauses begonnen worden sei, hätte man Scheune und Stall gleich abgebrochen und das bloße Häuschen stünde nun noch alleine da. Er schrieb wörtlich:
‚Es fehlt nun an einem schicklichen Local zum Holz, an einem Küh- und Schweinstall, so wie an den schon genannten Nothwendigkeiten. Sollte vielleicht eingewendet werden wollen: daß der jetzige Schullehrer seine Besoldung nicht mehr in Naturalien sondern in Geldbesoldung nehmen, so ist es doch allerdings ersichtlich, daß ohne eine Kuh und Schwein zu halten, man auf einem Dorf nicht leben kann, um so mehr hier in diesem Ort. Daraus würden nur Vorwürfe entstehen, wenn der Schullehrer die Milch kaufen wollte, und dies wäre auch hier aus anderen Gründen unmöglich. Die erwähnten Gegenstände könnten aber leicht ersetzt werden, wenn aus dem Holz von dem noch jetzt stehenden alten Schulhaus ein kleines Nebengebäude hergestellt würde.

Übrigens stütze mich auch auf den Besitzstand und nach diesem werden mir jährlich 7 fl. für die Wohnung an der Besoldung in Abzug gebracht. Alles dies wolle das Großherzogl. Heßische Hochverordnete Regierungs-Amt huldreich in Erwähnung ziehen und des Weiteren fortgeneigt berücksichtigen.'

Doch auch im Mai 1828 hatte sich am Zustand des neuen Schulgebäudes und der erforderlichen Nebenräume laut einem Schreiben des Lehrers noch nichts geändert. Im März 1833 erfolgte dann die Ausschreibung der Zimmer-, Mauer- und Schreinerarbeiten zur Erbauung einer Scheuer nebst Stallung bei der Schule. Veranschlagt waren die Zimmerarbeiten mit 60 fl., die Mauerarbeiten mit 65 fl. und die Schreinerarbeiten mit 20 fl. Die Versteigerung erfolgte am 10.4.1833. Als Zimmermeister erschienen Andreas Gerbig und Konrad Fiedler, beide aus Schwarz. Den Zuschlag erhielt Konrad Fiedler für 40 fl. Zu den Mauerarbeiten boten Johannes Weiß aus Wallersdorf, Johannes Hammel aus Rainrod und Konrad Minor aus Grebenau. Den Zuschlag erhielt Hammel für 75 fl. Die Schreinerarbeiten wurden nicht versteigert, da man erst abwarten wollte, welche Türen vom alten Schulgebäude noch genutzt werden konnten.

Die Schulscheuer wurde 1833 mit Tenne, Stall und Holzverschlag erbaut, sie erhielt 1864 einen Anbau und stand auf dem Platz des heutigen neuen Schulgebäudes. Besondere Wünsche, die der damalige Schullehrer noch bezüglich der Erweiterung des Öconomiegebäudes vorbrachte, wurden von der Gemeinde mit der Begründung abgelehnt, sie habe wegen der Schule schon genügend Ausgaben, und durch das neue Besoldungsgesetzes vom 22.11.1864 seien die Lehrer ausreichend versorgt. Zudem sollten die Schullehrer nach höherer Bestimmung keine Landwirte mehr sein, denn sie seien nach der Besoldungserhöhung nun so gestellt, daß sie das nicht mehr nötig hätten.

Der Schulbrunnen

Der Nachfolger von Lehrer Peter, Schullehrer Lanz hatte mit dem Gemeinderat seine dauernde Last wegen des Schulbrunnens und seiner Wohnung. Die Gemeindevertretung zeigte sich immer sehr hartnäckig, wenn für die Schule und die Lehrerwohnung Geld ausgegeben werden sollte. Man sollte allerdings mit der Gemeinde ein Nachsehen haben, denn sie war, wie alle anderen in der Umgegend, nicht übermäßig wohlhabend. Lehrer Lanz schrieb am 21. Oktober 1850 an die Regierungskommission in Alsfeld:
,Die hiesigen Gemeindebrunnen sind von der Schulwohnung soweit entfernt, daß deren Benutzung sowohl für meine eigene Haushaltung als auch für die Schüler nicht ohne große Mühe und Zeitverschwendung stattfinden kann. Es findet sich deshalb auch in dem Schulhofe zwar ein Brunnen vor, der aber weder mit einer

Pumpe noch Ziehwerk versehen ist, was wegen der Tiefe nöthig wäre. Auf eine Eingabe an den Ortsvorstand dahier, den Schulbrunnen zur Benutzung herstellen zu lassen, theilte mir der Bürgermeister Schuchardt[48] *mit, daß der Gemeinderath mir hierzu 5 fl. verwilligt habe, wofür ich mir ein Ziehgestell könne machen lassen; auf eine Mehrausgabe jedoch seitens meiner, nach späterer Entfernung von hiesiger Stelle, keine Eigenthumsrechte zu beanspruchen hätte. Da aber voraussichtlich für dieses Geld nichts hergestellt werden kann, überdies auch eine Pumpe mit einem Vorrathsgefäße für die Schule weit zweckmäßiger erscheint, als ein Ziehbrunnen, so könnte ich auf diese halbe Maßregel nicht eingehen, und wende mich deßhalb an Gr. Reg. Amt mit der Bitte, dem Ortsvorstande dahier die ganze Herstellung des Schulbrunnens aufzugeben.' – gez.: Lanz, Schullehrer*

Lanz beschwerte sich zudem, daß die von dem früheren Bürgermeister Noll vor seinem Zuzug nach Schwarz im Jahre 1849 zugesagten Arbeiten, nämlich die Herstellung von zwei Krippen und Raufen im Stall, nun von ihm selbst bezahlt werden sollten, und der *‚Sparheerd in der Schulküche nur zwei Greppen'* besitze, wovon eine Risse zeige und damit unbrauchbar sei. Der neue Bürgermeister Schuchardt weigere sich aber die Kosten zu übernehmen. Die Großherzoglich Hessische Regierungs-Commission zu Alsfeld gab zwar dem Lehrer Lanz in allen Punkten recht und wies die Gemeinde an, die Kosten zu übernehmen, aber im Jahre 1852 war die Sache noch immer nicht ausgestanden.

Die Schulaborte

Ein dauerndes Ärgernis für Gemeinde, Schulvorstand und Behörde waren die Schulabtritte. Obwohl die Schulkommission in Alsfeld mehrmals die Gemeinde aufforderte, Mißstände zu beheben, weigerte sich letztere, die Aborte auf den gesetzlich vorgeschriebenen Zustand zu bringen. Finanzielle Gründe wurden angegeben. Am 12. Mai 1885 wandte sich die Großherzogliche Kreisschulkommission Alsfeld massiv an den Schulvorstand in Schwarz:
‚Soweit bekannt, ist nur ein einziger Schulabtritt vorhanden. Wir sehen Ihrer baldigen Äußerung entgegen, warum sämtliche Mitglieder sich dahier ausgesprochen haben, daß abermals den gesetzl. Bestimmungen nicht entsprochen werden soll und zwar um die Gemeinde von Unkosten zu bewahren. Unter der Verweisung auf § 10 der bekannten Bauvorschriften und des § 20 Ihrer Instruction machen wir Sie darauf Aufmerksam, daß die Gemeinde Schwarz zwar in ärmlichen Verhältnissen sich befindet, aber doch noch nicht soweit heruntergekommen ist, daß sie in Jahrzehnten etwa 80 Mark zur Herstellung des Schulabtritts nicht aufbringen kann ...'

[48] Anm.: Schuchardt war der Schwiegersohn des vormaligen Bürgermeisters Noll

Der Schulvostand setzte sich aus dem Vorsitzenden, hier dem Pfarrer, dem Bürgermeister und zwei Beigeordneten zusammen. Man versprach, Abhilfe zu schaffen, und am 12.04.1886 berichtete Bürgermeister Krug dem Kreisamt in Alsfeld: '*Auf hohe Verfügung vom 15. d. M. beehren wir uns ganz ergebenst zu berichten, daß die neuen Schulabtritte schon seit Oktober 1885 hergestellt sind. ...*'

Die gestiegene Anzahl der Schüler bewog die Gemeinde im Jahre 1890 ein weiteres Schullokal anzumieten und von der Behörde wurde eine zusätzliche Schulstelle eingerichtet. Bei dem Schulsaal handelte es sich um den ehemaligen Fabrikraum des Landwirtes, Kaufmanns, Webers und Wirts Fuhr, der nach Altenburg verzogen war und dort die Fuhrsche Fabrik, eine Sack- und Juteweberei, betrieb. Pfarrer Fritsch schrieb dazu in der Kirchenchronik:
'*Da die Anzahl der Schulkinder schon seit Jahren auf 150 gestiegen ist, wurde vom Großherzogl. Ministerium eine 2. Schulstelle errichtet. In dem ehemaligen Fuhrschen Haus, zur Zeit im Besitz des Andreas Krug, wurde Saal und Lehrerwohnung gemietet und eingerichtet und Anfang des neuen Schuljahres vom Vorsitzenden des Schulvorstandes dem Gebrauch übergeben und Schulvikar E. Buss von Rodheim eingeführt.*'

Am 2. Mai 1900 wurde das Pissoir der I. Klasse beanstandet aber am 30. Mai meldete man schon den Vollzug der durchgeführten Reparaturen. Mit dem Schulhausneubau in 1904 wurden auch die Toiletten erneuert.

Das neue Schulhaus 1901–1904

Der alte Schulsaal für 140 Schüler und 8 Klassen aus dem Jahre 1827 war schon immer zu klein. Die Gemeinde beschloß nun, eine neue Schule zu bauen. Die erste diesbezügliche Gemeinderatssitzung war am 4.11.1901, und es wurde folgendes beschlossen:
'*Es sollen zwei Schulsäle mit einer Lehrerwohnung gebaut werden und zwar auf dem Gelände hinter dem dermaligen Schulhaus. Das vorhandene Schulhaus soll zur Lehrerwohnung eingerichtet werden. Mit der Ausführung des Bauvorhabens soll im Frühjahr 1902 begonnen werden. Großherzoglicher Kreisbauinspektor soll um Aufstellung von Plan und Kostenvoranschlag ersucht werden. Um Erwirkung eines namhaften Staatsbeitrages wird gebeten.*'

Bereits am 7. November wurde der vorgeschlagene Platz hinter dem alten Schulhaus von der Kreisverwaltung besichtigt. Man lehnte jedoch diese Fläche wie auch einen vorgesehenen Bauplatz neben der Kirche ab. Es wurde daraufhin der Abbruch der alten Schulscheuer vorgeschlagen, um dort das neue Schulhaus zu errichten. Der Gemeinderat sollte sich um ein neues Baugelände bemühen, und so erfolgte die nächste Sitzung in dieser Sache:

Geschehen, zu Schwarz am 24. Januar 1902. Betreffend die Erbauung eines neuen Schulhauses zu Schwarz. Der in gesetzlicher Anzahl versammelte Schulvorstand und Gemeinderat verhandelte heute in Gegenwart des Gr. Kreisrats und des Gr. Kreisbauinspektors über das rubr. Projekt und es wurde folgendes beschlossen:

1. Es soll ein einklassiges Schulhaus für 80–90 Kinder mit einer Lehrerwohnung an Stelle der jetzigen Schulscheuer erbaut werden; der hierzu erforderliche Geländestreifen von etwa 5 m Breite soll von dem Nachbarn Heinrich Jost Becker erworben werden.
2. Auf Oekonomiegebäude, Scheuer pp. wird seitens des Lehrers ausdrücklich verzichtet und der Schulvorstand erteilt hierzu seine Genehmigung.
3. In dem Nebengebäude soll neben den Schulabtritt ein geeigneter Raum zur Unterbringung der Holzvorräte für die beiden Schulen vorgesehen werden.

Schulvorstand: Volp; Walther, Lehrer; Hch. Peter Becker; Jakob Wagner; Krug. Gemeinderat: Joh. Konr. Becker; Hch. Becker IX.; Jakob Wagner; Johs. Weizel; Konr. Dörr; Johs. Gerbig I.; Konrad Ruppel; Gg. Hch. Jöckel; Hch. Peter Becker. Bürgermeister: Krug.

Zur Planung des Schulhauses wurde der Schulvorstand aufgefordert den Nachweis über die Schülerzahl der letzten 7 Jahre und die Geburtenzahl der letzten 5 Jahre zu ermitteln. Die Aufstellung erfolgte durch Lehrer Heinrich Walther am 29. Januar 1902:

Tabelle 5: Die Schüler- und Geburtenzahlen v. 1895–1901.

Zahl der Schüler						Zahl der Geburten			
Schuljahr	1. Kl.	2. Kl.	insges.	Zug.	Abg.	Jahr	insges.	Zug.	Abg.
1895/96	71	92	163	---	---	---	---	---	---
1896/97	63	99	162	0	1	---	---	---	---
1897/98	66	84	158	0	12	1897	19	---	---
1998/99	71	79	158	0	0	1898	34	15	0
1899/00	75	73	148	0	2	1899	16	0	18
1900/01	74	69	143	0	5	1900	29	13	0
1901/02	75	72	147	4	0	1901	20	0	9

Die alte Schulscheuer wurde öffentlich auf Abbruch versteigert und die Gemeinde erwarb von Heinrich Jost Becker einen Streifen des Beckerschen Grundstücks für 1 Mark pro m^2, und so stand dem Schulhausneubau nichts mehr im Wege. Der Gemeindevorstand teilte im Herbst 1903 der Kreisbehörde mit, daß nach Anhörung des Gemeinderats und im Benehmen mit dem Schulvorstand die Einweihungsfeier zum neuen Schulgebäude am 8. November 1903 stattfinden solle und er lade herzlich dazu ein. Die Zugaufstellung des Festzuges beginne um 2 Uhr am Ortseingang beim Pfarrhaus und auf Wunsch könne ein Programm durch einen der beiden Lehrer zugesandt werden.

Die Feier fand unter Teilnahme des ganzen Dorfes, den Lehrern Walther und Lippert, sowie des Pfarrers Dr. Volp und des Bürgermeisters Krug statt. An auswärtigen Gästen waren der Kreisschulmeister Herr Mathes, der Kreisrat Herr Melior und der Kreisstraßenmeister Herr Braun aus Alsfeld erschienen. Unter den Klängen der Musikanten bewegte sich der Festzug vom Anfang des Dorfes in der Alsfelder Straße beginnend, bis zum bisherigen Schullokal im Hause des Andreas Krug, wo Lehrer Lippert in herzlich schwungvoller Rede von den alten Räumen Abschied nahm. Anschließend ging es weiter durch die festlich geschmückten Straßen des Ortes zum neuen Schulhause, wo schließlich die eigentliche Einweihungsfeier stattfand.

Die Arbeiten waren allerdings zu diesem Zeitpunkt noch nicht ganz fertiggestellt. Die Baukosten beliefen sich bis zum Frühjahr 1904

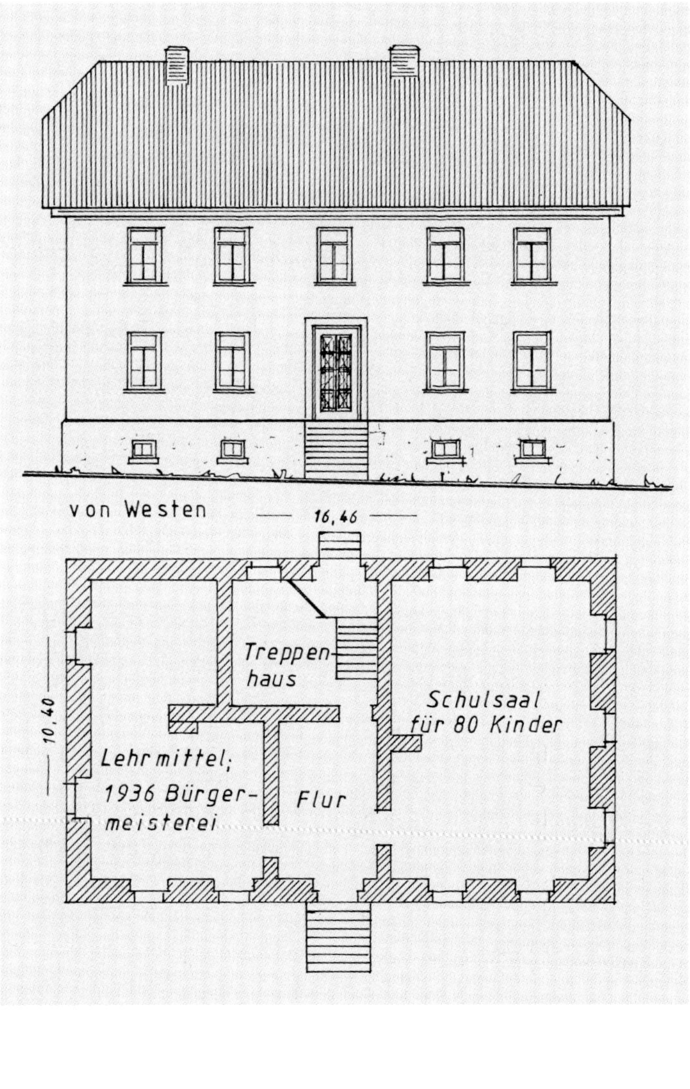

Abb. 34: Die alte Schule von 1827 nach der Aufstockung im Jahre 1923 in der Westansicht. (Zeichnung: Gerhard Habermehl nach Akten aus dem StAD)

auf ungefähr 17.000 Mark, davon waren 3.500 Mark Staatszuschuß. Noch im Jahre 1906 mußte die Verschindelung des Westgiebels von der Kreisverwaltung angemahnt werden. Der Zeit entsprechend wurde ein schöner Bau mit mehreren Stilelementen errichtet. Dominierend war der Jugendstil.

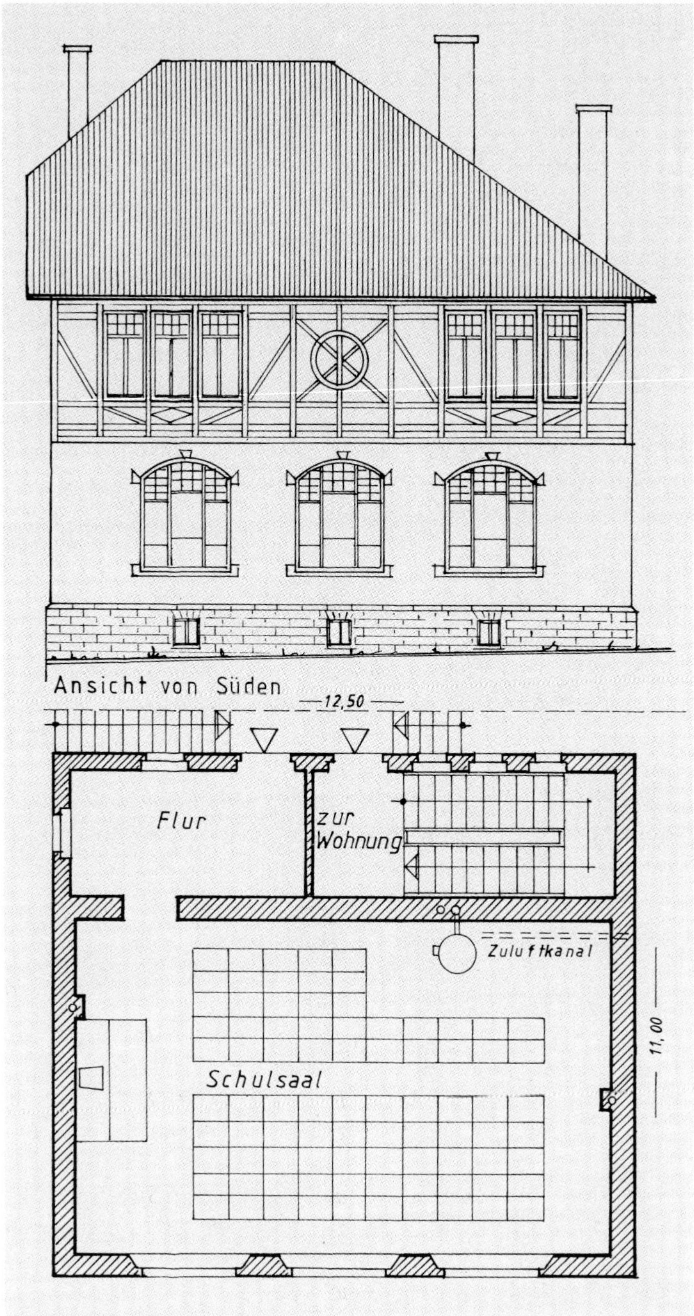

Abb. 35: Das neue Schulhaus v. 1903 – ein Gebäude mit mehreren Stilelementen (Südansicht).

Weitere Baumaßnahmen

In den Jahren 1922 bis 1923 wurde von dem damaligen Lehrer Lippert und seinen Schülern das alte Schulhaus mit einem zweiten Geschoß versehen. Für diese Baumaßnahme gab es einen Staatszuschuß in Höhe von 50.000 Mark. Die Schulmauer wurde im Jahr 1928 errichtet, um den Schulhof zu vergrößern und den Schülern ausreichend Bewegung zu gestatten.

Das Ende des Schulbetriebes

Der Schulbetrieb wurde aufgrund der Schulreformen aus dem Jahr 1968 eingestellt. Die Kinder wurden daraufhin in der Mittelpunktschule in Grebenau eingeschult. Im Jahre 1981 erwarb die Familie Willi Krug (Gastwirtschaft Hirsch) das Schulgelände mit den beiden dazugehörenden Schulbauten. Die alte Schule von 1827 wurde 1983 abgebrochen.

Die Stadt Grebenau kaufte nach den tragischen Ereignissen in der Familie Krug aufgrund eines Beschlusses der Stadtverordnetenversammlung vom 1. März 1990 das Anwesen Krug mit dem Schulgelände und dem neuen Schulhaus von 1903. Schließlich wurde, wie sich später herausstellte, das Gebäude an einen Spekulanten aus Frankfurt weiterveräußert.

Die Hessische Schulstatistik

Die nun folgenden Aufzeichnungen zur Schule in Schwarz stammen von dem Lehrer H. Krapp, und sollen das Kapitel ›Schule in Schwarz‹ abschließen. Sie wurden in der Hessischen Schulstatistik veröffentlicht, in der alle hessischen Schulen mit ihren Daten und Fakten aufgeführt sind. Für den Statistiker interessant ist hier insbesondere der Vergleich des Schulbetriebes in den Jahren 1910 und 1925 (folgende Seite).

Die Schule in Schwarz 1910:

a. Schule: Zweiklassig; 2 Lehrer; 140 Schüler.
b. Handarbeit: 2 Stunden je 60 M. (Beginn des Unterrichts mit dem 5. Schuljahr).
c. Schulhäuser: 2 Schulhäuser. Das alte erbaut 1827; das neue 1903. Ein Saal normal; sehr geräumig; der andere nicht unterkellert.
d. Fortbildungsschule: 1 Klasse mit 27 Schülern. 6 Stunden Unterricht von 1 bis 4 Uhr; 1,25 Mark wenn unter 20 Schüler; mehr als 20 Schüler 1,50 Mark.
e. Lokaler Feiertag: Kirchweihmontag.

f. Dienstwohnungen: 2 Dienstwohnungen in 2 Schulhäusern. Ein neues Haus: normale Wohnung mit 4 Zimmern über dem Saal; Keller; Pumpe im Hof; keine Nebengebäude. Ein altes Haus: alte; feuchte und kalte Wohnung; von 3 Zimmern sind 2 beheizbar. Neben dem Saal auf der Nordseite: Pumpe; Garten 625 qm.

g. Organistendienst: Zu spielen jeden Sonntag und in der Fastenzeit am Freitag nachmittag 4 ½ Uhr für 180 Mark. Vorlesedienst ohne Vergütung.

h. Schulgut: 110 Ar Acker; 55 Ar Wiesen.

Die Schule in Schwarz 1925:

a. Schule: Volksschule zweiklassig; 116 Schüler; 2 evangelische Lehrer; 1 Handarbeitslehrerin 4 Std.

b. Schulhäuser: 2 Schulhäuser. Das erste erbaut 1827 mit kleinem Saal. Das zweite erbaut 1903 mit sehr geräumigem Saal. Schulbücherei.

c. Fortbildungsschule: Knaben: 1 Klasse; 30 Schüler; 6–8 Stunden. Mädchen: keine.

d. Dienstwohnung: 2 Dienstwohnungen über den Sälen. 1. im alten Schulhaus; 1922 notdürftig umgebaut ohne staatliche Bauleitung durch den Lehrer; elektr. Licht; Nebengebäude; Garten; freie Miete 340 Mark. 2. im neuen Schulhaus; gut umgebaut; schöne helle Keller; gedielter Speicher; keine Nebengebäude; Garten außerhalb; freie Miete 340 Mark.

Anmerkung: Es war ein langer Zeitraum, bis sich die schulischen Verhältnisse auf den Dörfern dem Standard der Städte und der ›modernen Zeit‹ angepaßt hatten. Zu schnell wurden durch ›Reformen‹ alte gewachsene Strukturen beseitigt, die Dorfschulen geschlossen und Mammutschulen eingerichtet. Mehr dezentrale Einrichtungen wären sicher nicht von Nachteil gewesen.

Bäuerliche Verhältnisse

Nach der ersten großen Rodungsperiode, um 800 n. Chr., fanden im 12. und 13. Jahrhundert weitere Landnahmen statt. Durch die Vergrößerung der Ackerflächen kam es zu einem vermehrten Getreideanbau. Der Beetpflug löste den seit alters her gebräuchlichen Hakenpflug ab. Die Ernährung konnte nun mehr und mehr durch pflanzliche Produkte sichergestellt werden. Die damals noch bedingt freien Bauern gerieten jedoch zunehmend in die Abhängigkeit der adligen Grundherren.

Das hochmittelalterliche Bauernhaus wurde als Fachwerkgebäude schon auf einem Steinsockel errichtet. Der Repräsentationsraum des Hauses war die Stube, die auch die einzige Herdstelle beherbergte. Allerdings erst im 13. Jahrhundert, als man begann den Rauch über einen primitiven Kamin nach außen abzuführen, wurde das Haus auch rauchfrei. Die Verbindung zwischen Wohnung, Stall, Mensch und Tier unter einem Dach war jedoch ziemlich eng. Vieh und Mensch wärmten sich in den kalten Wintermonaten aber gegenseitig. Dies hatte auch den Vorteil, daß man sofort aufmerksam wurde, wenn im Stall etwas besonderes vorging. Das alles blieb noch viele Jahrhunderte so.

Die Bevölkerung bestand überwiegend aus Klein- und Mittelbauern. Eine Hofgröße von vielleicht 3 bis 6 Hektar mußte die ganze Familie ernähren. Jedoch kurz aufeinanderfolgende Pestjahre, so von 1347–1351, 1360–1361, und 1380–1383, und auch die allgemeine Unsicherheit im Lande ließen in dieser Zeit kleine Siedlungen und einzelne Höfe schnell wüst werden. Die Bewohner starben teilweise aus und die Verbliebenen zogen in die nächste größere Ortschaft, die vielleicht auch nur 30 Einwohner hatte. Viele Weiler und Hofstätten, die vorher noch aus Urkunden und Schriften bekannt sind, werden gegen Ende des 14. Jahrhunderts nicht mehr erwähnt. Das bedeutet, daß sie schon damals ausgegangen waren und nicht generell ein Opfer des 30jährigen Krieges wurden, wie man früher so oft annahm. In unserem Betrachtungsgebiet sind dies: Lenzenrod, Ober- und Niederkelberg als Höfe, sowie Eichenrod und Oberschwarz.

Besitzverhältnisse und Leibeigenschaft

Einblicke in die ländliche Struktur gibt uns das Salbuch von 1573, in dem die Hofbesitzer, die bewirtschafteten Flächen, die Steuern und die Beziehung zur Obrigkeit erstmals genau dargestellt werden. Alle Höfe und Güter waren damals Lehngüter, die vom Landgrafen von Fall zu Fall empfangen werden mußten. Sie waren Erblehen, die im Gegensatz zum Mannlehen auch an weibliche Familienmitglieder weitergegeben wurden, wenn kein männlicher Hofnachfolger zur Verfügung stand.

Da das Gericht Schwarz in 1570 von den alten Gerichtsherren vollständig in die Verfügungsgewalt der Landgrafschaft Hessen gekommen war und das Salbuch alte bestehende Zustände festhält, ist sicher, daß die Lehenverhältnisse schon seit hochmittelalterlicher Zeit bestanden. Das Dorfbuch des Jahres 1630 berichtet, daß die Bewohner der Dörfer des Gerichts Schwarz mit Schwarz, Brauerschwend, Rainrod und Renzendorf sowie die Ortschaften Fischbach und Kirtorf nicht mit ihrem Leib zu dienen brauchten. Dafür waren sie verpflichtet, ein gewisses Dienstgeld zu bezahlen. Dieser Vorzug unter allen umliegenden Ortschaften beruhte darauf, daß sie früher anderen adligen Herren zugehörig waren, die eine körperliche Fronarbeit nicht verlangten. Es muß allerdings bemerkt werden, daß der Landgraf jederzeit berechtigt war, die Frondienste auch hier einzuführen. Die Menschen waren und blieben Leibeigene. Die Schwärzer waren auch verpflichtet die Weinfuhren über eine gewisse Strecke zu entrichten und die Fruchtfahrten zu unterstützen. Sie mußten ebenso einen finanziellen Beitrag zu den landgräflichen Gebäuden leisten: *‚pro quota solches Gerichts Schwarz zu den Fruchtfahrten, auch muß theils (zu) Hauptgebäuen dern Ämptern Alsfeld und Romrod einen Zuschuß thun ...‘*

Die Obrigkeit

Für die bäuerliche Bevölkerung waren die Obrigkeit zunächst die hiesigen Gerichtsherren: die v. Romrod, die Finke, die v. Merlau und die v. Liederbach mit ihrem Schultheiß. Später waren es ab 1570, nach Übergang des Gerichts Schwarz an Hessen, die höheren Beamten in Alsfeld, der *‚reisige Schultheiß‘* Henrich Böcking und der Rentmeister. Während der Schultheiß für Gerichts- und Strafsachen zuständig war, hatte der Rentmeister die Verwaltung zu führen und die Abgaben einzuziehen.

Diesen Beamten standen als Unterbeamte die Rent- und Gerichtsschreiber in Alsfeld und der Reitende Oberförster Johann Allendorf in Brauerschwend zur Seite. Der Schwärzer Wald gehörte nämlich zum Forst Brauerschwend. Im Jahr 1800 hatte der Oberförster

Heinrich Reitz seinen Dienstort in Schwarz. Er hatte zu dieser Zeit die Forsten Brauerschwend und Elbenrod zu betreuen, welche, wie schon angedeutet, dem Oberforst Romrod untergliedert waren. Das heutige Pfarrhaus war die Wohnung von Reitz, es wurde noch im 18. Jahrhundert gebaut und zählt zu den ältesten Gebäuden in Schwarz. Ein Bürgermeister wird hier erstmalig 1803 erwähnt. Als Dienstsetzer des Gerichts Schwarz, zuständig für die ordentliche Abführung der Abgaben in die Rentei Alsfeld, wird in 1630 Werner Weitzel zu Schwarz genannt. Außerdem wohnte in jedem Dorf der Ämter Alsfeld und Romrod sowie im Gericht Schwarz und Eußergericht Kirtorf ein ›Heimburger‹, der eine Art Ortsvorsteher war. *‚So aber bishero nicht off lebtag ahngeordnet, sondern von Jahrn zu Jahrn nach Zahl der inwohner erneuertt ond ombgewechselt, deßwegen in spezivico nicht benandt worden ...‘.*[49]

Allgemeine Verhältnisse

In dem Dorfbuch von 1630 werden die damals noch bekannten Wüstungen in den umliegenden Ämtern aufgeführt. Doch bei uns werden keine genannt. Das hat wohl zu bedeuten, daß die hiesigen Ortswüstungen vor langer Zeit entstanden und damals schon in Vergessenheit geraten waren. Nach dem 30jährigen Krieg war Hessen ein armes aber befriedetes Gebiet, bis schließlich im Siebenjährigen Krieg, den französischen Revolutionskriegen und der napoleonischen Herrschaft Land und Leute mit Kontributionen belastet und ausgesogen wurden. Dadurch sind viele der kleinbäuerlichen Betriebe verarmt.

Ein weniger bekanntes Kapitel des bäuerlichen Zusammenlebens waren die Großfamilien, die unter einem Dach miteinander leben mußten. Nach außen hin wurde Einheit demonstriert, doch innen brodelte es. Die Hofübergabe wurde lange hinausgezögert, weil der alte Besitzer seinen Lebensunterhalt vom Gut bestritt und die Übergabe ihn vom Patriarchen in den Stand des Almosenempfängers mit dem zugeteilten Auszug versetzt hätte. Geschwister, die den Hof nicht übernahmen lebten oft noch lange in Gemeinschaft mit dem Besitzer und dem Hoferben zusammen, sie arbeiteten als Knechte oder Mägde in ihrem Geburtshaus, wenn sie nicht eine andere Stelle bekamen. Jeder im Hause war jedoch ein Esser zuviel, und dazu kam noch die räumliche Enge. Ein Ventil wurde durch die Bildung der stehenden Heere und die Einberufung der nachgeborenen Bauernsöhne in die Kasernen geschaffen. Eine andere Öffnung war die Möglichkeit der Auswanderung.

[49] StAD: Dorfbuch 1630

Entstehung des Eigentums

Die nachnapoleonische Zeit brachte viele Veränderungen. Die Leibeigenschaft wurde aufgehoben und die Industrialisierung begann, wovon allerdings die Landbevölkerung noch nicht viel merkte. Die an den Landgrafen und späteren Großherzog abzuführenden Naturalabgaben waren in ständige Geldzinsen umgewandelt worden.

Durch ein Gesetz vom 27. Juni 1836, die Ablösung der Grundrenten betreffend, konnten die Besitzer der Hofstätten diese Güter, die sie als Landsiedel- und Erblehen besaßen, käuflich als Eigentum übernehmen. Die Mühlen waren davon jedoch nicht betroffen, sie hatten schon immer ein anderes Verhältnis zum Staat und wurden separat allodifiziert, so die Hannchesmühle in 1849 und die Hallemühle in 1848. In Schwarz wurde die Besitz- und Eigentumsumwandlung vollständig im Jahre 1858 vorgenommen. Für die Gemeinde und die Besitzer der Höfe und Häuschen eine martialische und teure Angelegenheit. Die gesamten von der Gemeinde und allen Bürgern zu entrichtenden Grundrenten ergaben im besagten Jahr 1858 nach der Erhebungsart:

Abgabeart	fl.	kr.
a. Grundzins an das Rentamt	200	20 ¾
b. Betrag der Grundgefälle	160	17
c. In ständige Grundrente verwandelte Schnitthämmelabgabe:		
für Korn:	89	14 ¼
für Hafer:	30	10 ¾
Gesamtabgabe aller Pflichtigen bisher jährlich:	**480**	**2 ¾**

Tabelle 6: Die Abgaben aus der Grundrentenablösung 1858.

Der Geldwert nach den Ablösepreisen wurde mit 18 multpliziert. Damit wurde für die Gemeinde Schwarz eine Gesamtablösesumme in Höhe von 18 × (480 fl. 2 ¾ kr.), insgesamt also 8640 fl. 49 ½ kr., festgesetzt. Die Großherzogliche Staatsschulden-Tilgungskasse stellte der Gemeinde eine Ablösungsurkunde und gleichzeitig einen Schuldschein aus, der die Gemeinde ab sofort als Darlehensnehmerin und Gesamtschuldnerin des Ablösebetrages verpflichtete. Rückwirkend zum Beginn des Jahres 1858 waren 31 Jahre lang eine jährlich zu entrichtende Tilgungsrente von 5% des Ablösebetrages, also 432 fl. 2 ½ kr., sowie 3% zur Deckung der Erhebungskosten fällig. Die Raten waren jeweils im September, Oktober und November abzuführen. Zur Tilgungssicherung wurden den vormaligen Grundrentenpflichtigen die alten Grundbesitzungen im Rentenkataster zugeschrieben. Sie waren nun berechtigt, Hypotheken für Geldanleihen zur Bezahlung ihrer Grundstücke aufzunehmen. Von nun an füllten sich die Hypothekenbücher, und Grundstücke und Hofstellen wechselten ihre Besitzer. Die Schuldverschreibungen der kleinen und mittleren Betriebe häuften sich. Das Geld für die Schuldenabtragungen wurde überwiegend bei den jüdischen Geschäftsleuten in Grebenau und Alsfeld sowie bei den vermögenden Großbauern aufgenommen. Aber aus den Haus- und Gutsbesitzern waren nun Eigentümer geworden.

Auch für das Pfarrgut wurde von den Gemeindemitgliedern Frondienste geleistet, die sich überwiegend als Fuhrleistungen darstellten. Schon 1826 hatte die Gemeinde eine Summe von 55 Gulden, anstatt der früheren Muskelleistung von Vieh und Mensch, bezahlt. Der Betrag wurde wieder auf die Pflichtigen umgelegt und nach einem Heberegister eingezogen. Im September 1863 wurde dann die Ablösung der Ökonomiefahrten für das Pfarrgut betrieben.

Besitzstand und Eigentum

Die Anwesen

Die mittlere Umfang der großen Höfe bestand um 1800 aus ungefähr 25 Morgen Ackerland. Entsprechend der Größe der landwirtschaftlich genutzten Fläche waren natürlich die Gebäude und Hofreiten ausgerichtet. Drei Gebäudetypen heben sich ganz wesentlich voneinander ab:

1. Das Häuschen des Landarbeiters, eingeschossig, mit Keller, Küche und Stube im Erdgeschoß, einem kleinen Vorgärtchen und vielleicht einem Wiesenläppchen.
2. Das kleine bis mittelgroße Anwesen, ein Einseithof mit Keller und Stall unter dem Wohnteil und einer angebauten Scheune mit Tenne, vielleicht noch ein Schweineställchen seitwärts sowie mit auseinanderliegenden Acker- und Wiesenflächen.
3. Der Mehrseithof, in Winkel oder U-Form errichtet, zweigeschossiges Wohngebäude mit anschließendem Viehstall, die Scheune abgewinkelt oder gegenüberliegend. Zwischen diesen Gebäudestilen waren die Grenzen aber fließend.

Der Viehbestand

Die Heberegister für alle möglichen Geldzahlungen von den Bürgern geben interessante Aufschlüsse über die Viehbestände Mitte des vorigen Jahrhunderts. Die 1863 erstellte Liste zur Erhebung der Ablösegelder für das Pfarrgut zeigt die Anzahl des Zugviehes in Schwarz: 18 Pferde, 36 Ochsen und 88 Kühe. 135 Zuchtkühe (lt. Liste für die Erhebung der Faselochsengelder von 1856). 16 Zuchtschweine (gemäß Liste für den Faseleberlohn von 1856).

700 Schafe waren für die Gemarkung Schwarz in 1848 behördlich genehmigt. Jeder, der in die Steuerliste eingetragen war, war berechtigt, ein Tier zu halten. Die anderen Schafe wurden nach Anzahl der Morgen und Höhe des Steuerkapitals unter den Ortsbürgern verteilt. Die vorgenannte Zahl wurde festgesetzt, damit die zur

Erbanschlag und Übergabevertrag

zwischen

Johannes Noll, Gerichtsschoepfen zu Schwarz und seinem Sohn Johann Henrich Noll daselbst, 1780

Zu wissen seye hiermit, daß zwischen nachbenamten und zu Ende unterschriebenen Persohnen folgender aufrichtige, stete, feste und unwiederrufliche Erb-Anschlag, Verkäufer und Übergabs-Vertrag getroffen und geschloßen worden, als

Erstens

verkaufen und übergeben Herr Johannes Noll, Einwohner und Gerichts-Schoepf zu Schwartz und Anna Elisabetha deßen Ehefrau an ihren Sohn Johann Henrich Noll und deßen verlobte Braut Anna Margaretha Beckerin, eine Tochter des verstorbenen Johann Conrad Beckers, gewesenen Einwohners daselbst, ihr gantzes Guth so wie es dermahlen aus Gebäuen, Hofraith, Aecker, Wießen und Gärtten bestehet und sie es bißher beseßen, samt der dazu gehörigen Mühle und allen so wohl auf dieser als auf dem gantzen Guth haftenden Gerechtsamen und Beschwerden auf erblich und ewig, wie solches denen Rechten und Herkommen nach am kräftig- und beständigsten geschehen kan, sol oder mag ingleichen die halbe fahrende Haabe, allen Haußrath und alles was in den Gebäuen Erd,- Nied- und Nagelfest ist vor und um 1200 fl., schreibe Eintaußend und Zweihundert Gulden Frankfurter Wehrung.

Zweitens

An diesem Kaufschilling gehen nun 600 fl. als das Erbtheil des Käufers vor bezahlt ab, die ander 600 fl. aber kommen deßen Bruder zu und zwar so werden an denselben in seinem 14ten Jahre 200 fl., in deßen 18ten eben auch 200 fl., im 20ten und 25ten aber jedesmahlen die Helfte der letzten 200 fl. bezahlt, wobei jedoch noch dieses vorbehalten bleibt, daß wenn dieser Bruder des Käufers vor seinem 28ten Jahr heurathet, ihme alsdann schon die letzten 100 fl. seines Erbtheils bezahlt werden müßen.

Drittens

wollen die Verkäufer noch ein gantzes Jahr, von der Hochzeit der Käufer an gerechnet, eintzig und allein die Herrschafft über die Mühl und das Guth behalten, nach diesem aber noch vier oder auch weniger Jahren, wie es ihnen und gefällig ist, mit denen Käufern anstehen, alles zur Helfte haben und tragen und also an Gewinn und Verlust gleichen Antheil nehmen, nach ihrem völligen Abstand aber folgenden alljährig- und Lebenslang wührdigen Auszug zu geniesen haben, wenn sie nicht mit denen Käufern an einem Tisch eßen als:

A. An Geld: Drey Reichsthaler zu einem Schwein.

B. An Marktreinen Früchten: 1. Vier und ½ Viertel Korn; 2. Vier Mesten Waitzen; 3. Vier Mesten Gersten; 4. Ein und ½ Viertel Hafer; 5. Ein und ½ Maß Erbßen; 6. Eine Halbe Maß Linßen, welche Früchte sämtlich im Lauterbacher Maas zu liefern sind und die Mahlfrüchte davon ohne Molter gemahlen werden müßen.

C. An Victualien: 1. Ein Maß Haiden Mehl Lauterbacher Maases; 2. Eine Halbe Maß Hafermehl dieses Maases; 3. den dritten Theil von allem Obst; 4. Ein Hundert gute Eyer

D. An Holz: Soviel als sie benöthiget sind, welches die Käufer in allem frey biß auf den Holzplatz schaffen müßen.

Viertens

Sodann behalten die Verkäufer sich noch vor:

1. *daß ihnen die Käufer nach ihrem völligen Abstand von Mühl und Guth vor die andere Helfte der fahrenden Haabe Fünfzig Gulden Frankfurther Wehrung geben und dieses Geld ihnen nach Nothdurft verabreichen sollen.*
2. *Den Aufenthalt in der Wohnstube bey denen Käufer, wenn aber dieses denen Verkäufer nicht mehr anständig seyn solte, alsdann die Backhauß Stube zur Wohnung, welche die Käufer ohnentgeltlich wohnbar machen und mit einem eisernen Ofen versehen laßen müßen.*
3. *Die Kammer über dieser Stube, welche die Käufer ebenfalls ohn Entgeltung brauchbar machen laßen müßen.*
4. *den dritten Theil des obersten Bodens im Hauß die Auszugs-Früchte zu schütten.*
5. *den vordersten Keller zu Aufbewahrung des Krauts, der Kartoffeln und Rüben.*
6. *den Mitgebrauch ells Haußraths.*
7. *Ein Pflantzenrodt im Gartten hinterm Hauß.*
8. *Ein Beet Land zu Kartoffeln bey der Käufer ihres.*
9. *Das Gärtgen unter dem Schul-Acker und an Johannes Ruppel gelegen, zu Kraut und Rüben, welches alle zwey Jahre mit Mist muß gedüngt werden.*

10. die Beste Kuh zur Auszugskuh.
11. Einen Platz vor dieselbe im neuen Ställgen.
12. Das Gegräß aus dem Graßgarten hinterm Hauß.
13. das Gefütter von der halben Mühlwiese, welches die Käufer ohnentgeltung mehen, machen und nach Hauß fahren müssen.
14. den untersten Boden auf dem neuen Ställgen das Gefütter zu legen.
15. das nöthige Häcksel und Streuwerck.
16. die Auszugs-Kuh in allen Beschwerden frey zu halten.
17. den vordersten Schweinestall.
18. Alljährlich eine Maß Lein auf wohl bereitet Land bey der Käufer ihrem gesäet und den Flachs bis an den Rocken bereitet. Endlich
19. alle nöthigen Auszugs-Fahrten ohne Entgeltung.

Fünftens

Wenn der Käufer wieder Hoffen vor dem Verkäufer versterben- und frembde Leute in das Guth und die Mühl kommen sollten, so müssen denen Verkäufern über oben benannte Auszugs-Früchte nach vier Mesten Korn, eben auch sobald von denen Verkäufern eins verstirbt, bekommt das letztlebende nur drey Viertel Korn, zwey Mesten Waitzen, drey Mesten Gersten, ein Viertel Hafer und ein Maß Erbßen, alles nach obgedachtem Maas und fünfzig Eyer, das übrige aber sowohl des Auszugs als Vorbehalts bleibt in allem so, wie es oben beschrieben ist und mit denen eben gedachten vier Mesten Korn behelt es in diesem Fall, wie wenn beyde Verkäufer noch lebten, gleiche Beschaffenheit.

Sechstens

haben die Verkäufer vor 355 fl. Versatz Stücker, von diesen sollen die Käufer in der Zeit, da die Verkäufer an der Mühle und dem Guth noch mit anstehen, mit denenselben gleichen Abnutzen haben, nach deren Abstand aber den gantzen Abnutzen geniesen und dagegen an den Bruder des Käufers die Hälfte der Landes üblichen Zinßen von denen vorhin gedachten 355 fl. geben, zu der Zeit aber wenn er heurathet, die Helfte dieses gantzen Capitals an denselben abtragen, es seye den, daß bis dahin an dieses Capital etwas verlohren gegangen, da denn sowohl die Käufer als auch der Bruder des Käufers an dem Verlust gleichen Antheil nehmen muß.

Siebentes

Wenn der Bruder des Käufers das 14te Jahr erreicht hat müßen die Käufer demselben zehen Gulden Frankfurter Wehrung vor den Einsitz geben, und falls die Verkäuffer vor der Confirmation dieses ihres jüngsten Sohnes versterben sollten, sollen die Käufer verbunden sein, denselben bis dahin ohnentgeltung zu verpflegen und in Kirch und Schul zu halten

Achtens

Wenn eins von denen Verkäufern stirbt, soll solches von dem letztbenannten begraben, dieses aber nach seinem Absterben, von denen Käufern zur Erde bestattet werden und diese dagegen die Auszugs-Kuh und was von dem Auszug noch übrig ist, behalten. Endlich letztens und zum

Neuntens

verzeihen demnach vorgemeldete Verkäufer vor sich und ihre übrigen Erben auf den Besitz und das Eigenthum des Kraft dieses verkauften Guthes benebst der Mühle und alles deßen was sonst noch mit verkauft und oben beschrieben worden, sobalden nemlich sie von denselben völlig abgestanden und der Kauf Schilling richtig, wie verabredet und mit Mund und Hand versprochen und zugesagt worden, bezahlt seyn wird, setzen alsdenn dagegen die Käufer und deren Erben mit Nutzen und Lasten, Rechten und Gerechtigkeiten in den Erb- und ewigen Besitz deßelben, um solches nach Gefallen, gleich ihrem übrigen Eigenthum zu nutzen und zu gebrauchen, wollen auch außer dem, was oben enthalten ist, keine weitere Forderung oder Ansprüche mehr an dieselben machen, sondern ihnen jederzeit alle rechtliche Wehrschafft leisten. Wobey sich beyde Theile aller übrigen Ausnahmen und Rechts-Wohlthaten wißentlich und wohlerinnert in bester Form Rechtens begeben haben. Alles getreulich und ohne Gefährde.

Johannes Noll, Verkäufer
Johann Henrich Noll, Käufer
XXX der Käuferin Beizeichen

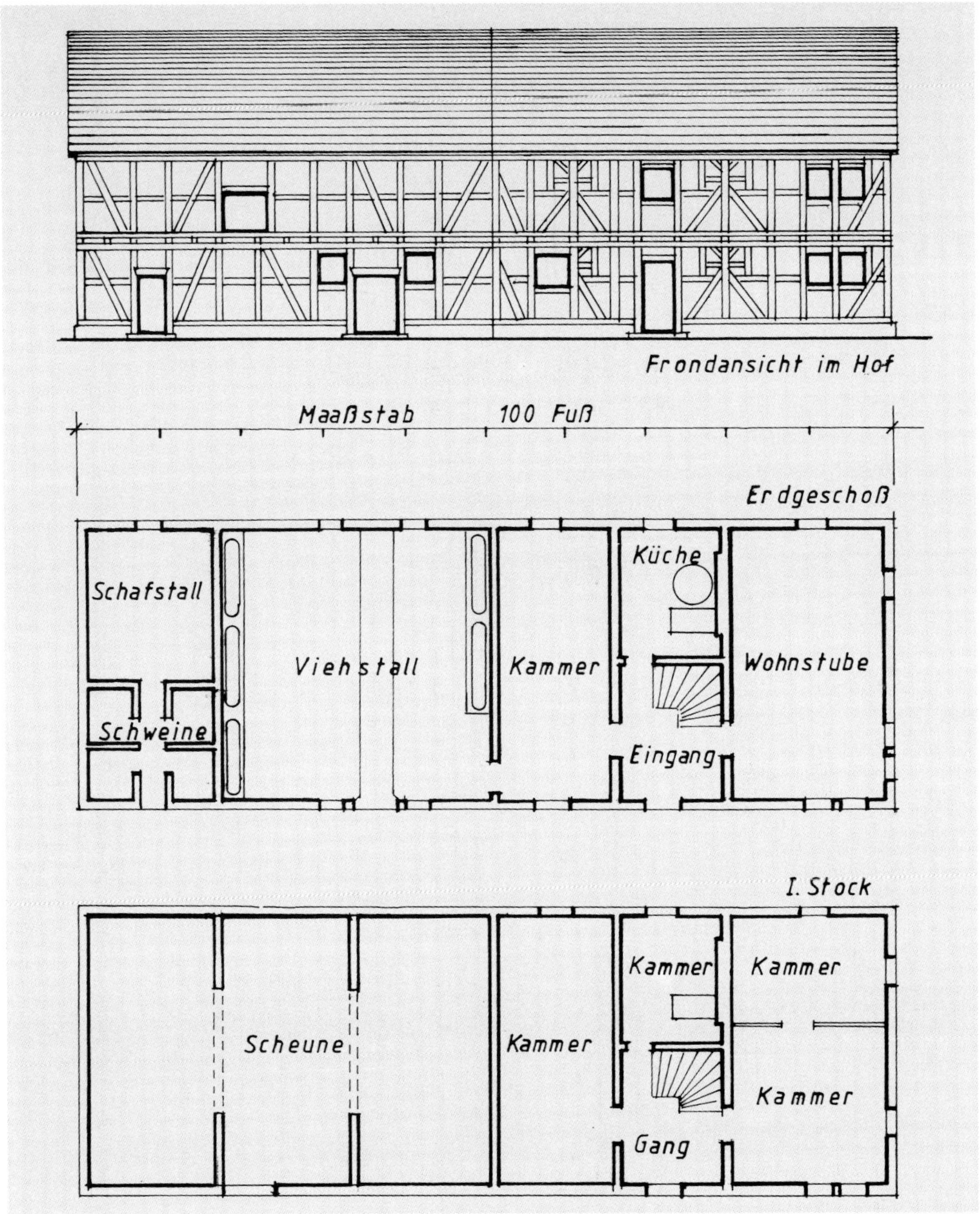

Abb. 36: Das typische Anwesen eines großen Landwirts. Besitzer: Georg Noll II., 1870 (Zeichnung: G. Habermehl)

sich die Konditionen nun entwickelten ist nicht festzustellen. Ein anderer Einwohner nahm 1876 ein Darlehen von 500 Mark bei Landwirt Conrad Fuhr auf. Dieser, ohne männliche Hoferben, verkaufte seinen Hof in Schwarz, und seine Tochter, die nunmehr in Liederbach wohnte, gab die ererbte Darlehensforderung an einen jüdischen Kaufmann in Lauterbach weiter. Die Rückzahlung des Kredits an den neuen Gläubiger mußte neu verhandelt werden. Wenn dann größere Geldsummen im Spiel waren, hat so mancher Hof

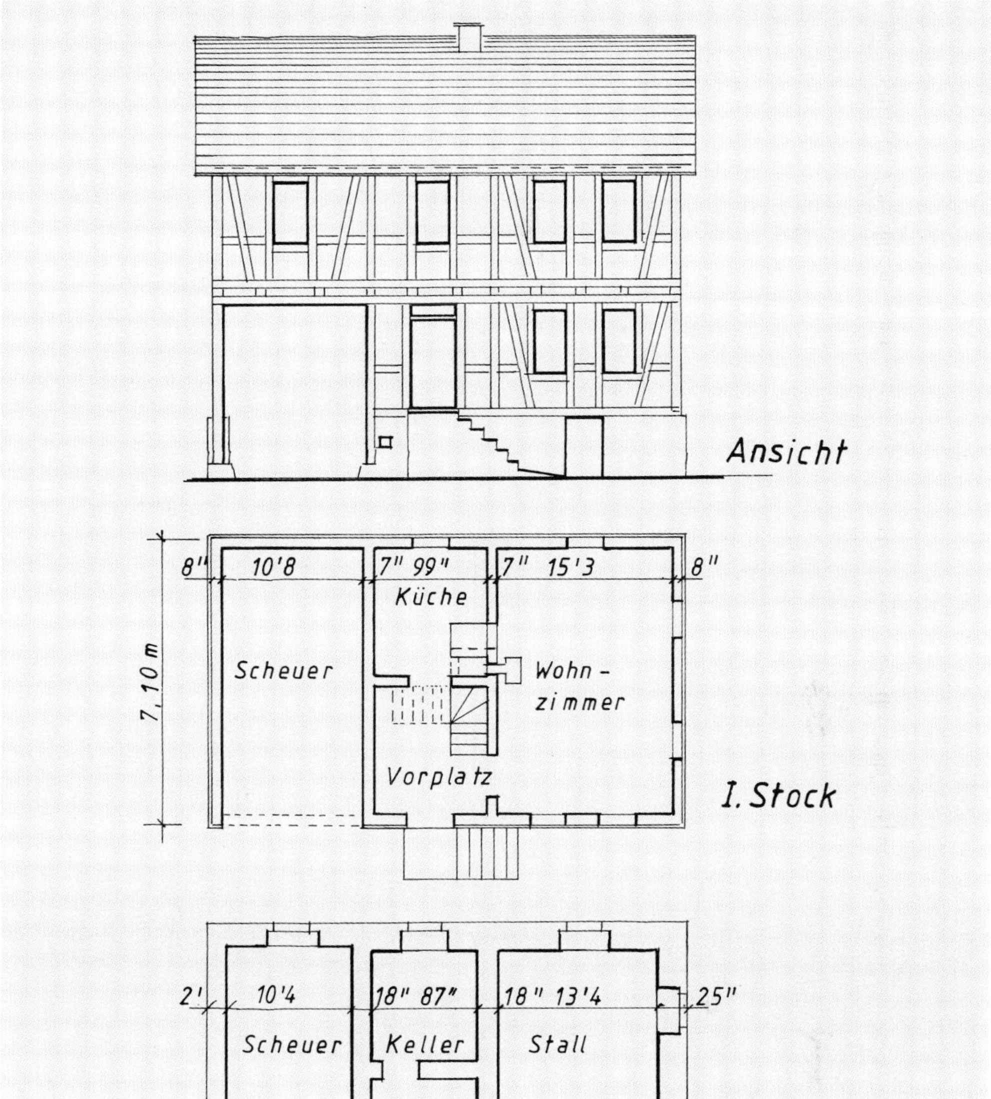

Abb. 37: Das typische Anwesen eines mittleren Landwirts. Besitzer: Heinrich Noll, 1843 (Zeichnung: G. Habermehl)

seinen Besitzer gewechselt. Eine Erleichterung und größere Sicherheit brachte für die Bürger die an anderer Stelle dieses Buches beschriebene Gründung der Raiffeisenbank.

Die Reformen der letzten Jahrzehnte haben bewirkt, daß die Landwirtschaft in unserem Dorf stark rückläufig ist. Zuerst gaben die kleinen und mittleren Landwirte, die sogenannten Mondscheinbauern, auf. So genannt, weil sie meist zur Arbeit gingen und ihren

Abb. 38: *Ein typisches Arbeiter- und Taglöhnerhaus. Besitzer: Peter Eckhart, 1850 (Zeichnung: G. Habermehl)*

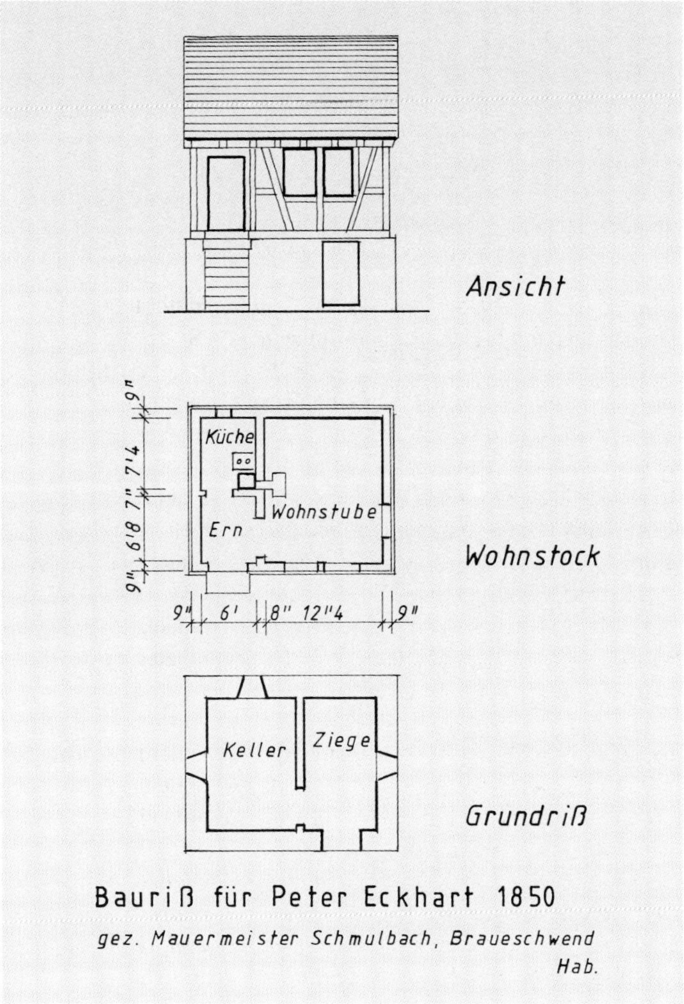

landwirtschaftlichen Betrieb nach Feierabend führten. Darauf folgten die Großbauern. Zur Zeit sind noch vier Vollerwerbslandwirte hier ansässig. Ein Großteil der Ländereien wird von außerhalb bewirtschaftet, mit immer größer zusammengelegten Flächen. Es wird eintönig im Feld, und es ist zu befürchten, daß die einst in Jahrhunderten entstandene Kulturlandschaft verlorengeht oder zumindest großen Schaden leidet.

Zu den in diesem Kapitel gezeigten Abbildungen und Darstellungen sei noch gesagt, daß den Haupthäusern meist noch mehr oder weniger große Nebengebäude beistanden.

Der Friedhof

Seit dem frühen Mittelalter wurden die Begräbnisstätten für die Verstorbenen um die Kirchen herum angelegt. Sie hießen dementsprechend auch Kirchhöfe. Als sie später nach außerhalb verlegt wurden, auf ein befriedetes oder eingefriedetes Areal, wandelte sich die Bezeichnung in Friedhof.

Bis zum Jahre 1828 wurden auch unsere Toten auf dem Kirchhof neben der Kirche bestattet. Es wurde dabei jedoch stets darauf geachtet, wie der Verstorbene sein Leben geführt hatte. Danach richtete sich auch das Begräbnis. So wurden beispielsweise Selbstmörder und Personen mit einem schlechten Lebenswandel, oft am Rande des Kirchhofes oder sogar außerhalb der Eingrenzungen unter die Erde gebracht.

Zwei solcher Fälle aus der weiteren Vergangenheit, die der damalige Pfarrer im alten Kirchenbuch vermerkt hat, sollen hier beispielhaft aufgeführt werden. Am 20. April 1716 wurde ein vermeintlicher Außenseiter begraben:
‚Heinrich Krämer, ein reformierter (Anm.: wahrscheinlich im Niederhessischen gebürtig), genannt Lerchen Heinrich, zu Schwarz an einem separaten Ort aufm Kirchhob begraben, darum, daß er zu keiner Kirch zum hl. abendmahl, bei seiner religion auch nicht länger alß 7 Jahr, sein Weib malitose verlassen und dem übermäßigen trincken stehtts ergeben gewesen. Ist mit einer Glock geläut worden, büßlieder gesungen und die Predigt nach seinem geführt leben eingerichtet worden. An der Leichenred sind aber wenige auß der gemeind in der Verhandlung gewesen und die Predigt wollen anhören.‘

Oder eine Selbstmörderin am 14. März 1720:
‚Margerethe Michelin, zu Schwarz auf dem Kirchhoff an die Seite begraben worden. Nachdem selbige auß verdruß länger zu leben, weil ihr nicht nach Sinnen gangen und aus melancholey in ein Brunnen sich gestürtzet. Derselben begräbnis auf Consistorial befehl geschehen. Es sind bußlieder gesungen worden. Eine Bußpredigt gehalten, so daß niemand an Gott verzage und sich selber schad tue an leib und leben. Ein glock ist geläutet.‘

Wie man leider feststellen muß, wurden Außenseiter und Sonderlinge auch nach ihrem Tode noch von der Gemeinde als solche behandelt. Sie erhielten zu allem Überfluß auch nicht das volle Geläut der Kirchenglocken.

Der neue Friedhof

Um 1828 konnte der Kirchhof wegen der Enge und der vielen Verstorbenen nicht weiter belegt werden. Von 1798 bis 1827 waren 473 Personen verstorben. Es mußte ein neuer Begräbnisplatz gesucht werden. Von der Gemeinde waren drei Grundstücke ausersehen. Auf ein Schreiben des Großherzoglichen Kreisamtes Romrod vom 22. Juni 1828 notierte der damalige Bürgermeister, *,daß die Gemeinde durch Verwendung hiesiger Pfarrbesoldung einen Akker von 1 ¼ Morgen 74 Ruthen groß besitzt, welcher zu einem Begräbnisplatz eine erforderliche Lage hält. Aber der Garten der Witwe Heinrich Dörr mit dem daran liegenden Garten des Herrn Pfarrers, die erhalten die Größe nicht, machen auch die Lage nicht wie der erste Acker aus'.*

Am 6. Juli 1828 schlug das Kreisamt Romrod eine Besichtigung vor, die am 21. dieses Monats nochmals bestätigt und am 22. Juli 1828 durchgeführt wurde. Ein Schreiben des Großherzoglichen Landratsvikars Reichardt und des Dr. Stammler besagte:
,Es wurde der in der Anlage 3 bezeichnete Acker des Heinrich Dörres Witwe zu dem vorliegenden Gesuche ausersehen. Es wird zwar festgestellt, daß der jetzige Acker zu klein aber eine Erweiterung möglich ist. Die sonstige Beschaffenheit des Grundstücks läßt uns deßen Möglichkeit zu einem Begräbniplatz nicht bezweifeln.'

Auch der damalige Bürgermeister Noll erkannte nun an, daß sich der in Vorschlag gebrachte Acker zu einem Begräbnisplatz eigne und ohne Hindernis vergrößert werden könne. Und er bemerkte noch, daß derselbe hoch auf der Nordseite liege. Der neue Friedhof mußte, wie vorgesehen, im Jahre 1871 vergrößert werden. Damals wurden vermutlich auch die beiden Winterlinden am oberen Eingang gepflanzt. Das anschließende Grundstück wurde durch Tausch mit der *,Pfarrwiese im Windhain am Wasserfluß zur Mühle'* von der Gemeinde erworben.

Eine zusätzliche Erweiterung und eine Neugestaltung erhielt der Friedhof zuletzt in den 70er Jahren. Es wurde noch die Leichenhalle gebaut, und am 17. November 1976, dem Buß- und Bettag, feierlich eingeweiht.

Die Gräber

Im Jahre 1874 schrieb der damalige Pfarrer in die Kirchenchronik, daß die abgekommene Sitte Kreuze auf den Gräbern zu schlagen, sich wieder einbürgert habe. Die Gestaltung der Gräber hatte wahrscheinlich des öfteren gewechselt. Das hing einmal mit den finanziellen Verhältnissen der Ortsbürger zusammen und zum anderen mit den Materialien, die zur Verfügung standen oder angeboten wurden. In den 40er und 50er Jahren sah man noch Grabstätten mit Eisenkreuzen und Einfassungen mit einem Eisenzaun aus der Zeit vor oder kurz nach dem Weltkriege. Diese wurden vom ortsansässigen Schmied hergestellt. Später, als sich der Terrazzobetrieb der Firma ›Schmidt und Rüffer‹ in Schwarz gründete, wurden Einfassungen und Grabsteine aus Betonwerkstein oder Natursteinen errichtet. Und so ist es auch heute noch.

Neuerdings setzt sich auch in unserer Gemeinde die Feuer- und Urnenbestattung durch. Der zuerst verstorbene Ehegatte erhält eine normale Grabstätte, der folgende wird nach seinem Tode als Urnenbestattung in das bestehende Grab beigesetzt. Das erspart zusätzliche Grabpflegekosten.

Ein Gedicht

‚*Hans's ahler Gådde*' ist seit jeher die Bezeichnung des neuen Friedhofs, weil der Dorfname der früheren Ackerbesitzer, also der Dörr-Linie, ›Hans'‹ war, und auch heute noch ist. Aber der schiefe alte Garten braucht viel Pflege, wenn er entsprechend gut aussehen soll. Beim Anblick dieses Stückchens Erde entstand ein Gedicht:

Hans's Ahler Gådde

1. Das schiefste Stückchen Erde
hat man hier ausgesucht;
und trotzdem sind die Plätze
schon alle ausgebucht.

2. Ein schräger alter Garten,
ein bucklig' Feld fürwahr;
doch immer wieder sieht man
Besucher Tag und Jahr.

3. Hier trifft man viele Freunde
mal auf, auch unter der Erd'.
Das macht den alten Garten
so teuer, lieb und wert.

4. ‚Noch gehst du über Gräber',
raunt leis' die Lind' mir zu.
‚Doch rückt die Stunde näher
wo einmal ruhst auch du.'

5. Des Menschen Lenz sind Veilchen
im Sommer die Rose erblüht.
Der Herbst läßt viel Mühe gedeihen,
der Winter das Leichentuch zieht.

6. Einst leg' auch ich mich nieder
wo Licht ist oder Schatten;
und streck' die steifen Glieder
auf Hans's Ahlen Gådden.

Nachdenkliches

Es gibt auch Nachdenkliches rund um den Friedhof zu berichten. Konrad Urstadt beispielsweise, der in seiner Jugend nach Gelsenkirchen zog, um dort zu arbeiten, wollte in seinem Heimatdorf bestattet werden. Er kaufte sich zu Lebzeiten eine Gruft, mußte dann aber feststellen, daß sie wiederrechtlich belegt war. Es wurde schließlich eine Umbettung der beerdigten Person betrieben.

Während der letzten Kriegstage in 1945 kamen durch Angriffe der Alliierten vier deutsche Wehrmachtsangehörige in Schwarz zu Tode und wurden hier beerdigt. Bei einem Tieffliegerangriff am 25. März 1945 starb der aus Hamburg stammende Sanitätsobergefreite Franz Thiesen im Alter von 40 Jahren. Durch den Artilleriebeschuß vom 29. März 1945 kamen der Unteroffizier Werner Schwabe aus Terglow in Pommern (Alter unbekannt), der Sanitätsobergefreite Reinhold Wendland aus Badersleben in Hessen (38 Jahre alt) und der Unteroffizier Fritz Kurt Sälzer aus Marburg an der Lahn (40 Jahre alt) ums Leben.

Die Ehefrau des Fritz Kurt Sälzer hat ihren toten Ehemann im Januar 1946 nach Marburg umbetten lassen. Da bei der Beerdigung der hier gefallenen Personen die Personalien unglücklicherweise nicht vollständig festgehalten worden waren, mußten alle Gräber geöffnet werden, um die Soldaten zu identifizieren. Die drei anderen Wehrmachtssoldaten, sowie die polnischen Fremdarbeiter Jan Wielgus und Nikolaus Morski, die ebenfalls durch Artilleriebeschuß ums Leben gekommen waren, wurden im Jahre 1959 nach Kloster Arnsburg umgebettet.

1976 wurde die Leichenhalle feierlich eingeweiht und die Aussegnung der Toten fand nun auf dem Friedhof statt. Davor wurden die Trauerfeiern beim Haus des oder der Verstorbenen durchgeführt, und der Trauerzug zog dann anschließend unter dem Geläute der Totenglocke durch das Dorf. Die Konfirmanten trugen dabei zwei hölzerne Böcke neben dem Sarg, auf denen man diesen von Zeit zu Zeit absetzte, wenn den Sargträgern die Arme zu lang wurden. Dabei wechselten die Träger die Seiten, um die Gliedmaßen während der nächsten Strecke ausruhen zu können. Den Sargträgern und den beiden Konfirmanten hat man nach der Leichenfeier zwei mürbe Totenweck nach Hause gebracht, bei deren Genuß sich aber oft ein beklommenes Gefühl einstellte. Je nachdem, ob ein alter oder ein junger Mensch beerdigt worden war, so entwickelte sich auch die Leichenfeier. Nicht selten, so erzählt man sich, soll zu fortgeschrittener Stunde auch schon einmal ein Lied angestimmt worden sein, jedoch wohl eines der traurigen Lieder, die von Tod und Sterben handeln.

Das Gericht Schwarz

»Derjenige, der für die Regelmäßigkeit und den ordnungsmäßigen Verlauf der Gerichtsversammlungen sorgt, und die Erzwingbarkeit des von der Dinggemeinde gefundenen Urteils garantiert, erwirbt über diese die Gerichtsherrschaft«. So die Erklärung das Begriffes ›Gerichtsherrschaft‹ nach SCHLESINGER[50]. Damit ist ein entscheidender Aspekt des Verhältnisses zwischen Gerichtsherr und Gerichtsgemeinde angesprochen.[51]

Gerichte und Gerichtsherrschaften entwickelten sich unter gewissen eigentümlichen und jeweils andersgelagerten Voraussetzungen. Letztlich aber waren sie in ihrem Wesen gleich. Die Gerichtsbarkeiten entstanden ursprünglich aus Abhängigkeiten zwischen Herrschaften und Untergebenen, welche ein gegenseitiges Treue- und Schutzverhältnis darstellten. Schutz der Untertanen gegen äußere und innere Gewalteinflüsse, dagegen Abgaben und Treuebezeugungen an die Herrschaft. Die Schutz- und Treuebeziehungen entwikkelten sich später mehr und mehr zu einem einseitigen Steuer- und Abgabenverhältnis, und daraus entstanden letztlich die Verwaltungs- und Gerichtsstrukturen des Mittelalters und der frühen Neuzeit. Die Gerichtsherren waren meist schon durch ihre gesellschaftliche Stellung prädestiniert, in unserem Falle die Herren v. Romrod, als adlige Lehensnehmer von Fulda. Später kamen weitere Herrschaften dazu. Sie gaben die in ihrem Gebiet gelegenen Ländereien und Güter als Afterlehen an die im Gerichtsbezirk ansässigen Bewohner weiter. Bei den Verlehnungen und zu sonstigen Anlässen, wie beim Ableben eines Herren oder Untertanen, sowie zu bestimmten Feiertagen wurden besondere Abgaben fällig. So kennt man das Besthaupt, das beste Stück Vieh, das beim Ableben eines Gerichtsherren gegeben werden mußte, und auch Naturalabgaben wie Fastnachtshühner, Rauchhühner, Hundhafer und mehr. Für abgelöste Dienste, zum Beispiel Frondienste oder Hand- und Spanndienste, wurde ein Dienstgeld entrichtet. Die Verlehnungen der Hofgüter wurden auf dieser Ebene von den Gerichtsherren vollzogen, die auch die niedere Gerichtsbarkeit in ihrem Einflußbereich ausübten. Darunter fiel zum Beispiel die Auferlegung von Bußen bei geringen Straftaten und Vergehen.

---

[50] SCHLESINGER, W.: Herrschaft und Gefolgschaft in der germanisch-deutschen Verfassungsgeschichte.

[51] WEISS, ULRICH: Die Gerichtsverfassung in Oberhessen bis zum Ende des 16. Jh.

Das Bindeglied zwischen den hiesigen Gerichtsherren und dem Grundeigentümer, der Abtei Fulda, waren die Grafen v. Ziegenhain, welche die Vogteirechte von Fulda erworben hatten und als Vögte unser näheres und umliegendes Territorium verwalteten. Sie regelten die geschäftlichen Beziehungen auf höherer Ebene, zum Beispiel die Belehnungen der Gerichtsherren mit den Fuldaer Ländereien und übten anfangs vielleicht sogar die hohe Gerichtsbarkeit, die Blutgerichtsbarkeit, den Blutbann oder das ›Gericht über Hals und über Kopf‹, wie man noch dazu sagte, aus.

Die bei den Urteilsfindungen zu verhängenden Strafen oder Bußen wurden, je nach Fall und Schwere des Vergehens, nach einem festgelegten Schlüssel an die Gerichtsherren und Vögte verteilt. Die Grenzen zwischen hohen und niederen Gerichtsfällen und die Urteilsfindungen waren jedoch fließend. So konnte zum Beispiel ein hinterhältiger Raub mit der Todesstrafe, oder ein Totschlag und Mord mit einer Buße belegt werden. Es kam auf die verschiedenen Umstände an, wie eine Tat durchgeführt worden war und wie sich die Geschädigten abfinden ließen.

Die Grafen v. Ziegenhain treten im hiesigen Raum in vielen Urkunden als Vögte auf. Noch 1405 belehnte ein Johann v. Ziegenhain eine Linie der Fink mit einem Teil des Gerichts Schwarz. Mit der Lehensauftragung der Ziegenhainer Grafschaft an Hessen in 1437 und nach dem Aussterben der Ziegenhainer im Jahre 1450 ging die Lehnsherrlichkeit, auch über Schwarz, an die hessische Landgrafschaft über.

Die anfangs beschriebenen Darlegungen sind, soweit sie das Gericht Schwarz betreffen, zum einem gewissen Teil Mutmaßungen, denn bis 1550 gibt es so gut wie keine Anhaltspunkte, die etwas über die Verwaltungsstrukturen des Gerichts aussagen könnten. Das gleiche gilt aber für fast alle Gerichtsbezirke in der Umgebung. Zum Gericht Schwarz gehörten, wie an anderer Stelle schon angesprochen, außer Schwarz noch die Orte Brauerschwend, Rainrod und Renzendorf, die Wüstungen Ober- und Niederkelberg, Oberschwarz, Lenzenrod (und Eichenrod ?) sowie der Finkenhof und Liederbacher Hof.

In alten Schriftstücken werden jeweils die einzelnen Orte oder heutigen Wüstungen als Gericht bezeichnet. Man kann dabei leicht den Eindruck gewinnen, als ob lauter selbständige Gerichte bestanden hätten. Aus welchen Ursprüngen heraus sich dies entwikkelte, ist heute nicht mehr genau zu sagen. In dem Teilungsvertrag von 1341 wird Rainrod und nicht Schwarz als Gericht bezeichnet. Die hinzugezogenen Schwärzer Einwohner wurden nur mit ihrem Namen erwähnt. Es ist jedoch nicht festzustellen, wann das Gericht Schwarz eingerichtet wurde.

Um einen Vergleich über die Größe von Gerichtsbezirken zu bieten, sei das Gericht Wallersdorf genannt. Es bestand aus den Ortschaften Wallersdorf, Bieben und dem Weiler Merlos. Das Gericht war damit verhältnismäßig klein. Wegen seiner langen Zugehörigkeit zum Kloster Haina wurden die darinliegenden Orte auch die ›Hainischen Dörfer‹ genannt.

Die Herren v. Romrod

Wenden wir unseren Blick nach Schwarz. In Romrod erstarkte nach der Jahrtausendwende unter der Abtei Fulda eine Familie, die im folgenden Zeitraum das südliche Gericht Lingelbach, die Gerichte Schwarz und Hopfgarten, Reimenrod, Gerichtsbezirke und Ländereien in den Orten um Romrod, einen Hof bei Lauterbach, sowie das Hofgut Dotzelrod besaßen. Es sind die Herren v. Romrod. Sie hätten eine der reichsten Familien sein können, vergleichbar mit den Riedesel und den Grafen v. Schlitz. Allein durch Erbteilungen verminderten sie ihre Macht und ihren Einfluß. Es existierten schließlich 3 Linien, wovon eine die Burg Herzberg mit Umland,

Stammtafel 1: Stammfolge der Herren von Romrod (Seitenlinie Schwarz–Schrecksbach).

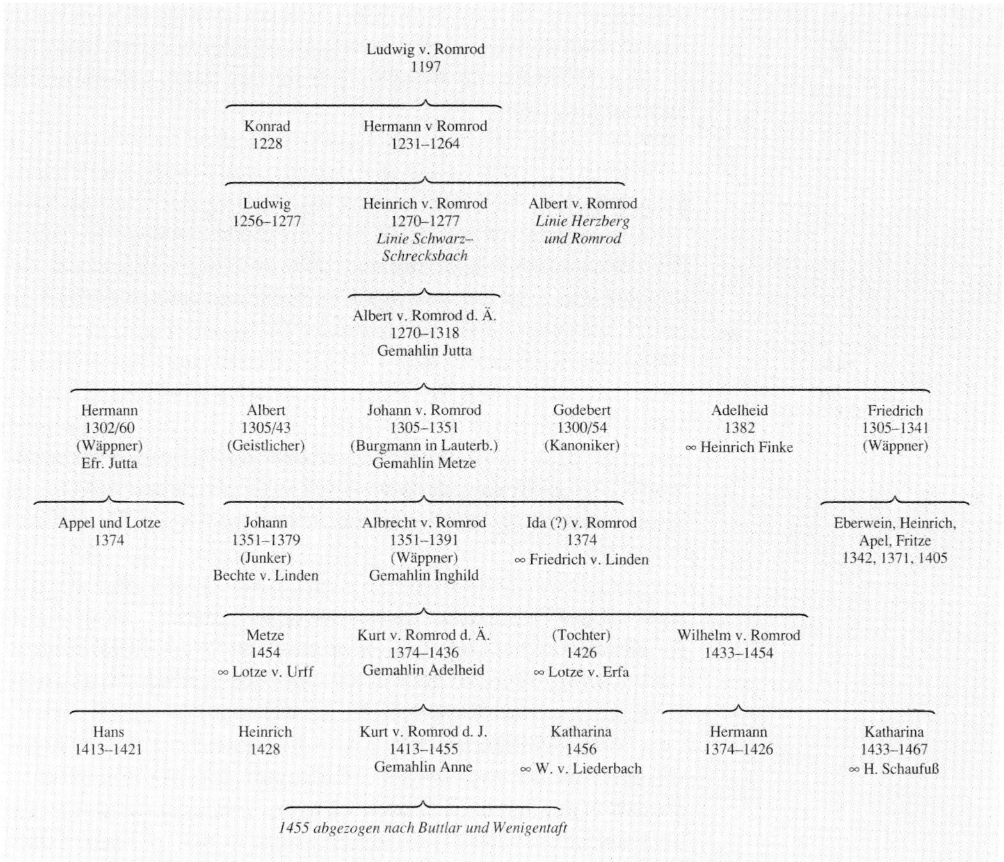

Anno 1460 erhielten Werner und Eckard v. Liederbach von Landgraf Ludwig das halbe Gericht Schwarz zu Lehen, nachdem sie es diesem zuvor aufgetragen hatten. Ihr Vater Henne war anscheinend verstorben. Die Töchter Eckhards v. Liederbach, Anna und Else, wurden 1469 vom Landgrafen mit Eckhards Teil, einem Viertel, belehnt. 1482 erhielten sie diesen Teil durch einen landgräflichen Lehensbrief als Ausstattungsvermögen bei ihrer Verehelichung.

Im Jahre 1496 hatte Gotschalck v. Liederbach der Ältere, für sich, seine Brüder und Vettern eine Forderung an den Abt von Fulda wegen eines Brandes, den der Abt in der ersten riedeselischen Fehde in Brauerschwend im Gericht Schwarz gelegt hatte und der wohl den Finken gelten sollte. In 1538 klagte Georg v. Liederbach am Appelationsgericht in Kassel wegen der Verteilung der Rechte am Gericht Schwarz. In einer Schrift von 1541 wird auch erwähnt, wie Hermann v. Liederbach und die anderen Gerichtsherren von Schwarz zwei Gefangene aus der Haft entlassen haben.

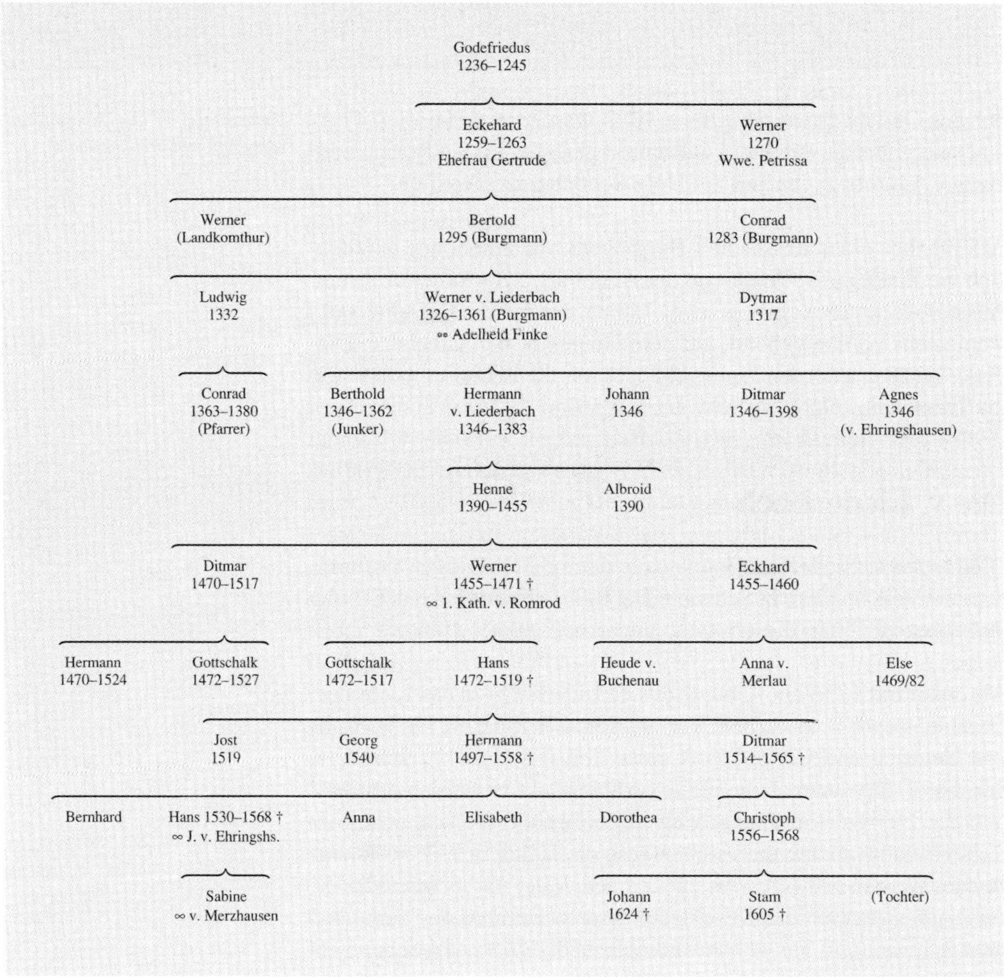

Stammtafel 3: Die Stammfolge der Herren von Liederbach.

Die Linie derer v. Liederbach, als Gerichtsherren in Schwarz, starb mit Hermann 1568 im Mannesstamm aus. Ganz erlosch das Geschlecht im Mannesstamm in unserem Raum in 1605 mit Stam v. Liederbach, Oberforstmeister am Vogelsberg und 1624 mit Johann v. Liederbach, einem Klosterbruder und somit ledig. Über einen Zweig, der anscheinend zu Beginn des 16. Jahrhundert in die Mark Brandenburg abgewandert war, liegen keine Erkenntnisse vor.[52]

Die v. Merlau

Die adlige Familie aus dem gleichnamigen Dorf erschien 1199 und blühte bis zum Jahre 1748. Miteigentümer am Gericht Schwarz wurden die v. Merlau, als Eberhard v. Merlau ungefähr 1482 Anna, eine Tochter Eckhards v. Liederbach, heiratete. Diese brachte ein Viertel des Gerichtes Schwarz mit in die Ehe.

Am 9. Januar 1490 bekannte Eberhart v. Merlau, daß er von Landgraf Wilhelm den Teil des Gerichts Schwarz mit Zubehör erhalten habe, wie solches weiland Eckart v. Liederbach gehabt und durch dessen Tochter Anna, nun seine Gattin, an ihn gekommen sei. Im Jahre 1500 erfolgte eine Wiederbelehnung, wie die Urkunde von 1490 aussagt. Die Regentschaft zu Hessen belehnte Eberhart wiederum mit dem Teil des Gerichts und zwar im Jahre 1511. Landgraf Wilhelm war verstorben und der junge Landgraf Philipp noch nicht volljährig. Die gleiche Belehnung erteilte Landgraf Philipp, nun volljährig, 1515 an Eberhart und 1540 an dessen Sohn Valentin. Später erhielt Hector v. Merlau das Lehen. Er trat es 1570 an Landgraf Ludwig zu Hessen–Marburg ab. Einige Einkünfte aus seinen Besitzungen blieben ihm und seiner Ehefrau. 1579 starb Hector v. Merlau.

Die v. Eisenbach und deren Nachfolger

Eine Besonderheit war die Beziehung der v. Eisenbach bei Lauterbach und deren Nachfolgern, den Riedesel zu Eisenbach, zum Gericht Schwarz. Diese besaßen mehrere Güter im Gerichtsbezirk bei Rainrod, Brauerschwend und Renzendorf. Sie hatten aber keinen Einfluß auf die Gerichtsbarkeit. Dafür hatten ihre Leute, die ›Freien Eisenbachischen Männer‹, die auf den Gütern saßen, gewisse Rechte und Freiheiten.

Vermutlich waren es Streitigkeiten, die den Ritter Hermann Riedesel bewogen, am 2. Dezember 1449 die Rechte seiner Männer auf den eisenbachischen Gütern im Gericht Schwarz aufzeichnen zu

[52] Rommel: Geschichte von Hessen, Hess. Vasallen, Landsassen und Ritter.

Die Wappen der Gerichtsherren von Schwarz

Abb. 39: Wappen der Herren von Romrod. Schwarze, 2türmige freischwebende Burg im goldenen Schild; Helmzier: Zwei gestümmelte schwarze Äste; Helmdecke: Schwarz-Gold.

Abb. 40: Wappen d. Finck v. der Altenburg. Rote Pflugschar im silbernen Schild; Helmzier: Grüner Pfauenstoß mit vorgestellter Pflugschar; Helmdecke:Rot-Weiß.

Abb. 41: Wappen der Herren v. Liederbach. Schild gespalten, links halber goldener Doppeladler im roten Feld, rechts Schild in Silber mit zwei roten Balken; Helmzier: Büffelhörner, links Rot, rechts Silber-Rot; Helmd.: links Gold-Rot, rechts Silber-Rot.

Abb. 42: Wappen der Herren von Merlau. Goldener Jungfrauenadler im roten Schild; Helmzier: Offener Flug in Rot, dazwischen wachsender goldener, gekrönter Löwe; Helmdecke: Gold-Rot.

lassen.[53] An diesem Tag brachte Junker Heinrich Hase, der in Ritter Hermanns Dienst stand, drei alte Männer aus diesem Gericht vor den Alsfelder Schultheiß, den Bürgermeister, die Schöffen und den Rat selbst und bat, diese zu vereidigen und über die Rechte der Eisenbacher Männer, die die freien Güter zu Rainrod und Brauerschwend hätten, zu vernehmen. Diese sagten aus, daß die Güter so frei seien, daß die Männer, wenn sie bei Gericht gebüßt würden, das mit drei Hellern oder einem ungelochten Hufeisen verbüßen könnten, sie müßten es aber in das Gericht werfen, ehe dieses aufstünde. Ebenso könnten sie Holz in den Wäldern hauen, und wenn sie damit soweit gefahren wären, daß das hinterste Rad dahin käme, wo das vorderste gewesen sei, so seien sie pfandfrei, ja der Förster müßte ihnen noch helfen, den Wagen zu drücken, wenn dies nötig sei. Auch seien sie dienstfrei, außer Diensten, die sie den Gerichtsherren auf deren Bitten täten. Und schließlich hätten die Eisenbacher Männer Teil an den gemeinen Wäldern und Weiden der anderen Insassen des Gerichts.[54]

Diese eisenbachischen Rechte waren den Gerichtsherren des Gerichts Schwarz natürlich ein Dorn im Auge. Sie mußten ihrerseits auf etliche Einnahmen verzichten und versuchten den Riedesel bei jeder Gelegenheit Schwierigkeiten zu machen. Die Angelegenheit kam bis vor das landgräfliche Gericht in Marburg, aber dort verfolgte man die Sache nicht weiter. Denn der Landgraf betrieb eine Politik, die auf die Einverleibung der den adligen Junkern zustehenden Territorien zielte, so auch des Gerichts Schwarz.

Das Kloster Immichenhain

Das Kloster Immichenhain wurde nach 1124 gegründet. Wie bereits an anderer Stelle aufgeführt, nahm es meist die unverheirateten Frauen des hiesigen niederen Adels auf. Zu deren Auskommen und zum Nutzen des Stifts bekamen sie von ihren Eltern Güter oder Ländereien überschrieben.

Das Zins- und Forstregister des ehemaligen Klosters im Staatsarchiv Marburg, welches noch aus der Mitte des 15. Jahrhunderts bis cirka 1503 vorliegt, zeigt interessante Aufschlüsse.[55] Danach besaß das Kloster je ein Gut in Schwarz, in Lenzenrod und in Udenhausen. Das Gut in Schwarz wird im vorgenannten Zeitraum mehrmals erwähnt. Man sieht vor 1481 einen Euppel Heynrich von Grebenau und danach einen Nebel Henn von Schwarz auf dem Gut sitzen. Der Hof war also verpachtet und es mußten nach dem vorliegenden Register Zinsen nach Immichenhain abgeführt werden.

[53] StAD: Abt. C2 und C3, Weistümer

[54] Becker, Dr. E. E.: Riedesel Bd. 2, S. 211ff.

[55] StAM: Bestand 22a 2

Geblieben ist bis heute die Bezeichnung ›Nonnstück‹ für eine Feldflur in der Nähe von Schwarz.

Im Zuge der Säkularisation der Klöster, nach der Reformation in 1526, wurde durch Landgraf Philipp den Großmütigen auch dieses Chorfrauenstift in 1527 aufgelöst. Den Klosterbesitz erhielt der Kammerdiener des Landgrafen Konrad v. Diede als Lehen. Erst Mitte des letzten Jahrhunderts wurden gewisse Abgaben, die aus Schwarz nach Immichenhain entrichtet werden mußten, von hiesiger Gemeinde abgelöst.[56]

Die Schwärzer Ganerbschaft

Ganerbe heißt Miterbe. Durch Verwandtschaft und Verschwägerung der Gerichtsherren untereinander hatte sich ein starker Clan gebildet, der die Weitergabe von Besitz überwiegend durch Erbfolge oder Einheirat regelte.

Wie oben bereits dargestellt, besaßen die v. Romrod das betrachtete Gebiet ursprünglich als Lehen von Fulda alleine. Als die Finke hinzukamen, wurden die Grund- und Einnahmerechte aufgeteilt. Ein Heinrich Fink heiratete eine Adelheid v. Romrod. Die Herren v. Liederbach waren mit den Finke verschwägert und auch mit den Romrödern. Die v. Merlau erheirateten sich ihren Teil am Gericht Schwarz vor 1490.

Bei Veräußerung von Grund und Boden mußten alle Gerichtsherren zustimmen. So war es für Außenstehende, selbst für die Landgrafschaft Hessen, fast unmöglich, sich hier einzukaufen. Aus diesem Grunde fiel das Gericht Schwarz erst sehr spät den hessischen Landgrafen anheim, und zwar 1570, nach dem Aussterben der adligen Gerichtsinhaber. Der Vollständigkeit halber muß natürlich erwähnt werden, daß das Gericht schon lange unter hessischer Oberhoheit stand. Die hohe oder peinliche Gerichtsbarkeit stand demnach Hessen zu, die niedere den örtlichen Gerichtsherren. Die Einflußnahme war gegeben, als die Grafen v. Ziegenhain 1450 ausstarben und schon früher, wahrscheinlich 1437, ihre Vogteirechte an Hessen übertrugen.

Gewalt der Gerichtsherren

Ein anschauliches Beispiel über das Gebaren der Schwärzer Gerichtsherren kann aus den riedeselischen Akten und Schriften, die im Staatsarchiv Marburg lagern, herangezogen werden. Dabei wird

[56] Gewannbuch der Gemeinde Schwarz

auch das Sonderrecht der ›Freien Eisenbachischen Männer‹, das weiter oben schon angedeutet wurde, dargestellt.

Wenn ein Freier Eisenbachischer Mann im Gericht Schwarz zu einer Buße verurteilt wurde, brauchte er nur drei Frankfurter Kreuzpfennige oder auch ein ungelochtes Hufeisen in das sitzende Gericht zu werfen, um von aller Strafe frei zu sein. Das ärgerte natürlich die Gerichtsherren. So auch zur Zeit des folgenden Falles die Gerichtsherren Finke, v. Liederbach und v. Merlau, verloren sie dadurch doch ihren Anteil an den Geldbußen.

Im Jahre 1550 wurde Kurt Falck aus Brauerschwend vom Gericht zu einer Geldstrafe verurteilt. Er machte von seinem Recht gebrauch und warf die drei Pfennige in das sitzende Gericht. Aber der Schultheiß der Gerichtsherren warf das Geld in den Mist und verlangte von Falck, es aufzuheben. Dieser weigerte sich jedoch. Aufgrund der Streitigkeiten um ihre Vorrechte klagten die Riedesel zu Eisenbach, als Besitzer der alten eisenbachischen Höfe, schon früher vor dem Hofgericht in Marburg gegen die Gerichtsinhaber. Es war bereits ein Verhandlungstermin auf den 8. Januar 1551 anberaumt und die ältesten Männer des Gerichts, als Zeugen und Kenner der Verhältnisse, waren vorgeladen.

Aber Hans v. Liederbach, ein Sohn des Gerichtsherren Hermann v. Liederbach, griff schon vorher selbsttätig in die Sache ein. Er bedrohte die Eisenbacher Männer mit Schüssen und Schlägen und hinderte sie daran, sich mit den Riedesel in Verbindung zu setzen. Am 24. Dezember 1550 drang er sogar in das Haus von Hans Falck ein und verlangte die Strafgelder. Als der eisenbachische Mann erklärt, daß er ihm nichts schuldig sei, wurde er auf den Hof geführt und bedroht, ihn und einen seiner Söhne zu erschießen. Im Haus wurden Tisch und Bett mit dem Säbel durchstochen, draußen gaben die Diener des Hans v. Liederbach mehr als zwanzig Schüsse ab.[57] Die Barone Riedesel bekamen zwar am 8. Januar 1551 in allen Klagepunkten recht, aber der Landgraf und seine Beamten verfolgten die Angelegenheit nicht weiter, hatten sie doch selbst schon im Auge, das Gericht Schwarz an sich zu ziehen und die Rechte der Riedesel zu beschneiden, was dann auch 1570 geschah.

Die vorbeschriebene Begebenheit zeigt mehrere wichtige Fakten, die einen Einblick in die Zeit des damaligen Gerichts Schwarz bieten: Zum einen bedienten sich die Gerichtsherren zur Ausübung ihrer Rechte Beamter, Schultheißen und Diener. Des weiteren fanden die Gerichtstermine unter freiem Himmel statt, und schließlich stand das Gericht unter hessischer Oberhoheit. Weiterhin ist anzunehmen, daß jährlich sowohl drei ungebotene Gerichtstage,

[57] Becker: Die Riedesel

die nicht besonders anberaumt werden mußten, an bestimmten Festtagen wie Martini, Bartholomäi oder Heilige Drei Könige stattgefunden haben, als auch gebotene Gerichtstermine, die für bestimmte Anlässe besonders angesetzt wurden.

Aus dem vorgesagten ist ersichtlich, daß der Aufbau und die Verwaltungsstruktur des Gerichtes Schwarz anderen Gerichten glich. Näheres über die Gerichtsorganisation ist nicht Thema dieses Buches, und ist der Fachliteratur zu entnehmen.

Die Gerichtsstätte

Wo die Gerichtssitzungen genau stattfanden ist nicht bekannt. Leider fehlt uns darüber jede Nachricht. Auch zu den folgenden zwei topografischen Begriffen, die einen Zusammenhang mit einer Gerichtsbarkeit im Gericht Schwarz vermuten lassen, kann aufgrund fehlender Bezugsangaben nicht viel gesagt werden:

›Der Schöffenweg‹ führt vom Waldbezirk Tümmel in Richtung Lenzenrod, Rainrod und Brauerschwend. Es liegt nahe anzunehmen, daß auf diesem Weg die Gerichtsschöffen von Schwarz ins Oberland gingen oder jene aus diesem Gebiet nach Schwarz zu den Verhandlungen kamen. ›Der Galgenberg‹ schließlich liegt am Fußwege von Brauerschwend nach Obersorg. Er läßt uns dort eine frühe Gerichtstätte derer v. Romrod vermuten, liegt dieser Hügel doch an der Grenze der beiden ehemals romrödischen Gerichte Schwarz und Hopfgarten.

Der Übergang an Hessen

Nach dem Aussterben der alten Gerichtsherren ging das Gericht Schwarz 1570, einschließlich aller beweglichen und unbeweglichen Güter und aller Lehens- und Gerichtsherrlichkeit, an die Landgrafschaft Hessen über. Der Gerichtsbezirk wurde dem Oberamt Alsfeld unterstellt. Dabei wurde der Gerichtsort nach Alsfeld verlegt. Die Ämter- und Gerichtsverfassung blieb weitestgehend bis 1820 bestehen. Danach wurde die Landrats- und Kreiseinteilung eingerichtet, und es verschwand auch der Verwaltungsbezirk und der Begriff ›Gericht Schwarz‹.

Die Grenzen des Gerichts Schwarz

Nach dem Tode Philipps des Großmütigen im Jahre 1567, wurde die Landgrafschaft Hessen, nach den Bestimmungen des Testaments, unter Philipps vier Söhne aus erster Ehe aufgeteilt. Das Gericht Schwarz kam an Landgraf Ludwig zu Hessen–Marburg. Dieser ließ im Jahre 1576 die Grenzen der Ämter Alsfeld und Romrod, des Gerichts Schwarz und 1582 die des Eußergerichts Kirtorf aufnehmen.

Daraus entstand das Grenzbuch für die genannten Bezirke, welches sich im Original im Stadtarchiv Alsfeld befindet. Die aufnehmenden Beamten waren: Christoph Eckhardt (Rentmeister und Amtmann der vier Bezirke), Philipp Orth (landgräflicher Oberförster zu Romrod), Henrich Bücking (Schultheiß zu Alsfeld) und Reitz Löber (Schultheiß zu Schwarz). Um einen Einblick in die damaligen Vorgänge, und vor allem die mühselige Beschreibung eines Grenzverlaufes, zu bieten, ist unten eine Abschrift vom Original zu sehen. Interessant ist es, der Beschreibung auf einer Karte oder zu Fuß in der freien Natur zu folgen.

Eine Grenzbeschreibung des Gerichts Schwarz aus dem 16. Jahrhundert.

Grentzen des Gerichts Schwartz

Anfänglich bey Rentzendorff stehet ein Stein mit einem Löwen auch der Fincken und Liederbachs Wapen neben der Strassen und Hanß Rauschen Garten.

Von dannen den Wegk hinaus zu eim Stein bey Henn Hacks Garten. Fürtens Henn Hacks Acker hinuff uff ein Stein negst darüber, stehst neben dem Wege. Von solchem zu eim Stein in Weigeln Hens Acker. Item zu eim Stein uff der Brandenburger Kopffen.

Fürtens uff ein Stein neben dem Ziegenberge und Fuss Pfadt so von Reinrodt nacher Alßfeld gehet. Allda von zu eim Stein an des Krausen zu Rainrodt Wießen die Faul Wieße genant. Von solchem uff ein Stein ist ein Wack, neben der Leiden am großen Lichtenstein. Do dannen uff ein Stein hinter dem kleinen Lichtenstein. Von solchem zu eim Stein stehst uffm Graben im Geholtz. Fürtens den Bergk hinab bey die Hartmuhle in den Fort.

Von solchem Fort an der Hartmühle die Fischbach hinuff zu dem Uffworff neben dem Kehrwege. Von dem Uffworff unter dem Rain hinaus zu einem Eichen Mahlbaum so mit einem Creutz gezeichnet ist. Vortan den Rein hinaus stehen noch etliche Mahlbäume. Daselbsten vorthan zu einem Uffworff liegt uff dem Linden Graben. Über den Lindengraben zu einem Uffworff liegt neben der Fischbach. Vorthan zu einem Uffworff liegt oben in der Fischbach. Vorthan zu einem Uffworff liegt vor dem Rotzenbergk.

Do dannen uff einen Stein hinderm Rotzenbergk stehst neben einem Eichenbaum und scheidet dieser Stein zur rechten Seiten das Gericht Schwartz auch Grebenau und zur Linken das Ampt Alßfeld. Vom selben Stein den Bergk hinab zu einem Uffworff liegt neben einem großen Eichen Stock, daruff ein Mahlbaum gestanden welchen Ruepel Grebe zu Reymerod ohn Vorwißen gehauen und derselben zween Gulden zu Bueß erlegen müßen. Fürtens zu einem Uffworff im hohen Holtzgen neben dem Wege so von Mahre nacher Lingelbach leufft gelangen.

Hiervon den Berg hinab zu einem Uffworff und Pfeiffersborn, stehet oben in der Knechtbach.

Da dannen den Grund ein zu einem Uffworff stehet zwischen Henn Lipparts und Henn Carressen Wießen zu Schwartz. Davon fürtens zu einem Uffworff liegt neben Hanß Falcken Wieße. Davon den Wasserfluß die Knechtbach genant hinab zu einem Uffworff zwichen das Kleinen Peters und der Hirthen Wießen. Vom selben zu einem Uffworff liegt neben dem Wege der von Schwartz nacher Eilersdorff gehet und Velten Bindewalds Wiesen. Hir dann in den Wasserfluß so von Schwartz nach Grebenau läufft.

Hirvon zu einem Uffworff in der hintersten Finckenthele gelegen. Die Finckenthel hinab uff den alten Windhain und liegt allda ein Uffworff neben dem Wege so von Grebenau nacher Wallenrodt gehet. Fürtens den Windhain hinuff zu einem Uffworff neben bewährtem Wege und Michel Heintzen des Möllers Acker. Vorthan neben dem Windhain hinuff zu einem Uffworff liegt bey einer grosen Eichen so mit Creutzen gezeichnet. Do dannen den Weg hinuff zu einem Uffworff neben dem Creutzwegk so von Schwartz nacher Niedenhausen läufft.

Davon nach einem Brunnen und Uffworff stehen in der Spechtbach. Vom selben nach dem untersten Sengshauffen welcher in dem Dauben Graben liegt. Fürtens zu einem Uffworff liegt uff dem Menschheußer Rode neben einer Eichen so mit Creutzen gezeichnet ist. Do dannen zu einem Stein stehet oben uff der Ginges Kopffen welcher Stein landgräflich und Ried Esel Wapen hat, und scheidet das Ampt Grebenau, Gericht Schwartz und Ried Esel. Von solchem Stein der Ginges Kopffen, den Berg hinab uff einen andern gehauen Stein stehet unten in der Escherbach neben dem Magd Brunnen.

Vom selben in den Fluß so aus dem Schwartzbrunnen in den Escherbach herab fleust. Fürters in dem selben Fluß hinuff in den Schwartzbrunn. Da dannen den Berg hinuff zu einem Stein stehet uff dem Kalckberg. Hirvon zu dem Wolffsnacken und einem Stein stehet neben Heintz Dieffbachs Wießen.

Do dannen uff einen Stein in Wolff Rauschen Wießen. Vorthan zu einem Stein stehet zwischen des Kleinen Jorgl und der Kreuder zu Brauerschwein Wießen. Fürter durch den Bastwald zu einem Stein in Peter Wilß Wießen. Weiters uff einen Stein neben der Sauseul in der Hadderwießen. Do dannen uff ein Stein im Henroder Holtzgen bey einem Eichbaum. Vorthan zu einem Stein vorm hohen Aspen neben einer Eichen und Werners Hennen Acker. Von diesem Stein zwischen Werners Hennen und Jorgl Henß Acker hinab zu einem Stein stehet oben in der Deln in Scheuern Schloßen Wießen, hier endet sich die Riedeselische Grentz mit dem Gericht Schwartz. Do dannen die Deln hinab uff einen Uffworff stehet oben wieder Werner Heffermehls Wießen.

Vorthan zu einem Uffworff zu Reitzen Dammers Wießen. Fürters zu einem Uffworff neben der Fuldischen Strassen und Jost Lerchen Acker. Vom selben durch das Lachenfeld zu einem Uffworff zu dem Hegeberge in Werner Hebermehls Wießen. Hirvon den Hegebergk hinab nach einem Uffworff stehet in Ruel Deigesgl Straß Wießen. Do dannen die Straßwießen hinab über das Wasser so von Hergersdorff nacher Brauerschwein leufft zu einem Uffworff liegt in Nickel Römers zu Hergersdorff alt Wießen. Fürters die alt Wießen hinab zu einem anderen Uffworff stehet oben in Doll Heilmanns von Brauerschwein Wießen. Hirvon über den Wegk so von Brauerschwein nach der Sorge gehet Do dannen den Fluß hinein zu einer Bornquell stehet zwischen Veit Curten und Cuntz Brauerschwein. Vom selben Fluß hinab bis in die Schwalm. Vorthan die Schwalm hinab bis gegen Rentzendorff uff einen gehauen Stein neben Hanß Rauschen Garten an welchem Orth sich auch die Grentzen angefangen.

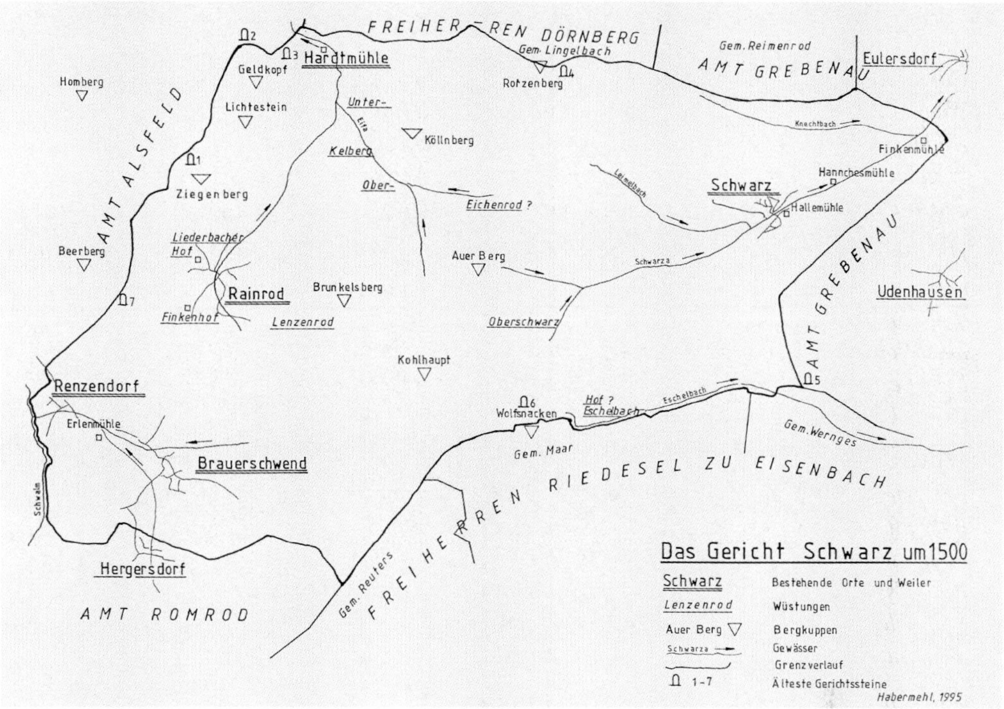
FREIHERREN DÖRNBERG
Gem. Lingelbach
Gem. Reimenrod
AMT GREBENAU
Eulersdorf
Hardtmühle
Geldkopf
Homberg
Lichtestein
Rotzenberg
Unter-
Kölln berg
Knechtbach
Kelberg
Finkenmühle
Ziegenberg
Ober-
Eichenrod ?
Schwarz
Hannchesmühle
Hallemühle
AMT ALSFELD
Liederbacher Hof
Beerberg
Rainrod
Brunkelsberg
Auer Berg
Schwarza
Udenhausen
Finkenhof
Lenzenrod
Oberschwarz
AMT GREBENAU
Kohlhaupt
Renzendorf
Wolfsnacken
Hof ? Eschelbach
Eschelbach
Erlenmühle
Gem. Maar
Gem. Wernges
Brauerschwend
FREIHERREN RIEDESEL ZU EISENBACH
Schwalm
Hergersdorf
Gem. Reuters
AMT ROMROD
Das Gericht Schwarz um1500
Schwarz Bestehende Orte und Weiler
Lenzenrod Wüstungen
Auer Berg Bergkuppen
Schwarza Gewässer
Grenzverlauf
1-7 Älteste Gerichtssteine
Habermehl, 1995

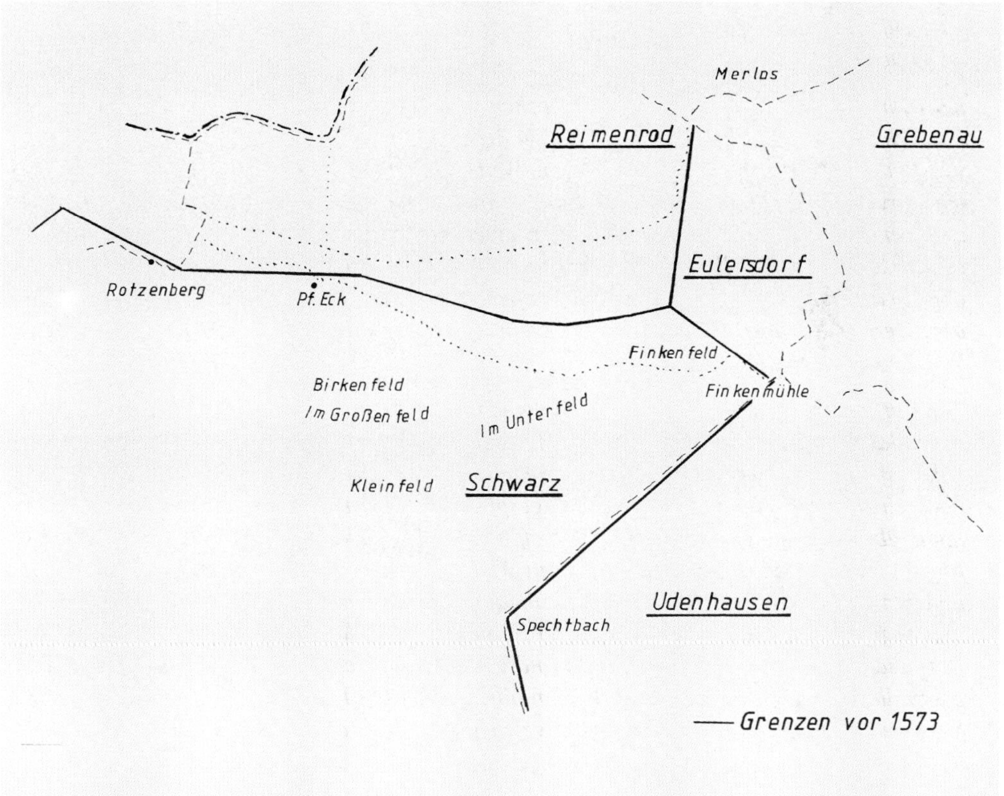
Merlos
Reimenrod
Grebenau
Rotzenberg
Pf. Eck
Eulersdorf
Finkenfeld
Birkenfeld
Im Großen feld
Im Unterfeld
Finkenmühle
Kleinfeld
Schwarz
Udenhausen
Spechtbach
Grenzen vor 1573

Alte Gerichtssteine von Schwarz

Rechts:
Abb. 45.1: Auf dem Klimches Kopf (Wappen der Riedesel/Hess. Löwe)

Mitte, links:
Abb. 45.2: Auf dem Wolfsnacken (Wappen Fink und Liederbach/ Eselskopf)

Mitte:
Abb.45.3: Auf dem Rotzenberg (Wappen v. Liederbach?/Hess. Löwe? Erwähnung 1511)

Mitte, rechts:
Abb. 45.4: Im Windhain zwischen Grebenau und Schwarz (AG Amt Grebenau)

Seite 223 (oben):
Abb. 43: Das Gericht Schwarz um um das Jahr 1500.

Seite 223 (unten):
Abb. 44: Die Grenzen um 1573 am Schnittpunkt der Gemarkungen Schwarz–Eulersdorf–Reimenrod.

Links:
Abb. 45.5: Im Altstrauch zwischen Schwarz und Eulersdorf (Amt Alsfeld–Gemeinde Schwarz 1780)

Die Mühlen von Schwarz

Die meisten Mühlen, sowohl in Schwarz als auch in den umliegenden Ortschaften, werden erstmals im Jahre 1585 urkundlich erwähnt. Es ist die Zeit nach dem Ableben des Landgrafen Philipp des Großmütigen, der im Jahre 1567 verstorben war und das Land Hessen unter seine vier Söhne aus erster Ehe, mit geringen Ausnahmen, aufgeteilt hatte. Das Amt Alsfeld und somit auch Schwarz, sowie die angrenzenden Gebiete, wurden dem Landgrafen Ludwig dem Älteren zu Hessen–Marburg zugeteilt. Dieser ließ im Jahre 1573 das Salbuch des Gerichts Schwarz aufstellen und in dem besagten Jahr 1585 die Mühlgüter neu verleihen.

Die Mühlen und alle anderen Güter des Gerichtes Schwarz waren herrschaftliche Erblehen, das heißt, sie wurden in den Familien, die sie besaßen, an die hinterbliebene Ehefrau, den Sohn oder die Tochter weitervererbt. Jedoch mußten die Güter von der gnädigen Herrschaft, den Landgrafen und später den Großherzögen, bei jedem Besitzerwechsel und so oft sich *‚der Fall‘* ergab, neu empfangen werden. Der ›Fall‹ war die Umschreibung dafür, wenn der Landgraf als Lehnsherr oder der Mühlenbesitzer als Lehensnehmer mit dem Tode abgegangen war. Dabei mußte, außer den fälligen Leihgeldern, noch das Besthaupt gegeben werden.

Die Übergabe der Güter ging folgendermaßen vor sich: Wenn der Müller oder Besitzer des Erbleihgutes merkte, daß er die Arbeit nicht mehr schaffte oder der Tod sich langsam näherte, verkaufte er das Gut an seinen Erben. Meist war dies der älteste Sohn, oder, wenn kein männlicher Nachfolger vorhanden war, auch an die Tochter und den Schwiegersohn. Die Töchter waren zu diesem Zeitpunkt schon verlobt oder längere Zeit verheiratet, da die Güter, wie im Kapitel ›Bäuerliche Verhältnisse‹ bereits ausführlich erläutert, von den Altbesitzern in der Regel spät abgegeben wurden. Es wurde eine Kaufsumme festgelegt, die zum einen dem Verkäufer zufiel, und mit der zum anderen die übrigen Geschwister abgefunden werden mußten. Weiter wurde der ›Auszug‹ festgeschrieben. Das waren die Wohnrechte, die sich der Verkäufer in dem Gebäude ausbehielt. Und schließlich bestimmte man die zu liefernden Naturalien und Nutzungsrechte für den zukünftigen Lebensunterhalt des Verkäufers und dessen Ehefrau sowie für die eventuell noch unmündigen Kinder.

Die Kaufsumme und der Auszug waren die Rente des Verkäufers und es wurde um jeden Strohhalm gefeilscht. Es kam allerdings auch vor, daß sich der Käufer und neue Besitzer mit dem Kaufgeld und dem Auszug übernommen hatte, insbesondere wenn er schon bei der Übernahme des Besitzes eine zu schwache Kapitaldecke besaß. Damit läßt sich auch erklären, warum die Großbesitzer es sich nicht leisten konnten, geringere Frauen und Mädchen zu heiraten. Es wird den Bauern heute noch vorgeworfen, daß sie sich mit der ärmeren Bevölkerungsschicht nicht einließen. Eine nicht standesgemäße Heirat hätte aber oft unweigerlich den Untergang des Hofes oder Gutes nach sich gezogen.

Wenn jedoch keine Einigung zwischen dem Vater und den übrigen Geschwistern auf der einen, und dem potentiellen Käufer auf der anderen Seite getroffen werden konnte, oder letzterer nicht in der Lage war, die Kaufsumme aufzubringen, kam es durchaus vor, daß das Gut oder die Mühle öffentlich versteigert wurde ohne daß die Erbfolge automatisch in Kraft trat. Dazu bedurfte es aber der besonderen Zustimmung der Landesherrschaft, und das Abweichen von der Regel war eine schwierige Prozedur. Das Wohl und die Rechte des Alteingesessenen gingen also immer vor, sofern er sich nichts hatte zu Schulden kommen lassen.

Waren die Kaufformalitäten schließlich erledigt und der Nachweis erbracht, daß die Geschwister vollständig abgefunden worden waren, mußte der neue Besitzer als letzten Schritt der Hofübergabe bei der Herrschaft um die vorgeschriebene Leihe nachsuchen. Er begab sich nunmehr freiwillig auf das Rentamt nach Alsfeld, bzw. er wurde aufgefordert, diese Behörde aufzusuchen. Dort wurde von dem jeweiligen Rentmeister ein Gesuch aufgestellt und zur Landesherrschaft weitergeleitet. War der Antrag positiv beschieden worden, so wurden die neuen Erbleihbriefe entweder direkt von der Landesregierung aufgesetzt, oder wiederum vom Rentmeister erstellt, oft gleichzeitig mit dem Revers des neuen Erbleihnehmers versehen, und abschließend amtlich beglaubigt.

Erst wenn der neue Lehensnehmer die Liegenschaft auf ‚*doppelten Fall*‘ besaß, das heißt, wenn sowohl die Kaufsumme bezahlt war als auch der landesherrliche Konsens vorlag und damit keine weiteren Einwände zu erwarten waren, war er der rechtmäßige Besitzer. Mit der Zustimmung der Landesherrschaft fielen dann natürlich weitere Abgaben an. So mußte etwa der ‚*Kaufschilling*‘ bezahlt oder ‚*Herren Weinkauf*‘ entrichtet werden. Dieses dürfte aber, in Anbetracht der vorausgegangenen Mühen, nicht mehr so sehr ins Gewicht gefallen sein.

Die drei Mühlen von Schwarz

Das Dorf Schwarz besaß seit alters drei Mühlen. Im Dorfbuch aus dem Jahre 1630 heißt es: ‚*Schwarz hat: Drey Mühlen, Eine die Finkenmühl genand underm Dorff mit einem Oberschlichtigen mahlgang ist Enders Wegfahrt eygen, gibtt O. g. F. ond Herren gelt und ander Zinsen, hat nichts weiter als ins Dorf zu mahlen. Item Ein gering Mühlen die Ruppels mühl genand underm Dorff, nahe der vorigen, welche Oberschlichtig von 1 Schlachtengang (die Hannchesmühle, mit einem Schlaggang), Lutz Pfohln zuständig, gibt O. g. F. und Herrn Zins. Noch ein gering Mühlen im Dorff so Henrich Wegfahrts, oberschlichtig ond mit 1 Mahlgang, muß sich, so oft der Fall ergeben, empfangen (die Hallemühle).*‘

Ein Verzeichnis aller Mühlen im Amt Alsfeld von 1800 vermerkt: ‚*Schwarz hat drei Mühlen: Die ›Hallemühle‹ wird von einem Bergflüßchen betrieben. Herrschaftliches Erblehen, hat 1 Gang, 1 Haus, 1 Scheuer, Pferde- und Schweinestall, 8 Morgen Acker, 8 ½ Morgen Wiesen, ¼ Morgen Garten. Abgaben: 1 fl. 26 alb. 6 Pfg. Zins; 11 alb. 4 Pfg. für Hafermehl; 2 Hähne, 1 Fastnachtshuhn, 100 Stück Eier; 6 fl. 14 alb. 6 Pfg. Leihgeld. Besitzer: Johannes Bauer.*
Die ›Finkenmühle‹ wird von einem Bergflüßchen betrieben, ist herrschaftliches Erblehen, hat 1 Gang, 1 Haus, 1 Scheuer, Pferde- und Schweinestall, 13 Morgen Acker, 4 ½ Morgen Wiesen, 1 Morgen Garten. Abgaben: 3 fl. 15 alb. Zins; 11 alb. 4 Pfg. für Waitzenmehl; 11 alb. 4 Pfg. für Hafermehl; 1 Fastnachtshuhn, 100 Stück Eier; 3 fl. 30 xr. Leihgeld. Besitzer: Heinrich Wegfahrt.
Die ›Mittelmühle‹ wird von einem Bergflüßchen betrieben, ist herrschaftliches Erblehen, hat ein Gang, 1 Haus, 1 Scheuer und Schweinestall, 8 ½ Morgen Acker, 6 ½ Morgen Wiesen. Abgaben: 2 fl. 22 alb. Zins; 2 Hähne, 1 Fastnachtshuhn; 12 fl. 12 ½ alb. Leihgeld. Besitzer: Henrich Nolls Witib.‘

Im Gewannbuch von 1720 werden die Mühlen als herrschaftliche Erblehen mit Mahlwerk zu Schwarz beschrieben, die nicht nur das anerkannte Recht, sondern geradezu die Pflicht hätten Tag und Nacht zu mahlen. So hatte etwa der Hallemüller Andreas Hedderich täglich 2 ½ Mesten Frucht Alsfelder Maß zu mahlen, woraus sich später auch das Steuerkapital berechnete: ‚*thut im Jahr nach Abzug der Sonn- und Feiertage in 300 Tag 750 Mesten. Thun zum 1/1/6 Theil dem Müller an Malter- oder Müllerlohn, das Viertel pro 14 fl. 8 alb. 5 xr. gerechnet …*‘.

Zur Finkenmühle heißt es: ‚*Johannes Urstadt, Müller, der Finkenmüller genannt, deßen Mohl ist ein Herrschaftl. Erblehen, hat einen oberschlichtigen Mahlgang, helt sein Mahlwerk zu Schwarz gleich deren anderen Müllern, so er darzu berechtiget. Ist erkannt, daß Er in Tag und Nacht Mahlen könnte, auch zu mahlen hätte 3*

Mesten Alsfelder maaß, Thut nach Abzug der Sonn- und Feyertag, in 300 Tagen 900 Mesten, macht dem Müller zum 1/1/6 Han Malter oder Müllerlohn, 7 Viertel, thut nach dem Craißen anschlag das *Viertel pro 14 fl. 8 alb. 5 Pfg. gerechnet. Steuerkapital 100 fl. 13 alb. ¼ darvon ab verbleiben ¾: 75 fl. 10 alb. 5 Pfg.; darvon ist abzuziehen was er jährl. gnäd. Herrschaft gibt.*'

Die Meste war ein Getreidemaß, ein Hohlmaß. Da die verschiedenen Getreidearten unterschiedlich schwer sind, betrug 1 Meste Weizen 28,24 Pfund; 1 Meste Korn 26,47 Pfund; 1 Meste Gerste 24,71 Pfund und 1 Meste Hafer 17,65 Pfund Alsfelder Maßes. Der Hallemüller hatte damit im Jahr an Korn 19852,50 Pfund Alsfelder Maßes zu mahlen. Das waren ca. 185 Zentner, wenn man den damaligen Zentner zu 108 Pfund rechnet. Der Finkenmüller und der Mittelmüller mußten nach Umrechnung je ca. 220 Zentner jährlich mahlen. Die drei Mühlen hatten somit eine Gesamtkapazität von 625 Zentner. Das war für ein Dorf wie Schwarz nicht sehr viel, aber mehr gaben die kleinen Mühlen nicht her.

Die Geschichte der Schwärzer Mühlen

Die Geschichte der Schwärzer Mühlen beginnt mit einem Kriminalfall im Jahre 1576. Der Besitzer der Mittelsten Mühle, Reitz Nau, und Henn Schreiner von Eifa wurden beschuldigt, in der Münzgesellschaft oder besser, in der Geldfälscherbande des Jost Schwartz aus Mainz tätig gewesen zu sein. Man hatte ‚*Abschnitze von blechernen Platten*' in der Mühle zu Schwarz gefunden. Henn Schreiner hatte den Prägestempel für die Geldfälscher geliefert. Gegen beide wurde von den Marburger Räten ein Prozeß vor dem ‚*peinlichen Gericht*' eingeleitet. Es ging bei dieser Art von Delikten sprichwörtlich um Kopf und Kragen. Reitz Nau, der Müller, hat die Verhandlung nicht lange überlebt, denn etwas später erscheint seine Frau als Witwe ...

Die Hannchesmühle oder Mittelste Mühle

Am 2. Oktober 1585 wurden Ruepel Weitz, seine eheliche Hausfrau Gela und ihre rechten Erben von Landgraf Ludwig zu Hessen–Marburg mit der Erbleihmühle unterm Dorf, der sogenannten ‚*Mittelsten Mühle*', erblich belehnt. Dazu gehörten die Scheune, der Schweinestall, ein Garten an der Hofreite, eine Wiese an der Mühle, noch eine Wiese am Auerberg (›Mühlwieschen‹), eine Hude im Salengrund, sowie ein Acker bei der Mühle. Ruepel Weitz und seine Ehefrau versprachen, alles in Bau und Besserung zu halten, nichts zu veräußern, zu verpfänden oder zu verkaufen, ohne die gnädigste Herrschaft zu unterrichten. So lautete die Urkundenschrift, wie sie bei den Verträgen in dieser Zeit üblich war.

Zu einem unbekannten Zeitpunkt erhielten Heinrich Pfohl und dessen Hausfrau Margarethe, die Tochter des Ruepel Weitz, die Mühle als Erblehen (letztlich wohl 1627 von Landgraf Georg II.). Von diesen erwarben Eckhard Becker und dessen Hausfrau Marie (geb. Specht) die Lehen und bekamen am 27. April 1663 den Erbleihebrief von Landgraf Ludwig IV. ausgestellt. Eckhard Becker verstarb am 24. Mai 1699.

Schon im Jahre 1693 hatten Hanß Noll und seine Ehefrau Anna Maria geb. Becker die Mühle von Eckhard Becker, dem Vater und Schwiegervater, käuflich erworben, und am 25. Februar 1699 erfolgte der landesherrliche Konsens. Der *‚Revers-Erbleihebrief'* ist auf den 15. Januar 1700 ausgestellt. Nachdem seine Frau Anna Maria gestorben war, heiratete Johannes (Hanß) Noll, Kastenmeister und Gerichtsschöff, am 21. Juli 1716 in zweiter Ehe Elisabetha Güldner aus Eulersdorf. Er selbst starb am 18. März 1729. Er hatte der Mittelsten Mühle den Namen *‚Hanß Nolle Mühle'* vererbt und damit wahrscheinlich auch den Dorfnamen ›Hannchesmühle‹, denn mit ihm begann eine ganze Dynastie mit Johannes, Johann Heinrich und wieder Johannes Noll als Müller. Daraus läßt sich schlußfolgern, daß der Name Hannchesmühle von den diversen ›Johann‹-Deklinationen abgeleitet wurde.

Johann Henrich Noll, der am 7. November 1689 geboren wurde und Anna Maria (geb. Becker, als 2. Ehefrau) baten am 5. Januar 1731 um die Leihe, da der Müller Hanß Noll wie oben schon berichtet, im März 1729 verstorben war. Diese Belehnung wurde am 15. März des gleichen Jahres erteilt. Nachdem nun Landgraf Ernst Ludwig abgeschieden und das Lehen von seiten des Lehnsherren offen war, suchte Johann Henrich Noll am 29. November 1740 um die Renovation der Erbleihe nach. Der Erneuerung wurde im folgenden Jahr, nämlich 1741, stattgegeben.

Am 15. Oktober 1751 bat der Sohn Johannes Noll (* 24.12.1716) und dessen Hausfrau Anna Elisabetha Birkenstock von Bieben um die Beleihung. Eine Wiederbelehnung erfolgte am 18. November 1769 nach dem Tode des Landgrafen Ludwig VIII. durch Landgraf Ludwig IX. Johannes Noll hat mit seiner Ehefrau Anna Elisabetha die Mühle und das Wohnhaus neu aufgebaut. Darauf weist die noch vorhandene Balkeninschrift hin: *‚Johannes Noll und seine eheliche Hauß Frau Anna Elisabetha haben mit Gottes hilff diesen Bau erbaut, desen Schutz ist auch wieder uns vertraut, er wache über alle so sich von uns thun nennen, bis wir uns im Himel kennen.'*

Am 11. März 1780 hatte der Sohn des vorigen Johann Henrich Noll (* 28.7.1756) mit Ehefrau Anna Margaretha Becker die Mühle und Güter für 1200 fl. käuflich erworben und bat nach dem Tode des Vaters Johannes († 22.4.1783) am 29. November 1783 mit dem

Mühlengut beliehen zu werden. Nachdem er das Gut schon besessen hatte, erfolgte eine Wiederbeleihung am 22. Mai 1790.

Schwierigkeiten mit dem Erblehen hatte der Sohn des vorgenannten Johann Heinrich Noll, Johannes Noll (* 4.12.1780). Er erklärte auf Vorladung am 21. April 1829 beim Rentamt in Alsfeld, er habe nach dem Tode des Vaters († 1794) bei seiner Mutter als Erbbeständerin angehalten, ihm die Mühle zu verkaufen, sich aber mit seinen Geschwistern nicht einigen können. Nun sei die Erbleihträgerin im Jahre 1812 mit dem Tode abgegangen. Daraufhin sei die Mühle einer öffentlichen Versteigerung ausgesetzt, und ihm schließlich für 3845 fl. als Meistbietendem zugeschlagen worden. Er bitte nunmehr um die Leihe der Mühle. Die geforderten Leihgelder könne er aber nicht beibringen, da er solche wegen eines Prozesses ins Justizamt habe geben müssen und diese noch immer dort liegen würden. Auf die Frage, wieviel Geschwister er habe, erwiderte er: 1. Johann Noll, verheiratet in Schwarz; 2. Anna Elisabetha, an Johannes Kalbfleisch in Bieben verheiratet und 3. Joachim Noll, noch ledigen Standes. Ihm wurde zur Auflage gemacht, seine Geschwister auf alle Ansprüche an die Mühle verzicht leisten zu lassen und die ‚*Reunicationsurkunde*' (Versöhnungserklärung) binnen 14 Tagen vorzulegen.

Am 25. April 1829 erschien nun Johannes Noll mit seinen Geschwistern. Joachim und Elisabetha erklärten, daß sie mit ihrem Erbteil abgefunden seien. Johann, der zweite Bruder, weigerte sich jedoch eine Erklärung abzugeben. Endlich, am 28. April, erschien der Bruder Johann Noll vor dem Rentamt und sagte aus, er habe noch Ansprüche an den Bruder und die Mühle, und führe deshalb Prozeß. Er habe nämlich noch von seinem wahnsinnigen, nunmehr verstorbenen Bruder Heinrich, den er mit seinen Geschwistern beerbt habe, noch seinen Anteil zu bekommen. Er würde zwar zustimmen, daß seinem Bruder die Mühle übertragen werde, aber seine Ansprüche behalte er sich ausdrücklich vor.

Nachdem die Zwistigkeiten bereinigt waren, erhielten Johannes Noll und seine Ehefrau Anna Margaretha, eine geb. Noll, umgehend den Erbleihbrief. Der Erbleihrevers ist auf den 5. Juni 1829 ausgestellt. Eine Wiederbelehnung erfolgte am 15. Februar 1832. Der Müller Johannes Noll gab sein Gut mit der Erbleihmühle am 8. Oktober 1841 an den Sohn Heinrich Noll X. käuflich ab. Dieser erschien schließlich am 12. Dezember 1841, nunmehr 32 Jahre alt, mit der Verzichtleistung der Geschwister und erklärte, daß er die Erbleihstücke von seinem Vater für 3000 fl. erworben hatte und bat um die Erbleihe.

Um die Mitte des vorigen Jahrhunderts konnten aufgrund eines Gesetzerlasses die Mühlen und Güter aus der Hand des Großherzogs käuflich erworben werden. Mit der sogenannten ›Allodifikation‹ gingen sie als Volleigentum in den Besitz des bisherigen Betreibers und jetzigen Käufers über. Auch Heinrich Noll X. machte von der Möglichkeit Gebrauch und stellte den entsprechenden Antrag. Am 20. Februar 1849 erfolgte die Bewilligung durch den Großherzoglich Hessischen Minister der Finanzen. Mit der Überweisung der Freikaufsumme in Höhe von 177 fl. an die Hauptstaatskasse am 27. März 1849 wurden Heinrich Noll und seine Ehefrau Anna Katharina geb. Becker sowohl Besitzer als auch Eigentümer der Hannchesmühle.

Von Heinrich Noll X. erwarben der Sohn Georg Noll und dessen Frau Maria Falk von Udenhausen die Mühle. Am 14. Oktober 1880 brach in der Scheune ein Brand aus, der das Gebäude bis auf die Grundmauern niederlegte. Das angrenzende Wohnhaus und die Mühle blieben verschont. Georg Noll baute noch sein Anwesen auf und errichtete einen neuen Stall, wanderte jedoch später mit der Ehefrau und den Kindern Maria, Georg Heinrich, Heinrich und Katharina nach Amerika aus.

Konrad Krug II., dessen Großvater aus der Mühle in Udenhausen stammte, kaufte die Mühle von Noll. Mit der Ehefrau Eva Katharina Hagemeister hatte er 2 Töchter. Elisabetha, die älteste, heiratete Ludwig Roth in Eulersdorf, Katharina Krug ehelichte ihren Vetter Heinrich Krug (∞ 26.04.1914). Der Müller Heinrich Krug (›Müller-Heiche‹) war der Bruder von Georg (›Wenesch-Krug‹) und Johannes (›Pferde-Krug‹). Da die Ehe von Heinrich Krug und Katharina Krug kinderlos blieb, setzten sie den Neffen Erich Roth aus Eulersdorf als Nachfolger ein. Dieser heiratete in 1948 Marie Fink aus Schwarz. Er starb aber im frühen Mannesalter an Kinderlähmung und hinterließ die Ehefrau und eine Tochter.

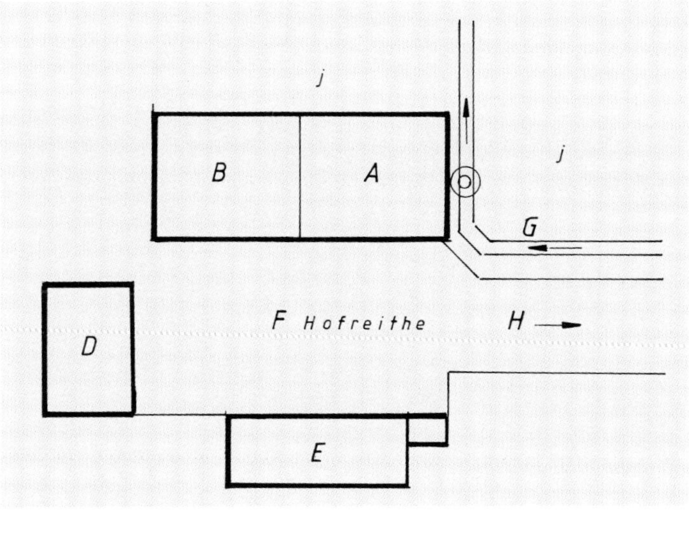

Abb. 46a: Grundrißskizze der Hannchesmühle im Jahre 1879.

Erklärung: Wohnhaus (A); neue Ställe (B); Scheune (D); Ställe (E, abgebr.); Hofreithe (F); Ortsweg (G); Mühlgraben (H); Wiese und Acker (J).

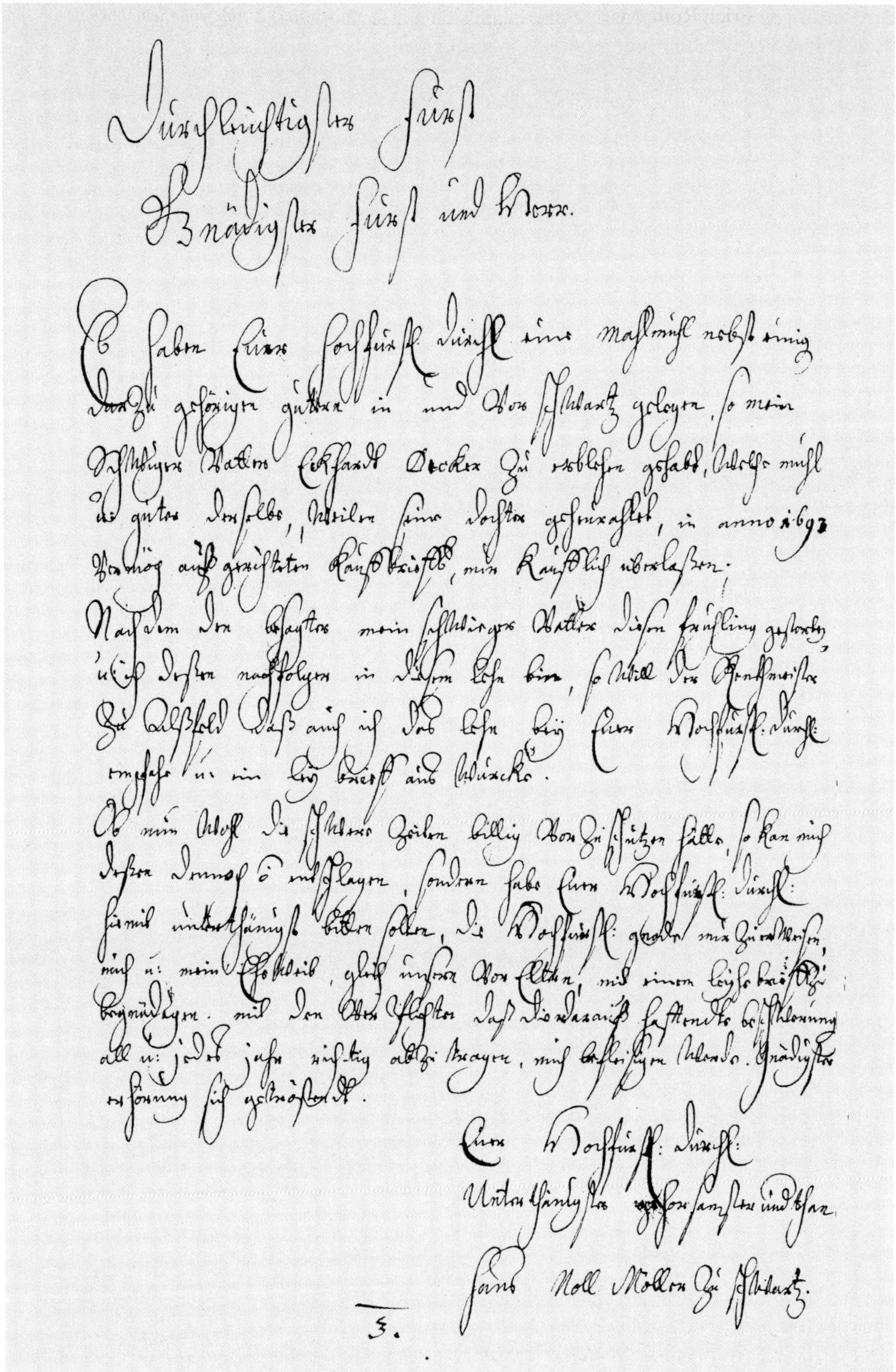

Durchleuchtigster Fürst
Gnädigster Fürst und Herr.

Es haben Euer Hochfürstl. Durchl. eine Mahlmühl nebst einig dazu gehörigen güttern in und vor Schwartz gelegen, so mein Schwiegervatter Eckhardt Becker zu erblehen gehabt, welche mühl und güter derselbe, weilen seine dochter geheurathet, in anno 1693 vermög aufgerichteten Kaufbriefs, mir Käuflich überlaßen.

Nachdem der besagte mein Schwiegervatter diesen Frühling gestorben, und ich dessen nachfolger in diesem Lehn bin, so will der Rentmeister zu Alsfeld daß auch ich das Lehn bey Euer Hochfürstl. Durchl. empfahe und ein Lehnbrief auswürcke.

Ob nun wohl die Schwere Zeiten billig vorzuschützen hätte, so kan mich dessen dennoch nicht entschlagen, sondern habe Euer Hochfürstl. Durchl. hiemit unterthänigst bitten sollen, die Hochfürstl. gnade mir zu erweisen, mich und mein Eheweib, gleich unsern Vorältern, mit einem Lehnbriefe zu begnädigen. mit dem Versprechen daß die daraus haftende beschwerung all und jedes jahr richtig abzutragen, mich befleißigen werde. Gnädigster erhörung sich getröstend.

Euer Hochfürstl. Durchl.
Unterthänigster gehorsamster und knecht
Hans Noll Möller zu Schwartz.

3.

Die Witwe von Erich Roth, Marie Fink, nahm sich am 11. November 1955 den ehemaligen Wehrmachtsleutnant Herbert Wolter zum zweiten Ehemann. Beide bekamen eine weitere Tochter. Herbert Wolter war jedoch der letzte Müller auf der Hannchesmühle. Er trat schließlich das jahrhundertealte Wasserrecht der Mühle an die Gemeinde ab, und die Familie zog nach Pohlheim bei Gießen. Zuletzt erwarben Manfred Gassenmeyer und seine Frau Linde die Hannchesmühle.

Abb. 46b (Seite links): Bitte um die Belehnung mit der Hannchesmühle durch Hans Noll im Jahre 1699.

Die Hallemühle oder Ruppelsmühle

Die Hallemühle führte auch die Bezeichnung *‚Mühle unten nächst am Dorf gelegen'*. Am 2. Oktober 1585 erhielt Cuntz Wegfahrt, Curt Wahl genannt, von Landgraf Ludwig zu Hessen–Marburg die Mühle als Erblehen. Zum Mühlengut gehörten *‚neben dem Wasserfall darauf, die Scheuer; ein Garten am Udenhäuser Weg, der Köhlersgarten genannt; noch ein Garten nahe dem Weg; eine Wiese, die Oberschwarz- oder Bastwaldwiese genannt, am Wolfsacker gelegen; noch eine Wiese, die Eschelbach oder Mühlwiese genannt; eine weitere Wiese unterm Windhain bei der Mühle gelegen; sowie ein Acker am Udenhäuser Weg, einen weiteren Acker im Windhain und noch einen Acker daselbst ...'*

Bis zum Jahre 1720 ist in denAkten im Staatsarchiv nichts weiteres zu finden. Das Gewannbuch der Gemeinde Schwarz aus diesem Jahre nennt als nächsten Besitzer Andreas Hedrich als *‚Müller nechst am Dorf'*. Am 7. September 1743 erhielten der Sohn des Andreas Hedderich, Johann Hermann und dessen eheliche Hausfrau die Mühlgüter mit Erbleihebrief übertragen. In Darmstadt ging am 3. Februar 1761 ein Schreiben des Johann Herman Hedderich mit folgendem Wortlaut ein:
‚Durchlauchtigster Landgraf, Gnädigster Fürst und Herr! Ich besitze eine Herschaftl. Erblehnmühle und Güther, welche (ich) theils von meinen Vorfahren verschuldet übernahm. Theils aber auch durch zugestoßene Unglücksfälle tieffer verschulden müßen, daß mich, weilen nunmehro ein alter Mann, genöthiget gesehen, solche an Johann Adam Noll allhier mit allen darauff haftenden Gerechtigkeiten und Passivo zu übergeben. Dieses aber weilen der neue Besitzer eine neue Erbleyhe auslösen muß, ohne diese zuvor erlangt zu haben nicht geschehen, dergl. noch weniger die gerichtlichen Brieffe darüber ausgefertiget werden.

Alß gelanget demnach an Ew. Hochfürstliche Durchlaucht meine unterthänigst und gemäßigte bitte, Sie geruhen gnädigst, den neuen Erbleyhbrieff über Mühl und Güther allhier zu Schwarz, dem Käufer Johann Adam Noll daselbst und Annen Dorotheen, dessen Eheweib, ausfertigen zu lassen, damit die noch prestirende und zurückstehende Herrschaftl. Gelder von dem neuen besitzer abge-

tragen und bezahlet werden können. Euer gnädigster willfähriger resolution sich unterthänigster ...' – Ew. Hochfürstl. Durchlaucht unterthänigster Johann Herman Hedderich, Erblehnmüller zu Schwarz, ambts Alßfeldt.

Im Jahre 1761 besaß zwar Johann Adam Noll die Hallemühle, aber einem Schreiben vom 2. Dezember 1769 zufolge, ist aus den Akten nicht ersichtlich, ob er auch die vorgeschriebene herrschaftliche Leihe empfangen hat. Denn Eckhard Ruppel (nicht mit dem Finkenmüller gleichen Namens zu verwechseln) und seine Ehefrau Anna Catharina hatten ernsthafte Schwierigkeiten als Nachfolger von Johann Adam Noll einen neuen Erbleihebrief zu bekommen, solange die alte Erbangelegenheit noch nicht endgültig geklärt war. Schließlich kam es zu Streitigkeiten zwischen Eckhard Ruppel und Johann Adam Noll, die noch bis in das Jahr 1769 für Unruhe sorgten.

1778 erhielt allerdings Eckhard Ruppel die Mühle mit dem landgräflichen Segen. Johannes Bauer, als Schwiegersohn des Eckhard Ruppel, bat am 17. September 1795 um die Renovation der Erbleihe. Er schrieb an die landgräfliche Regierung:
‚Johannes Bauer zu Schwarz an durchlauchtigsten Landgrafen. Mein Schwiegervater Eckhard Ruppel ist nach der unterthänigsten Anlage unterm 31. April 1778 mit der bei Schwarz gelegenen Mühle samt darzu gehörigem Wasserfall, Scheuer und Güthern gnädigst beliehen worden und da ich nunmehr mit meiner Ehefrau als dessen leiblicher Tochter mit solcher besagter Mühle mit Zubehör in einem Anschlag übernommen habe, so sehe ich mich verpflichtet Euer Hochfürstlichen Durchlaucht mein devotestes bitten um gnädige Renovation der Erbleihe über besagte Mühle nebst Wasserfall und dazugehöriger Scheuer und Güthern auf mich, meine Frau und Leibeserben mit derjenigen Ehrfurcht vor Füßen zu legen, womit ich zeitlebens beharrn.' – Euer Hochfürstlichen Durchlaucht unterthänigster Johannes Bauer zu Schwarz.

Die Erbleihe an Johannes Bauer und dessen Ehefrau Anna Catharina, geb. Ruppel, erfolgte im Jahre 1796. Am 27. Juli 1811 verkauften Johannes Bauer und seine Frau das Mühlgut an ihre einzige Tochter Anna Catharina und deren Verlobten Jacob Köhler. Die Bezahlung dieses Kaufgeldes geschah folgendermaßen: 1200 fl. kamen als der Käuferin Erbteil in Abschlag und die übrigen 800 fl. wurden gleich nach gehaltener Hochzeit an die Verkäufer bezahlt. Die Übergabe der Mühle, des Guts und aller mitverkauften Sachen an die Käufer erfolgte gleich nach ihrer Hochzeit:
‚Nichts ausgeschlossen, mit allen Gebäuden und was darinnen erd-, mauer-, niet- und nagelfest ist für 1400 fl. Sodann die fahrende Habe, wie auch der Hausrath vor 600 fl., mithin 2000 fl. in Rheinischer Währung. [...] Die Verkäufer stehen aber so lange es ihnen

gefallen wird, dergestalt mit zu, daß beyde Theile alle Kosten gemeinschaftlich tragen und den Gewinn miteinander gleichentheils theilen wollen ...'

Für die Käufer zu dieser Zeit eine honorige Angelegenheit. Der Auszug für die Verkäufer, der in diesem Kaufbrief auch festgelegt wurde, ist allerdings so hoch, daß man sich nicht vorzustellen vermag, wie ein so kleines Gut genügend Einnahmen für alle Unkosten erwirtschaften könnte. Es sollte deshalb auch niemanden wundern, weshalb um die Mitte des letzten Jahrhundert so viele Guts- und Mühlenbesitzer nach Amerika ausgewanderten. Die Kosten für Erwerb und Unterhaltung der Güter waren einfach nicht aufzubringen. An jährlichen Abgaben hatte Jacob Köhler allein für die Mühle an die Herrschaft folgende Abgaben zu leisten: für Wasserfallzins, Wasserzins, Wasserpacht, Mühlenpacht und Mühlenzins 2 fl. 13 ¾ kr. Dazu kamen die Erbpacht für das Gut, das Leihegeld bei jedem Besitzerwechsel, der Kaufschilling, die Abfindung für Eltern und Geschwister und weiteres mehr.

Von Jacob Köhler erwarben der Sohn Johannes Köhler III. und die Ehefrau Elisabetha Maria Lerch von Grebenau die Mühle durch Kauf. In 1848 ging durch Allodifikation das Mühlgut in Volleigentum des Johannes Köhler über. Dieser Köhler zeichnete sich besonders durch seine Prozeßfreudigkeit und Streitsüchtigkeit aus. So erfolgte am 14. Februar 1860 eine Anzeige des Heinrich Ruppel IV. gegen seinen Nachbarn, den Müller Johannes Köhler, weil wegen des zu hoch gestauten Wassers selbiges in die Hofreite gelaufen sei, insbesondere in die darin befindliche Mist. Im Jahre 1861 legte er sich mit dem damaligen Bürgermeister Heinrich Noll wegen Besitzstörung an, und während des Jahres 1862 stritt er sich mit dem Kreisamt in Alsfeld wegen der Setzung eines Eichpfahles zur Regulierung der Wasserhöhen. In diesem besagten Jahr 1862 wurde ihm sogar vorübergehend der Mühlenbetrieb entzogen.

Der Nachfolger Georg Heinrich Weiß von Hopfgarten, heiratete die älteste Tochter Anna Maria Köhler (20 Jahre alt) am 25.9.1859, und erwarb durch Kauf in 1862 die Mühle. Unter ihm und den beiden anderen Müllern wurden die Eichpfähle an den Mühlgräben aller drei Mühlen gesetzt, die den Wasserzufluß zu den Mühlgebäuden regeln sollten. Katharina Weiß (* 12.8.1869), die einzige zu diesem Zeitpunkt noch lebende Tochter des Georg Heinrich Weiß, heiratete in 1880 Andreas Krug aus der Dörfmühle in Udenhausen. Beide übernahmen in diesem Jahr die Hallemühle. Aus der Ehe gingen wahrscheinlich vier Kinder hervor: Christine (* 4.8.1894), Georg (* 27.10.1886), Maria (* 8.11.1882) und Wilhelm Krug. Georg verheiratete sich mit Elisabetha Schmelz, und seine Schwester Maria ehelichte Konrad Eifländer. Der Bruder Wilhelm heiratete in Eifa eine Lina Stroh.

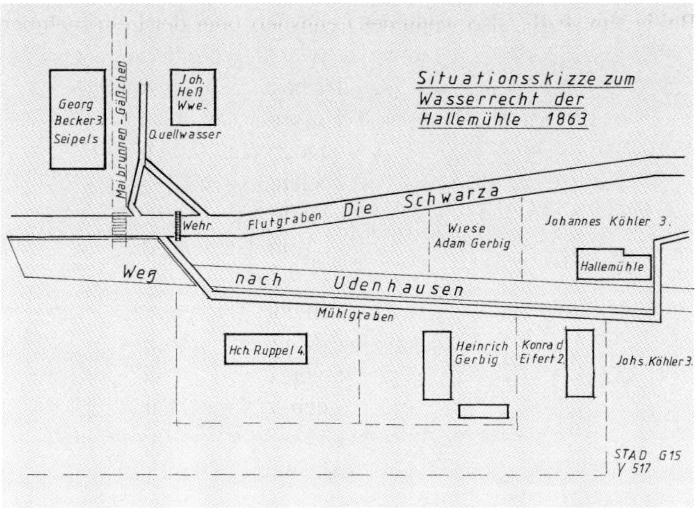

Abb. 47: Grundrißskizze der Hallemühle mit Mühlgraben im Jahre 1863.

Andreas Krug erwarb später das Gut seines Schwagers Georg Heinrich Fuhr am Rainröder Weg, welcher seine Schwester Anna Maria Krug von Udenhausen zur Ehefrau hatte. Fuhr, der sich als Wirt, Kaufmann und Tuchfabrikant bezeichnete, zog nach Altenburg und betrieb dort die sogenannte Fuhrsche Fabrik, eine Sack- und Juteweberei. Andreas Krug und der Sohn Georg Krug aber nahmen den Dorfnamen ›Hallemellersch‹ mit in ihr neues Domizil am Rainröder Weg. Andreas Krug war wohl der letzte Müller in der Hallemühle. Deren Tochter Christine Krug heiratete den Maurer Konrad Dörr (›Hans' Konrad‹). Von ihren Kindern zog Konrad Dörr der Jüngere nach Eifa, erlernte das Wagnerhandwerk und wurde dann Müller auf der Karlsmühle. Karl Dörr erbte das Gut und verheiratete sich mit Pauline Jöckel von Udenhausen, Schwester Käthe blieb ledigen Standes.

Die Finkenmühle oder Die Mühle im Windhain

Die Finkenmühle tritt, wie die anderen Mühlen in Schwarz auch, erstmals im Jahre 1585 urkundlich in Erscheinung. Heintz Blum und seine eheliche Hausfrau Eva Catharina bekamen *‚das Mühlgut mit allen Zubehörungen'* als Erblehen übertragen. Das Gut bestand aus der Mühle, der Scheuer und einem Schweinekoben, einem Garten über dem Mühlgraben, einer Wiese unter dem Mühlgraben, einem Acker beim Mühlgraben, einem weiteren Acker darüber, einem Acker auf dem Windhain an der Breidenbacher Straße und am Hegestrauch gelegen, und noch einem Acker auf dem Windhain am Holz gelegen. Dafür hatte er jedes Jahr folgendes zu zahlen: *‚2 fl. zu 27 alb. zu Geldzinse, 3 alb. 4 hlr. für Schönbrot, 16 alb. Dienstgelt, 1 Mesten Weizenmehl, 1 Mesten Hafermehl, 100 Eier, 2 Hähne, 1 Fastnachtshuhn zu Erbzins in die Rentnerei nach Alsfeld'*

Bei jedem ›Fall‹, also wenn der Lehnsherr oder der Lehnsnehmer abstarb, mußte das Gut neu empfangen werden. Ferner verpflichteten sich Blum und seine Frau alles bestens zu nutzen und zu gebrauchen, sowie alles in Bau und Besserung zu halten. Am 1. Juni 1605 erfolgte nach dem Tode des Landgrafen Ludwig IV. des Älteren zu Hessen–Marburg die Wiederbelehnung durch Landgraf Ludwig V. zu Hessen–Darmstadt. Als Neffe des Landgrafen zu Marburg, hatte Ludwig V. den Gebietsteil um Gießen, Alsfeld geerbt.

Interessant ist, daß bei den Urkunden und Akten, die in Darmstadt aufgestellt wurden, immer von der ›Mühle im Windhain‹ die Rede ist, während in den Schriften, die von unserer Seite ausgefertigt wurden, der Name ›Finkenmühle‹ den Vorzug bekam. Das deutet auf mündliche Überlieferung hin, und es ist davon auszugehen, daß diese Mühle den ehemaligen Gerichtsherren Finke zuständig war.

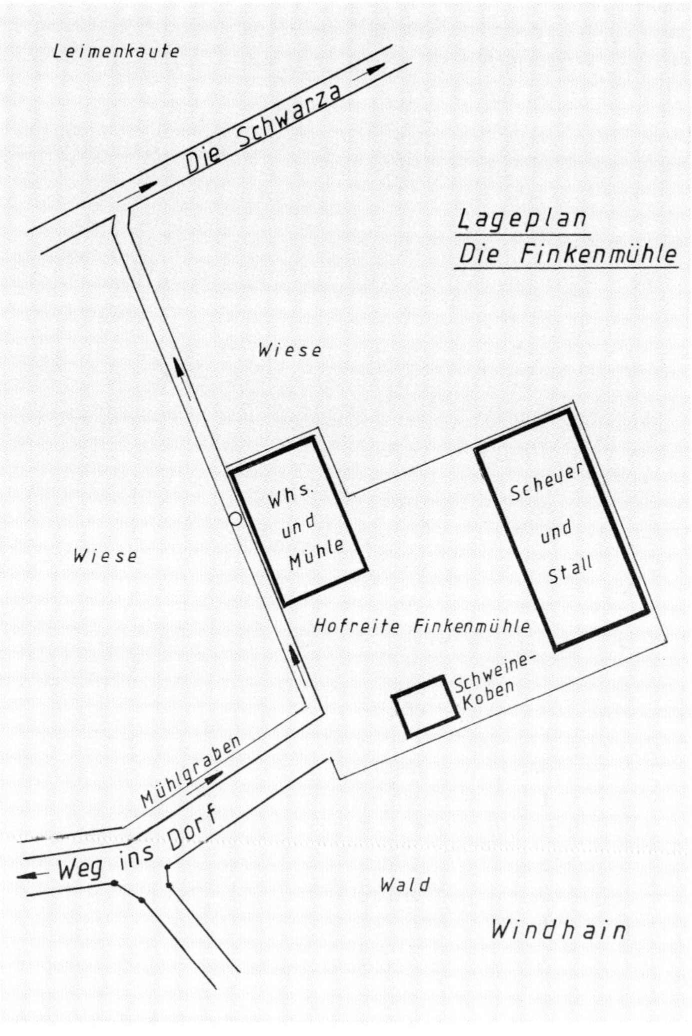

Abb. 48: Grundrißskizze der Finkenmühle ca. 1863.

In 1627 wurden Enders Wegfahrt und Elisabetha Besitzer der Mühle und am 15. Januar 1663 erhielten sie von Landgraf Ludwig VI. die Renovation, d. h. die Erneuerung der Erbleihe. Elisabetha Dorothea, Landgräfin zu Hessen, als Regentin und Vormünderin des jungen Landgrafen Ernst Ludwig, belehnte nach dem Tode ihres Gatten, des Landgrafen Ludwig VI., und nach dem Absterben des Enders Wegfahrt nunmehr am 1. März 1682 Eckhard Lippert, dessen Ehefrau und deren rechte Erben mit der Mühle. Die Erben der letzteren waren Eva Lippert, die Tochter, und deren Verlobter Johannes Urstadt. In dem Gesuch des Johannes Urstadt um die Erbleihe liest man, daß er aus dem Niederhessischen kam. Niederhessen begann allerdings schon bei Hatterode oder Lingelbach. Leider ist der Herkunftsort nicht genannt.

Johannes Urstadt war der Stammvater aller Urstadt in Schwarz. Bei seinem Tod hieß es, er sei ein Reformierter gewesen, was nach der Herkunft durchaus denkbar ist. Er schrieb in seinem Gesuch: *‚Ewer Hochfürstl. Durchlaucht habe ich angehender Onderthan gehorsamst zu referieren nicht ombhin gekönnt, welcher gestalten mich vor etlichen Jahren, auß dem Niederfürstentumb Hessen in Ewer Hochfürstl. Durchlauchtigen gnädigsten Schutz ond Hände mich begeben ond nacher Schwartz an Eckhardt Lipperts Finkenmüllers Tochter verheurathet ond demselben die Güter sambt der Mühle abgekaufft ...‘*

Mit dem Kaufbrief vom 10. Februar 1700 erwarben Johannes Urstadt und seine Verlobte die Hälfte der Finkenmühle für 450 fl. Alsfelder Währung und die Hälfte *‚der fahrenden Habe‘* für 100 fl. in Frankfurter Währung. Die zweite Hälfte verblieb noch dem Schwiegervater Eckhardt Lippert, dessen seinerzeitiger Ehefrau Elisabeth und den Kindern aus der ersten Ehe, solange es ihnen gefiel. Nachdem Eckhardt Lippert im Jahre 1703 verstorben war, bat Johannes Urstadt am 10. Juli 1703 um die vorgeschriebene Erbleihe und am 20. August 1703 wurde der Erbleihrevers aufgestellt. Johannes Urstadt war damit Besitzer über die gesamte Finkenmühle geworden.

Der Nachfolger auf der Finkenmühle wurde Johann Georg Vietor, wohl ein Enkel des früheren Pfarrers Johann Georg Vietor. Er hatte Anna Maria, die Tochter von Johannes Urstadt, geheiratet, und erhielt mit dem Erbleihbrief vom 20. August 1733 die Mühle zu Lehen. Als Vietor im Jahre 1741, nach dem Tode des Landgrafen Ernst Ludwig, um die Erneuerung der Leihe bat, war der Kommission in Darmstadt infolge der zwei Namen der Mühle unklar, welche *‚Güterstücke er beforcht‘*. Erst nach einem Bericht des Rentamtmannes in Alsfeld wurde über die neue Vergabe entschieden. Am 4. November in 1743 erfolgte die Renovation der Erbleihe an Vietor durch Landgraf Ludwig VIII. Maria Vietor, die Tochter des vorher

Genannten, und Christoph Ruppel erwarben mit Übergabekontrakt vom 24. August 1755 von Johann Georg Vietor die Mühle und Güter für 1400 fl. und die fahrende Habe für 100 fl. Der Revers-Erbleihbrief wuirde auf den 5. Mai 1770 ausgestellt.

Der älteste Sohn von Christoph, Eckhardt Ruppel und dessen Braut Anna Gela Ritter aus Röllshausen, kauften in 1785 die Mühle von den Eltern. Der Kauf wurde allerdings landesherrlich nicht konfirmiert und blieb somit ungültig. Eckhardt hatte schon von seinem Vater etliche Schulden übernommen und konnte seine Geschwister nicht ausbezahlen. Schullehrer Stürz allein hatte eine Forderung in Höhe von 200 fl. an Kapital und 125 fl. an Zinsen an die Mühle. Eckhardt Ruppel bat die landgräfliche Behörde, die Mühle verkaufen zu dürfen, da er die hinterlassenen Schulden seines Vaters nicht aufbringen könne. Aber seine Mutter, die Witwe von Christoph Ruppel, bat in einem Gesuch vom 6. November 1786, die Mühle dem zweitältesten Sohn Christophel zu verleihen. Falls die Mühle verkauft würde, stünde sie in ihrem nunmehr hohen Alter völlig mittellos da.

Um den Sachverhalt zu erhellen wurde der hiesige Schultheiß Rausch gebeten, eine Stellungnahme zu den Verhältnissen in der Mühle abzugeben. Dieser ließ jedoch kein gutes Stück an den Finkenmüllern. So schrieb er, *‚daß die Ruppelsche Witwe und ihre Kinder nicht in der Lage sind die Mühle und Güter zu bestreiten, dann Liegen und Betriegen geht bei ihnen im Schwann, daß faßt kein man in der Gemeinde bey ihnen laßt mahlen ...‘*

Nach vielem Schriftverkehr und einigen Eingaben wurde die Mühle schließlich versteigert. Ein erstes Gebot am 15. Januar 1787 in Höhe von 1703 fl. erschien zu wenig. Der Rentamtmann wurde angehalten die Versteigerung weiter zu betreiben, um höhere Einnahmen zu erzielen. Es war aber schwierig die Mühle an den Mann zu bringen, denn die Witwe Ruppel hatte ja noch den Einsitz. Konrad Gerbig, der Mitte des Jahres schon einmal den Zuschläg als Meistbietender bekommen hatte, war aus unerklärlichen Gründen als potentieller Käufer wieder ausgeschieden. Nachdem sich die Angelegenheit über das ganze Jahr 1787 hingezogen hatte, erhielt letztlich Heinrich Daum von Brauerschwend den Zuschlag und am 17. November 1787 den Erbleihebrief über die Finkenmühle. Den Revers unterschrieb Daum am 24. Dezember. Von Daum geht die Mühle an Heinrich Wegfahrt über, der am 15. Januar 1787 bei einer Versteigerung schon einmal mitgeboten hatte.

Über die Tochter des Heinrich Wegfahrt, Anna Katharina, die am 30. Oktober 1804 den Johann Heinrich Gerbig heiratete, kam wieder neues Blut in die Mühle. Danach besaß sie Caspar Mogk von Eulersdorf. Von diesem ging sie an Johann Noll II. und an dessen

Ehefrau Anna Karharina Dörr. Johann Noll (*1786) war zuerst Müller auf der Hannchesmühle, erschien dann aber als Finkenmüller. Er hatte wahrscheinlich die Mühlen gewechselt, weil die Finkenmühle das größere Gut war. Die Hannchesmühle überließ er seinem älteren Bruder Johannes (*1780).

Von Johann Noll kauften der Sohn Johann Jacob Noll und dessen Ehefrau Margaretha Greb von Udenhausen die Finkenmühle. Jacob Noll hatte sich im Wald hinter seiner Mühle im Jahre 1869 erhängt. Der Grund zu diesem Schritt ist aus den Akten nicht zu ersehen. Es schien jedoch kein guter Stern über der Finkenmühle geleuchtet zu haben, denn schon in 1855 hatte sich die älteste Tochter von Jacob Noll, Elisabeth Katharina, damals 16jährig, auf dem Dachboden des elterlichen Hauses ergehängt, nachdem sie ein totgeborenes Kind von Johannes Keutsch aus Wallersdorf zur Welt gebracht hatte. Und in 1887 brachte sich der jüngste Sohn Johann Jakob mit 31 Jahren in der Hannchesmühle, wo er als Müllerknecht diente, auf die gleiche Weise um. Es geschah wohl aus Gram, da sein ältester Bruder Leonhard Noll die Finkenmühle an fremde Personen, nämlich an den Schwager Peter Eifert, in Pacht weitergegeben hatte, bevor er nach Amerika ausgewandert war.

Nach Jacob Noll war dessen Sohn Leonhard Noll bis zum 16.2.1893 der Besitzer. Er wurde am 24. Dezember 1848 geboren und war beim Tode seines Vaters 21 Jahre alt. Leonhard Noll heiratete am 20. Dezember 1874 Margarethe Eifert. Der Bruder von Margarethe Eifert war von Beruf Müller. Als er in 1887 heiratete, stand in seinem Aufgebot Peter Eifert, Müller von Schalke (Gelsenkirchen). Peter Eifert hatte die Mühle der Schwester und des Schwagers eine gewisse Zeit lang bewirtschaftet. Seine Nachkommen in Schwarz haben den Dorf- und Hausnamen ›Finkemüllers‹ übernommen. Le-

Abb 49: Maria Noll geb. Eifert 1905/06 in Ransom/Kansas, mit den Nachkommen des Leonhard Noll Sen., der schon 1901 im Alter von 53 Jahren verstarb.

Hinten: Anna (14), Leonhard jun. (18), Karl (16); Vorne: Anna Miek (4), Mary [Noll] Miek (26), John (8), Maria Noll geb. Eifert (54), Reinhardt (9), Elisab. (10).

onhard Noll wanderte laut Familienchronik der Noll im Jahre 1867 nach Amerika aus. Er arbeitete dort als ›bridge carpenter‹ also als Zimmermann in einer Brückenbaukolonne bei der Eisenbahngesellschaft Union Pacific Railroad, zwischen den Städten Kansas City und Denver.

Die Chronik seiner Nachfahren in den USA führt auf, daß er mit Buffalo Bill auf die Jagd gegangen sei und sich so nebenbei noch Geld verdient habe. Diese Leidenschaft hätte ihm anläßlich eines Besuches in Deutschland etlichen ›trouble‹ (Ärger) eingebracht. Angeblich hatte er hinter der Finkenmühle gewildert und als ihn zwei Polizisten verhören und in Arrest nehmen wollten, habe er sie mit einer Ofenplatte niedergeschlagen. Nach eigenen Angaben sei er über die Schweiz nach Amerika geflüchtet. Seine Ehefrau war ihm dann später in die USA nachgefolgt. Mit dem Verkauf der Finkenmühle soll Leonhard Noll ein Stück Land in Kansas gekauft, und darauf eine Farm errichtet haben. Auch heute noch leben seine Nachfahren in den USA.

Leonhard Noll verkaufte die Finkenmühle in 1893 an Johann Heinrich Habermehl von Grebenau und dessen Ehefrau, eine geb. Hellwig. Auch diese Familie hat heute noch den Grebenauer Dorfnamen ›Finkemüllers‹. Danach, am 26. September 1903, erwarb Stein Wolf von Grebenau die Mühle, und von letzterem kauften sie Adam Krieb und dessen Ehefrau Margaretha Lemmer von Ilschhausen bei Marburg. Adam Krieb hatte ein blinde Tochter die allerdings schon früh verstarb, ebenso wie seine Ehefrau. Die Familie Wegfahrt in Eulersdorf kümmerte sich um Adam Krieb in dessen Alter. Er überließ ihnen dafür aus Dankbarkeit die Mühle und Güter. Die heutige Wüstung und die Grundstücke sind noch im Besitz der Wegfahrt.

Die Geschichte der Schwärzer Mühlen begann, wie wir lasen, mit einem Kriminalfall des Reitz Nau und endete mit einem Vergehen des Leonhard Noll. Von ersterem haben wir nur noch aus alten Akten erfahren können, von letzterem, d. h. von seiner Ehefrau und seinen Nachkommen, konnten wir uns noch anhand eines alten verblaßten Fotos von 1905/06 ein Bild machen.

Die Allodifikation der Hallemühle

Zum besseren Verständnis des Vertragswesens um das Jahr 1848 soll hier nun eine Abschrift des Allodifikationsvertrages zwischen dem Großherzoglichen Rentamtmann Strecker zu Alsfeld und dem Erbbeständer Johannes Köhler III., Müller zu Schwarz, zur Überführung der Hallemühle in das Eigentum des Johannes Köhler III., erfolgen (nächste Seite).

Auf Ansuchen um Allodification des von dem Großherzoglichen Fiscus besessenen Erbleihguts wird nachstehender Allodifications-Vertrag verabredet und abgeschlossen.

§1 Der vorerwähnte Erbbeständer macht sich verbindlich, nicht blos die Leih-Qualität, sondern auch die auf dem Erbleih-Gut haftenden, nachbemerkten Lasten, nach folgenden Bestimmungen abzulösen.

§2 Die Ablösungs-Summe ist vertraglich auf folgende Art berechnet und festgesetzt worden. Der jährliche Canon beträgt:

Art:	fl.	kr.	fl.	kr.	fl.	kr.
1. in Geld:			3	28 ¾		
2. Leihgeld, zu entrichten in beiden Fällen:	7	47 ½				
hiervon 1/15:			--	31		
Zusammen:			3	59 ¾		
mithin im achtzehnfachen Betrag:					71	55 ½
Das Erbleihgut ist als freies Eigentum taxiert zu:	1120	--				
hiervon ab der achtzehnfache Erbpacht:	71	55 ½				
Bleibt:			1048	4 ½		
wovon 1/10 für die Erbleihqualität:					104	48 ½
Summa der Allodificationssumme:					**176**	**44**

§3 Diese Summe zahlt der Erbbeständer in 4 Jahres-Zielen den 11. Nov. 1848, sowie 1849, 1850, 1851 mit Zinsen zu 4 % am 1. Jan. des Jahres an von der jedesmaligen Restsumme.

§4 Nach geleisteter Zahlung dieser Abkaufs-Summe geht das volle und unbeschränkte Eigenthum des Erbbestandleihers auf den Erbbeständer über, und wird demselben alsdann zu dem Ende die von der Großherzogl. Ober-Finanz-Kammer ausgefertigte Allodifications-Urkunde ausgehändigt. Bis zur vollständigen Zahlung wird sich das Eigenthum des Ober-Eigenthums mit den damit verbundenen Rechten ausdrücklich reserfirt. Von dem Augenblick der vollzogenen Allodification geht jedoch alle Gefahr auf den Erbbeständer über.

§5 Der Canon pro 1848 wird nicht mehr entrichtet.

§6 Die volle Versteuerung des Guts geht mit dem 1ten Jänner 1849 auf den Erbbeständer über, so wie derselbe alle, von diesem Tage an ausgeschlagen werdende Gelder, sowie alle auf das Gut kommende Lasten und Abgaben ohne Ausnahme zu Übernehmen und zu tragen hat.

§7 Die vorbemerkte Allodifications-Summe muß in den stipulirten Terminen pünctlich und baar bezahlt werden und findet in keinem Wege und unter keinem Vorwand eine Compensation oder Aufrechnung statt.

§8 Die Höchste Genehmigung zu diesem Vertrag wird ausdrücklich vorbehalten.

Urkundlich der eigenhändigen Unterschriften und unter Verzichtleistung auf alle Einreden und Ausflüchte, wie solche Namen haben und erdacht werden mögen. So geschehen Alsfeld am 12ten Oktober 1848.

Die Haus- und Hofbesitzer

Die Grundstücke im Ortskern waren schon bereits zu Ende des 18. Jahrhunderts mit Wohnhäusern, Stallungen oder Scheunen überbaut. Um 1830 war die Bebauung sogar dichter als heute. Verschiedene Parzellen wurden nach dem Abbruch einzelner Gebäude zwar zusammengelegt, aber die Aufteilung der Flächen hat sich über Jahrhunderte nicht wesentlich geändert. Eine große Erweiterung nach Westen und Osten erfuhr der Ort nach 1920 und ganz besonders in den 60er und 70er Jahren, wo die Neubaugebiete Goethe- und Schillerstraße entstanden.

Der Gegenstand dieses Kapitels sind die Haus- und Hofbesitzer von etwa 1700 bis heute, wobei deren Gebäudeanlagen schon vor 1938 bestanden haben müssen. Zur Ermittlung der Besitzerfolgen wurden das Gewannbuch von 1720, das Salbuch von 1722, das Brandkataster von 1822, das Topographische Güterverzeichnis von 1833 mit dem Verzeichnis der Hofreiten, das Grundbuch von 1845 sowie weitere Güterverzeichnisse von 1891 und 1926 zugrunde gelegt. Das Gewannbuch verzeichnet die jeweiligen Besitzer einer Hofanlage ab cirka 1720 mit Jahreszahl und führt die folgenden Grundstücksinhaber teils nur mit Namen aber teils auch mit dem Jahr der Übernahme des Gutes weiter. So gehen diese Aufzeichnungen fast alle bis in das 19. Jahrhundert hinein und man findet Anschluß an die anderen oben angegebenen Verzeichnisse. Bei den Mühlen wurden zur Vervollständigung der Angaben noch die Mühlakten im Staatsarchiv Darmstadt herangezogen.

In einigen wenigen Fällen besteht infolge fehlender Übergänge eine leichte Unsicherheit bezüglich der Reihenfolge der Besitzer. Das betrifft insbesondere die Namen der ›Krugks‹ und ›Birkenstocks‹, sowie drei kleinere Güter oder Häuser. Die Jahreszahlen in den eckigen Klammern weiter unten stehen für ein besonderes Datum des Hauses oder Hofes, wie z. B. Übergabe, Kauf, Verkauf usw. Die Quellenangaben unter ›Position‹ in den Randspalten haben für Historiker folgende Bedeutung:

Quellenangabe (Position)	Beispiele	
Gewannbuch im Jahr 1720: Seite/Nr.	32/63	--/--
Brandkataster 1823/Flurstück-Nr. 1833	(92/307)	(--/166)
Haus-Nr. im Jahr 1833 und folgende	H 111	H 53
Flurstück-Nr. im Jahr 1926	F 23	F 103

Tabelle 9: Bedeutung der Quellenangaben (Position) der unten aufgeführten Hausnamen.

Größere Hofreiten und Güter

Finkenmühle (Mühle unterm Windhain)

Heintz Blum u. Ehefrau Eva Katharina [2.10.1585, Urkunde]; Enders Wegfahrt u. Ehefrau Elisabetha; Johannes Wegfahrt; Eckardt Lippert [11.03.1682, Urkunde]; Johannes Urstadt u. Verlobte Eva Lippert [10.02.1700, Urkunde]; Johann Georg Vietor u. Ehefrau Anna Maria Urstadt [20.08.1733]; Christoph Ruppel u. Ehefrau Maria Vietor [24.08.1755]; Eckhardt Ruppel u. Ehefrau Anna Gela Ritter aus Röllshausen [1785]; Heinrich Daum von Brauerschwend u. Ehefrau Eulalia [17.11.1787]; Heinrich Wegfahrt u. Ehefrau Anna Katharina Becker; Johann Heinrich Gerbig u. Ehefrau Anna Margaretha Wegfahrt [1804]; Caspar Mogk von Eulersdorf; Johann Noll II. u. Ehefrau Anna Katharina Dörr [1812]; Johannes Noll u. Ehefrau Anna Margaretha geb. Noll; Johann Jacob Noll u. Ehefrau Margaretha Greb von Udenhausen [1829]; Leonhard Noll (für ihn Peter Eifert u. Ehefrau Katharina geb. Eifert); Leonhard Noll u. Ehefrau Maria Eifert [1874]; Johann Heinrich Habermehl u. Ehefrau Hellwig von Grebenau [1893, Kauf]; Stein Wolf von Grebenau [1903, Kauf]; Adam Krieb u. Ehefrau Margaretha Lemmer von Ilschhausen; Wegfahrt in Eulersdorf.

Position: 1/1
Straße: außerhalb
Beschr.: heute eine Wüstung.

Hallemühle
(Ruppelsmühle; Mühle unten nächst am Dorf)

Cuntz Wegfahrt sonst Curt Wahl genannt [2.10.1585, Urkunde]; Henrich Wegfahrt [1630]; Andreas Hederich [1720]; Johann Hermann Hedderich [7.09.1743]; Johann Adam Noll [1761]; Eckhardt Ruppel u. Ehefrau Anna Catharina [13.04.1778]; Johannes Bauer u. Ehefrau Anna Katharina Ruppel [1796]; Jacob Köhler u. Ehefrau Anna Katharina Bauer [27.07.1811]; Johannes Köhler III. u. Ehefrau Elisabetha Lerch [1853]; Georg Heinrich Weiß von Hopfgarten u. Ehefrau Anna Maria Köhler [1862]; Andreas Krug u. Verlobte Katharina Weiß [1880]; Konrad Dörr III. u. Ehefrau Christina Krug [1923]; Karl Dörr u. Ehefrau Pauline Jöckel von Udenhausen.

Position: 2/2; (--/342); H 1, F 26
Straße: Udenhäuser Straße 16
Beschr.: keine.

Meiams oder Eidams

Johannes Güldner; Johann Werner Güldner; Andreas Habermehl; Caspar Ruppel; Anna Margaretha Gerbig; Johann Henrich Ruppel (Witwer) [1817, Auszug]; Heinrich Greb (besitzt auch Schmeeds); Johannes Heinbächer [1844]; Conrad Eifert [1849]; Konrad Eifert II. u. Ehefrau Allendorf [1859]; Kallmann Strauß zu Grebenau [1877]; Georg Heinrich Gerbig u. Ehefrau Elisabetha Rühl [1884, Kauf]; Heinrich Gerbig I. u. Ehefrau Maria Krug [1913]; Konrad Gerbig II. u. Ehefrau Maria Krug (Kriegerwitwe) [1920]; Heinrich

Position: 3/3; (3/344); H 2, F 271
Straße: Udenhäuser Straße 15
Beschr.: 1720/22 Haus u. Scheune.

Gerbig u. Ehefrau Emilie Eifländer; Willi Kalbfleisch u. Ehefrau Marie Gerbig.

Hennesches

Andreas Noll; Conrad Noll [1722]; Clas Noll Junger; Johannes Noll; Henrich Hafermehl (Schultheißen Sohn) u. Ehefrau Katharina Elisabetha Noll; Adam Gerbig [1839]; Conrad Eifert [1850]; Heinrich Gerbig III.; Heinrich Gerbig VIII. u. Ehefrau Katharina Peter von Udenhausen; Johannes Gerbig I. u. Ehefrau Elisabetha Wagner; Heinrich Gerbig u. Ehefrau Marie Netz; Heinz Kühne u. Ehefrau Lina Gerbig.

Position: 3/4; (4/290); H 3, F 268
Straße: Udenhäuser Straße 11
Beschr.: 1720 Haus, Schweinestall und Gaden.

Hannkåsse

Johannes Ruppel; Johannes Weinrich [1722]; Friedrich Birkenstock [1782]; Joh. Henrich Becker (gen. Birkenstock) [1800]; Johann Heinrich Becker IV. (Bauers Eidam) [1820]; Johannes Becker VI. u. Ehefrau Elisabetha Prediger von Wernges [1861]; Heinrich Jost Becker u. 1. Ehefrau Katharina Rühl [1887], Heinrich Jost Becker u. 2. Ehefrau Elisabetha Opel; Jakob Eifländer u. Ehefrau Minna Gerbig [1901]; Heinrich Eifländer u. Ehefrau Katharina Hedrich; Helmut Eifländer u. Ehefrau Christa Zinn.

Position: 4/5; (--/293); H 5, F 29
Straße: Udenhäuser Straße 6
Beschr.: 1720 Haus, Schweinestall, Scheune, und Abseit.

Spesses

Eckhart Wegfahrt; Thomas Wegfahrt [1722]; Johann Hermann Wegfahrt; Heinrich Wegfahrt [1782]; Johannes Spieß [1814]; Jacob Wilker u. Ehefrau Anna Margaretha Spieß [1829]; Heinrich Ruppel u. Ehefrau Katharina Wilker [1872]; Konrad Ruppel u. Ehefrau Elisabetha Becker [1878, Kauf]; Heinrich Ruppel u. Ehefrau Katharina Büttner [1907]; Peter Ruppel u. Ehefrau Anna Becker; Hans Ruppel u. Ehefrau Ingrid Saliger.

Position: 4/6; (5/287); H 4, F 265
Straße: Udenhäuser Straße 9
Beschr.: 1720 Haus und Scheune.

zu Spesses

Clas Haffermehl († 1711); Clas Haffermehls Seelige [1722]; Georg Heinrich Haffermehl (* 13.7.1708); Johann Peter Schneider; Heinrich Schneider; Johannes Schneider u. Ehefrau Helene Eichenauer [1817]; Heinrich Schneider († 1834) u. Ehefrau Elisabetha Wienold (cop. 1828) [1830]; Decanatsrechner Zinser aus Alsfeld [1844]; Meier Wallach zu Alsfeld [1850]; Johannes Schreiner [1855, Kauf]; Johannes Schreiner II. (Schmied) u. Ehefrau Anna Margaretha Noll [1875, Kauf]; Joseph Strauß zu Grebenau [1883, Kauf]; Konrad Ruppel u. Ehefrau Elisabetha Becker [1883, Kauf]; Heinrich Ruppel [1905, Gutsübergabe]; Peter Ruppel u. Ehefrau Anna Becker; Hans Ruppel u. Ehefrau Ingrid Saliger.

Position: 5/7; (6/286)
Straße: Udenhäuser Straße 7
Beschr.: ehemaliges Gut, nun aufgelöst; 1720 Haus und Scheune unter einem Dach.

Hennesches Wiese

Position: 5/8; (7/292)
Straße: Udenhäuser Straße 10
Beschr.: ehemaliges Gut in der Wiese, nun aufgelöst; 1720/22 Haus und Scheune.

Hanß Haffermehl; Johann Henrich Haffermehl jun. [1795, Stall]; Johannes Bauer; Johann Jost Bauer [1817]; Heinrich Kalbfleisch [1824]; Heinrich Gerbig [1840]; Valentin Becker II. [1853, nach Amerika ausgewandert]; Meier Wallach [Kauf]; Adam Gerbig [1855, Kauf]; Heinrich Gerbig VIII. u. Ehefrau Katharina Peter; Johannes Gerbig u. Ehefrau Elisabetha Wagner [1890].

Hans Hannes

Position: 6/9; (8/283); H 7 u. 7 1/10, F 263
Straße: Udenhäuser Straße 5
Beschr.: 1720/22 Haus und Scheune.

Johann Caspar Suppes; Conrad Pfahl [1729]; Ludwig Becker von Wallersdorf; Jacob Becker [1817]; Heinrich Habermehl II. u. Ehefrau Anna Margaretha Luft [1839]; Jacob Luft u. Verlobte Elisabetha Schmidt von Eulersdorf [1859]; Heinrich Georg Gerbig u. Ehefrau Elisabetha Margarethe Noll [1870]; Heinrich Dörr u. Andreas Dörr zu Gelsenkirchen (je ½); Johannes Dörr u. Ehefrau Christina Greb von Udenhausen; Georg Rasumovsky u. Ehefrau Käthe Dörr; verkauft.

Hans Wilhelm

Position: 6/10; (9/277 u. 281); H 7 2/10, F 260
Straße: Udenhäuser Straße 3
Beschr.: 1722 Haus, Scheune und Schweinestall.

Albert Corwin; Adam Bauer; Andreas Rühl [1817]; Georg Friedrich Schnicker (Leinweber) [1817]; Andreas Schnicker [1833]; Heinrich Noll V. [1857, Steigbrief]; Johannes Dörr III. u. Ehefrau Margaretha Planz [1863, Kauf]; Andreas Dörr u. Ehefrau Elisabetha Ruppel; Adolf Dörr II. u. Ehefrau Katharina Urstadt; Wilhelm Dörr u. Ehefrau Emma Schneider.

Hannfredersch

Position: 7/11; (10/280); H 9, F 259
Straße: Udenhäuser Straße 1
Beschr.: 1720/22 Haus.

Hans Becker der Hirt; Caspar Hedderich; Johannes Hansel; Andreas Gerbig; Johannes Spieß; Johann Friedrich Kirchner (Namensgeber: ›Hann-Freder‹); Johannes Kirchner u. Ehefrau Margarethe Greb; Johannes Kirchner II. [1857, Kauf]; Konrad Georg u. Ehefrau Elisabetha Ruppel; Heinrich Georg u. Ehefrau Katharina Becker; Heinrich Georg II. u. Ehefrau Lina Fink; Heinrich Peter Eifert u. Ehefrau Anni Götz; Peter Eifert und Ehefrau Margit; verkauft.

Fenkemellersch

Position: 7/12; (11/278–279); H 10, F 257
Straße: Sängerberg 2
Beschr.: 1720/22 Haus und Scheune.

Conrad Noll; Nicolaus Noll; Jost Beienbach; Peter Grünewald [1814]; Johannes Becker beim Grünewald [1833]; Peter Krug [1836]; Johannes Stieler [1851]; Johannes Dörr II. u. Wwe. Elisabetha Wilker [1857]; Ludwig Hasselbach u. Ehefrau Katharina Eifländer [1867]; Peter Eifert I. Müller von Schalke u. Ehefrau Katharina Eifert; Georg Eifert IV. u. Ehefrau Katharina Habermehl

[1914]; Peter Dörr u. Ehefrau Lina Eifert; Reinhard Dörr u. Ehefrau Irma Eifert.

Schmeeds

Eckhardt Noll; Stephan Noll [1722]; Johann Dörr; Johannes Dörr gen. Pulver Dörr [1817]; Georg Gerbig; Heinrich Gerbig [1833]; Johannes Becker IV. u. Ehefrau Anna Maria Greb [1843]; Heinrich Fink II. u. Ehefrau Anna Maria Rüffer [1871, Tausch]; Georg Heinrich Fink u. Ehefrau Elisabetha Katharina Falk; Salomon Stein zu Grebenau; Georg Heinrich Krug II. u. Ehefrau Katharina Wagner [Kauf]; Jonas Schwab zu Grebenau [1900, Tausch]; Heinrich Schreiner (Schmied) u. Ehefrau Katharina Noll [Kauf]; Heinrich Schreiner II. u. Verlobte Maria Weitzel [1902, Übergabe]; Heinrich Schreiner u. Ehefrau Frieda Langenstein.

Position: 7/13; (12/284)
Straße: Sängerberg 4
Beschr.: Ehem. Haus, nun aufgelöst; 1720 Haus mit Scheune.

Schmeeds

Johannes Greb; Heinrich Greb [1851]; Joseph Strauß zu Grebenau [1862]; Konrad Weitzel III. u. Ehefrau Weber von Rainrod [1862, Kauf]; Heinrich Schreiner u. Verlobte Katharina Noll [1868, Kauf]; Heinrich Schreiner II. u. Verlobte Maria Weitzel [1903].

Position: --/--; (13/276); H 12, F 255
Straße: Sängerberg 4
Beschr.: 1845 Haus, Stall und Holzschuppen.

Küfers

Curth Bloch; Clas Ploch; Johann Melchior Noll; Heinrich Greb [1817]; Johannes Becker; Johann Heinrich Becker; Johann Henrich Urstadt; Johannes Urstadt; Johannes Becker V. u. Ehefrau Anna Maria Köhler [1851, nach Amerika ausgewandert]; Heinrich Reul u. Ehefrau Anna Maria Becker [1852]; Peter Reul (Küfer) u. Ehefrau Anna Christina Fink [1890]; Wilhelm Reul u. Ehefrau Katharina Schreiner; Richard Springer u. Ehefrau Herta Reul; Hermann Heinbach u. Ehefrau Christel Springer.

Position: 8/14; (14/274); H 13, F 251
Straße: Sängerberg 6
Beschr.: 1720 Haus, neue Scheune und Schweinestall.

Eckerkrugks

Conrad Michael; Johannes Dörr jun. [1722]; N. N. Habermehl; Johann Heinrich Habermehl; Johannes Einwächter [1817]; Johann Heinrich Einwächter; Heinrich Noll, Schneider [1837]; Heinrich Eisenbach [1841]; Jacob Köhler u. Witwe Anna Katharina geb. Köhler [1855, Kauf]; Heinrich Gerbig IV. [Kauf]; Heinrich Gerbig VII. (Schäfer) u. Ehefrau Maria Fiedler; Jonas Schwab zu Grebenau; Georg Krug II. u. Ehefrau Katharina Wagner [1900]; Johannes Krug IV. u. Ehefrau Lina Kalbfleisch; Willi Krug u. Ehefrau Marie Mahler.

Position: 8/15; (15/245)
Straße: Am Backhaus 2
Beschr.: ehem. Hofreite, nun aufgelöst; 1720 Haus u. Scheune.

Stürz; Georg Heinrich Gerbig u. Ehefrau Elisabetha Margaretha Noll (aus Schmidtschneiders); Johannes Gerbig II. u. Ehefrau Elisabetha Heiderich [1894]; Karl Gerbig u. Ehefrau Lina Schreiner; Rudolf Eckstein u. Ehefrau Inge Gerbig.

Position: 13/24; (33/102); H 42, F 208
Straße: Bergstraße 9
Beschr.: 1700 Haus und Scheune.

Schuchardts

Position: 13/25; (35/250); H 26, F 202
Straße: Am Backhaus 7
Beschr.: 1720 Haus, Scheune und Schweinestall.

Conrad Lippert; Jost Lippert [1722]; Johann Henrich Sterz [1727]; Johann Hinrich Noll; Johann Henrich Noll (gen. Pulver Noll) [1817, Haus, Scheune, Stall, Brennhaus, Waschhaus und Sommerdörre]; Heinrich Noll in der Eck (Bürgermeister); Peter Schuchardt aus Brauerschwend u. Ehefrau Anna Elisabetha Noll; Georg Heinrich Fuhr u. Ehefrau Maria Krug von Udenhausen [1874, Kauf]; Heinrich Becker IX. u. Ehefrau Elisabetha Krug von Udenhausen; Georg Becker u. Ehefrau Christine Stöppler; Heinrich Becker u. Ehefrau Gertrud Springer; Richard Becker u. Ehefrau Edith Graulich von Wallersdorf.

Schäfers

Position: 14/26; (37/108); H 51, F 179
Straße: Rainröder Weg 8
Beschr.: 1720/22 Haus und Scheune.

Clas Noll der Ältere; Jacob Hansel; Lorenz Hansel; Melchior Schreiner; Balthasar Schreiner (Maurer) [1817]; Eckhard Lerch; Georg Geisel [1844]; Gemeinde Schwarz [1856, ersteigert]; Wilhelm Hof von Lingelbach u. Ehefrau Anna Elisabetha Hedderich; Kaspar Schäfer von Elbenrod u. Ehefrau Maria Dörr [1877]; Kaspar Schäfer u. Witwe Elisa Geisel; Georg Schäfer u. Ehefrau Maria Jöckel [1914]; Gustav Herdt u. Ehefrau Lina Schäfer.

Stielers

Position: 16/26 1/2; (38/111); H 52, F 177
Straße: Rainröder Weg 10
Beschr.: Haus und Scheune.

Conrad Noll; Andreas Noll; Heinrich Köhler (Nollen Eidam); Heinrich Wilker von Wallersdorf; Johannes Dörr u. Ehefrau Elisabetha Wilker [1846]; Johannes Stieler u. Ehefrau Elisabetha Eifländer [1858, Tausch]; Lorenz Stieler u. Ehefrau Christina Rahn von Udenhausen [1882, Kauf]; Lorenz Stieler u.. Ehefrau Anna Becker [1920]; Heinrich Stieler u. Ehefrau Christel Stöppler.

zu Hallemellersch Hofreite

Position: 14/27; (39/169)
Straße: Rainröder Weg
Beschr.: unterhalb der Kirche, abgebrochen; 1720 Haus und Scheune.

Sewald Cramer; Johann Heinrich Hartmann [1722]; Johann Georg Schmermund; Andreas Haffermehl; Johannes Peter; Johann Jost Gerbig; Heinrich Gerbig; Heinrich Gerbig VI. [1847]; Wilhelm Jöckel [1855, Kauf]; Georg Heinrich Fuhr u. Ehefrau Maria Krug von Udenhausen [1862, Kauf]; Andreas Krug u. Ehefrau Katharina Weiß; Georg Krug u. Ehefrau Eliese Schmelz; Wilhelm Krug u. Ehefrau Berta Krug; Walter Krug u. Ehefrau Ilona Geißel.

zu Hallemellersch

Johann Georg Koch.

Position: 15/28 a; (--/167)
Straße: Rainröder Weg
Beschr.: abgebr.; Haus und Scheune.

Hallemellersch

Johann Melchior Wegfahrt; Johann Paul Eifländer [1728]; Johann Georg Jäger (?); Conrad Gerbig; Kobelt (Oberförster); Eckhart Lerch; Konrad Fuhr [1854]; Georg Heinrich Fuhr u. Ehefrau Maria Krug [1861]; Andreas Krug u. Ehefrau Katharina Weiß; Georg Krug II. u. Ehefrau Eliese Schmelz; Wilhelm Krug u. Ehefrau Berta geb. Krug; Walter Krug u. Ehefrau Ilona Geißel.

Position: 15/28; (40/168); H 54, F 102
Straße: Rainröder Weg 11
Beschr.: 1720/22 Haus, Scheune und Schweinestall.

Gemeindehaus

Johannes Riegelmann; Johannes Riegelmann; Eckhart Einwächter; Johannes Fink; Conrad Dahmer [1832]; Juliana Lippert; Johannes Eifländer III. u. Ehefrau Maria Lippert; Heinrich Rüffer von Wallersdorf u. Verlobte Anna Elisabetha Eifländer; Wilhelm Hof u. Ehefrau Christine Schäfer [1890, Kauf]; Katharina Hof [Erbschaft]; Ludwig Noll u. Ehefrau Wilhelmina Schreiner [1900]; Bürgerliche Gemeinde [1921]; Hubert Heidl u. Ehefrau Irmgard Birkenstock [Kauf].

Position: 15/28 1/2; (98 u. 99/328–330); H 117/118, F 5
Straße: Im Eisfeld 7
Beschr.: zwei halbe Häuser; 1720 Haus und Scheune.

Kalbfleisches

Johann Conrad Lippert; Johann Melchior Becker [1722]; Johann Conrad Becker; Heinrich Becker; Johann Georg Becker (auch Pächter des Hohnstädter Hofes); Andreas Becker (vulgo Hundtstätter); Georg Becker I. († 1860) u. Ehefrau Maria v. Keutz [1858, Kauf]; Konrad Eifländer von Brauerschwend u. Ehefrau Maria v. Keutz (Witwe); Joseph Strauß von Grebenau in Gemeinschaft mit Johannes Eifländer V. [1875]; Konrad Becker II. u. Ehefrau A. Juliana geb. Becker [1878, Tausch]; Andreas Diehl von Hattendorf u. Ehefrau Margaretha Becker; Peter Kalbfleisch von Bieben u. Ehefrau Margaretha Becker (Witwe) [1888, Kauf]; Friedrich Kalbfleisch u. Verlobte Bertha Elisa Katharina Wehner von Eifa [1919}; Karl Kalbfleisch u. Ehefrau Weitzel von Eifa; Manfred Muhl von Eifa und Ehefrau Ute Kalbfleisch.

Position: 15/29; (47/142); H 55, F 130
Straße: Rainröder Weg 13
Beschr.: 1720 Haus, Scheune und Schweinestall.

Sengerschnierersch

Hanß Wegfahrt der Jüngere; Conrad Wegfahrt; Caspar Eifländer; Johannes Rausch jun.; Johannes Becker; Johann Balthasar Kirchner; Georg Lang; Johannes Noll (Eckhards Sohn am Steg) [1830]; Heinrich Stürtz (nach Amerika ausgewandert) [1838]; Georg Becker I. (Sohn vom Hundtstätter) [1844]; Konrad Eifländer u. Ehefrau Maria v. Keutz [1864]; Heinrich Eifert II. u. Ehefrau Katharina Hamel

Position: 16/30; (48/145); H 56, F 127
Straße: Kleinfeldweg 2
Beschr.: 1720/22 Scheune u. Schweinestall.

[1904, Kauf]; Karl Eifert II. u. Ehefrau Anna Margaretha Keutzer von Udenhausen [1916]; Hans Eifert u. Ehefrau Elfriede Stieler; Reinhard Eifert u. Ehefrau Bärbel Schuldt.

Keitzes

Position: 16/31; (49/146); H 75, F 124
Straße: Kleinfeldweg 10
Beschr.: 1720 Haus und Scheune.

Jacob Kalbfleisch; Johannes Löber [1722]; Johann Conrad v. Keutz; Joh. Hch. Noll (gen. Keutze Eidam) u. Ehefrau Katharina v. Keutz; Johann Heinrich Noll (gen. Keitz) u. Ehefrau Anna Maria Hamel [1845]; Johann Heinrich Noll III. u. Ehefrau Katharina Zulauf; Johann Georg Becker u. Ehefrau Maria Noll [1867]; Georg Heinrich Becker u. Ehefrau Elisa Naumann; Jakob Becker u. Ehefrau Margaretha Bittner [1912]; Georg Becker Erbengemeinschaft [1937]; Georg Becker; Matthias Maurer [Kauf].

Dietzches

Position: 17/32; (50/154); H 76, F 115
Straße: Kleinfeldweg 11/13
Beschr.: 1720 Haus und Scheune.

Johann Conrad Heß; Henrich Heß [1726]; Christoph Heß; Johannes Heß; Michael Heß u. Ehefrau Anna Maria Becker [1854]; Heinrich Dietz von Maar u. Ehefrau Sophie Heß; Nikolaus Wagner u. Ehefrau Margaretha Dietz [1890]; Karl Wagner u. Ehefrau Anna Schwalm von Reimenrod; Willi Spahn u. Ehefrau Lina Wagner; Rainer Spahn u. Ehefrau Ute Wolf.

Abb. 50: Die Dietzches Hofreite.

Schnells, Hornsack

Position: 17/33; (52/160); H 78, F 112
Straße: Wisselbachweg 8
Beschr.: 1720 Haus und Scheune.

Tobias Beyenbach; Johannes Beyenbach [1722]; Andreas Ruppel; Johannes Beyenbach; Johann Henrich Beyenbach jun.; Andreas Scharmann; Johannes Noll; Jacob Schnell (58) u. Ehefrau Anna Katharina Noll; Johannes Schnell u. Ehefrau Anna Eva Kreutzer v. Willofs [1847]; Johannes Schnell II. [1874, Kauf]; Jacob Schnell (Jåckse) u. Ehefrau Elisabetha Katharina Wegfahrt [1881]; Johann

Heinrich Schnell u. Ehefrau Barbara Elisabetha Allendorf (kinderlos); Wilhelm Rockel (eingesetzt als Enkel von Jakob Schnell) u. Ehefrau Barbara Maurer; Erich Dörr u. Ehefrau Mariechen Rockel.

Schäfferches

Conrad Seip; Johannes Beienbach [1722]; Johann Jost Beienbach; Nicolaus Ruppel; Johann Heinrich Beienbach; Johannes Lang; Johann Georg Lang (½ Haus).

Position: 18/34; (54/149)
Straße: Kleinfeldweg 7
Beschr.: 1720 Haus und 2 Ställe.

Schnells Peter, Hornsack

Johannes Schnicker; Margaretha Schnicker; Johannes Reibeling (½ Haus); Kaspar Reibeling u. Verlobte Barbara Schäfer [Kauf]; Strauß Kalmann zu Grebenau [Kauf]; Johannes Schnell u. Ehefrau Katharina Becker v. Wallersdorf [Kauf]; Peter Schnell u. Ehefrau Margarethe Scharmann; Eliese Schnell Erben; Herbert Hirmer [Kauf].

Position: --/-- (53/150); H 79, F 119
Straße: Kleinfeldweg 9
Beschr.: keine.

Schäfferches

Witwe von Heinrich Jöckel (½ Haus); Wilhelm Jöckel [1845]; Joh. Hch. Peter (Schullehrer) u. 2. Ehefrau Maria Niepoth von Queck; Johannes Fink III. von Bieben u. Ehefrau Elisabetha Peter [1853, Kauf]; Peter Krug u. Ehefrau Christina Neeb (beide von Udenhausen) [1872]; Georg Heinrich Fuhr zu Altenburg; Heinrich Becker I. u. Ehefrau Maria Ploch [1844]; Karl Eifert u. Ehefrau Anna Maria Gerbig; Karl Eifert u. 2. Ehefrau Maria Appel; Minna Eifert; Horst Eifert u. Ehefrau Sabine Weber.

Position: --/--; (54/149); H 80, F 120
Straße: Kleinfeldweg 7
Beschr.: keine.

Oddstådts

Eckhardt Weitzel; Reitz Schneider [1722]; Heinrich Hahmel; Johann Heinrich Hahmel; Johann Jacob Hamel; Konrad Köhler; Johannes Becker V. (28, vulgo Hamelsbauer); Heinrich Urstadt u. Ehefrau Margaretha Becker [1851]; Johannes Eifländer V. u. Ehefrau Witwe Margaretha Becker [1863]; Johannes Eifländer V. (Witwer) u. 2. Ehefrau Maria Krug [1892]; Konrad Eifländer u. Verlobte Maria Krug [1906]; Wilhelm Eifländer u. Ehefrau Hedwig Weitzel von Eifa; Wilfried Eifländer.

Position: 18/35; (68/173); H 84, F 95
Straße: Alsfelder Straße 42
Beschr.: 1720 Haus und Scheune in einem Bau, Schweinestall.

Kerns, bei Schnicker

Johann Jost Rühl; Johann Georg Rühl; Johann Curt Rühl; Johann Heinrich Gerbig; Conrad Sauer; Johannes Kern; Konrad Kern [1817]; Conrad Urstadt u. Ehefrau Margaretha Kern [1843]; Johann Conrad Urstadt u. Ehefrau Anna Maria Rahn von Udenhausen [1872]; Wilhelm Schnicker von Rainrod u. Ehefrau Maria Urstadt;

Position: 19/36; (56/164); H 83, F 106
Straße: Kleinfeldweg 1
Beschr.: 1722 Haus, Scheune und Schweinestall.

Georg Schnicker u. Ehefrau Anna Krug; Hans Schnicker; Jürgen Bruhn von Alsfeld u. Ehefrau Doris Merz [Kauf].

Mo:gkes

Position: 19/37; (59/106); H 46, F 181/182
Straße: Rainröder Weg 4
Beschr.: 1720 Haus, Scheune und Schweinestall.

Jost Lippert; Johannes Eyffländer; Johannes Rausch Heinrich Köhler (Wirt); Heinrich Moogk (Wirt) u. Ehefrau Anna Margaretha Noll [1844]; Konrad Seibert von Maar (Wirt u. Bauer) u. Ehefrau Anna Elisabetha Moogk (die Ehe wurde getrennt) [1870]; Heinrich Mogk u. 2. Ehefrau Maria Geisel von Reimenrod [1871]; Georg Heinrich Jöckel (Wirt) u. Ehefrau Margaretha Mogk; Konrad Friedrich Jöckel u. Ehefrau Katharina Becker [1920]; Heinrich Jöckel u. Ehefrau Lina Becker; Rudolf Jöckel u. Ehefrau Gerlinde Rothe.

Perresch

Position: 20/38; (61/238); H 45, F 186
Straße: Rainröder Weg 2
Beschr.: 1720/22 Haus.

Andreas Schreiner; Johannes Schreiner; Johannes Schreiner [1728]; Johannes Einwächter (vulgo Stegeinwächter, KB44); Jacob Einwächter; Conrad Einwächter; Georg Hainbächer; Georg Hühn [1817]; Heinrich Gerbig IV. (Schäfer) [1844]; Peter Habermehl (Bürgermeister) u. Ehefrau Elisabeth Gerbig; Peter Habermehl II. u. Ehefrau Maria Kalbfleisch von Eulersdorf; Konrad Habermehl u. Ehefrau Christina Stöppler von Udenhausen [1921]; Peter Becker u. Ehefrau Elisabetha Schreiner [1929, Kauf]; Georg Becker u. Ehefrau Else Urstadt.

Perresch

Position: 20/39; (60/236)
Straße: Rainröder Weg
Beschr.: 1722 Haus, abgebrochen.

Johann Heinrich Spahn; Conrad Sauer; Johann Caspar Köhler der Ältere; Anna Margaretha Noll; Johannes Haffermehl; Johann Heinrich Hafermehl (Schäfer) [1817]; Martin Schnell; Johann Adam Noll; Heinrich Gerbig IV. (Schäfer) [1844]; Peter Habermehl u. Ehefrau Elisabetha Gerbig [1860, Kauf]; Peter Habermehl II. u. Ehefrau Maria Kalbfleisch [1882]; Konrad Habermehl II. u. Ehefrau Christina Stöppler [1921]; Peter Becker u. Ehefrau Elisabetha Schreiner [Kauf]; Georg Becker.

bei Perresch

Position: 20/39 ½; (63/237)
Straße: Am Backhaus
Beschr.: 1720 Haus und Scheune unter einem Dach, abgebr.

Martin Schnell; Johann Heinrich Schnell (Zimmermann) u. Ehefrau Anna Katharina Hamel; Jacob Schnell (Schäfer) u. Ehefrau Ehefrau Anna Katharina Noll; Johann Georg Hafermehl (Schäfer) u. Ehefrau Anna Maria Schneider; Georg Hühn von Udenhausen [1837]; Heinrich Gerbig (Schäfer) [1845]; Peter Habermehl (Bürgermeister) [1860].

Hirsch Garten

Conrad Becker; Andreas Schmermundt [1726]; Johannes Schmermundt; Heinrich Schmermund [1830]; Aron Kahn zu Alsfeld; Johannes Röhrig; Johannes Röhrig II. [1845]; Heinrich Becker VII. u. Ehefrau Anna Maria Koch von Wallersdorf [1859]; Heinrich Noll XII. u. Ehefrau Elisabetha Hedderich von Rainrod [1866]; Leni Rothschild zu Alsfeld [1878]; Georg Heinrich Fuhr u. Ehefrau Maria Krug [1879]; Konrad Krug u. Verlobte Emma Fuhr [1886]; Georg Krug u. Ehefrau Lina Ubrig von Rainrod; Willi Krug u. Ehefrau Hedwig Eifert; Gemeinde [1990, Kauf].

Position: 21/40; (64/235)
Straße: Parkplatz Alsfelder Straße
Beschr.: 1720 Haus, abgebrochen.

Hirsch

Johannes Dörr; Andreas Dörr u. Ehefrau Anna Katharina Scheer von Arnshain [1722]; Johannes Dörr; Andreas Dörr; Johannes Dörr; Johann Heinrich Dörr (Schildwirt) u. Anna Katharina geb. Dörr [1817 und 1830]; Johannes Noll IV. und Ehefrau Anna Maria Dörr (gesch. von Konrad Schmidt); Heinrich Noll XII. (Wirt) [1852]; Georg Heinrich Fuhr u. Ehefrau Maria Krug von Udenhausen [1878]; Konrad Krug u. Verlobte Emma Fuhr [1886]; Georg Krug u. Ehefrau Lina Ubrig von Rainrod; Willi Krug u. Ehefrau Hedwig Eifert; Bürgerliche Gemeinde [1990, Kauf].

Position: 21/41; (65/230); H 100, F 49
Straße: Alsfelder Straße
Beschr.: 1720 Haus und Scheune.

Gemein Pfarrhaus, bei Oddstådts

Georg Hedrich [ca. 1806, Kauf]; Andreas Gerbig (½ Haus); Johannes Köhler II. [1844]; Johannes Steuernagel [1849]; Heinrich Noll XII. [1854, Steigbrief]; Heinrich Urstadt II. u. Ehefrau Margaretha Becker [1861]; Johannes Eifländer V. u. Ehefrau Margaretha Becker (Witwe) [1863]; Johannes Eifländer V. (Witwer) u. 2. Ehefrau Maria Krug [1892]; Konrad Eifländer u. Verlobte Maria Krug [1906]; Wilhelm Eifländer u. Ehefrau Hedwig Weitzel von Eifa; Wilfried Eifländer.

Position: 22/42; (66/171, 172)
Straße: Alsfelder Straße
Beschr.: abgebrochen; 1720 Haus.

Gemein Schulhaus am Pfarrhaus, bei Oddstådts

Conrad Weitzel [1824, Kauf]; Johannes Schmermund I.; Andreas Gerbig; Johannes Köhler II. [1844]; (weiter siehe oben, Pfarrhaus).

Position: 22/43 (40 b/85); (67/172 ½)
Straße: Alsfelder Straße
Beschr.: abgebrochen; 1720 ½ Haus.

Einwechters

Johann Georg Hedderich; Hermann Hedderichs Selige [1722]; Johann Georg Hedderich; Johann Henrich Bramm; Johann Georg Hedderich (Haus, Scheuer, Stall, Schweinestall, Remise) [1817]; Johann Caspar Hedderich [1831]; Heinrich Noll (Schneider) [1833]; Johann Heinrich Einwächter [1837]; Konrad Jöckel (Witwe) [1857, Erbschaft]; Heinrich Jöckel [1859, Kauf]; Johannes Becker VI. u.

Position: 23/44; (70/175); H 85, F 94
Straße: Alsfelder Straße 44
Beschr.: 1720 Haus und Scheune unter einem Dach.

Ehefrau Elisabetha Prediger von Wernges [Kauf]; Johann Heinrich Jöckel [Kauf]; Konrad Jöckel I. u. Ehefrau Juliane Schnell [1898, Übergabe]; Otto Jöckel u. Ehefrau Anna Euler; Ewald Noll u. Ehefrau Linchen Jöckel.

Vereins

Position: 23/45; (72/175 1/2); H 86, F 90
Straße: Alsfelder Straße 46
Beschr.: 1720 Haus und Scheune.

Eckhardt Falck; Johann Adam Falck [1722]; Peter Daum; Eckhard Daum [1830 u. 1861]; Isaak Weihl zu Grebenau [1880, Kauf]; Johannes Becker VI. u. Ehefrau Elisabetha Prediger; Johann Georg Becker u. Ehefrau Juliane Krug [1894]; Peter Becker u. Ehefrau Lina Kreis; Helmut Becker u. Ehefrau.

Das heutige Pfarrhaus

Position: 24/46; (75/196); H 89, F 84
Straße: Alsfelder Straße 56
Beschr.: 1720 Haus, Scheune und Schweinestall.

Weygand Aßmann; Georg Adam Ruppel [1722]; Johann Georg Ruppel; Johann Heinrich Becker; Ludwig Adam Reitz (Oberförster) [Scheune 1795 neu gebaut]; Pfarrhaus [seit 1806].

Hermanns

Position: 24/47; (74/198); H 88, F 85
Straße: Alsfelder Straße 54
Beschr.: 1720 Haus, Scheune (neu) und Garten.

Georg Schuchert; Johann Wegfahrt [1722]; Johann Jost Wegfahrt; Andreas Wegfahrt; Johann Hermann Wegfahrt [1817]; Johannes Wegfahrt; Johannes Wegfahrts Witwe Anna Maria Kalbfleisch [1840]; Heinrich Noll V. (Altbürgermeister) u. Witwe Anna Maria Kalbfleisch [1851]; Johannes Krug II. u. Ehefrau Noll (Dorfmüller zu Udenhausen) [1865]; Heinrich Krug von Udenhausen (Bürgermeister) u. Ehefrau Christina Becker; Georg Heinrich Krug (Bürgermeister) u. Ehefrau Maria Koch [1909]; Konrad Eidt u. Ehefrau Auguste Krug; Herbert Eidt u. Ehefrau Erna Wagner.

Bauersch

Position: 24/48; (76/204); H 91, F 78
Straße: Alsfelder Straße 33
Beschr.: keine.

Johannes Becker (Schäfer, KB66); Johann Heinrich Becker [1817]; Konrad Becker II. [1852]; Joseph Strauß in Gemeinschaft mit Johannes Eifländer V. [1878]; Johannes Noll V. u. Ehefrau Anna Maria Kalbfleisch [1880]; Johannes Krug III. zu Udenhausen (Müller) u. Ehefrau Maria Noll [1900, Kauf]; Georg Krug u. Ehefrau Anna Maria Hamel [1907]; Heinrich Krug; Rudolf Deistler [Erbe].

Bauersch

Position: 25/48a
Straße: Alsfelder Straße
Beschr.: abgebrochen; 1720 Haus, Scheune und Schweinestall.

Bartel Noll; Johann Jost Noll; Johann Decher jun. [1726]; Johannes Becker (Schäfer); abgebrochen 1799.

Schnells

Hanß Wegfahrts Selige; Andreas Wegfahrt; Johann Henrich Köhler; Andreas Köhler III. (Andreas Sohn) [1817]; Heinrich Köhler; Conrad Becker II. [1856, Steigbrief]; Johannes Eifländer V. in Gemeinschaft mit Joseph Strauß von Grebenau [1878]; Konrad Schnell u. Ehefrau Elisabetha Becker; Heinrich Schnell u. Ehefrau Elisabetha Muhl [1902]; Konrad Schnell u. Ehefrau Anna Katharina Euler von Maar; Fritz Heidenreich u. Ehefrau Witwe Anna Katharina Euler (kinderlos); Wolfgang Bienk (als Pflegekind angenommen, tödl. verunglückt); von der Schwester des letzeren 1995 verkauft.

Position: 25/49; (77/207); H 92, F 74
Straße: Alsfelder Straße 31
Beschr.: 1720/22 Haus und Scheune.

zu Dippel Heiche

Johann Adam Pfahl; Johann Heinrich Urstadt; Johann Georg Wegfahrt; Johannes Wegfahrt (Wagner; *‚Die auf dem ganzen Gut haftenden Gefälle sind auf die einzelnen Stücke geschlagen worden‘*); Nikolaus Wagner und Ehefrau Barbara Wegfahrt [1862, Kauf]; Johannes Grünewald und Verlobte Katharina Wagner [1886, Kauf]; Stein Wolf [1899, Tausch]; Konrad Dörr I. und Ehefrau Maria Habermehl [1900, Kauf]; Heinrich Dippel und Ehefrau Katharina Krug [1919]; Marie Dippel; Heinrich Gerbig; abgebrochen 1991.

Position: 26/50; (79/211); H 95, F 69
Straße: Alsfelder Straße
Beschr.: 1720/22 Haus, Scheune und Schweinestall; abgebr.

Beckerches

Clas Ruppel der Jüngere; Johann Henrich Habermehl (Wirth) [1722]; Johannes Habermehl; Niclas Ruppel [1726]; Johann Peter Schneider; Georg Henrich Habermehl u. Ehefrau Schneider; Johann Heinrich Eisenbach; Conrad Becker III. [1849]; Johann Konrad Becker u. Ehefrau Christina Falk; Konrad Becker u. Ehefrau Margarethe Kreuzer von Bieben [1913]; Hans Becker (gefallen) Ehefrau Marie Opel von Bieben; Gerhard Becker u. Ehefrau Eleonore Eckstein von Eifa.

Position: 26/51; (80/210); H 94, F 71
Straße: Alsfelder Straße 29
Beschr.: 1720 Ein Haus, Scheune, Schweinestall u. Auszugshs.

Birkenstocks

Johann Heinrich Jacob; Johannes Weinrich [1722]; Nicolaus Bauer (Scheuer 1744 abgebrochen); Johann Heinrich Becker IV. (gen. Bauers Eidam, siehe auch Nr. 5) [1820]; Johannes Becker VI. u. Ehefrau Elisabetha Prediger von Wernges [1861]; Heinrich Jost Becker u. 1. Ehefrau Katharina Rühl; Heinrich Jost Becker und 2. Ehefrau Elisabetha Opel [1887]; Heinrich Becker IV. u. Ehefrau Anna Heß von Lingelbach; Heinrich Eidt von Hatterode u. Ehefrau Lina Becker.

Position: 27/52; (81/221); H 97, F 54
Straße: Alsfelder Straße 25
Beschr.: 1720 Haus, Scheune und Schweinestall.

Wënesch Krugk

Position: 27/53; (82/223); H 98, F 56
Straße: Alsfelder Straße 21
Beschr.: 1720 Haus und Scheune.

Claus Schmermunds Tochter; Johann Heinrich Gerbig; Johann Heinrich Gerbig; Adam Gerbig; Johann Heinrich Noll (vulgo Schneider); Conrad Fuhr [1830]; Conrad Fuhr II. u. Anna Maria Ehefrau Krug [1859]; Georg Heinrich Fuhr II. u. Verlobte Katharina Grünewald von Brauerschwend [1886, Kauf]; Stein Wolf von Grebenau [1896, Kauf]; Nikolaus Wagner; Johannes Grünewald I. u. Ehefrau Katharina Wagner [1899, Tausch]; Georg Krug III. u. Ehefrau Marie Grünewald; Hans Schnicker u. Ehefrau Marie Krug.

Bäckerei Ruppel

Position: 28/54; (82/223)
Straße: Alsfelder Straße 50
Beschr.: 1720 Haus und Scheune.

Heinrich Sauters; Johann Henrich Mogk [1722, Salbuch]; Johann Mogk; Johann Jost Beyenbach; Conrad Beyenbach [1740]; Johannes Beyenbach; Conrad Beyenbach [1817]; Heinrich Noll (vulgo Schneider) [1830]; Johannes Vietor [1833]; Wilhelm Jöckel [1846]; Heinrich Noll V. [1855]; Johannes Krug II u. Ehefrau Christina Noll [1865, Kauf]; Heinrich Krug u. Ehefrau Christina Becker [1875, Kauf]; Georg Heinrich Krug u. Ehefrau Maria Koch; Johannes Friedrich Klingelhöfer u. Ehefrau Maria Christina Krug; Johannes Krug in Grebenau; Johannes Ruppel u. Ehefrau Lina Habermehl; Hans Georg Ruppel u. Ehefrau Gerlinde Wilhelm.

Dörings

Position: 28/55; (84/218); H 197, F 58
Straße: In der Hohl 7
Beschr.: 1720 Haus und Scheune.

Johann Caspar Köhler; Conrad Habermehl; Johann Heinrich Dörr; Johann Jacob Dörr; Johannes Dörr [1836]; Heinrich Habermehl III. [1847]; Konrad Lerch [1861]; Johannes Schnicker u. Ehefrau Katharina Kirchner [1870]; Konrad Döring u. Ehefrau Maria Schnicker [1898]; Heinrich Döring; Otto Ziesche u. Ehefrau Hilde Döring.

Fassolds

Position: 28/55 1/2; (109/214); H 109, F 62
Straße: In der Hohl 9
Beschr.: Haus und Scheune.

Johannes Fassold [1830]; Konrad Fassold u. Ehefrau Anna Maria Dahmer [1864, Kauf]; Georg Heinrich Habermehl u. Ehefrau Anna Katharina Fassold [1881]; Jacob Habermehl u. Ehefrau Maria Dörr [1911]; Konrad Habermehl; Gerhard Habermehl.

Ecke Göbelbecker

Position: 29/56; (85/232); H 45 5/10, F 188
Straße: Alsfelder Straße 36
Beschr.: 1720 Ein Haus, Scheune, Schweinest. u. Auszugshs.

Johann Heinrich Haffermehl der Ältere; Johann Peter Haffermehl (Schultheiß); Heinrich Hafermehl [1817]; Johannes Noll (Eidams Sohn); Johannes Lang [1830]; Moses Schaumberg [1848]; Johannes Becker V. (nach Amerika ausgewandert) [1854]; Andreas Geisel u. Ehefrau Anna Katharina Becker [1855]; Johannes Rörig II. [1860]; Heinrich Becker VII. u. Ehefrau Anna Maria Koch von

Wallersdorf; Heinrich Noll XII. u. Ehefrau Elisabetha Hedderich von Rainrod; Leni Rothschild in Alsfeld; Georg Heinrich Fuhr u. Ehefrau Anna Maria Krug; Konrad Krug u. Ehefrau Emma Fuhr [1886]; Heinrich Rockel u. Ehefrau Theresia Schwenk; Kleiderfabrik Bücking zu Alsfeld [1932]; W. Göbelbecker u. Ehefrau Anna Schäfer [1935]; Helmut Schäfer.

Schrienersch, Hirsch Hei

Wie vor, dann geteilt: Georg Heinrich Fuhr u. Ehefrau Krug [1876, Kauf]; Konrad Krug u. Verlobte Emma Fuhr [1886, Kauf]; Heinrich Krug III. u. Ehefrau Elisabeth Eifert; Willi Keutzer u. Ehefrau Emmi Krug.

Position: 29/56; (85/233);
H 45 5/10, F 188
Straße: Alsfelder Straße 38
Beschr.: 1720 wie vor; 1920 neues Haus u. Schreinerwerkstatt.

Backmanns, später zu Zinn

Heinrich Wegfahrt; Eckhard Wegfahrt [1726]; Christoph Sauer; Johannes Neeb (?); Johann Conrad Gerbig; Johannes Becker (Küfer); Georg Noll [1817]; Johannes Fabel; Adam Hedderich von Willofs u. Ehefrau Anna Margaretha Kaufmann [1875]; Georg Noll [1897, Kauf]; Johannes Urstadt II. u. Ehefrau Katharina Martin von Maar; Georg Jäger u. Ehefrau Elisabetha Urstadt (gen. Backmanns Lies); Willi Jäger; Seipels (Zinn) [Kauf]; abgebrochen.

Position: 29/57; (87/297); H 102, F 43
Straße: Alsfelder Straße
Beschr.: 1720 Haus, Scheune und Schweinestall; abgebr.

Dippelheiche

Johannes Schnell; Heinrich Falk [1841]; Johannes Wegfahrt II.; Nikolaus Wagner u. Ehefrau Barbara Wegfahrt [1859]; Johannes Grünewald u. Ehefrau Katharina Wagner; Stein Wolf zu Grebenau; Konrad Dörr I. u. Ehefrau Maria Habermehl; Heinrich Dippel u. Ehefrau Katharina Krug von Udenhausen; Marie Dippel (ledig); Heinrich Gerbig [Erbe]; abgebrochen 1991.

Position: 29/57 1/2; (79/211)
Straße: Alsfelder Straße
Beschr.: 1 Haus, abgebrochen.

zu Seipels

Curt Schuchart (?); Georg Heinrich Schmoll [1722, Salbuch]; Friedrich Wegfahrt; Nicolaus Brandeck; Johann Melchior Noll; Johann Heinrich v. Keutz [1817]; Heinrich Noll (gen. Keutze Eidam) [1827]; Heinrich Dörr; Johannes Dörr III. [1851]; Heinrich Noll XIV. [1863]; Johann Georg Gerbig II. (Schäfer) u. Ehefrau Anna Maria Rüffer [1863]: Georg Heinrich Gerbig u. Verlobte Elisabetha Rühl [1884]; Heinrich Peter Becker X. u. Ehefrau Anna Maria Grünewald (KB 349); Die Gemeinde (Armenhaus) [1888, Kauf]; Heinrich Becker II. u. Ehefrau Christine Gerbig [1907]; Hermann Zinn u. Ehefrau Christine Becker; Heinrich Zinn u. Ehefrau Katinka Hölscher von Grebenau; Norbert Zinn.

Position: 30/58; (89/296)
Straße: Alsfelder Straße
Beschr.: 1720 Haus und Scheune, abgebrochen.

Seipels

Position: 30/59; (88/300); H 105, F 38
Straße: Alsfelder Straße 34
Beschr.: 1720/22 Haus, Scheune und Schweinestall.

Johann Habermehl (Gerichtsschöff); Johannes Stürz; Georg Dörr; Johann Heinrich Seipel; Georg Seybel [1817]; Konrad Seipell (abgebrannt) [1840]; Georg Becker II. u. Ehefrau Elisabetha Seipel; Heinrich Becker X. u. Ehefrau Anna Maria Grünewald [1877]; Heinrich Becker II. u. Ehefrau Christine Gerbig; Hermann Zinn u. Ehefrau Christine Becker; Heinrich Zinn u. Ehefrau Katinka Hölscher von Grebenau; Norbert Zinn.

Auf dem Beckersgarten

Position: 31/60; (93/312)
Straße: Auf dem Beckersgarten
Beschr.: 1720 Haus und Scheune, abgebrochen.

Balthasar Corwin; Johannes Vappell; Johannes Vapel; Johannes Fabel (Haus und Scheuer, 1849 abgebrochen); Heinrich Noll XII. [1853, Kauf]; Georg Heinrich Fuhr [1878, Kauf]; Heinrich Schreiner u. Ehefrau Katharina Noll; Heinrich Schreiner II. u. Ehefrau Maria Weitzel; Christina Schreiner (1950 ein neues Haus).

Lo:ch

Position: 31/61; (91/303); H 110, F 36
Straße: Alsfelder Straße 26
Beschr.: 1720 Haus, Scheune und Schweinestall.

Johannes Becker der Ältere; Eckhard Becker [1722]; Johann Henrich Becker; Heinrich Becker [1847]; Peter Becker u. Ehefrau Maria Stöppler von Wernges [1857]; Heinrich Peter Becker u. Ehefrau Dorothea Krug [1887]; Konrad Becker II. u. Ehefrau Anna Gela Schreiber von Lingelbach; Robert Götz u. Ehefrau Tilly Becker; Reinhold Götz u. Ehefrau Kleppich.

Anstreicher

Position: 32/62; (90/293); H 104, F 40
Straße: Alsfelder Straße 32
Beschr.: 1720 Haus und Scheune; 1920 neues Haus.

Reitz Schneider; Johannes Pfeffer; Johann Georg Gerbig; Johannes Gerbig; Johannes Lißberger; Heinrich Becker III.; Johannes Lißberger; Conrad Lißberger [1844]; Johannes Schreiner [1848]; Johannes Heß Witwe [1856, Tausch]; Andreas Heß u. Ehefrau Katharina Rockel [1869]; Johannes Heß u. Ehefrau Elisabetha Gerbig [1912]; Georg Heinrich Scharmann u. Ehefrau Frick [1920]; Georg Peter u. Ehefrau Katharina Eifert; Walter Peter.

Wënerches

Position: 32/63; (92/307); H 111, F 23
Straße: Alsfelder Straße 24
Beschr.: 1720 Haus, Scheune und Schweinestall.

Heinrich Peter Becker; Johannes Köhler; Georg Adam Köhler; Johannes Becker im Hof; Johannes Heß [1830]; Johannes Schreiner u. Ehefrau Margaretha Martin [1856]; Johannes Schreiner II. u. Ehefrau Margaretha Noll [1876]; Joseph Strauß von Grebenau [1883]; Johannes Frick u. Ehefrau Kalbfleisch [1883]; Stein Wolf von Grebenau [1897, Kauf]; Adam Hedderich (Wagner) u. Ehefrau Anna Margaretha Kaufmann [1897]; Heinrich Kalbfleisch u. Ehefrau Anna Falck [1904]; Heinrich Kalbfleisch u. Ehefrau Anna Majeres; Dieter Kalbfleisch; verkauft.

Stöpplers

Hanß Becker der Hirt; Johann Eckhart Pfahl; Niclas Urstadt; Johann Jost Falck; Johann Conrad Becker; Johann Heinrich Dörr; Johann Heinrich Dörr [1845, Haus]; Heinrich Noll VII.; Johannes Fink II. u. Ehefrau Katharina Dörr [1858, Tausch]; Johannes Fink IV. (Wirt) u. Ehefrau Anna Margaretha Noll aus der Finkenmühle [1868, Kauf]; Johannes Stöppler u. Verlobte Katharina Fink [1887, Kauf]; Jakob Gerbig u. Ehefrau Anna Stöppler [1920]; Karl Gerbig u. Ehefrau Lina Rüffer; Herbert Gerbig u. Ehefrau Elke Spahn.

Position: 33/64; (92 1/2/308); H 112, F 22
Straße: Alsfelder Straße 20
Beschr.: 1720 Haus (1786 neu) und Scheune.

Wågnersch

Hermann Pfahl; Johann Adam Pfahl; Johann Henrich Moogk; Johannes Moogk; Johann Heinrich Noll; Johannes Geisel; Adam Wagner [1829]; Jacob Wagner u. Verlobte Maria Becker [1865]; Heinrich Wagner u. Ehefrau Maria Mogk [1896, Übergabe]; Karl Wagner u. Ehefrau Berta Krug; Heinrich Wagner u. Ehefrau Inge Wagner.

Position: 33/65; (94/322); H 114, F 16
Straße: Alsfelder Straße 5
Beschr.: 1720 Haus, Scheune, Garten und Schweinestall.

Rusches

Caspar Ruffet; Heinrich Lippert; Friedrich Falck; Heinrich Lippert; Adam Kalbfleisch; Eckhard Hafermehl von Willofs (Schneider u. Lehrer); Adam Hermann [1833]; Heinrich Gerbigs Witwe [1835]; Heinrich Noll V. [1854]; Johannes Urstadt u. Ehefrau Juliane Köhler [1856]; Johann Heinrich Urstadt u. Ehefrau Anna Elisabetha Geißel [1862]; Heinrich Gerbig VIII. u. Ehefrau Katharina Peter von Udenhausen [1874]; Konrad Rausch (der Namensgeber) u. Ehefrau Urstadt [1877]; Heinrich Urstadt IV. u. Ehefrau Elisabetha Becker; Johannes Heinrich Urstadt u. Ehefrau A. Katharina Wienold von Maar; Marie Urstadt; Erben.

Position: 34/66; (97/326); H 116, F 10
Straße: Im Eisfeld 5
Beschr.: 1720 Haus.

Hannfredersch, Finks

Johannes Kalbfleisch; Johannes Rausch; Johannes Eifländer; Caspar Eifländer; Johannes Eifländer; Heinrich Fink [1830]; Heinrich Fink II. u. Verlobte Maria Urstadt [1856, Kauf]; Johann Heinrich Becker IV. u. Ehefrau Anna Maria Greb [1864, Tausch]; Heinrich Becker VII. u. Ehefrau A. Maria Koch von Wallersdorf [1874]; Georg Heinrich Fuhr [1875]; Johannes Caspar Noll u. Ehefrau Elisabetha Pfeffer [1876, Kauf]; Georg Heinrich Fuhr u. Ehefrau Anna Maria Krug; Johannes Kirchner II. u. 2. Ehefrau Katharina Hölscher von Rainrod [1888, Kauf]; Johannes Kirchner u. Ehefrau Maria Fink; Johannes Kirchner u. Ehefrau Hilde Zeiss; Peter Kirchner.

Position: 34/67; (101/325); H 119, F 18
Straße: Alsfelder Straße 5
Beschr.: 1720 Haus und Scheune.

Straßenwärters

Position: 34/67 1/2; (96/320); H 115, F 12
Straße: Im Eisfeld 3
Beschr.: 1720 Haus (neu).

Friedrich Falck; Johannes Rühl; Heinrich Rühl; Andreas Rühl; Johannes Fink II.; Heinrich Noll VII. Witwe Maria v. Keutz [1858, Tausch]; Heinrich Friedrich Noll u. Verlobte Katharina Waldschmidt; Johann Georg Eifert u. Ehefrau Katharina Elisabetha Noll [1892, Kauf]; Georg Eifert u. 1. Ehefrau Weiker; Georg Eifert u. 2 Ehefrau Katharina Schmidt; verkauft.

Keitz

Position: 35/68; (100/334); H 120, F 7
Straße: Alsfelder Straße 1
Beschr.: 1720/22 Haus und Scheune.

Christoph Schuch; Eckhard Ruppel [1753]; Henrich Ruppel; Christoph Ruppel u. Ehefrau Anna Margaretha Dörr [neu erbaut 1784]; Johannes Ruppel; Johannes Becker III. (beim Grünewald); Heinrich Becker VII. [1849]; Georg Heinrich Fuhr u. Ehefrau Anna Maria Krug; Heinrich Noll XV. u. Ehefrau Elisabetha Becker; Karl Becker u. Ehefrau Maria Noll [1896]; Maria Becker geb. Noll [1923]; Heinrich Becker u. Ehefrau Anna Schmidt von Maar; Heinrich Peter Eifert und Ehefrau Anni Götz.
Das noch bestehende Haus wurde 1784 neu gebaut. Die Balkeninschrift lautet: ‚*Dies Haus hat erbaut mit der Hülfe Gottes Christophel Ruppel und seine kluge Ehefrau Anna Margaretha – Baumeister Johann Gerbig 1784*‘

zu Bäcker

Position: 35/69; (73/194); H 88 1/10, F 89
Straße: Alsfelder Straße 50
Beschr.: 1720 Haus und Scheune.

Clas Ruppel; Johann Melchior Vietor; Johann Heinrich Vietor; Johannes Vietor [1829]; Wilhelm Jöckel [1847]; Heinrich Noll V. [1855, Kauf]; Johannes Krug II. u. Ehefrau Christina Noll von Udenhausen [1865, Kauf]; Heinrich Krug u. Ehefrau Christina Becker [1875, Kauf]; Georg Heinrich Krug u. Ehefrau Maria Koch; Johann Friedrich Klingelhöfer von Alsfeld (Bäckermeister) u. Ehefrau Maria Christina Krug; Johannes Krug (Gastwirt in Grebenau); Johannes Ruppel (Bäckermeister) u. Ehefrau Lina Habermehl; Hans Georg Ruppel (Bäckermeister) u. Ehefrau Gerlinde Wilhelm von Wallersdorf.

bei Straßenwärters

Position: 35/69 1/2; (--/321)
Straße: Im Eisfeld 3
Beschr.: Ein Haus (neu).

Eckhard Einwächter.

Hannchesmühle oder Hanß Nolle Mühle

Reitz Nau [1573, Gerichtssache]; Ruepel Weitz u. Ehefrau Gela [2.10.1585, Urkunde]; Heinrich Pfohl u. Ehefrau Margaretha Weitz; Eckhard Becker u. Ehefrau Marie Specht [27.04.1663]; Hanß Noll u. 1. Ehefrau Anna Maria Becker; Hanß Noll u. 2. Ehefrau Elisabetha Güldner [15.01.1700]; Johann Heinrich Noll u. Ehefrau

Anna Maria Becker [15.03.1731]; Johannes Noll u. Ehefrau Anna Elisabetha Birkenstock [18.11.1769]; Johann Heinrich Noll u. Ehefrau Anna Maria Becker [22.05.1790]; Johannes Noll u. Ehefrau Anna Margaretha geb. Noll [5.6.1829]; Heinrich Noll X. u. Ehefrau Anna Katharina Becker [8.10.1841]; Johann Heinrich Noll [1849, Erbgut]; Georg Noll u. Ehefrau Maria Falk von Udenhausen (nach Amerika ausgewandert) [1869]; Konrad Krug II. u. Ehefrau Eva Katharina Hagemeister [1888, Kauf]; Heinrich Krug u. Ehefrau Katharina geb. Krug; Erich Roth u. Ehefrau Marie Fink [1948]; Herbert Wolter u. Witwe Marie Fink [1955]; Manfred u. Linde Gassenmeyer.

Position: 36/69; (II/85); H 127, F 290
Straße: Alsfelder Straße 2
Beschr.: keine.

Febels Andrees

Conrad Lerch; Heinrich Lerch; Georg Heinrich Lerch; Georg Heinrich Lerch; Heinrich Kirchner II. (½ Haus) [1859]; Heinrich Ploch [1890]; Maria Ploch [1893, Erbschaft]; Andreas Fink [1922].

Position: 36/70 ½; (--/260); H 33, F 233
Straße: Bergstraße
Beschr.: Haus, abgebrochen.

Schäffer Kathchen

Heinrich Ruppel II. u. Ehefrau Anna Barbara Lerch; Peter Ruppel u. Ehefrau Elisabetha Katharina Becker von Maar (KB207) [1853]; Heinrich Ruppel IV. [1873]; Heinrich Becker VIII. (Schäfer, vulgo Stephan) u. Ehefrau Katharina Lippert [1878]; Jakob Schnell; Katharina Schnell.

Position: 36/70 ½; (--/261); H 32, F 234
Straße: Bergstraße
Beschr.: Haus, abgebrochen.

Finkenmühle (Nebenbau)

siehe ›Finkenmühle‹.

Position: 37/71; (s. ›Finkenmühle‹)
Straße: außerhalb.
Beschr.: 1720 Haus, Schweinestall u. Scheune; Schlagmühlbau.

Hallemühle (Nebenbau)

siehe ›Hallemühle‹.

Position: 38/72; (--/343); (s. ›Hallemühle‹)
Straße: Udenhausener Straße
Beschr.: 1720 Haus und Scheune. (1786 neu); 1849 Erbgut.

Hannchesmühle (Nebenbau)

siehe ›Hannchesmühle‹.

Position: 39/73; (s. ›Hannchesmühle‹)
Straße: Alsfelder Straße
Beschr.: 1720 Haus, Scheune, Stall, Schweinestall; 1849 Erbgut.

Kleinere Häuser und Katen

Nachdem die größeren Hofreiten und Güter in der Dorfmitte aufgeführt sind, werden nun die kleinen Landarbeiterhäuser und Katen an den Berghängen und der Peripherie des Ortskernes aufgelistet:

O. N.

Position: 40/73 ½; (--/--)
Straße: Bergstraße
Beschr.: 1720 Haus, Auszugshaus und ein Chor angebaut.

Peter Noll; Johannes Noll (Schneider); Johann Heinrich Gerbig; Conrad Eckhard (Ein Teil gekauft; siehe Nr. 79) [1791]; Georg Heinrich Lerch (nur Auszugshaus; s. Nr. 70 ½, Febels).

Baltzer Becker

Position: 40/74; (--/--)
Straße: unbekannt
Beschr.: ein Haus.

Baltzer Becker.

Heiches

Position: 40/75; (17/272); H 17, F 250
Straße: Sängerberg 1
Beschr.: 1720 ein Haus.

Caspar Köhler; Johannes Köhler jun. [1722]; Johannes Einwächter; Adam Gerbig [1837]; Heinrich Habermehl I.; Johannes Fabel III. [1845]; Zinßer (Dekanatsrechner zu Alsfeld) [1847]; Johannes Fabel III. [1851]; Heinrich Eifert u. Ehefrau Maria Grünewald [1860, Steigbrief]; Johann Friedrich Eifert u. Verlobte Elisabetha Maß von Ober Gleen [1891]; Johann Heinrich Eifert u. Ehefrau Marie Eifert; Georg Friedrich Eifert u. Ehefrau Maria Eifländer; Heinrich Eifert u. Ehefrau Dorothea Maschke.

Sursch

Position: 40/76; (46/136); H 74, F 139
Straße: Leimelbachweg 3
Beschr.: 1720 ein Haus.

Johannes Kern [1782, Steuer]; Konrad Sauer; Georg Sauer (Haus, Scheuer u. Tenne) [1833]; Johannes Eifert I. u. Verlobte Katharina Römer; Georg Eifert I. (Zimmermeister) u. Ehefrau Barbara Becker [1887, Kauf]; Heinrich Eifert u. Ehefrau Marie Elisabetha Becker; Georg Eifert u. Ehefrau Katharina Wöll von Rainrod; Werner Wikke u. Ehefrau Irmtraud Eifert.

Hasenheide

Position: 40a/77; (26/262); H 31, F 236
Straße: Bergstraße 16
Beschr.: 1814 ein Haus, abgebr.

Johann Heinrich Gerbig (Steuer) [1814]; Georg Heinrich Gerbig [1850]; Magnus (Manges) Falk u. Ehefrau Anna Juliana Urstadt [1870]; Heinrich Falk u. Ehefrau Sophia Ruppel; Heinrich Falk u. Ehefrau Maria Aßmann; Karl Koch (das alte Haus abgebrochen); Martin Urstadt (ein neues Haus erstellt) [1995].

Schmidtes

Conrad Eckhard; Johannes Eifländer; Caspar Eifländer (KB62) [1847]; Johannes Eifländer II. (KB178) [1847]; Lorenz Eifländer

u. Verlobte Christine Krug (KB307) [1868, Kauf]; Jacob Eifländer u. Ehefrau Minna Gerbig [1894, Übergabe]; Heinrich Ludwig Schmidt u. Ehefrau Margarethe Habermehl [1902, Kauf]; Karl Koch; abgebrochen.

Position: 40a/78; (25/263); H 30, F 238
Straße: Bergstraße
Beschr.: 1782 Haus, Scheune und Stall; abgebrochen.

Schützes

Georg Heinrich Lerch; Heinrich Lerch; Andreas Lerch [1852, Kauf]; Kaspar Eifländer u. Ehefrau Maria Schönhals [1872]; Heinrich Eifländer II. u. Ehefrau Margaretha Röhrig; Heinrich Gerbig VIII. u. Ehefrau Katharina Peter [1884, Kauf]; Konrad Dörr u. Ehefrau Maria Habermehl [1888, Kauf]; Heinrich Konrad Dörr u. Ehefrau Maria Schreiner [1901, Übergabe]; Lorenz Dörr u. Ehefrau Christina Gerbig; Herbert Birkenstock u. Ehefrau Aline Dörr.

Position: 40b/79; (29/258); H 36, F 227
Straße: Bergstraße 22
Beschr.: 1720 ein Haus.

Bauplatz

Gemeinde.

Position: 40b/80; (--/--)
Straße: unbekannt
Beschr.: Bauplatz.

Petersch

Caspar Kaufmann [1841]; Konrad Kaufmann; Johannes Röhrig II. u. Verlobte Katharina Kaufmann [1873]; Georg Heinrich Fuhr u. Ehefrau Anna Maria Krug [1878]; Peter Krug I. u. 1. Ehefrau Christina Neeb; Peter Krug I. u. 2. Ehefrau Margaretha Dörr [1888, Tausch]; Konrad Dörr u. Ehefrau Ehefrau Eliese Krug [1896, Übergabe]; Heinrich Dörr u. Ehefrau Elise Becker [1934]; Valentin Senger (Frankfurt) u. Ehefrau Irmgard [Kauf].

Position: 40c/81; (43/132); H 62, F 144
Straße: Rainröder Weg 19
Beschr.: Haus.

Bauplatz

Gemeinde.

Position: 40c/82; (--/--)
Straße: unbekannt
Beschr.: Bauplatz.

Bauplatz

Gemeinde.

Position: 40d/83; (--/--)
Straße: unbekannt
Beschr.: Bauplatz.

bei Oddstådts

Georg Hedderich; Heinrich Urstadt [1851]; Johannes Eifänder V. u. Ehefrau Becker [1892]; Konrad Eifländer u. Verlobte Maria Krug [1906].

Position: 40d/84; (--/174)
Straße: Wisselbachweg
Beschr.: Scheune, abgebrochen.

Schulhaus bei Oddstådts

Andreas Gerbig; Conrad Weitzel; Johannes Schmermund I.; Andreas Gerbig [1814]; Johannes Köhler II. u. Heinrich Noll V. [1852]; Heinrich Urstadt II. u. Witwe Margarethe Becker [1860, Kauf];

Position: 40e/85; (67/172 1/2)
Straße: Pfaffenberg/Rainröder Weg
Beschr.: Haus (1/3 von Nr 42; s. Gemein Pfarrhaus); abgebr.

Johannes Eifländer V. u. Ehefrau Margarethe Becker [1863]; Johannes Eifländer V. u. Ehefrau Krug; Konrad Eifländer u. Verlobte Maria Krug [1906]; Wilhelm Eifländer; Wilfried Eifländer.

Jerches

Position: 40e/86; (24/265); H 29, F 242
Straße: Bergstraße
Beschr.: Haus und Scheuertenne, abgebrochen.

Johannes Eifert; Georg Habermehl u. Ehefrau Elisabeth geb. Habermehl [1852]; Karl Habermehl u. Ehefrau Katharina Schreiner [1885]; Marie Habermehl (ledige Tochter des Karl Habermehl) [1916]; Johannes Fink u. Ehefrau Marie Habermehl; Karl Koch; abgebrochen.

Oddstådts Jorch

Position: 40 f/87; (31/98); H 38, F 218
Straße: Bergstraße 17
Beschr.: 1814 ½ Haus, abgebrochen.

Adam Riegelmann (½ Haus) [1814, Steuer]; Johannes Gerbig I.; Peter Schuchardt; Lorenz Habermehl [1849]; Heinrich Eifländer u. Ehefrau Maria Weitzel [1858, Kauf]; Johann Heinrich Urstadt III. u. Ehefrau Margaretha Ruppel [1866, Kauf]; Georg Heinrich Urstadt u. 1. Ehefrau Katharina Wegfahrt; Georg Hch. Urstadt u. 2. Elisabetha Habermehl; Georg Urstadt (Finger, Haus abgebrochen); Georg Urstadt (Finger, ein neues Haus gebaut); Herbert Urstadt.

Hohln Jakob

Position: 40 f/88; (30/97); H 37, F 219
Straße: Bergstraße 19
Beschr.: 1814 ½ Haus, abgebrochen.

Georg Eckhard (½ Haus) [1814, Steuer]; Konrad Beyenbachs Frau; Conrad Beyenbach [1857, Steigbrief]; Georg Heinrich Fuhr [1869]; Konrad Jöckel II. u. Ehefrau Margaretha Beyenbach [1877]; Johannes Jöckel u. Ehefrau Maria Katharina Blum [1914]; Heinrich Euler u. Ehefrau Anna Jöckel; Heinrich Euler (abgebrochen); Gerhard Euler (ein neues Haus gebaut).

bei Seipels

Position: 40g/89; (86/298)
Straße: Alsfelder Straße
Beschr.: Haus, abgebrochen.

Heinrich Falck; Johannes Schnell [1841]; Johannes Falk [1848]; Georg Becker II. u. Ehefrau Elisabetha Seibel [1857, Steigbrief]; Heinrich Becker X. u. Ehefrau Anna Maria Grünewald [1877, Kauf]; Heinrich Becker II. u. Ehefrau Christine Gerbig [1893, Übergabe]; abgebrochen.

Ammicher

Position: 40g/90; (107/271a); H 19, F 247
Straße: Sängerberg 7
Beschr.: Haus.

Heinrich Mock; Johannes Gerbig I. [1844]; Peter Schuchardt [1847]; Peter Habermehl u. Ehefrau Elisabeth Gerbig [1857]; Konrad Koch u. Ehefrau Noll [1862, Kauf]; Konrad Koch II. u. Ehefrau Maria Geisel [1872, Kauf]; Heinrich Rüffer u. Ehefrau Anna Elisabeth Eifländer [1892, Kauf]; Peter Becker u. Verlobte Maria Jöckel [1893, Kauf]; Konrad Becker III und Ehefrau Maria Weißgerber.

Rockel Hennesche

Christoph Ruppel [1820]; Maria Mogk [1848]; Johannes Rockel II. u. Verlobte Elisabethe Schreiner [1869]; Johannes Rockel I. u. Ehefrau Barbara Schnell [1906]; Wilhelm Rockel u. Ehefrau Barbara Maurer; Wilhelm Galda u. Ehefrau Anna Gerbig [Kauf]; Gernold Galda u. Ehefrau Marianne Blaschke.

Position: 40h/91; (116/67); H 35, F 228
Straße: Bergstraße 20
Beschr.: Haus.

bei Febels Andrees

Anna Maria Kirchner; abgebrochen.

Position: 40h/92; (--/--)
Straße: Bergstraße
Beschr.: Haus.

Wënesch

Conrad Fiedler [1830]; Heinrich Wegfahrt u. Ehefrau Margarethe Fiedler [1879, Kauf]; Johannes Wegfahrt u. Ehefrau Sophie Köhler [1910]; Konrad Wegfahrt u. Ehefrau Katharina Becker; Willi Heil u. Ehefrau Hildegard Wegfahrt.

Position: 40i/93 (28/55a); (113/217 $^{3/4}$); H 101, F 45
Straße: Grebenauer Straße 15
Beschr.: Wohnhaus und Stall.

Köhlerkonns

Johannes Eifländer [1842]; Haber (Schullehrer); Johannes Orth (Schullehrer) [1857]; Konrad Köhler III. u. Ehefrau Sophie Urstadt [1876]; Peter Euler von Maar u. Ehefrau Margaretha Köhler; Heinrich Euler u. Ehefrau Anna Jöckel.

Position: 40i/94; (118/99 $^{1/2}$); H 39, F 215
Straße: Bergstraße 15
Beschr.: Haus.

Keutzer Hannes

Andreas Alles; Heinrich Schmidt von Willofs u. Ehefrau Anna Maria Alles [1873, Kauf]; Louis Schmidt von Udenhausen u. Verlobte Barbara geb. Schmidt [1883]; Johannes Keutzer u. Ehefrau Marie Schmidt [1927]; Hans Keutzer u. Ehefrau Katharine Schmidt von Rainrod.

Position: 40i/95; (71/122 $^{1/3}$); H 65, F 149
Straße: Leimelbachweg 4
Beschr.: Haus.

Schwing Hannes und Köhlerkonn

Johannes Fischer; Callmann Strauß [1856]; Anna Maria Habermehl; Heinrich Habermehl IV. [1859]; Wilhelm Schwing von Maar u. Ehefrau Maria Ruppel; Johannes Schwing u. Ehefrau Anna Maria Jöckel; Heinrich Schwalm u. Ehefrau Lina Schwing.

Position: 40j/96; (114/99 $^{2/5}$); H 40, F 213 (wurde geteilt)
Straße: Bergstraße
Beschr.: 1840 Haus und Stall.

Das Grundbuch von 1833

Mit dem vorstehenden letzten Eintrag endete das Gewannbuch von 1720. Weitere Liegenschaften haben ihren ersten Eintrag im Grundbuch von 1833. Die Bebauung ist jüngeren Datums:

Schöttes

Position: a; (20/268)
Straße: Sängerberg 13
Beschr.: Haus und Scheune.

Johannes Schrimpf; Conrad Ploch [1833]; Heinrich Lippert; Peter Schött von Reichlos [1849]; Heinrich Schött u. Ehefrau Juliane Gerbig [1893, Übergabe]; Wilhelm Greb von Eifa u. Ehefrau Marie Schött.

Boßches

Position: b (--/2); (108/118); H 58, F 170
Straße: Rainröder Weg 22
Beschr.: Haus und Scheune.

Heinrich Spieß [1830]; Peter Schuchardt [1853, Kaufbrief]; Heinrich Daum von Udenhausen u. Verlobte Katharina Euler [1858, Kauf]; Konrad Boß von Maar u. Ehefrau Margarethe Schultheiß [1888, Erbschaft]; Heinrich Glänzer von Lingelbach u. Ehefrau Eliese Boß [1905]; Friedrich Glänzer u. Ehefrau Katharine Ragus von Hattendorf; Erwin Glänzer.

Keutzer

Position: c; (71/122 1/3)
Straße: Leimelbachweg 4
Beschr.: siehe 40 i/95 .

siehe 40i/85

Kålls

Position: d; (114/131); H 63, F 148
Straße: Leimelbachweg 5
Beschr.: jetzt Garten u. Hofreite; 1840 Wohnhaus (neu).

Anna Maria Habermehl; Heinrich Habermehl IV. u. Ehefrau Christina Schäfer von Maar [1859]; Heinrich Peter u. Ehefrau Elisabeth Reibeling [1885]; Ludwig Peter u. Ehefrau Maria Eifert [1902]; Heinrich Peter u. Ehefrau Katharina Noll; Klaus Zimmermann u. Ehefrau Margot Peter.

Weids

Position: e; (41/134); H 59, F 141
Straße: Rainröder Weg 15
Beschr.: Haus; 1873 zweistöckiges Wohnhaus mit Schweinest.

Johannes Fink (ledig); Johannes Schmiermund; Jacob Köhler [1833]; Conrad Dahmer [1842]; Johannes Lippert [1847]; Konrad Lippert (Schäfer) u. Verlobte Elisabetha Wegfahrt [1868, Kauf]; Johannes Wagner [1897, Steigbrief]; Heinrich Gerbig VIII. u. Ehefrau Katharina Peter [1892]; Heinrich Eifert III. u. Verlobte Barbara Lippert [1896, Kauf]; Georg Eifert u. Ehefrau Maria Wegfahrt; Manfred Eifert u. Ehefrau Emmi Blum.

Schmehls

Position: f; (42/133); H 60, F 142
Straße: Rainröder Weg
Beschr.: Wohnhaus; abgebrochen.

Margaretha Noll [1845]; Heinrich Noll an der Gemeinde [1859]; Margarethe Noll; Georg Heinrich Schmehl; Johannes Becker I. u.

Ehefrau Katharina Schmehl [1906]; Becker-Erben; Manfred Eifert [Kauf].

Petersch

siehe 40c/81

Position: g; (43/132)
Straße: Rainröder Weg 19
Beschr.: siehe 40c/81.

Blumes

Georg Hainbächer Witwe; Georg Schnell [1847]; Konrad Pfeffer [1857]; Heinrich Habermehl III. u. Ehefrau Elisabeth Katharina Schnell [1866, Tausch]; Georg Heinrich Fuhr u. Ehefrau Maria Krug zu Altenburg [1889, Kauf]; Heinrich Blum V. u. Ehefrau Anna Katharina Habermehl (KB 199) [1890 Kauf]; Heinrich Joseph Blum u. Ehefrau Katharina Hedderich von Rixfeld; Heinrich Blum u. Ehefrau Anna Schwalm von Breitenbach; Hans Lehner u. Ehefrau Gerda Blum.

Position: h; (44/127); H 69, F 157
Straße: Leimelbachweg 10
Beschr.: Haus mit Stall.

Waldschmidts

Ludwig Schnicker [1833]; Johannes Rühl; Heinrich Noll [1843]; Heinrich Gerbig V. [1845]; Wilhelm Waldschmidt (Forstwart) [1853, Kaufbrief]; Georg Waldschmidt [1882]; Heinrich Friedrich Noll u. Ehefrau Katharina Waldschmidt [1891, Kauf]; Johannes Becker II. u. Ehefrau Elisabeth Noll [1901, Übergabe]. Georg Eifert u. Ehefrau Katharina Wöll von Rainrod; Gerhard Reis von Eifa und Monika Eifert.

Position: i; (45/138); H 70, F 133
Straße: Leimelbachweg 7
Beschr.: Haus mit Scheune und Stall; Anbau 1873.

Kålls

siehe Flurstück 122

Position: k; (45/122); H 72, F 137
Straße: Leimelbachweg
Beschr.: ursprungl. 3 Parzellen von Flst. 122; 1833 nicht bebaut.

a. (Kålls)
Johannes Gerbig I.; Konrad Weitzel II. [1853]; Andreas Geisel [1854]; Johannes Hamel [1859]; Heinrich Herrmann [1877]; Georg Heinrich Fuhr [1878]; Marie Habermehl [1880]; Elisabeth Falk [1896]; Ludwig Peter u. Ehefrau Maria Eifert [1929].

Position: (45 1/10); H 71, F 135
Beschr.: 1854 Haus und Stall.

b. (Kålls)
Karl Peter (Bauplatz) [1843]; Johannes Schmidt [1867]; Heinrich Fischer [1869]; Maria Fischer; Heinrich Fischer [1906]; Ludwig Peter u. Ehefrau Maria Eifert [1933].

Position: (45 2/10); H 72, F 137
Beschr.: Haus.

c. (Kålls)
Heinrich Peter; Ludwig Peter u. Ehefrau Maria Eifert; Heinrich Peter u. Ehefrau Katharina Noll; Klaus Zimmermann von Grebenau u. Ehefrau Margot Peter.

Position: (45 3/10); H --, F 136
Beschr.: 1872 Wohnhaus und Stall.

Spahns, Hornsack

Position: l; (51/152); H 77, F 117
Straße: Hornsack
Beschr.: Haus mit Scheune und Stall; abgebrochen.

Conrad Fuhr; Jacob Demmer; Heinrich Ruppel III.; Peter Schuchardt [1859, Kauf]; Heinrich Habermehl III. u. Ehefrau Elisabetha Schnell [1859, Kauf]; Konrad Pfeffer u. Ehefrau Anna Maria Gerbig [1866, Tausch]; Heinrich Spahn von Eifa u. Verlobte Maria Pfeffer [1883, Kauf]; Heinrich Spahn u. 2. Ehefrau Juliane Heiderich von Udenhausen; Heinrich Spahn u. Ehefrau Anna Wilker von Rainrod [1905, Gutsübergabe].

Wagnersch Jakob

Position: m; (55/162); H 82, F 111
Straße: Kleinfeldweg 3
Beschr.: 1829 Haus mit Scheune.

Heinrich Schneider; Caspar Schneider [1861]; Andreas Daum von Maar u. Ehefrau Maria Hohl [1876, Kauf]; Heinrich Gerbig VIII. (Wirt) u. Ehefrau Katharina Peter [1883, Kauf]; Elisabetha Moogk [1884]; Heinrich Wagner u. Ehefrau Maria Moogk [1918]; Jakob Wagner II. u. Ehefrau Ottilie Becker; Karl Wagner u. Ehefrau Helene Eifert.

Kirche

Position: n; (57/166)
Straße: Rainröder Weg
Beschr.: Kirche

Gemeinde; Kirchengemeinde.

Vatti

Position: o; (58/170); H 50, F 100
Straße: Rainröder Weg 7
Beschr.: 1824 Haus.

Heinrich Noll bei der Kirche; Heinrich Noll VIII.; Heinrich Noll zu Udenhausen [1867]; Johannes Otto Kirchner u. Ehefrau Margarethe Kraft [1868, Kauf]; Georg Heinrich Fuhr u. Ehefrau Anna Maria Krug [1877, Kauf]; Peter Stiehler u. Ehefrau Gela Bien [1879, Kauf]; Johannes Bien u. Verlobte Barbara Boß von Reuters [1881, Tausch]; Georg Heinrich Fuhr u. Ehefrau Anna Maria Krug [1886, Kauf]; Heinrich Eifert II. [1888, Kauf]; Karl Eifert [1906]; Georg Eifert II. u. 1. Ehefrau Christine Kröning von Udenhausen [1921]; Georg Eifert II. u. 2. Ehefrau Katharine Eckstein von Eifa; Christine Eifert. Verkauft.

Haus bei der Schule

Position: p; (71/226)
Straße: Pfaffenberg
Beschr.: abgebrochen; Haus.

Balthasar Becker; Johannes Becker (Küfer) Witwe u. Carl Schnicker Witwe [1833]; Andreas Alles; Heinrich Schmidt; Gemeinde [1846].

Fåsselkonns

Position: q; (111/128); H 68, F 156
Straße: Leimelbachweg 8
Beschr.: 1830 Wohnhaus.

Georg Schneider; Heinrich Urstadt zu Alsfeld [1855, Steigbrief]; Johannes Zimmer II. Kinder zu Brauerschwend [1857]; Maria Zimmer [1873]; Johannes Grünewald [1874, Kauf]; Joseph Strauß zu Grebenau [1877, Kauf]; Katharina Noll [1888, Kauf]; Konrad Habermehl u. Ehefrau Katharina Schreiner [1901, Erbschaft]; Erich Wettlaufer u. Ehefrau Marianne Habermehl.

Forsthaus

Konrad Stiehler; Adam Eifländer u. Ehefrau Maria Stiehler [1868, Kauf]; Georg Heinrich Fuhr u. Ehefrau Anna Maria Krug [1885, Kauf]; Peter Stiehler u. Ehefrau Gela Bien von Reuters [1885, Kauf]; Großherzogliches Haus (Familieneigentum [1887, Kauf]; neues Forsthaus; in 1997 vom Land Hessen verkauft.

Position: r; (112/200); H 90, F 81
Straße: Alsfelder Straße 35
Beschr.: Forsthaus.

Krugks Stall

Peter Grünewald; abgebrochen 1858.

Position: s; (106/253)
Straße: In der Eck
Beschr.: heute Krugks Stall; Haus.

Schmeeds

Konrad Koch; Konrad Dahmer [1862]; Georg Heinrich Fuhr [1869]; Konrad Koch II. [1886]; Johannes Allendorf u. Ehefrau Maria Koch [1907]; Johannes Habermehl II. u. Ehefrau Katharina Gerbig; Karl Schmidt von Leusel u. Ehefrau Hilde Habermehl.

Position: t; (115/122 $^{4/5}$); H 66, F 154
Straße: Leimelbachweg 6
Beschr.: 1820 Wohnhaus.

Haus in der Leimelbach

Catharina Wittig; Adam Güldner von Udenhausen u. Ehefrau Maria Krönig [1857, Steigbrief]; Elisabeth Beyenbach [1858, Kauf]; Heinrich Offenhaus Witwe Katharina Beienbach [1906]; Heinrich Rühl u. Ehefrau Katharina Beienbach [1910].

Position: u; (119/130)
Straße: Leimelbach
Beschr.: 1842 Haus.

Fåssels Gerhard (das Haus des Verfassers)

Caspar Hedderich u. Ehefrau Anna Maria Hohmeier; Wilhelm Hof von Lingelbach u. Ehefrau Elisabetha Heddrich [1853, Steigbrief]; Magnus Falk [1859, Kauf]; Johannes Jost Georg u. Ehefrau Anna Barbara Schäfer von Angersbach [1861, Kauf]; Heinrich Weikert u. Ehefrau Margarethe Fabel [1876, Kauf]; Heinrich Gerbig VIII. [1893, Kauf]; Adam Schnegelsberger [1893, Kauf] (abgebrochen); Johannes Habermehl I. u. Ehefrau Christine Schäfer [1914, Kauf]; Jakob Habermehl u. Ehefrau Maria Dörr [1925, Kauf]; Georg Habermehl Witwe Maria geb. Rüffer (neues Haus) [1946]; Gerhard Habermehl u. Ehefrau Elke Kirchner [Erbe].

Position: v; (120/219)
Straße: In der Hohl 8
Beschr.: vormals Hofreitsgrund; 1842 Haus; dann Garten, 1946 neues Haus.

Schwinges

Heinrich Noll XI.; Johannes Schnicker [1861]; Konrad Weitzel [1869]; Heinrich Schwing u. Ehefrau Maria Ruppel [1890]; Margarethe Schwing (gesch. von Otto Eifländer von Eulersdorf); Ernst Fürsteneau u. Anna Eifländer; Erben Fürstenau; verkauft.

Position: w; (121/217 $^{1/2}$); H 106, F 64
Straße: In der Hohl 5
Beschr.: 1845 Haus und Stall.

Neebes

Position: x; (122/$122^{9/50}$); H 64, F 151
Straße: Rainröder Weg 21
Beschr.: 1845 Haus und Stall.

Heinrich Neeb; Konrad Neeb [1873]; Georg Kaspar Habermehl u. Ehefrau Karoline Neeb [1911]; Minna Habermehl.

Febels

Position: y; (123/$122^{6/25}$); H $61^{2/10}$, F $122^{35/100}$)
Straße: Rainröder Weg 29
Beschr.: 1859 Haus.

Gemeinde, Bauplatz; Konrad Weitzel in Rotthausen [1907]; Erbengemeinschaft; Heinrich Eifländer in Gelsenkirchen/Schalke u. Ehefrau Margarethe Röhrig; Johannes Karl Röhrig zu Elberfeld; Konrad Krug u. Ehefrau Katharina Röhrig in Rainrod; Valentin Stiehler u. Ehefrau Maria Christina Röhrig in Alsfeld; Maria Fabel [1907]; Heinrich Fink u. Ehefrau Elise Ritz von Udenhausen; Hans Fink u. Ehefrau Hilde Becker.

Rüffers

Position: z; (--/$294^{1/10}$); H 6, F 31
Straße: Udenhäuser Straße 4
Beschr.: 1911 Haus.

Johannes Kind von Grebenau [1911]; Konrad Rüffer u. Ehefrau Anna Habermehl [Kauf]; Hans Rockel u. Ehefrau Elli Rüffer.

Schulen

Position: aa; (69/227); H 99 u. $99^{1/2}$, F 52
Straße: Alsfelder Straße 19
Beschr.: Schule.

Gemeinde.

Kuttebackhaus

Position: bb; (105/192); H 87, F 91
Straße:
Beschr.: Backhaus, abgebrochen.

Gemeinde

Spritzenhaus

Position: cc; (--/349); H 49, F 98
Straße: Rainröder Weg
Beschr.: Feuerwehrhaus, abgebr.

Gemeinde.

Kirche

Position: dd; (--/166); H 53, F 103
Straße: Rainröder Weg
Beschr.: Kirche

Gemeinde; Kirchengemeinde.

Eierhei

Position: ee; (Flur VI, Nr. $65^{1/10}$); H $77^{1/10}$, F 160
Straße: Leimelbachweg 12
Beschr.: Haus und Scheune.

Heinrich Eifert IV. u. Ehefrau Katharina Becker; Witwe Katharina u. weitere Erben; Heinrich Eifert u. Ehefrau Katharina Becker; Gerd Eifert.

Kerns

Position: ff; (--/$122^{31/100}$); H $61^{1/10}$, F 165
Straße: Rainröder Weg 27
Beschr.: Haus.

Johannes Urstadt II. u. Ehefrau Schmier von Langenschwarz; Heinrich Georg Schnell u. Ehefrau Anna Sophia Urstadt; Wilhelm Weitzel von Eifa u. Ehefrau Hilde Schnell.

Geisels

Maria Katharina Eifert; Konrad Geisel von Reimenrod u. Ehefrau Maria Katharina Eifert [1929]; Minna Eifert von Reimenrod u. Willi Hornig; Wilfried Hornig u. Ehefrau Elvira Lang.

Position: gg; (--/125); H 61 4/10, F 166
Straße: Rainröder Weg 25
Beschr.: Haus.

Rühls

Heinrich Rühl I. und Ehefrau Katharina Beyenbach; Heinrich Rühl II. u. Ehefrau Elisabeth Becker; Willi Rüffer von Udenhausen u. Ehefrau Pauline Rühl.

Position: hh; (--/125 5/10); H 61 3/10, F 168
Straße: Rainröder Weg 23
Beschr.: Haus.

Seipels Konrad

Heinrich Becker II. u. Ehefrau Christine Gerbig [1893].

Position: ii; (--/120); H 57 5/10, F 173 5/10
Straße: Rainröder Weg
Beschr.: Haus.

Schustersch

Johannes Krug II. (Schuhmacher) u. Ehefrau Anna Müller von Zell; Karl Krug u. Ehefrau Katharina Eifert; Georg Friedrich Krug u. Ehefrau Jutta Matuschek; Michael Matuschek (modo Krug) u. Ehefrau Manuela Meier.

Position: jj; (--/117 5/10); H 57, F 174
Straße: Rainröder Weg 18
Beschr.: Haus.

Merzes

Peter Schuchardt u. Ehefrau Noll [1872]; Grundstück geteilt [1873]; Kaspar Merz u. Ehefrau Anna Maria Weber von Solms; Heinrich Merz u. Ehefrau Margaretha Engel von Reimenrod; Karl Merz u. Ehefrau Maria Weitzel; Heinrich Merz u. Ehefrau Gretel Wettlaufer von Breitenbach.

Position: kk; (--/106 3/10); H 48, F 181
Straße: Rainröder Weg 6
Beschr.: Haus und Schmiede.

Hirsch Kinderspielplatz

Heinrich Dietz u. Ehefrau Sophie Becker [1845, Kauf]; Heinrich Noll XII. u. Ehefrau Elisabeth Hederich [1857, Kauf]; Georg Heinrich Fuhr u. Ehefrau Anna Maria Krug [1876, Kauf]; Konrad Krug u. Verlobte Emma Fuhr [1886, Kauf];

Position: ll; (--/234); (--,--)
Straße:
Beschr.: keine.

Backhaus

Gemeinde.

Position: mm; (--/241); H 16, F 193
Straße: Am Backhaus
Beschr.: Backhaus an der Bach.

Wënesch Heinrich (vulgo Geißche)

Georg Heinrich Wegfahrt u. Ehefrau Margaretha Schreiner; Heinrich Wegfahrt u. Ehefrau Lina Weitzel; Gerhard Aßmann von Hopfgarten u. Ehefrau Brunhilde Weitzel [Kauf].

Position: nn; (--/346); H 1 1/10, F 272
Straße: Udenhäuser Straße 17
Beschr.: Haus.

Position: oo; (--/346); H 1 2/10, F 275
Straße: Udenhäuser Straße 19
Beschr.: Haus.

Keitzes

Georg Jöckel u. Ehefrau Margarethe Becker; Jakob Jöckel u. Ehefrau Berta Merz; Erich Peter u. Ehefrau Liane Jöckel; Herbert Schalla von Maar u. Ehefrau Agathe Peter.

Position: pp; (--/346); H 1 3/10, F 276
Straße: Udenhäuser Straße 21
Beschr.: Haus.

Merzes

Konrad Merz u. Ehefrau Margarethe Kirchner; Max Wiedebach u. Ehefrau Marie Merz; Rudolf Wiedebach u. Ehefrau Monika Zerm.

Position: qq; (--/a. d. Masse); H 1 4/10, F 277
Straße: Udenhäuser Straße 23
Beschr.: Haus und Scheune.

Falks

Georg Falk u. Ehefrau Elisabeth Noll; Helmut Caplap u. Ehefrau Christa Schmidt von Rainrod.

Position: rr; (--/a. d. Masse); H 1 5/10, F 278
Straße: Udenhäuser Straße 25
Beschr.: Haus.

Schustersch

Heinrich Eifert I. u. Ehefrau Marie Eifert von Maar; Willi Wolf von Rainrod u. Ehefrau Elli Eifert.

Position: ss; (--/a. d. Masse); H 1 7/10, F 281
Straße: Udenhäuser Straße 31
Beschr.: Haus.

Schmidde Adolf

Adolf Dörr u. Ehefrau Katharina Schmidt; Erich Dörr; Martina Stein (geb. Dörr).

Position: tt; (II/2); H 1 6/10, F 284
Straße: Finkenmüllersweg 3
Beschr.: Haus.

Sengerschnierer

Georg Eifert III. u. Ehefrau Katharina Gieß von Breitenbach; Katharina Möller (geb. Eifert); Heinrich Dippel u. Ehefrau Erna Möller; Frau Bittner [Kauf].

Position: uu; (--/23); H 89 2/10, F 309 1/10
Straße: Alsfelder Straße 60
Beschr.: ½ Doppelhaus.

Schmeddegombel

Konrad Gerbig III. u. Ehefrau Christine Krug; Georg Becker u. Ehefrau Elisabeth Gerbig.

Position: vv; (--/23); H 89 3/10, F 309 5/10
Straße: Alsfelder Straße 62
Beschr.: ½ Doppelhaus.

Måchtelhännesche

Johannes Habermehl I. u. Ehefrau Christine Schäfer von Machtlos; Johannes Hamel u. Ehefrau Marie Eifert [Kauf].

Position: ww; (--/80); H 89 4/10, F 310
Straße: Alsfelder Straße 64
Beschr.: 1920, Haus.

Keitze Heinrich

Konrad Dörr IV. u. Ehefrau Katharina Roth von Eulersdorf; Heinrich Jöckel u. Ehefrau Marie Reith von Breitenbach [Kauf]; Walter Jöckel; Rudolf Graulich u. Ehefrau Anneliese Jöckel.

Nollhans

Gemeinde, Bauplatz; Johann Friedrich Noll u. Ehefrau Christina Schnicker [1928]; Georg Wagner u. Ehefrau Anneliese Noll.

Position: xx; (--/80); H $89^{5/10}$, F $310^{5/10}$)
Straße: Alsfelder Straße 66
Beschr.: Haus.

Bahnhofs

Konrad Krug III. u. Ehefrau Elisa Möller [1928]; Karl Ortwein u. Ehefrau Lieselotte Krug; Bernd Ortwein.

Position: yy; (--/12–319); H $89^{6/10}$, F. $311^{5/10}$
Straße: Alsfelder Straße 68
Beschr.: Haus.

Vereins Hei

Johann Georg Becker (Gastwirt) u. Ehefrau Juliane Krug, Bauplatz; Heinrich Becker V. (Metzger) u. Ehefr. Elisabeth Gerbig; Konrad Krug u. Ehefr. Lina Becker; Volker Döring u. Ehefr. Ursula Krug.

Position: zz; (--/184); H $87^{1/10}$, F 313
Straße: Pfarrhecke 2
Beschr.: Haus.

Fiedlersch

Heinr. Konrad Gerbig u. Ehefr. Maria Jöckel; Georg Gerbig u. Ehefr. Bertha Dippel; Heinrich Gerbig u. Ehefr. Dora Schwalm von Reimenrod.

Position: ab; (--/$122^{26/100}$); H $61^{6/10}$, F 329
Straße: Rainröder Weg 30
Beschr.: 1920, Haus und Scheune.

Fischer

Heinrich Fischer u. Ehefrau Emma Fölsing; Heinrich Fischer II. und Ehefrau Elfriede Katter.

Position: cd; (--/$99^{45/100}$); H $61^{5/10}$, F 333)
Straße: Rainröder Weg 36
Beschr.: Haus.

Waldschmidts Fritz

Heinrich Friedr. Becker u. Ehefr. Emma Eifländer; Karl Becker u. Ehefr. Frieda Becker; Hartmut Becker u. Ehefr. Monika Schilling.

Position: ef; (--/99); H $67^{4/10}$, F 334
Straße: Rainröder Weg 38
Beschr.: Haus und Scheune.

Oddstädtches Omma

Johann Heinrich Urstadt; Wilhelm Schwalm; verkauft.

Position: gh; (--/98); H $61^{7/10}$, F $335^{5/10}$
Straße: Rainröder Weg 42
Beschr.: Haus.

Bahnhof

Deutsches Reich; Bundesrepublik Deutschland; Schäfer.

Position: ij; (--/a. d. Masse); H 124, F $338^{5/10}$
Straße: Sängerberg 10
Beschr.: Bahnhof.

Dippel

Heinrich Breul u. Ehefrau Eifert; Heinrich Dippel u. Ehefrau Anna Eifert [1935].

Position: kl; (--/70); H $67^{9/10}$, F $6^{1/10}$
Straße: Rainröder Weg 49
Beschr.: ½ Doppelhaus.

Walter

Friedrich Walter von Lingelbach u. Ehefrau Heß; Georg Walter.

Position: mn; (--/70); H $67^{8/10}$, F $6^{3/10}$
Straße: Rainröder Weg 47
Beschr.: ½ Doppelhaus.

Die Nachkommen von Johann Caspar und Johann Heinrich Habermehl (1 u. 3) starben im frühen Kindesalter und so kam das Gut an Johann Peter Schneider aus Zell. Von letzterem ging es an Heinrich Schneider (I) und von diesem in 1817 an den Sohn Johannes Schneider (II).

Johannes war in erster Ehe mit Anna Catharina, der Witwe von Andreas Habermehl und in zweiter mit Helene Eichenauer von Angersbach verheiratet. Aus diesen beiden Verbindungen gingen 6 Kinder hervor: Johann Heinrich (I) wurde der Nachfolger auf dem Gut. Johannes Schneider (X) aber wanderte zwischen 1764 und 1767 nach Ungarn aus und heiratete in Kistormaz am 5. Juni 1767 eine Anna Maria Braun aus Angersbach.

Der jüngste Sohn Johann Heinrich Schneider und dessen Ehefrau Elisabetha Wienold traten am 4. Mai 1828 in den Stand der Ehe und erwarben das Gut an der Udenhäuser Straße in 1830. Der Ehemann Johann Heinrich Schneider starb aber bereits um 1834 und hinterließ seine Witwe und zwei unmündige Kinder, Anna Maria (geb. am 22. November 1829) und Kaspar (geb. am 25. November 1832). Die Ehefrau mußte das Gut verkaufen und heiratete in 1835 den Zimmermann Michael Heß. Im Jahr 1844 sah man als Besitzer Dakanatsrechner Zinser und im Jahre 1850 Meier Wallach, beide aus Alsfeld.

Als nächster Eigentümer erschien 1855 Johannes Schreiner, früher Ortsbürger zu Maar, und in 1875 erwarben der Sohn Johannes Schreiner II. und dessen Ehefrau Anna Margaretha Noll aus der Mühle das Gut käuflich vom Vater. Doch auch Johannes Schreiner II. wurde schon in 1880 von dieser Welt abberufen, nachdem er erst 5 Jahre den Hof bewirtschaftet hatte. Mit sechs minderjährigen Kindern konnte die Witwe den Besitz jedoch nicht halten. Joseph Strauß aus Grebenau kaufte das an der Udenhäuser Straße gelegene Areal in 1883. Der älteste Sohn Johann Heinrich Schreiner wanderte anscheinend vor 1889 nach Amerika aus. Noch im Jahr 1883 wurde Konrad Ruppel mit seiner Ehefrau Elisabetha Becker durch Kauf Eigentümer des an seinen Grund anstoßenden Geländes. Wann die Gebäude abgebrochen wurden, ist hier nicht mehr festzustellen. Noch heute gehört das Gelände zur Familie Ruppel.

Nachtrag Hausbesitzer

Als Nachtrag zu den Haus- und Hofbesitzern sind noch 3 Gebäude und deren Bewohner aufzuführen. Die Gebäude waren im alten Grundbuch von 1833 noch nicht verzeichnet. Sie sind in diesem 19. Jahrhundert errichtet worden.

Moogke Hannjerr

Johannes Jöckel u. Ehefrau Katharina Schmidt v. Eifa (neues Haus); Herbert Keileweit u. Ehefrau Berta geb. Jöckel; Marion Lohkemper [Erbe]; Matthias Zimmermann u. Ehefrau Tanja Euler [1995, Kauf].

Position: --; H --, F 339
Straße: Finkenmüllersweg 2
Beschr.: Haus.

Schöttegerbig

Heinrich Ploch; Heinrich Lippert; Peter Schött; Heinrich Schött u. Ehefrau Juliana Gerbig; Heinrich Gerbig und Ehefrau Elfriede Marie Schött (neues Haus); Richard Möller und Ehefrau Emmi Gerbig.

Position: --; H --, F 39
Straße: Sängerberg 17
Beschr.: Haus und Scheune.

Wë:ner

Georg Habermehl; Heinrich Eifert und Ehefrau Maria Grünewald aus Brauerschwend; Johannes Friedrich Eifert und Ehefrau Elisabetha Maß aus Ober-Gleen; Peter Eifert und Ehefrau Anna Juliana Eifländer; Johann Heinrich Eifert u. Ehefrau Juliana Eifländer (neues Haus); Georg Eifert u. Ehefrau Hilde Schwalm aus Reimenrod.

Position: --; H --, F 40
Straße: Sängerberg 19
Beschr.: Haus, Scheune, Wagnerwerkstatt.

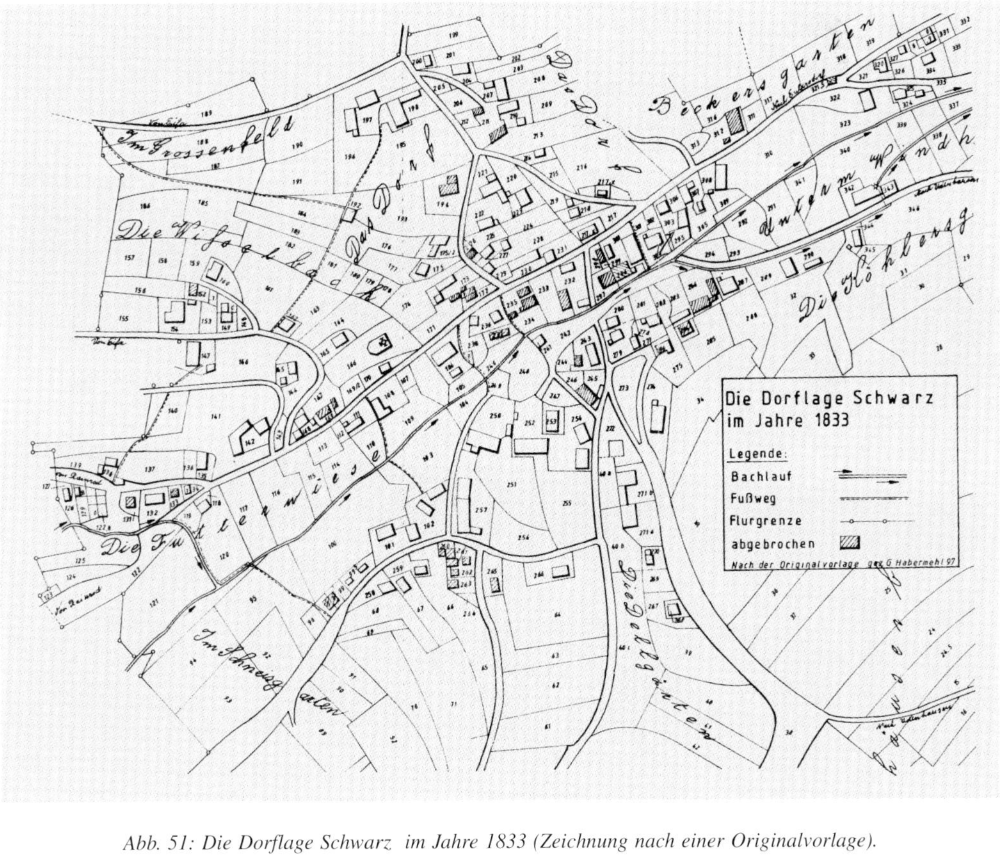

Abb. 51: Die Dorflage Schwarz im Jahre 1833 (Zeichnung nach einer Originalvorlage).

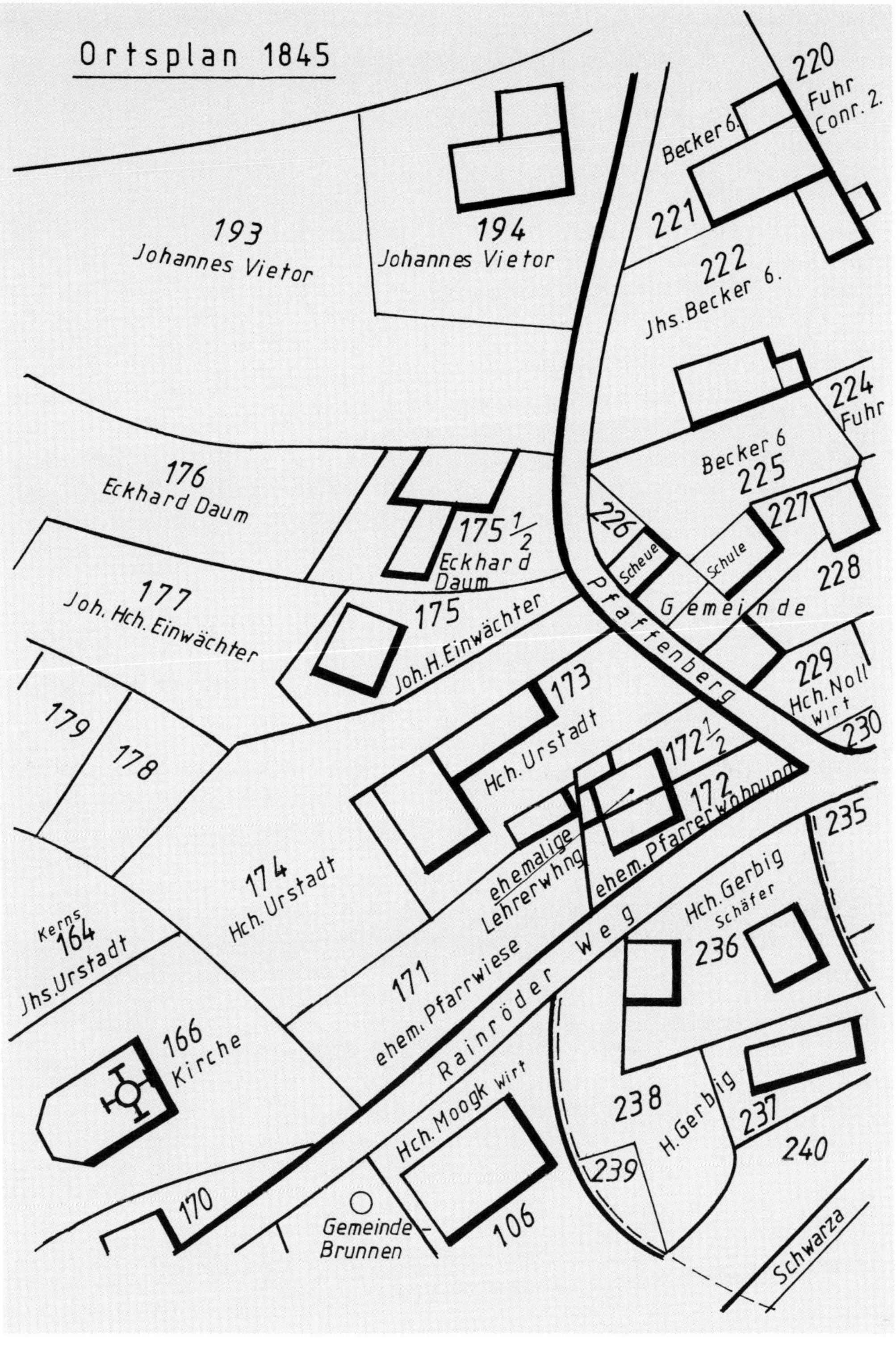

Abb. 52: Ein Ortsplan aus dem Jahre 1845 (Ausschnitt)

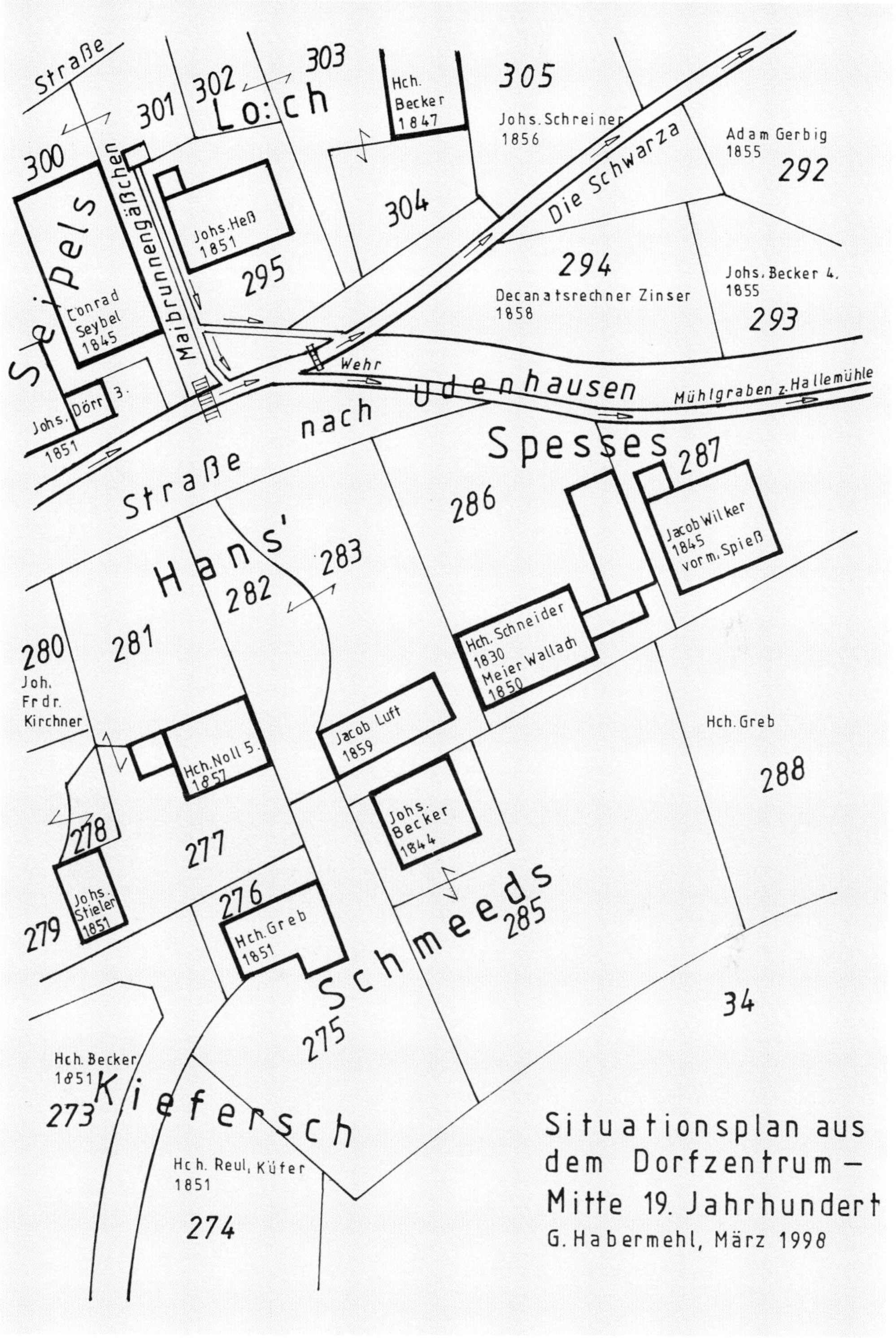

Abb. 53: Situationsplan Mitte 19. Jahrhundert (Zeichnung: Gerhard Habermehl, 1998)

Das Inventarprotokoll von 1884

Im Jahre 1884 fand ein Wechsel der Bürgermeister statt. Für Peter Habermehl, der fast 20 Jahre als Ortsvorstand in Schwarz tätig gewesen war, trat der neue Bürgermeister Heinrich Krug das Amt an. Krug kam aus der Dorfmühle in Udenhausen. Mit dem Amtswechsel wurde auch eine Bestandsaufnahme des gesamten Inventars der Gemeindeverwaltung erforderlich. Die Auflistung ist insofern von Bedeutung und interessant als sie für die Forschung in alten Gemeindeunterlagen Hinweise darüber gibt, was man noch heute alles im Archiv in Grebenau finden kann. Es ist aber davon auszugehen, daß das eine oder andere im Laufe der letzten hundert Jahre vernichtet oder achtlos weggeworfen wurde.

Protokoll

über

Überlieferung der Registratur und der Inventarstücke der Gemeinde Schwarz von dem seitherigen Bürgermeister Peter Habermehl an den neu bestellten Bürgermeister Heinrich Krug.

Geschehen Schwarz am 10. Januar 1884.

Der von dem Großherzoglichen Kreisamt Alsfeld mit Überlieferung der Registratur und der Inventarstücke der Gemeinde Schwarz von dem seitherigen Bürgermeister Habermehl an den neu gewählten Bürgermeister Heinrich Krug dahier beauftragte Kreisbote Diehl von Eudorf begab sich heute zur Erledigung dieses Auftrages vom 23. Dezember 1883 hierher und in Begleitung des Bürgermeisters Krug in die Wohnung des seitherigen Bürgermeisters Habermehl, welchen man zu Hause antraf. Man forderte nun den letzeren auf, alle auf die Gemeinde- und Bürgermeisterei-Verwaltung Bezug habende Acten und Literalien pp. zur Verfügung zu stellen und schritt nachdem diesem Ansinnen entsprochen, zur Überlieferung selbst und verzeichnete die sämmtlichen überlieferten Gegenstände nachstehend.

1. *Einen Gemeinde-Actenschrank.*
2. *Einen blechernen Steuerkasten (ohne Schloß).*
3. *Eine blecherne Waisenbüchse mit 52 Pfennig Inhalt und einigen älteren werthlosen Münzsorten, mit Schlößchen.*

4. *Ein Bürgermeisterei-Siegel mit blechernem Siegel-Apparat.*
5. *Ein altes unbrauchbar gewordenes Bürgermeisterei-Siegel mit zwei alten ledernen Ballen zum Schwärz-Abdruck.*
6. *Ein Bürgermeisterei-Dienstzeichen an rothem Band.*
7. *Ein Exemplar Anleitung zur Einrichtung und Verwaltung der Registratur der Grh. Bürgermeisterei.*
8. *Ein Register über ausgestellte Heimatscheine.*
9. *Ein Ortsbürgerregister der Gemeinde.*
10. *Ein Exemplar Anleitung zur Anweisung für die Ortspolizeibehörden, betreffend die Ausführung der Vorschriften der Gewerbe-Ordnung und über die Arbeitsbücher pp.*
11. *Ein ungebundenes Arbeitsbücher-Verzeichnis.*
12. *Ein älteres Gesinde-Register.*
13. *Ein neues Gesinde-Register, eingebunden und noch unbeschrieben.*
14. *Ein Exemplar neuere Gesinde-Ordnung vom 28ten April 1877.*
15. *Ein Feldfrevelbuch der Gemeinde, (eingebunden).*
16. *Ein Expeditionsprotokollbuch zum Eintragen der laufenden Korrespondenz.*
17. *Ein Paket in besonderem Umschlag mit Werthpapier von der Gemeinde, als Ablösungs- und Allodifications-Urkunden sowie verschiedenen Kaufbriefen von gemeinheithlichen Grundstücken pp.*
18. *Ein Exemplar Verzeichniß über in der Gemeinde vorhandene Häuser und Kamine.*
19. *Eine alte Instruction für die Grh. Bürgermeisterei des Landgerichtsbezirks Alsfeld.*
20. *Anweisungs-Register für das Jahr 1883/84.*
21. *Ein altes Flurbuch der Gemarkung aus dem Jahre 1833.*
22. *Die Verwaltungsgesetzgebung im Großherzogtum Hessen von Friedrich Küchler von 1875, in 2 Bänden.*
23. *Ein Küchlers-Handbuch von 1854.*
24. *Eins desgleichen von 1866.*
25. *Ein Exemplar alphabethisches Inhaltsverzeichnis des Grh. Hess. Regierungsblattes von 1819 bis 1872.*
26. *Ein Exemplar desgleichen von 1873 bis 1877.*
27. *Ein Buch: Grimms Maaß - und Gewichtssystem von 1840.*
28. *Sanders Staats- und Gemeindeverwaltung von 1857.*
29. *Hand- und Hülfsbuch: Hessischer Secretär v. Hepp und Schmidt aus dem Jahre 1861.*
30. *Die Grh. Hess. Regierungsblätter von 1821 bis 1882, 62 Bände.*
31. *Die Regierungsblätter von 1833 von Nr. 1 bis 25 und 27 + 28 nebst den Beilagen bis Nr. 27, hierzu Nr. 26 des 1883ten Regierungsblattes fehlt.*
33. *Ein Exemplar: ›Die Thätigkeit der Polizei in Strafsachen pp.‹*
34. *Die Kreisblätter von 1833 von Nr. 1 bis 103 incl.*
35. *Bundes- und resp. Reichsgesetzblätter von 1867 bis 1882 incl., 16 Bände.*
36. *Die Reichsgesetzblätter von 1883, Nr. 1 bis 28.*
37. *Die Amtsblätter Grh. Kreisamts pp. von den Jahren 1843, 1844, 1847 bis 1851 und 1853 bis 1856 incl., 11 Bändchen. Die Amtsblätter von den Jahren 1845, 1846, 1852 und 1857 bis 1882 incl., sind den betr. Intelligenz- und Kreisblätter beigebunden. Amtsblätter von 1883 waren nicht vorhanden.*
38. *Archiv der Großherzogl. Hess. Gesetze und Verordnungen von 1806/13, 1814/19, 1820/22, 1823/27, 1828/31 und 1835/37, 6 Bände.*

39. *Alphabethisches Repertorium über den Inhalt des Grh. Hess. Regierungsblattes von 1819 bis Ende 1851.*
40. *Ein Exemplar ›Geschichte des Landgrafen Georg I. von Hessen‹.*
41. *Eine Handkarte von Amerika.*
42. *Funks Verwaltungs- und Verfassungsrecht für das Großherzogthum Hessen von 1878.*
43. *Ein Exemplar betr.: ›Ein Wort über kirchliche Armenpflege‹.*
44. *Ein Exemplar: Fünf historische Aufsätze zur Feier des 60jährigen Staats-Dienst-Jubiläums des Hofrath Dr. Steiner zu Darmstadt.*
45. *Die landwirtschaftlichen Zeitschriften von den Jahren 1841 bis 1854 und 1856 bis 1859 und von 1872 bis 1874, 31 Bände und vier Hand Beilagen zur landwirtschaftlichen Zeitschrift von 1867. Die Bände der Zeitschrift von 1870 und 1871 fehlen.*
46. *Ein Band: ›Der deutsche Secretär‹ von J. D. H. Rumpf von 1818.*
47. *Ein Band: ›Geschichte des Großherzogs Ludwig I. v. Hessen‹ v. Hofrath Dr. Steiner.*
48. *Ein Exemplar: ›Anleitung über richtige Pflanzung, Pflege und Behandlung Hochstämmiger Obstbäume‹ von R. Veeck.*
49. *Inhaltsverzeichnis Grh. Hess. Regierungsblatts von 1819 bis 1862.*
50. *Friedrich Pfaffs Gesetzgebung für das Großherzogthum Hessen über Gebäude- und Mobiliar- Feuerversicherung.*
51. *Ein Exemplar: ›Verwaltung des Gemeindevermögens‹ von Ch. Ebel von 1827.*
52. *Ein Exemplar über Forst-, Jagd- und Fischereistrafwesen von 1882.*
53. *Ein Exemplar Polizeistrafgesetzbuch für das Großherzogthum Hessen von 1856.*
54. *Ein Exemplar: ›Gesetz vom 10 Octbr. 1871 betreffend den Uebergang zu dem Strafgesetzbuch für das Deutsche Reich pp.‹*
55. *Ein Exemplar Dienstvorschriften für die Hülfsbeamten der Staatsanwaltschaft.*
56. *Ein Exemplar: ›Maßregeln zur Verhütung und Tilgung der Rinderpest‹.*
57. *Ein Exemplar: ›Das Reichsgesetz über Abwehr und Unterdrückung v. Viehseuchen‹.*
58. *Ein Exemplar: ›Anleitung zum Reinigen und Conserviren der Feuerspritze‹.*
59. *Ein Exemplar: ›Die allgemeine Bauordnung für das Großherzogthum Hessen‹ von Friedrich Pfaff von 1883.*
60. *Ein Exemplar ›Instruction für Straßenpflanzungen‹ von R. Goethe von 1878.*
61. *Ein Exemplar: Lundbergs Handbuch ›Der Rechtsverständige‹ von 1879.*
62. *Ein Exemplar: ›Sammlung der den Gr. Domänenbeten, Rentamtsdiener p. zur Instruction dienenden Ragalien und Vorschriften p.‹*
63. *Eine alte Instruction für die Forstschützen.*
64. *Ein Exemplar ›Wiesenpolizei-Ordnung‹ von 1844 von Kreisrath Fuhr.*
65. *Ein Exemplar ›Wiesen- Kulturgesetz‹ von Dr. Heller von 1843.*
66. *Ein Exemplar ›Verfassungsurkunde des Großherzogthums Hessen‹ von 1820.*
67. *Ein Exemplar: ›Anleitung über Zusammenlegung der Grundstücke und Eintheilung der Felder‹.*
68. *Ein Exemplar: ›Statuten der landwirtschaftl. Vereine im Großherzogthum Hessen‹.*
69. *Wiesenpolizei-Ordnung des Kreises Alsfeld von 1879.*
70. *Eine Handkarte von Deutschland (eingebunden).*
71. *Ein Exemplar: ›Anleitung zur Anlage und Unterhaltung der Korbweidenpflanzungen in Niederungen‹ von J. L. Noethlichs.*
72. *Zwei Exemplare: ›Instruction für die Nachtwache‹.*
73. *Ein Exemplar: ›Die Ausführung des §4 der Brandversicherungs-Ordnung‹.*

74. *Ein Exemplar ›Jagdstrafgesetzgebung im Großherzothum Hessen‹.*
75. *Suppliment zur Geschichte Ludwig I., Großherzog von Hessen und bei Rhein, von Hofrath Dr. Steiner von 1869.*
76. *Desgleichen von demselben von 1866.*
77. *Ein Exemplar: ›Geschichte der Großherzogin Mathilde von Hessen‹ von Hofrath Dr. Steiner.*
78. *Eine alte Agenda: ›Das ist Kirchenordnung von Ernst Ludwig Landgraf zu Hessen‹ von 1724 (bei Georg Walter).*
79. *Ein Publicationsbuch der Gesetze und Verordnungen p. geführt bis zum Ende 1882.*
80. *Vier Exemplare: ›Instruction für die Feldgeschworenen‹.*
81. *Ein Kreditbuch der Gemeinde zur Eintragung der Bürgscheine p. (eingebunden).*
82. *Ein Tagebuch über die Dienstverrichtungen der Feldgeschworenen.*
83. *Ein Exemplar: ›Gewerbesteuertarif‹ von 1874.*
84. *Ein Exemplar: ›Gesetz die Einführung einer allgem. Einkommensteuer betreffend‹.*
85. *Ein Exemplar: ›Instruction für die Vorsitzenden zur Einführung einer allgemeinen Einkommensteuer pp.‹*
86. *Ein Exemplar: ›Instruction für die Kommissionsmitglieder zur Einschätzung der Steuerpflichtigen in die Einkommensteuer‹.*
87. *Ein Exemplar: ›Anweisung für die Grh. Bürgermeistereien behufs Mitwirkung bei Regulierung der Einkommensteuer‹.*
88. *Die Personenstandsregister und alphabethischen Verzeichnisse über die Einkommensteuerpflichtigen der Gemeinde, sowie ein alphabethisches Verzeichnis über die Gewerbetreibenden in der Gemeinde, als auch verschiedene auf die Einkommensteuer p. bezüglichen Actenstücke, in einem besonderen blauen Umschlag.*
89. *Ein Paket Acten über Zu- und Wegzüge sowie über An- und Abmeldungen p. in besonderem Umschlage.*
90. *Die Militär-Stammblätter von den Jahren 1880, 1881, 1882 und 1883 incl. Geburtslisten, sowie die Geburtslisten von den Jahren 1864, 1865 und 1866.*
91. *Ein alphabethisch geordnetes Verzeichnis über die Städte, Flecken und Dörfer des Großherzogthums Hessen*
92. *Ein Exemplar: ›Die gegenwärtige Gemeindeordnung‹ von Friedrich August Küchler von 1859.*
93. *Ein Fascicel Acten Abt.: Staatsverfassung (I).*
94. *Militär- und Kriegsangelegenheiten (VIII).*
95. *Finanz-Angelegenheiten (IX).*
96. *Justiz-Angelegenheiten (X).*
97. *Bevölkerungspolizei (XI).*
98. *Kirchenangelegenheiten (XIII).*
99. *Schulangelegenheiten (XIV).*
100. *(XV).*
101. *Armen- u. Wohltätigkeitspolizei (XVI).*
102. *Medicinalwesen-Sanitätspolizei (XVII).*
103. *Gemeindeangelegenheiten (XV).*
104. *Sicherheitspolizei (XVIII).*
105. *Sittenpolizei (XIX).*
106. *Landwirtschaftspolizei (XXI).*

107. Forst-Jagd-Fischereipolizei (XXII).
108. Handels- u. Gewerbepolizei (XXIII).
109. Post- und Botenpolizei (XXIV).
110. Baupolizei (XXV).
111. Feuerpolizei (XXVI).
112. Aufsicht über Presse u. Buchhandel (XX).
113. Clystierspritze mit Gummi-Trichter, zum Gebrauch beim Rindvieh, bei Geburten.
114. Ein altes Viehentblähungsrohr (unbrauchbar).
115. Zwei neue dergleichen mit Maulholz.
116. Ein Teeker zum Stechen des Rindviehes beim Aufblähen.
117. Eine Mutterbandage für Rindvieh.
118. Zwei knöcherne Milchröhrchen zum Gebrauch bei Milchkühen.
119. Eine Gemeinde- Schnellwaage mit Gewichtsstein.
120. Ein altes Simmergemäß, ein altes 1/2 Simmergemäß und ein Gescheid.
121. Die neuen Fruchtgemäße, als 25 Liter, 10 Liter, 5 Liter, 2 Liter und 1 Liter.
122. Ein eisenblecherner Räucherofen zur Vertilgung der Feldmäuse mit Blasbalg.
123. Ein altes Personenmaß, ohne Wert.
124. Eine alte Feuerlaterne mit Halter, zum Vorantragen bei möglichen Brandausbrüchen.
125. Eine Setzwaage zum Gebrauch beim Wegebau.
126. Zwei Chablonen zum Gebrauch beim Anfertigen von Seitengräben an Vicinalstraßen.
127. Das Ortsbrandkataster befindet sich nach Angabe des Grh. Bürgermeisters Habermehl in den Händen der Brandversicherungsexperten Döring und Habenauer zu Alsfeld und wird demnächst an den neu bestellten Bürgermeister zurückgelangen.

Nachdem es inzwischen Nacht geworden und man noch ca. ¾ Stunde bei Licht gearbeitet hatte, wurde für heute das Geschäft abgebrochen um Morgen wieder fortgesetzt zu werden.

Der Überlieferungs-Kommisär: gez. Diehl
Der abtretende Bürgermeister: gez. Habermehl
Der neu eintretende Bürgermeister: gez. Krug

Fortgesetzt, Schwarz am 11. Januar 1884:

129. Eine Parthie alte Volkszählungsakten in 6 Bünden.
130. Zwei alte unbrauchbar gewordene Abendmahls-Weinkannen von Zinn.
131. Sieben alte verrostete Sicherheitsgewehre mit Bajonetten.
132. Eins desgleichen ohne Bajonett, sämtlich werthlos.
133. Ein Exemplar der Backordnung.
134. Eine Parthie theils erledigter, theils unerledigter Acten der Bürgermeisterei, in einem blauen Umschlag.
135. Ein altes Feldfrevelbuch außer Gebrauch.
136. Ein altes Ortsbrandkataster , außer Gebrauch.
137. Eine Mappe von Leder zum Actentransport bei öffentlichen Versteigerungen pp.

138. Zwei Rollen neuer, noch nicht gebrauchter Feuerspritzen-Schläuche.
139. Eine Parthie alte Gemeinde-Rechnungen und Urkunden (Anm.: ab 1782).
140. Die Gemeinderechnungen von 1821 bis 1824 und von 1826 bis 1880 incl.
141. Die Rechnungs-Urkunden von 1821 bis 1824 und von 1826 bis 1880 incl.
142. Die Gemeinde-Voranschlags-Triplicate von den Jahren 1880, 1881/82, 1882/83, 1883/84 u. 1884/85.
143. Zwei ausgebrauchte Zahlungs-Anweisungs-Register v. d. Jahren 1881/82 u. 1883/84.
144. Eine Parthie Amtsblätter Grh. Kreisamts und Grh. Ministeriums pp aus verschiedenen Jahren, uneingebunden.
145. Verschiedene, theils erledigter, theils unerledigter Bürgermeisterei-Acten in 5 besonderen Umschlägen.
146. Zwei Stücke alte, unbrauchbar gewordene Feuerspritzen-Schläuche.
147. Ein Aushängekästchen zu Eheschließungen

Im Feuerleiterhaus:

148. Drei Feuerleitern.
149. Vier Feuerhaken (wovon einer unbrauchbar geworden)

Im Spritzenhaus:

150. Eine große Feuerspritze und eine kleine, zweirädrige Handfeuerspritze (Geschenk der Aachen-Münchener Feuerversicherungs-Gesellschaft).
151. 32 Stück lederne Feuereimer, wovon 4 Stück gänzlich unbrauchbar und eine Anzahl reparaturbedürftig sind.
152. Eine Wiesenschleife.

Hierauf brachte man in der Wohnung des neubestellten Bürgermeisters Krug die Registratur in Ordnung, stellte die Acten und Bücher pp. auf, registrierte erledigte Acten ein und schied ältere überflüssige Acten aus u. s. w.

Nachdem sodann beide Theile auf Befragen nichts mehr zu erinnern fanden, so wurde das Überlieferungsgeschäft als geschlossen erklärt und soll dem neu bestellten Bürgermeister Krug Abschrift dieses Protokolls mitgetheilt werden; während der abtretende Bürgermeister Habermehl hierauf verzichtet.

Der Überlieferungskommisär: Diehl
Der abtretende Bürgermeister: gez. Habermehl
Der neu eingetretene Bürgermeister: gez. Krug
Für die Treue der Abschrift: Diehl

Feste und Feiern im Wandel der Zeit

Solange es Menschen auf dieser Erde gibt, haben sie von Zeit zu Zeit, ob sporadisch oder von langer Hand geplant, die verschiedensten Ereignisse gemeinsam gefeiert. So feierte man in vorgeschichtlicher Zeit vielleicht den Jagderfolg. Später waren es dann auch die besonderen Tage der Götter, die Sonnwendfeiern und nicht zuletzt die Frühlingsfeste, die besonders festlich begangen wurden.

Einen Einschnitt brachte die Einführung und Ausbreitung des Christentums mit sich. Waren die prähistorischen Menschen sowohl mit ihren Sorgen und Ängsten als auch bezüglich der Jahresfeste mehr auf die Schamanen und die Naturheiligtümer ausgerichtet, so nahmen die Kirche und die neuen Priester für sich in Anspruch, ihren Mitmenschen darzulegen, welche Feste und Feiern ihrem Seelenheil zuträglich seien. Um die zu bekehrende Urbevölkerung auf die neue Lehre einzustimmen, wurden manche heidnischen Feste mit christlichen Heiligen und Aposteln belegt, und so in neuer Verpackung dargeboten. Das der heidnischen Göttin Ostaria geweihte Frühlingsfest ist ein gutes Beispiel dafür: Ostern, die Auferstehung Christi, wurde das größte und wichtigste Jahresfest der christlichen Kirche; mit allen neuen christlichen und alten heidnischen Bräuchen. Auch das Geburtsfest Johannes des Täufers, der Johannistag am 24. Juni, wird anstelle der altgermanischen Sommersonnenwende mit verschiedenen Volksbräuchen gefeiert.

Die christlichen Jahresfeste waren aber auch einem ständigen Wandel unterworfen. Feste wurden in den Jahresreigen eingestreut und wieder herausgenommen. In einer Verordnung des Fürstlichen Hessischen Präsidenten v. Heß, des Kantzlers Miltenberg und des Geheimen Rats Schulz vom 19. Januar 1771 wurden einige wenige, jedoch einschneidende Änderungen getroffen. Man verwies darauf, daß die vor vielen Jahren (wohl schon in vorreformatorischer Zeit) von den Vorfahren eingeführten Feste, und hier insbesondere die auf einen Wochentag fallenden Feiern, nicht mehr der Zeit entsprächen. Zitat: *‚und besonders, daß vielmehr auf der einen Seite der Handwerker und Landmann in ihren Geschäften und Arbeiten verhindert würden und auf der anderen Seite dem Müßiggange, der Üppigkeit, dem wollüstigen Leben, anderer Sünde und Ausschweifung Gelegenheit gegeben werde ...‘.*

Zur Disposition standen die dritten Oster-, Pfingst- und Weihnachtstage, welche zu dieser Zeit noch gefeiert wurden. Der Neujahrstag, Christi Himmelfahrt und der Karfreitag sollten wie bis dahin ganz, der Gründonnerstag jedoch nur noch halb gefeiert werden. Letzteres galt noch bis nach dem Zweiten Weltkrieg. Die Gedächtnistage der Apostel wurden ganz oder teilweise abgeschafft. Was übrigblieb und auf einen Wochentag fiel, wurde auf den folgenden Sonntag verlegt.

An den besonderen christlichen Festtagen fanden in mittelalterlicher Zeit neben den kirchlichen Zeremonien, die meist von höheren Würdenträgern zelebriert wurden, vielmals gleichzeitig auch profane Geschäfte zwischen den Kirchenmännern und weltlichen Personen statt. Des weiteren wurde an diesen Tagen, welche meist mit Volksfesten gekoppelt waren, oft auch Recht gesprochen. Man erkennt deutlich die Verquickung zwischen den kirchlichen und weltlichen Dienstgeschäften. So heißt es in einer alten fuldischen Urkunde[58] aus dem Jahre 1294, die sich auf das Dorf Wallenrod bei Lauterbach in Hessen, bezieht:
‚Heinrich, Abt der Kirche zu Fulda, hat in Wallenrod, dessen Eigentum seinem lieben, getreuen Ritter Heinrich dictus Finke zusteht seit alters das Recht, daß er am Fest des hl. Bartholomäus (24. Aug.) und am Tag danach, wenn der Ort zur Festesfeier von den Umwohnenden besucht wird, über gewisse Verbrechen, die zu einem Bluturteil führen könnten, zusammen mit den Ministerialen (Niederadligen) seiner Kirche, den v. Wartenberg, die mit ihrem Amtmann dem Gericht vorsitzen mußten, zu richten und Strafen festzusetzen. Nun will Heinrich Finke Einkünfte von gewissen Gütern in Höhe von drei Mark verkaufen und braucht die Zustimmung des Abtes'. Heinrich Fink war niederadliger Lehnsvasall des Stifts Fulda und in dieser Stellung später auch Gerichtsherr im Gericht Schwarz bis 1564.

Den größeren Orten wurden bei der Verleihung der Stadtrechte auch Markttage an bestimmten Jahrestagen zugesprochen. Damit verbunden waren noch weitere Privilegien, so daß die Märkte zum Teil in Volksfeste ausarteten. Und auch die Feste und Feiern der Zünfte in den Städten trugen zur Kurzweil bei. Das Jahr war also mit allerlei Abwechslung ausgestattet. In den kleineren Dorfschaften ging es jedoch etwas gemächlicher zu. Man beschränkte sich hier zwangsläufig auf die kirchlichen Festtage und auf Familienfeiern wie Taufen, Geburtstagen, Vermählungen und auch Beerdigungen. Hinzu kamen dann noch die jährliche Kirmes, sowie die Spinnstuben im Winter.

[58] Staatsarchiv Darmstadt: Urkunden Oberhessen, L: Wallenrod

Wie wir schon sahen, wurde das Festtreiben von den Landesherren kritisch betrachtet. Und besonders das übermäßige Feiern war der Obrigkeit, der weltlichen wie auch der klerikalen, schon immer ein Dorn im Auge. Man hegte an höherer Stelle die Befürchtung, daß die unteren Bevölkerungsschichten sich übernehmen könnten und in die Armut absinken würden – doch arm waren sie schon. Viel mehr ist zu vermuten, daß die Landes- und Kirchenherren dabei eher an sich selbst dachten. Denn was die Untertanen an Festtagen verpraßten, kam nicht mehr auf den eigenen Tisch. So wurden Gesetze und Richtlinien über das erlassen, was an den Familienfeiertagen von den direkt Betroffenen oder der näheren und entfernteren Verwandtschaft verzehrt werden durfte. Zuwiderhandlungen wurden mit empfindlichen Strafen geahndet. So regelte beispielsweise eine Verordnung[59] des Landgrafen Georg zu Hessen–Darmstadt von 1640 die Verzehrmengen: *‚Ordnung wie es inkünftig Seiner Fürstl. Gnaden Fürstentum, Graf- und Herrschaften mit den Hochzeiten, Kindtaufen, Gevatterschaften, Leichenbegängnissen, auch sonst. Gastungen gehalten werden soll.‘*

Dort heißt es unter anderem: *‚Alle Tauf-Mahlzeiten sind verboten. Zuwiderhandelnde Eltern werden in eine Strafe von 20 fl. (Gulden) genommen [...]. Gevattern, die aus anderen Orten zur Taufe kommen, dürfen nur drei warme Speisen, ohne Suppe und Gemüse vorgesetzt werden. [...] den Frauenspersonen, welche den Täufling in die Kirche begleiten oder sonst der christlichen Taufe beiwohnen, mag man ein Tränklein Weins, neben Kuchen und Bretzeln und etwas von Obst vortragen, es soll aber zu solchem Ende kein Tisch gedeckt, viel weniger sich zu Tisch gesetzt werden. Nur für Doctoren, Licentiaten und andere Leute von vornehmem Geschlecht und Dienstverwaltung gelten diese Bestimmungen nicht, insofern ihnen gestattet ist, außer den vorgenannten Speisen bei den Taufmahlzeiten Käse, Butter, Lebkuchen, Rosinen, Mandeln und Gartengewächse aufzusetzen ...‘*

Ein wahres Sündenpfuhl vermutete man jedoch in der Spinnstube, in welcher sich die Dorfbevölkerung zu den verschiedenen Handarbeiten, Gesprächen und heimlichen Gelagen zusammenfand. Hier trafen sich die unverheirateten und verheirateten Dorfbewohner. Von dem Dorfgeistlichen in Schwarz wird, um das Jahr 1580, berichtet, daß er in der örtlichen Spinnstube *‚den Eulenspiegel ablas‘*.[60] Eine schwere Verfehlung, die gewiß auch damals nicht alltäglich war.

Die Lebensauffassung mag früher, trotz aller hoheitlichen Reglementierungen, weniger streng gewesen sein, und der Gedanke an

[59] Dr. Heinrich Heppe: Kirchengeschichte beider Hessen, Bd. 2
[60] Diehl/ Köhler: Beiträge zur Hessischen Kirchengeschichte

sittliche Verfehlungen in den Spinnstuben war sicher nicht abwegig. Und so hat sich in den Spinnstuben manche Liebelei und Eheversprechnung angebahnt. Nachdem die vorgegebenen Arbeiten wie Stricken, Nähen und Spinnen erledigt waren, wurden noch bis in die 50er Jahre dieses Jahrhunderts hinein beispielsweise Pfänderspiele ausgeführt. Dabei mußte ein Paar zur Einlösung des Pfandes nach draußen gehen und ›Sterne zählen‹, oder aber es mußte ein Pfand mit einem Kuß eingelöst werden. Und damit fing häufig die Anbandelei an.

Eines der ältesten dörflichen Feste ist das jährliche Kirchweihfest, oder meist kurz Kirmes genannt. Dieses geht auf das Stifterfest der Kirche, oder, was es wörtlich bedeutet, die Kirchenweihe des örtlichen Kirchengebäudes, des Gotteshauses, zurück. Dadurch, daß die kirchlichen Feste meist mit einem Volksfest oder Jahrmarkt verknüpft waren, ist auch der ursprüngliche Sinn und Wert des Kirchweihfestes verlorengegangen. Die sprachliche Umwandlung von Kirchweih in Kirmes, die schon früh erfolgt ist, ist bezeichnend für den Wandel eines einst kirchlichen Dorffestes in die heutige Form.

Auch bei den Kirchweihfesten trat der Ortsgeistliche von Schwarz unrühmlich in Erscheinung. Bei seiner Absetzung in 1604 wurde ihm vorgeworfen, daß er sich *‚auf Kirmessen oft überweinet hat'*. Ebenso war er manchmal bei Tauf- und Beerdigungsfeiern nicht zu gebrauchen, weil er nicht beizeiten den Weg aus dem Wirtshaus fand.[61] Nachdem das Kirchweihfest seinem Ursprung nicht mehr gerecht wurde und sich durch fremde Begleitumstände mehr und mehr von der Urform entfernte, entwickelte sich, örtlich unterschiedlich, eine neue Kirchweih- oder Kirmeskultur. Waren die Kirchweihfeste in der Umgegend früher über das ganze Jahr verteilt, so wurden sie später meist in den Herbst, nach Abschluß der Feldarbeit, verlegt.

Die Kirmessen wurden hier in Schwarz immer von der Burschenschaft, also den ledigen jungen Männern gehalten, sobald sie konfirmiert waren. Oft wurden im Ort sogar zwei Veranstaltungen zur gleichen Zeit durchgeführt, denn es waren zwei Gastwirtschaften mit Sälen vorhanden. Und so gab es manchmal auch zwei Burschenschaften, die miteinander wetteiferten, und die besten Kapellen der Umgegend verpflichteten. Gefeiert wurde am ersten Sonntag und Montag im November. Einige Wochen vor dem Fest kam man zusammen, um alles zu besprechen. Der Platzbursch oder Kirmesvater wurde gewählt, und die Kirmesjungen mußten einen ausgehandelten Geldbetrag zur Absicherung der entstehenden Kosten ›legen‹. Mit dem Saalwirt wurden die Konditionen festgelegt.

[61] Diehl/ Köhler: Beiträge zur Hessischen Kirchengeschichte

Freitag vor der Kirmes wurden dann die ledigen Mädchen des Dorfes ›verstrichen‹[62]. Wenn bekannt war, wer mit wem ging, wurde der Preis für die Angebetete auch schon einmal erheblich in die Höhe getrieben. Die Übriggebliebenen kamen in den sogenannten ›Pferch‹. Dieser wurde zu jedermanns Gaudi im Ganzen, und oft von alten Junggesellen, ersteigert. In manchen Orten händigten die Mädchen ihren Steigerern auch Tücher oder Schals aus, wenn sie mit Musik von zu Hause abgeholt wurden. Das war aber nicht überall üblich. Doch der erste Tanz war dem Besitzer der Neuerwählten vorbehalten. Und dabei blieb es meist.

Am Sonntag war der Hauptfesttag. Die Kapelle wurde am Bahnhof abgeholt, und es gab die ersten musikalischen Darbietungen, die sich zur Nacht hin noch steigerten. Montag war arbeitsfrei und ein lokaler Feiertag. Es wurden im Dorf Ständchen für eine Geldspende gespielt, und als Gegenleistung gab es einen Schnaps. Abends war wiederum Tanz. Am folgenden Dienstag wurde beim Dunkelwerden die Kirmes mit ›Heulen und Jammern‹ mittels eines Herings begraben. Später wurde die Kirmes verbrannt. Man zündete ein großes Feuer an und die Jungen und Mädchen sangen und sprangen paarweise darüber. Die Burschen kauften sich jedes Jahr einen neuen Anzug und die Mädchen neue Kleider. Diese Stükke wurden das folgende Jahr über aufgetragen.

Abb. 54: Die ›Mo:gke Jungen‹ auf der Maitour.

Es sind von links unten: Willi Walter; Ludwig Peter; Hans Eifert (›Sengerschnierersch‹); Georg Christ. Rockel (›die Briet‹); Wilhelm Schwing; Konrad Eifert (Grebe Schwiegersohn); Georg Grünewald; Johannes Kirchner (›die Flee‹); Friedrich Jöckel (›Mo:gke Fritz‹; Wirt); Johannes Jöckel (›Mo:gke Hannjer‹); Lorenz Eifert und Karl Eifert (›Stiefelchen‹; Brüder); Karl Möller (›Bahnhofs Karl‹); Heinrich Wagner; Heinrich Fischer; Karl Eifert (›Loffer‹); Johannes Habermehl; Konrad Jöckel (›Hohln Konrad‹); Heinrich Habermehl (›Petterchen‹); Karl Eifert (in Gießen); Heinrich Dörr (›Schimbo‹); Heinrich Eifert (›Heiches Hei‹); Georg Becker (›Schuckerts Jorch‹; mit Bierglas)

[62] ugs.: versteigert

Heute werden die Kirmessen wieder im Sommer, jedoch im Festzelt, gefeiert. Sie dauert hier nun vier Tage, von Freitag bis Montag. Früher ging auch die ältere Bevölkerung noch zur Kirmesveranstaltung, denn es gab ja sonst wenig Abwechslung. Der Begriff des Dorffestes in Verbindung mit der Kirmes ist heute nur noch teilweise richtig. Bedingt durch oft ausschweifende Burschenschaftstreffen, bleiben leider viele zu Hause.

Wenn sich viele Menschen versammeln, bleiben auch unangenehme Begleiterscheinungen nicht aus. So waren Schlägereien auf Kirmessen und Tänzen in Schwarz keine Seltenheit. Auch der Autor dieses Buches kann sich noch erinnern, daß Meinungsverschiedenheiten mit Faust und Bierkrug vor der Theke ausgetragen wurden. Und wenn die Schwärzer auf Veranstaltungen in den Nachbarorten waren, fanden sie oft genug Gegenparteien, an denen sie sich reiben konnten. So haben es die alten Leute immer erzählt. Auch vom Osterfest des Jahres 1890 wird solches berichtet. Am 2. Feiertag fanden in beiden Wirtshäusern Tanzveranstaltungen statt, in deren Verlauf es in einem Saal zu einer Schlägerei und Messerstecherei zwischen verschiedenen Personen kam, woran sich die in zwei Lager geteilte Dorfjugend beteiligte. Der Chronist schreibt, daß die schon lange zwischen den beiden Gruppen bestehende Spannung nun zum Ausbruch gekommen sei. Eine rädelsführende Person wurde durch sieben Messerstiche lebensgefährlich verletzt, und kampfunfähig gemacht. Schließlich wurde die Sache polizeilich aufgenommen und auch Haftstrafen wurden verhängt.[63]

Abb. 55: 700-Jahr-Feier. Hier ist der Verfasser als Bänkelsänger im Einsatz zu sehen.

Bei kirchlichen Festen stehen natürlich die drei hohen Feste im Vordergrund. Zu gemeinsamen Kirchentagen kam man früher auch schon mit den Nachbargemeinden zusammen. Bis zum Weltkriege wurden sogar die Geburtstage der Landesherrschaft und des Kaisers gefeiert und ihrer kirchlich gedacht. Um die Jahrhundertwende veranstalteten der hiesige und der übergeordnete Gustav-Adolf-Verein jährlich ein besonderes Fest. Der Erlös wurde für die Glaubensbrüder in aller Welt gestiftet. Auch die Schulen kamen mit ihren Lehrern zu gemeinsamen Sport- und Waldfesten zusammen. Durch die Schulzusammenlegung, und bedingt durch die Verschwisterung der Kirchengemeinden, finden auch heute wieder gemeinsame Veranstaltungen statt.

Wo sind nun die Traditionen aus Jahrhunderten geblieben?
Von Kontinuität über alle Jahrhunderte und Zeitepochen hinweg zeugen nur die kirchlichen Feste und Feiertage. Sie haben ihren Sinn und Wert über alle Stürme und politischen Veränderungen bis heute behalten. Manche Pfarrer halten bisweilen schon einmal den Sonntagsgottesdienst im Kirmeszelt und sprechen somit an diesem

[63] Kirchenchronik

Abb. 57: Foto der verschiedenen Siedlungsschichten aus dem Zeitraum von ca. 1750–1880.

len befinden, so beispielsweise in den ›Teichhecken‹, ›In den Birken‹, sowie in der ›Zinkelbach‹. Diese Einschnitte haben mit Sicherheit ihren Ursprung in der Hügelgräberbronzezeit. Als die Siedlungstätigkeit fast gänzlich zurückging, hat die zweite Humusschicht das Geröll wieder überdeckt.

Die nächste, wesentlich dickere Geröllschicht, ist mit der um 600 n. Chr. erfolgten Besiedlung und Dorfgründung zu sehen. Dazu kam die Rodung für die Wohnstätten und die Ackerflächen für den beginnenden Ackerbau. Das Sandsteingeröll mit einer Höhe von 21 cm stammt von der Ausspülung der Pfaffenhohl. Es ist der Zeitraum des eigentlichen Entstehens der tiefen Hohlen. Die Hochflächen waren schon derart frei, um das Wasser ungehindert ablaufen zu lassen, aber durch Bewuchs noch so gefestigt, daß der belebte Boden, der Nutzboden, gehalten wurde. Es folgt eine graue Lehmbodenschicht, die von den bearbeiteten Ackerflächen weggespült wurde. Der Ackerbau war in seine entscheidende Wende zur großflächigen Nutzung der Felder getreten. Von dem durch das Pflügen gelockerten Boden wurden große Teile infolge der Niederschläge weggetragen. Die Möglichkeit den Ackerboden durch Pflugtechnik wieder bergauf zu pflügen, oder entstandene Rinnen wieder zu schließen, wie es heute mit den Großgeräten zu machen ist, bestand vor Jahrhunderten nicht.

Ein neuer Abschnitt zeigt sich mit der nächsten angeschwemmten Bodenschicht. Es ist wieder eine Geröllformation. Sie dürfte zur Zeit des 30jährigen Krieges und in den folgenden Jahren, als der Ackerbau darniederlag, entstanden sein. Die Flächen verwurzelten und verwilderten wieder, so daß auch bei stark abströmendem Wasser die alte Ackerkrume hielt. Der Ablauf in den Hohlen riß den Sandstein aber auf und zerkleinerte ihn. Die Flut brachte dann das Sediment ins Tal hinab.

Als nächste Ebene folgt eine grau-rote Bodenschicht und anschließend eine grobe Steinstückung, die als frühester Straßenbau, ungefähr aus der Mitte des 18. Jahrhunderts, angesehen werden kann. Es wechseln sich anschließend einige schmutzig-graue Siedlungsschichten (Schlammschichten) und Geröllschichten ab, wobei letztere auf starke Unwetter hindeuten, die über unserem Landstrich niedergegangen sein müssen. Diese haben dann die Stein- und Geröllfracht aus den Hohlen in das Tal hinabgetragen, so geschehen in den Jahren 1749 und 1752, wie Pfarrer Roth im Kirchenbuch ausführlich beschreibt.

Den Abschluß nach oben bilden die Straßenbaumaßnahmen aus den vergangenen hundert Jahren. Es ist eine Stückung mit einer wassergebundenen Decke, und letztlich Schotter mit einer Teerdecke zu sehen.

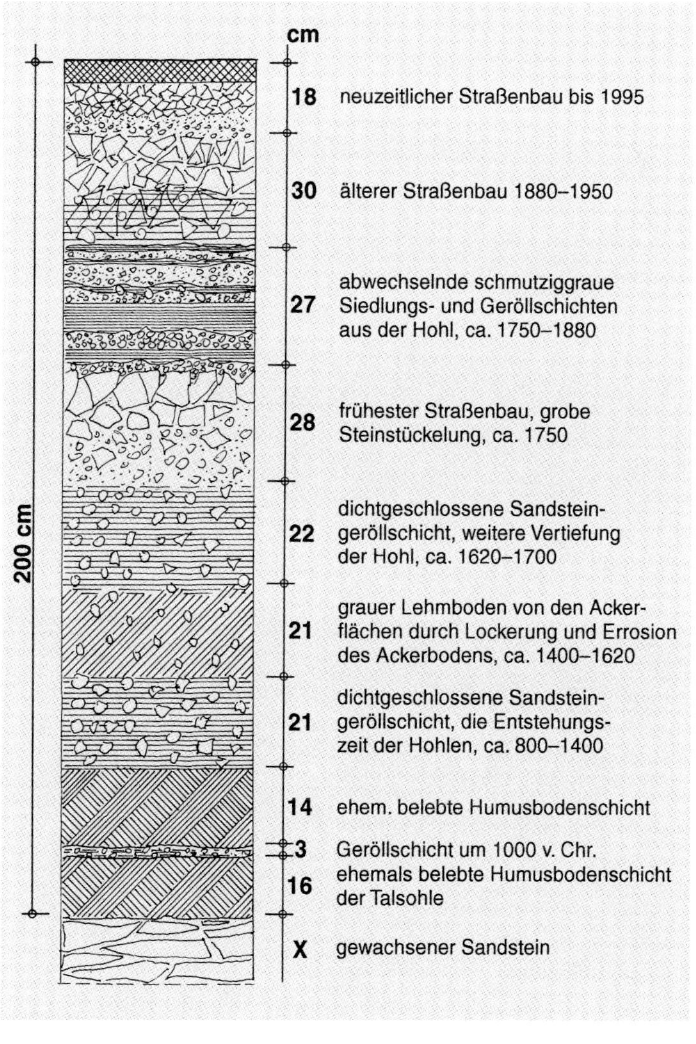

Abb. 58: Vertikaler Schnitt durch die Talsohle. In Jahrhunderten aufgeschwemmte Bodenschichten in der Talsohle und Siedlungsschichten.

Die durch Erosion und Ausspülung entstandenen Hohlen in Schwarz sind die Pfaffenhohl mit Seitenhohl, die Finkenhohl und die Dietzches Hohl, sowie auf der anderen Seite die Große Hohl, die Sengerberghohl und die Schneißberghohl.

Die Hohlen aus dem Dorf heraus waren früher beliebte Fuß- und Fahrwege, denn durch die Ausspülung entstand immer ein fester Untergrund auf dem zurückbleibenden Fels. So führte die Pfaffenhohl in Richtung Lingelbach und Dietzches Hohl nach Alsfeld. Der Ausläufer der Großen Hohl war der Ausfallweg nach Wallenrod, und die Sengerberghohl wies nach Lauterbach. Bis in die 50er Jahre waren die Hohlen fast alle noch offen, und nur ein geringer Teil war durch die Feldbereinigung nach dem Ersten Weltkriege verfüllt worden. Heute sind sie größtenteils mit Wohlstandsmüll und Bauschutt angefüllt und als Hohlen fast nicht mehr zu erkennen.

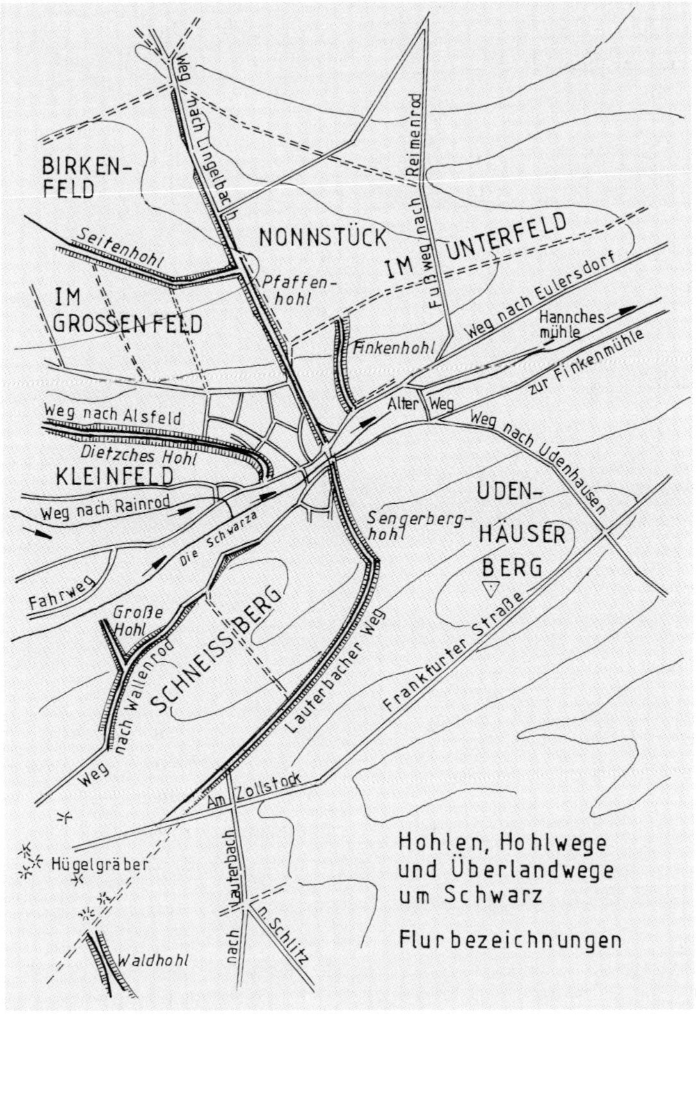

Abb. 59: Flurskizze der Hohlen in und um Schwarz. Zeichnung: Gerh. Habermehl

Kriegsereignisse

Obwohl uns die Geschichte von alters her eines Besseren belehren sollte, versuchen wir Menschen bisweilen, unsere teils berechtigten teils aber auch unberechtigten Forderungen mit Zwang oder Gewalt durchzusetzen. Leider enden diese Auseinandersetzungen oft in großen Kriegen. Mit den auf höheren Regierungsebenen angezettelten Streitigkeiten wollen große Teile der Bevölkerung jedoch nichts zu tun haben. Unschuldig betroffen sind immer die friedfertigen Menschen, die von der Kriegsmaschinerie überrollt werden. Sie werden als Soldaten oder für andere Dienste verpflichtet, und haben im Falle einer Niederlage die auch in Deutschland nicht unbekannten Konsequenzen zu tragen.

Die erste Nachricht, die Auskunft über kriegerische Ereignisse gibt in denen Schwarz mehr oder weniger eingebunden war, stammt aus dem Jahre 1599, als die spanischen Truppen während des Niederländischen Krieges in Westfalen und am Niederrhein hausten. Die Ämter Alsfeld, Romrod und das Gericht Schwarz stellten 19 Heerwagen für die Landgrafschaft Hessen. Die von Landgraf Moritz von Hessen–Kassel geführten Söldner unterlagen jedoch kläglich bei der Stadt Rees.[64]

Dreißigjähriger Krieg (1618–1648)

Die Religionsgegensätze zwischen den Katholiken und den Protestanten vertieften sich im Laufe des 16. Jahrhunderts trotz verschiedener Verhandlungen und Ausgleichsversuche immer mehr und führten schließlich zum Kriege. Der 30jährige Krieg begann als Glaubens- und Bürgerkrieg in Böhmen (Prager Fenstersturz), verlor aber bald seinen Sinn als Religionskrieg. Es wurde ein Krieg europäischer Mächte um gewisse Vorherrschaften. Selbst innerhalb des evangelischen Lagers entstanden nach der Reformation in der ersten Hälfte das 16. Jahrhunderts zwei Bestrebungen, die insbesondere die Auslegung der Abendmahlsfrage (Konkordienformel) zur Grundlage hatten.[65]

[64] MGAA: Reihe 11, S. 315 f; Demandt: Geschichte d. Landes Hessen, S. 245
[65] Marburger Religionsgespräch zwischen Luther und Zwingli, 1529

Nach dem Tode Philipps des Großmütigen, Landgraf zu Hessen, im Jahre 1567 (Philipp war ein Förderer der Reformation), wurde aufgrund seines Testamentes die Landgrafschaft Hessen unter seine vier Söhne aus erster Ehe aufgeteilt. Wilhelm IV. († 1592) erhielt Niederhessen oder Hessen–Kassel, Ludwig IV. († 1604) bekam Oberhessen oder Hessen–Marburg, Hessen–Darmstadt fiel an Georg I. († 1596) und Philipp II. († 1583) erbte Rheinfels. Die Söhne aus der zweiten Ehe, nämlich die Grafen v. Diez, erhielten geringe Abfindungen und kleinere Gebiete, die später wieder an Hessen zurückfielen.

Nach dem kinderlosen Absterben Ludwigs IV. zu Hessen–Marburg im Jahre 1604 wurde diese Landgrafschaft geteilt. Der Gebietsteil um Marburg kam zu Hessen–Kassel, der Teil um Gießen mit dem Amt Alsfeld, und somit auch das Gericht Schwarz, wurde Hessen–Darmstadt unter Ludwig V. († 1626) zugesprochen. Die Darmstädter und auch die frühere Marburger Linie hatten sich für die lutherische Lehre ausgesprochen, die Kasseler Linie jedoch wandte sich letztlich dem reformierten (calvinistischen) Glauben zu. Obwohl beide Gruppierungen evangelisch ausgerichtet waren, wurden die Gegensätze zwischen den Landgrafen schließlich so groß, daß Hessen–Darmstadt zum kaiserlichen Lager (Liga der katholischen Reichsfürsten) tendierte. Nicht zuletzt damit versuchte man alte Gebietsansprüche an Kassel durchzusetzen. Diese wiederum schlossen sich mit anderen evangelischen Landesfürsten zusammen, zu denen während des Krieges auch noch das katholische (!) Frankreich, sowie die protestantischen Länder Dänemark und Schweden stießen. Letztlich erreichte die Entzweiung zwischen den beiden Teilen Hessens ihren Höhepunkt im 30jährigen Krieg, in dem sie sich in verschiedenen Lagern unversöhnlich gegenüberstanden und auch auf das heftigste bekämpften. Das letzte Kapitel dieses Krieges, von 1646 bis 1648, heißt bezeichnenderweise aus diesem Grunde auch ›Hessenkrieg‹.

Auswirkungen das 30jährigen Krieges in Schwarz

Im Staatsarchiv Darmstadt ist eine Zusammenstellung über die Kriegsschäden im Oberfürstentum zu finden. Die Aufzeichnungen aus dem Jahre 1642 sollten dem Landgrafen Auskunft geben, warum etliche Zinsen und Gefälle aus dem Dorf Schwarz uneinbringlich waren. Sie bilden eines der eindrucksvollsten Zeugnisse über die kriegsbedingten Leiden unserer Vorfahren. Viele von uns werden in dieser Aufstellung einen oder mehrere ihrer Urahnen wiederfinden. Auf der rechten Seite ist eine Abschrift dieser Urkunde zu sehen.

Hans Weitzel ist vor 7 Jahren verstorben, das Weib sich hinweg begeben, alles wüst ligen lassen. Heinrich Heil ist vor 5 Jahren nacher Grebenau auf U. Gn. F. und H. Hoiff gezogen und alles wüst stehen lassen. Hanß Krauß [...] vor 4 Jahren verstorben. Ekhard Schuch, das Heußgen ubernhauffen gefallen.

Hans Carrius Eltt. ist mit weib und Kindern vor 6 Jahren ahn der Pest gestorben, das Heußgen umbgefallen, die gutter ligen wüst. Henn Creutzer ist vor 7 Jahren von den Beninghaußischen erschossen, das Weib gestorben, ligt, alles wüst. Velten Zimmers Wwe. ist vor 5 Jahren von den guittern gangen und wüst ligen lassen. Caspar Göetz ist vor 7 Jahren mit dem weib ahn der Pest gestorben, ligt alles wüst, die Tochter in Krieg gelauffen, das Heußgen übern Hauffen gefallen.

Henrich und Joist Buchhamer. Ist vor 4 Jahren verstorben, das Weib sich des Betteln genehret, Haus und Guitter ligen wüst. Heinrich Hock ist vor 7 Jahren mit weib und Kindern verstorben, das Haußgen ubernhauffen gefallen, ligt alles wüst. Ludwig Scheffer ist wie voriger mit Weib und Kindern verstorben. Alles wüst und ubern hauffen gefallen. Hans Moritz junger ist ebener massen mit weib und Kindern an der Pest gestorben. Ligt alles wüst. Heinrich Moritz [...] Hüttgen ist ubern Hauffen gefallen. Curt ahm Bergk ist mit dem Weib vor 3 Jahren verstorben, die Kinder nehren sich in der frembt. Ligt alles wüst.

Peter Zimmer ist vor 7 Jahren verstorben. Alles ubern Hauffen gefallen und Ligt wüst. Hanß Hoffmeiers Wwe. ist wie vorgemelter verstorben, ligt alles wüst. Reytz Maurer ist vor 7 Jahren Ahn der Pest gestorben, die Kinder in Kriegk gelauffen, das Hauß umgefallen, alles wüst. Hen Orthwein ist vor 5 Jahren verstorben und lassen die erben alles wüst ligen. Curt Lerchen Wwe. ist vor 4 Jahren verstorben, zeithero alles wüst gelegen, das Haus umbgefallen. Velten Scheffer ist vor 6 Jahren mit dem Weib verstorben, die Kinder in Kriegk gelauffen und alles wüst Ligen lassen. Eckhart Falck [...] einem umbgefallen Heußgen [...].

Velten Schwartz ist vor 4 Jahren mit Weib und Kindern verstorben, das Heußgen ubern hauffen, die gutter mit Streuchern bewachsen. Hanß Krauß ist vor 7 Jahren mit dem Weib ahn der Pest gestorben, die Kinder nehren sich des Bettelns. Velten Knöttel zeucht in dem Land hin und widter, das Haußgen ubern Hauffen gefallen. Curt Noldt ist vor 7 Jahren mit dem Weib ahn der Pest gestorben und wollen sich die Kinder der Erbschafft nicht Annehmen. Hanß Buchamer. Die Gebew (Gebäude) seind vor 8 Jahren von den Kayserlichen abgebrandt, er gestorben, ligt alles wüst.

Hanß Falcken Elters Bauw seind ubernhauffen gefallen und liegen die Güitter mangel Viehes gantz wüst. Georg Krugk ist vor 7 Jahren mit dem weib ahn der Pest gestorben. Alles ubern Hauffen gefallen und ligt wüst. Velten Karrius ist desgleichen vor 7 Jahren verstorben ligt alles wüst. Martin Haffermehl wie voriger mit weib und Kindtern verstorben. Hen Lippert junger ist mit weib und Kindern vor 4 Jahren verstorben, die Bew umbgefallen, die guter Ligen wüst. Eckhart Karrius und Johann Reichart [...] von einem umbgefallen Heußgen, das guthgen ist mit Hecken und Dornen bewachen.

Baltzer Peter huedet in Niderhessen des Vihes, das Heußgen ubern Hauffen gefallen. Huener Veltten ist vor 7 Jahren verstorben, kein Erben verlassen, das Heußgen umbgefallen, die gutter bewachsen. Hanß Hoiffmeurer ist vor 5 Jahren verstorben, Ligt alles wüst. Bast Schraß ist vor 5 Jahren verstorben, das Heußgen umbgefallen. Hans Einwechter Eltter ist desgleichen vor 5 Jahren verstorben. Ligt alles wüst. Hans Röeth junger ist vor 5 Jahren mit weib und Kindern verstorben das Heußgen ubern Hauffen gefallen, die gutter wüst.

Heinrich Pfoehl [...] ist vor 7 Jahren verstorben, zeithero die wieß mit Hecken und Streuchern bewachsen. Cloß Pfoehl und Hanß Einwechter [...] einem wüsten Hauß und Guittern, werdten wegen Mangel Viehes und weil sie gantz verdorben, nicht gebauwet, sondern ligen gantz wüst. Hanß Einwechter junger ist vor 5 Jahren verstorben, die gutter wüst gelegen, bewachsen mit Dornen und Strauchen. Eckhart Höppel hatt ein Muhln, die Hartmohl genannt, ist in 6 Jahren nicht bewohnet noch etwas darin gemahlen wordten.

beten, wie wohl einige darunter als Cathol. u. Lutherisch sich ausgaben: doch so oft Sie ein quartirt waren, erzeugten Sie eine Devotion, u. zwar zogen Sie ihre bunte Kappen ab, hilten solche in der rechten Hand, das gewehr in der lincken, u. so bückten sie sich mit dem haupt bis zur Erde.

Ein Rothe Deck hatten Sie, womit Sie sich umhingen, gl. eines Rock schoßes, einige hatten hohe Zuckerhüte auf, welche statt unserer Hüte sparn, ein stück unten rund herum gewückelt, und ein stück herum Flohr, es waren sonderl. den fleischl. lüsten ergebene leute, es durfte sich kein Weibs Mensch sehen laßen, haben auch hier ein altes krumes wohl etl. 60 Jahr geweßenes Mütterlein, welche keinen Zahn mehr im Mund hatte, genothzüchtigt.'

Siebenjähriger Krieg (1756–1763)

Friedrich der Große, König von Preußen, kämpfte gegen Österreich um Schlesien. Im Osten kämpfte Friedrich gegen Österreich und Rußland. Im Westen stand der Schwager Friedrichs, Herzog Ferdinand v. Braunschweig, mit den mit Preußen verbündeten Staaten England, Hannover, Braunschweig, Hessen-Kassel und Gotha den Gegnern Frankreich und Hessen–Darmstadt gegenüber.

Das Gericht Schwarz beteiligte sich am 8. November 1759 mit 16 Bagagewagen bei der Umsetzung eines französischen Magazins von Marburg nach Friedberg. 1762, sowie am Bartholomäustag 1763, war *,vom Schwarzbrunnen bis Eisenbach alles voller Zelter'* (Grebenau bis Lauterbach). 1762 war Ferdinands Quartier in Grebenau.[72] Pfarrer Roth schreibt am 24. August 1762 als Anmerkung unter dem Geburtseintrag von Lorenz Hanßel, Johannes Hanßels Sohn: *,War Bartholom: und uns in Schwarz ein hart betrübter Tag, wegen einer Fouragierung derer Sommerfrüchte auf dem Feld von den Engländer und Hannoveraner.'*

Französische Revolutionskriege (1792–1798)

Österreichische und deutsche Forderungen an das französische Lothringen, sowie innere Unruhen in Frankreich ließen das französische Reich zu kriegerischen Beutezügen über den Rhein nach Baden und Hessen eindringen.

Zu verschiedenen Zeiten fanden Einquartierungen in Schwarz statt. Die Kriegskostenrechnung der Gemeinde betrug im Jahre 1797 insgesamt 4795 fl. 2 ½ kr. Für eine von der französischen Genera-

[72] MGAA, Reihe 2, S. 153 ff; Lauterbacher Geschichtsblätter

lität angesetzte Brandschatzung der Stadt Alsfeld im Mai 1797 mußte das Gericht Schwarz 1611 fl. 31 ¾ kr. aufwenden. Davon steuerte die Gemeinde Schwarz am 6. Mai 1797 den Betrag von 618 fl. 33 ½ kr. bei.[73] Die Teilnehmer aus Schwarz am Reichskrieg gegen Frankreich (1792–1799) und an dem Ausmarsch nach Triest (1796–1797) waren:[74]

Becker, Johannes	Kern, Henrich
Hess, Michael	Noll, Johannes
Jäger, Conrad	Riegelmann, Adam
Jäger, Michael	Ruppel, Henrich
Kern, Georg	Schnicker, N.

Neben der normalen Jahresrechnung 1797 wurde auch noch eine separate Kriegskostenrechnung des gleichen Jahres geführt. Außer den aufgeführten Bürgern von Schwarz und den geleisteten Kontributionen sind die Geschäftsbeziehungen nach außerhalb interessant. Auf den folgenden Seiten ist eine Abschrift zu sehen:

Kriegskostenrechnung

der Gemeinde Schwarz Amts Alsfeld auf das Jahr 1797
berechnet durch den Vorsteher Johann Heinrich Noll daselbst.

A. Einnahmen:

Num	Einnahm:	fl.	kr.	fl	kr.
	I. An aufgenommene Capitalien:				
	Bei Elisabeth Margareth Köhlerin zu 5 prtz.	150	--		
	Bei Johannes Bauer zu 4 prtz	55	--		
	Bei Johannes Noll und Consorten zu 4 prtz.	1143	35		
	Bei Georg Becker und Consorten zu 4 prtz.	441	47		
	Bei Johannes Bauer und Consorten zu 4 prtz.	254	43		
	Bei Johannes Bauer und Johannes Becker zu 4 prtz.	400	--		
	Bei Herrn Zollverwalter Bücking zu Alsfeld zu 4 prtz.	418	--		
	Bei Georg Dietrich Bücking zu Alsfeld zu 5 prtz.	50	--		
	Bei Johann Becker Mittler zu 4 prtz.	221	--		
	Bei Johann Heinrich Becker zu 4 prtz.	150	--		
	Bei Georg Heinrich Decher zu 5 prtz.	312	48		
	Bei Conrad Gerbig zu 4 prtz.	84	--		
	Bei Herrn Regierungsrath Hallwachs zu 5 prtz.	618	39		
	Summa:			4299	28
	II. An erhobenen Geldern:				
A.	Besage Hebregister Lit. A. sind zur Bestreitung der Schuldigen Hafer erhoben worden	126	55		
B.	Von mehreren Gemeindsmännern sind zu diesem Behuf weiter erhoben worden	143	32		
	Summa:			270	27

(Fortsetzung auf der nächsten Seite.)

[73] MGAA, Reihe 3, S. 188; Gemeindearchiv Schwarz, Kriegskostenrechnung 1797
[74] MGAA, Reihe 10, S. 146

	III. Insgemein:				
	Laut vorjähriger Kriegskostenrechnung pag. 14 ist zu Recess verblieben	*10*	*27 ¼*		
	Desgl. in der gemeinen Gelder Rechnung pag. 27 sind zu Recess verblieben	*55*	*40 ½*		
	Gerichtssetzer Lerch zu Renzendorf zahlt an Interessen von der im vorigen Jahr bezahlten Brandschatzung	*29*	*39 ¼*		
	Johannes Becker Mittler zahlt vor die schuldige franz. Verpflegung	*7*	*30*		
	Desgl. Johannes Becker sen.	*6*	*--*		
	Jud Wolf zu Grebenau zahlt vor eine ihm verkaufte Ochsenhauth	*6*	*30*		
	Jud Gerischon Bachcharach zahlt ebenfalls vor eine ihm verkaufte Ochsenhauth	*11*	*--*		
	Johann Heinrich Vietor zahlt vor das von der franz. Einquartierung übrig gebliebene Sohnleder	*3*	*40*		
	Vor verkaufte Hafer ist überhaupt erlöst worden	*42*	*18*		
	Summa:			*172*	*45*
	Wiederholung der ganzen Einnahm:				
I.	*An aufgenommene Capitalien*	*4299*	*28*		
II.	*An erhobenen Geldern*	*270*	*27*		
III.	*Insgemein*	*172*	*45*		
	Summa Summarum:			***4742***	***48***

B. Ausgaben:

Num.	**Ausgab:**	**fl.**	**kr.**	**fl**	**kr.**
	I. An Officiers-Verköstigung:				
1.	*Dem Metzger Johann Georg Duchardt zu Schlitz vor 50 Pfundt Ochsenfleisch, zahlt*	*10*	*--*		
2.	*Dem selben ferner vor dergleichen*	*2*	*19*		
3.	*Dem Johann Braun zu Lauterbach vor franz Brandwein zahlt*	*2*	*--*		
4.	*Vor 1 ³/₈ Pfundt Limburger Käss dem Krämer Renker zu Lauterbach, zahlt*	*44*	*--*		
5.	*Dem Gärtner Wimmer zu Schlitz vor allerley grün Gemüß, zahlt*	*--*	*57*		
6.	*Dem Gärtner Pfannmüller zu Schlitz vor 10 Stück Citronen, zahlt*	*2*	*--*		
7.	*Dem Fischer Johannes Adolph vor Fische, zahlt*	*1*	*36*		
8.	*Vor Butter und dergleichen*	*1*	*20*		
9.	*Dem Herrn Vollhard vor Macaronen, Pfeffernis und Bisquitt, zahlt*	*1*	*40*		
10.	*Demselben weiter vor Liger*	*2*	*--*		
11.	*Vor Coffee, Zucker Ligueur*	*2*	*48*		
12.	*Dem Metzger Wilhelm Duchard zu Schlitz vor Fleisch abschläglich, zahlt*	*60*	*--*		
13.	*Der Johann Heinrich Hafermehls Wwe. vor 3 Pfundt dörren Speck, zahlt*	*1*	*30*		
14.	*Dem Krämer Ramspeck zu Alsfeld vor Coffee und Zucker, zahlt*	*2*	*26*		
15.	*Vor ein Boutellin Wein, zahlt*	*--*	*48*		
16.	*Dem Herrn Förster zu Eiffa vor eine Maas Brandwein, zahlt*	*--*	*48*		
17.	*Dem Jud Löb zu Grebenau vor Fleisch, zahlt*	*1*	*20*		
	Vor Butter, Weisbrod, Baumoeln und dergl. so das Jahr durch in die Offiziersküche geliefert worden	*89*	*14 ¼*		
	Beim Besuch des zu Lauterbach einquartierten General Sould vor allerley Kleinigkeiten, zahlt	*11*	*4*		
	Weiter vor Butter und Eyer	*16*	*45 ½*		
	Vor Fleisch	*36*	*--*		
	Vor Fische	*48*	*--*		
17 ¼	*Vor Wein ist die Gemeinde dem Zollverwalter Bücking zu Alsfeld schuldig worden, weil aber dieser Betrag mit 5 von Hundert verzinset wird, kommt solcher hier zur Ausgab mit*	*418*	*--*		
17 ½	*Bey Einquartierung des französischen Commandanten sind vor Wein, Fleisch, p. p. nach und nach bezahlt worden*	*254*	*43*		
17 ¾	*Dem Johann Heinrich Gerbig vor einen Ochsen, so vor die Einquartierung geschlachtet worden, zahlt*	*150*	*--*		
	Dem Wirth Johann Heinrich Decher vor einen Ochsen und eine Kuh, so vor die Einquartierung geschlachtet, sodann vor die an solche abgegebenen Zehrungskosten ist die Gemeinde schuldig	*312*	*48*		
	Summa:			*1348*	*15 ½*
	II. Für Früchte und Fourage:				
	Einen zu Eudorf einquartierten Fourier vom 6ten Chasseur Regiment zu Pferd sind statt einer 5tägigen Fourage Lieferung zahlt worden	*29*	*57*		
18.	*Der Jacob Einwächters Wwe. vor 9 Mesten Hafer, zahlt*	*9*	*--*		
18 ½	*Vor 10 ½ Viertel Hafer sind an Hessen Casselische Unterthanen, zahlt*	*84*	*--*		
19.	*Dem Jacob Dörr vor dergleichen, zahlt*	*1*	*52*		
20.	*Dem Heinrich Schmiermund vor dergleichen, zahlt*	*8*	*26*		

(Fortsetzung auf der nächsten Seite.)

21.	Dem Schmitt zu Eulersdorf vor dergleichen, zahlt	21	--		
22.	Dem Diehmer zu Hattendorf vor Hafer, zahlt	57	36		
23.	Dem Johann Philipp Trier zu Schlitz vor dergleichen zahlt	60	--		
	Demselben vor Kleyen vor die Einquartierung, zahlt	1	6		
23 ¼	Dem Johann Becker vor 5 Mesten Hafer, zahlt	5	--		
23 ½	Dem Johannes Noll und Consorten ist die Gemeinde vor 36 Viertel 4 Mesten Hafer à 8 fl. und 400 Clafter Heu à 2 fl. = 1443 fl. 35 kr. schuldig worden, solches Capital mit 4 von 100 verzinset, kommen solche hier zur Ausgab mit	1143	35		
	Desgleichen dem Georg Becker und Consorten vor 55 Viertel 2 Mesten Hafer à 8 fl. ist die Gemeinde 441 fl. 47 kr. schuldig worden, weil aber dieser mit 4 von 100 verzinset wird, kommt solcher hier zur Ausgab mit	441	47		
	Desgleichen dem Johannes Bauer, Johannes Becker und Consorten ist die Gemeinde vor 50 Viertel Hafer à 8 fl. = 400 fl. schuldig worden, weil diese Schuld aber mit 4 von 100 verzinset wird, kommt solche hier zur Ausgab mit	400	--		
23 ¾	Dem Johannes Becker ist die Gemeinde vor 75 Clafter Heu à 2 fl. und 8 Viertel 7 Mesten Hafer à 8 fl. = 221 fl. schuldig worden, weil nun diese Schuld mit 4 von 100 verzinset wird, kommt sie zur Ausgab mit	221	--		
	Summa:			2484	19
	III. An repartierten Geldern:				
24.	Zu den Fuhrlohn von dem K. K. Fourage Transport zu 609 Clafter Wiener Gewichts von Grünberg bis Frankfurth, zahlt	44	10 ¼		
25.	Zu den 6ten Mai von der französischen Generalitaet angesetzten Brandschatzung zahlt	618	33 ½		
	Summa:			662	43 ¾
	IV. An Erpressungen und Requisition:				
	Dem zu Hopfgarten einquartierten Chasseur Fourier um den an der gelieferten Fourage gemachten Ausstellungen zu entgehen, zahlt	2	42		
26.	Dem Schuhmacher Johannes Höbeling zu Grebenau vor des Offiziers Stiefeln vor zu Schuhen, zahlt	3	40		
27.	Dem Krämer Ramspeck zu Alsfeld vor Hanft und Harz vor die Einquartierung, zahlt	1	10		
28.	Der Clagers Wwe. zu Schlitz an Wascherlohn vor den Offiziers, zahlt	--	32		
29.	An dergleichen zu Grebenau	1	16		
30.	Dem Georg Lotz zu Alsfeld vor weiße Farbe und ein Lammfell, zahlt	9	20		
31.	Dem Krämer Philipp Zöller zu Schlitz vor 50 Clafter Halltuch, zahlt	16	40		
52.	Dem Jud Schmull Katz zu Grebenau vor blau Wolletuch zahlt	12	50		
33.	Vor 81 Gebund rothen Zwirn vor die Einquartierung	1	21		
34.	Dem Jud Gerischon Bachcharach vor Tuch, pp., zahlt	26	--		
35.	Dem Conrad Seipel zu Grebenau an Wascherlohn	1	22		
36.	Der Lorenz Hachenburgs Wwe. zu Schlitz vor Zwirn	1	36		
36 ½	Dem Krämer Georg Dietrich Bücking zu Alsfeld vor Wolletuch ist die Gemeinde schuldig worden, weilen aber dieser Betrag mit 5 von 100 verzinset wird kommt solcher hier zur Ausgab mit	50	--		
	Summa:			120	33
	V. Vor das genommene Vieh:				
37.	Dem Jud Abraham Seligmann zu Grebenau vor einen Ochsen, so an die französische 102te Brigade geliefert werden mußte, zahlt	22	--		
	Summa:			22	--
	VI. An Amts- und Schreibgebühren:				
38.	Dem Fürstlichen Herrn Amtmann Minigerode an Reisediäten, wegen der zwischen den Amtsvorständen und französischen Einquartierung entstandenen Zwistigkeiten, zahlt	1	5		
	Summa:			1	5
	VII. An Fuhr- und Botenlohn:				
39.	Dem Johann Peter Hafermehl an Fuhrlohn bis Giessen von den in das französische Magazin gelieferte Mehl zahlt	31	50 ½		
40.	Dem Pächter Stiehler an Fuhrlohn bis Gladenbach von der in das K. K. Magazin gelieferten Fourage, zahlt	45	--		
41.	Dem Johannes Hofmann zu Alsfeld vor einen Gang nach Lauterbach, zahlt	--	48		
	Summa:			77	38 ½
	VIII. An Interessen von den zu Kriegskosten aufgenommenen Capitalien:				
	Nichts.	--	--		
	IX. An zurückbezahlten Capitalien:				
42.	Dem Johannes Bönbach sein der Gemeinde zu Erkaufung des Hafers geschossenen Betrag, zahlt	70	31		
	Summa:			70	31

	X. Zur Aufstell- und Abhörung dieser Rechnung:				
	Denen Fürstlichen Herrn Beamten dieser Rechnung abzuhören	2	--		
	Von solcher in duplo zu stellen, samt Papier	2	12		
	Den Vorständen von der Abhörung	1	--		
	Summa:			5	12
	XI. Insgemein:				
	Dem Rechner vor die Einnahm und Ausgab der aufgenommenen Capitalien	1	45		
	Demselben vor die Erhebung der page 3 stehenden Geldern	1	20		
	Summa:			3	5
	Wiederholung aller Ausgaben:				
I.	*An Offiziers Verköstigungen*	1348	15 ½		
II.	*Für Früchte und Fourage*	2484	19		
III.	*An repartierten Geldern*	662	43 ½		
IV.	*An Erpressungen und Requisitionen*	120	33		
V.	*Für das genommene Vieh*	22	--		
VI.	*An Amts- und Schreibgebühren*	1	5		
VII.	*An Fuhr und Botenlohn*	77	38 ½		
VIII.	*An Interessen von den zu Kriegskosten aufgen. Capitalien*	--	--		
IX.	*An zurückbezahlten Capitalien*	70	31		
X.	*Für Aufstell- und Abhörung dieser Rechnung*	5	12		
XI.	*Insgemein*	3	3		
	Summa Summarum:			***4795***	***22 ½***

C. Abschluß:

	Abschluß:	**fl.**	**kr.**	**fl**	**kr.**
A.	*War die ganze Einnahm:*	*4742*	*40*		
B.	*Ist die Ausgab:*	*4795*	*22 ½*		
	Verglichen ist überbezahlt:			***52***	***42 ½***

Abgehört, nachdem die Ortsvorstände versichert, daß diese Rechnung bei versammelter Gemeinde vorgelesen und nichts dabei zu erinnern gefunden worden seie.

Alsfeld, am 29. Juli 1805. *gez.: Müller*
Klingelhoefer

Die aufgeführte Kriegskostenrechnung ist zwar einigermaßen ausgeglichen, aber aus nachfolgenden Rechnungen und Aufstellungen geht hervor, daß die Gemeinde bei einigen bessergestellten Ortsbürgern hoch in der Kapitelschuld stand. Wie aus vorstehender Rubrik IX ersichtlich ist, mußten zur Aufbringung der hohen Ausgaben für die Einquartierungen Kapitalien aufgenommen werden, die erst im Laufe der folgenden Jahre zurückgezahlt werden konnten.

Die Napoleonische Kaiserzeit (1804–1815)

Fast ohne Übergang erwuchsen von französischer Seite nach den Französischen Revolutionskriegen neue Kriegsrufe. Nachdem Napoleon den Rheinbund gegründet und Preußen bei Jena und Auerstedt geschlagen hatte, wurden die deutschen Staaten finanziell ausgelaugt und zu Kriegsdiensten gepreßt. Da die französischen Heere sich auf ihren vielen Durchmärschen von dem ernährten, was sie vorfanden, und die Städte und Orte für Verpflegung und Unterkunft sorgen mußten, waren die Kommunen laufend gezwungen Geldmittel, Quartiere und Fourage zu besorgen. Das Kapital liehen sie sich oft bei wohlhabenden Bürgern oder sie erhoben Steuern. Später wurde das geliehene Geld überwiegend wieder zurückgezahlt, wie die Empfangslisten ausweisen.

1805 – 1807
Die Kriegskosten des Gerichts Schwarz betrugen in diesen Jahren 1017 fl. 28 kr.[75]

1809 – 1812
Die Opfer der Napoleonischen Feldzüge aus Schwarz: Conrad Bekker (Leib. Füsil. Batl., † in Rußland), Johannes Riegelmann (Gardist, † zu Ebersdorf an Blessur), Georg Ruppel (Leib Rgt., † in Rußland), Andreas Stürtz (Leib Füsil. Batl., † in Rußland).[76]

01.05.1812 – 31.10.1813
Für die Vorbereitungen und während des russischen Feldzuges mußten für die Franzosen Fuhren geleistet werden. Die sogenannten Etappengelder wurden später an die Fuhrleute zurückgezahlt. Für Schwarz fielen 520 fl. 57 ½ kr. an.[77]

01.11.1813 – 30.04.1815
Seit 1806 war das Großherzogtum Hessen mit dem napoleonischen Frankreich im Rheinbund verbündet und kämpfte auf verschiedenen Kriegsschauplätzen in Europa. Nach der Niederlage Napoleons in Rußland und der Völkerschlacht bei Leipzig, vom 16.–19. Oktober 1813, wurde das französische Heer von Osten nach Westen zurückgedrängt. Das mit Frankreich operierende Großherzogtum hatte sich nach langem Ringen den verbündeten Preußen, Österreichern und Russen angeschlossen.

Auch hier wurden von den Gemeinden Kriegsfuhren geleistet. Die Schwärzer Fuhrleute mußten laut Kriegsfuhrenverzeichnis bis nach Eisenach, Schlitz, Treysa, Hersfeld, Wieseck, Grünberg, Rupperten-

[75] MGAA, Reihe 4, S. 92.
[76] MGAA, Reihe 9, S. 57; StAD, Abt. E 8
[77] Gemeindearchiv Schwarz, Etappengelder; MGAA, Reihe 4

Nov.	Fuhrmann:	daher/dahin von Schwarz:	Anzahl Pferde:	Anz. Tage hin/her:	Fuhrlohn à 3 kr. fl.	kr.
2.	Becker, Johannes	Wieseck	1	3	9	--
	Köhler, Jacob		1	3	9	--
	Seipel, Konrad		1	3	9	--
4.	Becker, Johannes im Loch	Eisenach/Fulda	1	12	36	--
	Köhler, Jacob		1	12	36	--
	Noll, Johannes (Finkenmüller)		1	12	36	--
5.	Grünewald, Peter	Traisa	1	2	6	--
	Köhler, Konrad		1	2	6	--
	Einwächter, Henrich		1	2	6	--
	Lippert, Peter		1	2	6	--
	Urstadt, Henrich		1	2	6	--
	Noll, Johannes		1	2	6	--
	Becker, Jacob		1	2	6	--
6.	Spies, Johannes	Alsfeld und	1	2	6	--
	Becker, Johannes (Kirchensenior)	Angersbach	1	2	6	--
	Noll, Johannes (Wirth)		1	2	6	--
	Bauer, Jost		1	2	6	--
	Greb, Heinrich		1	2	6	--
	Noll, Ludwig sen.		1	2	6	--
	Gerbig, Heinrich (Kirchensenior)		1	2	6	--
	Sauer, Konrad und	Alsfeld und				
	Schwing, Balser	Brauerschwend	2	1	6	--
	Noll, Johannes und					
	Rausch, Johannes	Brauerschwend	1	½	1	30
	Keutz/Beyenbach und					
	Noll, Heinrich (Schneider)	Eifa	3	½	4	30
	Noll, Johannes und					
	Reitmann, Johannes		2	½	3	--
	Grünewald, Peter		1	½	1	30
	Bauer, Jost		1	½	1	30
	Eifert, Peter		1	½	1	30
11.	Becker Johannes und					
	Spies, Johannes	Brauerschwend	2	½	3	--
	Köhler, Johannes	Schlitz	1	1	3	--
	Spies, Johannes	Willofs	1	½	1	30
16.	Heddrich, Georg und					
	Daum, Eckhart	Ruppertenrod	2	2	12	--
	Becker, Johannes und					
	Köhler, Andreas		2	2	12	--
	Dörr, Henrich und					
	Urstadt, Henrich		2	2	12	--
	Reitmann, Johannes und					
	Gerbig, Henrich (Kirchensenior)		2	2	12	--
	Schmiermund, Johannes und					
	Becker, Johannes im Hof		2	2	12	--
	Lang, Georg und					
	Köhler (Wirth)		2	2	12	--
	Becker, Johannes im Hof	Eifa	1	½	1	30
	Gerbig, Henrich	Ruppertenrod	1	2	6	--
	Becker, Johannes im Loch	Alsfeld	1	½	1	30
17.	Spies, Johannes	Eifa	2	½	3	--
	Köhler, Johannes und					
	Greb, Henrich	Grebenau	3	½	4	30
	Heddrich, Georg		1	½	1	30
18.	Köhler, Jacob	Grebenau	2	½	3	--
	Gerbig, Henrich (Kirchensenior)	Eulersdorf	1	½	1	30
	Noll, Johannes		1	½	1	30
19.	Spies, Johannes	Liederbach	2	1	6	--
	Köhler, Johannes		1	1	3	--
	Noll, Johannes (Finkenmüller)	Hersfeld	1	2	6	--
	Köhler, Jacob		1	2	6	--
	Geisel, Johannes	Reimeroth	1	½	1	30
	Dörr, Jacob		1	½	1	30
	Köhler, Andreas		1	½	1	30
22.	Becker, Johannes im Loch	Brauerschwend	2	1	6	--
	Spies, Johannes	Lehrbach	1	2	6	--
	Seipel, Conrad		1	2	6	--
26.	Noll, Johannes	Alsfeld	1	½	1	30
	Kirchner, Conrad		1	½	1	30
	Urstadt, Henrich		1	½	1	30
	Becker, Johannes sen.		1	½	1	30
	Noll, Henrich		1	½	1	30
	Ruppel, Johannes		1	½	1	30
	Noll, Johannes (Wirth)	Grünberg	2	2	12	--
	Habermehl, Henrich		2	2	12	--
	Geisel, Johannes		2	2	12	--
27.	Noll, Johannes (Müller)	Altenburg	1	½	1	30
30.	Noll, Johannes (Müller)	Grünberg	1	2	6	--
	Köhler, Jacob	Gießen	2	3	18	--
	Spies, Johannes	Rechtebach	1	3	9	--

rod und anderen Orten fahren. Insgesamt wurden von November 1813 bis Ende April 1815 mit 373 Pferden Fuhrdienste geleistet. Meist schlossen sich mehrere Fuhrleute zusammen. In der nebenstehenden Tabelle ist beispielhaft der November des Jahres 1813 aufgeführt.

Tabelle 11 (linke Seite): Kriegsfuhren Schwärzer Bürger im November 1813.

In den folgenden Monaten bis April 1815 wurden weitere Fuhrleute mit Pferden eingesetzt: Andreas Becker, Johannes Urstadt, Henrich Becker, Peter Habermehl, Conrad Becker, Johannes Wegfahrt, Henrich Dörr (Wirt), Georg Wegfahrt, Johannes Dörr und Johannes Heß. Folgende Orte wurden dabei angefahren: Ober Sorg, Engelrod, Hopfgarten, Nieder Aula, Siegen, Maar, Wahlen, Ettingen und Steinbach. Insgesamt wurden von November 1813 bis April 1815 mit 373 Pferden Fuhrdienste geleistet. Das ergab für die Gemeinde Kosten von 1998 fl. (Gulden; 666 Pferde/Tage × 3 fl.). Die Richtigkeit der verzeichneten Fuhren attestierte der Ortsvorstand auf seine Amts- und Unterhaltungspflichten. Die Abschlußrechnung vom 26. April 1820 unterzeichneten: Peter Habermehl (Schultheiß), Johannes Heß (Vorsteher), Johannes Geisel (Vorsteher) und Jacob Köhler (Vorsteher).

Die Kosten hatten, wie bereits gesagt, die Gemeinden zu tragen, wobei finanzstarke Gemeinden anscheinend die schwächeren unterstützen mußten. Im Archiv von Grebenau liegt eine Verfügung[78] folgenden Inhalts: *‚Nach der Kriegsfuhrenvergleichung vom 1. Nov. 1813 bis Ende April 1815 hat die Gemeinde Schwarz zu zahlen an die Gemeinde Schwabenrod 785 fl. 53 ¼ kr. Alsfeld, den 12. Dezember 1822.‘*

Juli, August, November 1816

Nach dem großen Krieg gegen Napoleon und nach dem Wiener Kongreß im Jahre 1815, der versuchte, die Verhältnisse in Europa neu zu ordnen, fanden noch viele Truppenbewegungen statt. Die Unterbringung der Armeen erfolgte meist in den Orten, die sie bei ihren Durchmärschen berührten. Auch in Schwarz fanden in diesen Monaten viele Einquartierungen von Truppen statt, wie uns die Listen aus dieser Zeit zeigen.

Eine dieser Listen, hier vom Juli 1816, ist auf der folgenden Seite zu sehen (in Klammern die Zahl der Einquartierungen). Wenn man die Einquartierungsliste mit der Steuerliste vergleicht, kann man feststellen, daß nur die begüterten Familien Einquartierungen zu verzeichnen hatten. Man sieht an der Aufstellung auch, daß es 108 Haushaltungen in Schwarz gab:[79]

[78] Gemeindearchiv Schwarz, Kriegsfuhrenverzeichnis; MGAA, Reihe 4

[79] Gemeindearchiv Schwarz, Einquartierungslisten

Henrich Becker (3)
Henrich Becker (2)
Johs. Becker im Hof (2)
Johs. Becker, Kirchensen. (2)
Johs. Becker in der Eck (2)
Johs. Becker, Schäfer (1)
Jacob Becker (1)
Balthasar Becker (--)
Jost Bauer (2)
Johs. Beyenbach (1)
Henrich Beyenbach (1)
Henrich Dörr (2)
Jacob Dörr (2)
Henrich Dörr (2)
Johannes Dörr (--)
Peter Eifert (2)
Henrich Einwächter (1)
Johannes Eifert (1)
Johannes Eifländer (1)
Johannes Eifländer (--)
Georg Eckhard (--)
Johannes Fabel (2)
Conrad Fink (1)
Conrad Fischer (1)
Johannes Geisel (2)
Henrich Gerbig, Kirchensen. (1)
Peter Grünewald (1)
Henrich Greb (1)
Johannes Greb (1)
Jost Gerbig (1)
Georg Gerbig (1)
Henrich Gerbig (--)
Andreas Gerbig (--)
Henrich Gerbig (--)
Georg Heddrich (2)
Gfl. Schultheiß Habermehl (2)
Jacob Hamel (2)
Johannes Heß (1)
Georg Hainbächer (1)
Henrich Habermehl (1)
Eckhard Habermehl (--)
Johannes Heßen Frau (--)
Henrich Jäckel (--)
Johannes Köhler (2)
Jacob Köhler (2)
Henrich Kirchner (1)
Henrich Köhler (1)
Gfl. Oberförster Kobelt (--)
Henrich Köhler, Nolle Eidam (1)
Henrich von Kaitz (1)
Johannes Köhler (-)
Henrich Köhler (--)
Henrich Kirchner (--)
Johannes Kern (--)
Conrad Köhler (1)
Caspar Kaufmann (--)
Peter Lippert (1)
Georg Lang (1)
Gg. Henrich Lerch (1)
Johannes Lißberg (1)
Johannes Lang (--)
Herr Pfarrer Mönnig (--)
Johs. Noll in der Eck (2)
Henrich Noll, Müller (2)
Johs. Noll, Wirth (1)
Henrich Noll, Schneider (1)
Henrich Noll, Schneider (1)
Johs. Noll, Scharm. Eidam (--)
Georg Noll (--)
Henrich Noll älter (--)
Henrich Noll, Schäfer (--)
Henrich Noll jüngster (--)
Conrad Neeb (--)
Johannes Ruppel (2)
Johannes Rausch (1)
Henrich Ruppel (--)
Eckard Ruppel junger (--)
Johannes Riegelmann (--)
Christoph Ruppels Witwe (--)
Anna Kath. Rühl (--)
Adam Riegelmann (--)
Conrad Seipel (2)
Johannes Spies (1)
Gg. Friedr. Schnicker (1)
Henrich Schmiermund (1)
Johannes Schneider (1)
Balthasar Schreiner (1)
Henrich Schnell (1)
Ghzl. Schulmeister Suppes (--)
Ludwig Schnicker (--)
Johannes Schnicker (--)
Carl Schnicker (--)
Gemeinde Schwarz (--)
Johannes Schwing (--)
Georg Schnell (--)
Johannes Schmidt (--)
Unterförster Schnickers Witwe (--)
Henrich Urstadt (--)
Henrich Vietor (2)
Johannes Vietor, ledig (--)
Henrich Wegfahrt (2)
Georg Wegfahrt (1)

Einquartierungen in Schwarz im Monat Juli 1816 insgesamt 93.

Ausmärker: Herr Hartmann Kick, Alsfeld; Die Herren v. Riedesel, Lauterbach.

Badischer Feldzug (1849)

Der Badische Feldzug sollte die in der nachnapoleonischen Zeit aufgekommenen und in 1848 verstärkten freiheitlichen Bestrebungen im Großherzogtum Baden beenden. Preußen und andere deutsche Landesfürsten unterstützten den Großherzog von Baden bei der Niederwerfung des Aufstandes. Unter den großherzoglich-darmstädtischen Truppen waren auch Teilnehmer aus Schwarz:

Johann Conrad Dahmer (Schütze)	Johann Adam Eifländer (Schütze)
Johann Caspar Eifländer (Gardist)	Heinrich Fink (Musketier)
Georg Gerbig (Soldat)	Johannes König (Musketier)
Heinrich Lippert (Musketier)	Erhard Noll (Hornist)
Heinrich Peter (Gardist)	Johannes Conrad Ploch (Garde Chev.)
Ramigius Rössing (Fourier)	Johann Heinrich Spieß (Musketier)
Johann Nicolaus Weitzel (Gardist)	

Deutsch-Französischer Krieg (1870–1871)

Die Furcht Frankreichs vor einer deutschen Hegemonie in Europa, und schließlich die diplomatische Niederlage um die Besetzung des spanischen Thrones, die Otto v. Bismarck herbeigeführt hatte (Emser Depeche), waren Auslöser für den Deutsch-Französischen Krieg. Am 19.07.1870 erklärte Frankreich Preußen den Krieg, der faktisch schon am 02.09.1870 durch die Gefangennahme Napoleon III. (bei Sedan) und der Kapitulation der franz. Armee entschieden war. 15 Mann aus Schwarz nahmen teil, H. Becker starb.[80]

Aufgrund der gewonnenen Schlachten und eines neuen Nationalgefühles, das Kaiserreich war ausgerufen worden und Deutschland hatte sich enger zusammengeschlossen, gründeten im Jahre 1887 die Veteranen des 1870/71er Krieges den Kriegerverein. Er bestand bis 1937. Im Jahre 1894 hatte er sogar eine Gesangsabteilung.[81]

Der Weltkrieg (1914–1918)

Kriege haben immer eine Vorgeschichte, oft sind es Machtbestrebungen und der begierliche Blick auf die Bodenschätze und Errungenschaften eines anderen Landes, meist aber ungelöste Probleme aus früheren Verwicklungen, so wie beim Ersten Weltkrieg. Die Einigung der deutschen Staaten nach dem Deutsch-Französischen Krieg (1870/71) schuf in Europa die deutsche Vormacht. In Frankreich hinterließ der Verlust Elsaß-Lothringens (eines altdeutschen Gebietes) Revanchegedanken. Da Deutschland den deutsch-russischen

[80] Kirchenchronik Schwarz
[81] Vereinsunterlagen bei Georg Walter

Rücksicherungsvertrag von 1887 nicht erneuerte, fühlte sich auch Rußland bedroht und verbündete sich 1891 mit Frankreich, während Deutschland mit Österreich und Italien 1882 den *Dreibund* schloß. Durch die Krügerdepesche Kaiser Wilhelms II. (Glückwunschtelegramm an Präs. Paulus Krüger anläßlich dessen Abwehr englischer Angriffe auf Transvaal – Kolonialkriege in Afrika) war zwischen Deutschland und England eine Spannung eingetreten, die sich im Burenkrieg (1899–1902) vertiefte, und den Abschluß der französisch-englischen (1904) und der englisch-russischen Entente (Staatsbündnis) erleichterte. Zu einer Vergiftung der deutsch-britischen Beziehungen trug der Bau einer deutschen Kriegsflotte, sowie die deutsche Dumping-Konkurrenz auf dem Weltmarkt bei. Nach verschiedenen Krisen in Nordafrika und auf dem Balkan spitzten sich die Verhältnisse zu. Deutschland erhöhte seine Heeresfriedensstärke auf 800.000 Mann und Frankreich führte die 3jährige Dienstzeit ein.

Die Ermordung des österreichischen Thronfolgers Franz Ferdinand in Sarajewo (28.06.1914) war nur noch der Anlaß zum Ausbruch eines Krieges in der ohnehin angespannten Lage. Dieser Krieg sollte alles übertreffen, was sich die Menschheit bis dahin vorzustellen vermochte. Österreich stellte, mit deutschem Einverständnis, ein Ultimatum an Serbien und erklärte ihm am 28.07.1914 den Krieg. Rußlands Mobilmachung am 30.07.1914 folgte am 01.08.1914 die Kriegserklärung Deutschlands an Rußland und am 03.08.1914 an Frankreich. Am 04.08.1914 fiel Deutschland in Belgien ein, um über die Nordflanke Frankreich in die Zange zu nehmen. Daraufhin erklärte England den Krieg an Deutschland. Italien, das mit Deutschland und Österreich im Dreibund vereinigt war, erklärte sich zunächst für neutral, trat aber am 23.05.1915 gegen Österreich in den Krieg ein, mit den für Südtirol bekannten Folgen.

Aus der Kirchenchronik

Am 1. August 1914, als schon die Telegramme eilten und die Ultimaten gestellt wurden, glaubte die große Mehrheit an eine friedliche Beilegung der Krise. Man kam zum Pfarrhause und fragte, man saß im Garten und wartete. Jeder wußte, daß dies die Stunde der Entscheidung sei. Der Samstag abend mußte Krieg oder Frieden bringen. Man war sich um den Ernst der Lage bewußt und lebte zwischen Hoffen und Bangen. Um halb sieben schöpfte man im Ort schon wieder Hoffnung. Jedoch, die Mobilmachung hatte man verschlafen, denn der Postagent Krug befand sich gerade im Stall und hatte so das weltbewegende Telefonzeichen, das die Nachricht über den Krieg anzeigen sollte, überhört. Arbeiter, die von Alsfeld und Eifa nach Schwarz zurückkamen, überbrachten schließlich die schlechte Botschaft.

Am folgenden Sonntag morgen war um halb 10 Uhr Gottesdienst. Alle Dienstpflichtigen, alle Frauen und Bräute, alle Vereine, alle Kinder waren da. Es war eine bewegende Stunde in Gesang, Wort, Beten und Seufzen. Die Predigt, die sich nicht hatte vorbereiten lassen, war 1. Petri 5, Verse 6–7 und 10–11 entlehnt. Die Lieder, so wurde berichtet, hätten noch nie so geklungen, wie an diesem Sonntag. Das Abendmahl wurde gefeiert, und zum Ende des Gottesdienstes sammelte der Pfarrer die zukünftigen Soldaten noch einmal um den Altar und befahl sie in Wort und Gebet Gott dem Herrn. Nach der Gottesdienstfeier hielt Herr Leutnant Leipold, zu dieser Zeit als Eisenbahnpraktikant in Schwarz wohnend, eine kurze kernige Rede an den Kriegerverein und forderte ihn zur Treue bis in den Tod auf. Leipold war später einer der ersten, der bei Ypern fiel.

Schon nachmittags ging es ans Abschiednehmen für diejenigen, die am 1. Tag einrücken mußten. Es war herzzerreißend als der letzte Händedruck sich löste. Auf bereitgestellten Pferdewagen ging es fort. Wohin? In den Tod? Man schaute noch zurück, bis der Wald die Fuhre aufnahm. Bereits im Wald wurden die ersten vaterländischen Lieder angestimmt, wohl um das beklemmende Gefühl zu übertünchen. In den ersten Wochen erfolgten noch einige Kriegstrauungen und die ersten Siege wurden gefeiert. Es gab Auszeichnungen für tapfere Soldaten. Doch auch die ersten Verluste stellten sich ein, die die Stimmung drückten und den Ort in tiefe Betrübnis stürzten. Für die Gefallenen wurden in der Kirche Gedächtnisfeiern veranstaltet.

Heinrich Becker (34, † 1914)
Jos. Becker (19, † 1917)
Joh. Hr. Eifert V. (23, † 1915)
Karl Konrad Eifert (21, † 1918)
Jakob Franz (31, † 1914)
Heinrich Gerbig (20, † 1915)
H. Georg Gerbig (19, † 1917)
Heinr. Grünewald (35, † 1918)
Jos. Fr. Habermehl (23, † 1915)
Konrad Jöckel (28, † 1914)
Heinr Kalbfleisch (36, † 1914)
Konrad Koch (33, † 1915)
Jos. Krug (32, † 1916)
Lt. E. Aug. Leipold (27, † 1914)
Heinrich Rockel (19, † 1918)
Aug. Wilh. Schmidt (28, † 1914)
Offz. St. Friedr. Spahn (33, † 1915)
Wilhelm Stieler (23, † 1915)
Heinrich Wagner (19, † 1917)
Karl Wegfahrt (32, † 1915)

Heinrich Becker (21, † 1916)
Heinr. Jos. Blum (36, † 1916)
Joh. Friedr. Eifert (25, † 1915)
Jos. Eifländer (30, † 1917)
Lt. Wilh. Fritsch (24, † 1916)
Heinrich Gerbig (29, † 1916)
Uffz. Hr. Grünewald (24, † 1915)
Uffz. Hr. Habermehl (30, † 1914)
Georg Jöckel (36, † 1918)
Konrad Jöckel V. (19, † 1917)
Karl Kalbfleisch (23, † 1915)
Heinrich Krug (23, † 1914)
Karl Krug (24, † 1918)
Konrad Merz (32, † 1916)
Joh. Gg. Rockel (25, † 1915)
Gg. Hr. Schnell V. (26, † 1914)
Jos. Stieler (31, † 1918)
Georg Urstadt (31, † 1918)
Jos. Wagner V. (24, † 1918)

Ob Siege oder Niederlagen, Kriege bringen immer das gleiche Ergebnis: Tod und Verderben. Oben sind die gefallenen Soldaten aufgeführt, wie sie auf dem Kriegerdenkmal verzeichnet sind (in Klammern: Alter, Todesjahr):

Auf einer unserer Kirchenglocken, der sogenannten ›Kriegergedächtnisglocke‹, die im Jahre 1921 gegossen wurde, ist zu lesen: ›Aus Schwarz nahmen 195 Personen teil. 36 Mann starben für das Vaterland, 18 waren in Gefangenschaft. Niemand hat größere Liebe denn die, daß er sein Leben läßt für seine Freunde.‹[82] Die Kirchenglocke spricht von 36 Personen aus Schwarz, die im Kriege geblieben sind, aber auf dem Denkmal sind 39 aufgeführt. Drei Soldaten waren nicht in Schwarz geboren: Jakob Franz (Briefträger), Lt. E. Aug. Leipolt (Leutnant d. R.; beim Bahnbau als Eisenbahnpraktikant beschäftigt) und Lt. Wilhelm Fritsch (Sohn des ehemaligen Pfarrers Fritsch).

Nach dem Kriege strömten die geschlagenen und ungeschlagenen Heerestruppen in das Herz Deutschlands zurück. Es fanden wieder Einquartierungen statt, diesmal jedoch durch die eigenen Truppen. Das Kriegsmaterial wurde zum Teil im Ort abgestellt oder verscherbelt. Die Gewehre lagen auf der Straße, so daß die Kinder sie aufhoben. Fünf schwere Geschütze blieben, nachdem die Soldaten wieder fort waren, wochenlang in der Gemeinde im Regen stehen. Die Zugpferde wurden einfach an den nächsten Baum gebunden, ihrem Schicksal überlassen oder für wenig Geld verkauft. Konrad Habermehl erstand ein Pferd für fünf Mark. Der Schwarzhandel kam auf.

In den Orten bildeten sich sogar Soldatenräte, die eine Revolution veranstalten wollten. Auch in Schwarz versuchten einige Personen zu revolutionieren. Doch wie so oft konnte man in Schwarz für umwälzende Veränderungen niemanden hinter dem Ofen hervorlocken. Die Revolution verlief schließlich im Sande, da man nicht einmal einen vernünftigen Soldatenrat mit einem Führer wählen konnte. Nur eine Person, deren Name hier anonym bleiben soll, stellte sich für kurze Zeit zur Verfügung.[83] Eine doch ungeschlagene Armee und die von den Siegern aufgezwungenen Reparationen des *Versailler Vertrages*, ließen einen bitteren Beigeschmack zurück. Der Chronist schreibt, daß Frankreich noch nie soviel besessen habe, wie die Deutschen ihnen nach dem verlorenen Kriege bezahlen mußten. Die ›Dolchstoßlegende‹ und die ›Erfüllungspolitik‹ wurden geflügelte Worte in der zukünftigen politischen Landschaft. Trotz Volksabstimmungen mußten altdeutsche Gebiete abgetreten werden. Vor Weihnachten 1919 kamen schließlich die letzten Gefangenen aus England und Ende Februar 1920 jene aus Frankreich zurück. Es wurden Heimkehrfeiern veranstaltet. Aber immer noch wurden zwei Mann aus Schwarz in Sibirien und in Rumänien gefangengehalten, Peter Dörr und Heinrich Falk.

[82] Gemeindearchiv; Glockenguß mittlere Glocke 1921
[83] Kirchenchronik

Aufgrund der Armut kamen Hilfesuchende aus den Städten, auch aus Westfalen, und versuchten Kartoffeln und Getreide zu ergattern. Der Schwarzhandel und auch der Wucher blühte. Die Inflation ließ allerlei Blüten in die Höhe treiben. Als Deutschland im folgenden seinen Zahlungsverpflichtungen nicht mehr nachkommen konnte, besetzte Frankreich im Jahre 1923 völkerrechtswidrig das Ruhrgebiet, und es wurde damit neuer Haß gesät. In dieser schweren Zeit wurde am 17. Juni 1923 das Kriegerdenkmal feierlich eingeweiht.

Die statistischen Erhebungen aus dem Jahr 1922 ergaben an deutschen Verlusten 1.808.555 Tote und 4.246.779 Verwundete. An jedem der 1623 Kriegstage gab es 1114 Tote und 2616 Verwundete. Zum Vergleich: Im Deutsch-Französischen Kieg von 1870/71 waren 41.413 Verluste zu beklagen.

Viel zu früh von uns geschieden,
Und umsonst war unser Flehn,
Ruhe sanft, du lieber Guter,
Bis wir uns einst wiedersehen.

Den Heldentod fürs Vaterland, im Dienste der Nächstenliebe beim Rücktransport und Verpflegung eines verwundeten Kameraden aus dem Schützengraben, starb am 11. Dezember, abends 8 Uhr, in Rußland mein innigstgeliebter Mann, unser lieber, guter Sohn und Bruder

Konrad Jöckel III.

Reservist im Res.-Infant-Regt. Nr. 116, 7. Kompagnie

im Alter von 28 Jahren.

Die tieftrauernden Hinterbliebenen:

223 **Frau Elisabeth Jöckel, geb. Becker,**
Eltern, Geschwister und Pate.

Schwarz, Udenhausen, Wallenrod, Grebenau, New-York.

Die Gedächtnisfeier findet statt Sonntag, den 24. Januar, nachmittags 2 Uhr, in der Kirche zu Schwarz.

Abb. 60: Eine Todesanzeige wie sie oft zu sehen war: Konrad Jöckel, † 11. Dez. 1914.

Der Zweite Weltkrieg (1939–1945)

Die vom Ersten Weltkriege ungelösten Probleme ließen im Laufe der Zeit neue Spannungen in Europa heranreifen. Mit und von den damaligen Machthabern in Deutschland, der Großindustrie und Führern weiterer Ländern wurde die Grundlage für neue Auseinandersetzungen geschaffen. Der von unserem Land schließlich angezettelte Zweite Weltkrieg überbot an Opfern und Grausamkeit die vor zwanzig Jahren vorangegangenen Schlachten und forderte Millionen von Opfern auf allen Seiten. So starben an jedem Kriegstage rund 2.550 deutsche Soldaten auf den verschiedenen Schlachtfeldern. Die Menschenverluste des Zweiten Weltkrieges betrugen weltweit schätzungsweise 55.293.500 Personen.[84]

Gefallene deutsche Soldaten (einschl. Österreich)	3.100.000
Vermißte deutsche Soldaten (einschl. Österreich)	1.000.000
Deutsche Zivilbevölkerung	500.000
Durch Vertreibung und Verschleppung starben	2.251.500
Zivilbevölkerung in Österreich	24.300
Deutsche, durch polit., rassische, relig. Verfolgung	300.000

Aus den Reihen der Schwärzer Bevölkerung fielen 65 Personen im Kriege beziehungsweise wurden vermißt, einschließlich den Vertriebenenfamilien. Die zu beklagenden Opfer sind in nebenstehender Auflistung zu sehen. Auf der Mittelkonsole des neuen Kriegerdenkmales wurden folgende Worte des Gedenkens in den Sandstein eingeschlagen:
›Des Volkes Wohl, das Sterbend wir erstrebt, schafft ihr's, die ihr durch unser Opfer lebt. Zum ehrenden Andenken an unsere Gefallenen und Vermißten 1914/18 – 1939/45. Die Gemeinde Schwarz.‹

Am 3. September fiel mein innigstgeliebter, herzensguter, unvergeßlicher Mann, der treusorgende Vater seines lieben Kindes, unser lieber, braver, ältester Sohn und Bruder, lieber Schwiegersohn, Schwager und Onkel

Georg Habermehl

Obergefreiter in einem Grenadier-Regiment

im Alter von 29 Jahren bei Wojeikowo, nordwestlich Woronesch. Kameraden betteten ihn in Wojeikowo zur letzten Ruhe. Unsere Hoffnung war ein Wiedersehen in der Heimat. 2793

In tiefem, stillem Leid: Frau Marie Habermehl, geb. Rüffer und Kind Gerhard, Eltern, Geschwister, Schwiegereltern und alle Angehörigen.

Schwarz, im Felde, den 23. Dezember 1942.

Abb. 61: Die Todesanzeige für ein Opfer des 2. Weltkrieges: Georg Habermehl, † 3.9.1942

[84] Volksbund Deutsche Kriegsgräberfürsorge

Die gefallenen Schwärzer		
Name:	**Geburtsdatum:**	**gefallen (†), vermißt (?)**
Becker, Hans	21.01.1910	02.02.1945 †
Becker, Heinrich	07.11.1923	10.03.1944 †
Becker, Heinrich	11.12.1924	14.11.1943 †
Büttner, Heinrich	13.05.1919	29.09.1943 †
Dörr, Georg	24.09.1924	Juni 1943 ?
Dörr, Heinrich	30.09.1920	März 1945 †
Dörr, Peter	25.11.1911	17.06.1944 †
Eifert, Georg	09.10.1914	17.06.1943 †
Eifert, Georg	26.10.1925	25.12.1944 †
Eifert, Heinrich	19.01.1922	16.10.1944 †
Eifert, Konrad	30.07.1916	13.03.1945 †
Eifert, Konrad	15.04.1927	Nov. 1944 †
Gerbig, Georg	26.10.1906	April 1945 ?
Gerbig, Heinrich	05.09.1905	12.01.1945 †
Göbelbecker, W.	24.04.1910	März 1945 ?
Grünewald, Karl	10.10.1915	10.01.1942 †
Habermehl, Georg	28.01.1913	03.09.1942 †
Habermehl, Johs. II.	20.04.1904	11.01.1943 †
Habermehl, Karl	05.12.1920	15.09.1942 ?
Habermehl, Wilhelm	14.10.1924	20.10.1942 †
Hess, Georg	26.06.1910	20.08.1941 †
Hesse, Heinz	06.03.1919	07.07.1944 †
Jöckel, Konrad	25.08.1913	26.09.1942 ?
Kalbfleisch, Helmut	12.01.1923	06.07.1944 †
Keutzer, Georg	12.12.1919	12.02.1943 †
Krug, Heinrich	23.04.1919	30.01.1944 †
Krug, Johannes IV.	12.05.1903	11.06.1944 †
Krug, Karl	05.09.1912	15.05.1945 †
Möller, Heinrich	26.01.1921	09.06.1940 †
Möller, Karl	25.02.1908	03.01.1945 †
Möller, Wilhelm	03.07.1911	24.06.1941 †
Peter, Heinrich	23.07.1904	Mai 1945 ?
Peter, Ludwig	15.10.1913	1944 ?
Rockel, Georg	05.08.1912	Febr. 1945 †
Rockel, Konrad	20.01.1915	1944 †
Rockel, Willi	08.07.1927	April 1945 †
Rüffer, Heinrich	21.09.1919	04.07.1944 †
Ruppel, Georg	20.06.1919	März 1945 ?
Schnell, Heinrich	21.11.1906	09.03.1944 †
Schnell, Konrad	22.05.1903	Mai 1945 †
Schnell, Peter	19.09 1922	26.12.1943 †
Schnicker, Georg	15.01 1920	03.07.1941 †
Schreiner, Karl	22.06.1926	22.02.1944 †
Schwalm, Hans	26.07.1922	16.07.1944 ?
Schwing, Wilhelm	23.12.1921	31.01.1943 †
Stieler, Georg	05.06.1920	April 1945 †
Urstadt, Konrad	06.05.1911	01.09 1944 †
Wagner, Heinrich	05.07.1920	23.02.1943 †
Wegfahrt, Heinrich	26.05.1913	11.08 1942 †

Die gefallenen Heimatvertriebenen		
Brix, Otto	06.01.1908	29.10.1943 †
Frenzl, Otto	15.12.1915	06.09.1940 †
Freyer, Karl	11.08.1921	1944 ?
Friedl, Franz	20.10.1921	1945 ?
Hamp, Hubert	05.02.1915	1945 †
Hamp, Johann	24.06.1916	1943 ?
Hujer, Gustav	17.04.1914	12.11.1944 †
Hujer, Kurt	11.05.1922	Aug. 1944 ?
Hujer, Rudolf	06.12.1908	Febr. 1943 ?
Kügler, Eckehard	31.10.1922	Mai 1945 ?
Lehner, Martin	11.07.1905	06.04.1945 †
Prix, Karl	28.02.1910	20.04.1943 †
Weiser, Emil	01.03.1923	17.01.1945 †
Weiser, Erwin	16.09.1924	03.09.1943 †
Weiser, Wilhelm	06.10.1920	21.12.1942 †
Winter, Franz	18.04.1915	20.05.1950 †

Tabelle 12: Die Opfer des Zweiten Weltkrieges aus Schwarz.

Die besondere Tragik von kriegerischen Auseinandersetzungen wird einem bewußt, wenn man die Gefallenen gleichen Namens sieht, die zudem meist aus einer Familie stammen, wie beispielsweise Möller, Weiser, Habermehl. Auch die Familie des Verfassers wurde väterlicherseits außerordentlich hart getroffen, denn innerhalb von zwei Jahren, 1942 und 1943, kehrten drei Söhne (Vater, Pate und Onkel) nicht mehr in die Heimat zurück. Der vierte Bruder blieb bis ins Jahr 1948 in russischer Gefangenschaft. Von mütterlicher Seite blieben ein Ehemann, ein Onkel sowie weitere Angehörige im Kriege.

Kann jemand nachvollziehen, wenn man als Kind sieht, wie Opa und Oma väterlicher- und mütterlicherseits und Mutter und Tanten innerhalb von drei Jahren sieben Mal die Hiobsbotschaft erreicht, daß ihr nächster Angehöriger den ›Heldentod‹ gestorben ist und sich ein Schleier nach dem anderen über die Familie legt? Wenn man als Kind vom Briefträger die traurige Nachricht mittels eines Feldpostbriefes verstohlen in die Hand gedrückt bekommt und man als Übermittler der Unheilsbotschaft erlebt, wie das harte Schicksal einen ausgeglichenen Menschen von einer Minute zur anderen niederwirft?

Das unheimlich traurige Erlebnis vom Tode des eigenen Vaters werde ich nie vergessen. An jenem Tage, dem 3. September 1942, beabsichtigten die Mutter und ich mit dem ersten Zug frühmorgens nach Alsfeld zu fahren. Gegen halb 6 Uhr zogen wir uns die Kleider an und machten uns reisefertig, als plötzlich ein harter, lauter Schlag hinter dem Schrank uns zusammenschrecken ließ. Nur mühsam haben wir uns erholt und haben beklommen die Reise angetreten. Wochen später, im Oktober, kam der Brief mit Trauerrand von der Ostfront, und dem Inhalt, daß der Obergefreite Georg Habermehl an jenem Tage gegen 7.30 Uhr Ortszeit auf Wache von einer verirrten Kugel mitten ins Herz getroffen wurde. Legt man die osteuropäische und die mitteleuropäische Zeit und die Zeitdifferenz zugrunde, stellt man fest, daß der Schlag hinter dem Möbelstück uns die Todesstunde mitteilte. Noch Wochen und Monate habe ich den Vater als fluoreszierende Gestalt am Schlafzimmerfenster stehen sehen, wenn ich nachts aufwachte, als ob es ihm schwerfiel, von uns zu scheiden.

Die kriegerischen Ereignisse, die Schwarz im Frühjahr 1945 direkt berührten, sind in der Chronik abgehandelt.

Abb. 62: Denkmal der im 1. Weltkrieg gefallenen Bürger. Der Findling aus der Wüstung Oberschwarz.

Abb. 63: Kirchenvorplatz mit den Kriegerdenkmälern. Links 1939–1945, rechts 1914–1918.

Handel, Verkehr und Gewerbe

Über Handel, Verkehr und Gewerbe liest man erstmals etwas im Salbuch von 1573, wo die Weinfuhrpflicht des Frankenweines angezeigt ist und die Besteuerung des Salzes aufgeführt wird. Weiterhin hört man, daß von jedem Stück Vieh, das durch Schwarz getrieben wurde, eine Abgabe bezahlt werden mußte. Ein Schmied, vier Müller und natürlich die Bauern werden dort genannt.

Einfluß der Zünfte

Weitere Hinweise über das Handwerkswesen geben die Zunftbriefe. Seit dem Mittelalter war das Herstellen und der Vertrieb einzelner Handelsgüter und deren Rohprodukte durch die Zünfte stark reglementiert. Es durften nur Meister und Zunftmitglieder in die Stadt liefern oder Handel treiben, die einer Zunft angehörten, es sei denn, es hätte ein Mangel an Produkten gegeben oder eine Berufsgruppe wäre nicht vertreten gewesen. In kleinen Orten wie Schwarz gab es keine eigenen Zunftgemeinschaften. Die Handwerker des Gerichts Schwarz mußten sich überwiegend den Berufsverbänden in unserem Amtsort Alsfeld anschließen, soweit Zunftzwang herrschte. In einem Schreiben einer Alsfelder Zunft wird der Landgraf gebeten, bei der Ausstellung eines neuen Zunftbriefes auch das Gericht Schwarz mit einzuverleiben.

In dem Zunftbrief für das Leinenhandwerk, vom 14. März 1605, bestätigte Landgraf Ludwig zu Hessen(–Darmstadt) den Meistern in den Ämtern Alsfeld und Romrod sowie im Gericht Schwarz die Ordnung und Zunft, die ihnen von Landgraf Philipp (d. Großmütigen) und Ludwig dem Älteren (zu Hessen–Marburg) vor Zeiten erneuert worden war:
‚Wer in die Zunft und Bruderschaft kommen will, soll ingeseßener Bürger daselbst sein, und das Handwerk nach Erkenntnis der Meister recht und redlich gelernt haben. [...] Es soll kein Leinweber im Gericht Schwarz gelitten werden, Frauentuch zu machen, er mache denn die alte Alsfeldisch rechte Breite.‘

Bei den Unterlagen über die Zünfte wurde das Gericht Schwarz fast immer mit den Ämtern Alsfeld und Romrod angeführt. Im Jahre 1623 gestattete der hessische Landesfürst, daß die Lauterbacher

Leinweber in den Ämtern Grebenau und Alsfeld (mit Schwarz) Garn einkaufen dürften. Daraufhin beschwerten sich die Leinweberzünfte der vorgenannten Ämter. Sie führten an, daß durch diese Käufe die eigenen Leineweber nun wegen des Mangels an Material keine Einkünfte mehr hätten und ihre Familien deshalb Not leiden müßten:

‚Nun aber sind wier in erfahrung gebracht, wie das E. F. Gn. off onderthenigstes ahnsuchen ondt bitten, der Zunft- ondt Kertzenmeistern des Leinweber Handwerks zue Lautterbach jüngst den 6ten Monats Octobris in gnaden bewilliget ond verstattet, das sie ondt Ihrer Zunfft ahngehöriger im Amt Alsfeld und Grebenau das Leingarn einkauffen ondt zue ihrer Gelegenheitt verbrauchen mögen [...] ons ondt onsern armen Kindern aber oben ahngemeldte große begnadigung, den Leinwebern zu Lautterbach beschehen, zum eußersten Verderben ondt ondergang gereichen thete, wan sie derogestalt ons das tägliche Brodt vor dem Maul abschneiden ondt hinwegnehmen sollten. In ansehentlicher conditeration, das wedder wier die Leinweber auch würden zuekaufffen bekommen, welches aber bey Menschen gedenken nicht also geschehen noch gehört worden ...'

Das deutet darauf hin, daß der größte Teil oder alle Garne im Dorfbereich produziert und nichts dazugekauft wurde. Das heißt auch, der Lein wurde hier großgezogen und verarbeitet. Anläßlich eines Aufenthaltes des neuen Landgrafen Georg in Romrod am 5. März 1629, wurde die alte Zunftordnung wieder eingeführt, die verbot, daß fremde Händler im Amt Alsfeld Garn einkaufen durften.[85]

Die Leinweberei

Die Leinweberei war ein Haupteinkommen der kleinen Leute. Die meisten betrieben dabei eine kleine Landwirtschaft. Aber auch mittelgroße und große Landwirte besaßen Webstühle. Gerade das Vogelsberggebiet war auf diesen Erwerbszweig ausgerichtet. Der Flachsanbau diente ja zur Garnherstellung und zur Ölgewinnung. Eine Tabelle zeigt die Anbauflächen (ha) der drei hessischen Provinzen:[86]

Flachsanbau der hessischen Provinzen in ha.			
Jahr	Starkenburg	Oberhessen	Rheinhessen
1810	379,5	3524,5	314,8
1883	66,6	1397,7	2,0
1900	7,8	194,7	0,0
1913	----	18,4	----
1924	38,6	218,0	2,3

Tabelle 13: Der Flachsanbau in Hessen im 19. und Anfang des 20. Jahrhunderts.

[85] StAD Abt. E 10, Konv. 126-129
[86] Rothamel, Diss. 1927

Die folgende Auflistung zeigt den Flachsanbau (ha) in einigen Kreisen im Jahre 1878:[87]

Alsfeld	Büdingen	Dieburg	Gießen	Lauterbach	Schotten
468,12	*118,42*	*13,02*	*137,14*	*594,88*	*197,56*

Übersicht der Flachsanbauflächen (ha) für die Provinz Oberhessen nach Jahren:[88]

1849	1854	1856	1860	1864	1869	1874	1878	1913
3788,3	*3534,0*	*3373,0*	*3537,0*	*3858,0*	*2928,0*	*2546,7*	*1567,0*	*18,4*

Die Tabellen zeigen in der gesamten 1. Hälfte des 19. Jahrhunderts einen kontinuierlichen Flachsanbau. Der Rückgang erfolgte ungefähr ab 1874. Schon 30 Jahre vorher, seit den 40er Jahren, reichte der hiesige Flachsanbau für die Garngewinnung nicht mehr aus, es mußte Garn hinzugekauft werden. Dieser Umstand ist darauf zurückzuführen, daß die englischen Maschinengarne, die wesentlich billiger waren, nach und nach auf den Markt kamen und die erarbeiteten Produkte im Preis rapide absanken. Um den kleinen Lebensstandard zu halten, mußte mehr produziert werden. Irgendwann rechnete sich der Anbau des Rohproduktes nicht mehr und auch die gewerbliche Hausweberei wurde unrentabel. Einige Hausweber fanden ihre Arbeit in den neuen Großwebereien und Fabriken in Lauterbach, Schlitz und Alsfeld. Viele verarmten, weil sie nicht flexibel genug waren, um Arbeit in den Nachbarorten anzunehmen. Die Not ließ dadurch viele zu Auswanderern werden.

Ein Anstieg des Flachsanbaus fand, nach jeweils vorherigem Niedergang, zwischen 1856 und 1864 und von 1919 bis 1924 statt. Während des erstgenannten Zeitraumes erfolgte die Ablösung der herrschaftlichen Grundrenten. Die neuen Haus- und Grundbesitzer mußten für die Umwandlung der ehemaligen herrschaftlichen Lehen in ihr Eigentum das Geld für ihre Anwesen aufbringen. Das zweitgenannte Aufleben hing mit dem allgemeinen Rohstoffmangel nach dem Ersten Weltkriege zusammen.

Solange die Zünfte noch bestanden, wurde der Handel mit den Produkten von dieser Seite geregelt. Danach traten die Verleger auf den Plan. Sie kauften die fertiggestellten leinenen Webwaren von den Hauswebern oder nahmen sie in Kommission und setzten sie auf den umliegenden und entfernten Märkten ab. Diese Zwischenhändler nannten sich üblicherweise Kaufmann und Fabrikant. In Schwarz war besonders Georg Heinrich Fuhr am Rainröder Weg bekannt. Er war Wirt, Kaufmann und Tuchfabrikant. Sein Sohn Kaspar Konrad Heinrich Fuhr (1862–1931) hatte Berta Kaspar zur

[87] ROTHAMEL, a. a. O.
[88] ROTHAMEL, a. a. O.

Ehefrau, er war der Besitzer der Fuhrschen Fabrik bei Altenburg, einer Sack- und Juteweberei.

Im Gemeindearchiv liegt ein besonderes Handbuch über die Garneinkäufe der Gemeinde Schwarz von 1838 bis 1852. Es zeigt, daß um diese Zeit ein großer Teil Garn, wie oben erwähnt, eingekauft wurde. Die Handelsbeziehungen gingen überwiegend in das Kurhessische bis nach Fritzlar, Gudensberg, Frielendorf, Hersfeld, Wolfhagen, Hülsa, Oberaula und Suhl in Thüringen. Der Garnkauf und die Verteilung erfolgte anfangs über die Zünfte, solange sie noch bestanden, später über die Gemeinden. Es sollen zwei Vertragsabschlüsse und die finanzielle Abwicklung zwischen Händler und der Bürgermeisterei Schwarz aufgezeigt werden:

Beispiel 1:

1839		**Herrn Johannes Hosfeld in Hilsa**	**Soll**	
Monat	Tag	Lieferung:	Thaler	Gro.
Jan.	25/28	Garn erhalten in Oberaula: 299 Gebund à 10 St. im Gebund und 10 St. zu 1 Thaler	299	--
		selbst gebracht: 40 Gebund à jede Gebund 1 Thaler	40	--
		zusammen:	**339**	**--**

1839		**derselbe**	**Haben**	
Monat	Tag	Zahlung:	Thaler	Gro.
Jan.	28.	Überzahlung der Jüngsten Zahlung	3	11
Febr.	4.	Wechsel von Herrn J. W. Struth jun. in Lauterbach nach Cöln zahlb. Ende Merz	72	--
	15.	Zahlung durch meinen Sohn	15	
	20.	Baaro:		
		36 St. Friedrichs d'or à 5 Th. 17 gr.	205	12
		3 x Friedrichs d'or (2) St. à 5 Th. 12 gr.	16	12
		1 Dukat	3	4
		Münz	23	9
		zusammen:	**339**	**--**

Beispiel 2:

Rechnung für von Bürgermeister Noll erworbenes Wirke Garn:

Datum:	**Rechnung:**	**Thaler**	**Gro.**
1856	243 Gebund, 10 Stück im Gebund, 9 St. 1 Reichsthaler beträgt	270	--
	Summe:	**270**	**--**

Datum:	**Zahlung:**	**Thaler**	**Gro.**
1856	Hierauf erhalten:		
	10 St. Louidor zu 6 St. Preußische	34	
	10 St. Louidor zu 4 St. Ortinähre	22	
	Preußische Cassenscheine	16	
	126 fl. Darmstädtische, 7 fl. zu 4 Thaler thut	72	
	1 Wechsel auf Ende Juni 93 fl. 46 kr. in Papier: 32 fl. eine Rolle: 30 fl.	89	
	4 Louidor à 5 f. 15 Sg.	22	
	1 Louidor à 5 f. 20 Sg.	5	20
	baar	1	10
	Summe:	**262**	**--**

Bleibt Rest nach obiger Rechnung 8 Thaler.

Aufgestellt, Schwarzenborn am 6ten Mai 1856

Jonas Kaufmann
H. Noll, Bürgermeister

mit Dorfnamen ›Eckerkrugk‹. Jedoch schon 1912 übernahm Jakob Habermehl die Lagerhaltung mit Einkauf und Vertrieb. Geführt wurde der Bürgerverein nach Vereinsstatuten, mit Vorsitzendem, Schriftführer und Rechner. Die Lieferanten waren die Großhändler Schimmelpfeng aus Hersfeld, Kimm aus Alsfeld und die Spirituosen kamen meist aus Lauterbach. Die Salzheringe wurden aus einem Faß im Keller verkauft, alle Schüttwaren waren auch lose in Schubkästen gelagert und wurden in Tüten über die Ladentheke gegeben. Für das Salatöl mußte man eine Flasche von zu Hause mitbringen. Der Begriff ›Verpackungsmüll‹ war damals noch ein unbekanntes Wort.

Oft kamen die männlichen Mitglieder nach der Arbeit ins Geschäft und tranken einen Schnaps aus einem ›Kännchen-Glas‹ oder ›ein Halbes‹. Manchmal nahm man einen ›halben Schoppen‹ mit zur Arbeit in den Wald. Beim Bürgerverein wurde auch das Backspiel für das Kuttebackhaus gespielt, und so war immer etwas los. Es war durchaus üblich, daß die Käufer ihren Einkauf in ein dickes Warenbuch eintragen ließen und erst nach gewissen Zeiten, oft um Weihnachten, ihre Schulden komplett beglichen. Die Bücher befinden sich auch heute noch im Besitz des Verfassers. Das Nachfolgegeschäft, die Gemischtwarenhandlung Habermehl, wurde im Jahr 1988 aufgegeben.

Kaufläden und Geschäfte

Außer dem Bürgerverein entstand in den 30er Jahren das Lebensmittelgeschäft Peter Becker, bekannt als ›Witt‹ und nach dem letzten Kriege der Döring-Markt. Der Metzger Johann Georg Becker, eröffnete mit seinem 1909 gebauten Schlachthaus einen neuen Schlachtbetrieb, der von seinem Sohn Heinrich Becker an einem anderen Standort weitergeführt wurde. Letzterer hatte das Recht, in dem alten Schlachthaus bis zu seinem Tode zu schlachten. Die Nachfolger erweiterten ihr Fleischergeschäft in den 60er Jahren um einen weiteren Lebensmittelmarkt.

Heinrich Döring betrieb schon vor dem Kriege ein Manufakturwarengeschäft, welches heute noch besteht. Das Kleiderwarengeschäft des ehemaligen Wehrmachtsspießes Rudolf Körner entstand nach dem letzten Kriege und existierte einige Jahre, bis der Besitzer nach Hersfeld zog.

Gastwirtschaften

Wenn man die Gemeindeakten verfolgt, trifft man auf verschiedene Personen, die als Wirt bezeichnet werden. Es gab also einige

Hofstellen, in denen sich eine Gastwirtschaft befand. Wie ihre Stellung zur Obrigkeit und zur Gemeinde war, ist nicht näher bekannt. Jedoch deutet der unten angeführte Terminus ›Schildwirt‹ auf eine Konzession von höherer Stelle hin. Folgende Personen tauchen in alten Akten als Wirte auf:
Heinrich Köhler (heute Mo:gkes, Wirt 1811); Johann Heinrich Dörr (heute Hirsch, Schildwirt, 1817); am 20. Februar 1716 wird der Würth Johannes Heffermehl begraben und am 14. Oktober tritt Jost Falck, der neue Wirt, bei Johannes Heupels Sohn als Pate auf; Johann Henrich Habermehl der Wirth erscheint im Salbuch 1722; Johannes Noll IV. in der Eck (heute Krugks, Wirt 1824); Johannes Noll V. (heute Meiams, Hühnerecke, 1845, dann Heinrich Gerbig VIII.); Georg Heinrich Fuhr (Wirt, 1862, Kaufmann und Tuchfabrikant); Johannes Fink IV. (heute Stöpplers, Wirt 1862); Johann Georg Becker (heute Vereins, 1912). Die vier Wirte Dörr, Noll IV., Noll V. und Fink waren anscheinend alle untereinander verwandt und verschwägert und zwar über eine gemeinsame Ahne aus der Dörr-Linie. Heute bestehen noch die folgenden Gastwirtschaften.

Hirsch

Schon 1796 gab es eine Gastwirtschaft mit dem Namen Hirsch. Am 31. März dieses Jahres wurde dem Daniel Doell und seiner Frau Anna Katharina Leinbergerin ein Sohn geboren. Dazu wurde im Kirchenbuch erwähnt, daß es sich um arme Leute aus dem Niederhessischen handelte, die bei ›Hirsches‹ wohnten. Als Paten stellten sich *‚sieben ledige Purschen'* zur Verfügung.

Der Grundstein zu dem jetzigen Gebäude wurde von Andreas Dörr († 1761) gelegt. Darauf weist der behauene Stein am Aufgang der Außentreppe hin (siehe hierzu auch Kapitel Hofbesitzer). Der Enkel Johann Heinrich Dörr wurde 1817 als ›Schildwirt‹ bezeichnet, das heißt, er führte eine konzessionierte Gast- und Schankwirtschaft, die er mit einem Wirtshausschild dokumentierte. Später sieht man auf diesem Anwesen Johannes Noll IV., Gastwirt in der Eck, mit seiner Ehefrau Anna Maria Dörr. Der Name ›Hirsch‹ erscheint in einer Zeitungsannonce von 1892. Die damaligen Besitzer Konrad Krug (›Hirschkonn‹) aus der Udenhausener Mühle und Ehefrau Emma Fuhr sorgten für eine reiche Nachkommenschaft. Der Betrieb besaß schon einen Tanzsaal. Unglückliche Umstände trugen zur Schließung dieser Wirtschaft im Jahre 1991 bei.

Mo:gkes oder Goldener Stern

Bereits in 1811 wird der Wirt Heinrich Köhler erwähnt. Ihm folgte der Namensgeber Heinrich Moogk aus Eulersdorf. Schwiegersohn Konrad Seibert von Maar besaß kurz den Gastronomiebetrieb, bis Georg Heinrich Jöckel aus Einwechters mit Ehefrau Margarethe

Mogk die Wirtschaft und Landwirtschaft übernahmen. Die nächsten Besitzer waren Mo:gke Fritz und nun seine Nachkommen. Die Gastwirtschaft besitzt heute einen modernen Saal.

Vereins oder Bergschänke

Anscheinend in 1912 wurde die Gastwirtschaft von Johann Georg Becker, genannt ›Vereins Hann-Jerch‹, gegründet. In diesem Jahr wurde eine Bedürfnisanstalt gebaut. Bereits im Jahr 1909 war ein Schlachthaus errichtet worden, aber auch der Bürgerverein war von Vereins an einen anderen Lagerhalter übergegangen. Die Gastwirtschaft wurde in den 70er Jahren neu gebaut und heißt nun ›Bergschänke‹, entsprechend der Lage am Pfaffenberg.

Bäckereibetriebe

Schuckertsbäcker (Schuckertsbecker)

In 1882 wurden Heinrich Becker IX. und Johannes Stöppler in den Gemeindeakten als Bäcker erwähnt. Die Teigherstellung erfolgte in einer Stube des Heinrich Becker. Im gemeindeeigenen Backhaus an der Bach wurde das Brot gebacken, was oft zu Reibereien mit den anderen Backwilligen, aber auch mit den Behörden führte. 1902 backten Becker IX. und Johannes Gerbig I. gemeinsam und im Jahre 1915 teilte Heinrich Becker IX. der Gemeinde mit, daß er das Bäckereigewerbe nur in kleinem Umfange betreibe und *‚für ein bis zwei Gebäck die Woche‘* das Backhaus benutze. Der Backbetrieb ging in 1918 auf den Sohn Georg Becker (›Schuckerts Jorch‹) über und wurde 1928 gänzlich eingestellt.

Klingelhöfer

In 1925 wurde das von Altbürgermeister und Postagent Heinrich Krug im Jahre 1907 am Pfaffenberg gebaute Wohn- und Bürogebäude um einen Anbau mit einer Backstube und einem Backofen erweitert. Der Bäckermeister Johann Friedrich Klingelhöfer aus Alsfeld, Ehemann der Marie Christine Krug, übernahm die Bäckerei. Diese wurde mit wechselndem Geschick noch bis zum Kriegsbeginn geführt.

Ruppelsbäcker

Mit Beginn des Eisenbahnbaues in 1913, vor dem Ersten Weltkriege, eröffnete Heinrich Ruppel einen Bäckereibetrieb mit Backstube und Backofen in der Udenhäuser Straße. Eine Revision am 30. April in 1914 ergab, daß die Bäckerei nicht zu beanstanden war. Johannes Ruppel, Sohn des Begründers, legte Mitte der 30er Jahre die Meisterprüfung ab und führte den Betrieb bis zu Beginn des Zweiten Weltkrieges. In 1948 übernahm Johannes Ruppel die Krugsche Bäckerei am Pfaffenberg in Pacht und erwarb sie später käuflich. Seit Mitte der 80er leitet der Nachfolger und Bäckermeister Hans Ruppel den Bäckereibetrieb.

Die Berufstätigen 1817 und 1915

In der folgenden Tabelle werden die in Schwarz vertretenen Berufsgruppen und Tätigkeiten der Jahre 1817 und 1915 gegenübergestellt. Interessant ist hier, die Abnahme oder Zunahme an Arbeitenden in bestimmten Berufsfeldern zu vergleichen. In 1817 befinden sich im Ort 178 Haushaltungen. Davon sind 72 ohne Grundbesitz. Diese Personengruppen leben als ›Beisasse‹ oder ›Auszüger‹ mit einer anderen Familie unter einem Dach, bisweilen sind es auch

Berufe 1817	Anz.
Ackerleute	66
Küfer	1
Leinweber	40
Maurer	6
Müller	9
Pfarrer	1
Schäfer	13
Schmiede	4
Schneider	8
Schreiner	5
Schuhmacher	1
Schulmeisters Witwe	1
Schultheiß	1
Soldaten in Dienst	19
Taglöhner	9
Taglöhnerin mit Kind	1
Teerbrenner	1
Unterförster	1
Untauglicher	1
Vernunftloser	1
Wagner	1
Wirte	1
Zimmerleute	7

Berufe 1915	Anz.
Landwirte	48
Küfer	--
Leinweber	5
Maurer, Maurergeselle	20
Müller	1
Pfarrer	1
Schäfer (im Krieg)	--
Schmiede	2
Schneiderin	1
Schreiner	2
Schuhmacher (im Krieg)	--
Schullehrer	1
Bürgermeister und Postagent	1
Soldaten (im Krieg)	130
Taglöhner	13
Dienstmägde	7
Dienstknechte	2
Förster	--
keine Entsprechung	--
keine Entsprechung	--
Wagner (im Krieg)	--
Wirte	3
Zimmerleute/Gesellen	16
Altbürgermeister	1
Arbeiter	3
Bahnarbeiter	2
Baggermeister	1
Beigeordneter	1
Bergmann	1
Buchhalter	1
Geiger	1
Kulturarbeiterin	1
Landbriefträger	1
Meßgehilfe	1
Polizeidiener	1
Schachtmeister	2
Schlächter und Zimmergeselle	1
Steinbrecher	1
Steinbrucharbeiter	2
Steinrichter	1
Streckenwart	1
Vorarbeiter	1
Waldarbeiter	2

Tabelle 14: Die Aufgliederung der Berufstätigen 1817 und 1915 (kriegsbedingt leicht verzerrt).

Handwerker, Leinweber, Taglöhner und Witwen mit einem kleinen Häuschen. Bei der Berufsgruppe der Leinweber sind allerdings auch 9 Familien, die nebenbei ungefähr 4 bis 21 Morgen Äcker und Wiesen bewirtschaften.[89]

Handwerksbetriebe zwischen dem Ersten und Zweiten Weltkrieg

Die Zeit zwischen den beiden Weltkriegen war geprägt durch die Weltwirtschaftskrise, die Unstetigkeit der Weimarer Republik und die beginnenden Kriegvorbereitungen. Auch in dieser schweren Zeit wurde in Schwarz das Handwerk ausgeübt:

Tabelle 15: Die hier ansässigen Handwerksbetriebe der 20er und 30er Jahre.

Handwerksbetrieb:	Inhaber:
Anstreicher	Georg Peter, Werner Dörr
Betonwaren und Terrazzo	Rüffer/Schmidt und Rühl und Rüffer
Fuhrbetrieb	Georg Krug
Holzschneidereien	Hch. Schött; Gg. Eifert
Maurergeschäfte	Konrad Dörr; Jakob Eifländer
Sattlerei	Johannes Jöckel
Schmiede	Heinr. Schreiner, Heinr. Merz
Schneidereien	Heinr. Rockel; Konrad Habermehl; W. Walter
Schreinereien	Krug; Weitzel; Gerbig
Schuhmacher	Heinr. Eifert; Schnells Schuster; Hch. Euler
Wagnerei	Johannes Eifert
Zimmerei und Sägewerk	Georg Friedrich Eifert

Handel, Produktion und Gewerbe 1998

Durch die allgemeinen wirtschaftlichen und politischen Veränderungen ist die Zahl der Handwerksbetriebe nach dem Zweiten Weltkrieg stark geschrumpft. Im Jahr 1998 gab es in Schwarz folgende Unternehmen:

Tabelle 16: Die hier ansässigen Betriebe im Jahr 1998.

Betrieb:	Inhaber:
Industrie- und Handwerksbetriebe:	
Baugeschäft	H. Eifländer
Feinmechanik	Gebr. Schreck Inh. Rolf Becker
Schlosserei und Schmiede	Ewald Merz
Steinbruch mit Bitumenmischwerk	Oppermann/Sauerländer Asphalt
Tischlerei	Karl Koch
Zimmerei und Sägewerk	Gg. Frdr. Eifert Inh. Hans Eifert
Bäckerei	Hans Ruppel
Handelsbetriebe:	
Metzgerei und Lebensmittel	Volker Döring
Lebensmittel	Erna Döring (seit 1.7.1998 geschl.)
Industrie- u. Handwerkerbedarf	Winfried Hesse
Getränkehandel und Zeltverleih	Heinz Geisel
Gastwirtschaften:	
Bergschänke	Helmut Becker
Gastwirtschaft mit Saal	Gerlinde Jöckel

[89] Gemeindearchiv, Gemeindesteuer-Heberolle

Der Köllnberg

Der Steinbruchbetrieb Köllnberg ist weitgehend mit dem Namen Habermehl verbunden. Georg Heinrich Habermehl hatte die Nutzungsrechte schon vor 1900 vom Fiskus gepachtet. Vor dem Bahnbau verkaufte er seine Rechte mit Vertrag weiter. Es wurde der Schotter für den Bahnbau, die neue Bahntrasse verlief unterhalb des Berges im Tal vorbei, für die Auskofferung der Geleise gebrochen und in einem Brecher zubereitet. Vier Habermehl-Brüder, Söhne des vorigen, arbeiteten mit anderen Schwärzern, Rainrödern und Eifaern im dem nach Süden aufgeschlossenen Steinbruch.

Nach Fertigstellung der Bahn und nach dem Weltkriege, beziehungsweise nach der Gefangenschaft, war der Köllnberg wieder in der Hand der Habermehl. Der Pfarrer schreibt dazu in der Kirchenchronik: *‚Die Steinbrüche im Köllnberg und im Rotzenberg wurden von den 3 Brüdern Habermehl wieder gepachtet. Der Vater hatte sie früher schon in Pacht. Große Mengen Pflastersteine werden gewonnen.'*

Wie man sieht, war das Hauptprodukt nach dem Krieg 1914/18 die in Massen hergestellten Pflastersteine. Diese wurden auch gleichzeitig von den vorgenannten Steinrichtern, so war die offizielle Berufsbezeichnung, in Höfen der umliegenden Orte versetzt. Im Jahre 1925 übernahm ein gewisser Sandmann als Geschäftsführer der Mitteldeutschen Hartsteinindustrie den Köllnberg und es wurden bis zu 100 Beschäftigte eingesetzt. Bis Weihnachten jenes Jahres war die Sache jedoch schon wieder vorbei. So lief die Produktion der Pflastersteine aus der Hand der Habermehl noch bis zum Erreichen des Rentenalters von Jakob und Johannes Habermehl im Jahre 1952.

Abb. 64: Steinbrucharbeiter im Köllnberg 1913. 3 Habermehl-Brüder (sitzend, Mitte), 4. Bruder (oben, 3. von links), Adolf Dörr als Kaffeejunge (stehend, 3. von rechts)

Im Jahre 1963 wurde der Köllnberg von der Firma Wilhelm Oppermann in Alsfeld erworben. Von Westen her betrieb man nun die Basaltgewinnung. Mit Großgeräten wie Radladern, Bulldozern und einem überdimensionalen Brecher mit Sortiereinrichtung wurde der Basaltabbau in das Berginnere vorgetrieben. Absatz fand und findet das gewonnene Basaltmaterial überwiegend im Straßen- und Autobahnbau. Inzwischen wurde 1976 ein Bitumen-Mischwerk der Sauerländer Asphalt-Mischwerke GmbH & Co. KG angegliedert. Der Berg besteht mittlerweile aus einem großen Loch. Nur rundum muß ein Kamm stehenbleiben, damit die Landschaft ihr Gesicht nicht verliert. Von der ersten Stunde an ist der Großneffe der beiden vorgenannten, Karl Habermehl, im Köllnberg beschäftigt. So gab der Abbau der Bodenschätze des Berges einem Geschlecht ein Jahrhundert lang Brot und Arbeit.

*Abb. 65: Die Steinbrucharbeiter im Köllnberg 1998.
v. l.: Klaus Döring, Gustav Burgschweiger, Heinz Rhein, Reinhard Falk, Bernhard Matjasowicz und Bruno Völker. Es fehlt: Uwe Dabitz und Karl Habermehl (pens.).*

Eine weitere Einnahmequelle der Arbeiter aus dem Ort war die Harzgewinnung für die chemische Industrie. Aus allgemeinem Rohstoffmangel wurden die Kiefern ›angezapft‹ und zur Ader gelassen (siehe Abbildung 66).

Die Straßenverkehrsverbindungen

Bis zum Ende des vorigen Jahrhunderts waren die Straßenverbindungen zu den Nachbarorten katastrophal. Während die Staats- und Provinzialstraßen, zum Beispiel Alsfeld–Hersfeld, schon um 1850 ausgebaut waren, blieben die Ortsverbindungen meist aus Geldmangel zurück.

In 1860 und noch in 1874 wird von der Gemeinde auf den sehr schlechten Zustand des Weges von Schwarz nach Udenhausen hingewiesen und angedeutet, daß dieser völlig grundlos und unpassierbar sei. Die Befestigung der Straße wurde jedoch erst von 1904 bis 1906 ausgeführt. Im Anschluß wurde auch die Brücke über die Schwarza gebaut, an der Stelle, an der sich vorher eine Furt und ein Fußgängersteg befanden.

Die Kreisstraße nach Eulersdorf war schon von 1886 bis 1897 als eine Kunststraße gebaut worden. Dazu wurde vorher ein Stallgebäude des Heinrich Jakob Wagner abgebrochen und am jetzigen Standort errichtet. Der alte Weg nach Eulersdorf war die heutige Ortsstraße ›Im Eisfeld‹ und führte auf der Anhöhe durch das Feld zur Leimenkaute hinunter. Die Hannchesmühle war nur über einen Weg zu erreichen, der zwischen Wagners, Straßenwärters, Kirchners und Heinrich Peter Eifert und dann unterhalb des Friedhofs zur Mühle verlief.

Der Weg nach Eifa und Alsfeld verlief teilweise durch Dietzches Hohl um dann vor dem Wald auf den heutigen Straßenzug zu münden. Im Wald führte ein Abzweig nach Lingelbach und der Straßenzug geradeaus weiter nach Alsfeld. Schon um 1850 wurde ein Teilstück im Wald unterhalb des Rotzenberges umgelegt und befestigt, bevor das Reststück ausgebaut wurde.

Abb. 66: Harzgewinnung während des Zweiten Weltkrieges. Eine Kiefer mit der kennzeichnenden Lache.

Die Bahn

Eine wesentliche Verbesserung der Verkehrsverbindungen entstand mit dem Bahnbau. Ende des Jahres 1911 war endgültig der Trassenverlauf festgelegt worden. Die Strecke von Alsfeld nach Hersfeld wurde von 1912 bis 1916 gebaut. Schon vor dem Kriege waren die Erdarbeiten und Brückenbauten fertiggestellt worden, und der Bahnhof Schwarz stand im Rohbau. Dann wurden die Arbeiten wegen des Kriegsausbruchs unterbrochen. 1915 wurden sie mit einigen deutschen Arbeitern und einer größeren Anzahl Kriegsgefangener wieder aufgenommen. Die Teilabschnitte Nieder–Jossa–Grebenau wurden in 1915 und Grebenau-Alsfeld in 1916 fertiggestellt. In aller Stille erfolgte die Einweihung am 1. April 1916.[90]

Die Linie Gießen–Alsfeld–Fulda bestand schon durchgehend seit 1871. Die neuen Voraussetzungen, Waren und Personen in größeren Mengen zu transportieren, sowie die Anschlußgegebenheiten an Bahnhöfe in allen europäischen Ländern ließen ungeahnte Möglichkeiten erwachsen. Allerdings wurden auch die früher bestehenden Handelsbeziehungen der Schwärzer umgelenkt, hier besonders

[90] Kirchenchronik

von Lauterbach nach Alsfeld. Während des Ersten Weltkrieges wurde über diese Ost-West-Verbindung viel Kriegsmaterial transportiert. Später war sogar ein zweispuriger Ausbau geplant. Als eine Besonderheit, ist die in der Gemarkung Schwarz in 1932 eröffnete ›Haltestelle Auerberg‹ zu erwähnen. Schwarz besaß damit zwei Bahnhöfe oder Haltepunkte. Darüber konnte sich sonst kein anderer Ort im Kreis Alsfeld erfreuen.

Im Jahr 1971 kamen die ersten Gerüchte über die Stillegung der Strecke Hersfeld–Alsfeld auf. Seitens der Bundesbahn wurde offiziell immer wieder versichert, daß die Verbindung erhalten bleiben solle. Aber das Ende kam, als in 1974 der Personenverkehr eingestellt wurde. Im Oktober 1993 wurde die Eisenbahnbrücke bei der Hardtmühle wegen angeblicher Baufälligkeit gesprengt. Die vorhergehende Verlautbarung hieß, es werde zurückgebaut. Doch Rückbau ohne zukunftsweisende Perspektiven, und deren Umsetzung, ist oft Rückschritt!

Die Post

Am 1. April 1908 wurde in Schwarz eine Postagentur eingerichtet und dem hiesigen Hilfsstelleninhaber Bürgermeister Krug übertragen. Später hat das Postbüro mehrmals gewechselt. Die Poststelleninhaber waren Scharmann, Dippel, Peter und wieder Dippel. Der Postbetriebsraum wurde vom jeweiligen Postboten in dessen Wohnung bereitgestellt. Seit 1977 hat die Post einen Raum in der Mitte des Ortes angemietet. Allerdings, die Zeit der guten, alten Post scheint sich dem Ende zu nähern. Das Büro ist zwar noch stundenweise besetzt, jedoch muß man befürchten, daß es bald ganz geschlossen wird. Der Postverkehr wird dann wohl über einen Agenten in einem Dorfladen, oder an einer ›Mobilen Postagentur‹ abgewickelt werden müssen.

Anmerkung: Als Lektüre zu Bahn und Post kann man die Veröffentlichungen ›Die Oberhessische Eisenbahn‹ und ›Hoch auf dem gelben Wagen‹ von Karl Brodhäcker empfehlen.

Auswanderungen nach Amerika

Aufzeichnungen im Stadtarchiv Alsfeld

Die folgende Liste stammt weitgehend von Dr. Geisel aus dem Stadtarchiv Alsfeld. Soweit erkennbar war, daß Daten keine gesicherte Grundlage haben, wurde es vermerkt. Die Aufzeichnungen von Dr. Geisel wurden vom Verfasser anhand seiner familiengeschichtlichen Forschungen überprüft und ergänzt.

Becker, Anna Catharina
* 25.08.1834; Ad.: 1853; Zh.: New York; E.: Valentin Becker und Anna Katharina Heß.

Becker, Heinrich Rudolph
* 13.04.1836; Ad.: 1854; E.: Johannes Becker und Anna Catharina Noll; V.: ›Schuckerts‹.

Becker, Maria
* 17.08.1835; Ad.: 1855; Zh.: New York; E.: Heinrich Becker II. und Anna Maria Eifert.

Becker, Johann Heinrich VI.
* 03.06.1812; ∞ 05.06.1843 Elisabeth Becker (s. d.); Ad.: 1855 mit Ehefrau und Kindern; Zh.: New York; E.: Johann Conrad Becker (B.: Ackermann) und Anna Elisabetha Wegfahrt; V.: ›Beckerches‹.

Becker, Elisabetha geb. Gerbig
* 16.10.1812; ∞ 05.06.1843 Johann Heinrich Becker VI. (s. d.); Ad.: 1855; E.: Johann Heinrich Gerbig und Anna Maria Ortstadt; K.: Maria (* 04.12.1842; Ad.: 1855), Conrad (* 10.01.1850; Ad.: 1855).

Becker, Anna Elisabetha Catharina
* 01.01.1826; Ad.: 1855; E.: Johann Conrad Becker und Anna Elisabetha Wegfahrt; V.: ›Beckerches‹.

Becker, Johannes V.
* 04.12.1818; ∞ 27.09.1840 Anna Maria Becker (s. d.); Ad.: 1855 mit Ehefrau und Kindern; Zh.: New York; E.: Johannes Becker II. (B.: Ackermann) und Anna Margaretha Hamel.

Abkürzungen:

Zh.	= Zielhafen
St.	= Staat
E.	= Eltern
K.	= Kinder
V.	= verwandtschaftl. Beziehung
Ad.	= Auswanderungsdatum
*	= Geburtsdatum
∞	= Heiratsdatum
s. d.	= siehe dort
B.	= Beruf
Anm.	= Anmerkung

Becker, Anna Maria geb. Köhler
* 31.10.1820; ∞ 27.09.1840 Johannes Becker V. (s. d.); Ad. 1855; E.: Jacob Köhler (B.: Müller) und Anna Catharina Bauer; K.: Johannes (* 30.08.1842; Ad.: 1855).

Becker, Johann Conrad; Elisabetha; Heinrich Georg; Johannes Heinrich
Geschwister: Johann Conrad (* 29.06.1823), Elisabetha (* 18.12.1826), Heinrich Georg (* 18.02.1829), Johannes Heinrich (* 15.08.1833); Ad.: 1853; Zh.: New York; E.: Johann Heinrich Becker (B.: Ackermann) und Anna Elisabetha Zinn; V.: ›Vereins‹ und ›Birkenstocks‹. Anm.: Johannes Heinrich Becker kehrte zurück oder war nicht weggezogen, denn er heiratete Elisabetha Prediger und war der Begründer der Linien ›Vereins‹ und ›Birkenstocks‹.

Becker, Johannes
* 26.02.1872; Ad.: 1887; E.: Peter Becker (B.: Ackermann) und Maria Stöppler; V.: ›Loch‹.

Becker, Valentin II.
* 18.12.1805; ∞ N. Becker (s. d.); Ad.: 1844; E.: Jakob Becker und Katharina Heß.

Becker, N. (?)
∞ Valentin Becker (s. d.); Ad.: 1849. Anm.: Es handelt sich um die Ehefrau Anna Katharina geb. Heß oder die Tochter Anna Katharina Becker.

Becker, Heinrich (?)
Ad.: 1853; Zh.: New York. Anm.: Keine näheren Angaben.

Becker, Sophia geb. Weißgerber von Maar
Witwe von Heinrich Grünewald (1. Ehe); Witwe von Heinrich Becker III. (2. Ehe); Ad.: 1857; Zh.: New York; V.: ›Loch‹.

Blum, Andreas (?)
* 10.11.1805 in Eulersdorf (?); B.: Ackermann; E.: Leonhard Blum VI. in Eulersdorf und Anna Margaretha Becker aus Schwarz.

Decher, Johannes (?)
* ca. 1844 in Eulersdorf (?); E.: Heinrich Decher (B.: Schneider) und Regina Roth.

Demmer, Jacob
* 09.02.1797; B.: Schreiner; ∞ Elisabeth Demmer (s. d.); Ad.: 1837 mit Ehefrau und Kindern; E.: Johann Heinrich Demmer in Bieben und Anna Elisabetha Emmrich.

Demmer, Elisabetha geb. Gerbig
* 01.02.1804; ∞ Jacob Demmer (s. d.); Ad.: 1837; K.: Elisabetha (* 05.09.1826; Ad.: 1837), Anna Maria (* 21.01.1833; Ad.: 1837).

Dörr, Anna Margaretha geb. Vietor
* 20.05.1791; Witwe von Johannes Dörr; Ad.: 1847 mit den Kindern Anna Katharina (* 08.06.1825; Ad.: 1847), Anna Elisabethe (* 11.08.1827; Ad.: 1847), Maria Barbara (* 03.05.1830; Ad.: 1847). Anm.: Die beiden ältesten Kinder der Witwe, Johann Heinrich (* 14.4.1820) u. Anna Maria (* 27.6.1822) blieben in der Heimat.

Dörr, Elisabetha Juliane
* 21.10.1848; Ad.: 1872; E.: Johannes Dörr und Elisabetha Wilker; V.: ›Schützes‹.

Eifert, Marie
* 14.07.1852; ∞ Leonhard Noll (s. d.); Ad.: 1888; E.: Heinrich Eifert und Maria Grünewald; Bruder: Conrad Carl Eifert (s. d.).

Eifert, Conrad Carl
* 31.10.1866; Ad.: vor 1888, lebte 1901 in Tacoma/Washington, USA; V.: ›Sengerheiches‹.

Eifert, Friedrich
* 15.03.1890; B.: Maurer; Ad.: 1909; E.: Johann Georg Eifert (B.: Straßenwärter) und Catharina Elisabetha Noll; V.: ›Straßenwärters‹.

Eisenbach, Heinrich
* 28.08.1805 in Grebenau; B.: Leinweber; ∞ 28.11.1830 Anna Maria Eisenbach (s. d.); Ad.: 1857 mit Ehefrau und Kindern; Zh.: New York; E.: Johann Georg Eisenbach in Grebenau und Anna Catharina Suppes aus Schwarz.

Eisenbach, Anna Maria geb. Noll
* 29.06.1803; ∞ 28.11.1830 Heinrich Eisenbach (s. d.); Ad.: 1857; E.: Johann Heinrich Noll und Eva Elisabetha Noll in Schwarz; K.: Anna Catharina (* 20.08.1832; Ad.: 1857), Johann Georg (* 25.02.1835; Ad.: 1857), Elisabetha (* 01.04.1841; Ad.: 1857), Conrad (* 03.12.1844; Ad.: 1857).

Euler, Katharina (?)
Anm.: Keine näheren Angaben. * vielleicht in Maar, ∞ evtl. Konrad Lißberger; Ad.: 1854; Zh.: New York.

Fabel, Johann Conrad
* 29.01.1814; Ad.: 1855 mit seinem NeffenKonrad Heinrich Fabel (s. d.); Zh.: New York; E.: Johannes Fabel (B.: Ackermann) und Anna Catharina Habermehl.

Fabel, Konrad Heinrich
* 28.09.1837; Ad.: 1855 mit seinem Onkel Johann Conrad Fabel (s. d.); Zh.: New York; E.: Anna Gertraude Fabel (ledig), Schwester des Johann Conrad Fabel (s. d.) ; V.: ›Febels‹ (Fink).

Falk, Elisabetha
* 22.03.1860; Ad.: 1888; E.: Magnus Falk (B.: Weber) und Juliane Urstadt; V.: Mangese Karl.

Fassold, Johannes
* 20.02.1867; ∞ 07.06.1892 Eva Elisabetha Fassold (s. d.); Ad.: 1894 mit Ehefrau; E.: Conrad Fassold und Maria Dahmer; V.: ›Fassolds‹ (Habermehl).

Fassold, Eva Elisabetha geb. Wedel von Lingelbach
* 16.7.1871; ∞ 07.06.1892 Johannes Fassold (s. d.); Ad.: 1894; E.: Jakob Wedel (B.: Maurer) und Anna Margaretha Thamer beide in Lingelbach.

Fink, Johannes III.
* 01.10.1821; ∞ 23.02.1862 Elisabeth Fink (s. d.); B.: Leinweber; Ad.: 1872 mit Ehefrau und Kindern; Zh.: New York; E.: Maria Fink (ledig) in Bieben.

Fink, Elisabeth geb. Peter
* 08.10.1825; ∞ 23.02.1862 Johannes Fink III. (s. d.); Ad.: 1873; E.: Heinrich Peter (B.: Lehrer) und Maria Niepoth; K.: Jacob (* 22.01.1853; Ad.: 1872), Heinrich (* 18.03.1656; Ad.: 1872), Maria Margarethe (* 12.04.1861; Ad.: 1873), Sophie Maria (* 30.06.1863; Ad.: 1873).

Fuhr, Heinrich
* 14.02.1838; Ad.: 1854; E.: Conrad Fuhr und Maria Becker.

Geisel, Johann Georg
* 23.07.1823; Ad.: 1847; E.: Johannes Geisel und Anna Maria Noll. Anm.: Nach den Angaben seines Neffen Johann Hermann Geisel aus Eifa.

Geisel, Anna Maria geb. Dörr
* ca. 1810; ∞ Georg Geisel; Ad.: 1863; E.: Johann Heinrich Dörr und Anna Catharina Wegfahrt.

Geisel, Heinrich
* 25.09.1831; Sohn der Anna Maria Geisel (s. d.); ∞ 06.01.1856 Maria Geisel (s. d.); B.: Leinweber; Ad.: 1857 mit Ehefrau und Kind.

Geisel, Maria geb. Lang
* 17.09.1833; ∞ 06.01.1856 Heinrich Geisel; Ad.: 1857; E.: Heinrich Lang und Catharina Neeb; K.: Johannes Heinrich (* 11.07.1855; Ad.: 1857).

Gerbig, Maria Elisabeth
* 29.09.1834; Ad.: 1853 mit Bruder Johann Georg Gerbig (s. d.); E.: Heinrich Gerbig (B.: Schäfer) und Elisabetha Zinn; V.: ›Fiedlersch‹.

Gerbig, Johann Georg
* 23.03.1839; B.: Leinweber; ∞ 31.3.1861 Anna Margaretha Gerbig (s. d.); Ad.: 1883 mit Ehefrau; E.: Heinrich Gerbig (B.: Schäfer) und Elisabetha Zinn; V.: ›Fiedlersch‹.

Gerbig, Anna Margaretha geb. Rüffer von Udenhausen
* 23.02.1837; Ad.: 1883; E.: Conrad Rüffer und Catharina Lichau.

Gerbig, Catharina; Maria Catharina; Sophie; Gg. Heinrich
Geschwister: Catharina (* 13.03.1831; Ad.: 1854), Maria Catharina (* 23.02.1833; Ad.: 1851; Zh.: in Kanada, lebte 1855 im Township Wilmont/Ontario), Sophie (* 16.01.1836; Ad.: 1854), Georg Heinrich (* 08.06.1838; Ad.: 1854); E.: Heinrich Gerbig (B.: Leinweber) und 2. Ehefrau Anna Catharina Mogk aus Eulersdorf.

Gerbig, Conrad
* 02.09.1827; B.: Zimmergeselle; Ad.: 1857; E.: Andreas Gerbig (B.: Schreiner) und Anna Maria Stüler.

Gerbig, Johannes; Georg; Margaretha; Catharina (?)
Johannes (Ad.: 1854 ?); Georg (Ad.: 1855 ?); Margaretha (Ad.: 1855 ?); Catharina (Ad.: 1868 ?). Anm.: Nähere Daten oder eine etwaige verwandtschaftliche Beziehung sind unbekannt.

Greb, Heinrich (?)
Ad.: 1851. Anm.: Näheres ist nicht bekannt.

Grünewald, Johann Conrad
* 14.02.1855; ∞ 16.3.1879 Maria Grünewald (s. d.); B.: Ackermann; (Ad.: 1880 ?) mit Ehefrau und Kindern; E.: Heinrich Grünewald (B.: Ackermann) und Catharina Lerch.

Grünewald, Maria geb. Dietz
18.11.1853; ∞ 16.03.1879 Johann Conrad Grünewald (s. d.); (Ad.: 1880 ?); E.: Heinrich Dietz und Sophie Heß; K.: Johannes (10.04.1879; Ad.: 1880 ?), Margaretha (* 16.06.1880; Ad.: 1880 ?); V.: ›Grünewalds‹. Anm.: Geisel (Stadtarchiv Alsfeld) irrt hier anscheinend. Kind Johannes Grünewald heiratete 1908 Chri-

stina Krug von Udenhausen. Johann Conrad und Maria Dietz hatten hier später noch weitere Kinder.

Grünewald, Elisabetha (?)
Ad.: 1885. Anm.: Näheres ist nicht bekannt.

Habermehl, Karl
* 20.09.1836 in Liederbach; Ad.: 1851; E.: Heinrich Habermehl (B.: Lehrer) und Maria Catharina Jung. V.: ›Perresch‹.

Habermehl, Catharina
* 08.12.1845; ∞ Peter Lippert (s. d.) aus Rainrod; Ad.: 1873; E.: Heinrich Habermehl und Elisabetha Schnell; K.: Heinrich Habermehl (s. d.) modo Lippert.

Habermehl, Heinrich
*15.09.1866; Ad.: 1884; E.: Peter Lippert aus Rainrod und Catharina Habermehl (s. d.); V.: ›Fassolds‹.

Habermehl, Maria
* 08.06.1851; Ad.: 1873; E.: Georg Habermehl (B.: Weber) und Elisabetha geb. Habermehl; V.: ›Jerches‹.

Habermehl, Conrad
* 11.05.1829; Ad.: 1856 Maria Peter (s. d.); E.: Johann Heinrich Habermehl u. Katharina Elisabetha Noll; V.: Seitenlinie Habermehl.

Habermehl, Catharina (?)
Ad.: 1860. Anm.: Näheres ist nicht bekannt.

Hainbächer, Johannes
* 02.08.1812 in Eifa; ∞ 25.10.1836 Anna Catharina Hainbächer (s. d.); Ad.: 1853 mit Ehefrau und Kindern; E.: Johannes Hainbächer und Elisabetha Schmermund.

Hainbächer, Anna Catharina geb. Becker
* 29.09.1815; ∞ 25.10.1836 Johannes Hainbächer (s. d.); Ad.: 1853; E.: Conrad Becker (B.: Ackermann) und Anna Elisabetha Wegfahrt; V.: ›Beckerches/Ammicher‹; K.: Heinrich (* 25.08.1837 in Eifa; Ad.: 1853), Elisab. Cath. (* 06.02.1842 in Eifa; Ad.: 1853), Conrad (* 05.09.1844 in Schwarz; Ad.: 1853), Marg. (* 08.02.1847 in Schwarz; Ad.: 1853).

Heß, Heinrich; Johannes; Heinrich
Brüder: Heinrich (* 04.11.1841; Ad.: 1866; Zh.: New York), Johannes (Ad.: 1855 ?), Heinrich (Ad.: 1855 ?); E.: Johannes Heß (B.: Ackermann) und Anna Elisabetha Becker.

Noll, Johannes; Catharina; Johannes (?)
Johannes (Ad.: 1842 ?); Catharina (Ad.: 1859 mit 2 Kindern ?); Johannes (B.: Müller (?); Ad.: 1869 ?). Anm.: Genaue Daten oder eventuelle verwandtschaftliche Beziehungen sind nicht bekannt.

Peter, Maria; Johannette
Schwestern: Maria (* 08.01.1829; Ad.: 1856 mit Conrad Habermehl, s. d.), Johannette (* 23.12.1838; Ad.: 1853); E.: Heinrich Peter (B.: Lehrer) und Anna Maria Niepoth; V.: ›Kålls‹. Anm.: siehe Anna Elisabetha Bloch.

Ploch, Anna Elisabetha
* 06.12.1831; Ad.: 1853; E.: Conrad Ploch (B.: Leinweber) und Anna Elisabetha Schrimpf. Anm.: Anna Elisabetha Ploch und Johannette Peter (s. d.) fuhren mit demselben Schiff.

Reibeling, Johannes
* 27.08.1846; B.: Leinweber; Ad.: 1872; E.: Johannes Reibeling (B.: Leinweber) und Margarethe Mogk.

Reuel, Georg Heinrich
* 04.12.1855; B.: Holzarbeiter; Ad.: 1880; E.: Heinrich Reuel (B.: Küfermeister) und Anna Maria Becker.

Rüffer, Anna Maria
* 30.12.1876; Ad.: 1899; E.: Heinrich Rüffer (B.: Schneidermeister) und Elisabetha Eifländer.

Rühl, Anna Margarethe; Catharina
Schwestern: Anna Margarethe (* 05.06.1835), Catharina (* 14.08.1839); Ad.: 1855; E.: Andreas Rühl (B.: Leinweber) und Sophie Heß.

Schmidt, Johannes
* 27.12.1829; Ad.: 1840; E.: Conrad Schmidt (B.: Leinweber) und Anna Maria Noll.

Schmidt, Peter (?)
Ad.: 1840. Anm.: Näheres ist nicht bekannt.

Schmiermund, Johannes Heinrich
* 31.01.1827; Ad.: 1854; E.: Johann Henrich Schmiermund (B.: Schmied) und Anna Elisabetha Schäfer.

Schmiermund, Elisabeth (?)
Ad.: 1868. Anm.: Näheres ist nicht bekannt.

Schnicker, Anna Margarethe; Elisabetha
Schwestern: Anna Margarethe (* 09.01.1850), Elisabetha (* 30.03.1859); Ad.: 1873; Zh.: New York; E.: Catharina Schnicker.

Schreiner, Johannes Heinrich
* 10.02.1868; Ad.: vor 1889; E.: Johannes Schreiner (B.: Schmied) und Anna Margaretha Noll; V.: ›Schmeeds‹.

Seibel, Maria
Ad.: 1855. Anm.: Näheres ist nicht bekannt.

Spiess, Catharina geb. Becker
* 18.11.1797; Witwe von Johannes Spiess; Ad.: 1857; Zh.: New York; E.: Johannes Becker und Eulalia Lerch.

Sterz, Johann Heinrich
* 01.11.1810 in Brauerschwend; Ad.: (?); (B.: Schneider); Witwer von Eva Elisabeth Noll. Sterz ist auf der Reise nach Amerika verstorben.

Spiess, Heinrich
* 05.01.1870 in Udenhausen, Ad.: 1897; E.: Heinrich Spiess (B.: Tagelöhner) und Sophia Mundschenk.

Stieler, Elisabetha; Adam
Geschwister: Elisabetha (* 27.12.1861; Ad.: 1885), Adam (* 23.09.1866; Ad.: 1887); E.: Johannes Stieler (B.: Untersteuerbote) und Elisabetha Eifländer.

Urstadt, Johannes Heinrich
* 14.12.1828; B.: Leinweber; ∞ 04.04.1858 Anna Elisabetha Urstadt (s. d.); Ad.: 1873 mit Ehefrau und Kindern; E.: Johannes Urstadt und Anna Juliana Köhler.

Urstadt, Anna Elisabeth geb. Geisel
* 23.04.1834; Ad.: 1873; E.: Johann Georg Geisel und Anna Maria Dörr; K.: Elisabetha (*10.09.1861; Ad.: 1873), Georg Heinrich (* 17.01.1865; Ad.: 1873), Magnus (* 11.04.1870; Ad.: 1873), Conrad (* 01.03.1873; Ad.: 1873); V.: Urstadt Hühnerecke.

Vietor, Johannes
* 20.03.1798; B.: Ackermann, ∞ 11.11.1819 Anna Catherina Vietor (s. d.); Ad.: 1846 mit Ehefrau und Kindern; E.: Johann Heinrich Vietor und Elisabetha Schnarr.

Vietor, Anna Catharina geb. Georg
* 01.03.1795; ∞ 11.11.1819 Johannes Vietor (* 1798); Ad.: 1846; E.: Lucas Georg in Brauerschwend und Anna Catharina Hamel;

Kinder: Catharina (* 31.05.1827; Ad.: 1846), Lucas (* 17.07.1839; Ad.: 1846), Johannes (s. d.; * 02.07.1820; Ad.: 1848).

Vietor, Johannes
* 02.07.1820; ∞ 17.4.1847 Anna Maria Vietor (s. d.); Ad.: 1848 mit Ehefrau und Kind; E.: Johannes Vietor (s. d.; B.; Ackermann) und Anna Catharina Vietor geb. Georg (s. d.).

Vietor, Anna Maria geb. Mogk
* 16.08.1826; ∞ 17.4.1847 Johannes Vietor (s. d.; * 1820); Ad.: 1848; E.: Heinrich Mogk (B.: Wirt) Anna Margaretha Noll; K.: Heinrich (* 22.04.1847; Ad.: 1848).

Wagner, Anna Gertrude; Anna Catherina
Anna Gertrude (* 05.03.1835; Ad.: 1856), Anna Catharina (Ad.: 1888). Anm.: Wahrscheinlich Tochter und Mutter.

Waldschmidt, Johannes
* 26.02.1858; B.: Kellner; Ad.: 1881; E.: Wilhelm Waldschmidt (B.: Forstwart) und Anna Elisabetha Stier.

Wegfahrt, Conrad; Maria; Nicolaus
Geschwister: Conrad (* 03.11.1868; Ad.: 1884; Zh.: in Kanada), Maria (* 27.11.1871; Ad.: 1890; Zh.: in Kanada), Nicolaus (* 27.06.1873; Ad.: 1889; Zh.: in Kanada); E.: Heinrich Wegfahrt und Margaretha Fiedler.

Weitzel, Heinrich Conrad
* 21.04.1867; Ad.: 1888; E.: Conrad Weitzel (B.: Leinweber) und Anna Elisabetha Weber.

Weitzel, Johann Nicolaus (?)
Ad.: 1856; Zh.: New York. Anm.: Näheres ist nicht bekannt.

Wilker, Heinrich
* 05.09.1839; Ad.: 1852; E.: Jacob Wilker von Wallersdorf und Anna Margaretha Spieß; V.: ›Spesses‹.

Wilker, Heinrich
* 12.12.1836; Ad.: 1884; E.: Johann Heinrich Wilker in Wallersdorf und Anna Maria Habermehl.

Auswanderungsakten im Staatsarchiv Darmstadt

Die Auswanderung von Heinrich Habermehl

Peter Lippert aus Rainrod (* 06.10.1831) und Maria Habermehl aus Schwarz (* 08.12.1845) hatten einen gemeinsamen Sohn, Heinrich Habermehl, der am 15.10.1866 auf dem riedeselischen Hofgut Eisenbach bei Lauterbach geboren wurde. Zu dieser Zeit arbeitete Maria als Tagelöhnerin auf dem besagten Gute. Peter Lippert wanderte im Jahre 1869 in die Staaten von Nordamerika, genauer nach Aurora in Illionois, aus. Maria Habermehl folgte im in 1873. Den gemeinsamen Sohn Heinrich Habermehl mit dem Geburtsnamen seiner Mutter ließen sie bei seiner Großmutter Elisabetha Katharina Habermehl geb. Schnell, der Ehefrau des Heinrich Habermehl III., in Schwarz zurück.

Nachdem sich Peter und Maria in den Vereinigten Staaten eine kleine Existenz aufgebaut hatten, war es ihr Bestreben den inzwischen 18jährigen Sohn nachzuholen. Die Briefe von Peter Lippert mußten dem Auswanderungsgesuch, das von dem damaligen Bürgermeister Heinrich Krug und dem auswanderungswilligen Heinrich Habermehl verfertigt wurde, an das Kreisamt Alsfeld beigegeben werden. Von dort sind sie mit anderen Kreisakten später in das Hessische Staatsarchiv nach Darmstadt gekommen, wo sie sich auch heute noch befinden.

Das Auswanderungsgesuch des Heinrich Habermehl wurde von Bürgermeister Krug formuliert (Seite rechts, Pos. A). Laut Randnotiz auf dem obigen Gesuch (B) wurde dieses am 3. Mai an die Bürgermeisterei zurückgegeben, und am 10. Mai beim Militärkommando in Gießen vorgelegt (C). Von dort erging der positive Bescheid ebenfalls als Randbemerkung (D). Mit den Notizen von Hoffmann aus dem Kreisamt in Alsfeld werden schließlich die letzten formalen Hürden beseitigt (E).

So stand der Auswanderung des Heinrich Habermehl aus Schwarz nichts mehr im Wege. In den Musterrollen im Gemeindearchiv steht bei Heinrich Habermehl: Mit Entlassung nach Amerika.

Briefe des Peter Lippert an seinen Sohn

Die nachfolgenden drei Briefe von Peter Lippert an seinen Sohn Heinrich Lippert sagen etwas über seine Lebensverhältnisse in der ›Neuen Welt‹ aus und zeigen, daß es auch in Amerika oft nur um die elementarsten Dinge des Lebens, um Ernährung und nicht zuletzt finanzielles Auskommen ging.

A *Schwarz, den 3ten Mai 1884.*
Betreffend: Gesuch um Erlaubnis zur Auswanderung nach Amerika
An Großherzogliches Kreisamt Alsfeld. Bericht der Großherzoglichen Bürgermeisterei Schwarz

Es erschien heute Heinrich Habermehl, ledig, und erklärte, seine Eltern seihen schon lange Zeit nach Amerika ausgewandert, hätten ihn damals als 9jähriges Kind zurück bei seiner Großmutter gelassen.

‚Meine Eltern haben sich auch anfangs nicht viel um mich bekümmert, denn sie waren arm und hatten auch in den ersten Jahren nichts übrig, nun geht es aber besser bei Ihnen, Sie haben mir schon voriges Jahr geschrieben, sie wollten mir das Reisegeld schicken, aber sie hatten es doch wieder unterlassen, allein dieses Jahr schrieben meine Eltern, sie hätten so eine Sehnsucht nach mir, daß sie ohne mich nicht mehr glücklich sein könnten. Es ist auch mein sehnlichster Wunsch meine Eltern wieder zu sehen. So bitte ich nun Gr. Kreisamt mir die Erlaubnis zu geben, denn ich bin in dem achtzehnten lebens Jahr, meine Eltern haben mir schon die Reise bezahlt, die Karte lautet auf den 15ten Mai d. J.‘

Die Angaben des Heinrich Habermehl sind begründet; gez.: Krug

B *Zurück zur Angabe des Geburtstages und der Namen der Eltern. Auch erinnern, die Briefe beizuschließen.*

Alsfeld, 3. Mai 1884; Großh. Kreisamt; gez.: Hoffmann

C *Gr. Bezirkscommando Gießen zur gefälligen Äußerung*

Alsfeld, 10. Mai 1884; gez.: Hoffmann

D *Gießen, den 14. Mai 1884*
Bemerkung dem Herrn Civilvorsitzenden der Ersatz-Commission Alsfeld

mit dem Erwidern ergebenst zurückzusenden, daß der Auswanderung des g. Habermehl diesseits nichts entgegensteht.

Der Militairvorsitzende Rudolph (Lieutenant und Adjudant)

E *A. 15/5.84; I. Expl. Entl. T. 3/6; II. Karte auszufertigen; III. Nachricht der Bürgermeisterei; IV. Not. im Register*

Aurora, den 6. Feber 1884

Lieber Sohn.

Deinen Brief vom 6. Januar haben wier erhalten und daraus ersehen, das du unßen auch erhalten hast mit dem Inliegenden 5 Thaler, was uns sehr freut. Denn wier wahren in Angst, er währe verlohren gegangen oder das Geld heraus gekommen, wie schon einmal und deine Großmutter mier einen spieziegen Brief schiekte und uns großartig schiemfte. Das machte mich sehr bese und ich beschlos darauf das schreiben an Sie, weil ich nicht schuldieg war.

Lieber Sohn, du schreibst du währest Postboth und bekemst mehr Lohn und gefiel dier sehr gut und schreibst, du glaubst, du kentest nicht mehr zu uns kommen, das stedt mier nicht recht zu gesiecht, den wen einer Soldat ist und seine Ältern gehen fort nach Amerika, so komt er los und wier sind hier, was du schrieftlich vorlegen kanst und ich glaube, das diech niemand auf halten kan und wiell, wenn du es recht gut angreifst.

Lieber Sohn, du schreibst, ihr mechtet wiessen, ob wier uns eigen Haus hetten oder nicht, wier haben noch nicht eigen Haus, mein Baß hat acht bies neun Heuser am Land beseid, was er in Boßali hat, da wohnen wier frei und haben Land dabei und der Baaß hat 9 Million Geld beseid, 5 Huntert Pferde und fünfhundert Ocksen und Kühe auf seinem Land.

Lieber Sohn, zuessen und trienken haben deine geschwiester Gottlob genuch, an Fleisch felt es uns nicht, den unser Schwein, das wier geschlacht haben, hat 4 Hundert Punt gewogen und wollen im Mertz noch zwei schlachten, wo eine zweihundert wiegt, bei uns giebt dreimal Fleisch den Tag und seider haben wier auch oder in denchs Apfelwein, wier trinken nicht viel Wasser, uns gefelt es gut und dier wierd es auch gefallen, wenn du hier biest.

Ich fietere im Wienter Ocksen und im Sommer arbeite ich am Land, wie bei euch auch, und da arbeite ich zehn Stunden in den aller lengsten Tagen, das ist hier Siete und Gebrauch. Das nechte Mahl schreibe ich mehr. Der inliegende Brief hat deine Mutter geschrieben und die Bielder und Namen dein Bruder Frietz, gleich andwort.

Lieber Sohn deinem letten Brief nach scheint es mier als wenn du nicht mehr lust hettest zu kommen, den hier liebt man Musiek wie bei euch auch, die Zungenorgel kostet hier 4 bies 5 Thaler und ist so gut wie Drausen? Lieber Sohn, schreibe mier genau ob du kommen wielst oder nicht, das mecht ich wiessen. Miet hertzliche Griese an alle Freunde, Verwanten und Bekanten.

Peter Lippert, baldige Antwort

Aurora, den 3ten Apriel

Lieber Sohn.

Deinen Brief haben wier erhalten und daraus ersehen, das du zu uns kommen wielst, was und sehr freit und deine Geschwiester zehlen schon die Tage wen du komst. Lieber Sohn, ich sende dier hier etwas Geld und die Schiefkart komt eine Woche speter, den ich habe das Geld, aber ich weis nicht genau was es kost, unser Baas war zwei Wochen nach Kontuckie verreist und hat Pferde gekauft. Da konnte ich nicht mit ihm über die Sache sprechen, nun ist er da und ich habe mit ihm darrüber gesprochen und er wiel es besorgen, den ich habe nicht viel zeit überüg.

Lieber Sohn, du brauchts dier nicht viel anzuschaffen, wen du einen Sontaganzug hast, da hast du genuch und deine besten Arbeitskleider, die du am Schief anziehts und 3-4 Weise Hemden auf Sonntags zu tragen, den zum Arbeiten tregt man hier keine Hemden wie drausen.

Lieber Sohn, ich wiel dier meinen Rath zum Reisen mittheilen, ich wierde mich mit keinen Reiekoffer belestigen, ich wierde mier eine Reisetasche machen lassen, da hast du keinen trubel, wo du aussteigts, kanst du sie an die Hand nehmen und gehen, da hast du nicht erst nach dem Kuffer zu sehen, ob er da ist oder nicht und die Reisetasche kanst du in der Eisenbahn immer bei deinem Sietz unterbringen, aber einen Kuffer nicht. Lieber Sohn, ich wiel dier nicht vorschreiben, aber ich habe die Reise dreimal gemacht und habe es ausgefunden, das es besser ist, wen man seine Tasche an die Hand nimmt und kan gehen.

Lieber Sohn, brienge nicht soviel Kleider mit, hier giebt es Kleider genuch, die gefallen dier hernach besser und das du nicht über gewicht hast, den das kostet alles Geld. Lieber Sohn, ich werde dier mit der Karte noch etwas schieken, wie viel kann ich noch nicht sagen. Dein Bruder Frietz wiel mit der Musiek warten, bies du da biest, den er meint, das kostet all unser Geld und ihm hier eine kaufen.

Lieber Sohn, brienge deinen Taufschein mit und wen es get, so las in dem Schein den Her Pfarrer Heinrich Lippert einschreiben. Lieber Sohn, sage deinen Großälter, ich sagte ihnen Dausendmahl dank vor ihre Miehe, die sie mit dier gehabt haben und ich wierde es ihnen, wen der liebe Gott hielft, es auch lohnen, nun wiel ich schliesen, bis zum nesten und letten Brief. Füehle Griese an Freunde und bekanten

Peter Lippert

Aurora, den 13ten Apriel 1884

Lieber Sohn.

Ich schreibe dier jetzt das lette mal, befor wier uns miendlich miteinander sprechen, den du wierst deinen Schiefschein haben, bies du diesen Brief erhelst. Ich sende dier noch 5 Thaler, mehr kan ich nicht thun und ich sagte, das wierd dier auch gereichen.

Mein lieber Sohn mache diech so schnell auf die Reise und lasse diech nicht verschwetzen, den in Schwartz wiessen sie mehr als wier von Amerika und wen sie es noch nicht gesehen haben, das weis ich noch, wie ich Drausen war?. Lieber Sohn, du mußt keine angst haben vor dem Wasser, den der liebe Gott ist da auch so gut wie an Land. Wier bitten um baldige andwort, wen du deine Reise antriets, wier erwarten diech baldig zu sehen.

Ich wiel dier nur noch etwas mittheilen vom Schief, niem dier eine Kujette oder Schlafstelle allein, wen du nicht einen guten Reisekamerath hast, ferner halte dich, wehrend gutes Wetter ist, oben am Vordeck bies du es miet biest, dan gehe zubett und des morgens gleich nach oben, da wierst du gut fiehlen, so haben wier es auch gemacht. Ich rate dier, niem dier einen guten Schnaps miet auf die 3-4 ersten Tage, las es aber niemand sehen, da hat man gleich hielf.

Lieber Sohn, wenn du nach Nuorik komst, da komt ihr alle in Kesselgarten, da wierd ein Deuscher auf der Kantzel ausrufen, alles was freischein hat, soll austretten, da halte obacht, womeglich kans auch sein, den Nahmen, das weis ich aber nicht mehr gewies.

Lieber Sohn, du hast nichts zu bezahlen als die Eisenbahn von Neustadt bies Bremen, sonst ist alles bezahlt bis Luissalonie, wen wier nicht gerade da sind, da wiert diech ein guter Freund auf der Eisenbahn abholen, da biest du so gut wie bei uns, der wiert gleich andwort geben und ich werde augenblicklich dasein, den man sein Name ist Frietz Bern Dietter in der Karlstrieht Nomro 224, den namen und Striet und Hausnummer schreibe dier auf ein Papier aus diesem Brief, da kan es dier jederman sagen, wen er nicht gerade da wehre.

Lieber Sohn, wen es dier meglich ist, so bringe mier noch eine Deutsche Pfeife mit und ets Toback, das ist alles. Nun wiell ich schliesen und alle Freunde und bekanten Hertzlich Griesen. Baldige Andwort, ob alles richtig angekommen oder nicht. Eilend Andwort, Andwort. Lieber Sohn, du must uns gantz genau schreiben, welchen Datum du auf das Schief gest, da wier uns zum abholen Riechten kennen, alles pientlich und nichts vergessen.

Peter Lippert

Verschiedene Auswanderungsakten

In diesem Abschnitt sollen an Beispielen die schriftlichen Vorgänge aus den Auswanderungsangelegenheiten dargestellt werden. Zuerst von Heinrich Noll IX., der nach Amerika auswandern wollte. Er stellte sein Auswanderungsgesuch am 24. März 1863 mit seiner Ehefrau Margarethe geb. Prediger von Wernges und den Kindern Heinrich (5 Jahre), Elisabetha (3 ½ Jahre) und Philipp (7 ½ Monate). Anschließend folgt die Abrechnung der Inseratskosten von Adam Hermann, der beabsichtigte nach Polen zu gehen.

Sobald im allgemeinen die Gesuche auf eine Auswanderung gestellt waren, hatte man eine behördlich angeordnete Prozedur zu durchlaufen. Die Überfahrt mußte finanziell gesichert sein. Es wurde eine Gläubigeraufforderung in der Zeitung veröffentlicht, damit sich Leute mit finanziellen Ansprüchen melden konnten. Es mußte ein Vermögensschein erbracht werden. Vom vorhandenen Vermögen wurden Steuerschulden, Abgaben und Privatschulden abgezogen. Wenn am Ende noch etwas übrigblieb und bei männlichen Personen die Wehrpflicht nicht mehr in Wege stand, hatte man die Chance aus dem Untertanenverband entlassen zu werden. Die Bestimmungen hatten sich jedoch im Laufe der Jahre gelockert.

Es folgt nun die Auswanderungsakte des Adam Hermann, der sein Gesuch am 25. Mai 1834 stellte:

Geschehen Alsfeld am 25. Mai 1834
Auswanderungserlaubnisgesuch des Adam Hermann von Schwarz nach (Liethauen, gestrichen) Polen. Anheute erscheint Rubricant Adam Hermann und bringt vor:

Da ich glaube mich in einem fremden Lande besser durchbringen zu können, wie solches hierorts geschehen kann, so habe ich mich entschlossen, nach (Liethauen, gestrichen) Polen auszuwandern. Meine Familie besteht aus mir, meiner Frau und einem 13 Jahre alten Knaben . Meines Gewerbs bin ich ein Leinweber und werde ca. 30 fl. (Gulden) repartieren. Ich bitte sofort wegen meiner Entlassung aus dem diesseitigen Unterthanenverbande das Geeignete zu verfügen.

w. u. g. (wie unten gezeichnet)

Beschluß:
1. *es wird aufgegeben, eine Aufnahmeurkunde (des Zuwandererlandes) beizubringen*
2. *die Veröffentlichung zu betreiben*
3. *an Gr(oßherzogliche) Bürgermeisterei zu Schwarz mit Bezug auf das Auswanderungsgesetz von 1809 zum Berichten.*

gez.: Neidhardt

Festgestellt Alsfeld am 27. März 1835
Erscheint Rubricant Adam Hermann und bringt vor:

Aus verschiedenen Gründen seh ich mich veranlaßt, mein obiges Gesuch bis jetzt ruhen zu lassen. Nun wünsche ich aber dasselbe in Ausführung zu bringen und bitte daher wegen meiner Entlassung das Erforderliche zu verfügen.

w. u. g.

Beschluß: Exp. nachmaliger Gläubigeraufforderung mit Frist von 4 Wochen unter Bezug auf die frühere Edictalladung.

gez.: Neidhardt

Festgestellt Alsfeld am 6. November 1835

Nachdem Rubricat Adam Hermann obiges Gesuch wiederholt hatte beruhen lassen und solches dermalen erneuert, ergeht Verfügung: Exp. wiederholter Gläubigeraufforderung mit Frist von 14 Tagen, mit Hinrechnung der vorderen Edictialien.

gez.: Neidhardt

Vermögensschein

Adam Hermann und dessen Ehefrau besitzen an Mo- und Immobilien wie folgt:

	Immobilien:				
1.	*einen Acker am Udenhäuserberg verkauft zu*	*26*	*30*		
2.	*einen Acker am Bienacker verkauft zu*	*50*	*--*		
	Summa			*70*	*30*
	Mobilien:				
1.	*ein Webstuhl*	*5*	*30*		
2.	*ein Kasten*	*2*	*--*		
3.	*ein Backtrog, allerlei Hausrath verkauft zusammen*	*2*	*--*		
	Summa			*9*	*30*
	zusammen Vermögen ca.			***86***	***--***

	Schulden:				
1.	*dem Wilhelm Stock in Wallenrod*	*50*	*--*		
2.	*dem Johannes Becker dahier*	*16*	*½*		
3.	*dem Johannes Noll, Wirth*	*10*	*--*		
4.	*der Margaretha Müllern*	*1*	*30*		
	Schulden Summa			***78***	***2 ½***

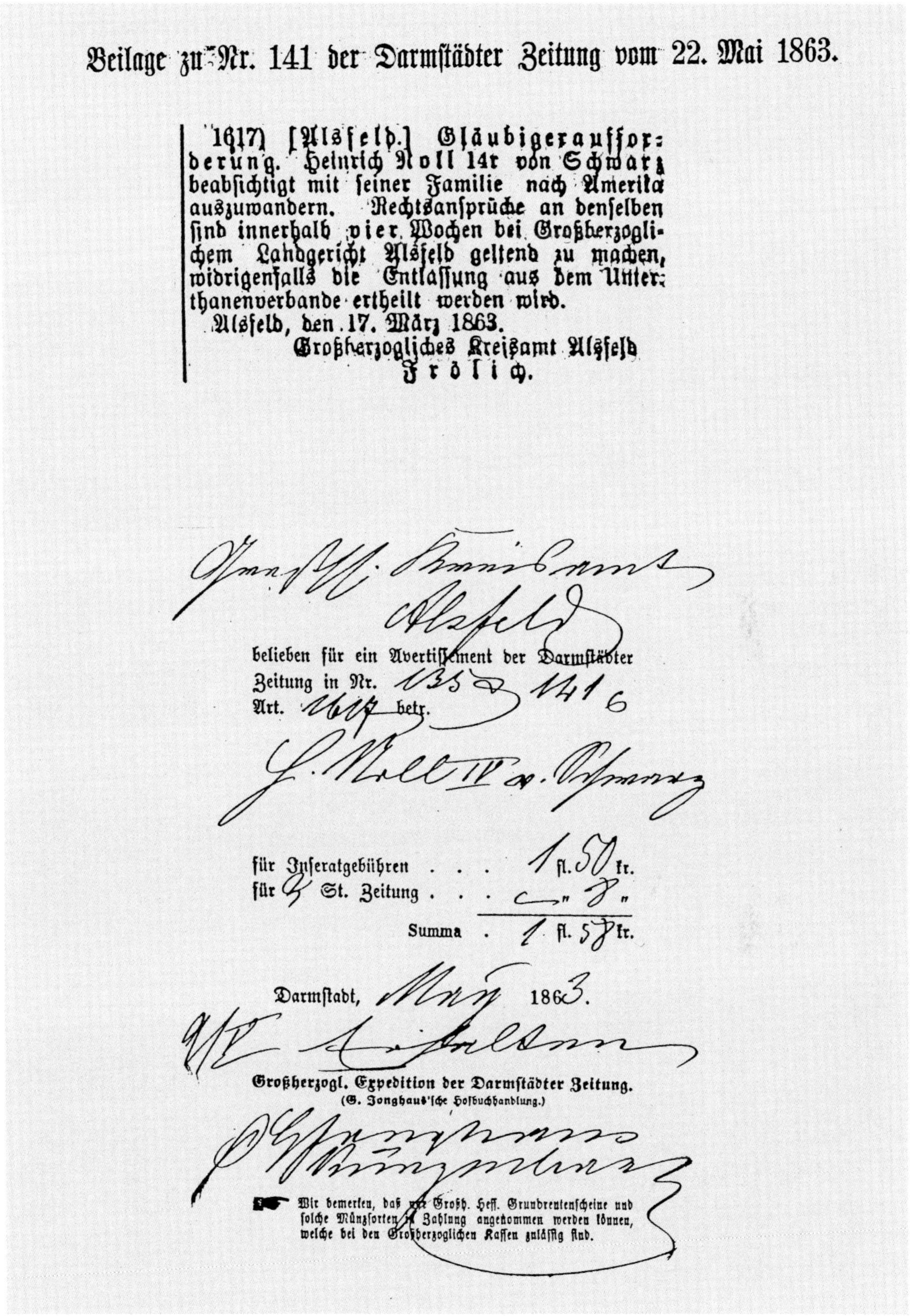

Beilage zu Nr. 141 der Darmstädter Zeitung vom 22. Mai 1863.

1617) [Alsfeld.] Gläubigeraufforderung. Heinrich Noll 14r von Schwarz beabsichtigt mit seiner Familie nach Amerika auszuwandern. Rechtsansprüche an denselben sind innerhalb vier Wochen bei Großherzoglichem Landgericht Alsfeld geltend zu machen, widrigenfalls die Entlassung aus dem Unterthanenverbande ertheilt werden wird.

Alsfeld, den 17. März 1863.

Großherzogliches Kreisamt Alsfeld

Frölich.

Großh. Kreisamt Alsfeld

belieben für ein Avertissement der Darmstädter Zeitung in Nr. 135 & 141 Art. 1617 betr.

H. Noll IV v. Schwarz

für Inseratgebühren . . . 1 fl. 50 kr.

für St. Zeitung . . . – „ 8 „

Summa . 1 fl. 58 kr.

Darmstadt, Mai 1863.

Großherzogl. Expedition der Darmstädter Zeitung.

(G. Jonghaus'sche Hofbuchhandlung.)

☞ Wir bemerken, daß nur Großh. Heff. Grundrentenscheine und solche Münzsorten in Zahlung angenommen werden können, welche bei den Großherzoglichen Kassen zulässig sind.

Abb. 67: Inserat zur Gläubigeraufforderung für die Geltendmachung von Rechtsansprüchen an den Auswanderungswilligen (oben), und die Rechnung des Inserates (unten).

Noch zwei amtliche Stellungnahmen zu den Steuerschulden des Adam Hermann:

‚Daß Adam Hermann von Schwarz nichts mehr an das hiesig Rentamt schuldet, wird hiermit beschienen.' – Alsfeld, den 1. Dec. 1835, gez.: Mylius

‚Zum Steuerkasten des Unterzeichneten verschuldet derselbe ebenfalls nichts mehr.' – Alsfeld, am 2. Decbr. 1835, gez.: Der Steuereinnehmer des Districkts Eifa, Spohr

Gleichzeitig mit Adam Hermann stellten folgende Personen zur Auswanderung nach Polen ihre Gesuche: Valentin Becker am 11.12.1835; Jacob Becker (65 Jahre alt) am 11.12.1835; Margaretha Becker (27 Jahre alt) am 11.12.1835 und Caspar Becker (35 Jahre alt) am 02.10.1835.

Nicht alle Personen, die Schwarz verließen, sind ausgewandert. Der oben aufgeführte Heinrich Noll IX. zum Beispiel lebte um 1870 in Schlitz, wo er drei weitere Nachkommen hatte, die allerdings früh verstarben. Andere verdienten sich unterwegs erst noch die Überfahrt nach Amerika, wie Johannes Carl Krug aus Schwarz, der am 24.12.1872 in der Freien Hansestadt Bremen als Feuerwehrmann aufgenommen wurde. Er erscheint aber auch nicht in den Auswanderungsakten, vielleicht ist er ohne Entlassung aus dem Untertanenverband einfach geflüchtet. Jugendliche ohne Familienanhang werden diesen Schritt des öfteren getan haben. Einige Ausgewanderte sind jedoch auch wieder zurückgekehrt, gründeten hier Familien und haben somit hier auch Nachkommen.

Auswanderungen nach Ungarn

Schon im 18. Jahrhundert wanderten Ortsbürger nach Ungarn aus. Nach Anton Reimann[91] sind es 5 Personen. Bei zweien liegt offensichtlich ein Abschreibefehler des Namens vor. Statt Holl muß es Noll und für Hoxel sicherlich Vopel heißen. Ausgewandert sind:

Johannes Noll

Zwischen 1721 und 1723 nach Ungarn (Quelle: HSTAD/a). Anm.: Je ein Johannes Noll wurden am 31.10.1694, Annuncia Marty 1696 und am 3.10.1700 in Schwarz geboren. Der Betreffende ist also keiner Familie exakt zuzuordnen.

Johannes Vopel

1721 nach Ungarn (Quelle: HSTAD/ a u. j).

Abkürzungen:

HSTAD: Hess. Staatsarchiv Darmstadt
DLU: Heinrich Heimler; Deutsches Luthertum in Ungarn
HATBS: Johann Schmidt; Hess. Auswanderer nach den Komitaten T., B., S.
SWO: Johann Wolf; Sammlung von Kirchenbuchauszügen

[91] Anton Reimann, in: Auswanderungen in hessischen Territorien nach Südosteuropa im 18. u. 19. Jh., Griesheim 1985

Johann Moock
Mit Ehefrau Anna Margarethe, zwischen 1721 und 1723 nach Kalazno/Ungarn, 1727 wird seine Tochter dort konfirmiert [Quelle: HSTAD/a].

Johannes Schneider
Sohn des Johann Peter Schneider und der Anna Maria. (Anm.: Nach Ungarn zwischen 1764 und 1767) Er heiratete in Kistormåz/Ungarn am 5.6.1767 Anna Maria Braun von Angersbach [Quelle: HSTAD/j; DLU; HATBS; SWO].

Anna Margaretha Wegfahrt
Heiratete am 12.6.1762 Dieter Johann Varsád in Ungarn (Anm: In Schwarz wurden je eine Anna Maria Wegfahrt am 21.11.1727 und am 11.11.1729 geboren.) [Quelle: HSTAD/a; HATBS]

Die Auswanderung nach Rußland

Johann Jacob Ruppel von Schwarz und Anna Elisabetha Ubrig von Rainrod wanderten am 12. April 1766 (nach einem Verzeichnis im Pfarrarchiv der Pfarrei Hopfgarten) nach Rußland aus. Aus dem Kreis Alsfeld waren es in diesem Jahr 16 Familien. Damals galt Rußland als das gesegnete Land, in dem sich für fleißige und strebsame Menschen ein besseres Fortkommen bot. Für die Kolonisation in Rußland kamen in erster Linie die verheirateten Personen in Frage.

Bedingt durch die wirtschaftlichen und politischen Verhältnisse wendeten somit viele junge Menschen, die hier keine Zukunft mehr sahen, dem Vaterland den Rücken zu. Sie hofften, sich und ihre Familien anderswo leichter und besser ernähren zu können.

Über die seltsame Abwanderung eines Familienzweiges der Ruppel und das plötzliche Wiedererscheinen der Nachfahren siehe Kapitel ›Namen, Familien, Geschlechter‹ (Seite 396).

Bevölkerungsbewegungen

Im Laufe der Menschheitsgeschichte gab es schon immer größere Bewegungen in der Bevölkerung. Denken wir an die große Völkerwanderungszeit um 375 n. Chr., die ganze Volksstämme in Europa umherziehen ließ oder an die Massenfluchten im heutigen Afrika und Jugoslawien. Am Übergang vom Mittelalter zur Neuzeit besiedelten die Ritter aus Mitteleuropa das Baltikum. Auch von den Herrn v. Liederbach, unseren ehemaligen Gerichtsherren, zog es einen nach Livland (Baltische Landschaft). Gegen Mitte des 18. Jahrhunderts ließen sich Personen nach Rußland, in Ungarn und im Banat anwerben, wo sie als Kolonisten das Land bearbeiteten. Doch die größten Wanderungsbewegungen erfuhr unsere Heimat in den letzten zweihundert Jahren. In den 20er Jahren des vorigen Jahrhunderts begannen die Auswanderungen nach Amerika, die sich bei uns von 1837 bis 1857 und von 1872 bis 1890 in großen Schüben auszeichneten.

Durch die vorausgegangenen Kriege und die damit verbundenen Kontributionen und Belastungen, durch Mißernten und Verderbnis von Lagerfrüchten war die Bevölkerung verarmt. Dazu kam die Ablösung der grundherrlichen Gefälle und die damit einhergehende Allodifizierung des Grundbesitzes (siehe oben). Durch vereidigte Güterschätzer für Gebäude und Grundstücke wurden die Grundwerte ermittelt. Die bisherigen Naturalabgaben wurden in Geldmittel umgewandelt und durch Zusammenlegung, Vervielfältigung und Mittlung aller Werte wurde eine Ablösesumme errechnet, womit die bisherigen Besitzer einer Liegenschaft, ob Häuschen, Hofgut oder Mühle nun durch Kauf Eigentümer werden konnten. Der größte Teil der Bevölkerung besaß jedoch nicht die finanzielle Kraft, das Angebot anzunehmen. Entweder sie überschuldeten sich oder sie gaben ihr Anwesen auf und wanderten aus. Besitzende, die während der Franzosenkriege die Gemeinde noch mit Darlehen unterstützt hatten, waren plötzlich bettelarm geworden. Die politischen Verhältnisse waren für viele erdrückend. Die neuen Perspektiven, die in Amerika geboten und durch im Lande herumziehende Werber angepriesen wurden, nahmen Taglöhner, Handwerker, Ackerleute und Müller an, und sie wagten die Reise ›über den großen Teich‹.

Ein trauriges Kapitel unserer Geschichte ist die Vertreibung der Ost- und Sudetendeutschen Landsleute aus ihrer Heimat nach dem letzten Kriege. Auch noch über 50 Jahre nach Flucht und Vertreibung versuchen manche Historiker die Hintergründe über diese große Tragödie und die größte Völkerwanderung aller Zeiten, die überwiegend den Osteuropäischen Raum erfaßte, zu erforschen und zu begründen.

Es ist unanzweifelbar, daß die Angriffskriege Hitlers die Voraussetzungen für das Leid vieler Menschen schufen. Menschlichkeit wird in keinem Krieg großgeschrieben. Doch es muß auch erwähnt werden, daß von den Alliierten, im Osten wie im Westen, oft mit blindem Haß zurückgeschlagen wurde. Und wie immer trifft es meistens die Unschuldigen, Frauen und Kinder.

Die Heimatvertriebenen in Schwarz

Es sei dem Leser überlassen, sich mit diesengeschichtlichen Ereignissen weiter auseinanderzusetzen. Zum tieferen Einstieg in dieses Thema wird somit auf weiterführende Literatur verwiesen. In diesem Buch kann aus Platzgründen nur gezeigt werden, welche Personen in den Kriegs- und Nachkriegswirren nach Schwarz gekommen sind, hier teilweise ansässig wurden oder auch weiterzogen.

Tabelle 17: Die Ausgebombten und Heimatvertriebenen in den Kriegs- und Nachkriegsjahren. (unten und folgende Seiten)

Name	Daten	letzter Wohnort	Wohnung hier	seit
Albrecht, Augusta	1896	Komotau	Rainröder Weg 20	30.06.46
Alscher, Anton	1909	Wermsdorf, Wehrmacht	Kleinfeldweg 9	unbek.
Alscher, Emilie	1907	Wermsdorf/Mähr. Schönberg	Kleinfeldweg 9	06.09.46
Alscher, Maria	1934	Wermsdorf/Mähr. Schönberg	Kleinfeldweg 9	06.09.46
Alscher, Rudolf	1937	Wermsdorf/Mähr. Schönberg	Kleinfeldweg 9	06.09.46
Beyerl, Johann	1908	Oberlohma/Eger	Rainröder Weg 39	15.06.46
Beyerl, Marianne	1911	Oberlohma/Eger	Rainröder Weg 39	15.06.46
Berend, Willi	1905	Plau, Borsigwalde, Wehrm.	Alsfelder Str. 2	30.03.50
Berend, Gertrud	1911	Ostpreußen, Sudetenl., Thalgau/Ö.	Udenhäuser Str. 8	26.10.45
Berend, Jürgen	1936	Ostpreußen, Sudetenl., Thalgau/Ö.	Udenhäuser Str. 8	26.10.45
Berend, Hans	unbek.	Ostpreußen, Sudetenl., Thalgau/Ö.	Udenhäuser Str. 8	26.10.45
Berend, Edeltraud	Kind	Ostpreußen, Sudetenl., Thalgau/Ö.	Udenhäuser Str. 8	26.10.45
Blieberger, Helene	1921	Andreashütte, Salzburg/ Östereich	Alsfelder Str. 2.	26.10.45
Blume, Erika	1934	Niedewitz, Schwiebus, Hüttau	Rainröder Weg	Okt. 45
Böhm, Josef	1899	Großwöhlen/Teschen	Udenhäuser Str. 6	28.05.46
Böhm, Marie	1901	Großwöhlen/Teschen	Udenhäuser Str. 6	28.05.46
Böhm, Heribert	1929	Großwöhlen/Teschen	Udenhäuser Str. 6	28.05.46
Böhm, Erich	1934	Großwöhlen/Teschen	Udenhäuser Str. 6	28.05.46
Böhm, Gerlinde	1937	Großwöhlen/Teschen	Udenhäuser Str. 6	28.05.46
Böhme, Marie	1888	Oberlohma/Eger	Leimelbachweg 12	15.06.46
Böhme, Otto	1921	Oberlohma/Eger	Leimelbachweg 12	15.06.46
Böhme, Eugenie M.	1918	Oberlohma/Eger	Leimelbachweg 12	15.06.46
Böhringer, Helene	1882	Stuttgart, Gießen	Alsfelder Str. 22	08.12.44
Bolzenkötter, Heinr.	unbek.	unbek.	Alsfelder Str. 23	unbek.
Bolzenkötter, Emma	unbek.	unbek.	Alsfelder Str. 23	unbek.
Brix, Hildegard	1905	Mährisch Trübau	Bahnhofstr. 3	29.04.46
Brix, Margit	Kind	Mährisch Trübau	Bahnhofstr. 3	29.04.46
Brix, Peter	Kind	Mährisch Trübau	Bahnhofstr. 3	29.04.46
Brix, Hannelore	Kind	Mährisch Trübau	Bahnhofstr. 3	29.04.46
Breitschädel, Gust.	1895	Wermsdorf/Mähr. Schönberg	Sackgasse 6	06.09.46

Name	Daten	letzter Wohnort	Wohnung hier	seit
Breitschädel, Marie	1894	Wermsdorf/Mähr. Schönberg	Sackgasse 6	06.09.46
Breitschädel, Alfred	1929	Wermsdorf/Mähr. Schönberg	Sackgasse 6	06.09.46
Breitschädel, Anna	1924	Wermsdorf/Mähr. Schönberg	Sackgasse 6	06.09.46
Breitschädel, Friedl	1946	Wermsdorf/Mähr. Schönberg	Sackgasse 6	06.09.46
Brosch, Marie	1882	Ob. Schossenreuth/Eger	Rainröder Weg 13	15.06.46
Brünnler, Eduard	1910	Udwitz/Komotau	Rainröder Weg 10	18.04.47
Burkl, Kath.	1897	Grünlas/Elbogen	Udenhäuser Str. 5	25.05.46
Burkl, Otto	1929	Grünlas/Elbogen	Udenhäuser Str. 5	05.07.46
Burkl, Elisabeth	Frau	Grünlas/Elbogen	Udenhäuser Str. 5	unbek.
Burkl, Waldemar	Kind	Grünlas/Elbogen	Udenhäuser Str. 5	unbek.
Burdack, Elisabeth	1930	Krunow, Krossen, Frankfurt/Oder	Udenhäuser Str. 33	02.01 47
Clemens, Minna	unbek.	Mährisch Trübau	Alsfelder Straße	29.04.46
Deistler, Otto	1883	Ob. Schossenreuth/Eger	Rainröder Weg 13	15.06.46
Deistler, Marie	1888	Ob. Schossenreuth/Eger	Rainröder Weg 13	15.06.46
Deistler, Marie	1910	Ob. Schossenreuth/Eger	Rainröder Weg 13	15.06.46
Deistler, Paula	1921	Ob. Schossenreuth/Eger	Rainröder Weg 13	15.06.46
Deistler, Georg	1922	Ob. Schossenreuth/Eger	Rainröder Weg 13	15.06.46
Deistler, Nikolaus	1885	Ob. Schossenreuth/Eger	Alsfelder Str. 10	15.06.46
Deistler, Ernst	Kind	Ob. Schossenreuth/Eger	Alsfelder Str. 10	15.06.46
Deistler, Elfriede	1931	Eger	Kleinfeldweg 1	15.06.46
Dittrich, Anton	unbek.	unbek.	Sackgasse 7	unbek.
Dittrich, Paula	unbek.	unbek.	Sackgasse 7	unbek.
Dittrich, Walter	unbek.	unbek.	Sackgasse 7	unbek.
Dittrich, Eduard	unbek.	unbek.	Sackgasse 7	unbek.
Dittrich, Franz	unbek.	unbek.	Sackgasse 7	unbek.
Dittrich, Traudel	unbek.	unbek.	Sackgasse 7	unbek.
Döllinger, Christ.	unbek.	unbek	Leimelbachweg 6	unbek.
Döllinger, Marg.	unbek.	unbek.	Leimelbachweg 6	unbek.
Döllinger, Irmtraud	unbek.	unbek.	Leimelbachweg 6	unbek.
Donig, Franziska	1871	Bladensdorf/Mähr. Schönberg	Sackgasse 6	06.09.46
Dumin, Josef	1910	Dortmund, Salzburg/Österreich	Bahnhofstr. 7	26.10.45
Dumin, Marie	1918	Seekirchen/Österreich	Bahnhofstr. 7	26.10.45
Dumin, Manfred	Kind	unbek.	unbek.	unbek.
Ebel, Friedolin	1934	Lubowitz, Pisen, Bayern	Rainröder Weg 13	24.06.47
Etter, Elsa	1895	Frankfurt/M (1944)	In der Hohl 3	16.04.44
Esching, Elisabeth	1915	Alt Ebersdorf/Freudenthal	Rainröder Weg 11	11.03.46
Fey, Karl	1916	Leusel (Bahnhofsvorst.)	Bahnhof	15.10.45
Fey, Maria	1916	Leusel (Bahnhofsvorst.)	Bahnhof	15.10.45
Fey, Ingeborg	Kind	Leusel (Bahnhofsvorst.)	Bahnhof	15.10.45
Fey, Lothar	Kind	Leusel (Bahnhofsvorst.)	Bahnhof	15.10.45
Findel, Martha	1899	Schwerin, Falkensee	Alsfelder Str. 4	23.10.45
Findel, Heinz	1922	Schwerin, Hämelerw./Peine	Alsfelder Str. 4	10.11.47
Fischbach, Anton	1907	Elbogen	Hühnerecke 7	24.10.46
Fischbach, Antonia	1904	Elbogen	Hühnerecke 7	24.10.46
Fischbach, Gerhard	1933	Elbogen	Hühnerecke 7	24.10.46
Fischbach, Horst	Kind	Elbogen	Hühnerecke 7	24.10.46
Fischer, Helmut	1923	Aussig	Alsfelder Str. 33	16.02.48
Freyer, Berta	1879	Komotau	Bahnhofstraße 5	03.06.46
Freyer, Emil	1900	Komotau	Bahnhofstraße 5	03.06.46
Freyer, Marie	1898	Komotau	Bahnhofstraße 5	03.06.46
Freyer, Bertl	1920	Komotau	Bahnhofstraße 5	03.06.46
Freyer, Edeltraud	1926	Komotau	Bahnhofstraße 5	03.06.46
Freyer, Inge	Kind	Komotau	Bahnhofstraße 5	03.06.46
Franke, Ulrich	1921	Berlin, Wehrm., Renzendorf	Alsfelder Str. 4	14.03.46
Freund, Elisabetha	1920	Rauden/Neusalz Oder	Alsfelder Str. 32	15.08.45
Freund, Dieter	unbek.	unbek.	unbek.	unbek.
Friedl, Willi	1924	Mährisch Trübau/Wermsdorf	unbek	1946
Gamisch, Anna	1896	Komotau	Rainröder Weg 10	03.06.46
Gamisch, Josef	1928	Komotau	Rainröder Weg 10	03.06.46
Gamisch, Milada	1930	Komotau	Rainröder Weg 19	03.06.46
Gaudl, Oskar	1916	Komotau, Gefangenschaft	Rainröder Weg 29	19.01.48
Gaudl, Ida	1918	Komotau, Gefangenschaft	Rainröder Weg 36	03.06.46
Gebauer, Auguste	1882	Groß Herrlitz	Alsfelder Str. 13	11.03.46
Gebauer, Helmut	1934	Groß Herrlitz	Wiesenweg 8	11.03.46
Giskes, Peter	1886	Mährisch Trübau	Alsfelder Str. 21	29.04.46
Giskes, Anna	1891	Mährisch Trübau	Alsfelder Str. 21	29.04.46
Günther, Heinrich	1885	Elbogen/Sudetenland	Grebenauer Str. 12	25.05.46
Günther, Franziska	1896	Elbogen/Sudetenland	Grebenauer Str. 12	25.05.46
Günther, Erna	1927	Elbogen/Sudetenland	Grebenauer Str. 12	25.05.46

Name	Daten	letzter Wohnort	Wohnung hier	seit
Hahn, Emilie	1900	Elbogen/Sudetenland	Bahnhof	28.05.46
Hamp, Johann	1892	Wermsdorf/Mähr. Schönberg	Alsfelder Str. 9	05.09.46
Hamp, Anna	1889	Wermsdorf/Mähr. Schönberg	Alsfelder Str. 9	05.09.46
Hamp, Anna	1921	Wermsdorf/Mähr. Schönberg	Alsfelder Str. 7	05.09.46
Hamp, Heinz	1944	Wermsdorf/Mähr. Schönberg	Alsfelder Str. 7	05.09.46
Hamp, Marie	1922	Wermsdorf/Mähr. Schönberg	Alsfelder Str. 7	05.09.46
Hamp, Herbert	1944	Wermsdorf/Mähr. Schönberg	Alsfelder Str. 7	05.09.46
Haschler, Rudolf	1915	Niemes/Sudet., Gefangensch.	Hühnerecke 15	08.05.47
Heger, Adolf	1904	Unter-Heinzendorf/Hohenst.	Rainröder Weg 11	31.08.46
Heger, Aloisia	1900	Unter-Heinzendorf/Hohenst.	Rainröder Weg 11	31.08.46
Huischil, Hans	1915	Politz, Kralupp, Gerstungen	Udenhäuser Str.	12.04.51
Herget, Karl	1898	Elbogen	Hühnerecke 11	25.05.46
Herget, Marie	1902	Elbogen	Hühnerecke 11	25.05.46
Herget, Rudolf	1925	Elbogen	Hühnerecke 11	25.05.46
Herget, Josef	1927	Elbogen	Hühnerecke 11	25.05.46
Hohler, Werner	1912	Großholletitz, Wehrmacht	Rainröder Weg 19	26.09.47
Hornig, Paul	1891	Sprottau, Schwerin	Rainröder Weg 25	1956
Hornig, Martha	1894	Sprottau, Schwerin	Rainröder Weg 25	1956
Huyer, Emilie	1881	Bergesgrün/Sudetenland	Lauterbacher Weg 5	03.06.46
Huyer, Ferdinand	1945	Bodenbach, Komotau	Hühnerecke 4	03.06.48
Illig, Wilhelm	unbek.	Berlin, Frankfurt/Oder	Rainröder Weg 41	unbek.
Illig, Elisabeth	unbek.	Berlin, Frankfurt/Oder	Rainröder Weg 41	unbek.
Illig, Erika	Kind	Berlin, Frankfurt/Oder	Rainröder Weg 41	unbek.
Jäger, Otto	1895	Rodenbach, Wehrmacht	Hühnerecke 4	März 48
Jäger, Emilie	1916	Bodenbach, Komotau	Hühnerecke 4	03.06.48
Jarmer, Marie	1877	Mährisch Trübau	Grebenauer Str. 11	27.04.46
Jarmer, Viktor	1904	Mährisch Trübau, Wehrmacht	Grebenauer Str. 11	24.10.47
Jarmer, Franziska	1906	Mährisch Trübau	Grebenauer Str. 11	27.04.46
Jarmer, Johanna	Kind	Mährisch Trübau	Grebenauer Str. 11	27.04.46
Jarmer, Ilse	Kind	Mährisch Trübau	Grebenauer Str. 11	27.04.46
Kapinus, Anton	1884	Mährisch Trübau	Alsfelder Str. 6	27.04.46
Kapinus, Franziska	1897	Mährisch Trübau	Alsfelder Str. 6	27.04.46
Kapinus, Karl	1927	Mährisch Trübau	Alsfelder Str. 6	27.04.46
Kapinus, Otto	1916	Altwasser, Mähr. Trübau	Schule, Alsfelder Str. 3	27.04.46
Kapinus, Emma	1924	Altwasser, Mähr. Trübau	Schule, Alsfelder Str. 3	27.04.46
Kapinus, Günter	Kind	Altwasser, Mähr. Trübau	Schule, Alsfelder Str. 3	27.04.46
Kaufmann, Bruno	1907	Neutitschein, Jägerndorf	Alsfelder Str. 5	14.09.46
Kaufmann, Emma	1921	Stiepanau/Mähr. Schönberg	Alsfelder Str. 5	13.09.46
Kaufmann, Gerhard	1933	Neutitschein, Westheim/Bay.	Alsfelder Str. 5	02.09.47
Kautetzky, Julius	unbek.	unbek.	Hühnerecke 4	unbek.
Kautetzky, Anna	unbek.	unbek.	Hühnerecke 4	unbek.
Kessler, Hedwig	1890	Mährisch Trübau	Bahnhofstraße 3	29.04.46
Klar, Auguste	1924	Stiepanau/Mähr. Schönberg	Alsfelder Str. 20	01.01.50
Klement, Wilhelmine	1909	Blosdorf/Mähr. Trübau	Alsfelder Str. 2	27.04.46
Klier, Anton	1897	Nonnengrün/Sudetenland	Rainröder Weg 11	Sept. 46
Körner, Rudolf	1911	Rudolstadt	Rainröder Weg 4	26.11.46
Körner, Marie	1910	Rudolstadt	Rainröder Weg 4	26.11.46
Körner, Werner	Kind	Rudolstadt	Rainröder Weg 4	26.11.46
Konhäuser, Georg	1899	Nonnengrün/Sudetenland	Udenhäuser Str. 13	17.06.46
Konhäuser, Elsa	1900	Nonnengrün/Sudetenland	Udenhäuser Str. 13	17.06.46
Konhäuser, Adolf	1921	Nonnengrün/Sudetenland	Udenhäuser Str. 13	17.06.46
Konhäuser, Anna	1927	Nonnengrün/Sudetenland	Udenhäuser Str. 13	17.06.46
Kohlbeck, Sonja	1928	Komotau	Alsfelder Str .6	Sept. 46
Kolbeck, Franz	unbek.	unbek.	Sackgasse 6	unbek.
Kolbeck, Hermine	unbek.	unbek.	Sackgasse 6	unbek.
Kolbeck, Franz	unbek.	unbek.	Sackgasse 6	unbek.
Kolbeck, Ingrid	unbek.	unbek.	Sackgasse 6	unbek.
Kosytorz, Elfriede	1923	Andreash., Braunau, Salzburg	Alsfelder Str. 2	26.10.45
Kosytorz, Maria	unbek.	Andreash., Braunau, Salzburg	Alsfelder Str. 2	26.10.45
Kotek, Herbert	1926	Braunau/Tsch., Gefangensch.	unbek.	03.04.48
Kramm, Max	1878	Schwiebus, Hüttau/Österr.	unbek.	27.10.45
Kramm, Frieda	1891	Schwiebus, Hüttau/Österr.	unbek.	27.10.45
Krader, Georg	1880	Oberlohma/Eger	Kleinfeldweg 9	15.06.46
Krader, Rosa	1882	Oberlohma/Eger	Kleinfeldweg 9	15.06.46
Krader, Anna	1907	Elbogen	Kleinfeldweg 9	25.05.46
Krainhöfer, Anna	1870	Oberlohma/Eger	Rainröder Weg 27	15.06.46
Krainhöfer, Marg.	1902	Franzensbad, Oberlohma	Rainröder Weg 27	15.06.46
Krainhöfer, Josef	1904	Franzensbad, Oberlohma	Rainröder Weg 27	15.06.46
Krainhöfer, Johanna	1911	Franzensbad, Oberlohma	Rainröder Weg 27	15.06.46

Name	Daten	letzter Wohnort	Wohnung hier	seit
Krassler, Josefa	1918	Mährisch Schönberg	Leimelbachweg 3	06.09 46
Kratzer, Johann	1908	Elbogen/Eger, Soldat	Kleinfeldweg 9	19.12.47
Kratzer, Anna	unbek.	Elbogen/Eger, Soldat	Kleinfeldweg 9	26.05.46
Kratzer, Gertrude	1932	Elbogen/Eger, Soldat	Kleinfeldweg 9	26.05.46
Kratzer, Roland	1933	Elbogen/Eger, Soldat	Kleinfeldweg 9	26.05.46
Kratzer, Gerlinde	Kind	Elbogen/Eger, Soldat	Kleinfeldweg 9	26.05.46
Kratzer, Gerhard	Kind	Elbogen/Eger, Soldat	Kleinfeldweg 9	26.05.46
Kratzer, Horst	Kind	Elbogen/Eger, Soldat	Kleinfeldweg 9	26.05.46
Kcusak, Rita	unbek.	unbek.	Alsfelder Str. 2	unbek.
Kügler, Johann	1889	Groß Herrlitz	Hühnerecke 8	11.03.46
Kügler, Anna	1886	Groß Herrlitz	Hühnerecke 8	11.03.46
Kügler, Gisela	Kind	Groß Herrlitz	Hühnerecke 8	11.03.46
Krumpholz, Josef	1910	Spachendorf/Breidenthal	Rainröder Weg 17	27.03.48
Krumpholz, Marie	1917	Spachendorf/Breidenthal	Rainröder Weg 17	11.03.46
Krumpholz, Edeltr	Kind	Spachendorf/Breidenthal	Rainröder Weg 17	11.03.46
Krumpholz, Erna	Kind	Spachendorf/Breidenthal	Rainröder Weg 17	11.03.46
Krumpholz, Gerlinde	Kind	Spachendorf/Breidenthal	Rainröder Weg 17	11.03.46
Kutz, Artur	1925	Kräuterwiese Goldap/Ostpr.	Grebenauer Str. 1	25.05.46
Lehner, Margarete	1905	Frankfurt/Main	Rainröder Weg 13	01.07.44
Lehner, Hans	1935	Frankfurt/Main	Rainröder Weg 13	06.06.44
Lehner, Manfred	1938	Frankfurt/Main	Rainröder Weg 13	06.06.44
Linke, Erich	1915	Böhmisch Leipa	Udenhäuser Str. 14	03.06.46
Linke, Bruno	1926	Böhmisch Leipa	Rainröder Weg 49	14.12.48
Lang, Emma	1920	Gießen	unbek.	01.05.42
Langer, Josefa	1871	Wermsdorf	Leimelbachweg 3	06.09.46
Pfarrer Langer	1913	Gießen, Schwarz, † im Krieg	Alsfelder Str. 22	1938
Langer, Gertrud	1913	Gießen	Alsfelder Str. 22	April 39
Langer, Waltraud	Kind	Gießen	Alsfelder Str. 22	April 39
Langer, Hannelore	Kind	Gießen	Alsfelder Str. 22	April 39
Lauschner, Erna	1928	Wolfskirch/Breslau	Bahnhofstr. 4	06.05,51
Lewerentz, Marg.	1891	Gelsenkirchen	Alsfelder Str.	16.02.45
Lubig, Lucie	1922	Eintrachtshütte, Rauden	Alsfelder Str. 32	17.09.45
Lubig, Elisabeth	1920	Eintrachtshütte, Rauden	Alsfelder Str. 32	15.08.45
Löw, Emma	1912	Karlsbad, Oberschossenreuth	Alsfelder Str. 21	15.06.46
Löw, Erich	Kind	Karlsbad, Oberschossenreuth	Alsfelder Str. 21	15.06.46
Löw, Erika	Kind	Karlsbad, Oberschossenreuth	Alsfelder Str. 21	15.06.46
Löw, Herta	Kind	Karlsbad, Oberschossenreuth	Alsfelder Str. 21	15.06.46
Losert, Wilhelm	1867	Koschendorf/Freudenthal	Grebenauer Str. 1	11.03.46
Losert, Egon	1909	Groß Herrlitz/Troppau	Grebenauer Str. 1	11.03.46
Losert, Hedwig	1909	Groß Herrlitz/Troppau	Grebenauer Str. 1	11.03.46
Losert, Ingrid	Kind	Groß Herrlitz/Troppau	Grebenauer Str. 1	11.03.46
Losert, Helga	Kind	Groß Herrlitz/Troppau	Grebenauer Str. 1	11.03.46
Losert, Erna	Kind	Groß Herrlitz/Troppau	Grebenauer Str. 1	11.03.46
Losert, Edgar	Kind	Groß Herrlitz/Troppau	Grebenauer Str. 1	11.03.46
Manka, Elfriede	1923	Andreashütte	Alsfelder Str. 2	Okt. 45
Mansky, Johann	1916	Ratkau/Troppau, Soldat	Alsfelder Str. 10	28.11.45
Merle, Günter	1926	Frankfurt/Main	Alsfelder Str. 5	1944
Merle, Elise	unbek.	Frankfurt	Alsfelder Str. 5	1944
Merten, Albine	1878	Saaz/Eger	Leimelbachweg. 5	03.06.46
Michanikl, Josef	1912	Komotau	Grebenauer Str. 21	06.08.47
Michanikl, Hilde	1911	Komotau	Grebenauer Str. 21	03.06.46
Michanikl, Marg.	1932	Komotau	Grebenauer Str. 21	03.06.46
Michanikl, Kath.	unbek.	Komotau	Grebenauer Str. 21	03.06.46
Michanikl, Walter	Kind	Komotau	Grebenauer Str. 21	03.06.46
Michanikl, Hans	Kind	Komotau	Grebenauer Str. 21	03.06.46
Michanikl, Heinz	Kind	Komotau	Grebenauer Str. 21	03.06.46
Michankil, Kurt	Kind	Komotau	Grebenauer Str. 21	03.06.46
Michanikl, Monika	Kind	Komotau	Grebenauer Str. 21	03.06.46
Müller, Anna	1883	Niederholtisch, Zwittau	Bahnhofstr. 6	25.06.46
Nahrgang, Wilhelm	1878	Frankfurt/Main	Alsfelder Str. 16	01.08.42
Nahrgang, Elisab.	1880	Frankfurt/Main	Alsfelder Str. 16	01.08.42
Neidhart, Frieda	1892	Oberlohma/Eger	Rainröder Weg 29	15.06.46
Neidhart, Rosa	unbek.	Oberlohma/Eger	Rainröder Weg 29	15.06.46
Neidhart, Ingeborg	unbek.	Oberlohma/Eger	Rainröder Weg 29	15.06.46
Neugebauer, Erich	1924	Seifersdorf, Jägersdorf/Trp.	Bahnhofstr.	13.07.46
Neumann, Alex	1909	Mährisch Altstadt	Grebenauer Str. 7	16.09.46
Neutzner, Auguste	1896	Kunzendorf/Mähr. Schönberg	Alsfelder Str. 20	16.09.46
Neutzner, Emma	1921	Stiepanau/Mähr. Schönberg	unbek.	14.09.46
Opitz, Arno	1889	Vallendar, Interniert in Diez/L.	Leimelbachweg 10	22.03.45

Name	Daten	letzter Wohnort	Wohnung hier	seit
Opitz, Erna	1894	Vallendar/Koblenz	Leimelbachweg 10	12.03.45
Opitz, Karl Heinz	1922	Vallendar, Kiel, Wehrmacht	Leimelbachweg 10	25.12.47
Opitz, Ruth	1925	Vallendar	Leimelbachweg 10	12.03.45
Paul, Oswald	1911	Komotau. Wehrmacht	Hühnerecke 15	04.10.48
Paul, Martha	1910	Bergesgrün, Komotau	Hühnerecke 15	03.06.46
Paul, Margita	Kind	Bergesgrün, Komotau	Hühnerecke 15	03.06.46
Paul, Sigrid	Kind	Bergesgrün, Komotau	Hühnerecke 15	03.06.46
Pavel, Paul	1928	Praukau/Schlesien	Alsfelder Str. 7	27.03.47
Pflughaupt, Otto	1883	Bad Homburg, Mainz	Hühnerecke 1	05.03.45
Pflughaupt, Kath.	1882	Alzey, Mainz	Hühnerecke 1	05.03.45
Polack, Franz	1882	Unterheinzendorf/Troppau	Rainröder Weg 25	31.08.46
Polack, Aloisia	1882	Unterheinzendorf/Troppau	Rainröder Weg 25	31.08.46
Polack, Marie	1910	Unterheinzendorf/Troppau	Rainröder Weg 25	31.08.46
Polack, Elisabeth	1923	Unterheinzendorf/Troppau	Rainröder Weg 25	31.08.46
Prix, Anna	1915	Oberlohma/Eger	Rainröder Weg 23	15.06.46
Prix, Georg	1932	Oberlohma/Eger	Rainröder Weg 23	15.06.46
Prix, Adolf	1939	Oberlohma/Eger	Rainröder Weg 23	15.06.46
Prokesch, Amalie	1880	Glaselsdorf, Mähr. Trübau	Alsfelder Str. 2	27.04.46
Prokesch, Marg.	1906	Petschau, Mähr. Trübau	Alsfelder Str. 2	27.04.46
Prosch, Marie	unbek.	unbek.	Rainröder Weg 13	unbek.
Prüfer, Gertrud	1916	Stettin	Udenhäuser Str. 15	27.10.45
Przybilla, Max	1908	Bolko/Oppelen, Hallein	Udenhäuser Str. 24	26.10.45
Puchner, Willibald	1911	Komotau, interniert i. Brandenb.	Alsfelder Str. 40	21.02.49
Puchner, Anna	1912	Komotau	Alsfelder Str. 40	03.06.46
Puchner, Helmut	Kind	Komotau	Alsfelder Str. 40	03.06.46
Ramisch, Franz	1897	unbek.	unbek.	unbek.
Ramisch, Hermine	1900	unbek.	unbek.	unbek.
Rasumowsky, Georg	1923	Wilna/Litauen	Udenhäuser Str. 5	02.07.46
Reimann, Wilma	1918	Groß Herrlitz	Alsfelder Str. 7	10.03.46
Reinelt, Josef	1899	Mährisch Trübau	Udenhäuser Str. 31	27.04.46
Reinelt, Marie	1901	Mährisch Trübau	Udenhäuser Str. 31	27.04.46
Rekitt, Willy	1909	Tollmingen/Ostpr.	Udenhäuser Str. 6	20.03.46
Rekitt, Johanna	1913	Tollmingen/Ostpr.	Udenhäuser Str. 6	29.01.46
Rekitt, Agnes	1937	Tollmingen/Ostpr.	Udenhäuser Str. 6	29.01.46
Rekitt, Giesela	1939	Tollmingen/Ostpr.	Udenhäuser Str. 6	29.01.46
Reschnar, Aloisia	1880	Groß Herrlitz	Grebenauer Str. 7	11.03.46
Reschnar, Josef	1880	Groß Herrlitz	Grebenauer Str. 7	11.03.46
Richter, Anna	1908	Mährisch Trübau	Grebenauer Str. 9	27.04.46
Richter, Barbara	unbek.	unbek.	unbek.	unbek.
Richter, Peter	unbek.	unbek.	unbek.	unbek.
Riedel, Otto	1901	Groß Herrlitz	Alsfelder Str. 34	12.08.46
Riedel, Marie	1907	Groß Herrlitz	Alsfelder Str. 34	12.08.46
Riedel, Margith	1929	Groß Herrlitz	Grebenauer Str. 21	12.08.46
Riedel, Erika	Kind	Groß Herrlitz	Grebenauer Str. 21	12.08.46
Riedel, Günther	Kind	Groß Herrlitz	Grebenauer Str. 21	12.08.46
Rössler, Nikolaus	unbek.	unbek.	Grebenauer Str. 7	unbek.
Ruden, Karl Friedr.	1909	Wienen/Pommern, Wehrmacht	unbek.	03.04.48
Rustler, Wolfgang	1869	Oberlosau	Kleinfeldweg 12	15.06.46
Rustler, Anna	1872	Oberlosau	Kleinfeldweg 12	15.06.46
Sahnau, Hermann	1884	Matzhausen/Ostpreußen	Udenh. Str. 6	23.11.45
Sahnau, Emma	1891	Matzhausen/Ostpreußen	Udenh. Str. 6	23.11.45
Schermer, Josefine	unbek.	unbek.	Hühnerecke 6	unbek.
Schermer, Horst	unbek.	unbek.	Hühnerecke 6	unbek.
Schermer, Alfred	unbek.	unbek.	Hühnerecke 6	unbek.
Scheinkönig, Marie	1876	Oberlohma	Rainröder Weg 23	15.06.46
Scheinkönig, Antie	1901	Oberlohma	Rainröder Weg 23	15.06.46
Schierz, Alfred	1915	Rudolstadt/Thüringen	Rainröder Weg 38	07.12.46
Schindler, Helmut	1905	Wilsdruff/Meißen, Wehrmacht	unbek.	06.05.49
Schindler, Walter	1910	Zossen/Freudenthal	Alsfelder Str. 7	01.04.48
Schindler, Elisab	1913	Groß Herrlitz	Alsfelder Str. 7	10.03.46
Schindler, Herbert	Kind	Groß Herrlitz	Alsfelder Str. 7	10.03.46
Schindler, Heinz	Kind	Groß Herrlitz	Alsfelder Str. 7	10.03.46
Schmidt, Artur	1909	Erfurt, Wehrmacht	Kleinfeldweg 7	1946
Schmidt, Lina	1916	Erfurt	Kleinfeldweg 7	1943
Schmidt, Irmtraud	1940	Erfurt	Kleinfeldweg 7	1943
Schmidt, Anna	1912	Elbogen	Udenhäuser Str. 23	25.05.46
Schmidt, Horst	Kind	Elbogen	Udenhäuser Str. 23	25.05.46
Schmidt, Erika	Kind	Elbogen	Udenhäuser Str. 23	25.05.46
Schmied, Franz	1875	Komotau	Hühnerecke 22	03.06.46

Name	Daten	letzter Wohnort	Wohnung hier	seit
Schmied, Berta	1879	Komotau	Hühnerecke 22	03.06.46
Schneider, Josef	1885	Groß Herrlitz/Troppau	Alsfelder Str.	11.03.46
Schnürch, Marie	1874	Groß Herrlitz	Haus Nr. 1 (?)	11.03.46
Schöttler, Johanna	1915	Offenbach/Main	Alsfelder Str. 2	01.03.44
Schöttler, Lothar	unbek.	Offenbach/Main	Alsfelder Str. 2	01.03.44
Schütz, Heinrich	unbek.	Böhmisch Leipa, Wehrmacht	unbek.	unbek.
Schütz, Hildegard	1923	Böhmisch Leipa, Audenheim	Udenhäuser Str. 30	01.02.48
Schütz, Hanni	Kind	Böhmisch Leipa, Audenheim	Udenhäuser Str. 30	01.02.48
Schubert, Hildegard	1920	Böhm. Leipa, Kossdorf/Sachs.	Udenhäuser Str. 30	05.08.46
Sehrig, Karl	1881	Komotau, Köthen, Eisennach	Rainröder Weg 39	15.02.47
Singbartl, Hermann	1908	Elbogen/Karlsbad	Alsfelder Str. 20	25.05.48
Singbartl, Rosa	1914	Elbogen/Karlsbad	Alsfelder Str. 20	25.05.46
Singbartl, Hermann	1932	Elbogen/Karlsbad	Alsfelder Str. 20	25.05.46
Singbartl, Horst	Kind	Elbogen/Karlsbad	Alsfelder Str. 20	25.05.46
Skrobanek, Marg.	1909	Groß Herrlitz	Wiesenweg 8	11.03.46
Sommer, Andreas	1912	Oberlohma	Eisfeld 3	13.06.46
Sommer, Dorothea	1913	Oberlohma	Eisfeld 3	13.06.46
Sommer, Richard	Kind	Oberlohma	Eisfeld 3	13.06.46
Sommer, Anneliese	Kind	Oberlohma	Eisfeld 3	13.06.46
Sommer, Josef	Kind	Oberlohma	Eisfeld 3	13.06.46
Springer, Anton	1896	Pirken/Komotau	Sackgasse 7	24.09.46
Springer, Augusta	1896	Komotau	Sackgasse 7	03.06.46
Springer, Gertrud	1929	Komotau	Sackgasse 7	03.06.46
Springer, Berta	1922	Pirken/Komotau	Rainröder Weg 20	03.06.46
Springer, Richard	1932	Pirken/Komotau	Sackgasse 7	Sept. 46
Springer, Anton	Kind	Pirken/Komotau	Sackgasse 7	Sept. 46
Stanzel, Anton	1889	Wermsdorf	Rainröder Weg	28.09.46
Stanzel, Marie	1895	Wermsdorf	Leimelbachweg 3	05.09.46
Sussmann, Hilde	1921	Komotau	Rainröder Weg 20	03,06.46
Tengler, Antonie	1882	Groß Herrlitz	Alsfelder Str. 1	11.03.46
Tengler, Wilhelm	1916	Groß Herrlitz	Alsfelder Str. 1	11.03.46
Tippmann, Theresia	1870	Alt Rohlau/Karlsbad	Udenhäuser Str. 7	03.06.46
Tippmann, Emma	1894	Alt Rohlau/Karlsbad	Udenhäuser Str. 7	03.06.46
Treibl, Josef	1907	Komotau	Hühnerecke 22	03.06.46
Treibl, Berta	1912	Komotau	Hühnerecke 22	03.06.46
Trautmann, Elisab.	1923	Komotau	Lauterbacher Weg 7	03.06.46
Trautmann, Heide	Kind	Komotau	Lauterbacher Weg 7	03.06.46
Trotzkowski, Lotti	1923	Kl. Jodup/Goldau, Fritzlar	Alsfelder Str. 21	05.05.46
Usorasch, Johann	1922	Zisper Bela/Käsmark, Brück	Rainröder Weg 15	09.06.47
Uttrich, Else	1912	Offenbach am Main	Alsfelder Str. 3	1946
Uttrich, Adolf	unbek.	Offenbach am Main	Alsfelder Str. 3	unbek.
Uttrich, Reinhard	unbek.	Offenbach am Main	Alsfelder Str. 3	unbek.
Uttrich Erwin	unbek.	Offenbach am Main	Alsfelder Str. 3	unbek.
Valentar, Anna	unbek.	Elbogen/Fischbach	Hühnerecke 7	28.10.46
Vobel, Eduard	unbek.	unbek.	Lauterbacher Weg 7	unbek.
Vobel, Anton	unbek.	unbek.	Rainröder Weg 19	unbek.
Vobel, Marie	unbek.	unbek.	Rainröder Weg 19	unbek.
Vobel, Helene	unbek.	unbek.	Rainröder Weg 19	unbek.
Vobel, Marie	unbek.	unbek.	Rainröder Weg 19	unbek.
Wahl, Heinrich	unbek.	Frankfurt	Hühnerecke 1	unbek.
Wahl, Marie	unbek.	Frankfurt	Hühnerecke 1	unbek.
Wahl, Johannes	1878	Frankfurt	Rainröder Weg 13	1944
Wahl, Margarete	1881	Frankfurt	Rainröder Weg 13	1944
Wahl, Werner	unbek.	Kassel	Alsfelder Straße 22	unbek.
Wania, Rosa	unbek.	unbek.	Leimelbachweg 5	unbek.
Weigl, Franz	1897	Mährisch Trübau	Hünerecke 4	1046
Weigl, Franziska	1896	Mährisch Trübau	Hünerecke 4	1046
Weiser, Emil	1898	Mährisch Altstadt	Alsfelder Str. 35	1948
Weiser, Theresia	1900	Mährisch Altstadt	Alsfelder Str. 35	15.09.46
Weiser, Gretel	1940	Mährisch Altstadt	Alsfelder Str. 35	15.09.46
Weiser, Günter	1942	Mährisch Altstadt	Alsfelder Str. 35	15.09.46
Wickel, Helmut	unbek.	unbek.	unbek.	unbek.
Wilhelm, Heinrich	unbek.	Frankfurt-Oberrad	Alsfelder Str. 5	08.11.43
Wilhelm, Elisab.	Frau	Frankfurt-Oberrad	Alsfelder Str. 5	08.11.43
Winter, Hermine	1907	Mährisch Altstadt	Udenhäuser Str. 7	Okt. 46
Winter, Gerhard	1935	Mährisch Altstadt	Udenhäuser Str. 7	Okt. 46
Winter, Josef	1936	Mährisch Altstadt	Udenhäuser Str. 7	Okt. 46
Winter, Helmut	1941	Mährisch Altstadt	Udenhäuser Str. 7	Okt. 46
Winter, Margit	1943	Mährisch Altstadt	Udenhäuser Str. 7	Okt. 46

Mit der Umsiedlung der Heimatvertriebenen von der alten Heimat in ihre neuen Quartiere war aber die Wanderung oft noch lange nicht abgeschlossen, wie das Beispiel des Franz Weigl und seiner Ehefrau Franziska zeigt. Herr Weigl besaß in Mährisch Trübau eine Schlosserei und einen Landmaschinenhandel. Im Juni 1946 wurde er aus seiner Heimat vertrieben und kam mit einem Sammeltransport nach Lauterbach. Von dort wurde er nach Schwarz eingewiesen. Im Wohngebäude des Konrad Weitzel (Hühnerecke 4) wurde ihm ein Wohnraum zugeteilt. In der folgenden Zeit hatte er seine Wohnung bei Heinrich Becker V. (›Keitze Heinrich‹), Karl Walter (Rainröder Straße), Maria Urstadt (Im Eisfeld) und bei Ulrich Franke (Alsfelder Straße), bis er im Jahre 1973 schließlich nach Ludwigsburg zu seinem Neffen umzog und dort seine letzten Lebenstage verbrachte.

Sonderbefehl

für die deutsche Bevölkerung der Stadt Bad Salzbrunn einschliesslich Ortsteil Sandberg.

Laut Befehl der Polnischen Regierung wird befohlen:

1. Am 14. Juli 1945 ab 6 bis 9 Uhr wird eine Umsiedlung der deutschen Bevölkerung stattfinden.
2. Die deutsche Bevölkerung wird in das Gebiet westlich des Flusses Neisse umgesiedelt.
3. Jeder Deutsche darf höchstens 20 kg Reisegepäck mitnehmen.
4. Kein Transport (Wagen, Ochsen, Pferde, Kühe usw.) wird erlaubt.
5. Das ganze lebendige und tote Inventar in unbeschädigtem Zustande bleibt als Eigentum der Polnischen Regierung.
6. Die letzte Umsiedlungsfrist läuft am 14. Juli 10 Uhr ab.
7. Nichtausführung des Befehls wird mit schärfsten Strafen verfolgt, einschließlich Waffengebrauch.
8. Auch mit Waffengebrauch wird verhindert Sabotage u. Plünderung.
9. Sammelplatz an der Straße Bhf. Bad Salzbrunn-Adelsbacher Weg in einer Marschkolonne zu 4 Personen. Spitze der Kolonne 20 Meter vor der Ortschaft Adelsbach.
10. Diejenigen Deutschen, die im Besitz der Nichtevakuierungsbescheinigungen sind, dürfen die Wohnung mit ihren Angehörigen in der Zeit von 5 bis 14 Uhr nicht verlassen.
11. Alle Wohnungen in der Stadt müssen offen bleiben, die Wohnungs- und Hausschlüssel müssen nach außen gesteckt werden.

Bad Salzbrunn, 14. Juli 1945, 6 Uhr.

Abschnittskommandant
(-) Zinkowski
Oberstleutnant

Abb. 68: Sonderbefehl zur Umsiedlung vom Sommer 1945 für die Bevölkerung der Stadt Bad Salzbrunn.
[Quelle: Ekkehard Kuhn; Nicht Rache, nicht Vergeltung; München, Wien 1987; S. 125]

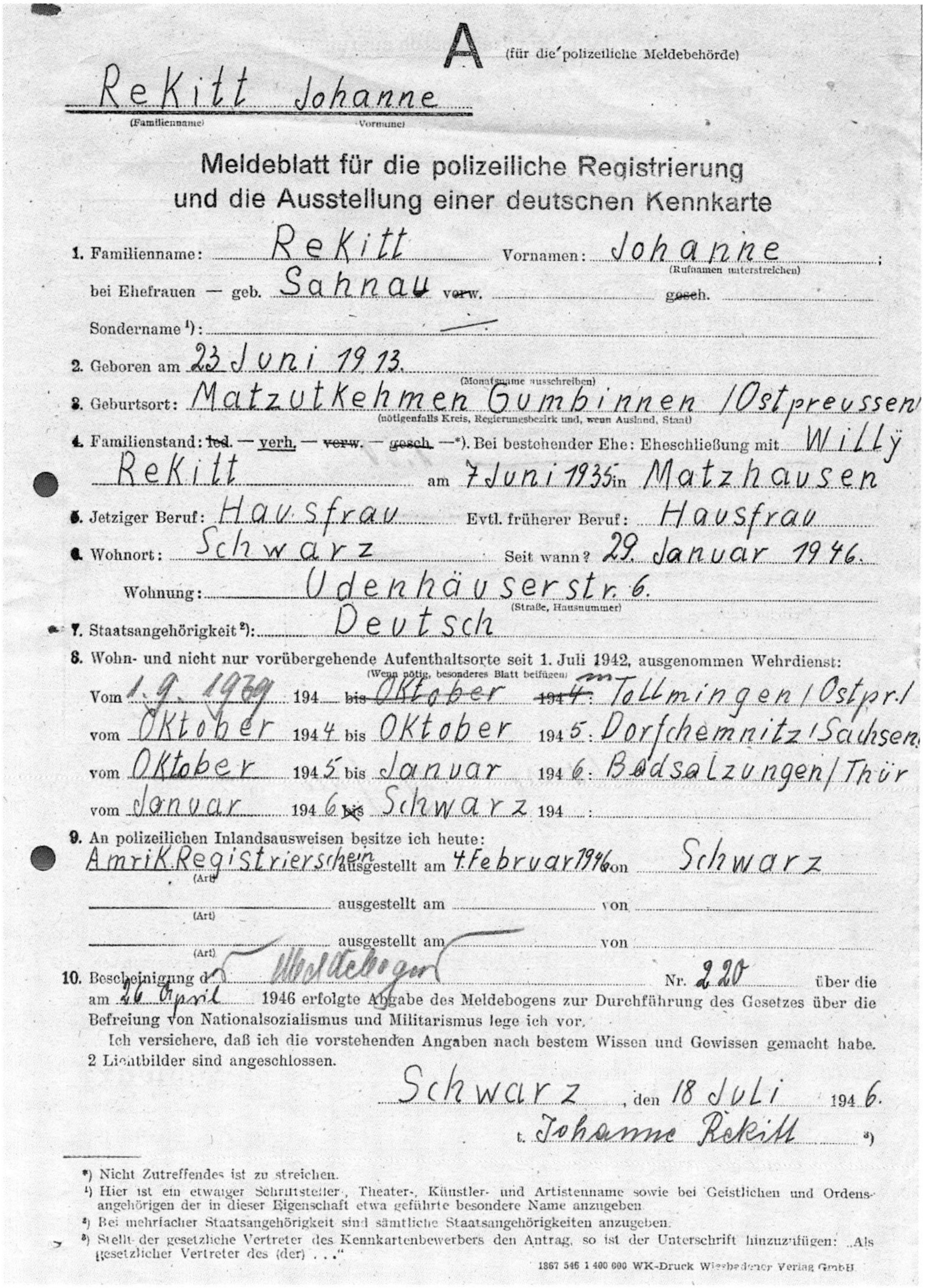

A (für die polizeiliche Meldebehörde)

ReKitt Johanne
(Familienname) (Vorname)

Meldeblatt für die polizeiliche Registrierung und die Ausstellung einer deutschen Kennkarte

1. Familienname: ReKitt Vornamen: Johanne;
(Rufnamen unterstreichen)
bei Ehefrauen — geb. Sahnau ~~verw.~~ ~~gesch.~~
Sondername [1]): —
2. Geboren am 23 Juni 1913.
(Monatsname ausschreiben)
3. Geburtsort: Matzutkehmen Gumbinnen /Ostpreussen
(nötigenfalls Kreis, Regierungsbezirk und, wenn Ausland, Staat)
4. Familienstand: ~~led.~~ — verh. — ~~verw.~~ — ~~gesch.~~ —*). Bei bestehender Ehe: Eheschließung mit Willy ReKitt am 7 Juni 1935 in Matzhausen
5. Jetziger Beruf: Hausfrau Evtl. früherer Beruf: Hausfrau
6. Wohnort: Schwarz Seit wann? 29. Januar 1946.
Wohnung: Udenhäuserstr. 6.
(Straße, Hausnummer)
7. Staatsangehörigkeit [2]): Deutsch
8. Wohn- und nicht nur vorübergehende Aufenthaltsorte seit 1. Juli 1942, ausgenommen Wehrdienst:
(Wenn nötig, besonderes Blatt beifügen)
Vom 1.9.1939 194 bis Oktober ~~1944~~ in Tollmingen / Ostpr. /
vom Oktober 1944 bis Oktober 1945: Dorfchemnitz / Sachsen
vom Oktober 1945 bis Januar 1946: Badsalzungen / Thür
vom Januar 1946 ~~bis~~ Schwarz 194 :
9. An polizeilichen Inlandsausweisen besitze ich heute:
AmriK. Registrierschein ausgestellt am 4. Februar 1946 von Schwarz
(Art)
ausgestellt am von
(Art)
ausgestellt am von
(Art)
10. Bescheinigung d Meldebogen Nr. 220 über die am 26 April 1946 erfolgte Abgabe des Meldebogens zur Durchführung des Gesetzes über die Befreiung von Nationalsozialismus und Militarismus lege ich vor.
Ich versichere, daß ich die vorstehenden Angaben nach bestem Wissen und Gewissen gemacht habe.
2 Lichtbilder sind angeschlossen.

Schwarz, den 18 Juli 1946.

Johanne ReKitt [3])

*) Nicht Zutreffendes ist zu streichen.
[1]) Hier ist ein etwaiger Schriftsteller-, Theater-, Künstler- und Artistenname sowie bei Geistlichen und Ordensangehörigen der in dieser Eigenschaft etwa geführte besondere Name anzugeben.
[2]) Bei mehrfacher Staatsangehörigkeit sind sämtliche Staatsangehörigkeiten anzugeben.
[3]) Stellt der gesetzliche Vertreter des Kennkartenbewerbers den Antrag, so ist der Unterschrift hinzuzufügen: „Als gesetzlicher Vertreter des (der) . . ."

1867 546 1 400 000 WK-Druck Wiesbadener Verlag GmbH.

Abb. 69: Meldeblatt für die Ausstellung einer deutschen Kennkarte; eine neue Odyssee nach den vergangenen Strapazen der Vertreibung beginnt in den Amtstuben.

Namen, Familien, Geschlechter

Namen sind ein wesentlicher Bestandteil unseres täglichen Lebens und unserer Sprache. Wir benutzen Namen in unserem Sprachgebrauch für Personen und Sachen, und wir könnten uns wenig sinnvoll unterhalten, ohne diese zu verwenden. Insbesondere für ein Heimatbuch sind die Herkunft und das Entstehen der Haus- und Dorfnamen der Personen, Familien und Sippen in einem Ort interessant. Diese Namen lassen sich nur aus der örtlichen, persönlichen und sächlichen Situation erklären, die einem Dorf oder einer Gemeinschaft eigen sind. Es sind sogenannte Übernamen, die einer Person, einem Haus oder einer Sache zugeordnet werden. Doch im Grunde genommen sind sie eigentlich noch viel mehr. Die Haus- und Dorfnamen schließen alle Personen ein, die seit Generationen in den alten Häusern leben: Urgroßeltern, Großeltern, Eltern, Kinder und Enkel, einschließlich der Äcker, der Wiesen und des Viehs, das dazugehört. Sie alle werden mit dem Hausnamen benannt, wie beispielsweise ›Spesses‹. Dieser Name kommt von einem früheren Hausbesitzer namens Spieß, der von 1814–1829 das Haus bewohnte: *,Spesses Ältervätter ist erkrankt. Spesses Schimmel lahmt auf dem linken Hinterhuf. Spesses Wisselbach bringt in diesem Jahr auch nicht sehr viel Heu.'*

Die Namen gehen im wesentlichen auf Familiennamen und Vornamen, die ein früherer Besitzer getragen hat, auf Berufsbezeichnungen und den Standort des Hausplatzes, sowie auf körperliche Eigenschaften oder eine besondere Profession einer Person zurück. Die ältesten Häuser tragen so Namen von Personen, die uns heute schon lange nicht mehr bekannt sind. Selbst wenn schon mehrere Generationen mit wechselndem Namen ein Haus bewohnten, bleibt oft noch der jahrhundertealte Hausname bestehen.

Um einen Menschen exakt benennen zu können, reicht meist der Vor- und Familienname und die Angabe des Herkunftsortes. Das wird aber problematisch, wenn in einem Ort mehrere gleichnamige Personen leben. Es gab in Schwarz im 19. Jahrhundert einige große Geschlechter, die in einem Zeitraum von wenigen Jahrzehnten mehrere Kinder gleichen Namens hervorbrachten. So lebten hier ein Heinrich Noll XVI., ein Heinrich Becker X. und die Gerbig schafften es immer noch bis zu einem Heinrich VIII.

Obwohl zu diesem Zeitpunkt von Regierungsseite zur Unterscheidung der Personen schon der Zahlenindex hinter den Personennamen vorgeschrieben war, bedienten sich die hiesigen Behörden, der Bürgermeister und der Pfarrer, immer noch des Hausnamens, der in Steuertabellen, Kirchenstuhlbüchern und dergleichen dem Vor- und Familiennamen einer Person beigestellt wurde. Die Bürger setzten hinter ihre Unterschriften in Verträgen oder Urkunden oft sogar selbst den Hausnamen dazu. Als ein anschauliches Beispiel für diese Praxis sei hier das Hebe- und Steuerregister von 1822 genannt. Es erscheinen darin unter anderem die nachstehenden Personen mit ihren Hausnamen:
Johannes Becker in der Eck; Johannes Becker, Gerichtsschöff; Johannes Becker im Hof; Johannes Becker, Hamels Eidam; Johannes Becker beim Grünewald; Johannes Becker, Küfer; Heinrich Becker, Birkenstocks Eidam; Heinrich Becker, Schäfer.

In älteren Unterlagen zwischen 1700 und1800 stößt man auch auf: Conrad Becker vom Garten; Curt Becker auf dem Garten; Johann Heinrich Becker im Hof; Sengerhanß; Noll auf dem Pulverberg; Conraden Hanß; Keizen Hanß; Hanß Becker am Sengerberg; Möllerhanß; Konnen Jung; Hofköhler und Hamelsbauer; Maischäfer und Bauers Eidam; Hafer-Hannes und Pulver-Noll.

Die Listen ließen sich noch sehr viel weiter fortsetzen. Man kann erkennen, daß die Haus- und Dorfnamen überwiegend als Unterscheidungsnamen gebraucht wurden. Bisweilen dürfte aber auch einmal ein Schimpfname dazugekommen sein.

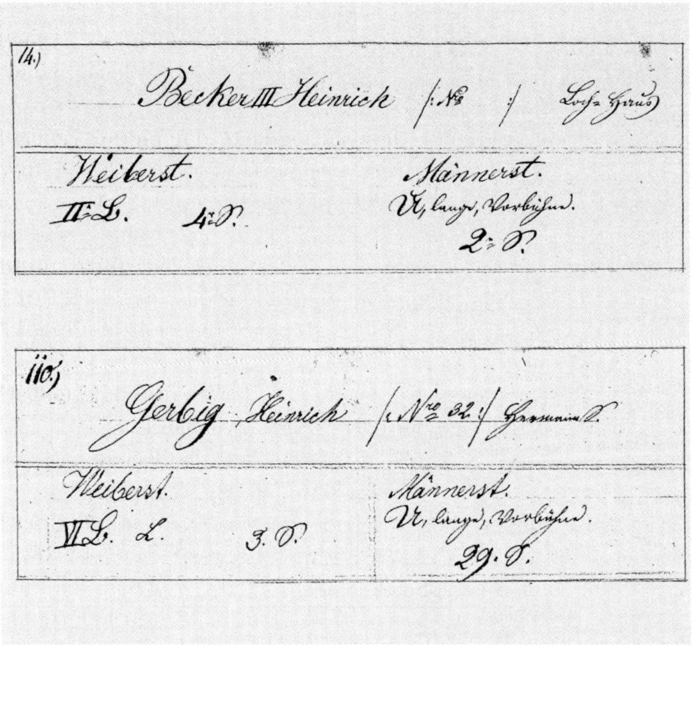

Abb. 70: Auszug aus dem Kirchenstuhlbuch v. 1842: ›Loch‹-Haus (oben) und ›Hermanns‹ (unten).

Die Hausnamen größerer Familien

In der untenstehenden Tabelle werden die Hausnamen der großen Schwärzer Geschlechter aufgeführt. Es wurden nur jene Familien berücksichtigt, die seit alter Zeit in Schwarz ansässig sind und sich auch weit ausgebreitet haben. Natürlich gab und gibt es weit mehr Hausnamen als auf den folgenden Seiten aufgeführt werden. Einen weitestgehend vollständigen Überblick findet man im Kapitel ›Die Haus- und Hofbesitzer‹ (ab Seite 243). Bei der Betrachtung der namensgleichen Personen sollte man berücksichtigen, daß nicht alle zur gleichen Zeit gelebt haben.

Tabelle 18: Die Hausnamen großer Familien in Schwarz.

Nachname	Hausname	Vorname	Unterscheidungsname
Becker	Ammicher	Johannes	Hamelsbauer
	Beckerches		Loch Hannes
	Birkenstocks		Küfer
	Keitzes	Johannes	Hofköhler
	Lo:ch		Waldschmidts Hannes
	Schuckerts(becker)		Beckerches Hans
	Seipels(becker)	(Joh.) Heinrich	Bauers Eidam
	Waldschmidts		Schuckertsbecker
	Vereins		Birkenstocks Heiche
		(Joh.) Heinrich	Loch Heiche
			Vereins Hei
			Keitze Heinrich
			Schuckerts Heinrich
		(Joh.) Georg	Hundstätter
			Seipelsbecker
			Vereins Hannjerch
			Schuckerts Jorch
		(Gg.) Heinrich	Keitze Heinrich
		Friedrich	Waldschmidts Fritz
		Konrad	Ammicher Konrad
			Beckerches Konrad
			Loch Konrad
		Peter	Ammicher Peter
			Loch Peter
			Birkenstocks Peter
			Vereins Peter
		Jakob	Keitze Jakob
Dörr	Hans	Konrad	Hans Konnche (vulgo)
	Petersch		Hallemellersch Konnche
	Schmidtes		Hallemellersch Konrad
	Schützes	Konrad	Schützkonn
			Petersch Konrad
			Schütze Konrad
		Heinrich	Petersch Heinrich
			Schmidte Heinrich
		Adolf	Hans Adolf
			Schmidte Adolf
		Karl	Petersch Karl
			Hallemellersch Karl

Nachname	Hausname	Vorname	Unterscheidungsname
Eifert	Beckerches	Georg	Stråßewärtersch Schorsch
	Beckersch		Sursch Schorsch
	Fenkemellersch	Georg	Senger (Hennesches) Jorch
	Schäfferches		Fenkemellersch Jorch
	Schustersch	Georg	Weids Jorch
	Senger	Heinrich	Sengerschnierersch Hei
	Senger Heiches		Sursch Heinrich
	Sengerschnierersch	Heinrich	Heiches Heinrich
	Stråßewärtersch		Senger Heinrich
	Sursch		Schuster Heinrich
	Wënerches		Wënerches Heinrich
	Weids		Eier-Hei
			Eier-Kållche
		Karl	Schäfferchers Karl
			Sengerschnierersch Karl
		Peter	Fenkemellersch Peter
			Weids Peter
			Senger Peter
		Hans	Sengerschnierersch Hans
			Heiches Hans
		Johann Georg	Beckersch Hannjerch
			Stråßewärter
		Helmut	Stråßewärters Helmut
			Fenkemellersch Helmut
		Konrad	Sengerschierersch Konrad
		(Gg.) Friedrich	Heiches (Senger) Fritzche
Gerbig	Fiedlersch	Heinrich	Hennesches Heinrich
	Hennesches		Meiams Heinrich
	Meiams (Eidams)		Fiedlersch Heinrich
	Schmiede-Schneiders	Heinrich	Meiams Hei (Viehmann)
	(abgel. Schmeddehennersch)		Ammicher Hein
	Schöttegerbig		Schöttegerbig
	Stöpplers	(Joh.) Georg	Fiedlersch Jorch
			Hennesches Hannjerch
		Johannes	Meiams Hannes
			Hennesches Hannes
		Jakob	Stöpplers Jacob
		Karl	Schmeddehennersch Karl
			Stöpplers Karl
		Konrad	Meiams Konn
			Meiams Konrad
			Mogke Konrad
			Schmeddehennersch Konrad
Habermehl	Fassolds (von Fassold)	Karl	Fassolds Karl
	Fasselkonns		Jerches Karl
	Jäckel	Karl	Fasselkonns Karl
	Jerches (von Gg. Heinrich.)	Johannes	Fasselhännesche
	Perresch (von Peter)		Fasselkonns Hannes
		Jakob	Fassolds Jakob
			Jäckel Jakob
		Georg (Hch.)	Jerch (deshalb Jerches)
			Fassolds Jorch
			Perresch Jorch
			Fassolds Jerch

Nachname	Hausname	Vorname	Unterscheidungsname
Habermehl *(Fortsetzung)*		Konrad	Fasselkonn Jäckel Konn Perresch Konrad Fassolds Konrad
Jöckel	Einwächters Hohln Keitzes Mo:gkes	Heinrich Konrad Konrad Jakob Otto	Mo:gke Heinrich Keitze Heinrich Mo:gke Konrad Einwächters Konrad Hohln Konrad Hohln Jakob (Johs.) Keitze Jakob Einwächters Otto Mo:gke Otto (Otfried)
Krug	Bauersch Eckerkrugks (Kühkrugks) Hallemellersch Hermes (Hermanns) Hirsch Krugks (Pferdekrugks) Mellersch Schusters	Johannes Johannes Heinrich Heinrich Heinrich Karl Karl Georg Konrad Wilhelm Willi Andreas Johann Georg	(Ecker-)Krugks Hannes (Pferde-)Krugks Hannes Schusterhannes Hirsch Hannes Müller-Heiche Hirsch Hei Bauersch Heinrich Bauersch Heinz Schuster Karl Hallemellersch Karl Bauersch Karl Schuster Karlchen Krugks Jorch Eckerkrugks Jorch Hirsch Jorch Bauersch Jorch Wënesch Jorch Hallemellersch Jorch Hermes Jorch Bauersch Schorsch Müllerkonnche Hirschkonn Eckerkrugks Konrad Hirsch Konrad Krugks Konnche Hallemellersch Wilhelm Hirsch Wilhelm Hirsch Willi Eckerkrugks Willi Hirsch Andre:s Hallemellersch Andre:s Bauerhannjerch Krugks Hannjerch
Urstadt	Backmanns Kerns Oddstådts (Eifländer) Ortsdienersch	Johannes Konrad Konrad Georg	Kerns Hennesche Ortsdienerche Oddstådts Konrad (Eifl.) Kunni (Konrad Urstadt) Oddstådts Jorch Kerns Jorch

Herkunft der jüngeren Familien

Wie schon angedeutet kommen einige untenstehende Linien in Schwarz nicht mehr vor. Zum Teil sind die Familien ganz weggezogen oder aber es leben noch Nachkommen der weiblichen Linie

Name	Herkunftsort	Jahr
× Blum, Heinrich Joseph (Blumes)	Maar	1914
× Boß, Konrad (Boßches)	Maar	1866
× Dietz, Heinrich (Dietzches)	Maar	1853
Dippel, Johannes Heinrich	Lingelbach	1900
Döring, Wilhelm	Maar	1873
Eidt, Heinrich Birkenstocks)	Hatterode	1959
Eidt, Konrad (Hermanns)	Hatterode	1931
Eifert, Johann Conrad	Allmenrod	1768
Eifländer, Johann Caspar (Hannkåsse)	Hergersdorf	1739
Eifländer, Johannes (Oddstådts)	Brauerschwend	1860
Euler, Peter	Maar	1909
Falk, Johann Heinrich	Udenhausen	1819
× Fassold, Johannes	Hechelmannskirchen	1828
Fink, Johannes (Febels)	Altenburg	1766
Fischer, Johannes	Angersbach	1840
Georg, Johannes	Rainrod	1837
Glänzer, Heinrich (Boßches)	Lingelbach	1909
Grünewald, Johann Konrad	Brauerschwend	1879
× Hof, Wilhelm	Lingelbach	1853
× Hohl, Heinrich	Rainrod	1831
× Jäger, Georg	Brauerschwend	1923
Jöckel, Johann Konrad (Mo:gkes)	Eifa	1833
Jöckel, Johann Heinrich (Keitzes)	Schrecksbach	1809
× Kalbfleisch, Heinrich	Wallenrod	1904
Kalbfleisch, Peter	Bieben	1887
× Kaufmann, Johann Kaspar	Bieben	1811
Keutzer, Johannes	Udenhausen	1919
Krug, Andreas (Hallemellersch)	Udenhausen	1880
× Krug, Heinrich (Hermanns)	Udenhausen	1867
Krug, Johannes (Krugks)	Udenhausen	1826
Krug, Johann Georg (Bauersch)	Udenhausen	1904
Krug, Johann Peter (Schusters)	Udenhausen	1834
× Koch, Konrad	Lingelbach	1840
× Kriep, Adam (Finkemüller)	Illschhausen	1903
Merz, Kaspar	Udenhausen	1883
× Moogk, Johann	Wallersdorf	1717
× Neeb, Johann Konrad	Zell	1810
Noll, Ewald (Einwechters)	Berfa	1967
Peter, Johann Heinrich (Lehrer)	Hergersdorf	1810
× Reul, Heinrich (Küfers)	Hopfgarten	1852
Rockel, Johannes	Üllershausen	1848
Rüffer, Heinrich	Wallersdorf	1882
× Rühl, Heinrich	Udenhausen	1900
Ruppel, Heinrich	Rainrod	1852
× Schäfer, Kaspar	Elbenrod	1874
× Schmehl, Georg Heinrich	Brauerschwend	1852
× Schnicker, Johannes (Förster)	Pfungstadt	1808
Schnicker, Wilhelm	Rainrod	1900
× Schuchardt, Johann Peter	Brauerschwend	1843
× Schött, Peter	Reichlos	1848
Schreiner, Johannes	Maar	1869
× Schwing, Heinrich (In der Hohl)	Maar	1887
× Schwing, Wilhelm (Hühnerecke)	Maar	1888
Schwalm, Georg	Bieben	1921
× Seipel, Johann Konrad	Eulersdorf	1815
Spahn, Heinrich	Eifa	1874
Stieler, Konrad	Rainrod	1827
× Stöppler, Johannes	Maar	1881
Walter, Friedrich	Lingelbach	1930
Wagner, Johann Adam	Merlos	1827
Weitzel, Johannes	Brauerschwend	1877

Tabelle 19: Der Herkunftsort jüngerer Schwärzer Familien.

(Hinweis: Das Zeichen ›×‹ bedeutet, daß Personen mit diesem Nachnamen in Schwarz mittlerweile nicht mehr vorkommen.)

hier fort. Mancher Namensträger hat seinen Namen als Hausnamen zurückgelassen. Bei den bezeichneten Personen besteht die Möglichkeit, daß ihre Vorfahren schon hier gelebt haben und wegen der Bindung wieder nach Schwarz zurückkamen, denn es gibt einige Namen, die schon weit vor dem angegebenen Jahr hier vorgekommen sind. Die angeführte Jahreszahl ist das Jahr einer Heirat in Schwarz oder des Zuzuges in diesen Ort.

Die ältesten Schwärzer Namen, deren Träger seit vielen Jahrhunderten hier leben, und sich in mehrere Sippen verzweigten, sind: Becker, Heß, Dörr, Kirchner, Einwächter, Noll, Gerbig, Urstadt, Habermehl und Wegfahrt. Die Namen Heß, Einwächter, Noll und Wegfahrt sind erst in diesem Jahrhundert in Schwarz verschwunden. Über die weiteren früher hier vorgekommenen Namen und Geschlechter, geben die aufgeführten Salbücher und Steuerlisten bestens Auskunft.

Stammväter und Stammfolgen

Die nachfolgenden Aufstellungen sind keine Familienstammbäume im herkömmlichen Sinne. Dazu fehlt die Vollständigkeit aller männlichen und weiblichen Familienmitglieder sowie die Angabe sämtlicher personenbezogenen Daten. Die Stammfolgen sollen vielmehr die Herkunft der Hausnamen visuell verdeutlichen, auf deren Basis der ambitionierte Familienforscher Rückschlüsse über seine Herkunft ziehen kann.

Becker

Lo:ch, Birkenstocks, Vereins, Seipels, Keitzes, Schuchardts
Die Becker, eines der ältesten Geschlechter in Schwarz, teilen sich in mehrere heute noch bestehende Linien auf. Die Linie ›Seipels‹ setzt sich noch in der Linie ›Waldschmidts‹ fort. Der Hausname ›Keitzes‹ kommt von einem Vorfahren der Maria Noll, welcher eine v. Keutz aus verarmtem Adel geheiratet hatte. Ihr Vater hatte so auch den Beinamen ›Keitz‹. Den Hausnamen ›Birkenstocks‹ brachte schon die Anna Gertraude Birkenstock, die Ehefrau von Johann Heinrich Becker, im Jahre 1752 bei der Hochzeit mit in die Ehe. Von ›Birkenstocks‹ zweigt die Seitenlinie ›Vereins‹ ab. Johann Georg Becker, genannt ›Vereins Hannjerch‹, war Geschäftsführer des im Jahre 1897 gegründeten Bürgervereins, einer Handelsgesellschaft und erhielt so den erwähnten Dorfnamen. ›Lo:ch‹ kommt vom Hausplatz des Johannes Becker, der im Jahre 1735 verstarb, genannt ›Johannes Becker im Loch‹. Was wohl besagt, daß er sein Anwesen an der tiefsten Stelle des Ortes gebaut hatte.

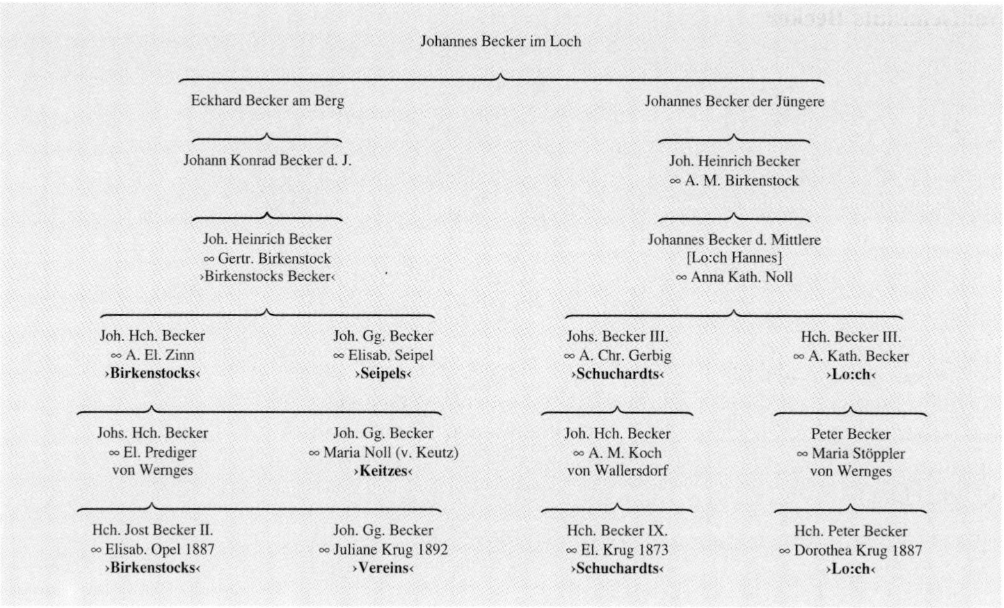

Stammbaum 6: Becker. Die Linien Lo:ch, Birkenstocks, Vereins, Seipels, Keitzes und Schuchardts.

Schuckerts Becker

Den Namen ›Schuckerts‹ übernahm Heinrich Becker IX. In seinem Hof, den er käuflich erwarb, lebte kurzzeitig ein Bürgermeister namens Schuchardt, der aus Brauerschwend stammte und eine Tochter des vorherigen Bürgermeisters Noll zur Frau hatte. Eine weitere Tochter des Bürgermeisters Noll war die Ehefrau des Müllers Krug in Udenhausen. Deren Nachkomme, Elisabetha Krug, heiratete vorgenannten Heinrich Becker IX. und so schließt sich wieder der Kreis, in dem das Enkelkind wieder auf den Hof des Großvaters Noll zurückkehrte. Dieses Einsetzen von Verwandten in alte Schwärzer Güter war eine besondere Familienpolitik der Müller Krug in Udenhausen und begegnet uns über das gesamte 19. Jahrhundert.

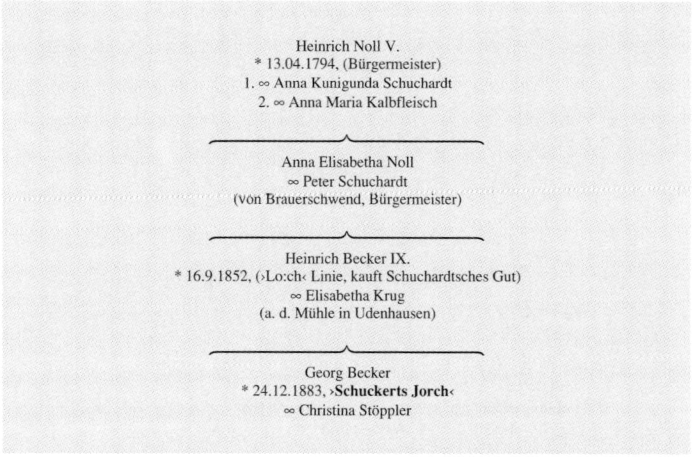

Stammbaum 7: Becker. Die Linie Schuckertsbecker.

Waldschmidts Becker

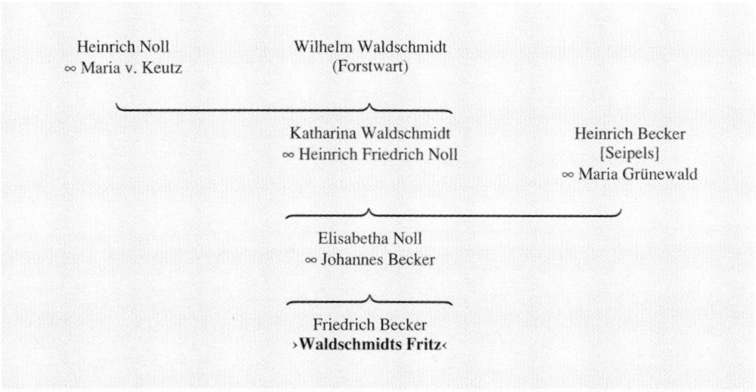

Stammbaum 8: Becker.
Die Linie Waldschmidts.

Keitzes

Der folgende Stammbaum zeigt die Entwicklung der Hausnamen ›Keitzes‹ bezogen auf die Familiennamen Becker und Jöckel. Bei den Familien Jöckel unterscheidet man zwischen den ›Keitzes‹, die von Schrecksbach kommen und ›Mo:gkes‹, die aus Eifa stammen.

Wenn man die Famliengeschichte einzelner Geschlechter verfolgt, stellt man immer wieder fest, daß die entferntere Verwandtschaft, wie Neffe oder Enkel, auf den Hof zurückheiratete, den ihre Altvorderen einst verlassen hatten. Die Bauern heirateten standesgemäß, das heißt, sie suchten sich Frauen aus, die dem eigenen Vermögensstand nahekamen. So wurde das Gut beisammen gehalten.

Stammbaum 9: Becker, Jöckel.
Die Linie Keitzes.

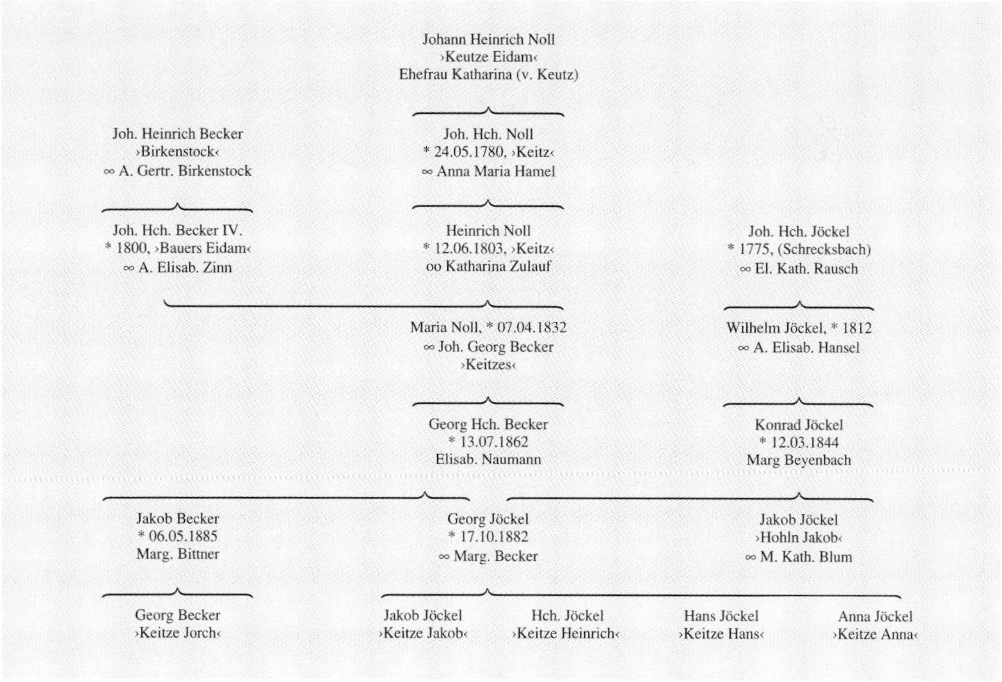

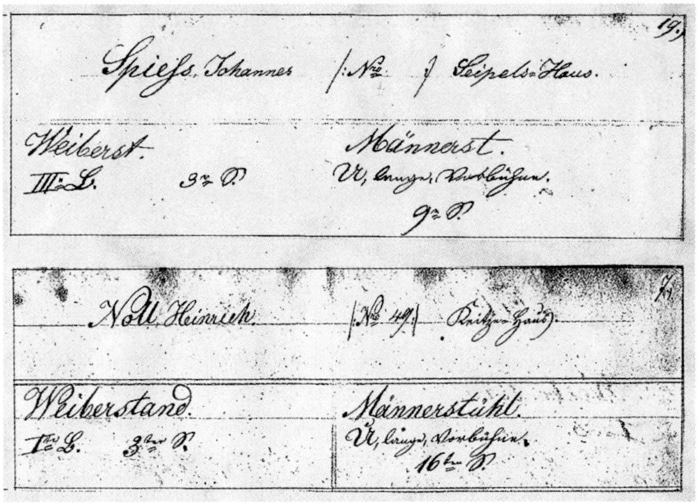

Abb. 71: Auszug aus dem Kirchenstuhlbuch von 1842: Das ›Seipels‹-Haus (oben) und das ›Keitzen‹-Haus (unten).

Das war auch nötig, denn bei der Gutsübernahme mußten doch die Geschwister ausbezahlt werden. Eine besondere Belastung war der Auszug, der den Eltern für ihre Zeit, die sie noch auf der Erde weilten, vertraglich zugesichert wurde. Der Auszug war der Lebensunterhalt für die Vorbesitzer.

Beckerches, Ammicher, Keitzes

Die Hauptlinie ›Beckerches‹ mit den Seitenästen ›Ammicher‹ und ›Keitz‹ ist ein eigenständiges Geschlecht, das sich bis in das 17. Jahrhundert nicht mit den anderen Becker verbunden hatte. Der Hausname ›Beckerches‹ rührt wohl daher, daß die Familie Johann Konrad Becker mit Ehefrau Anna Elisabetha Wegfahrt 14 Kinder und die folgende Familie Johann Konrad Becker mit seiner Ehefrau Elisabetha Katharina Hedderich 11 Kinder zur Welt brachten.

Stammbaum 10: Becker. Die Linien Beckerches, Ammicher und nochmal Keitzes.

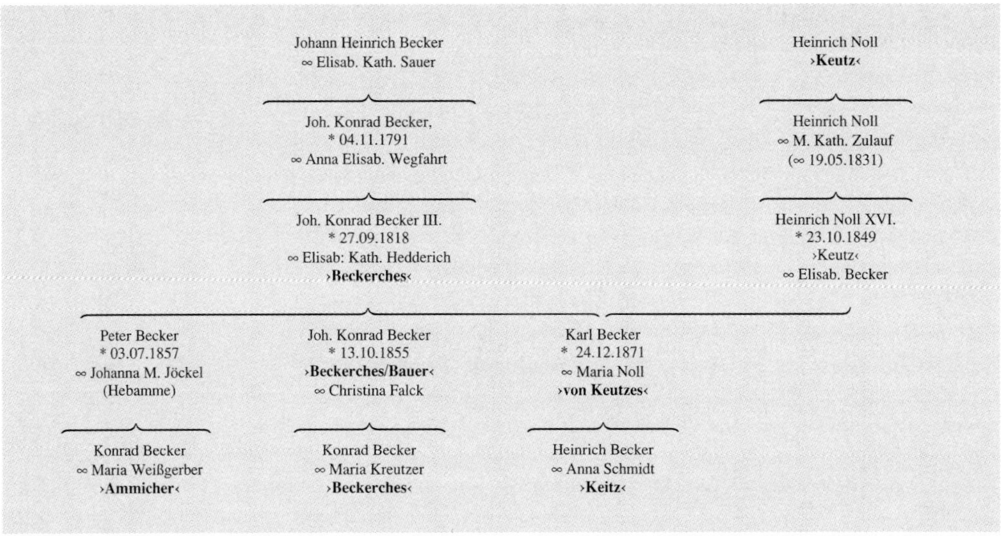

Eine regelrechte Beckerei, deshalb der Name ›Beckerches‹. Die meisten Kinder haben allerdings das geschlechtsreife Alter nicht erlebt. Jedoch hatten die ältesten Kinder oft schon geheiratet, wenn die Spätgeborenen zur Welt kamen, und sie hatten auch schon eigenen Nachwuchs.

Nach Angabe der älteren Ortsbürger kommt der Name ›Ammicher‹ von der Hebamme in der Familie. Wahrscheinlicher ist jedoch die Annahme, daß die Vornamen Johanna Maria mit ausschlaggebend waren. Anna Maria (Annemarich) wird nämlich auch als Ammich zusammengezogen. ›Keitz‹ geht wieder auf die Vorfahren der Maria Noll, die v. Keutz, zurück.

Dörr

Die Familien Dörr bildeten zwei Hauptäste, nachdem sich der Stamm zu Beginn des 18. Jahrhunderts in ›Hans's‹ und ›Schützes‹ geteilt hatte.

Der Haus- und Dorfname ›Schützes‹ wurde von dem Fähnrich und Zöllner (Schütz) Johann Heinrich Dörr seinem nachfolgenden Stamm vermacht. ›Hans's‹ leitet sich wahrscheinlich von dem Vornamen des Namensträgers Hans Heinrich ab. Den Dorfnamen ›Petersch‹ brachte vielleicht die Ehefrau des Heinrich Konrad Dörr, Elisabetha Krug, mit in die Ehe. Deren Vorfahre Peter Krug unterschied sich mit seinem Vornamen Peter von den vielen Linien Krug in Schwarz (s. ›Petersch‹, S. 396).

Stammbaum 11: Dörr. Die Linien Hans's und Schützes.

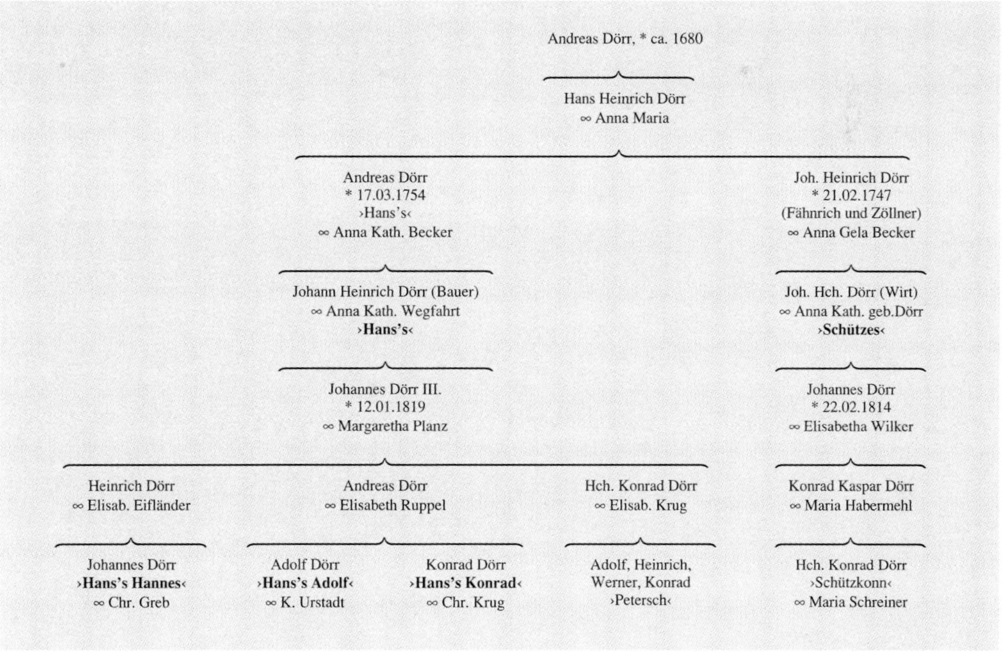

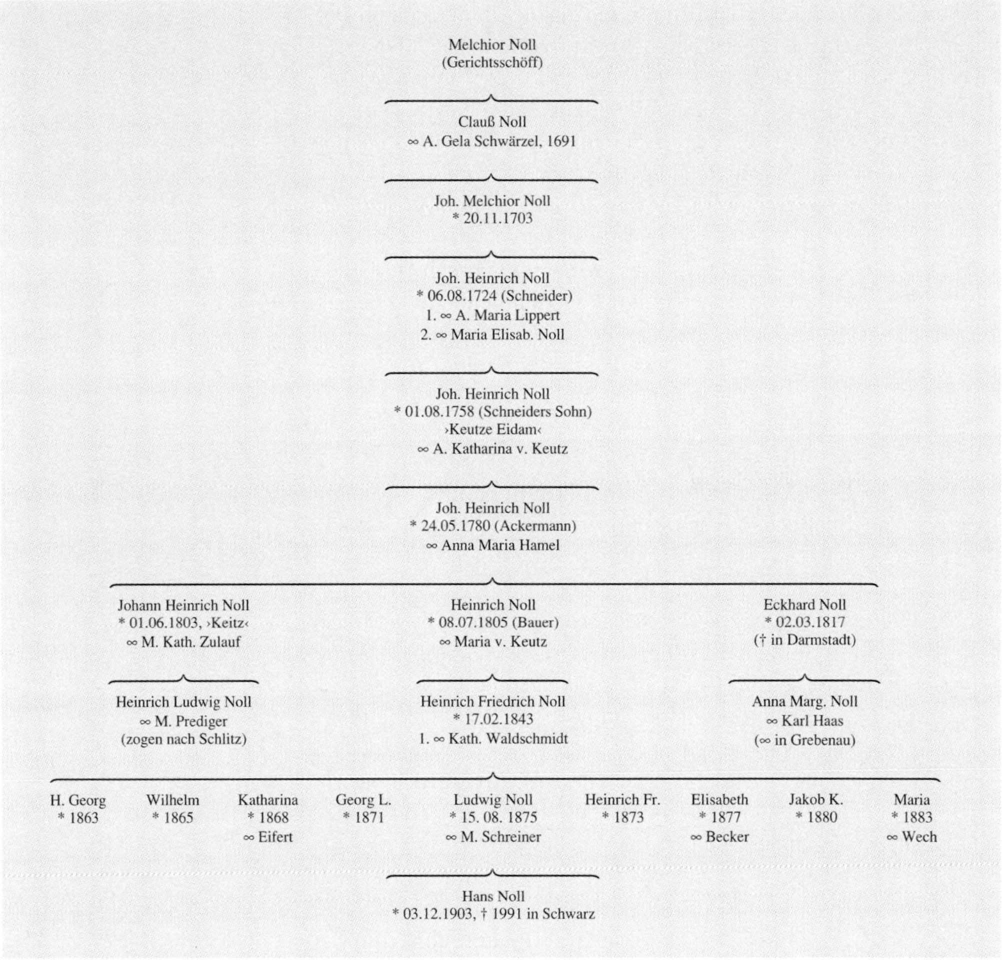

Stammbaum 12: Noll. (Diese Linie ist in Schwarz nicht mehr vertreten).

Noll

Die ›Noll‹ waren eine der ältesten und weitverzweigtesten Familien in Schwarz. Mit Johannes Noll ist der letzte dieser Namensträger 1991 in Schwarz ausgestorben. Die Noll leben allerdings noch in anderen deutschen Landen und in Amerika weiter, wohin einige als Auswanderer übergesiedelt sind. Ein anderer Zweig der Noll war Müller auf der Hanchesmühle und auf der Finkenmühle. Auch aus diesem Stamm gibt es einige Ableger in Amerika.

Eifert

Die Eifert kamen aus Allmenrod im Altkreis Lauterbach. Johann Konrad Eifert heiratete Maria Margaretha Rudolphin, deren Vorfahre seinen Hausplatz am Sengerberg hatte. Der Sengerberg war ausschlaggebend für den Hausnamen der Eifert. Der Sohn Peter Eifert übernahm das Gut von seinem Vater Johann Konrad und er-

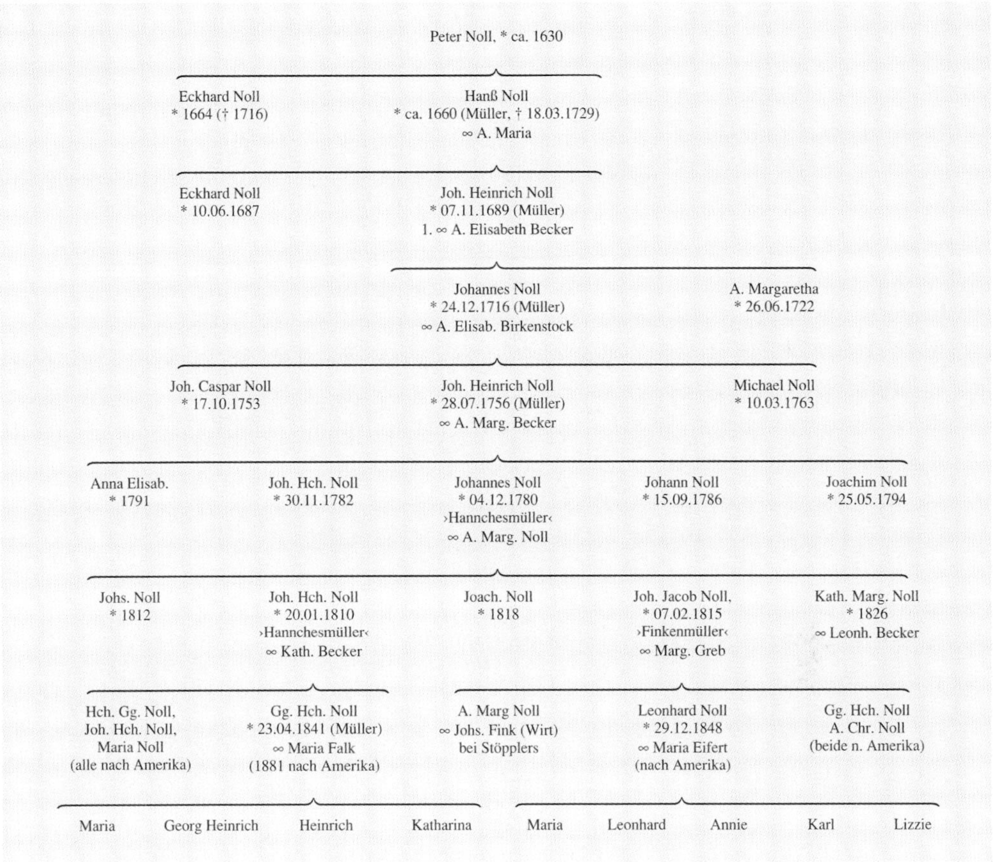

Stammbaum 13: Noll. (Der Zweig ›Hannchesmüller‹ und ›Finkenmüller‹).

hielt den Beinamen ›am Sengerberg‹. Der Dorfname wandelte sich in ›Senger‹. Ein anderer Sohn, Johannes Eifert, erlernte den Beruf eines Schneiders. Daraus entwickelten sich die beiden Linien ›Senger‹ und ›Sengerschneider‹. Eine Nebenlinie der Senger sind die ›Senger Heiches‹.

Von Sengerschneiders zweigte der Ast ›Sauer‹ oder ›Sursch‹ ab. Johannes Eifert heiratete nämlich eine Anna Katharina Römer. Deren Adoptivvater war Johann Georg Sauer. Johann Georg Sauer und seine Ehefrau Anna Katharina Römer von Hergersdorf waren ohne Kinder geblieben und nahmen die Verwandte Anna Katharina Römer an Kindes statt an. So wurde der Name ›Sauer‹ auf eine Linie der Eifert übertragen.

Es ist leider nicht mehr eindeutig festzustellen, wie sich die Hausnamen ›Weids‹ und ›Schäfferches‹ entwickelt haben. Möglicherweise war hier der Besitz und der Berufsstand des Schäfers ausschlaggebender Faktor: Weide und Schäfer. Schon im Jahre 1707 kam der Schäfer Heinrich Lippert aus dem Ort Ibra nach Schwarz und begründete hier eine ganze Schäferdynastie, von denen eine

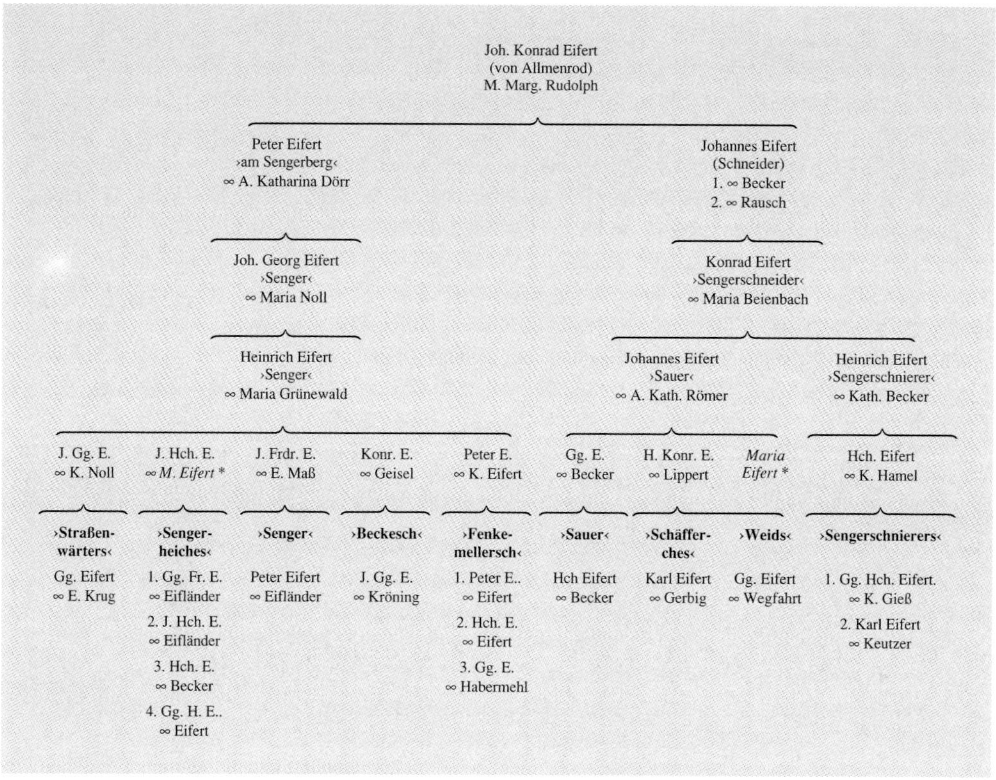

Stammbaum 14: Eifert. Die Linien Senger, Sengerschneider, Sengerheiches, Sauer, Schäfferches, Weids, Straßenwärters, Beckesch und Fenkemellersch.

Anna Maria, die Tochter des Schäfers Konrad Lippert, im ausgehenden 19. Jahrhundert Heinrich Eifert III. heiratete, den Vorfahren von ›Weids‹ und ›Schäfferches‹.

Gerbig

Die Gerbig verzweigten sich, nachdem sie von Udenhausen zugezogen waren, in drei Hauptäste: ›Fiedlersch‹, ›Eidams‹ (heutige Aussprache: ›Meiams‹) und ›Schmiddeschneidersch‹ (heutige Aussprache: ›Schmeddehennersch‹).

›Fiedlersch‹ hatten eine Maria Fiedler unter ihren Vorfahren. ›Eidams‹ kommt von einem Schwiegersohn (Eidam) aus dem Geschlecht Noll. Der Hausname ›Schmiddeschneidersch‹ stammt ebenfalls von den Noll. Hier existierten zwei nebeneinander bestehende Linien, deren Oberhäupter Schmied und Schneider waren. Nach der ehelichen Vereinigung zweier entfernt verwandter Sprosse bildete sich aus der Konjunktion beider Berufsbezeichnungen der Haus- und Dorfname ›Schmiddeschneidersch‹.

* Maria Eifert aus der Linie Sauer heiratete ihren entfernt verwandten Groß-Cousin Johann Heinrich Eifert aus der Senger-Linie.

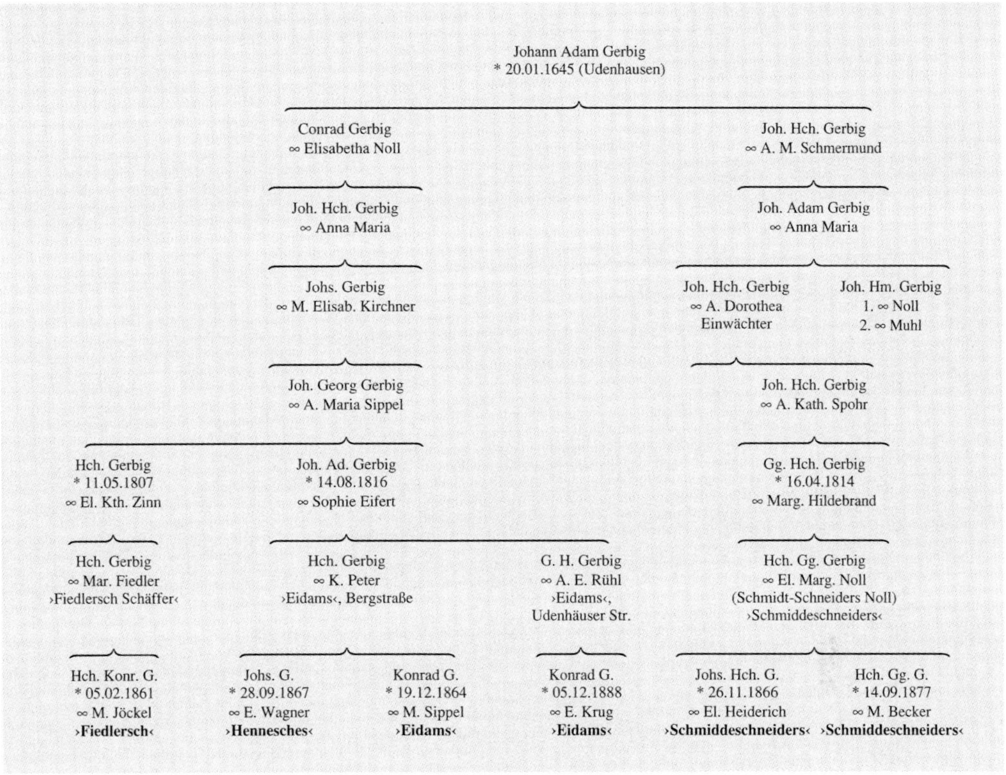

Stammbaum 15: Gerbig. Die Linien Fiedlersch, Eidams, Schmiddeschneidersch und Hennesches.

Eine Seitenlinie von den ›Eidams‹ sind die ›Hennesches‹. Der Name ist aus der Diminutivbildung von Johannes (Hennes-che) abgeleitet. Von ›Hennesches‹ zweigen dann die ›Stöpplers‹ ab.

Habermehl

Fassolds und Jerches

Eine weitere alte Familie in Schwarz sind die Habermehl. Sie lassen sich mit Lenz Habermehl bis in die Mitte des 16. Jahrhunderts zurückverfolgen. Der Vorname Lenz könnte darauf hindeuten, daß er selbst oder einer seiner Vorfahren zugewandert sind, denn Lenz ist ein Süddeutscher Name und wurde von dem Vornamen Lorenz abgeleitet. Im 19. Jahrhundert sind einige Habermehl-Familen nach England und in das Ruhrgebiet weggezogen.

Die hier verbliebenen Mitglieder bildeten nunmehr zwei Hauptstämme: Die ›Fassolds‹ und die ›Jerches‹. Der Hausname ›Fassolds‹ (auch ›Fassels‹ ausgesprochen) kam von Anna Katharina Fassold, in deren Haus Georg Heinrich Habermehl einheiratet hatte. Der Name ›Jerches‹ wurde vom ältesten Sohn des zweiten Stammes, Georg Heinrich (Georg – *Jerch*; Heinrich – *Heinerch*) auf seinen Sohn Karl Habermehl und dessen Nachkommen weitergegeben.

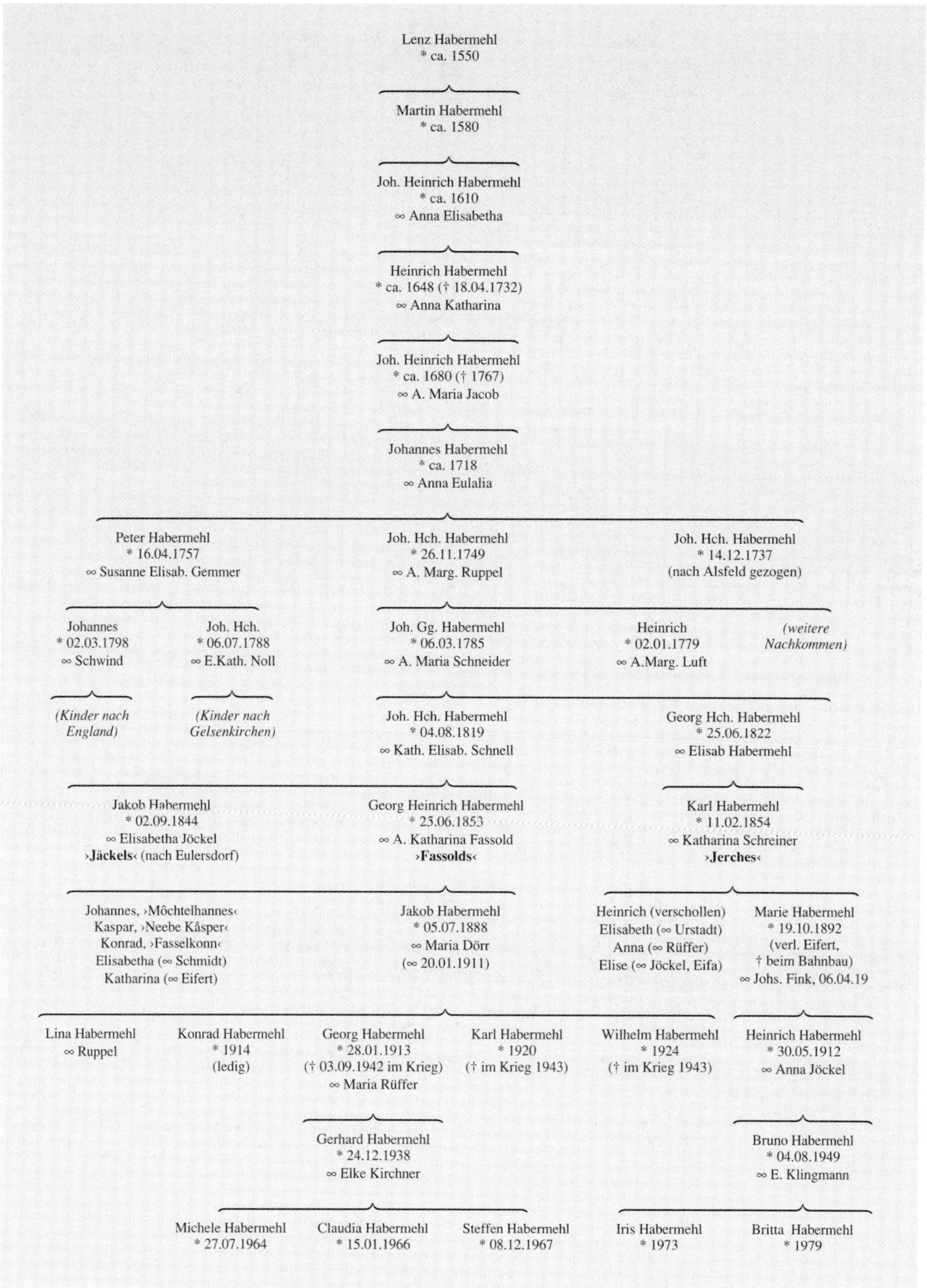

Stammbaum 16: Habermehl. Die Linien Fassolds und Jerches.

Fasselkonns

Ein Seitenast der ›Fassolds‹ sind die ›Fasselkonns‹, mit ihrem Namensgeber Konrad Habermehl.

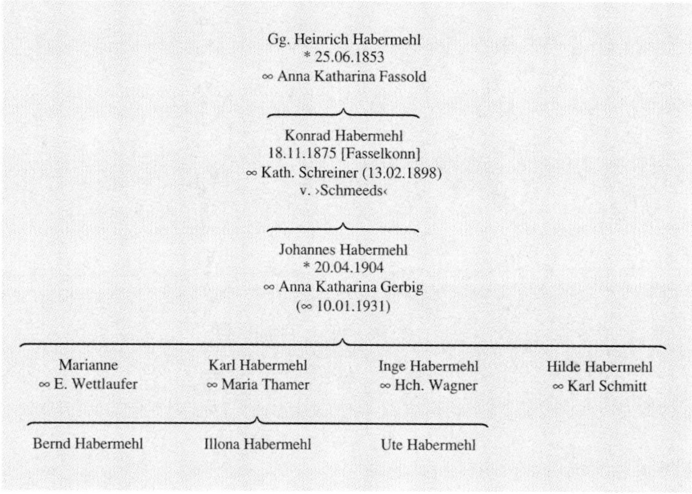

Stammbaum 17: Habermehl. Die Linie Fasselkonns.

Stieler

Ein Beispiel, das zeigt, daß die verhältnismäßig spät zugezogenen Familien mit ihrem Nachnamen auch den Hausnamen stellten, läßt sich bei Stieler feststellen. Konrad Stieler war Steuerbote von Rainrod und heiratete im Jahre 1827 Anna Katharina Greb in Schwarz.

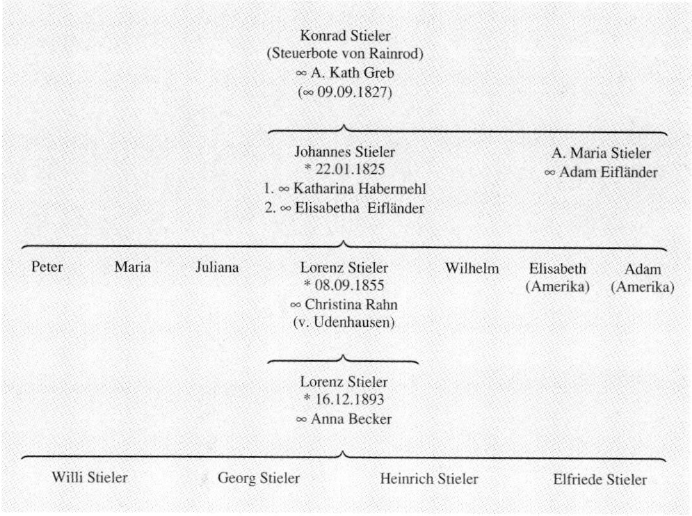

Stammbaum 18: Stieler.

Eifländer

Die zwei hier ansässigen Familien Eifländer unterscheiden sich durch die Hausnamen ›Hannkåsses‹ und ›Oddstådts‹. Die ersteren kamen ungefähr um 1730 von Hergersdorf nach Schwarz, die letzteren stammen von Brauerschwend und heirateten in 1860 in das Haus der Anna Margaretha Becker verwitwete Urstadt ein. Bei

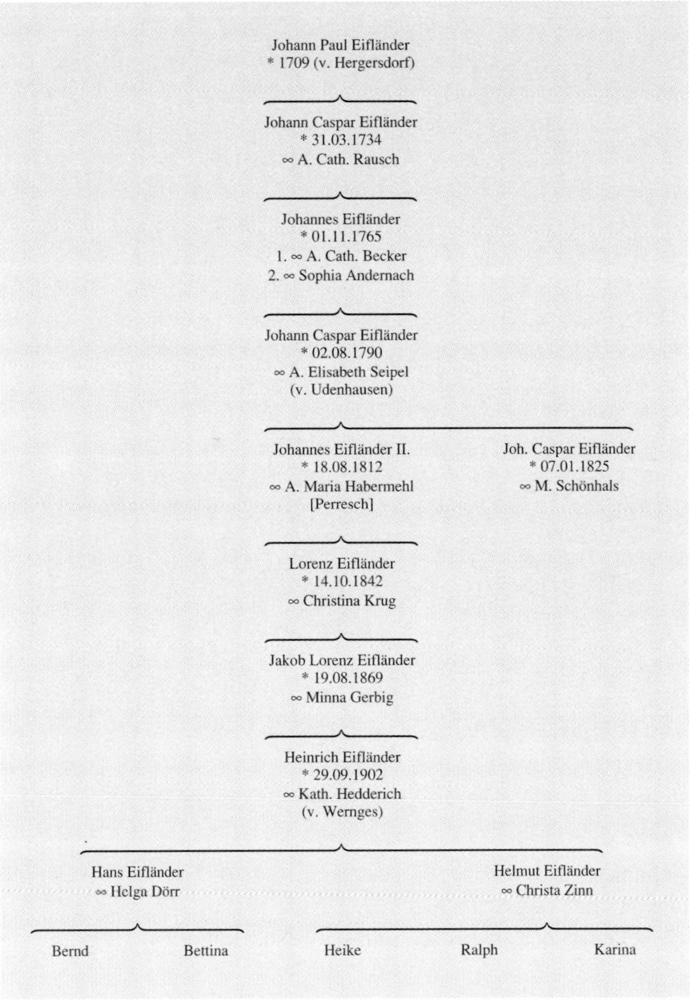

Stammbaum 19: Eifländer. Die Linie Hannkåsses.

›Hannkåsses‹ war der Vorname Johann Caspar (Jo-*hann Cås*-per) ausschlaggebend, bei ›Oddstådts‹ der verstorbene Vorbesitzer des Hauses Johann Heinrich Urstadt.

Der Hausname ›Oddstådts‹ für die andere Linie der Eifländer kam von Johann Heinrich Urstadt, der von Udenhausen kommend beim Hamelsbauer eingeheiratet hatte. Er starb allerdings sehr früh und seine Witwe, Anna Margaretha Becker, verheiratete sich mit Johannes Eifländer von Brauerschwend. Anna Margaretha verstarb, ohne aus einer der beiden Ehen Nachkommen zu hinterlassen. Der Wtwer Johannes Eifländer heiratete in zweiter Ehe Maria Krug. Ihr Sohn Konrad setzte die Linie der Eifländer in Schwarz fort. Der Hausname ›Oddstådts‹ ist bis zum heutigen Zeitpunkt auf dem Anwesen verblieben.

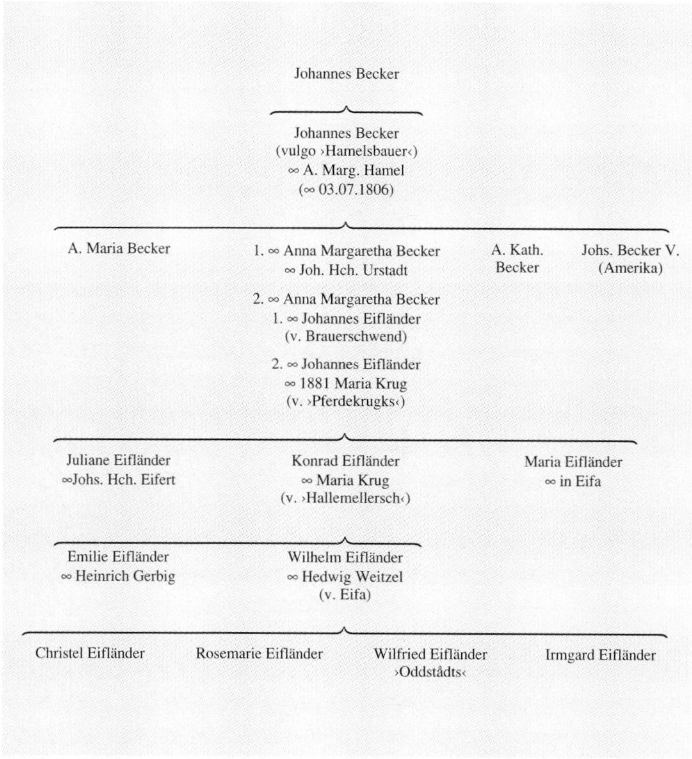

Stammbaum 20: Eifländer. Die Linie Oddstådts.

Urstadt

Johann Heinrich Urstadt gab nur ein kurzes Gastspiel im Hause des Hamelsbauers, er vererbte jedoch, bis auf den heutigen Tag, den Hausnamen ›Oddstådts‹ an seine Nachkommen weiter. Johann Heinrich hat denselben Urahn, wie die heutigen Namensträger Urstadt. Der im folgenden genannte Johannes Urstadt, Finkenmüller, war ein Reformierter, das heißt, er stammte aus dem Niederhessischen, wie er auch selbst einmal angab. Der Kosename des in Gladbeck geborenen Konrad Urstadt, ›Konni‹, bescherte den heutigen Nachkommen in Schwarz den Dorfnamen ›Kunnis‹ (Stammbaum siehe folgende Seite).

Wagner

Die Wagner teilten sich in zwei Linien, nachdem sie von Merlos nach Schwarz gekommen waren. Johann Adam Wagner erwarb im Jahre 1829 das Haus an der alten Eulersdorfer Straße. Dieses Anwesen führt als Stammhaus des Geschlechtes im weiteren den Haus- und Dorfnamen ›Wågnersch‹ mit dem heutigen Besitzer Heinrich Wagner weiter.

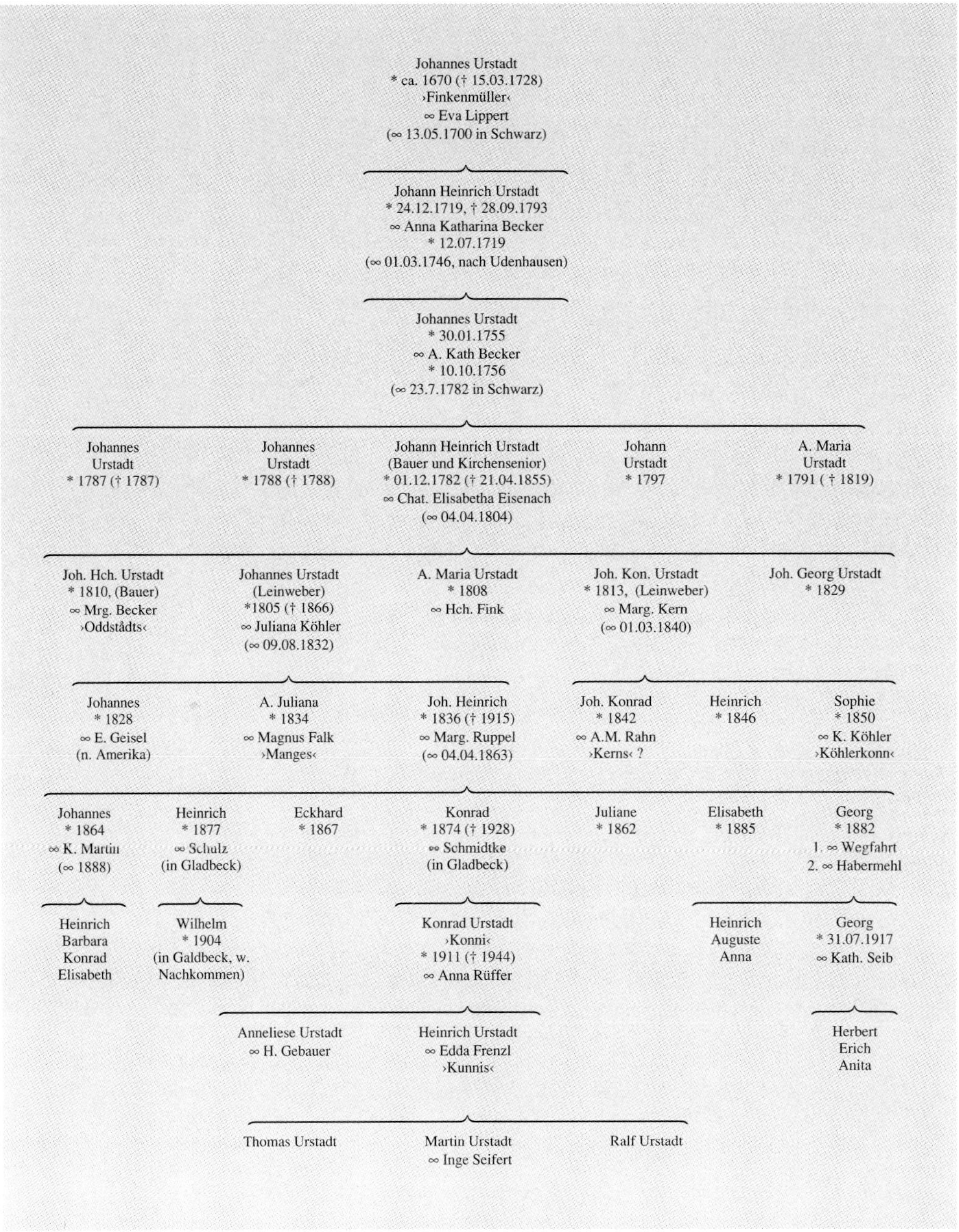

Stammbaum 21: Urstadt. Die Linie Oddstådts (Kunnis).

Die abzweigende Linie heiratete in das von Michael Heß erbaute und von Heinrich Dietz erheiratete Anwesen an der alten Alsfelder Straße oder dem heutigen Kleinfeldweg und übernahm den Namen ›Dietzches‹. Obwohl mittlerweile die Besitzernamen zweimal gewechselt haben, besteht noch der besagte Hausname.

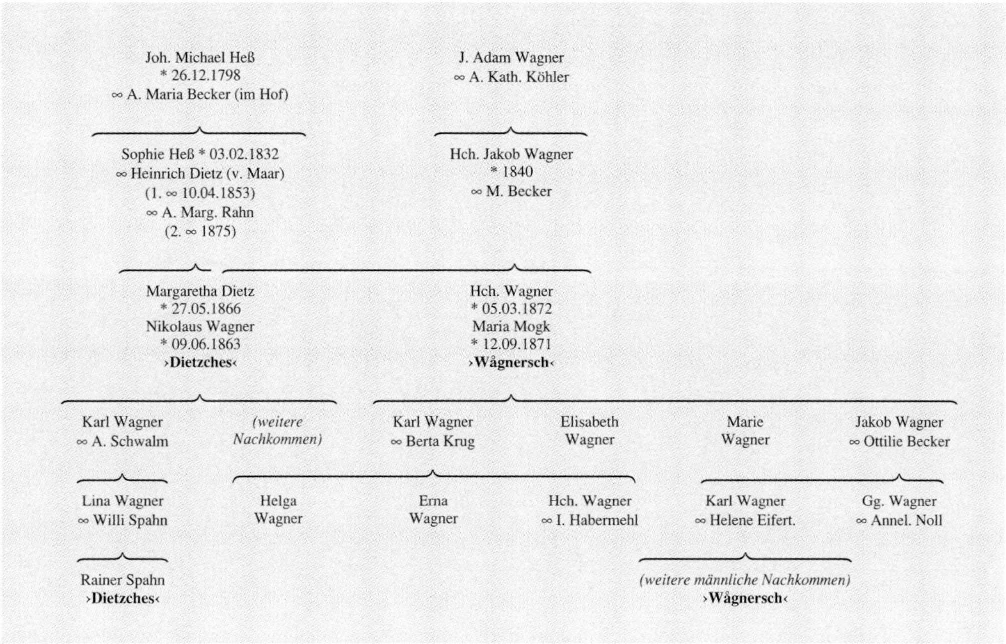

Stammbaum 22: Wagner. Die Linien Wågnersch und Dietzches.

Krug

Wie schon angedeutet sind die Krug ein Namensträger in Schwarz, der sich in verschiedenen Generationen, ursprünglich aus der Udenhäuser Dorfmühle kommend, in Schwarz niedergelassen hat. Mit der Kraft ihres Kapitals haben die Udenhausener Dorfmüller ihre Söhne und auch Töchter unter anderem in Schwarz eingesetzt und damit Anwesen erworben. Verwandtschaftliche Beziehungen waren oft der auschlaggebende Faktor. Die Krug sind ein altes hessisches Dienstmannengeschlecht, das in verschiedenen Landesteilen Hessens beheimatet war und unterschiedlichen Herrschaften diente. Die älteste Linie dieses Geschlechts hat sich mit den ›Schusters‹ bis heute in Schwarz fortgesetzt.

Zur Zeit ihres Nachweises in Udenhausen war auch ein Amtmann namens Krug in Grebenau bedienstet. Ob zwischen beiden Linien eine engerere Beziehung bestand kann nicht gesagt werden. Auf der unten stehenden Stammtafel (s. folgende Seite) findet man die Stammlinie der Krug in Udenhausen und deren Ableger, die nach Schwarz kamen.

Krugks

Verfolgen wir die Krug in Schwarz weiter. Ein anderer Teil dieses Geschlechts, das sich hier in Schwarz entfaltete, sind ›Krugks‹. Sie verzweigten sich von allen Krug-Linien am weitesten. Betrachten wir zunächst Johannes Krug, der am 04. Juli 1800 geboren wurde. Johannes Krug aus Udenhausen heiratete Elisabetha Noll, die Toch-

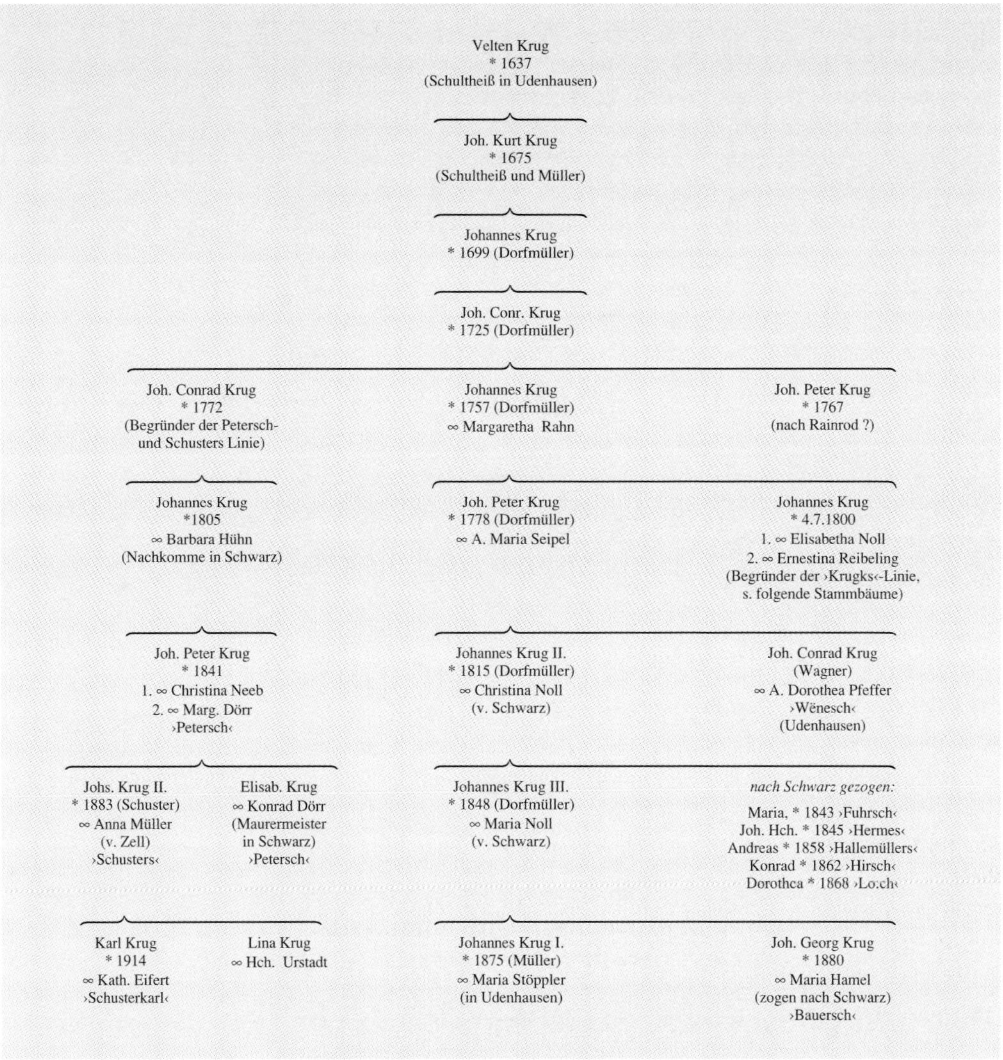

Stammbaum 23: Krug. Die Linien Schusters, Petersch und Bauersch.

ter des fürstlichen Zöllners Johannes Noll am 27. Juni 1826. Er übernahm später das Anwesen seines Schwagers Johannes Noll IV. in der Eck. Die Ehefrau Elisabetha verstarb jedoch, ohne lebende Kinder zu hinterlassen.

Aus der zweiten Ehe des Johannes Krug mit Ernestina Reibeling von Brauerschwend gingen die beiden Kinder, Johann Georg und Anna Maria, hervor. Anna Maria heiratete in erster Ehe Andreas Fuhr und in zweiter Wilhelm Döring von Maar. Johann Georg übernahm das Gut. Johannes verheiratete sich schließlich noch zum dritten Mal und hatte weitere Kinder.

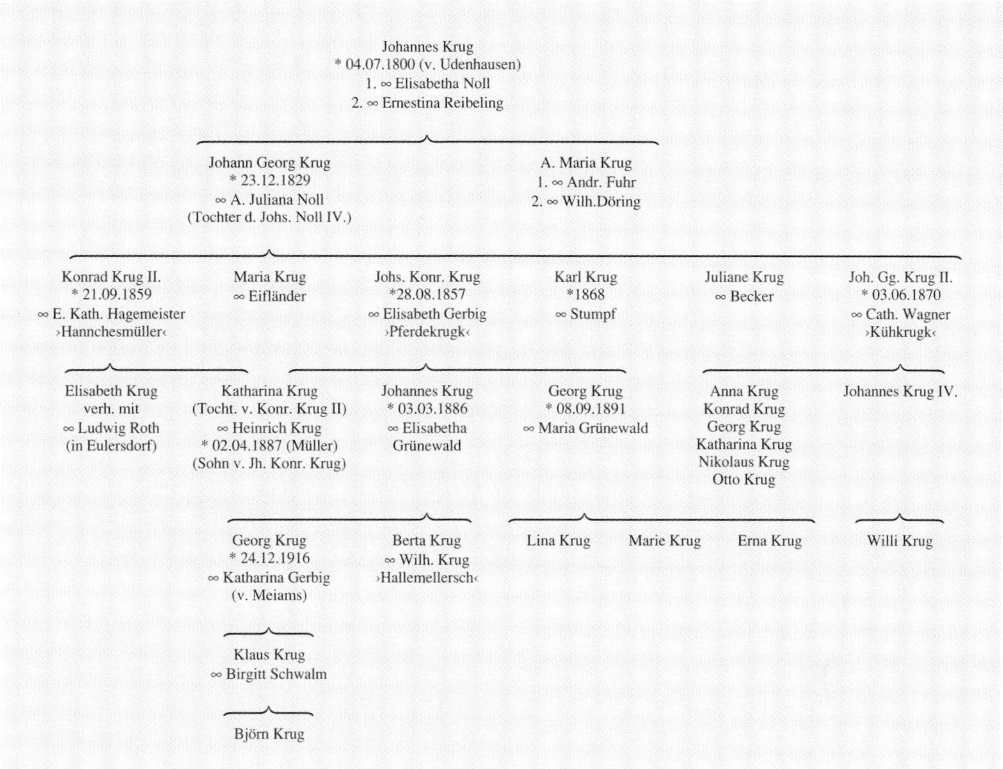

Stammbaum 24: Krug. Die Linie Krugks.

Von Johannes Krug II., Dorfmüller zu Udenhausen, und dessen Ehefrau Christina Noll aus Schwarz zog es gleich fünf Kinder hierher. Maria, die älteste Tochter, heiratete nach ›Fuhrsch‹ am Rainröder Weg. Ihr Bruder Andreas Krug, der zunächst in die Hallemühle eingeheiratet hatte, übernahm später dieses Gut mit einer ehemaligen Weberei von der Schwester Maria und dem Schwager Georg Heinrich Fuhr. Er brachte den Dorfnamen ›Hallemüllers‹ mit in das Anwesen. Und so heißt dieses Gut auch heute noch.

Johann Heinrich Krug bekam das von seinem Großvater Altbürgermeister Heinrich Noll V. erwobene Gut ›Hermanns‹ (›Hermes‹) und wurde Bürgermeister. Konrad Krug ehelichte Emma Fuhr, eine Tochter von Georg Heinrich Fuhr aus dem Gasthaus Hirsch, das vorher Heinrich Noll XII. besaß. Auch hier war eine entfernte Verwandtschaft vorhanden. Dorothea Krug heiratete in das landwirtschaftliche Anwesen des Heinrich Becker (›Lo:ch‹) ein. Johann Georg ging nach Lingelbach zu ›Fütters‹ (s. folgende Seite, oben).

Bauersch

Der letzte, der aus der Mühle von Udenhausen nach Schwarz kam, war Johann Georg Krug, bekannt als ›Bauer-Hannjerch‹. Er war der Sohn des Müllers Johannes Krug III. und dessen Ehefrau Ma-

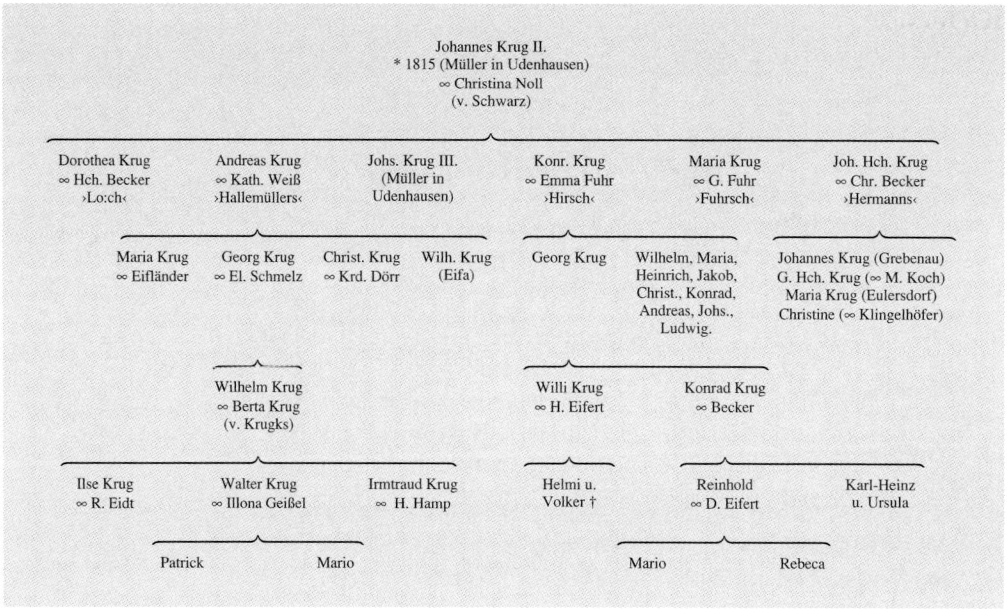

Stammbaum 25: Krug. Die Linien Hallemüllers, Herrmanns und Hirsch.

ria Noll aus Schwarz, die in die Udenhausener Mühle geheiratet hatte. Ihr Vater, Johannes Noll V., Wirt in Maiams Haus in der Hühnerecke, hatte das Anwesen am Pfaffenberg (früherer Besitzer Kalbfleisch), gekauft.

Der Enkel Johann Georg Krug wurde, nachdem er zuvor Anna Hamel in Udenhausen geheiratet hatte, dort eingesetzt. Es blieb alles in der Familie. In der Verwandtenlinie der Kalbfleisch wurde eine Person ›Bauersch Eidam‹ genannt. Es ist denkbar, daß der Hausname ›Bauersch‹ davon abgeleitet wurde.

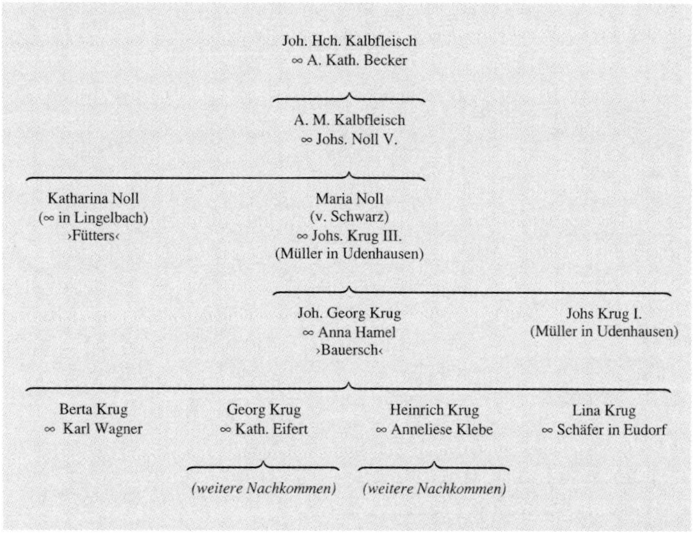

Stammbaum 26: Krug. Die Linie Bauersch.

Kiefersch

Der Hausname ›Kiefersch‹ kam von der Profession eines Hausbesitzers. Heinrich Reul von Hopfgarten, von Beruf Küfer, erwarb das Gut von Johannes Becker V., der im Jahre 1855 mit seiner Ehefrau, Anna Maria Köhler aus der Hallemühle, nach Amerika ausgewandert war. Über den Sohn Peter Reul, der offensichtlich Landwirt war, sowie Wilhelm Reul und dessen Tochter Herta, kam die Hofreite schließlich an den späteren Besitzer Richard Springer, genannt ›Kiefersch Richard‹.

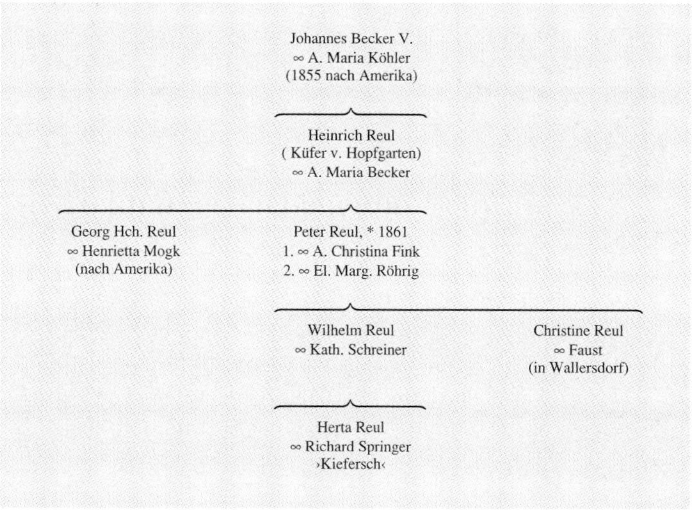

Stammbaum 27: Kiefersch.

Spesses

Ruppel gab es um die Mitte des 19. Jahrhunderts zwei voneinander unabhängige Linien. Während die ältere abwanderte und der zurückgebliebene Ast abstarb, blühte der von Rainrod zugezogene Zweig neu auf. Der heutige Hausname ›Spesses‹ rührt von einem Vorbesitzer namens Spieß. In dessen Haus heiratete Jacob Wilker ein. Nachdem dessen Sohn nach Amerika ausgewandert war, verehelichte sich Heinrich Ruppel von Hopfgarten mit der Tochter Katharina Wilker und übernahm das Gut. Nach sechs Generationen, d. h. nach dem Übergang des Hauses von Johannes Spieß auf Jakob Wilker und dann auf die Ruppel, heißen die Bewohner immer noch ›Spesses‹. (s. folgende Seite, oben)

Jöckel

Wenden wir unseren Blick weiter zu den Hausnamen ›Einwechters‹ und ›Mogkes‹. Johann Konrad Jöckel aus Eifa heiratete das einzige Kind des Johann Heinrich Einwechter, Anna Juliana Einwechter. Ihr gemeinsamer Sohn Heinrich Jöckel nahm sich im Jahre 1859 Margaretha Mogk aus der Land- und Gastwirtschaft zu seiner Ehe-

Stammbaum 28: Spesses.

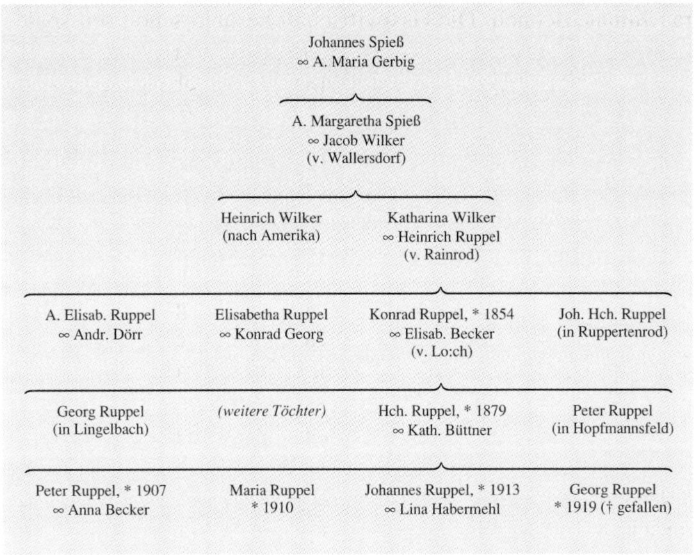

frau. Die Kinder aus dieser Ehe waren Elisabetha Maria, Johann Heinrich, Elisabeth, Georg Heinrich, Konrad und Maria. Heinrich Jöckel aus Einwechters übernahm mit der Ehefrau Margaretha (geb. Mogk) später die Land- und Gastwirtschaft ›Mo:gkes‹ (das Gut des Heinrich Mogk und seiner beiden Ehefrauen Margaretha Noll und Maria Geisel) von der Schwester und gleichzeitig auch Schwägerin Anna Elisabetha Mogk (geschiedene Seibert, s. Stammtafel unten).

Georg Heinrich Jöckel ehelichte Elisabetha Dietz und führte die Jöckel-Linie ›Mo:gke‹ weiter. Einwechters Gut erwarb zuerst Johann Heinrich Jöckel durch Kauf, später Konrad Jöckel mit Ehe-

Stammbaum 29: Jöckel. Die Linien Einwechters und Mo:gkes.

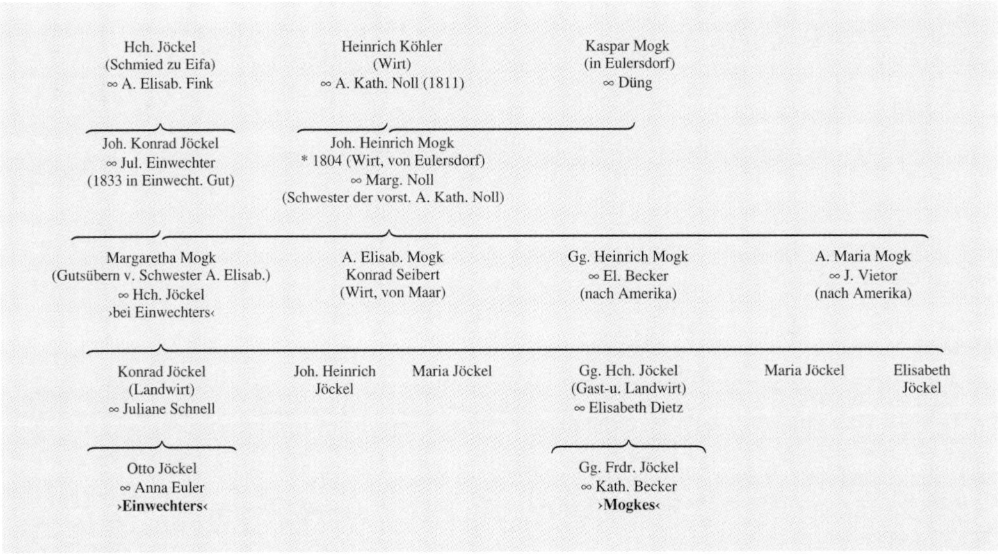

frau Juliane Schnell. Die Gastwirtschaft bestand schon seit spätestens 1811 unter dem Vorfahren Heinrich Köhler und dessen Ehefrau Anna Katharina Noll, der Schwester der oben angeführten Margaretha Noll.

Kålls Peter

Bei der Ortsnamensforschung ist, wie auf anderen Gebieten auch, nicht immer jedes Detail exakt nachzuweisen. Oft ist man auf Vermutungen oder auf Ableitungen aus ähnlich gelagerten Fällen angewiesen. So auch hier, bei ›Kålls Peter‹ und ›Petersch‹ (s. folgende Seite), wo kleine Unterschiede ihre Wirkung zeigen.

Peter Krug mußte sich von den vielen Krug, die mittlerweile von Udenhausen kommend in Schwarz lebten, unterscheiden: als Krugs Peter oder als Petersch. Die Peter aber nannten sich nach einem Vorfahren Karl: ›Kålls Peter‹. Und so entstand wahrscheinlich der kleine Unterschied.

Stammbaum 30: Kålls Peter.

Petersch

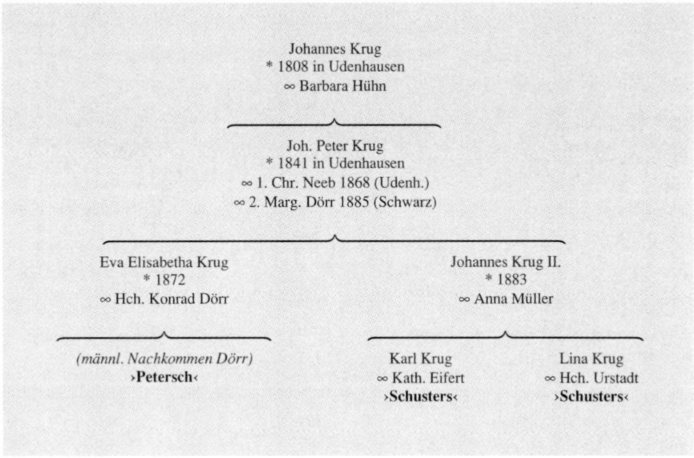

Stammbaum 31: Petersch.

Weitere Aspekte der Familienforschung

Eine interessante Variante zur Familienforschung ist die Suche nach abgewanderten Personen. Oft geben Auswandererkarteien, Kirchenbucheinträge und Rekrutierungslisten hier Auskunft. Manchmal muß auch der Zufall weiterhelfen. Es ist erstaunlich, wo einige Menschen angelandet sind. Viele Nachkommen weggezogener Personen suchen heute wieder die Wurzeln ihrer Familie. So findet man plötzlich den Faden und eine Verbindung zwischen Personen, von denen man annahm, daß sie irgendwo umgekommen oder verschollen seien. Ein Beispiel: Zwei Söhne des früheren Bürgermeisters Ruppel, Johann Heinrich (*1824) und Johann Georg (*1825), fanden sich im Taufregister des Kirchenbuches. Mehr war jedoch nicht zu erfahren. Von der Schwester Anna Margaretha (*1822) war die Heirat mit Johann Georg Lang in 1843 und die Auswanderung in 1847 bekannt. Mit dem nicht registrierten Verschwinden der männlichen Kinder war diese Familie Ruppel hier ausgestorben. Zwei Anfragen zur Familienforschung, die merkwürdigerweise zeitgleich und unabhängig voneinander aus Holland und aus Braunschweig eingingen, zeigten überraschend, wohin es die Söhne Ruppel und ihre jetzigen Nachkommen verschlagen hatte.

Es ist verständlich, wenn man von Personen und deren Nachfahren, die vor langer Zeit wegzogen waren, nichts mehr hört. Es mutet aber doch etwas seltsam an, wenn Arbeiter, die kurz vor der Jahrhundertwende nach Westfalen und ins Ruhrgebiet übersiedelten, keine Verbindung mehr zur alten Heimat hielten. Ob die Erinnerungen an die früheren ärmlichen Verhältnisse und die Scham vor der eigenen Herkunft ausschlaggebend waren?

Das Feuerlöschwesen

So segens- und hilfreich das Feuer für den Menschen sein kann, so vernichtend ist es, wenn es außer Kontrolle gerät. Damit bei einem Brandausbruch das Feuer im Zaum gehalten, bekämpft und schließlich gelöscht werden kann, hat sich im Laufe der Jahrhunderte ein umfangreiches Feuerlöschwesen entwickelt. Die Obrigkeit regelte schon frühzeitig durch Vorschriften und Verbote den Umgang mit dem Feuer. Doch zur vorhandenen, leicht brennbaren Bausubstanz wie Holzbauwerke und Strohdächer, kamen erschwerend die offenen Feuerstellen im Haus, die noch ohne einen wirkungsvollen Schornstein waren, hinzu. Die Gebäude ließen sich von den Paragraphen leider nicht schützen. Der Mensch war oft nachlässig und wurde wie immer erst dann tätig, wenn der Brandfall eingetreten war. Zur Feuerbekämpfung mußte sich früher jeder erwachsene Ortsbürger zur Verfügung stellen, und in den meisten Gemeinden waren die Neuzugezogenen verpflichtet, einen ledernen Feuerlöscheimer mitzubringen.

Erste Feuerspritzen sind seit dem Ende des 18. Jahrhunderts in den hiesigen Gemeinden im Einsatz. Diese Löschgeräte besaßen jedoch noch kein Saugwerk, sondern das Löschwasser mußte erst im Eimer herangetragen und in den Bottich der Spritze gefüllt werden. Eine Feuerspritze gab es in Schwarz spätestens seit 1847. In einer Rüge des Kreisamtes in Alsfeld an die Adresse der Großherzoglichen Bürgermeisterei wurde diese aufgefordert, unverzüglich eine ausstehende Zahlung an den Spritzenfabrikanten Bach in Windecken zu leisten. Zu dieser Zeit wurde eine Liste erstellt, welche die Einteilung der hiesigen Löschgruppen enthielt:
‚Es sind sechs Abtheilungen eingerichtet. Fünf Abtheilungen haben á 13 Mann, die sechste hat 14 Mann. Die Führer für jede Rotte sind in jeder Abtheilung ernannt, dieselben sind zu ihren Verrichtungen angewiesen, eine Bescheinigung über die Bekanntmachung dieser sämmtlichen Anordnungen ist in die Acten niedergelegt. Bei der Spritze ist der Ortsvorstand, zwei Spritzenmeister und acht Mann zum Pumpen. Boten, wodurch die Hülfe angesprochen wird, sind sechs. Zimmerleute haben wir drei, Maurer sind keine hier.‘

Im Jahre 1853/54 waren die Bürger in 3 Rotten eingeteilt. Die erste Rotte bestand aus 31 Mann. Rottenführer war Johannes Köhler III., Spritzenmeister war Heinrich Mogk und Feuerläufer nach Uden-

Zu Nr: K.A. 708: Alsfeld, am 1. Juni 1847.

Betreffend: Anschaffung einer Feuerspritze für Schwarz

Der Großherzoglich Hessische

Kreisrath des Kreises **Alsfeld**

an

Ihr Bürgermeister zu Schwarz.

Spritzenfabrikant Koch in [illegible] hat sich darüber beklagt, daß er bis jetzt die contractmäßige Zahlung noch nicht erhalten, selbst aber die eingegangenen Verbindlichkeiten zu erfüllen habe. Ich beauftrage Sie daher unverzüglich Zahlung leisten zu lassen und das Geschehene binnen längstens 8 Tagen anzuzeigen.

[illegible]

Bericht vom 7/6 47. erstattet.

hausen war Peter Schött. Drei Mann gehörten zur Spritze wenn sie in Bewegung gesetzt würde. Die zweite Rotte besaß 33 Mann. Spritzenmeister war Johannes Schreiner, als Rottenführer wird Johannes Becker V. genannt. Feuerläufer nach Rainrod war Konrad Pfeffer. Zur dritten Rotte gehörten 35 Leute. Der Führer dieser Abteilung war Heinrich Noll XI. Auch hier war Johannes Schreiner Spritzenmeister. Als Feuerläufer wurden aufgeführt: nach Eulersdorf Heinrich Fink II., nach Eifa Heinrich Dietz. Letzterer hatte im Brandfalle auch das Kreisamt in Alsfeld zu informieren. Insgesamt standen 99 Mann in den drei Löschgruppen zur Verfügung. Die Feuerläufer hatten die Pflicht, die umliegenden Wehren zu benachrichtigen. Man kann sich vorstellen, welche Zeit verging, bis die benachbarten Feuerwehrleute informiert und an der Brandstelle eingetroffen waren. In 1880 waren folgende Feuerläufer verpflichtet: Heinrich Spahn nach Eifa, Konrad Boß nach Rainrod, Johannes Eifert nach Udenhausen, Konrad Beyenbach nach Eulersdorf und Johannes Grünewald nach Reimenrod. Eines der wichtigsten Brandbekämpfungsgeräte aber war der Feuerkaken. Da man meist mit Wasser ohnehin nicht viel ausrichten konnte, riß man die brennenden Gebäude ein und versuchte, die Glut und vom Feuer ergriffene Bauteile von den Nachbargebäuden wegzuziehen.

Abb. 72 (Seite links): Die Anschaffung einer Feuerspritze im Jahre 1847.

Zu einem Brand in Grebenau rückte die Wehr am 24. September 1877 aus, hier waren die 1., 2. und 3. Rotte mit insgesamt 60 Mann vertreten und vom 3. bis 4. Mai 1880 löschte dort eine vierte Rotte mit 20 Mann. Die notwendige Vergütung für das Fahren der Feuerspritze nach auswärtigen Orten wurde vom Gemeinderat laut einem Gemeinderatsbeschluß vom 28ten Dezember 1877 geregelt.

unten: Verfügung für das Löschen in auswärtigen Orten, 1877.

Betreff das Fahren der Spritze zum Zwecke des Löschens bei Brandausbrüchen in auswärtigen Orten.

In obigem Betreffe.

Durch Beschluß des Gemeinderaths wurde für die auswärtigen Fuhren der Spritze den Fuhrleuten die Vergütung festgesetzt wie folgt, und zwar demjenigen, welcher zuerst mit zwei Pferden bei der Spritze ankommt, eine Prämie zu 3 M. zu gewähren, für das wieder Abfahren, welches sich auf einen Tag erstreckt, soll für zwei Pferde 9 M. und für ein Pferd 5 Mark gestattet werden. Falls aber das Fuhrwerk in einem halben Tag abgemacht wird, oder vielmehr am Wege aufgehalten werde und nicht bis zur Brandstätte ankommt, soll nur Wegvergütung auf zwei Pferde 6 M. und für ein Pferd 3 M. festgesetzt sein.

Der Bürgermeister: Habermehl

*Der Gemeinderat: Heinrich Gerbig XIII.
Georg Heinrich Fuhr
Johannes Eifländer V.
Heinrich Krug
Johannes Becker*

An Inventar von Löschgeräten waren in 1884 folgende Gegenstände vorhanden: Im Feuerleiterhaus befanden sich 3 Feuerleitern und vier 4 Feuerhaken, wovon einer unbrauchbar war. Im Spritzenhaus standen eine große Feuerspritze und eine kleine, zweirädrige Handfeuerspritze, letztere ein Geschenk der Aachen–Münchener Feuerversicherungsgesellschaft. Es gab 32 lederne Feuereimer, wovon 4 Stück gänzlich unbrauchbar und eine Anzahl reparaturbedürftig waren. Das alte Spritzenhaus mit den Gerätschaften stand unten am Treppenaufgang zur Kirche, in der Nähe war auch das Leiterhaus, längs des Rainröder Weges an Oddstädts Garten. Den Wisselbachweg gab es im vorigen Jahrhundert noch nicht. Ein neues Spritzenhaus wurde in 1954/55 gebaut.

Abb. 73: Der Rote Hahn im Anwesen Gerbig/Herget.

Die Pflichtfeuerwehren blieben im Grunde bis zum Zweiten Weltkrieg bestehen. Jedoch gab es auch schon vorher einige Freiwillige Wehren. Aufgrund der Fliegerangriffe, und der damit verbundenen Bomben- und Brandgefahr während des Krieges, war jedes Haus verpflichtet eine besondere Löscheinrichtung anzuschaffen. Diese bestand aus Handspritze, Feuerpatsche, Feuerdecke und Sandkasten. Die Wirksamkeit dieser Untensilien hat sich gezeigt als unsere Städte in Schutt und Asche gelegt wurden. Selbst die modernsten Löschgeräte und gut ausgebildete Feuerwehrkräfte standen dem Inferno machtlos gegenüber. Nach dem Zweiten Weltkrieg wurden dann in den 50er Jahren die meisten Freiwilligen Feuerwehren gegründet, so auch in Schwarz.

Eine Schwärzer Familie hat das Feuer besonders hart getroffen: Am 1. Januar 1923 brannte die Scheune des Heinrich Gerbig infolge eines Kurzschlusses ab. Die neue Motorenanlage und alle Vorräte wurden ein Raub der Flammen. Die Wohnhaushälfte konnte mit viel Mühe erhalten und bald wieder wohnbar gemacht werden. Erst fünf Jahre vorher war Konrad Gerbig, der Vater des Geschädigten, von einer Dreschmaschine überfahren und sofort getötet worden. Nun schlug der Rote Hahn ein weiteres Mal zu. Am 20. August 1995 schlug ein Blitz ein, und das Wirtschaftsgebäude brannte nieder.

Anmerkung: Besonders nach Bränden hat sich das Dorf oder haben sich Häuserzeilen stark verändert. Erst wenn ein Feuer Platz geschaffen hatte, sah man die Möglichkeit, grundlegende Änderungen in der Bausubstanz vorzunehmen. Ein Brandschaden konnte auch segensreich sein und hat so manchen Hof saniert.

Die Wasserversorgung

Die traditionelle Versorgung der Bevölkerung mit Wasser erfolgt naturgemäß durch Quellen. Die Fassung der Quellen durch Menschenhand schuf die künstlichen Brunnen. Um 1840 gab es in Schwarz zwei Gemeindebrunnen. Der eine befand sich bei ›Spieß-Haus‹ der andere bei ›Köhlers-Haus‹. Der erste ist bekannt unter dem Namen Seipelsbrunnen, der zweite war bei dem Wirt Köhler (Mo:gkes) und befand sich im Bereich der heutigen Schmiede Merz. Das jetzige Grundstück Merz war Mitte des 19. Jahrhunderts noch nicht bebaut. Die Gemeindebrunnen waren im Grunde für jedermann und -frau zugänglich. *‚Dee gerenge Liet‘*, wie man auch sagte, waren sogar darauf angewiesen. Es ist sicher, daß mittlere Bauern zum Teil und größere Landwirte sowieso ihre eigenen Wasserstellen hatten.

Solche Brunnen befanden sich am Pfaffenberg zwischen Schnells und Beckerches, in der Gemeinde bei Kalbfleisches, am Kleinfeldweg bei Keitzes, sowie im Schulhof der Schulbrunnen. Der Brunnen am Pfarrhaus wurde zu Beginn des 19. Jahrhunderts gegraben. Dazu schreibt der damalige Pfarrer Mönnig im Kirchenbuch:[92] *‚Anno 1818 im Oktober wurde im jetzigen Pfarrhaus in Schwarz ein Brunnen gegraben, von 12 Klafter, und den 14ten Sept. 1819 wurde zum erstenmal Waßer zum eigenen Verbrauch gezogen. Unter dem Bürgermeister Johannes Wegfahrt wurde er zu graben angefangen und vom Heinrich Dörr (Zöllners Sohn) beendigt. Es hat beiden Gemeinden (Anm.: Schwarz und dem Filialort Eifa) viel Geld und Mühe gekostet. Aber Waßer ist ja auch das Nötigste.‘ – Schwarz, den 14ten Sept. 1819.*

Der Brunnen ist heute noch frei und gut im Schuß, wie man sich vergewissern kann. Die Wandung ist mit Feldsteinen rund gemauert und noch vollständig erhalten. Bis zum Wasserspiegel sind es von oben gemessen rund 28 m. Falls einmal die alte, eingerostete Pumpe erneuert werden sollte, kann man diesem Pfarrbrunnen wieder das kühle Naß entnehmen.

---

[92] Anmerkung: 12 Klafter entsprechen 30 m (lt. Maßordnung vom 10.12.1817). 1 Klafter = 2500 mm.

Die beiden Gemeindebrunnen sollten im Jahre 1840 mit einer Einfassung umgeben werden. Dazu wurde von der Gemeinde ein Kostenvoranschlag mit den geplanten Maßnahmen erstellt, dem auch verschiedene Zeichnungen beigefügt wurden. Dem Brunnen bei der Behausung des Johannes Spieß lagen demnach folgende Arbeiten zugrunde:

Kostenvoranschlag:
1. Den Brunnen dem Boden gleich zuzudecken und dieses Wasser durch doppelte Kandelrinne 1,8' (Fuß) lang zur vorderen Quelle zu bringen, wodurch die fortwährende Nässe vermieden wird.
2. Einen Wasserkumpf von Sandstein gehauen zu liefern und zu setzen im Lichten 3' lang und 3' hoch. Stärke des Kranzes 8".
3. Zum Gehäus 2 Aufstellplatten jede 4' 6" lg., 5' 5" h. u. 8" dick.
4. Das Brunnengehäuse aufzumauern und zu verkitten benebst 10 eisernen Dollen zu liefern, jeder 6" lang und ¾" dick.
5. Rund um den Brunnen 6' breit und ein Stück zur Abführung des überflüssigen Wassers 4' langes und 8' breites sauberes Gossenpflaster zu fertigen = 6,7□ Klafter (Quadratklafter)
Summa Gesamtkosten 95 fl. 02 kr.

Abb. 74: Der Sandbrunnen. Die Brunnenstube 1911

Da der Brunnen bey der Behausung des Wirth Köhler in einem unsauberen sumpfigten Loche liegt, ist es nicht räthlich, denselben an diesem Orte einzufassen, denn jeder starke Regenguß wird das Wasser verunreinigen und einen gefährlichen Gang verursachen. Es ist daher nöthig, um dieses Wasser benutzen zu können, neben dem Weg einen Brunnen aufzumauern und in denselben eine Pumpe zu stellen, wodurch der Unreinlichkeit des Wassers und dem gefährlichen Gange (Anmerkung: Krankheit, z. B. Ruhr; der Verf.) abgeholfen wird.

1. Den Brunnen 18' hoch, die Mauer 2' dick und mit einem Durchmesser im Lichten von 3' mit aufzumauern und rundum 1' dick mit Thon zu beschlagen = 0,565 cub. Klafter, mit Lieferung eines Bohlenrostes und zwei Leyern von starkem Eisendraht.
2. Einen Kranz von gehauenen Sandsteinen zu liefern und legen.
3. Einen Brunnentrog von Sandstein 4' lang und 2' hoch, 2' breit.
Summa Gesamtkosten 56 fl. 46 kr.

Pumpenarbeit:
1. In den Brunnen eine Pumpe bestehend aus 2 Stöcken von Tannen holz, jeder Stock 12' lang und 1' dick, einen eisernen Schwengel mit Umschweif und Knopf und einem erzernen Ausgußrohr.
2. Einen gefälzten Deckel von eichenen 2" dicken Bohlen.
Summa Gesamtkosten 28 fl.

Die Wasserversorgung in Schwarz war früher wohl mehr schlecht als recht und besonders für die unteren und mittleren Bevölkerungsschichten, die sich keinen eigenen Brunnen leisten konnten, katastrophal. Der Gemeinderat, der sich aus den bessergestellten Gruppen zusammensetzte, tat sich meist schwer, wenn Mißstände zu beseitigen waren. Das sahen wir auch schon im Kapitel ›Schule‹. Bevor die Wasserleitung verlegt wurde, war die öffentliche Wasserversorgung nicht mehr tragbar.

Die Bewohner der Hühnerecke wandten sich nach einem ablehnenden Gemeinderatsbeschluß am 5. August 1908 mit einem Beschwerdebrief an das ‚*wohllöbliche Kreisamt in Alsfeld*'. Dieses Schreiben beschreibt die Misere drastisch:
‚Die Gemeindewasserleitung ist wieder abgelehnt worden. Wohl 80 % aller Leute sind über diesen Gemeinderatsbeschluß empört, denn außer einigen weisen Bauern wollen sie alle eine Wasserleitung, weil sie für jedermann ein Segen wäre. Nun ist es damit leider, leider zu Ende. Wir beantragen daher, daß für uns in der Hühnerecke ein guter Brunnen von der Gemeinde gemacht wird, denn wir zahlen auch Gemeindesteuern bei unserem geringen Einkommen. Wenn der Gemeinderat zur Wasserleitungsplanung 800 - 900 M. hinauswerfen darf, dann muß er auch bereit sein, für uns einen gelegenen Brunnen graben und machen zu lassen.

Abb. 75: Das ›Wasserbassäng‹. Der Hochbehälter 1911.

Die Gemeindebrunnen sind weit von uns entfernt und wir müssen viele Zeit für das Wassertragen vergeuden und uns damit quälen. Die Gemeindebrunnen sind in einem scheuslichen Zustande. Die Bürgermeisterei tut dazu nichts. Uns wundert, daß das so lang geduldet wird. Menschenkot, Gänsedreck und überhaupt Mist liegt in und um die zwei Brunnen, dem Ort- und Seibelsbrunnen herum. Zum Beweise dafür, daß alle Leute, welche Wasser aus diesen Brunnen tranken, in diesem Frühjahr an einer Art Ruhr schwer erkrankten. Doktor Schneider in Grebenau und verschiedene Ärzte in Alsfeld können zum Beweise angeführt werden. Wir bitten um baldigste Abhilfe.' – Die Unterzeichner: Heinrich Konrad Dörr, Johannes Rockel, Konrad Köhler III., Konrad Jöckel, Heinrich Urstadt III., Georg Urstadt, Karl Habermehl, H. Ludwig Schmidt und Konrad Rüffer.

Wahrscheinlich aufgrund der vorher geschilderten Zustände wurde die Gemeinde Schwarz behördlich verpflichtet, die Wasserversorgung im Sinne der Bürger neu zu regeln. Endlich, im Jahre 1911, wurde die Wasserleitung gebaut. Vom Sandbrunnen in der westlichen Schwärzer Gemarkung, direkt an der Grenze gegen Brauerschwender Gebiet am Distrikt Schönbuchenrück–Kuhtränke, wurde das Wasser in einer Brunnenstube aufgefangen. Dies war allerdings kein Tiefbrunnen, sondern nur eine Schürfung. Über Rohrleitungen lief das gesammelte Wasser zunächst im freien Lauf in das Wasserbasin am Lauterbacher Weg in zwei Becken und wurde dort mit natürlichen Druckverhältnissen schließlich in die Schwärzer Haushalte verteilt. Ein Pumpenhäuschen mit einer Druckpumpe wurde über dem Seibelsbrunnen, dem sogenannten ›Brunnen bei Spieß-Haus‹, errichtet. Hier mußte auch bei Bedarf, besonders im Sommer, zusätzlich Wasser in das Leitungsnetz gepumpt werden.

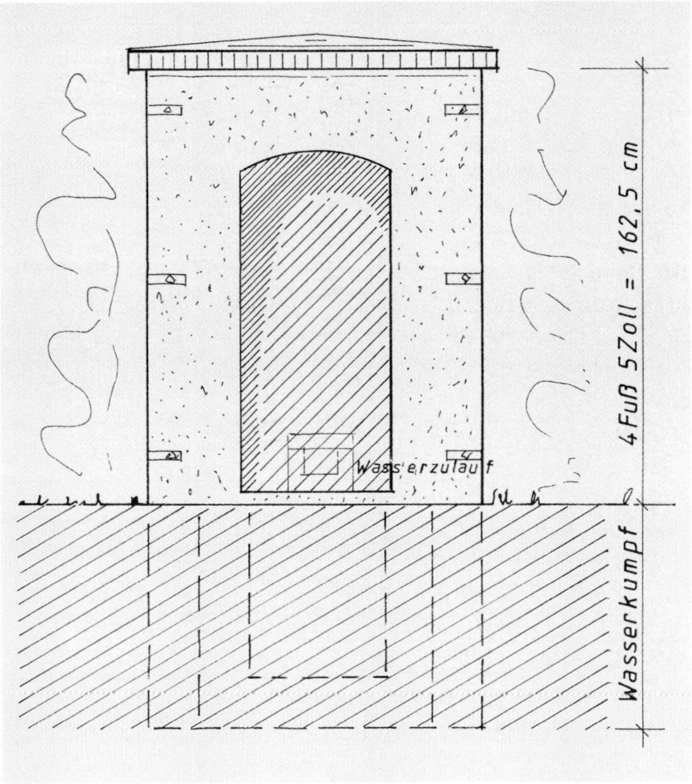

Abb. 76: Der Maibrunnen bei Spießhaus. Das Brunnenhäuschen aus dem Jahr 1840.

Da der Sandbrunnen wie der Seibelsbrunnen keine Tiefbrunnen waren, war die Gefahr der Verunreinigung stets gegeben. So durfte das Wasser aus dem Seipelsbrunnen 1965 nur noch abgekocht genossen werden, nach dem das Staatliche Chemische Untersuchungsamt im Gießen Unsauberkeiten im Wasser festgestellt hatte. Folglich mußte von 1969 bis 1971 eine neue Wasserversorgungsanlage gebaut werden. Der Brunnen wurde im Walddistrikt Schoppendell gebohrt und darüber das Pumpenhaus gebaut. Zuvor hatte eine Probebohrung an der Winterleite keinen Erfolg gezeigt. Der neue Wasserhochbehälter steht nun an der Alsfelder Straße. Mit der Erneuerung der Ortsdurchfahrt von 1994 bis 1996 wurde auch ein Großteil des Rohrleitungsnetzes erneuert.

Die Beschreibung der Leute aus der Hühnerecke über die früheren Verhältnisse zeigt, wie eng schlechtes Wasser und Krankheiten zusammenhängen. Der Dorfbrunnen bei ›Köhler-Haus‹ befand sich, wie oben schon gesagt, ungefähr dort, wo sich die Schmiede der heutigen Schlosserei Merz befindet. Zehn Meter weiter zur Kirche hin begann der alte Kirchhof, die Begräbnisstätte des Dorfes, wo noch bis 1828 Menschen beerdigt wurden. Wen wundert es da, wenn vor langer Zeit Ruhr, Pest und sonstige schwere Krankheiten das Leben der Menschen bedrohten?

Abb. 77: Tiefbrunnen und Pumpwerk 1971.

Der Seipelsbrunnen wurde im vorigen Jahrhundert auch ›Maibrunnen‹ genannt und der Weg dorthin hieß das ›Maibrunnengäßchen‹. Das Wassereinzugsgebiet, d. h. der Hang gegenüber, war Seipels Maigarten. Noch bis in die 50er Jahre wurde mit der ›Bornkanne‹ das köstliche und kühle Wasser aus dem Überlauf des Seipelsbrunnens als Trinkwasser geholt, ein wahrer Genuß an den heißen Sommertagen. Nach glaubhafter Versicherung der älteren Mitbürger kamen aus dem Seipelsbrunnen auch die kleinen Kinder. Diese wurden nicht wie anderswo vom Storch gebracht. Nachdem der Brunnen wegen Verschmutzung gesperrt wurde, brach man auch das Pumpenhaus ab. Wo jetzt die kleinen Kinder herkommen, ist nicht mehr nachzuvollziehen.

Abb. 78: Hochbehälter 1971

Backen in Schwarz

Der folgende Abschnitt soll etwas über Backhäuser, ihre Benutzer, Behörden und Verordnungen erzählen, also alles was mit dem ländlichen Backen zusammenhing und auch heute noch damit zu tun hat. Dabei werden auch manche Gebrechen deutlich, die einst unsere Vorfahren plagten.

Wenn man an Backen denkt, fällt einem fast gleichzeitig das Brot ein. Eine Art Brot wurde schon lange vor unserer Zeitrechnung im Zweistromland Mesopotamien und in Ägypten hergestellt. Bei Ausgrabungen wurden dort in irdenen Töpfen Reste von Teig gefunden, die auf diese Annahme schließen lassen. Jedoch waren diese frühen und auch später hergestellten Brotarten mit unserem heutigen Backwerk nicht zu vergleichen. Ursprünglich war es ein Fladenbrot, das auf erhitzten Steinen oder in heißer Asche gebacken wurde. Es mußte warm gegessen werden, denn in kaltem Zustand war es hart und ungenießbar. Durch Stehenlassen des Teiges trat eine Gärung ein, die den Teig lockerte. Das aus einem solchen Teig gewonnene Sauerteigbrot war auch schon früh bei den alten Kulturvölkern im gesamten Orient bekannt. In Mitteleuropa wurde der ursprüngliche Getreidebrei, der weiten Teilen der Bevölkerung als Nahrung diente, erst spät durch das Brot verdrängt.[93]

Die Brotherstellung und dessen Verzehr war früher mit besonderen christlichen Riten verbunden, was die Besonderheit des Brotes für die menschliche Ernährung hervorhebt. Bei uns findet man eine Verbindung zu diesem köstlichen Nahrungsmittel zuerst in alten Abgabenverzeichnissen, Kaufurkunden oder in den Salbüchern. So beispielsweise im Testament des Alsfelder Priesters Heynricus Hultzschwer vom 31. Juli 1540: ‚*den Armen im Hospital zum hl. Kreuz je ein Weißbrot für drei Heller, jährlich auf St. Annentag, den Armen ein Weißbrot*‘ [94]

Aus einem Eintrag des Salbuches Schwarz vom Jahre 1573 erfährt man, daß das Brot, als ursprüngliche Naturalabgabe der Untertanen, in eine Geldabgabe umgewandelt worden war: ‚*Es müssen die*

[93] Brockhaus
[94] MOGV: Regesten aus dem Alsfelder Stadtarchiv

Onderthanen im Dorff Schwartz von Haußen zu Haußen zwanzig binger Heller, wilche vor ein Schönbrodt genant wirt, Jehrlichen gebenn ...'

Brot war zu jenen Zeiten ein Nahrungsmittel der bessergestellten Bevölkerungsschichten. Die Herstellung setzte das notwendige Getreide, den entsprechenden Backofen und auch die erforderliche Zeit für die Fertigung voraus. Nicht nur aus dem letztgenannten Grunde verzehrte ein Großteil unserer Vorfahren über viele Jahrhunderte hinweg überwiegend Getreidebrei, Getreidegrütze oder Getreideschleim. Für das Brot und für den Brei wurden die Getreidesorten Emmer, Hirse, Hafer, Roggen, Weizen und Dinkel verwandt. Kriege, in deren Folgen oft die Getreidefelder zerstört wurden, Mißernten, manchmal wurde nur die doppelte oder die dreifache Menge des eingesetzten Saatgutes geerntet, übermäßig hohe Abgaben und Herrschaftswillkür brachten die Bürger früher oftmals um ihr sauer verdientes Brot. Selbst bis in die zwanziger und dreißiger Jahre dieses Jahrhunderts wußten manche unserer älteren Mitbürger nicht, wo sie das Brot zum täglichen Leben hernehmen sollten.

Die Backhäuser

Die Backhäuser in den Gemeinden waren früher anscheinend alle privateigen, das zeigt eine Verfügung aus dem Jahre 1839. Wann das erste gemeindeeigene Backhaus in Schwarz gebaut wurde, ist nicht zu ermitteln. Die Gemeinderechnungen, die ab 1782 bis 1816 leider nur unvollständig vorliegen, weisen keine Ausgaben für den Bau eines Backhauses aus. Im Urkundenband von 1782 unter ›Brandschadensbeiträge für gemeindeeigene Gebäude‹ ist ein Eintrag besonders interessant, nämlich der Brandkassenbeitrag für das Gemeindebrauhaus: ‚*Das Pfarrhaus gibt 1 fl. 5 alb;. Das Schulhaus gibt 6 alb.; Das Brauhaus gibt 3 alb.; Die Kirch gibt 15 fl. 5 alb.'*

In den Urkundenbänden von 1823 und 1824 wird man dann schließlich fündig: ‚*Brandkassengeld de Anno 1823 für die Gemeinde Schwarz durch den Gemeinderechner Jacob Köhler dahier: Für das 1. Backhaus 3 kr.; Für die Kirche 3 fl. 5½ kr.; Für das Schulgebäude 22 ½ kr.; Für das Pfarrgebäude 5 fl. ½ kr.; Für das 2. Backhaus 1 ½ kr.; Für das 3. Backhaus 1 ½ kr.; Für das 4. Backhaus 1 ½ kr.' – Schwarz, den 12. Okt. 1824. Der Distrikteinnehmer.*

In den folgenden Jahren finden nun laufend Reparaturen an den Backhäusern statt.

Die Beschwerde des Lehrers Peter

Am 7. März 1834 verfaßte der damalige Schullehrer Peter einen Brief an das Kreisamt nach Alsfeld:

Eur Wohlgebohrn Herrn Kreisrath Neidhardt des Kreises Alsfeld.

Betreffend Schikanierung von dem Johannes Wegfahrt (sen.) dahier am 3ten d. M. beym Brodbacken. Unterthänig und gehorsamste Anzeige nebst Beschwerdeführung des Schullehrers Peter zu Schwarz.

Das was ich bereits bei der vorjährigen Schulprüfung wegen der Eingabe von Schulversäumnissen äußerte, fängt schon jetzt an, sich zu verwirklichen; nicht allein durch Drohungen, z. B. von vorheriger Entsagung aller Liebesdienste, sondern sogar durch bestättigte Tathsache. Es war dahier der Fall, daß nach Ostern niemand einen Backofen anheitzen wollte, obgleich mehrere ihren Vorrath von Brod aufgezehrt hatten; welches auch in meiner Haushaltung der selbe Fall war.

Der oben schon Bezeichnete machte sich endlich am verwichenen Donnerstag, also am 3ten d.M., daran und heitzte für sich den Backofen zum Brodbacken. Da dieses meine Frau in Erfahrung gebracht hatte, so geht sie zu dem Backmann Johannes Faßold, und zeigte ihm an, daß wir den Freitag des Morgens frühe backen wollten. Hierauf schickte ich nun mein Mädchen mit 8 Schiebern Holz nach dem Backhause (dem Wegfahrt hatte es meine Frau schon zu wissen gethan, daß wir den andern Morgen backen wollten), es kam aber mit der Nachricht zurück, daß ein Schloß davor hänge.

Dasselbe hatte Wegfahrt deshalb davor gehängt, weil er, nachdem er das Brod aus dem Backofen gethan, denselben voll grünes Tannenholz gestopft hatte, um die noch übrige Ofenhitze vollends herauszuziehen: welches noch weit schlimmer ist zum Nachbacken, als einen Ofen zu heitzen worin zuletzt nur Brod war, und wenn er auch mehrere Tage leer gestanden hätte. Dieses erfahrend, schickte ich mein Mädchen zu demselben und ließ ihm sagen, er möchte doch das Backhaus aufmachen, weil ich Holz in den Backofen thun, und den nächsten Morgen backen wollte. Darauf erklärte derselbe Mann, er mache nicht auf, er dürfe vorerst die Hitze des Backofens genießen, und noch andere Äußerungen mehr. Meine 8 Schiebern Holz hatte er indessen doch auch in den Backofen gethan, diese waren aber dürres Buchenholz.

Am andern Morgen fand ich den Backofen so abgekühlt, daß es weit schlimmer war, als wenn ich frisch angeheizt hätte, und mußte eine Menge Holz verbrennen: und doch ist das Brod an der untersten Seide weich, denn dieser Backofen hat keinen Grund von Backsteinen, sondern ist nur mit Leimen geschlagen. Auch diese Soctize würde ich mit Geduld ertragen haben, wenn nicht zu befürchten wäre, daß dergleichen noch mehrern ausgeübt würden: darum seihe es dem gutächtlichen Ermessen Eur Wohlgebohrn ganz anheim gestellt. Mit der größten Hochachtung beharrend.

Eur Wohlgebohrn unterthänig gehorsamer Diener H. Peter.

Schwarz, den 7ten März 1834

Aufgrund dieser Beschwerde schreibt der Kreisrat an die Großherzogliche Bürgermeisterei Schwarz:
‚Da mir die Anzeige gemacht worden ist, daß oft Mißhelligkeiten darüber stattfinden, in welcher Ordnung der Gemeindebackofen zu Schwarz, von den dasigen Einwohnern geheizt werden könne, so erhalten sie den Auftrag hierüber gleichförmige Bestimmungen zu unterwerfen. Diese und sämtlichen Interessenten unterschreiben zu lassen und sofort mit einem Gutachten des Gemeinderaths insbesondere über die Größe der Strafe, welche den Contravenierten treffen solle, mit Bericht binnen 8 Tagen einzusenden.' – Alsfeld, am 8. April 1834.

Über den weiteren Vorgang in dieser Angelegenheit ist leider nichts weiteres zu erfahren.

Behördliche Verfügung

Am 18. Juni 1839 gab das Großherzogliche Ministerium des Inneren und der Justiz eine Verfügung bezüglich der Abschaffung der Privatbacköfen heraus. Sie war für Schwarz nicht relevant, da schon Gemeindebackhäuser vorhanden waren. Eine beigefügte Musterzeichnung ist wegweisend für den Bau der späteren Backhäuser. Aus der Großherzoglichen Kanzlei ging am 14. Januar 1840 ein Schreiben an die Kreisräte. *‚Wir wünschen die Orte Ihres Kreises kennenzulernen, insbesondere wo gemeinschaftliche Backofen stehen sowie die Orte ihres Betriebes, ob dazu zum Beispiel eigene Bäcker angestellt sind und was an Bäckerlohn bezahlt wird. Wo keine Gemeindebackofen bestehen, soll durch Ermunterung zur Einführung derselben angeregt werden.'*

In einer anderen Verfügung vom 29. Januar 1840 wurde über verschiedene Punkte ein Bericht angefordert, so unter anderem über die Anzahl der Backöfen, das Aufstellen einer Backliste und dergleichen mehr. Der damalige Bürgermeister Noll aus Schwarz berichtete am 4. Februar 1840:

Zufolge hoher Verfügung Großherzogl. Hessischem Kreisrathe wegen obigem Betreffen berichte ich gehorsamst:

ad 1. in hies. Gemeinde sind drey Gemeinde-Backöfen vorhanden.
ad 2. dahier ist es mit der Famlienzahl unterschiedlich, weil das Ort viel auseinanderliegent, das erste hat 45, das zweite 30 und das dritte halb so viel (Backende).
ad 3. es sind hier keine eigenen Bäcker angestellt.
ad 4. hier geht es nach anliegender Backordnung.
ad 5. geht weiter nichts hervor.

21.

Zu Nr. D. 6583. Darmstadt am 18. Juny 1839.

Betreffend:

Die Abschaffung der Privatbacköfen.

Das Großherzoglich Hessische

Ministerium des Innern und der Justiz

an

die Großherzogl. Provinzial-Commissariate dahier und zu Gießen, und sämmtliche Großherzogl. Kreisräthe.

Die in neuerer Zeit besonderes zugenommene Theuerung des Holzes macht es nothwendig, daß Einrichtungen getroffen und befördert werden, wodurch in dem Verbrauche desselben möglichste Ersparnisse herbeigeführt werden können und daß die Verwaltungsbehörden diesem Gegenstande Ihre besondere Sorgfalt und Thätigkeit widmen. Als besonders wirksames Mittel zur Herbeiführung solcher Ersparnisse erscheint die Abschaffung von Privatbacköfen und die Einführung von Gemeindebacköfen an denjenigen Orten, wo sich keine Bäcker von Gewerbe in genügender Anzahl befinden und wo besondere Local-Verhältnisse das Fortbestehen der Privatbacköfen nicht als nöthig erscheinen lassen; wodurch denn auch die bei dem Bestehen der Privatbacköfen immer vorhandene größere Feuersgefahr vermindert wird.

Wir empfehlen Ihnen, hierauf nach Kräften hinzuwirken und theilen Ihnen zu dem Ende einige Muster-Zeichnungen von solchen Gemeindebackhäusern unter dem Auftrage mit, solche den Vorständen derjenigen Gemeinden, in welchen Sie die Einführung von Gemeindebackhäusern für ersprieslich halten, zur Einsicht und geeignetem Gebrauch zuzustellen, sowie demnächst über die Art der Benutzung der Backhäuser, nach Anhörung der Localpolizeibehörde und des Gemeinderaths, die etwa dienlich erscheinenden Reglements aufzustellen.

du Thil.

Prinz.

Abb. 79: Behördliche Verfügung zur Abschaffung der privaten Backöfen.

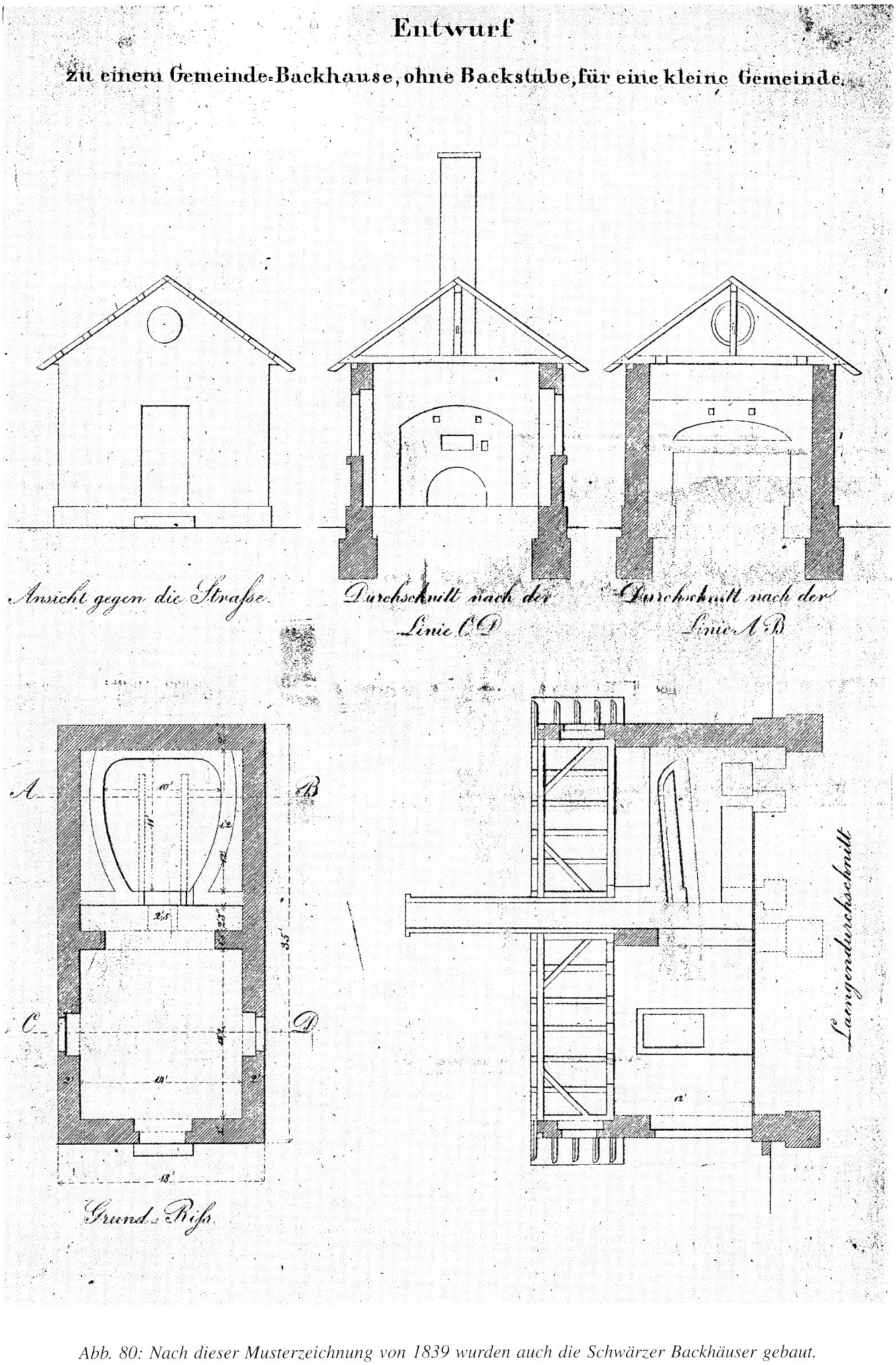

Abb. 80: Nach dieser Musterzeichnung von 1839 wurden auch die Schwärzer Backhäuser gebaut.

Reparaturarbeiten

Im Jahr 1840 werden an den drei Backhäusern kleinere Arbeiten ausgeführt und im Jahre 1842 sind größere Reparaturen erforderlich. Hierzu wurde ein Kostenüberschlag über die vorzunehmenden Reparaturarbeiten an den Gemeinde-Backhäusern für das Jahr 1842 erstellt. Es folgt eine Beschreibung der Arbeiten:
'An dem Backhaus an der Bach einen neuen Heerd mit Leimen in den Ofen zu machen mit Material und Arbeitslohn 2 fl. An dem Backhaus im Unterdorf ein Stück Mauer 2O Fuß lang, 5 Fuß hoch und 15 Zoll dick zu machen, den Ofen zu wölben und einen Hut darauf zu machen mit Material und Arbeitslohn 11 fl. 40 kr.'

Bei dem ersten Backhaus handelt es sich um das Backhaus am Wasser und beim zweiten um jenes im Unterdorf. Es werden 1842 untenstehende Beträge für die Unterhaltung der gemeinheitlichen Gebäude ausbezahlt: *'Dem Heinrich Noll V. für Stellung des Lokals zur Steuererhebung für die Jahre 1839 bis 1842 á 2 fl. 24 kr. = 9 fl. 36 kr. Dem Maurer Konrad Engel zu Eulersdorf für die Reparaturen an den beiden Backhäusern an der Bach und im Unterdorf 13 fl. Dem Maurer Johannes Georg zu Schwarz für Ausbesserung der Dächer am Backhaus an der Kaute und am Leiterhaus 2 fl. Demselben für die Reparatur des Ofens im Backhaus an der Kaute 3 fl. 22 kr.'*

Brandversicherung für die Gemeindegebäude 1841

'Dem Distrikteinnehmer Kraft zu Alsfeld: Von der Kirche von 3000 fl. Kapital. Von dem Pfarrhaus von 2870 fl. Kapital. Von dem Schulhaus von 1300 fl. Kapital. Von dem Backhaus Nr. 35 von 40 fl. Kapital. Von dem Backhaus Nr. 98 von 20 fl. Kapital. Von dem Backhaus Nr. 90 von 20 fl. Kapital. Insgesamt fallen 4 fl. 57 ¼ kr. für Brandversicherungsbeiträge für die gemeindeeigenen Gebäude an.'

Bis zum Jahre 1858 bestanden in Schwarz 3 Backhäuser, ab 1859 waren nur noch 2 vorhanden, nämlich das ›Backhaus an der Bach‹ und das ›Backhaus an der Kaute‹, das sogenannte ›Kuttebackhuss‹. Das ›Backhaus an der Bach‹ war immer das größere und bessere. Im gleichen Jahr wurde wieder eine größere Instandsetzung fällig. Georg Berlau von Rainrod erhielt für die Wiederherstellung eines eingefallenen Backofens 20 Gulden für Lohn- und Materialkosten. Auch in den weiteren Jahren wurden ständig große und kleine Ausbesserungsarbeiten durchgeführt. Die Instandhaltung der Gemeindebackhäuser war ein wichtiges Bedürfnis, das eine stete Bereitstellung von Baumitteln von den Gemeinden erforderte. Hing doch das Wohl und die Schaffenskraft der Bürger von diesen Einrichtungen ab.

Die Backordnung

In den vierziger Jahren des vorigen Jahrhunderts wurde vom Großherzoglich Hessischen Ministerium des Inneren eine einheitliche Backordnung verfügt. Die Kopie einer am 25. Februar 1859 vom Kreisamt Alsfeld publizierten Backordnung, die zur Einhaltung der Gebote an die Gemeinden gegeben wurde, zeigt, daß alle Paragraphen bis in die jüngste Zeit aktuell geblieben sind (s. unten).

Johann Georg Krug wurde wegen Verstoßes gegen die Backordnung am 22. Juli 1867 vor das Ortsgericht in Schwarz geladen. Er hatte gebacken ohne eingereiht zu sein, und sich sogar nicht einmal um einen Termin beim Backhausaufseher bemüht. Die Aussage des Ortsgerichts und die wahrscheinlich auferlegte Buse sind leider nicht bekannt. In der zweiten Hälfte des 19. Jahrhunderts wurde es zur Unsitte, daß ein oder zwei Bäcker, trotz des §1 der Backordnung, der das gewerbsmäßige Brotbacken im Backhaus streng untersagt, Brot für den Weiterverkauf backten.

Abb. 81: Die Backordnung vom 25. Februar 1859.

Backordnung

für

die Gemeinde Schwarz

Zur Aufrechthaltung der Ordnung im Gemeindebackhause und zur Ueberwachung der ordnungsmäßigen Benutzung desselben sind folgende Bestimmungen, nach welchen sich jeder Ortseinwohner, welcher von dem Gemeindebackhause Gebrauch machen will, genau zu bemessen hat, mit Genehmigung Großherzoglichen Ministeriums des Innern vom 15. Februar 1859 *ad* Nr. M. d. J. 1863 getroffen worden:

§. 1.

Jeder Ortseinwohner ist berechtigt, für sich, aber nicht zum Verkaufe, in dem betreffenden Gemeindebackofen zu backen, ~~jedoch hierbei an Beobachtung nachstehender Vorschriften gebunden.~~

§. 2.

Zur Beaufsichtigung des Gemeindebackhauses und zur Handhabung der Backordnung sind zwei Ortsbürger, deren Namen jedes Mal öffentlich bekannt gemacht werden, in der Art bestimmt, daß dieselben mit der Aufsicht wechseln und Derjenige, welcher nicht in ~~Activität~~ ist, zugleich ~~den Aufseher~~ in Verhinderungsfällen ~~als Substitut zu vertreten~~ hat.

Den von dem Aufseher in Gemäßheit der Backordnung ausgehenden Anordnungen ist, ~~vorbehältlich der Befugniß, sich hiergegen bei der Großherzoglichen Bürgermeisterei zu beschweren und Abänderungen zu erwirken~~, unweigerlich Folge zu leisten.

§. 3.

Jeder Ortseinwohner, welcher in den Gemeindebacköfen backen will, ist verpflichtet, der Reihe nach einen Montag oder einen Tag nach einem Feiertage einen Ofen anzuheizen.

Dem Aufseher liegt es ob, die Einhaltung der Reihenfolge zu überwachen, solche, bei sich ergebenden Anständen, durch Loosziehung bestimmen zu lassen und jeden Ortseinwohner, an welchen die Reihe zum Anheizen kommt, acht Tage zuvor hiervon in Kenntniß zu setzen.

Wer das ihm obliegende Anheizen unterläßt, für den wird solches gegen eine in die Gemeindekasse zu zahlende Vergütung der wirklichen Auslage auf Veranlassung des Aufsehers besorgt, und ist derselbe bis zur Bezahlung dieses Betrags von der Benutzung des Backhauses ausgeschlossen.

Ist Jemand verhindert, an dem Tage, an welchem die Reihe des Anheizens an ihm ist, zu backen, so muß er dies sogleich, ~~nachdem er Kenntniß davon erhalten, daß er das Anheizen zu besorgen hat~~, bei der Großherzoglichen Bürgermeisterei anzeigen, ~~indem dieses~~ sonst, ~~wie vorbemerkt~~, auf seine Kosten bewerkstelligt wird.

§. 4.

Mit Ausnahme desjenigen, welchem nach Maßgabe des vorhergehenden §. das Anheizen obliegt, hat sich, wer backen will, immer Tags vorher präcis 12 Uhr Mittags oder zu den von dem Ortsvorstand bestimmten und in der Gemeinde bekannt gemachten Tagen und Stunden bei dem Aufseher einzufinden, welcher zur Bestimmung der Reihenfolge des Backens alsbald eine Verloosung veranstalten muß.

Uebrigens darf von Michaeli bis Georgi an einem Tage in einem Ofen nur 5mal und von Georgi bis Michaeli nur 6mal gebacken und zwar im ersten Zeitraume von Morgens 6 Uhr und im 2ten Zeitraume von Morgens 4 Uhr an der Anfang gemacht werden. Zu einem Geback werden 3 Stunden Zeit gestattet, dem Anheizer (*cf.* §. 3.) aber 4 Stunden, ~~und wird nicht zugelassen~~, in einem Ofen zu backen, zu welchem man nicht getheilt ist.

Können hiernach nicht alle, welche an einem Tag backen wollen, dies bewerkstelligen, so erhalten die nach Maßgabe der gezogenen Loosnummer Ausfallenden das Recht, am darauf folgenden Tage zuerst zu backen, ~~falls sie dies sofort nach der Verloosung in Anspruch nehmen. Wird solches versäumt, so haben sie, wie gewöhnlich, mit den anderen Backlustigen wiederum zu losen.~~

Der Zuerstbackende hat den Schlüssel zum Backhause bei dem Aufseher in Empfang zu nehmen und ihn an die Nachbackenden abzuliefern. Erhält einer derselben den Schlüssel nicht, so hat er hiervon dem Aufseher sogleich die Anzeige zu machen, widrigenfalls, beim Abhandenkommen des Schlüssels, die Kosten der Wiederanfertigung eines solchen ihm zur Last fallen. Der an einem Tage zuletzt Backende hat den Schlüssel an den Aufseher abzuliefern.

Ist Jemand, welcher zum Backen mitgeloost hat, hieran verhindert, so hat er dem Aufseher hiervon alsbald die Anzeige zu machen, damit dieser ~~Solches zur Kenntniß des~~ Nachfolgers ~~bringt~~.

§. 5.

Wollen einige Ortseinwohner zusammen in einem Ofen backen, so hat nur einer von ihnen am Loosen Theil zu nehmen.

§. 6.

Diejenigen, welche zu Kindtaufen, Hochzeiten und beim Bauen und Aufschlagen neuer Gebäude backen wollen, haben hierzu das Vorrecht; sie müssen aber dem Aufseher einen Tag vorher die Anzeige machen, damit sie in die Reihe eingetheilt werden können.

Unterlassen Sie diese Anzeige, so kann ein solches Vorrecht von ihnen nicht beansprucht werden.

§. 7.

In den letzten acht Tagen vor einem Feste ist jeder den alsdann von der Großherzoglichen Bürgermeisterei zu treffenden Anordnungen hinsichtlich des Brod- und Kuchenbackens unterworfen.

§. 8.

Ist ein Gebäck fertig, so muß von demjenigen, welcher gebacken hat, der Ofen von Asche und ebenso die Backstube gereinigt, sowie das Zustellen der Oeffnungen am Backofen gehörig besorgt werden.

Im Unterlassungsfalle hat der Nachbäcker dem Aufseher sogleich Anzeige hiervon zu machen. Versäumt er diese Anzeige, so hat er die ihm etwa erwachsenden Nachtheile sich selbst zuzuschreiben.

§. 9.

Das erforderliche Backgeschirr hat sich jeder Backende selbst zu stellen. Hat die Gemeinde solche Geräthschaften angeschafft, so dürfen diese nur ordnungsmäßig benutzt werden, bei Vermeidung des Ersatzes des durch ordnungswidrigen Gebrauch verursacht werdenden Schadens.

§. 10.

Jeder, welcher von dem Backhause Gebrauch macht, ~~hat sich aller~~ Beschädigungen und Verunreinigungen desselben ~~zu enthalten und ebenso dafür zu sorgen, daß nicht durch seine Leute, für welche er einzustehen hat~~, ein Schaden entsteht.

~~Insbesondere ist auch~~ verboten das Dörren von Holz, ~~welches nicht zu dem vorhabenden Gebäcke bestimmt ist~~, in dem Backofen, ebenso das Hauen von Holz in dem Backhause, der Gebrauch von zu dicken Wellen, sowie von Dörnern, durch welche der Ofen beschädigt werden kann; ~~und das Dörren von Obst ꝛc. in dem Backofen.~~

~~§. 11.~~

~~Wer eine Statt gehabte Beschädigung nicht sogleich dem Aufseher anzeigt, hat für solche selbst einzustehen.~~

§. 12.

Zuwiderhandlungen gegen die Vorschriften dieser Backordnung unterliegen, insofern sie nicht bereits unter den entsprechenden Paragraphen mit einer andern Geldstrafe oder einem sonstigen Nachtheile bedroht sind, einer Polizeistrafe von ~~15 Kreuzern bis 1 Gulden.~~ Eine solche Strafe tritt auch neben der in §. 3. festgesetzten Entschädigungspflicht ein.

§. 13.

~~Die Anzeige von zu seiner Kenntniß gekommenen Kontraventionen gegen die vorstehenden Bestimmungen hat der Aufseher bei der Großherzoglichen Bürgermeisterei abzugeben, welche sie, geeigneten Falles, an die unterzeichnete Behörde weiter zu befördern hat.~~

Kommt der Aufseher seinen Verpflichtungen nicht nach, so hat er sich ~~der geeigneten~~ Disciplinarstrafen zu gewärtigen.

§. 14.

Diese Backordnung tritt sogleich nach erfolgter Publikation in Kraft.

Alsfeld den 25. Februar 1859. Großherzogliches Kreisamt Alsfeld.

Frölich.

Druck von F. Ehrenklau in Alsfeld.

Aus einem *‚Bericht des Gendarmerie Corps District Oberhessen, Sektion Alsfeld, Station Grebenau betreffs Visitation der Bäckereibetriebe vom 4. Dez. 1882‘* geht hervor, daß Heinrich Becker und Johannes Stöppler Brot zum Verkauf im Gemeindebackhaus backten. Als Backstube für die Teigherstellung und die Brotlagerung dienten Räume im Wohnhaus des vorgenannten Heinrich Becker, der sich auch Bäckermeister nannte. Auch Heinrich Fuhr wird als Brothändler erwähnt. Die Erhebung zu diesem Bericht, der im Staatsarchiv in Darmstadt (StAD G15, Z5) zu finden ist, wurde seinerzeit von dem Polizeidiener Johannes Eifländer II. aus Schwarz vorgenommen.

Die Benutzung des Gemeindebackhauses in der Ortsmitte zum gewerblichen Brotbacken hat den örtlichen Backbetrieb, wie unschwer zu erkennen ist, stark behindert. Aufgrund einer Eingabe des Schneiders Heinrich Rüffer an das Kreisamt in Alsfeld und der hierauf folgenden Verfügung faßte der Bürgermeister Peter Habermehl (›Perresch‹) den untenstehenden Bericht ab. Bei dieser Erklärung blieb es dann aber auch, denn es änderte sich nichts. Das Backhaus wurde für gewerbliche Zwecke auch weiterhin rege genutzt, wie spätere Gesuche und Genehmigungsschreiben aus den Jahren 1914

An Großherzogliches Kreisamt Alsfeld gehorsamster Bericht der Großherzoglichen Bürgermeisterei Schwarz. Auf Verfügung des Kreisamt Alsfeld vom 26ten Juli 1882.

Betreffend: Beschwerde des Heinrich Rüffer von Schwarz..
In Folge hoher Verfügung von obigem, die Verhältnisse der beiden Bäcker zu Schwarz sind folgende:

Diese sind zwei Bauern, nicht wie angegeben niedergelassen. Diese haben ihr Gewerb als Bäcker welche nicht ständig backen und nicht den ganzen Tag den Backofen benutzen, und das Brod in der Umgegend verkaufen, sondern im Fall vor der Erntezeit, daß solche in der Woche nur einmal backen, auch wird das Brod merstentheils im Ort an die Armen Leute verkauft, welche nicht in der Lage sind ein Zentner Mehl anzuschaffen, auch diese Leute manchmal nicht mehr als zu einem Laib Brod Geld haben und können es an einem anderen Ort nicht bekommen.

Wir halten es deshalb nicht für Nachtheil der Gemeinde. Jedoch haben wir die Bäcker auf hohe Verfügung aufmerksam gemacht, daß kein Brod zum Verkauf in dem Gemeinde Backofen gebacken werden darf, und auch solche sich erklärt haben, das Backen einzustellen oder ein eigenen Ofen anzuschaffen.

gez.: Habermehl

Schwarz am 1ten August 1882

und 1926 zeigen.[95] Und schon am 19. Februar 1885 schrieb Georg Heinrich Fuhr ›privatim‹ an den Großherzoglichen Kreisrath, er möge bitte der Großherzoglichen Bürgermeisterei Schwarz aufgeben, festzustellen, ob und wieviel ein Brotbäcker, welcher im Gemeindebackofen backt, an die Gemeindekasse abgeben soll.[96] Wahrscheinlich auf Verfügung des Kreisamtes Alsfeld wurden die Statuten über das Backen in hiesiger Gemeinde erlassen:
‚Die Gemeinde Schwarz hat zwei Backofen wo gebacken wird, für jedes derselben ist ein Backmann ernannt, wo jeder der backen will, sich melden muß, daß ihm die Reihe welche noch offen steht, zugeschrieben wird, und nicht leicht Streitigkeit entsteht. Im Winter wird mit dem Anbacken die Reihe gehalten, die geringsten werden zwei bis drei Mann dazu ernannt, dies wäre der Ortsgebrauch des Backens.‘

Auch eine weitere Anordung vom 4. März 1885, erlassen durch die Großherzogliche Bürgermeisterei Schwarz, betraf das gewerbliche Backen: *‚Der Gemeinderat legt fest: Ein Bäcker der für Kunden backt, soll jährlich 10 Mark in die Gemeindekasse bezahlen. Schulgeld wird nicht erhoben.‘ – gez.: Krug.*

Der Betrag von 10 Mark mußte auch noch 1914 bezahlt werden.[97] In einer Meldung der Polizeistation Grebenau vom 14.10.1914 wurden die gewerblichen Bäcker im Gründchen erwähnt: *‚Großherzoglichem Kreisamt meldet der Unterzeichnete gehorsamst, daß es sich bei der am 14. d. Mts. die den Bäckern Heinrich Ruppel, und Heinrich Becker zu Schwarz und Friedrich Reidt und Moses Kahn zu Grebenau vorgenommenen Revision betreffend des Gewichts der Brote keinerlei Anstände ergeben haben.‘*

Um die behördlichen Vorgänge abzuschließen, seien noch eine Meldung der Gemeinden aus 1934 und eine Verfügung des Landratsamtes von 1945 aufgeführt. Die Gemeinden hatten über Anzahl der Backhäuser, die Einwohnerzahl und das Verhältnis des Brotverzehrs, ob vom Bäcker oder im Backhaus gebacken, zu berichten. Die Gründchengemeinden meldeten dies am 05.01.1934:

Brotverzehr in den Gründchengemeinden				
Ort	**Backhäuser**	**Einwohner**	**v. Bäcker (%)**	**v. Backhaus**
Bieben	2	235	--	--
Eulersdorf	1	150	--	--
Grebenau	3	659	80	20
Reimenrod	1	143	--	--
Schwarz	2	685	5	95
Udenhausen	2	314	--	--
Wallersdorf	1	201	--	--

Tabelle 20: Der Brotverzehr im Jahre 1934.

[95] StAD G 15, P 186
[96] StAD G 15, N 1023
[97] StAD G15, Z 5

Am 29. Januar 1945 ging vom Landrat des Kreises Alsfeld noch eine Verfügung an die Bürgermeisterei. Wegen der verschärften Luftlage dürfe nur am Tage, nicht nach Einbruch der Dunkelheit gebacken werden. Gleichzeitig solle man besorgt sein, zur Brennstoffeinsparung hintereinander zu backen.

Damit soll der geschichtliche Teil zum Backen in Schwarz, soweit er zurückzuverfolgen ist, beendet werden. Eines sollte bei alldem aber nicht vergessen werden: Der kleine Bürger, der Geringe, der Weber, der Tagelöhner, der Schweinehirt und selbst die Schullehrer und Pfarrer, die, um zu überleben, noch eine kleine Landwirtschaft betrieben, mußten hart um ihre Existenz und das tägliche Brot kämpfen. Weiter unten wird über den Bau des jetzigen ›Backhauses an der Bach‹ und über die eigentlichen Backerzeugnisse noch mehr berichtet werden. Zum Herstellen der Backwaren ist allerdings guter fachmännischer (fachfraulicher) Rat vonnöten.

Die Erneuerung der Backhäuser

Von den ursprünglich vier Gemeindebackhäusern standen um die Wende vom 19. zum 20. Jahrhundert noch zwei. Trotz steter Reparaturen an Haus und Ofen waren sie so in Verfall gekommen, daß sie erneuert werden mußten. Das ›Backhaus an der Bach‹ wurde 1892/93 komplett abgebrochen und neu aufgebaut, das ›Backhaus an der Kaute‹ 1896/97. Letzteres wurde im Jahre 1973 vollständig abgerissen. Heute sind nur noch die Fundamente zu sehen.

Befassen wir uns also mit der Erneuerung des noch bestehenden ›Backhauses am Wasser‹ oder ›an der Bach‹. Vom Hochbauaufseher Volz zu Alsfeld wurden die Baukosten mit 1500 Mark veranschlagt. Aufgrund der Planung des Technikers Seibert in Alsfeld erfolgte am 25. Mai 1892 der Baubescheid des Kreisamtes. Schon ein Tag zuvor war die öffentliche Ausschreibung erfolgt und die Arbeiten waren vergeben worden. Zu einem wesentlich späteren Zeitpunkt erteilte der Gemeinderat seine Zustimmung zu den Bauarbeiten am Backhaus und vergab gleichzeitig den Auftrag für die Herstellung des Backofens:
‚Der unterzeichnete Gemeinderath erteilt hiermit zu den in diesem Accord vergebenen Arbeiten zu den angesetzten Beträgen seine Genehmigung, ebenso genehmigen wir den Kostenbetrag für die Herstellung pp. des Backofens für 260,- Mark.‘ – Schwarz, den 1. September 1893. Becker IX., Konrad Dörr, Heinrich Schreiner, Heinrich P. Becker, Jakob Wagner, Johannes Weitzel.

Die Bauarbeiten zogen sich schließlich über die Jahre 1892/93 hin. In einer Rechnung der Gemeinde wurden die Kosten für die Erbauung des Backhauses festgehalten:

Unterhaltung und Kosten der gemeinheitlichen Gebäude

A. Ordentliche Ausgaben.

Heinrich Krug für Stellung des Steuererhebungslocals pro 1892.	*12,00*
Kaminfeger Johs. Wilhelm zu Alsfeld für Reinigung der Kamine in den Backhäusern und im Armenhaus.	*2,00*
Maurer Heinrich Dörr f. Reparaturarbeiten am Backhaus an der Kaut.	*3,30*
Schmied Heinrich Schreiner für 2 Stäbe zum Zugputzen im neuen Backhaus.	*3,20*
Schreiner Heinrich Schött für 2 buchen Böcke zum Niederlegen der Dielen ins neue Backhaus.	*6,00*
Gg. Hch. Fuhr II. für das Anfahren von Pflastersteinen aus dem Köllnberg zum Pflastern des Vorplatzes im Backhaus.	*4,00*
Johann Hch. Eifert für das Abbrechen des alten Backhauses am Wasser.	*10,00*
Heinrich Dörr für Reparaturen am Leiterhaus u. am Backhaus in der Kaut.	*3,15*
Konrad Eifert III. Wwe., Vergütung für ein Platz zum Anfahren von Baumaterialien zum Neubau des Backhauses am Wasser.	*3,00*
Summe (Mark):	*46,65*

B. Außerordentliche Ausgaben für die Erbauung eines neuen Backhauses am Wasser in 1892/93.

Heinrich Dörr für Mauerarbeit.	*254,50*
Johann Heinrich Eifert für Zimmerarbeit.	*74,92*
Heinrich Dörr für Dachdeckerarbeit.	*32,00*
Heinrich Schött für Schreinerarbeit.	*14,50*
Kaspar Merz für Schlosserarbeit.	*10,50*
Heinrich Dörr für Weißbinderarbeit.	*13,50*
Johs Gerbig I. von Maar für 60 Ztr. Kalk.	*60,00*
Heinrich Wegfahrt für Lieferung von 19 cbm. Sand.	*9,31*
Georg Etling von Alsfeld für 1000 St. Hohlziegeln, 500 St. Kaminsteine, 25 St. Firstziegeln und 1650 Russensteine.	*121,19*
Konrad Ruppel für Brechen von 63 cbm Mauersteinen laut Versteigerungsprotokoll 2,50.	*157,50*
Für das Anfahren der Mauersteine:	
Peter Kalbfleisch 10 cbm	*15,00*
Konrad Krug II. 10 cbm	*15,00*
Johann Hch. Habermehl 10 chm	*15,00*
Andreas Krug 10 cbm	*15,00*
Heinrich Becker IX. 10 cbm	*15,00*
Heinrich Jost Becker 10 cbm	*13,00*
Peter Kalbfleisch 3 cbm	*4,50*
Lorenz Eifländer für das Setzen von 63 chm Mauersteinen 0,17.	*10,71*
Wilhelm Färber in Gershausen (bei Westerburg) für die Herstellung eines Backofens mit Materiallieferung.	*260,00*
Konrad Dörr für Fuhrlohn von 8 cbm Lehm.	*7,20*
Maurer Heinrich Dörr für nachträgliche Mauerarbeit, sowie Aufräumen und Wegbringen von Schutt vom abgebrochenen alten Backhaus.	*45,60*
Georg Heinrich Fuhr II. für das Anfahren der Steine zum Ofen des Backhauses vom Bahnhof Alsfeld zur Baustelle.	*13,00*
Heinrich Schreiner Fuhrlohn von den Steinen zum Backofen, welche in der Gemeindescheuer aufbewahrt waren, an die Baustelle.	*1,50*
Techniker Seibert zu Alsfeld für die Herstellung des Bauplanes, Voranschlages und Leitung der technischen Arbeiten beim Bau.	*65,00*
Der Expedition des Alsfelder Kreisblattes (F. Ehrenklau) für ein Inserat wegen der Vergebung der Bauarbeiten.	*4,50*
Summe (Mark):	*1.246,35*

Aus der Rechnung ist ersichtlich, daß ein Maurer am Tag 2,80 Mark Lohnkosten verursachte. Zum Vergleich: Zwei Kilogramm Brot aus 2/3 Korn und 1/3 Weizen kostete im Jahre 1892 bei einem Bäcker in Grebenau 66 Pfennige. Ein Wasserweck zu 40 Gramm kostete 3 Pfennige.[98]

Die Backreihenfolge

Aus verschiedenen oben angeführten Schreiben und Berichten geht hervor, daß sich anfangs die Reihenfolge des Backens nach dem Eingang der Meldungen beim jeweiligen Backmann richtete. Man liest aber auch, daß die geringen Leute zuweilen mit zwei oder drei Mann zum Anheizen eingeteilt wurden. Zu einem nichtbekannten Zeitpunkt wurde dann das Backspiel eingeführt, also die Verlosung der Reihenfolge, wie sie schon die Backordnung von 1859 fordert. Jedem der beiden Backhäuser war ein Backmann und genau festgelegte Ortsbezirke und Familien zugeordnet.

Das ›Backhaus am Wasser‹ war zuständig für die Leute aus dem Unterdorf (‚*Engerdorf*‘) mit der Udenhäuser und der Grebenauer Straße, dem Eisfeld, der Hühnerecke (hintere Ecke; heute Bergstraße), dem Sängerberg (Bahnhofstraße oder Lauterbacher Weg), der Sackgasse (heute: Am Backhaus), dem Finkermüllersweg und dem Anfang von der Gemeinde (‚*Gemee*‘). Backmann für dieses Backhaus war der Polizeidiener Johannes Urstadt II. Das Backspiel führte seine erblindete Frau Katharina durch. Nachfolgerin war deren gemeinsame Tochter Eliese (verh. Jäger), auch ›Backmanns Lies‹ genannt. Ihr Häuschen stand tief unten am Wasser neben der Brücke, wo bis 1910 noch eine Furt war.

Im ›Kuttebackhaus‹ backten die Einwohner aus der Gemeinde (‚*Gemee*‘; heute Rainröder Weg), aus der Leimelbach, dem Kleinfeldweg, dem Hornsack, der Wisselbach, der Hohl und der Alsfelder Straße (früher Pfaffenberg). Der Backmann des Kuttebackhauses war anfangs Johannes Fassold. Sein Name wird 1834 in einer Beschwerde des Schullehrers Peter (Vorfahre der Familien Peter) an den Kreisrat des Kreises Alsfeld genannt (s. Seite 408). Johannes Fassold vererbte das Amt wahrscheinlich an seinen Sohn Konrad Fassold, der an seine Tochter Anna Katharina und den Schwiegersohn Georg Heinrich Habermehl und letzterer schließlich an seinen Sohn Jakob Habermehl. In dessen Haus wurde bekanntlich das Backspiel für das Backhaus an der Kaute bis zu dessen Abbruch durchgeführt.

[98] Alsfelder Kreisblatt

Das Backspiel an sich wurde mit nur geringen Unterschieden ausgeübt. Die Backwilligen trafen sich vormittags um 10 Uhr, um die Reihenfolge für den nächsten Tag auszulosen. Als Loshilfe dienten in der Regel Holzstäbchen mit eingeschnittenen Kerben oder auch Zettel mit Nummern, die aus einem Behältnis gezogen wurden. Die blinde Ehefrau des Johannes Urstadt zog die Lose zuweilen selbst aus dem Tischkasten vor dem sie saß, um ›Betrügereien‹ vorzubeugen.

Da das Anheizen und das Backen 3 bis 4 Stunden beanspruchte, war die Anzahl der Gebacke an einem Tag beschränkt. Und so ist es auch noch heute. Backende die mit ihren Brotlaiben keinen Ofen füllen, schließen sich oft zu zwei bis drei Mann zusammen, um so Zeit und Heizmaterial zu sparen.

Einrichtungen und Gebrauchsgegenstände

Für alle angehenden Bäcker unter den Lesern folgen nun einige Erläuterungen der benötigten Hilfsmittel.

Backhaus
Gebäude, das den Backofen und einen Vorplatz zum Hantieren umschließt.

Backofen
Flaches Steingewölbe mit Steinboden, welches mittels Reisern (meist Buche) erhitzt wird. Dieses gibt die gespeicherte Hitze gleichmäßig wieder ab und backt so das Backwerk.

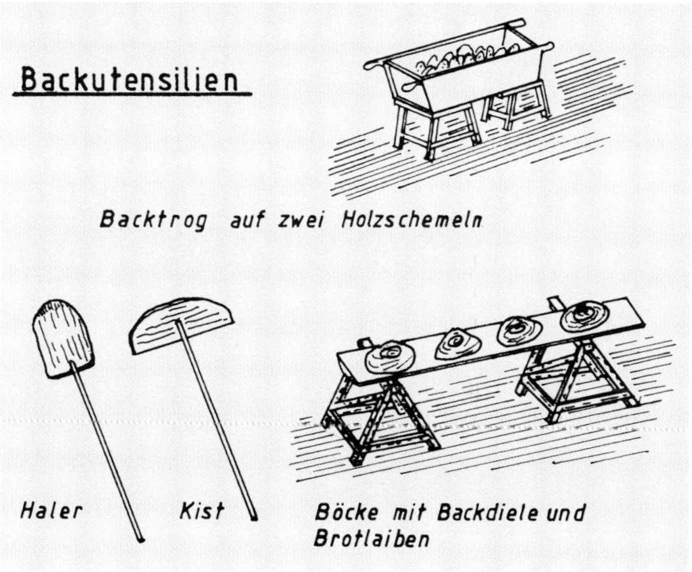

Abb. 82: Einige der wichtigen Backutensilien.

Böcke
2 vierbeinige Gestelle mit Querholz und Verstrebungen, darauf werden die Backdielen mit den Brotlaiben im Backhaus beim Einschießen, Umschießen und Ausschießen abgelegt.

Züge
Gemauerte Abluftkanäle, von dem hinteren Teil des Backofens zum Schornstein führend. Sie dienen als Rauchabzug während des Anheizens und zur Regulierung der Ofenhitze beim Backen.

Kuchengerüst
Mehrlagiges einfaches Gestell. Dient zur Ablage der Kuchenbleche im Backhaus.

Kist (Kest)
Stehendes, bogenförmig geschnittenes Bohlenstück mit Schubstange. Zum Verteilen der Glut und Herausziehen der Asche aus dem Ofen. Muß öfters naß gemacht werden, damit er kein Feuer fängt.

Hahler
Dient zum Einschießen der Brote und Kuchenbleche in den Ofen und Herausholen der Gebacke aus demselben. Ein flaches, vorne abgeblattetes Brett mit Schubstange.

Backdiele
Breites Brett, zum Transport der Brotlaibe.

Backtrog
Aus Brettern gezimmerter und verleimter Holzkasten mit 4 Griffen, dient zum Anrühren, Gehen und Durchkneten des Brotteiges.

Stäbchen
Aus den Backreisern herausgebrochene kurze Holzstäbchen zum Kennzeichnen der Brote, wenn mehrere Leute zusammen backen.

Wassereimer
Mit Wasser und einem Lappen. Während des Backvorgangs werden die Brote einmal aus dem Ofen herausgeholt, sie werden umgeschossen, und mit Wasser abgewaschen. Dadurch erhält die obere Kruste einen leichten Glanz.

Backbleche
Aus Schwarzblech hergestellte und am Rand aufgebördelte flache Kuchenformen, ungefähr mit 55 bis 75 cm Durchmesser. Anfangs meist rund, seit die Industrieherde in den Haushalten eingeführt wurden auch in eckiger Form.

Backreiser
Im Winter beim Holzfällen aus den Kronen der Buchen herausgeschlagenes dünnes Astwerk mit leichten Knüppeln. Sie werden zu handlichen Wellen zusammengebunden, die leicht in den Backofen zu bringen sind, damit am Ofen keine Beschädigungen entstehen. Sie müssen gut durchgetrocknet sein, dürfen aber nicht stokkig werden, weil sie sonst keine Heizkraft mehr besitzen.

Traditionelles Backwerk mit Sauerteig

In Schwarz gab es immer nur drei aus Sauerteig hergestellte Backwerke: Brot, Salzekuchen und Scherrchen. Diese wurden in der einfachsten Weise zubereitet. Die heute üblichen Variationen mit besonderen Zutaten, um vom Standard abweichende Geschmacksrichtungen zu erhalten, gab es früher nicht. Das wurde erst nach dem letzten Kriege eingeführt.

Brot

Der Name kommt von dem Althochheutschen ›prot‹, Gegorenes. Die Herstellung erfolgt mit Mehl, Wasser und Salz. Als Lockerungsmittel wird Sauerteig verwendet. Dieser wird aus den vom letzten Backen aufbewahrten Teigresten, den sogenannten ‚*Rewweln*' (Riwweln oder Ribbeln), hergestellt. Die Rewweln werden ungefähr eineinhalb Tage vor dem Backen mit lauwarmem Wasser eingeweicht und geschmeidig gemacht. Zwei doppelte Hände voll reichen für cirka 10 bis 12 Brote.

Am Tag des Backspiels, das heißt, ein Tag vor dem eigentlichen Backen, wird der Brei der eingeweichten Rewweln mit lauwarmen Wasser und Mehl zum Vorteig angerührt, er muß noch breiig sein. Dieser Vorteig bleibt 6 bis 7 Stunden stehen, er sollte sich in dieser Zeit in etwa verdoppeln. Nach dem vorgenannten Zeitablauf, am Abend vor dem Backtag, kommt etwa ein Drittel der zum Backen vorgesehenen Mehlmenge in den Backtrog. Der breiige Vorteig wird dazugeschüttet und eine gleiche Menge lauwarmem Wassers dazugegeben. Nun wird alles vermengt, der ganze Ansatz muß noch gut und leicht mischbar sein. Dieser Sauerteig geht nun ungefähr 12 Stunden. Er geht auf und setzt sich wieder etwas.

Am anderen Tag, cirka 3 Stunden vor dem Einschießen der Brote in den Ofen, werden das restliche Mehl (2/3 der vorgesehenen Menge) und 2 Hände voll Salz dazugegeben und das Ganze 20 bis 30 Minuten geknetet und gewalkt, damit alle Luft entweicht. Später werden aus dem Brotteig die Laibe geformt und auf der Backdiele abgelegt. 1 Stunde nach der Teigherstellung wird das Reisigfeuer im Ofen angezündet. Der Backofen wird mit 3 bis 4 Wellen Reiser ca. anderthalb bis zwei Stunden erhitzt. Mit dem Kist werden die Kohlen gleichmäßig verteilt und später die Asche herausgeholt. Zur Beseitigung der Restasche wird ein feuchter Lappen um den Kist gewickelt.

Die Temperaturmessung erfolgte früher mit einer ausgedroschenen Kornähre, die im Backofen herumgeführt wurde. Wenn sie schwarz wurde, war der Ofen noch oder schon zu heiß. Hat nun der Backofen die richtige Temperatur, werden die geformten Laibe mit dem Hahler eingeschossen. Die Backzeit beträgt cirka 1 ¼ bis 1 ½ Stunden bei 250 Grad Hitze. Damit die Kruste einen leichten Glanz bekommt, werden die Brote kurz vor Ende der Backzeit einmal kurz aus dem Ofen geholt und mit Wasser abgewaschen.

Salzekuchen

Die Namensgebung stammt wahrscheinlich von dem kräftigen salzigen Geschmack. Grundlage ist der vorbeschriebene Brotteig, der auf einem Kuchenblech dünn ausgerollt wird. Als Aufstrich wird eine Teigmasse (‚*Schmierschel*‘) aus zerdrückten Pellkartoffeln mit Rahm, Öl oder Quark, Salz, Milch, Gewürzen, Zwiebeln und Kümmel darübergezogen. In Würfel geschnittener Speck, Bauchfleisch und Butterflocken werden draufgegeben. Heute sind der Phantasie des Bäckers keine Grenzen gesetzt.

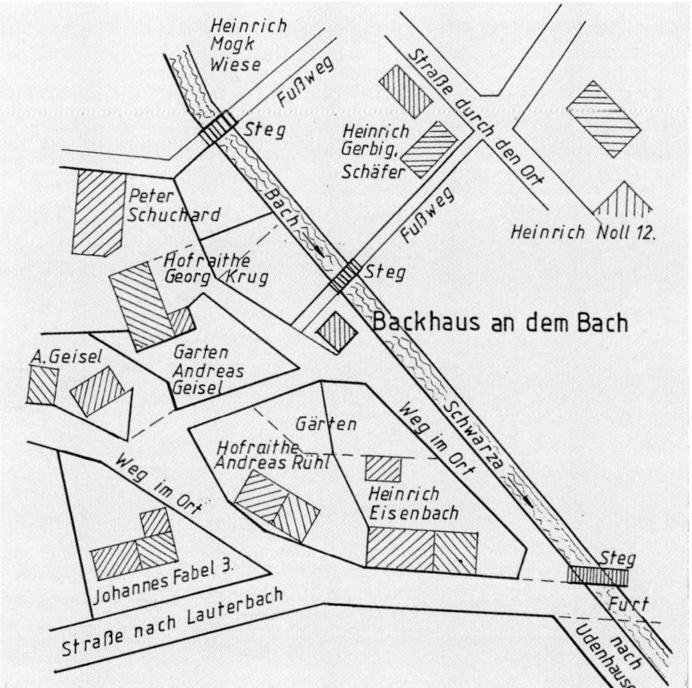

Abb. 84: Situationsplan der Dorfmitte um 1845.

Scherrchen

Der Name ist möglicherweise von Scherben oder Scherbchen abgeleitet. Der Teig wird aus Vorteig oder Brotteig mit zerdrückten Pellkartoffeln (evtl. Weizenmehlzugabe) hergestellt und ebenfalls dünn auf einem Blech ausgerollt. Als Auflage wird Schmand oder Schmalz und Zucker darüber gegeben. Anschließend wird der Teig mit einem Messer karoförmig in 10 cm große Stücke eingeteilt und eingeschnitten. Als Draufgabe wird oft Petersilie darüber gestreut. Das fertige Backwerk ist sehr knusprig und läßt sich wegen der Einschnitte gut auseinanderbrechen. Daher vielleicht der Name.

Matz

Um die Ofenhitze auszunutzen, wird oft noch ein Matz mitgebacken. Eine Masse aus geriebenen Kartoffeln, einem rohen Ei, einer geriebenen Zwiebel und etwas Salz. Zur Auflockerung wird gegebenenfalls ein geriebener harter Weck zugegeben. Die Backform ist das sogenannte Matzeisen. Dieses besteht aus Schwarzblech mit zwei Henkeln und ist ungefähr 20 cm breit, 30 cm lang und 10 cm hoch. Die Größen sind jedoch sehr verschieden. Nachdem die rohe Teigmasse in die gefettete Form gefüllt ist, werden Schmalzflocken oder Öl daraufgegeben damit das Ganze die richtige Bräune erhält und anschließend recht knusprig gebacken.

Andere Backerzeugnisse

Natürlich werden nicht nur die obengenannten Sauerteigwaren im Backhaus gebacken. Alle möglichen Kuchenarten werden überwiegend am Samstag zum Backhaus getragen: Streuselkuchen, Quarkkuchen, Schmandkuchen, und von der Jahreszeit abhängige Kuchen wie Beerkuchen, Rhabarberkuchen, Zwetschenkuchen und andere mehr. Die hohe Zeit des Kuchenbackens war immer die ›Maschinerzeit‹, das heißt, die Wochen, in denen die Dreschmaschine von Hof zu Hof fuhr. Die großen und mittlelgroßen Landwirte backten zur Verköstigung der Maschiner und Helfer unter anderem mehrere Bleche Kuchen.

Dabei wurde natürlich mindestens ein Kuchen mehr einkalkuliert. Die hungrigen Mäuler der Dorfkinder, von der regen Betriebsamkeit im Ort angezogen, verließen nicht eher das Backhaus oder den Hof, bevor sie nicht ein großes Stück ›Maschinerkuchen‹ bekommen hatten.

Durch die Risse in der Decke waren ein paar Mäusedrecke in den irdenen Topf gefallen, die Spinnen hatten auch einige Fäden hinterlassen. Die Lies teilte die Riwweln zu gleichen Teilen auf, blies den Staub und anderen Unrat herunter und schickte den jüngsten, der mittlerweile eingetroffen war, mit der einen Hälfte der Backhilfe in das Forsthaus. Die beiden anderen, die nun das Zimmer betraten und nach etwas Eßbarem fragten, wies sie an, erst einmal im Rabengraben etwas Futter für die Ziege zu holen. Murrend gingen sie weg. Sie selbst stieg auf den Boden des Ställchens und holte den Backtrog, der etwas hinter Heu und Stroh versteckt stand, herunter. Zur groben Reinigung fuhr sie mit dem Besen zweimal durch den Trog hindurch und dreimal drumherum und schüttete einen Eimer Wasser darüber.

Nach mehreren kleineren Arbeiten im Haus und im Garten war es mittlerweile Abend geworden. Die beiden mit dem Ziegenfutter kamen zurück. Sie erzählten, daß sie der Feldschütz verjagt hätte. Aber sie hatten den Sack woanders mit Gras füllen können. Bald war die Familie vollständig versammelt, jedoch ohne Vater. Und das war das Glück des Langen Heinrich. Der hatte sich nämlich am Mittag über den Brotkasten hergemacht und einen großen Runken Brot abgeschnitten. Deshalb hatte er sich auch so schnell verdrückt. Nachdem er seine Schandtat gestanden hatte, bekam er von seiner Mutter ein paar kräftige Ohrfeigen und eine Schelte und wurde ohne Abendmahlzeit ins Bett geschickt. Das Knurren seines Magens hörte man ebenso laut wie das Knarren der Stiege, die er hinaufschlich. Die drei Verbliebenen teilten sich das restliche Brot. Am anderen Tag mußte das Frühstück ausfallen.

Nun bereitete sich die Ploche Lies intensiv für das Backen am nächsten Vormittag vor. Sie wusch den Backtrog nochmals sorgfältig mit warmem Wasser aus und stellte das Mehl in die Nähe des Ofens. Anschließend legte sie nochmals Holz in den Ofen nach. Sie würde in der Nacht noch zwei bis dreimal nachlegen müssen. Trotz der Jahreszeit, es war ja Sommer, war es doch verhältnismäßig kühl und die Backzutaten mußten alle gut und gleichmäßig temperiert sein, wenn das Brot gelingen sollte. Sie weichte nun noch die Sauerteigrewweln mit warmen Wasser ein und stellte sie in den leeren Backtrog. Nachdem sie noch die Backdiele abgewaschen hatte, legte sie sich in ihr Strohbett.

Das Sechsuhrgeläute riß die Lies am anderen Morgen aus ihrem tiefen, traumlosen Schlaf. Die Stube war angenehm warm. Die Lies ging kurz in den Ziegenstall, legte der Ziege etwas von dem stacheligen Gras in die Krippe und rang ihr einen guten halben Liter Milch ab. Die Ziegenmilch würde das Frühstück für die Kinder sein. Danach ging die Frau in die Stube zurück, wäschte sich und kämmte das Haar zu einem Knäuel am Hinterkopf zusammen.

Lies mußte sich nun beeilen. Sie nahm die Schüssel mit dem Sauerteig aus dem Backtrog und tat dafür cirka 2/3 des geborgten Roggenmehles hinein. Das würde etwa 6 Brotlaibe geben. Sie machte eine Kuhle in das Mehl und schüttete das gut angewärmte Wasser darein. Nun gab sie den Sauerteig, der prächtig aufgegangen war, dazu und rührte und mischte Mehl hinzu, schüttete noch ein bißchen Wasser nach, tat eine Handvoll Salz nach Gefühl darüber, mischte und knetete, bis alles eine Einheit bildete.

Jetzt mußte der Teig erst einmal gehen. Die Lies verrichtete noch ein paar Hausarbeiten und ging mal kurz zu Landmanns Kath, um zu sehen, wie weit deren Vorbereitungen waren. Die hatte den Teig auch soweit fertig und legte gerade ihre drei Reiserwellen auf einen Schubkarren. Gemeinsam gingen sie nun am Häuschen von Ploche Lies vorbei, luden die vierte Welle dazu und brachten die ganze Fuhre zum Backhaus.

Die vor ihnen Backenden waren gerade mit dem Umschießen beschäftigt. Sie holten die im Ofen befindlichen Brote während des Backvorgangs heraus, strichen sie mit einem Lappen mit Wasser ein und brachten sie mit dem Hahler in den Ofen zurück. Nachdem die Lies und die Kath gesehen hatten, wie weit die anderen waren, gingen sie nach Hause zurück. Der Teig war nun ungefähr eine anderthalbe Stunde vorbereitet und prächtig aufgegangen. Die Lies knetete und walkte ihn vielleicht eine Viertelstunde kräftig durch, damit die eventuell noch vorhandene Luft entwich, teilte die ganze. Masse in sechs gleiche Teile auf, formte sie zu Laiben und legte diese auf die Backdiele. Jetzt mußte der Teig ein zweites Mal gehen. Die vorgeformten Brotlaibe würden sich noch vergrößern. Es würde sich jetzt zeigen, ob sie alle Vorbereitungen richtig getroffen hatte.

Die Frau machte sich wieder auf den Weg zum Backhaus, nahm den Hahler und den Kist mit und kam gerade dazu, wie die andere Partie mit ihren fertiggebackenen Broten das Backhaus verließ. Sie steckte nun drei Reiserwellen in den Ofen, schob einen Büschel Stroh dazu und zündete es an. Die Flammen griffen auf das dünne Reiserwerk über und setzten nach und nach das dickere Astwerk in Brand.

Die Lies ging nun nach Hause um die Backdiele mit den Brotlaiben zu holen. Auf halbem Wege kam ihr schon die Landmanns Kath entgegen. Diese hatte zwei runde Bleche gegen ihre Hüften gestemmt, eins mit Salzekuchen, das andere mit Scherrchen belegt. Mit Abstand folgte ihr Mann, der trug die Backdiele mit sechs vorgefertigten Brotlaiben zum Backhaus. Ploche Lies rief den beiden zu, daß sie schon angeheizt hätte und daß wahrscheinlich noch die vierte Welle nachgeschoben werden müßte, sie würde auch gleich kommen. Zu Hause angekommen, sah die Lies, daß der Teig der Brote kräftig in die Höhe gegangen war. Er war nicht flach und in die Breite verlaufen. Es hatte also alles seine Richtigkeit. Kurz darauf traf man sich im Backhaus wieder.

Ein Blick in den Ofen zeigte, daß fast alles, bis auf die dickeren Holzstücke, verbrannt war. Lies nahm den Kist und fuhr damit im Ofen hin und her, verteilte die Glut gleichmäßig und zerkleinerte noch knisternde Brocken. Die Flammen züngelten am Kist hoch und der mußte schnellstens in eine mit Wasser gefüllte kleine Kuhle seitlich am Backhaus, die von einem kleinen Bächlein gespeist wurde, getaucht werden. Es zischte und dampfte kurz, dann war die Gefahr für den Kist vorbei.

Nachdem man wieder eine Weile gewartet hatte, holte man mit dem Kist die Asche und restlichen Glutteile heraus. Der Ofen hatte nun die richtige Temperatur. Nun mußten die rohen Brotlaibe schnellstens in den Ofen. Die Ofentüre durfte nicht zu lange offenstehen, damit dieser nicht zu sehr auskühlte. Die Lies legte das Vorderteil des Hahlers auf den Ofenrand und die Kath formte die Laibe noch einmal kurz auf der Backdiele und legte sie dann auf den Hahler. Mit dem Hahler wurden die Brotlaibe dann in den Ofen gebracht. Immer mit etwas Abstand, damit die Brote später nicht zusammenhingen. Zum Schluß wurden die beiden Kuchenbleche der Kath eingeschossen und die Ofentüre geschlossen.

Nachdem etwas Zeit verstrichen war, zündete die Kath einen Strohwisch an, leuchtete damit in die kleine Öffnung neben der Ofentüre und sah hindurch. Dabei stellte sie fest, daß der Salzekuchen zu schnell braun wurde. Wahrscheinlich war die Anfangshitze doch zu hoch. Sie öffneten deshalb die Verschlußsteine der beiden Züge, die sie dann später wieder nach und nach schließen wollten, um so die Hitze zu regulieren. Mehrere nachfolgende Sichtproben zeigten, daß alles normal verlief.

Nach etwa einer Stunde wurden die beiden Bleche mit dem Salzekuchen und den Scherrchen aus dem Ofen geholt und auf dem Kuchengestell abgelegt. Das Backhaus füllte sich gleich mit einem angenehmen Duft, der einem das Wasser im Munde zusammenlaufen ließ. Es dauerte nicht mehr allzu lange und der Lange Heinrich schaute mit seinen beiden Geschwistern herein. Sie wußten genau, wann die ersten Bissen zu bekommen waren. Die Landmanns Kath gab auch jedem ein großes Stück Salzekuchen und zwei Scherrchen und die Blase trollte sich wieder.

Nachdem die Brote umgeschossen und mit Wasser abgewaschen waren, kamen sie nach gut eineinhalb Stunden aus dem Ofen heraus. Jeder bekam genau seine eigenen Brote. Man hatte sie näm-

lich vor dem Backvorgang mit kleinen Holzstäbchen gekennzeichnet. Die Lies hatte eines in den weichen Brotteig gesteckt und die Kath zwei Stück. Während die Landmanns Kath die Backdiele mit den sechs Brotlaiben und die zwei Kuchenbleche auf den Schubkarren lud und damit nach Hause fuhr, fegte die Lies die Asche aus der Kuhle vor dem Backofen heraus und kehrte das Backhaus aus.

Den Langen Heinrich hatte sie angewiesen, sobald die Schule aus war, sofort zum Backhaus zu kommen und das Brot heimzutragen. Während sie noch kehrte, fand er sich ein. Die Lies hob dem Heinrich die Backdiele mit den Broten auf den Ast, das heißt auf die Schulter, und der ging mit steifem Rücken ihrem Häuschen entgegen.

Da den Langen meistens der Übermut packte, vielleicht war es auch die Freude, daß die Ernährung wieder für die nächsten vierzehn Tage gesichert war, fing er trotz seiner Last an, auf einem Bein zu hüpfen. Das konnte natürlich nicht gutgehen. Plötzlich purzelte der hinterste Brotlaib von der Diele herunter. Heinrich ging fünf Schritte zurück, um den Laib aufzuheben. Während er sich bückte, rutschten die anderen Laibe nach vorne und schoben den vordersten Brotlaib von der Backdiele. Nun lagen zwei im Straßenstaub.

Jetzt entwickelte der Lange Heinrich eine unheimlich große Hast. Er schaute sich blitzschnell um, ob ihn auch niemand beobachtete, legte die Diele auf zwei Steine nieder, die Brotlaibe auf die Backdiele zurück, wuchtete alles auf seine Schulter und ging pfeifend seines Weges, als ob nichts geschehen wäre. Zum Glück hatte niemand etwas von dem kleinen Mißgeschick mitbekommen. Denn noch eine Nacht mit leerem Magen im Bett, das würde der stärkste Charakter nicht aushalten. Das Brot schmeckte ausgezeichnet, nur über die Herkunft einiger fester Bestandteile im Brot konnte man sich nicht klar werden. Der Lange Heinrich verhielt sich indes seltsam ruhig wie lange nicht mehr ...'

Und genau so soll es immer zugehen, an einem typischen Schwärzer Backtag.

Abb. 84: Mit den fertigen Backwaren auf dem Heimweg.

Die gewerblichen Bäckereibetriebe

In alten Akten sind viele, heute längst nicht mehr bekannte Bäcker und Backbetriebe zu finden. Es folgt eine chronologische Auflistung mit dem Datum der Erwähnung:[99]

Becker und Stöppler

04. 12.1882
Heinrich Becker IX. und Johannes Stöppler werden als Bäcker genannt. Georg Fuhr bezog als Brothändler das Brot von Heinrich Becker IX.

13.07.1902
Heinrich Becker IX. und Johannes Gerbig I. führten einen Bäckereibetrieb.

08.04.1912
Heinrich Becker IX. wurde aufgrund seines Gesuches eine weitere Backerlaubnis erteilt.

05.05.1915
Heinrich Becker IX. betrieb das Gewerbe nach eigenen Angaben im kleinen Umfange. ‚*Für eins bis zwei Gebäck*' die Woche benutzte er das gemeindeeigene Backhaus und bezahlte dafür 10 Mark p. a. in die Gemeindekasse.

05.10.1918
Der Backbetrieb des Heinrich Becker ging auf den Sohn Georg Becker über.

30.10.1928
Georg Becker stellte das gewerbliche Backen ein.

Krug und Klingelhöfer

1925–1939
1925 wurde das von Altbürgermeister Heinrich Krug (Hermes) in 1907 am Pfaffenberg gebaute Wohn- und Bürogebäude um einen Anbau mit Backstube und Backofen erweitert. Der Bäckermeister Johann Friedrich Klingelhöfer, Ehemann der Maria Christina Krug, übernahm die Bäckerei und diese wurde mit wechselndem Geschick bis zum Kriegsbeginn geführt.

---

[99] StAD, G 15 Alsfeld; eigene Ermittlungen

Ruppel

ca. 1913
Mit Beginn des Eisenbahnbaues eröffnete Heinrich Ruppel einen Bäckereibetrieb mit Backstube und Backofen in der Udenhäuser Straße.

30.04.1914
Eine Revision ergab, daß die Bäckerei Ruppel nicht zu beanstanden war.

Mitte der 30er Jahre d. J.
Johannes Ruppel, Sohn des Heinrich Ruppel, legte die Meisterprüfung ab und führte den Betrieb bis zum Kriegsbeginn.

1948
Johannes Ruppel übernahm die Krugsche Bäckerei am Pfaffenberg (Alsfelder Straße) in Pacht und erwarb sie später käuflich.

Mitte der 80er Jahre d. J.
Hans Ruppel, Bäckermeister, Sohn des Johannes Ruppel, übernahm den Bäckereibetrieb.

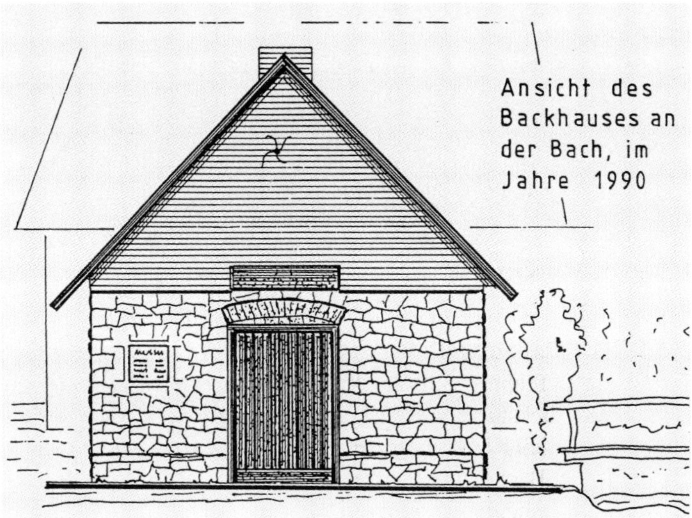

Abb. 85: Frontansicht des Backhauses im Jahre 1990

Schultheißen, Ortsvorsteher und Bürgermeister

Das Gericht Schwarz gehörte im Laufe der Jahrhunderte verschiedenen Herrschaften, so den Herren von Romrod, den Gerichtsjunkern v. Liederbach, v. Merlau und den Fink von der Altenburg. Die vorgenannten Geschlechter waren untereinander verwandt und verschwägert. Man spricht deshalb von der Schwärzer Ganerbschaft, wenn man die Rechtsverhältnisse im Gericht Schwarz betrachtet. Nach 1570 war Schwarz vollständig in der Hand der hessischen Landgrafen und Großherzöge. In 1821 wurde im Großherzogtum Hessen die veraltete Amts- und Gerichtsverfassung aufgehoben und die Kreiseinteilung eingeführt. Durch die Auflösung der Monarchien nach dem Ersten Weltkriege entstand das Land Hessen.

Zu allen Zeiten wurde die Verwaltung des Ortes von eingesetzten oder gewählten Personen geleitet. Seit jeher hatten die Gerichtsherren ihre Beamten, den Schultheißen und dessen Diener.[100] Der Schultheiß war die übergeordnete Person in der Amts- und Gerichtsverfassung über mehrere Orte. Er war zuständig für die Gerichtsbarkeit. Die Setzer stellten die Art und Höhe der abzuführenden Steuern fest. Sie waren Unterbeamte der Rentmeister.[101] Das Amt Alsfeld, zu dem auch Schwarz gehörte, bestand aus mehreren Sätzen oder Amtsuntergliederungen. Konnte ein Ort aus wirtschaftlicher Not die auferlegte Steuersumme nicht aufbringen, so mußten andere Gemeinden dafür einspringen.[102] Ein Beispiel dafür ist im Kapitel ›Kriegsereignisse‹ zu sehen: Schwarz mußte den Ort Reibertenrod bei den Kriegsfuhren unterstützen.

Aus Anlaß eines Streites zwischen den Gerichtsjunkern des Gerichts Schwarz und den Freiherren Riedesel[103] im Jahre 1550 wird der Schultheiß der Gerichtsherren, leider ohne Namen, erwähnt. Im Jahre 1573, bei der Grenzfeststellung des Gerichts Schwarz, findet sich der hessische Schultheiß Reitz Löber zu Alsfeld. Auf den Dörfern selbst gab es damals auch den Heimburger, heute eine Art Ortsvorsteher.

---

[100] Becker: Riedesel Bd. III, S. 321
[101] Crusius: Der Kreis Alsfeld, S. 139ff.
[102] Crusius a. a. O.
[103] Becker a. a. O.

Das Dorfbuch von 1630 nennt den Rentschreiber Heinrich Böcking zu Alsfeld, der auch das Schultheißenamt im Gericht Schwarz versieht. Dann gibt es den Gerichtsschreiber Christophel Babst für die Ämter Alsfeld, Romrod und das Gericht Schwarz. Schließlich wird in jedem Dorf der Amts- und Gerichtsorte der bereits genannte Heimburger aufgeführt, *'der aber nicht auf sein Lebtag gewählt, sondern von Jahr zu Jahr nach Anzahl der Einwohner erneuert und ausgewechselt wird'*. Zum Schluß werden der reitende Förster Johann Allendorf zu Brauerschwend (zuständig für den Forst Brauerschwend, zu dem auch Schwarz gehörte) und die Dienstsetzer Werner Weitzel zu Schwarz und Johannes Heffermel (Habermehl) zu Brauerschwend aufgeführt.[104]

Seit 1727 sind uns die Ortsvorsteher in fast vollständiger Reihenfolge bekannt. In der Agenda, der landgräflichen Kirchenordnung aus 1574, die als Gesetzbuch für die weltliche und kirchliche Obrigkeit galt, haben sich eben diese Personen, mit zum Teil mehr oder weniger kindlichen Reimen, eingetragen. Die Nachdrucke von 1724 liegen sowohl im Pfarramt als auch im Gemeindeamt vor. Während der napoleonischen Zeit haben umfassende verwaltungstechnische Veränderungen stattgefunden. So wurden auch die Bürgermeister in den Gemeinden eingeführt. Die mit den Moserschen Reformen eingeleitete ›Landes-Ökonomie-Deputation‹ brachte in 1812 kurzzeitig den Schultheißen mit weitgehenden Aufgaben in der Gemeindeverwaltung an die Gemeindespitze. Die Regierung gab ihnen in 1816 eine ausführlich gedruckte Instruktion an die Hand. Diese umfaßte insgesamt 77 Paragraphen und gliederte sich in folgende Abschnitte:

1.) Allgem. Pflichten und Befugnisse des Schultheisen, §§ 1–11; 2.) Besondere Obliegenheiten des Schultheisen, §§ 12–52; 2a.) Justizfach: Civil-Justiz, Kriminal-Justiz; 2b.) Polizey-Fach: Sicherheits-Polizey, Feldpolizey, Feuer-Polizey, Medicinal-Polizei, Armenpolizey, Wegpolizey, Gewerbs-Polizey, Baupolizey, Landwirtschaftliche Polizey; 2c.) Militär-Sachen, §§ 53–57; 2d.) Finanz-Fach, §§ 58–61; 3.) Verpflichtung des Schultheisen als 1. Vorstandes der Gemeinde, §§ 62–77.

Die Gemeindeordnung von 1822 beseitigte das Amt des Schultheißen wieder und verfügte die Wahl eines für mehrere Jahre gewählten, ehrenamtlichen Bürgermeisters, sowie ehrenamtlicher Gemeinderäte. Die Bürgermeister bekamen Aufwandsentschädigungen. Nach der Gebietsreform im Jahre 1972 wurden hauptamtliche Beamte in den Großgemeinden eingesetzt. Die Ortsvorsteher und Ortsbeiräte neuerer Art haben gegenüber den nunmehrigen politischen Gremien leider weniger Einflußmöglichkeiten.

[104] StAD: Dorfbuch 1630

Chronologie

Anmerkung: Mit den kursiv geschriebenen Sätzen führten sich die nachstehenden Personen in ihre Ämter ein (s. o.).

Vorsteher

1727 Johann Henrich Noll, Vorsteher:
‚Johann Henrich Noll ist im Jar 1689 auf dieser Welt geboren den 7ten November, ist auch Gerichtsschöff seit 1725.'

1730 Johannes Schreiner, Vorsteher:
‚Johannes Schreinyr, von jar Christe 1730 den 5. merz Firsteher johannes war, er sagt, was Gott tuht das ist Wohlgetan, es bluiche sein wüll, wie er füng mein Sache an , wül ich ühm halten stülle. Er ist mein Gott, der in der Noth mich wohl weis zu erhalden, drum laß ich ihn nur wallden.'

1730 Johann Melchior Becker, Vorsteher.
1730 Johann Henrich Haffermehl, Vorsteher.
1731 Johannes Mogk, Vorsteher.
1739 Johann Henrich Lipparth, Vorsteher.
1739 Johann Georg Schreiner, Vorsteher.
1740 Johann Jost Wegfahrt, Vorsteher.
1743 Johann Henrich Gerbig, Vorsteher.
1746 Johannes Mogk, Vorsteher.
1750 Henrich Häffermehl, Vorsteher:
‚Jesum stetz im Hertzen haben, das sind rechte Gottesgaben.'

1750 Johann Jost Wegfahrt, Vorsteher.
1762 Johann Georg Heddrich, Vorsteher:
‚Vorsteher im Jahre Christi 1762. Lust und lieb zu schreiben, daß kann die Zeit vertreiben.'

1767 Johannes Andreas Noll, Vorsteher.

Bürgermeister, Schultheiß

1803 Johannes Ruppel, Bürgermeister.
1812 Johann Peter Habermehl, Schultheiß:
‚Lust und Lieb zu einem Ding macht alle Müh und Arbeit gering.'

1825 Johann Heinrich Noll, Bürgermeister.
1843 Heinrich Noll IV. (›Pulver-Noll‹), Bürgermeister.
1865 Peter Habermehl (aus ›Perresch‹), Bürgermeister.
1883 Heinrich Krug (aus ›Herrmanns‹), Bürgermeister.
1911 Georg Heinrich Krug (aus ›Herrmanns‹), Bürgermeister bis 1933.
kommis. Konrad Habermehl (von Eulersdorf), Bürgermeister.
– 1945 Georg Krug (›Wĕnesch Krugk‹), Bürgermeister.
kommis. Georg Eifert (›Finkenmüllers Jorch‹), Bürgermeister.
1948 Georg Schnicker, Bürgermeister.
1968 Rolf Becker, Bürgermeister.
1970 Georg Walter, Bürgermeister.

Ortsvorsteher

1972 Willi Spahn, Ortsvorsteher.
1977 Johannes Kirchner, Ortsvorsteher.
1989 Rudolf Dippel, Ortsvorsteher.

Mundart

Jedes Dorf hat seine Eigenart, auch bei der Sprache. Es ist das Idiom oder die Mundart, die einen Ort von einem anderen sprachlich unterscheidet. Auch wenn beide Dörfer nur wenige Kilometer auseinander liegen, so ist beispielsweise Udenhausen zwei und Eulersdorf drei Kilometer entfernt, findet man bei verschiedenen Wörtern und Redewendungen gravierende Unterschiede. Vergleicht man die Mundartwörterbücher von Oberhessen (Creselius 1897), Niederhessen (Hofmann 1926) und Kurhessen (Vilmar 1883), stellt man die größte Ähnlichkeit mit der kurhessischen, dann mit der niederhessischen und letztlich mit der oberhessischen Sprache fest. Das ist im Grunde nicht verwunderlich, grenzt doch unser Gebiet Oberhessen unmittelbar an ›die Hessen‹ an. Doch eines unterscheidet sich ganz wesentlich von der niederhessischen und der kurhessischen Mundart. Während dort die Wortendungen exakt ausgesprochen werden, werden sie hier meist unterschlagen, zum Beispiel bei dem Verb ›fechten‹: dort fĕchten, hier fĕchte ausgesprochen. Ganz weit ist unser Platt von dem wetterauischen und dem vogelsbergischen Dialekt entfernt. Man kann unsere Sprache direkt an der Grenze zwischen dem niederhessischen, dem mittelhessischen und dem osthessischen Sprachraum ansiedeln, mit einem leichten Hang zum niederhessisch/kurhessischen hin.

Es ist schwierig, die gesprochenen Laute und Worte im Dialekt auch schriftlich wiederzugeben. Auch für einen Fremden oder Ungeübten ist es problematisch, sie richtig auszusprechen. Man bedient sich beim Schreiben einer besonderen Lautschrift. Der Einfachheit halber wird hier eine eigene, stark vereinfachte Darstellung verwendet. Es sind überwiegend Zwischenlaute der Vokale a, e, o und des Umlautes ä, welche für die Wortbildung in Schwarz ausschlaggebend sind und die einer besonderen Untersuchung und Deutung bedürfen. Es werden daher im weiteren folgende Konventionen festgesetzt:

Vokale

Die Sonderzeichen å, æ, ë und ø bedeuten Zwischenlaute, die in unserem Sprachgebrauch eigentümlich sind. Beispiel: blåse (blasen), Æ:rwet (Arbeit), Dëll (Delle) oder Mettwøch (Mittwoch).

Dehnungen

Wird ein Vokal gedehnt ausgesprochen, erfolgt die Darstellung durch einen nachgestellten Doppelpunkt. Beispiel: Blo:t (Blut) oder hie:t (heute).

Kurz angeschnittende Laute

Kurz angeschnittene Mitlaute oder Selbstlaute, die nur in der dialektischen Aussprache vorkommen werden kursiv gesetzt. Beispiel: Dø*i*cht (Kerzen-Docht).

Worte, Bedeutung und Aussprache

A

abgëlln	abgelten
ableje	ablegen
abstinåt	[lat. obstinatus] hartnäckig, beharrlich
Ackermænnche	Bachstelze (Ackermännchen)
æ:hn	ähren; auf dem Felde Ähren lesen
Æ:rwet	Arbeit
Ai-Aiche	Wangenstreich
als onn als	als und als; immer wieder
A:nk	Anke; Nacken, Genick
Ärmeldengg	Ärmelding; Kamisol (Kleidungsstück)
Å:sch	[ugs.] Hintern
Atzel	zänkisches Weibsstück
atzelich	zänkisch, widerspenstig
Auwel	Eule

B

autsche	wehklagen
bambeln	herabhängen lassen (der Beine)
båre	baden
Bå:r	Bahre
Bå:st	Bast; die Haut *(‚de Bå:st es ab‘)*
batzig	trotzig
Beckel	Pickel; Spitzhacke
bedaumpe	dumpfig, stickig
bedabbeln	begreifen
Beddche	Barde, kleine Axt
beiweln	unnötig (und nervtötend) schwätzen, granteln
Benn	Birne
Bërrel	Bettel; geringe Habe
bërreln	betteln gehen
Bille	Enten- und Gänseküken
Blæ:læmmche	Ziegen- oder Schaflämmchen

Blås	Blase
Blåsekopp	[Schimpfwort] Hohlkopf
blëffe	verblüffen, abschrecken
bleinzenich	blinzelig, mit zugekniffenen Augen
Blëttsche	aus Lappen zusammengenähte Fußbekleidung
Blo:t	Blut
Blunz	Blutwurst (auch Blo:twoscht)
bolzestrack	kerzengerade, stur
Bonn	Born, Quelle
brezzeln	bruzzeln; etwas braten
bullern	Wasser lassen, (s. a. ›seichen‹)
bu:ze	sich stoßen
Butzelmann	Gespenst, Vogelscheuche

D

Dabbes	ungelenker Mensch, Unglücksrabe
Dågg	Docke; Mutterschwein
dë:	der, jener
dee Lie:t	die, diese Leute
Dëll	Delle
dëmmeln	demmeln; mit den Füßen treten
dengeln	die Sense schärfen (mit dem Dengelhammer)
denge, (ver-)	als Tagelöhner arbeiten (dingen); sich anheuern, in einem landwirtschaftlichen Betrieb sich einstellen lassen (verdingen)
dense	mit Kraftanstrengung ziehen
Denstich	Dienstag
despeln	langsam und unsicher umhergehen
Didd, (Zwebbel-)	Tunke (Zwiebeltunke)
Diergeweng	Türgewände
difteln	kleinliche Arbeit verrichten
Dilldapp	unbeholfener, einfältiger Mensch
Ditze	Zitzen, Euter, Frauenbrüste
Do:h	Dohne; Tragbalken, Unterzug
Dø*i*cht	(Kerzen-) Docht
Donneschdå:g	Donnerstag
Drassel	Troddel, Anhängsel (an Tischdecken)
drënse	drensen; ächsen, tief aufseufzen
dutscheln	uneffektiv arbeiten

E

Ëdde	Spaßvogel, Witzeklopper
Eidam	Schwiegersohn
e:hme	sich genußvoll satt essen, vollfressen
e*i*je	eggen
Ëller	Großmutter
Ëllervådder	Großvater, Elternvater
Enn	Ern, Hausflur

Ë:nt (Konn-)	Ernte, Kornernte
ëppe	eppen; etwas schmerzhaft merken müssen
ergattern	sich eine (fremde) Sache aneignen
Ë:rwes	Erbsen

F

få:hn	fahren
fa:nze	irre reden
fëchte	fechten; betteln
fesseln	fisseln; fein regnen
Fetzgette	Fitzgerten; gespaltene Hainbuchenstecken als Stakhölzer im Fachwerk
Flæ:me	Flamen; Weichteile, Seitenteile eines Tieres
Flæmme	Flämmen, etwas abbrennen, (z. B. einen Wiesenrain)
Fla:nz	atemberaubender Geruch
Flå:t, Unflå:t	Unflat; unanständiger Mensch
flënze	widerwillig oder gar nicht zur Arbeit gehen
Flërrermu:s	Fledermaus
frei*j*e	heiraten
sich frei*j*e	sich freuen
Frei*j*erei	auf Brautschau
Friddich	Freitag
Fuchtel	wilde und herrschsüchtige Weibsperson
fummeln	unsicher umhertasten

G

gætzeln	Schreien der Haushenne nach dem Legen eines Eies; kichern
Gallje	Galgen
galpche	verkrampft und bellend Husten
Gäscht	Garst; unanständiger, aufdringlicher und unliebsamer Mensch
Gaulicht	Talglicht
gåwweln	gabeln, sich zwangsläufig fügen müssen (‚*dë: gåwwelt sich å:ch noch*‘)
Gedester	kleinliche Zänkerei, Unruhe
Geinder	Günter; in Schweinsmagen gefüllte Wurst
Geiß	Ziege
Gelërr	Gerümpel; zusammengefallene Bauernstelle
gëll	gell; trocken stehend, unfruchtbar (bei Kühen)
genge	gengen; wegjagen, jemanden antreiben
Genn	Gern; Frauenschoß, Schoß des Kleides (zum Kind: ‚*Eech na:hm dich offn Genn*‘)
Gereck	Ordnung und Schnelligkeit in der Arbeit
Gë:scht	Gerste
Gickel	Hahn
gillern	kichern

Gissel	Wagendeichsel
Glotzauwe	Glotzaugen; für Spiegeleier
glotze	aus starren Augen sehen
Gluck	Bruthenne
Gombel	Kumpel; Gefährde; Freund; lustiger Geselle
Gote	Taufpatin
gramause	sich mucksen, nörgeln
Grammel	Heiserkeit (*‚hë: hått de Grammel‘*)
Greewe	Grieben; Speckgrieben
Greind	Grind; Geschwür
gretzegrå:	gritzegrau; alles grau
Grommet	Grummet; zweites Heu
Gull	Gaul; Pferd
Gusch	Mund
gutze	gautzen; Bellen des Hundes

H

hachelich	sparsam-habsüchtig
hæ ?	[fragende Anrede] Wie bitte ?
Ha:ler	Backutensil; flaches Brettstück mit Schubstange zum Einschießen des Brotes in den Backofen.
Halwes	Halbes; Schnapsglas, ½ Kännchen
Hampel	physisch schwacher Mensch ohne Durchsetzungskraft
hapern	nicht voran kommen, nicht auskommen (*‚ess hapert mett dëm Gë:ld‘*)
ha:r	[Zuruf für das Zugvieh] links (hauptsächl. bei den Pferden)
Haund	Hund
hauwe	hauen; schlagen
Heinz	[männl. Vorname]; wird als Bezeichnung für verschiedene männliche Haustiere verwandt; (*‚Håseheintz‘*)
Heire	Heiden; Zigeuner
Hepp; Hetz	Ziege
Hësse	Die Hessen; die angrenzenden Bewohner in Kurhessen
Hë:we	Heben; Gerstengrannen nach den Dreschen
Hichel	Heuchel; zusammengestellte Getreidegarben (*‚Konnhichel‘*: Kornheuchel 9 Garben, *‚Håwwerhichel‘*: Haferheuchel 7 Garben)
hie:t	heute
Hinkel	Huhn; Henne
Ho*u*:reit	Hofreite; landwirtschaftliches Anwesen
honn	hornen; ins Horn blasen (*‚ess honnt‘*: die Sirene geht)
Hotzel	Hutzel; Hotzeln: getrocknete Früchte

huf	[Zuruf an das Zugvieh] zurück, zurückgehen (‚*hufsereck*‘: hufzurück)
Hungg	Honig
hurreln	hudeln; liederlich arbeiten

I–J

i:wez	einigermaßen, in etwa
Jæsch	Schaum (des Schweißes oder einer aufbrausenden Flüssigkeit)
Janker	kurze Jacke
jo	[trotzige Zustimmung] meinetwegen (‚*eech machs jo*‘: ich tue es doch)
Joppe	Jacke mit Ärmeln

K

Kå:b	Kabe; Spreu
Kå:sch	Karst; Kartoffelhacke
Keddel	Küttel; tierische feste runde Exkremente
keiweln	maulen (eines Kindes)
Keppche	Tassenköpfchen; Tasse
Keppel	Hügel
Kermes	Kirmes; Kirchweih
kërr	kirre; zutraulich
Kerrel	Kittel
Keschsche	Kirschen
Kest	Kist; Backutensilie (stehendes Brettstück mit Schubstangc)
Ketz	Köze; Rückentragkorb
Ketzel	Kützel; am Hinterkopf zusammengeflochtene Haare
Kielche	Hocke
Kipp	Hosen- Jackentasche
Klauwel	Knäuel (Garn)
klänge	jemanden pisaken und schinden
Klicker	Spielkugeln der Kinder
Klo*u*:we	Kloben; Holzstück; ungehobelter Mensch; Türhaken
Kna:tsch	feuchter Kot und Dreck (auf der Straße)
knëtsche	zerquetschen
knoddern	maulen
kno:ze	erschwert arbeiten, grob zusammenflicken
Kommet	Kummet; Pferdegeschirr
Ko:nel	Kandel; Dachrinne
Köter	Dorfhund [ehem. Hund einer Kode oder Bauernstelle]
kotze	sich übergeben
Kracke	unbrauchbares altes Pferd
krackelich	alt und krumm

Kratzbeen	Brombeeren
kraumpeln	krumpeln; knitterig werden
krauweln	schmeicheln, mit den Fingern im Katzenfell schmußen
Krëwes	unscheinbare kleine Person
Krospel	Verknorpelung (‚*vekrospeln*': knorpelig wn.)
Krotze	Kernhaus verschiedener Obstarten; kleiner Mensch
Kru:s	Krug; Bierkrug
Kull	Kugel
Ku:r	Raum in der Scheune
Kutt	Kaute; Grube (‚*Leimekutt*': Leimenkaute)

L

Läng	schmaler Durchgang zwischen zwei Häusern
Lå:re	Laden (‚*Klë:rerlå:re*': Kleiderladen)
La:tsche	ausgelaufene Fußbekleidung
le:hn	leihen
Leibsteck	Weste der männlichen Bekleidung
lë:se	etwas auflesen (Kartoffeln lesen)
lë:n	lesen (ein Buch)
Lengsel	aus Stroh geflochtenes Seil zum Binden der Garben
Lens	der Nagel, der das Rad an der Wagenachse hält; aber auch die Stütze mit dem Eisenring, welche vor der Nabe an der Achse und oben mit der Runge verbunden ist und diese abstützt (‚*Lenseperrer*': [scherzh.] die Bewohner des Oberlandes)
Linn	Leinen
lunze	schlummern
Lu:s, Lie:s	Laus, Läuse

M

mackelich	dick, fleischig, rundlich (eines menschlichen Körpers)
Må:d	Mad; gemähter Strich Gras (‚*Heumad*': Heuernte)
mansche	Zerwühlen der Speisen
meezenich	moderig
Meis-che	Kuhkälbchen
melder	trübe, unrein (das Wasser)
Mettwøch	Mittwoch
Mo:ndich	Montag
monse mojje	morn zu morgen; morgen früh
Motze	Weiberjacke ohne Ärmel
Muffel	Mundvoll; Abkürzung wie Ha:vel: Handvoll (‚*e Ha:vel Sa:nd*': eine Handvoll Sand)

Mumbitz	Gespenst; Unsinn treiben
Mus	Obstbrei
Mu:s	Maus
muscheln	heimlich etwas verschieben, unterhandeln
Mutz	kurze Pfeife (Tabakpfeife)

N

neischierich	neugierig
nëtze	benetzen; anfeuchten
Nießkopp	[von Nisse: Läuseei], Schimpfwort für einen eigensinnigen störrischen Menschen
Nø*i*chtsopp	Nachtsuppe; Abendbrot
Noll	Nadel
Noppe	eigenwillige Ansichten (*,dë håt åch sie: Noppe'*)

O

O:dø*i*cht	Andacht
o:do*u*	jemandem etwas antun
Ohrlitz, Uhrlitz	Ohrwurm (Käfer)
O*u*wengel	Anwand, Grenzstreifen

P–Q

Pårr	Pfarrer
Pepel	verhärterter Nasenschleim (*,Nåsepepel'*)
Perch	Pferch, Schafspferch
prespeln	prispeln; flüstern
Petsch	Pfütze
pëtschnaß	durch und durch naß
Pëtter	Pate
Pfui	[urspr. Pfi: Spucken; Schimpfw., Beleidigung] pfui (*,do pfuist mich o'*: du ekelst mich an)
Piff	Pfeife
Pinn	Schuhnagel; auch großer Nagel
Pla:nze	Pflanzen
platze	mit der Peitsche knallen
Prejell	Pregel; starkes Stück Holz
Pre:mche	ein Stück Kautabak
Prutsch	trotziges Maul
quë:rch	quer, verkehrt; querches Zeug
Quetsche	Zwetschen
quullern	stark hervorquellen

R

rachgierich	habsüchtig
Ranze	wildes unartiges Kind
Ratz	Iltis
ratzekåhl	ratzekahl; ganz und gar, mit Stumpf und Stiehl

Rë*i*je	Reigen; Tour beim Tanzen (*‚däff e:ch de nächste Rëije met dr da:nze?*‘: darf ich den nächsten Reigen mit dir tanzen?)
Reischiet	[Querholz am Wagen]
rëngniern	lenken, bewältigen
Renke	Ring, Fingerring
Rewweln	Ribbeln; mit der flachen Hand geriebene Teigkügelchen
rie:hre	reiten
rolln	läufig sein (bei der Sau); mehrere Tage Alkohol verkonsumieren
roppe	rupfen
Rotbrestche	Rotbrüstchen; der Vogel Rotkehlchen
rotzfu:hl	rotzfaul, Verstärkung des Sprachelements faul
Rotznås	Rotznase; Scheltwort für Jugendlichen
rumme	raumen; gut von Statten gehen (*‚eß rummt bei sinner Æ:rwet*‘: seine Arbeit geht gut voran)

S

sabbeln	den Speichel aus dem Munde laufen lassen
Saundich	Sonntag
Schåller-Ë*i*j	Schallerei; nicht voll ausgebildetes Ei mit weicher Schale
Schärche	ein Stück Kautabak
schaskern	unbesonnen Alkohol trinken
schaufel	schofel; schlecht, gemein
Schengå:st	[Schimpfwort] Schingaas
scherche	schieben
schëtze	scherzen; den Dienst quittieren, insbes. der Dienstboten
Schewwer	Holzsplitter
Schier	Scheuer, Scheune
schiwes geh	draufgehen
schlacke	es fällt Regen und Schnee zur gleichen Zeit
schlenze	müßig herumgehen
Schlonz	arbeitsscheue unsaubere Frauensperson
Schlupp	Bandschleife
schlu:rern	müßig gehen; mit dem Vermögen leichtfertig umgehen
Schma:nd	Rahm
schmisse	schmeißen, werfen, sich schlagen
Schnerch	Schnorche; Schwiegertochter
schnerweln	schnell und undeutlich viel sprechen
Schonn, Scholwe	Schorn; Erdscholle
schrå:	schra, schrowe; rauh, armselig dürftig
schubbeln	wälzen, rollen
schwanen	eine Ahnung haben, mir schwant etwas
Schwåre	Schwaden

Schwængel	Pumpenhebel
Schwengel	[Zustand] Schwindel
seichen	Wasser lassen
seiwern	den Speichel aus dem Mund fließen lassen (s. a. sabbeln)
sëll	seld; dort (‚*sëll gets å:ch Më:nsche*‘: dort gibt's auch Menschen)
sembeliern	simbulieren; nachdenken
Solper	eingesalztes Schweinefleisch
Sonnåwed	Samstag
spacherich	vertrocknet
speng	sparsam, in geringer Menge vorhanden
spitze	speien, spucken
Spri:n	der Vogel Star
Stampes	dicker Essensbrei
Stëcke	Stock, Stab
stengeln	sich sträuben
stetzvoll	gänzlich betrunken
Stipper	Balken, Stütze
stippern	etwas mit Stützen abstützen
strack	gerade
streppelich	strippelig; uneins
Stronk	Strunk; Gemüsestengel, widerwärtige Mannsperson
suckeln	saugen
suffe	saufen
su:r	sauer

T–U

Trotz	Jauche
Unbå:re	Unbaden; selbstverschuldetes Unglück
u:res	überdrüssig (des Essens)
U:szo:g	Auszug; Altenteil
u:ze	spotten

V–W

vebambeiern	verulken
wannern	Umgehen der Gespenster
Watz	männliches Schwein
Weif	Haspel, Garnhaspel
weiweln	trinken (Alkohol)
wenge	wenden; Heu wenden
wie:se	weisen, zeigen
Wøchedåg	Wochentage
Woscht	Wurst
Wulle	Lockwort für die Gans

Z

zæ:nke	zanken
Zåhl	Zahl
zamme	zucken
Zang, Bißzang	Zange, Beißzange
Zechbrorrer	Zechbruder; Saufkumpan
Zenke	Zinken
Zo:hbeschtche	Zahnbürstchen
zuckeln	langsam fahren
Zu:h	Zaun
zusseln	zausen

Ein mundartlicher Text

Man liest und hört oft, daß Heimatvereine und Radiosender das Brauchtum fördern und besonders die Mundart oder das ›Platt‹ wieder pflegen und sprechen wollen. Man stelle sich vor, was dabei herauskommt, wenn jemand, schon früh mit dem Hochdeutschen aufgewachsen, plötzlich das unten angeführte Platt reden soll. Der komische Effekt wird interessanter wirken als die richtige Aussprache. Mit den Alten stirbt leider das ortsbezogene Platt aus. Durch Neubürger und einheiratende Personen entstehen natürlich auch ein neuer platter Wortschatz und neue Sprachelemente.

Zu guter Letzt soll ein kleines Textbeispiel einen Eindruck der Schwärzer Mundart bieten, in der Hoffnung des besseren Verständnisses der Schwärzer Sprachkultur.

Dås Kiehfuhrwërk

Di Sonn schien schu: omm hëlle Mojje met aller Kraft vom Himmel.
[Die Sonne schien schon am hellen Morgen mit aller Kraft vom Himmel.]

Në:cht wår ess Grommet im Lënzerot met de Sënst gemåht wonn.
[Gestern war das Grummet im Lenzenrod mit der Sense gemäht worden.]

Då net veel in de Wees wår, sollt hiet zwë:mål merem Rëche
[Da nicht viel in der Wiese war, sollte heute zweimal mit dem Rechen]

gewa:ndt onn om Nåchmeddåg dås bessche met dëm Kiehfuhrwërk heimgehollt wë:n.
[gewendet und am Nachmittag das bißchen mit dem Kühfuhrwerk heimgeholt werden.]

De Obba onn de Ongel wånn em zah Uhr merem Råd off die Wees
[Der Opa und der Onkel waren um zehn Uhr mit dem Rad auf die Wiese]

gefåhn, em die bå:r derre Spetze emzewenge.
[gefahren, um die paar dürren Spitzen umzuwenden.]

Deheim ho mer de Kieh ess Joch em de Kopp geschnallt, de Reckeremme,
[Daheim haben wir den Kühen das Joch um den Kopf geschnallt, die Rückenriemen,]

de Buchgurt onn de Schwanzremme o:gelejt, die Zuchseele
[den Bauchgurt und den Schwanzriemen angelegt, die Zugseile]

onns Scholtschiet gehåckt onn die Leitzseele iegefiehrt.
[an das Schultscheit gehakt und die Leitseile eingeführt.]

Dee ee domm Koh seicht å:ch noch onn heit mer de bepinkelte Schwanz ins Gesecht.
[Die eine dumme Kuh uriniert auch noch u. haut mir d. bepinkelten Schwanz ins Gesicht.]

Dåme:jt wår de Då:g fier meech gehalln. Nåch langem Hin onn Hër
[Damit war der Tag für mich gehalten. Nach langem Hin und Her]

harre mer di Kieh endlich o: die Gissel bugsiet onn feddich o:gespannt.
[hatten wir die Kühe endlich an die Deichsel bugsiert und fertig angespannt.]

Dorchs Dorf gings noch, då wår he onn då noch ebbes se se:h.
[Durch das Dorf ging es noch, da war hier und da noch etwas zu sehen.]

Im freie Fë:ld wåsch zeemlich wårm. Doch dann im Wa:ld, met sinnem
[Im freien Feld war es ziemlich warm. Doch dann im Wald, mit seinem]

Schådde, då konnt mesch u:shalln.
[Schatten, da konnte man es aushalten.]

Ewwer ess ging net viero. Dee Viecher schmesse die Schißhåcke als
[Aber es ging nicht voran. Die Viecher schmissen die Scheißhaken als]

wann se ewich Ziet hërre. Irchendwann wår ich iegeschlåffe onn si:
[wenn sie ewig Zeit hätten. Irgendwann war ich eingeschlafen und bin]

escht werre monder wonn, als ess met geholber in dee Wees ging.
[erst wieder wach geworden, als es mit geholper in die Wiese ging.]

* * *

Die Vereine

In der Zeit des Aufbruchs, nach dem Kriege 1870/71, wurden in den deutschen Gebieten allerorts neue Vereine mit den verschiedensten Bestrebungen und Zielrichtungen gegründet. Ein bekannter und wohl auch wahrer Ausspruch lautet dementsprechend: ›Wenn drei Deutsche zusammentreffen, gründen sie einen Verein.‹

Aus heutiger Sicht ist dies durchaus eine erfreuliche Entwicklung. Sind es doch die Vereine, die, nach den Gebiets- und Schulreformen, dem Niedergang des dörflichen Kleinhandwerks und der Geschäfte sowie der bäuerlichen Struktur, das Dorfgeschehen in Bewegung halten und überwiegend gestalten. So waren es beispielsweise auch die Vereine, die im Jahre 1995 in enger Abstimmung mit dem Ortsbeirat die 700-Jahr-Feier in Schwarz ausrichteten. Gefordert waren aber auch die noch vorhandenen Geschäfts- und Handwerksbetriebe, die Facharbeiter und die Meister und damit nicht zuletzt alle Bürgerinnen und Bürger. Sie mußten insbesondere bei der Gestaltung des Handwerkermarktes während der Festwoche in 1995 tatkräftig mitwirken, um dem Betrachter die frühere Zeit noch einmal vor Augen zu führen.

Wenn man bedenkt, daß die meisten in einem oder in mehreren Vereinen Mitglied sind, die Nichtorganisierten auch bei Festen im Dorf tätig werden und nach ihren Möglichkeiten mithelfen, so kann man mit Fug und Recht sagen, daß das ganze Dorf im Einklang mit den Vereinen die großen Feste in Schwarz gestaltet. Den Vereinen als Ausrichter vieler Veranstaltungen soll darum ein besonderer Abschnitt eingeräumt werden, wobei die Reihenfolge der Wiedergabe wahllos und wertungsfrei vorgenommen wurde. Die Aufzeichnungen wurden überwiegend von den jeweiligen Vereinsmitgliedern zur Verfügung gestellt.

Freiwillige Feuerwehr Schwarz

Die ›Freiwillige Feuerwehr Schwarz‹ wurde am 15. März 1952 auf Veranlassung des damaligen Bürgermeisters Georg Schnicker in der Gastwirtschaft Jöckel gegründet. In der Gründungsversammlung erklärten 42 Männer ihren Beitritt. In den Vorstand wurden berufen: Heinrich Urstadt (Brandmeister), Heinrich Zinn (Stellvertreter), Rudolf Körner (Schriftführer), Heinrich Rockel (Kassenwart) und Georg Walter (Pressewart).

In den Folgejahren wurden Lehrgänge an der Feuerwehrschule in Kassel besucht und es fanden ständig Übungen statt. Die Feuerwehr Schwarz entwickelte sich damit zu einer schlagkräftigen Truppe. So mußte denn auch die Wehr bereits schon in den Jahren 1951 und 1953 ihre Bewährungsprobe bestehen. In beiden Fällen brannten jeweils zwei Gehöfte in Schwarz ab und die umliegenden Gebäude mußten abgesichert werden. Das Hauptgerät war anfangs eine Tragkraftspritze des Fabrikats Ziegler. In 1954 wurde von der Gemeinde in der Dorfmitte ein Feuerwehrgerätehaus erbaut. Es erhielt einem Schlauchturm, beherbergte das Bürgermeisterbüro und besaß ein weiteres Zimmer, welches überwiegend vermietet war. Wegen längerer Erkrankung des 1. Vorsitzenden Heinrich Urstadt wurden in 1956 Neuwahlen erforderlich. Die Führungsspitze bestand nun aus den folgenden Personen: Heinrich Zinn (Ortsbrandmeister), Rudolf Körner (Schriftführer), Willi Keutzer (Kassenwart), Heinrich Euler (Kassierer), Georg Walter (Pressewart) und Willi Schwalm (Gerätewart). Heinrich Urstadt wurde zum Ehrenbrandmeister ernannt.

Zum l0jährigen bestehen erhielt die Wehr eine neue Tragkraftspritze. Die Feier zum Jubiläum war ein großer Erfolg. Richard Möller wurde in diesem Jahr neuer Rechner. 1970 übernahm Richard Gerbig dieses Amt. Im Jahre 1972 motorisierte sich die Freiwillige Feuerwehr Schwarz. Sie erhielt ein Tragkraftspritzenfahrzeug, welches am 26. Februar durch den damaligen Landrat Kratz offiziell übergeben wurde. Die Vorstandswahlen in 1972 ergaben folgendes Resultat: Heinrich Zinn (Wehrführer), Rudolf Herget (Stellvertreter), Richard Gerbig (Rechner), Willi Eifert (Kassierer u. Pressewart) und Otfried Jöckel (Schriftführer)

Ebenfalls im Jahre 1972 erfolgte die Gründung einer Jugendfeuerwehr. Sie war ein fester Bestandteil der Feuerwehr Schwarz. Jetzt ist es um diese Gruppe allerdings ruhiger geworden. Am 30. Mai 1973 wurde Heinrich Zinn zum ersten Stadtbrandinspektor der Großgemeinde Grebenau berufen. Die erste gemeinsame Großübung aller Gründchenwehren erfolgte dann gleich am 1. Juni 1973. An die Stelle des Wehrführers Zinn trat in 1975 Rudolf Herget. Neuer Stellvertreter wurde Werner Schweiner. Auf der außerordentlichen Sitzung der Freiwilligen Feuerwehr Schwarz, am 5. August 1977, fanden wieder Wahlen zum Vorstand statt: Werner Schweiner (Wehrführer), Wilhelm Dörr (Stellvertreter), Erika Zinn (Schriftführerin), Richard Gerbig (Rechner), Anke Birkenstock und Birgit Rockel (Jugendwartin).

Es folgten etwas bewegtere Jahre in der Vereinsführung. Zwischenzeitlich waren Norbert Zinn als Wehrführer und Walter Schwalm zum Stellvertreter ernannt worden. Die Jahreshauptversammlung in 1980 brachte wieder neue Wahlen und eine neue Führungsriege: Werner Schweiner (Wehrführer), Wilfried Hornig (Stellvertreter), Peter Kirchner (Schriftführer) und Richard Gerbig (Rechner). Neuer Wehrführer wurde am 7. März 1981 Arno Eidt, gebürtig in Schwarz und zuletzt wohnhaft in Hatterode. 1984 berief man Reinhard Eifert als Stellvertreter des Wehrführers. Klaus Krug übernahm 1986 von Richard Gerbig die Stelle des Rechners.

Vom 27.–30. Juni 1986 veranstaltete man ein größeres Feuerwehrfest. 1988 wurde der alte Vorstand wiedergewählt und in1990 kam Rainer Herget in dieses Gremium. Am 19.12.1991 erhielt die Wehr ein neues Fahrzeug und eine neue Tragkraftspritze. 1992 feierte man schließlich ein großes Ereignis: 40 Jahre Freiwillige Feuerwehr und 20 Jahre Jugendfeuerwehr Schwarz. Die Festlichkeiten fanden vom 12.–15. Juni statt und erfreuten sich großen Anklangs. Höhepunkt war die Ehrung der Gründungsmitglieder für 40 Jahre Vereinszugehörigkeit. Die Vorstandswahl 1992 brachte für die nächsten 5 Jahre wieder eine geänderte Vereinsführung: Arno Eidt (Wehrführer), Wilfried Eifländer (Vorsitzender), Peter Kirchner (Schriftführer), Rainer Herget (Rechner) und Mario Herget (Jugendwart). Am 28.11.1998 wurde turnusmäßig ein neuer Vorstand gewählt.

Bei alldem sollte nicht vergessen werden, daß die Wehr einen wichtigen Auftrag zu erfüllen hat. So wurde die ›FFW Schwarz‹ in den vergangenen Jahren zu den verschiedensten Einsätzen gerufen und konnte dort ihre Einsatzbereitschaft unter Beweis stellen:

1951	Großbrand in den Gehöften Heinrich Schreiner und Wilhelm Reul.
1953	Großbrand in den Gehöften Johannes Grünewald u. Heinrich Becker.
1960	Kleinbrand in der Hohl.
16.03.1964	Kleinbrand in einer Garage.
01.08.1964	Zimmerbrand.
09.08.1969	Ölalarm.
14.08.1969	Großbrand: Blitzschlag bei Heinrich Gerbig (Meiams Scheune).
13.05.1971	Katastrophenalarm aufgrund wolkenbruchartiger Regenfälle.
14.05.1971	Das gleiche wie am Vortage.
21.01.1973	Großeinsatz in Udenhausen.
Juli 1977	Zimmerbrand in der alten Schule, ein Mieter starb.
1981	Hochwassereinsatz.
1981	Ölalarm.
1983	Manöverunfall.
Juli 1983	Wohnhausbrand bei Konrad Becker durch Blitzschlag.
Sept. 1983	Brandeinsatz in Udenhausen.
Okt. 1984	Brandeinsatz in Grebenau.
Febr. 1989	Brandeinsatz in Udenhausen.
Juli 1989	Brandeinsatz im Steinbruch Köllnberg.
1989	Brandeinsatz in Udenhausen.
Nov. 1989	Beseitigung einer Ölspur.
20.08.1995	Großbrand durch Blitzschlag bei Rudolf Hergert. Scheunenbrand.

Posaunenchor Schwarz

Im Sommer 1959 sprachen mehrere Jungen bei Heinrich Peter Eifert vor, um in einem Posaunenchor zu blasen. Eifert hatte in früheren Jahren eine Musikschule in Alsfeld besucht und war zu der oben erwähnten Zeit als Bläser im Posaunenchor Udenhausen engagiert. Aufgrund des großen Interesses, es waren immerhin vierzehn Buben zusammengekommen, beschloß man, den Posaunenchor Schwarz ins Leben zu rufen. Schließlich fanden sich folgende Interessenten zu den ersten Übungsstunden ein, die das Spielen eines Blasinstrumentes lernen wollten: Helmut Caplap, Volker Döring, Herbert Gerbig, Richard Gerbig, Bruno Habermehl, Otfried Jöckel, Walter Jöckel, Dieter Kalbfleisch, Reinhold Krug, Hans Ruppel, Richard Ruppel, Helmut Schäfer, und Rudolf Wiedebach. Musikalischer Leiter war Heinrich Peter Eifert.

Mit großem Einsatz und viel Idealismus wurden die ersten Übungsstunden in einem Kuhstall des Chorleiters durchgeführt. Später hatte man das Glück, in einem Zimmer des gleichen Hauses proben zu können. Nach dem anstrengenden Erlernen der Noten und der Griffe sowie nach gekonntem Zusammenspiel fand dann der erste Auftritt an einem Geburtstag von Jakob Habermehl statt. Das Alter der jungen Bläser betrug damals 6–11 Jahre. Im weiteren konnte man bei Geburtstagen, in der Kirche und später auf einem Posaunenfest in Altenburg mit anderen Chören sein Können unter Beweis stellen. Die folgenden Jahre standen, dank der guten Ausbildung der Nachwuchsbläser durch Herrn Eifert, im Zeichen des ständigen Wachstums. Die musikalische Oualität wurde in den wöchentlich stattfindenden Übungsstunden und während vieler Bläserfreizeiten stetig verbessert.

Die kirchliche Musik stand und steht stets im Vordergrund des Musizierens, so wie es der Auftrag verlangt. Es blieb natürlich nicht aus, daß man sich auch auf das Gebiet der Volksmusik begab. Durch intensive Arbeit hat sich der Posaunenchor Schwarz mittlerweile zu einem Klangkörper entwickelt, der weit über die Grenzen der Heimat bekannt ist. Der Chor kann dank seines Repertoirs allen musikalischen Anlässen und Ansprüchen gerecht werden. Seit 1984 wurden regelmäßig und mit großem Erfolg Blasmusikfeste mit den befreundeten Chören aus Großwinternheim/Essenheim bei Mainz, Groß-Felda und Queck in der Maschinenhalle des Helmut Becker ausgerichtet.

Vom 30. August bis zum 1. September 1985 feierte der Evangelische Posaunenchor Schwarz sein 25jähriges Bestehen, verbunden mit dem 13. Dekanatsposaunentag. Von den Gründungsmitgliedern waren noch der Chorleiter Heinrich Peter Eifert, Helmut Caplap, Volker Döring, Otfried Jöckel, Herbert Gerbig, Richard Gerbig,

Reinhold Krug, Hans Ruppel und Rudolf Wiedebach aktiv. Sie wurden mit der ›Goldenen Bläsernadel des Posaunenwerkes der Evangelischen Kirche für Hessen und Nassau‹ für 25jährige Bläsertätigkeit ausgezeichnet. Seit einigen Jahren ist der Posaunenchor Schwarz ein e. V. ein eingetragener Verein mit allen Rechten und Pflichten sowie mit einem Vorstand. Nachdem in 1990 der 30jährige und in 1995 der 35jährige Geburtstag festlich begangen wurde steht im Jahre 2000 ein großes Jubläum an, das mit dem Dekanatsposaunentag in Schwarz abgerundet werden soll. Mit cirka 150 Einsätzen im Jahr ist der Posaunenchor die Vereinigung mit den meisten Aktivitäten innerhalb der Gemeinde.

Die Vorstandswahl in 1998 brachte folgendes Ergebnis: Klaus Krug (1. Vorsitzender), Helmut Caplap (2. Vorsitzender und Dirigent), Lars Wicke (Jugendwart), Richard Gerbig (Rechner), Iris Eifert (Schriftführerin), Rudolf Wiedebach und Uli Ebel (Beisitzer), Heinrich Eifert (Chorleiter i. R. und Übungsleiter der Jungbläser).

Abb. 86: Der Evangelische Posaunenchor im Jahr 1997.

(Von oben, links) 1. Reihe: Ralf Eifländer; Stefan Sack; Jörg Stieler; Kai Döring; Reinhard Eifert; Hardy Birkenstock; Ronny Hesse; Klaus Krug (Vorsitzender); Mario Krug; Lothar Eifert. 2. Reihe: Herbert Gerbig; Gerhard Habermehl (Verfasser dieses Buches); Albrecht Schmidt; Bernd Habermehl; Lars Wicke; Lars Geisel; Richard Gerbig (Rechner). 3. Reihe: Jan Eifert; Stefanie Jöckel; Sabine Stieler; Carola Stieler; Iris Eifert; Mark Hergert; Mario Euler. 4. Reihe: Frank Becker; Martin Stieler; Arno Stieler; Daniela Rüffer; Willi Wolf; Heinrich Peter Eifert (Gründer des Chores und langjähriger Dirigent) Arno Eidt; Hans Jöckel; Dirk Hornig; Rudolf Wiedebach; Uli Ebel; Helmut Caplap (Dirigent). Vorne: Jens Jöckel; Mathias Muhl; Tim Döring; Rebeca Krug.

Sport- und Kulturverein Schwarz

Der Ruf nach einem Verein, der den Sport, den Gesang und das Theaterspiel in der Gemeinde Schwarz pflegen sollte war namentlich unter der Jugend immer stärker geworden, so daß die daran interessierten Männer der Gemeinde sich am Mittwoch, dem 15. April 1948 um 20.30 Uhr in der Gastwirtschaft Jöckel trafen. Die Leitung hatte anfangs Herr Lehrer Buse übernommmen, der den Abend eröffnete und die bereits vorher zusammmengestellte Vereinssatzung den Versammelten zur Kenntnis brachte und zur Genehmigung vorlegte. Mit geringfügigen Abänderungen wurde die Satzung einstimmig angenommen.

Als wesentlichste Punkte wurden beschlossen, neben den aktiven Mitgliedern auch sogenannte passive, d. h. Fördermitglieder, in den Verein aufzunehmen, den Vorstand aus vier Mitgliedern und den erweiterten Vorstand aus weiteren fünf Mitgliedern zu bilden, sowie den Verein selbst in vier Gruppen zu gliedern. Er sollte aus einer Fußball-, einer Handball-, einer Athletik- und einer Theaterabteilung bestehen. Nach Vorschlag von 3 Kandidaten wurde Sportkamerad Georg Becker II. mit mehr als 2/3 Mehrheit zum l. Vorsitzenden gewählt. Stellvertreter wurde Georg Walter, als Kassenwart wurde Heinrich Habermehl und als Schriftführer Heinz Findel berufen. Abteilungsleiter wurden folgende Personen: Lehrer Walter Möbus (Abt. Fußball), Berta Jöckel (Abt. Handball), Karl Eifert (Abt. Athletik) und Lehrer Kurt Buse (Abt. Theater). Die fertiggestellte Mitgliederliste ergab die stattliche Zahl von 59 Mitgliedern, darunter 14 Mädchen. Nachdem die Gründung des Vereins vollzogen war, wurde der Vorstand damit beauftragt, über die Militärregierung und den Jugendausschuß des Kreises, die Genehmigung des Vereins zu beantragen.

Als ein schwieriges Problem erwies sich die Sportplatzfrage. Anfangs wurde am Bahnhof auf einer größeren Freifläche geübt. Aber durch Bereitstellung des Geländes ›Am Nonnstock‹ durch die Familie Georg Krug IV. (Gastwirtschaft Hirsch) konnte diese Hürde genommen werden. Der schiefe Acker hatte in der Diagonalen ein Gefälle von ungefähr 6 Meter von einer Ecke zur anderen, wurde aber trotz dieses Makels bald eingesät und bespielt. Erst später begradigte man ihn in Handarbeit mit Hilfe einer Lore, die auf Geleisen hin- und hergeschoben wurde. Allerdings hatte er danach noch immer eine starke Neigung. Erst der Einsatz schweren Gerätes brachte die jetzige Form. Der Platz diente bis zur Fertigstellung der heutigen neuen Sportanlage als Sportstätte und ist jetzt Festplatz für größere Veranstaltungen.

Dem Bau der heutigen Sportanlage ging im Frühjahr 1967 die Planung für einen damals notwendigen Feuerlöschteich voraus. Im

Oktober desselben Jahres wurde in einer Gemeindevertretersitzung die Verrohrung der Schwarza für ein neues Sportgelände am Reuterser Weg beschlossen. Nachdem die Gemeinde über Umwege und mit umstrittenen Verhandlungen das Wiesenstück ›Keitze Pitsch‹ angekauft hatte, wurde 1968 der Bach in Rohre verlegt und mit den Bauarbeiten für das Feuerlöschbecken begonnen. Auch die Arbeiten am neuen Sportplatz waren im vollem Gange und wurden 1971 abgeschlossen. Um die Landeszuschüsse auszuschöpfen, beziehungsweise nicht zurückzahlen zu müssen, beschloß die Stadtverordnetenversammlung im September 1977 die Errichtung eines Umkleidegebäudes, nachdem der Verein eine umfangreiche Helferliste für Arbeiten in Eigenleistung vorgelegt hatte. Nach über einjähriger Bauzeit durch die Vereinsmitglieder wurde im Juni 1979 die Sport- und Freizeitanlage eingeweiht. Planung und Bauleitung für das Vereinsheim und die erforderliche Kläranlage lagen beim Verfasser dieses Buches.

Abb. 87a: Das Sport- und Freizeitgelände am Reuterser Weg.

Hatte der Verein zu Beginn vier Abteilungen, so reduzierten sich diese im Laufe der Zeit bis auf die Fußballabteilung. Im Jahre 1971 wurde eine Tischtennisabteilung gegründet, die 1974 mangels Spieler wieder aufgelöst wurde. Seit 1978 gibt es die Damen-Gymnastikabteilung, die sich mittlerweile zu einem Aushängeschild des Vereines entwickelt hat. Bruno Habermehl hatte damals den Anstoß gegeben als er eine Damenfußballmannschaft gründen wollte. Statt dessen hob man eine Gymnastikgruppe aus der Taufe. 1987 integrierte man eine Skiabteilung in den Verein.

Gute Erfolge konnten am Beginn der Vereinsgeschichte die Handballer erzielen, hier vor allem die Damenmannschaft, die zweimal Kreismeister des Spielkreises Alsfeld wurde. Die beste Zeit der Fußballer war von 1957 bis 1962. Sie wurden zweimal Vizemeister im Altkreis Alsfeld. Erfolgreich war 1963/64 die B-Jugendmannschaft indem sie Kreismeister in ihrer Klasse wurde und im Kampf um die Bezirksmeisterschaft den 2. Platz belegte. Seit 1973 wird bei der Jugend mit dem TV Grebenau in einer Spielgemeinschaft gespielt, die unter dem ehemaligem Jugendleiter Johann Schweiner gute Plätze erreicht hatte. 1980 schlossen sich nun auch die Senioren-Fußballmannschaften Schwarz und Grebenau zu der ›Spielgemeinschaft Grebenau/Schwarz‹ zusammen, die in ihrem ersten Jahr des Zusammenspielens auch sehr erfolgreich war. Sie wurde Kreismeister der B-Klasse und stieg in die A Klasse auf. Auch die Reservemannschaft wurde in dem Jahr der neugegründeten Spielgemeinschaft Kreismeister.

1993 rief man auf Initiative von Peter Kirchner eine Tennisabteilung ins Leben. In kürzester Zeit wurde mit viel Eigenhilfe ein Tennisplatz mit Kunstrasenbelag erstellt. Mittlerweile stehen sogar zwei Spielplätze zur Verfügung.

Zu Beginn der Vereinsgeschichte des Sport- und Kulturvereines gab es sehr viele Vorstandswechsel, vor allem bezüglich der Person des 1. Vorsitzenden, was sich für den Verein oft sehr negativ auswirkte. Die Namen der 1. Vorsitzenden seit Bestehen des Vereins waren: Georg Becker II. (1948), Lehrer Kurt Buse (1949), Heinz Findel (1950), Wilhelm Schwalm (1950–1952), Heinrich Rockel (1953–1954), Heinrich Blum (1955), Georg Walter (1957–1966), Rudolf Dippel (1966–1969), Karl Falk (1969–1973), Hans Michel (1973–1991) und Peter Kirchner (ab 1991).

Der Vorstand bestand im Jahr 1998 aus folgenden Personen: Peter Kirchner (1. Vorsitzender); Hans Michel (2. Vorsitzender); Klaus Eifert (Rechner); Linde Gassenmeyer (Schriftführerin); Arno Falk (Abteilungsleiter: Fußball); Ute Spahn (Gymnastik); Bernhard Matjasowicz (Ski); Peter Kirchner (Tennis, kommisarisch).

Abteilung Tennis

Die Abteilung Tennis im Sport- und Kulturverein besteht erst seit dem Jahre 1993. Auslösend war eine Entscheidung im Hauptvorstand des SKV, das Breitensportangebot in Schwarz durch die Schaffung einer tennissportlichen Einrichtung zu erweitern. Die Gründung der Abteilung wurde in der Jahreshauptversammlung im Februar 1993 beschlossen. Am 4. September 1993 konstituierte sich die Abteilung in einer eigenen Versammlung und wählte einen Abteilungsvorstand. Dieser 4. September war auch gleichzeitig der Starttermin für den Bau eines eigenen Tennisplatzes am SKV-Sportgelände. Die finanziellen Rahmenbedingungen mit Beantragungen von Zuschüssen und Festlegung von finanziellen Eigenleistungen hatte bis dahin der Hauptvorstand schon geregelt, auch der Auftrag für den Bau war bereits erteilt worden. Der Abteilung verblieb lediglich noch die Baudurchführung und die Überwachung der Geldbewegungen.

Mit tatkräftiger Unterstützung eines Großteils der Abteilungsmitglieder konnte am 16. Oktober nach ca. 6 Wochen Bauzeit der Platz für den Spielbetrieb freigegeben werden. Insgesamt wurden weit über 300 freiwillige Arbeitsstunden geleistet. Erstellt wurde ein Spielfeld mit Kunstrasenbelag und Quarzsandeinstreuung. Die Vorteile liegen hierbei zum einen im minimalen Pflegebedarf, und zum anderen in der durch die Witterungsunabhängigkeit nahezu ganzjährigen Bespielbarkeit des Platzes. Weiterhin trägt der Belag dem Umweltgedanken Rechnung, denn im Gegensatz zu einem Aschenplatz benötigt er keine Bewässerung, wodurch jährlich ca. 175.000 Liter Wasser gespart werden. Hochgerechnet auf eine Lebensdauer von 10 Jahren sind dies 1,75 Mio. Liter.

Das erste Tennisjahr in Schwarz war geprägt von einem hohen Maß an Euphorie und Engagement für den weißen Sport. Fast zwei Drittel der Mitglieder hatten im Verlaufe des Jahres an Trainingsstunden teilgenommen, die kontinuierlich über das gesamte Sommerhalbjahr von 3 Trainern abgehalten wurden. Schleifchentumiere für Jugendliche und Erwachsene sowie die Vereinsmeisterschaften zum Ende des Jahres zeigten bereits einen erfreulichen Leistungsstand im Umgang mit Filzkugel und Racket. Durch diese regelmäßige Ausbildung der Mitglieder war im Verlaufe des Jahres auch eine hohe Frequenz in der Platzbelegung zu verzeichnen. Oft war der Platz zu begehrten Spielzeiten ausgebucht was hin und wieder auch zu Verärgerungen führte, und so kam zwangsläufig der Ruf nach einem 2. Spielfeld auf.

Und dieses Feld war unbedingt erforderlich, nicht nur, um den Mitgliedem ausreichend Gelegenheit zum Spielen zu geben, sondem vor allen Dingen auch deshalb, da er Voraussetzung für die Teilnahme am offiziellen Medenspielbetrieb ist. Und hier stand man im besonderen den tennissportbegeisterten Jugendlichen in der Pflicht, denn ihnen sollte auf Sicht die Möglichkeit zur sportlichen Leistungsmessung geboten werden. Geschähe dies nicht, bliebe es bei einer schönen freizeitsportlichen Anlage, aber leider ohne Gelegenheit zur sportlichen Qualifikation. Das hätte wiederum zur Konsequenz, daß die guten Spieler abwanderten und sich anderen Vereinen anschließen würden. Aus der Erkenntnis des ersten Jahres konnte man davon ausgehen, daß der SKV Schwarz zumindest eine Herrenmannschaft, eine Damenmannschaft und eine Jugendmannschaft stellen könnte.

Vor der Abteilung lag also die große Aufgabe, das 2. Spielfeld zu erstellen, dies mit großer Wahrscheinlichkeit ohne jegliche finanzielle Unterstützung von öffentlicher Seite, was andererseits volle Eigenfinanzierung durch die Mitglieder bedeutete. Außerdem war erneut ein hohes Maß an Eigenleistung zu erbringen. Mit hohem persönlichen Einsatz der einzelnen Mitglieder wurde schließlich, aufgrund des Bedarfs und der obigen Überlegungen, im Jahre 1995 das 2. Spielfeld gebaut.

Zur Gründungszeit zählte die Abteilung 59 Mitglieder, im Verlaufe der Wintermonate 93/94 kamen 11 dazu, und über die tennisaktive Sommerzeit in 1994 erhöhte sich die Mitgliederzahl auf über 90; hiervon waren 22 im jugendlichen Alter. Schon 1995 konnte man davon ausgehen, daß die 100er-Grenze sicher überschritten werden würde. Immer mehr ist auch festzustellen, daß sich Tennisinteressierte aus den umliegenden Ortschaften dem Verein anschließen, bzw. die Anlage als Gastspieler nutzen.

Abteilung Gymnastik

Die Gymnastikgruppe des SKV Schwarz wurde 1978 gegründet. Ursprünglich sollte es eine Damenfußballmannschaft werden, aber man entschloß sich kurzerhand, lieber Gymnastik zu betreiben. Mit Irmhild Heiß wurde auch schnell eine engagierte Übungsleiterin gefunden, die bis 1994 die Gruppe hervorragend betreute. Danach gab es bereits drei aktive und attraktive Gruppen: Die Mädchengymnastikgruppe wurde unter der Leitung von Martina Heidl, eine Jazztanzgruppe unter der Leitung von Birgitt Satzkowski und eine Damengymnastikgruppe unter der Leitung von Sonja Heil geführt. Man kann auf eine stolze Zahl von Aktiven zurückblicken.

Da Gymnastik eine gesunde Freizeitgestaltung bedeutet, wird auch ein sinnvoller Beitrag zum Breitensport geleistet. Natürlich kommt auch der gesellige Teil nicht zu kurz. In den letzten Jahren haben die einzelnen Gruppen an vielen öffentlichen Veranstaltungen teilgenommen und sind bei Sportfesten, Gymnastikvorführungen usw. immer wieder gerngesehene Gäste, auch weit über das Gründchen hinaus.

Abb. 87b: Die Gymnastikgruppe des SKV Schwarz. Stehend: Eleonore Becker; Ilona Krug; Lorna Geißel; Petra Euler; Hannelore Göttert; Elke Geißel; Birgitt Satzkowski; Andrea Michel. Kniend: Daniela Brunzema; Inge Wilhelm (†); Ulrike Eifert; Marianne Rockel; Gerlinde Fink; Monika Becker; Catrin Becker; Ariane Moderow und zwei Nachwuchskräfte.

Abteilung Ski

Nachdem zwei schneereiche Winter in 1977 und 1978 in der Wiese Oberschwarz für die nötige Wintersportbegeisterung gesorgt hatten, mehrten sich die Diskussionen um eine Beförderungsmöglichkeit, sprich: ein Lift. In langen und harten (Wirtschafts-) Sitzungen bei Moogkes bildete sich eine kleine Gruppe von Experten, die nahezu alle Möglichkeiten in Theorie und Praxis über Bau oder Kauf und Betrieb einer Liftanlage durcharbeiteten. Ewald Noll berichtete vom Bechtelsberg bei Berfa, wo ein Eigenbau mit Schlepper in Betrieb sei. Dann hörte man von einer Liftanlage in Maar. All das wurde in zahlreichen Gesprächsrunden lang und breit diskutiert, bis eines Tages ein Prospekt von ›Schleppi‹ auf dem Tisch lag. Nun wurde gerechnet, ob man drei oder fünf, vielleicht sogar mehr Leute brauchte, um den Lift zu bezahlen. Manfred Eifert, Herbert Eidt, Siegfried Breitschädel, Georg Peter Krug (›Butter‹), Bernhard Matjasowicz und Ewald Noll beschlossen spontan den Kauf von ›Schleppi‹, der später in ›Nolli‹ umgetauft wurde. Am selben Abend kamen aus den Reihen des Evangelischen Posaunenchores noch 9 mutige Liftpioniere dazu, und der Skiclub Schwarz hatte die ersten 15 Mitglieder. Später waren es 20 Skibegeisterte.

Am 18. Januar 1979 wurde der Schlepplift mit 5 PS, mit einem 250 m langen Seil und 10 Griffen von Lauterbach abgeholt und schon ging es los. Zunächst noch zwei Jahre in der Oberschwarz, bis nach heftigem Für und Wider der Lift in der Winterleite am Wiesenhang betrieben wurde. Bereits am 26. November 1979 wurde ein 8 PS-Motor angeschafft, weil sich der erste Motor als zu schwach erwies. Die alte Holzfällerhütte von Karl Falk (›Manges‹) war die erste Behausung in der Winterleite. Am 27. Januar 1981 wurde der erste Bauwagen angeschafft und, nachdem dieser baufällig geworden war, am 31. Oktober 1988 der zweite gekauft.

In den schneereichen Wintern wurde der Lift oft mehrere Wochen im Jahr betrieben, auch wurden einige Langlauf- und Torlaufwettbewerbe durchgeführt. Zur Gaudi von Groß und Klein gab es auch sogenannte ›Schlauchrennen‹, Platzkonzerte und ausgiebiges Apres-Ski. Das alles war nur möglich durch ein hohes Maß an Einsatzbereitschaft von allen Beteiligten. Wegen Schneemangel sind seit der letzten Veranstaltung in 1991 die Aktivitäten des Clubs auf die Jahreshauptversammlungen im Skiwagen, und den Winterurlaub in Obertauern, der immer mehr Anhänger findet, begrenzt. Seit 1987 ist der Skiclub im Sport- und Kulturverein Schwarz mit einer ›Abteilung Ski‹ vertreten.

Schützenverein 1924 Schwarz

Der Schützenverein Schwarz wurde am 12. August 1924 von 12 jungen Männern der Gemeinde Schwarz gegründet. Zum l. Vorsitzenden wählte man Heinrich Eifert V. Der Verein führte im Jahre 1932 sein erstes Schützenfest mit Fahnenweihe durch. Im Jahre 1945 brach der Verein jedoch, bedingt durch die damaligen Verhältnisse, zusammen. Das letzte Protokoll wurde schon lange vorher, am 24. Februar 1940, geschrieben. Seit dieser Zeit hatte die Vereinsarbeit bis 1950 geruht. Nach dem Kriegsende in 1945 wurde die gesamte Schießanlage auf Befehl der Alliierten zerstört, und alles Vereinsleben wurde von der damaligen Militärregierung verboten. Von allen Gruppen und Gemeinschaften im Nachkriegs-Deutschland wurde vor allem den Schützenvereinen der Wiederbeginn sehr schwer gemacht.

Doch ab dem Jahr 1950 war es dann wieder soweit. Die Einschränkungen wurden ein wenig gelockert, und am 27. August 1952 wurde der Verein, wieder unter seinem alten Namen ›Schützenverein 1924 Schwarz‹, neu ins Leben gerufen. Heinrich Becker V. war der erste Nachkriegvorsitzende. Der KK-Stand mußte nach dem Kriege wieder völlig neu aufgebaut werden. Die Schützenhalle war jedoch, gemessen an den örtlichen Verhältnissen in anderen Vereinen im Kreisgebiet, diesen weit voraus. Mit dem Luftgewehr wurde damals im Saal der Gastwirtschaft Jöckel geschossen.

Der Verein trat als einer der ersten am 1. Januar 1953 dem Hessischen Schützenverband bei. Am 12. Januar 1955 wurde dann Georg Walter zum l. Vorsitzenden gewählt, er hatte dieses Amt bis 1990 inne. Im Jahre 1959 fand ein Schützenfest zum 35jährigen Bestehen statt. Zum 40jährigen Jubiläum in 1964 richtete der Verein das dritte Kreisschützenfest im Kreis Alsfeld aus. Von 1972–1977 wurde ein neues Schützenhaus mit sechs Luftgewehr-Ständen, vier KK-Ständen und zwei Schießautomaten gebaut. In 1974 wurde das 50jährige Bestehen und die Einweihung des Schützenhauses groß gefeiert. Mit dabei waren die weithin bekannten Musikkapellen Max Greger und die Donauschwaben, sowie die Sängerin Ramona und viele andere.

Ein Hochwasser suchte den Verein am 3. und 4. Juni 1981 mit einer Überflutung des KK-Standes heim, drei Tage vor dem Pfingstpreisschießen. Geschossen werden konnte nach den Aufräumungsarbeiten dann doch noch. Gleich nach Pfingsten, am 11. Juni 1981, wurde im Schützenhaus eingebrochen, und es wurden alle KK-Gewehre gestohlen.

Im Jahre 1990 trat Georg Walter nach 35 Jahren als l. Vorssitzender zurück und Klaus Weitzel übernahm den Vorsitz des Vereins. Im Jahre 1994 wurde der Keller im Schützenhaus umgebaut. Seit den 80er Jahren bis heute ist der Verein sehr aktiv bei Meisterschaften und Landesrundenwettkämpfen. Ab dem Jahr 1993 wurde auch wieder verstärkt mit der Jugendarbeit begonnen. Die Vorstandswahl im Jahre 1997 brachte folgendes Ergebnis: Klaus Weitzel (1. Vorsitzender), Manfred Eifert (2. Vorsitzender), Ilona Eifert (Kassiererin), Elvira Hornig (Schriftführerin), Lorna Geissel (Jugendwartin), Wilfried Hornig und Torsten Michel (Schießwart), Doris Krug (Beisitzerin).

Wanderverein Schwarz

Unter dem Ziel Deutschland und auch die benachbarten Länder näher kennenzulernen, gründeten 12 Wanderfreunde im Jahre 1982 den Wanderclub Schwarz. Dabei beruft sich der Verein auf das Motto des Schriftstellers Jean Jacques Rousseau: ›Die angenehmste Art zu reisen ist das Wandern zu Fuß. Man bricht auf, wenn es einem behagt, man macht nach seinem eigenen Willen halt, man strengt sich soviel oder so wenig an, wie man will. Man schaut sich das ganze Land an ...‹

Jährlich werden zwei Mehrtageswanderungen durchgeführt. Die Frühjahrswanderungen führen jeweils in die Mittelgebirge Deutschlands. Die Herbstwanderungen dagegen in die Alpen und in die Nachbarländer. Neben den schönen Erlebnissen auf den Hütten in den Alpen Deutschlands und Österreichs waren die Rennsteigwanderung vor der Grenzöffnung, die Böhmerwaldwanderung von Passau nach Yissy Brod an der Moldau, sowie die Wanderung im Altvatergebirge im heutigen Tschechien von herausragendem Reiz. Die An- und Rückreise erfolgt ausschließlich mit dem Zug. Zur Finanzierung der Wanderungen veranstaltete der Wanderverein jährlich am Himmelfahrtstag ein zünftiges Wanderfest. Dieses wurde jedoch letztmalig im Jahre 1994 ausgerichtet.

Abb. 88: Die Wandergruppe auf dem Gipfel. Stehend: Arno Eidt; Richard Becker; Jürgen Gerbig; Walter Becker; Armin Heidl; Reiner Spahn. Sitzend: Richard Gerbig; Rainer Merle.

Obst- und Gartenbauverein Schwarz

Im Februar 1894 fanden sich 5 Herren in Schwarz zusammen und gründeten die ›Ortsgruppe Schwarz des Oberhessischen Obstbauvereines, Sitz Friedberg‹. Die fünf Gründungsmitglieder waren: Heinrich Peter Becker, Georg Heinrich Fuhr II., Konrad Ruppel, Johannes Stöppler und Johannes Weitzel. Heinrich Ferdinand Noll trat im Mai 1896 der Ortsgruppe bei.

Der Vorstand besteht seit 1996 aus: Ralf Eifländer (1. Vorsitzender), Helmut Caplap, (2. Vorsitzender) Richard Gerbig (Rechner), Ruth Antlitz (Schriftführerin), Erna Rockel, Willi Schwalm und Irmhild Heiß (Beisitzer).

Abb.: 89: Mitglieder des Obst- und Gartenbauvereins anläßlich eines Grilltages.

Richard Gerbig (Rechner); Walter Schwalm; Otto Ziesche; Ralf Eifländer (Vorsitzender); Irma Geißel; Brunhilde Ziesche; Karl Geißel; Inge Wagner; Marie Krug; Heinrich Rockel; Frieda Becker; Erna Rockel; Bernhard Matjasowicz; Anni Eifert; Ingrid Dörr; Heinrich Peter Eifert; Horst Dörr; Volker Döring; Willi Wolf; Elli Wolf; Mariechen Kalbfleisch; Heinrich Gerbig; Willi Schwalm; Christa Caplap; Rudolf Wiedebach, Willi Kalbfleisch; Helmut Caplap (2. Vors.); Heinrich Grebe.

Natur- und Vogelschutzgruppe Schwarz

Die Natur- und Vogelschutzgruppe Schwarz wurde 1989 von 39 Schwärzer Bürgern gegründet. Später erhöhte sich die Zahl der Mitglieder auf 51. Das Hauptanliegen des Vereins ist die Erhaltung bzw. Förderung der heimatlichen, dörflich-bäuerlich geprägten Landschaft und der Schutz der in ihr lebenden Tiere und Pflanzen. Daneben soll der Bevölkerung durch Veranstaltungen, Presseveröffentlichungen und Aktionen die Schönheit aber auch die Nöte der heimatlichen Natur näher gebracht werden. Die Erhaltung vorhandener und die Neuanlage verschwundener Landschaftselemente wie Hecken, Streuobstwiesen und Feuchtgebiete nimmt einen Großteil der Arbeit in Anspruch. Angestrebt wird eine Vernetzung dieser landschaftsbelebenden und strukturierenden Elemente über die ganze Gemarkung hinweg. Besonders die heute kahl und ausgeräumt wirkenden, intensiv landwirtschaftlich genutzten Teile der Feldflur brauchen eine solche Bereicherung, wenn Rebhuhn, Hase und Igel eine Überlebenschance haben sollen. Nicht zuletzt durch solche Maßnahmen wird die Bodenerosion eingedämmt, die Bodenfruchtbarkeit langfristig erhalten und der ästhetische Reiz der Landschaft gesteigert.

In den Jahren ihres Bestehens hat die NVS verschiedene Flächen mit einer Gesamtgröße von über 3,5 ha angepachtet, auf denen die verschiedensten Pflegemaßnahmen durchgeführt werden. Darunter befinden sich auch Streuobstwiesen und Feldgehölze, die mit einigem Arbeitsaufwand völlig neu begründet wurden. Den überwiegenden Anteil der Arbeitseinsätze stellen Pflanzaktionen, Mäheinsätze und Pflegeschnitte von Hecken dar. Weiterhin bietet die NVS alljährlich eine Vogelstimmenwanderung. eine botanische Exkursion und ein bis zwei Dia- oder Filmabende für die Bevölkerung an. Müllsammelaktionen und der Bau von Nistkästen runden das Programm ab.

Die rege Teilnahme und das Interesse der Bürger bei den Veranstaltungen zeigt, daß die Natur- und Vogelschutzgruppe damit auf dem richtigen Weg ist.

Gesangverein ›Eintracht‹ Schwarz 1903

Der Gesangverein ›Eintracht‹ Schwarz wurde im Jahr 1903 ins Leben gerufen. Vorausgegangen war schon eine Gesangsabteilung im früheren Kriegerverein Schwarz, die seit dem Jahre 1894 bestand. 17 Männer gründeten den Gesangverein, der sich vorgenommen hatte, die Förderung und Pflege des Gesangs in unserem Ort zu betreiben. Nach über 95 Jahren kann man sagen, daß der Verein diesem Grundgedanken bis zur heutigen Zeit treu geblieben ist.

Im Jahre 1914, wenige Tage vor Beginn des 1. Weltkrieges, konnte der Verein bei einem Sängerfest die Weihe seiner Vereinsfahne begehen. Noch heute ist dieses schöne Attribut, in den 60er Jahren überholt, Sinnbild des Vereins. Der Spruch auf der Fahne lautet: ›Rein im Sang, Treu im Wort, Fest in Eintracht immerfort.‹

*Abb. 90: Vorstand des Gesangvereins ›Eintracht‹ Gemischter Chor Schwarz.
v. links: Gerhard Reis (Rechner); Günter Rüffer (Schriftführer); Georg Walter (Ehrenvorsitzender); Klaus Döring (1. Vors.); Liane Jöckel (2. Vors.); Heinrich Peter Eifert (Chorleiter).*

Nach dem 1. Weltkrieg konnte im Jahre 1919 der Singstundenbetrieb wieder aufgenommen werden. Seit Januar 1927 ist der Verein Mitglied im ›Schwalm-Antrift-Feldatal-Sängerbund‹. Dem Deutschen Sängerbund trat der Verein im Februar 1933 bei.

Der Zweite Weltkrieg brachte für den Verein wieder eine Unterbrechung mit sich, vor allem aber auch einen schmerzlichen Verlust an Sangesbrüdern. Doch im Herbst 1948 wurde der Verein wieder zu neuem Leben erweckt und er erlebte in den fünfziger Jahren eine Blütezeit. Dazu haben nicht zuletzt die vielen Heimatvertriebenen ihren Beitrag geleistet. Über sechzig aktive Sänger standen in dieser Zeit zur Verfügung. Hatte der Verein bis Ende März 1992 immer als ein reiner Männerchor gesungen, so mußte, bedingt durch zu wenige aktive männliche Sänger, ein Gemischter Chor ins Leben gerufen werden. Damit kam jedoch auch neues Leben in den Verein.

Für den Gesangverein ›Eintracht‹ Schwarz war es immer gut, daß ein Chorleiter zur Verfügung stand. Heinrich Peter Eifert leitet den Chor nun schon seit Januar 1976. Von 1965 an war Georg Walter 2. Vorsitzender. Ab Januar 1971 bis zum Frühjahr 1998 führte er den Verein als 1. Vorsitzender. Der Männergesangverein feierte, immer mit einem großen Sängerfest verbunden, im Jahre 1978 sein 75jähriges und im Jahre 1993 sein 90jähriges Vereinsjubiläum. Seit 1998 führt nun Klaus Döring den Gesangverein, nachdem Georg Walter selbst bat, ihn aus Altersgründen von dem Amt des Vorsitzenden zu entbinden.

Abb. 91:Der Gemischte Chor Schwarz anläßlich des 50jährigen SKV-Jubiläums.

Von links Männer: Georg Walter; Günter Rüffer; Helmut Eifert; Erich Peter; Willi Rüffer; Horst Dörr (verdeckt); Manfred Eifert (halb verdeckt); Heinrich Wagner; Rudolf Wiedebach; Rudolf Dippel (verdeckt); Klaus Döring (verdeckt); Heinrich Gerbig; Konrad Becker (halb verdeckt); Gerhard Reis; Helmut Ebel; Dieter Gerbig. Frauen: Mariechen Dörr; Aline Birkenstock; Liane Peter; Liesel Weitzel; Anni Eifert; Inge Wagner; Gerlinde Ebel. Vorne: Chorleiter Heinrich Peter Eifert.

Kaninchenzuchtverein H 272 Schwarz

Auf diesen Namen hatte man sich bei der Gründungsversammlung am 29. Dezember 1971 geeinigt. Bei der Vereinsgründung war auch der 1. Vorsitzende Otto Döring aus Lauterbach anwesend. Die Gründungsmitglieder waren: Richard Becker, Otto Berg, Heinrich Dippel, Heinrich Eidt, Holger Eidt, Otfried Jöckel, Fritz Krug, Hans Krug, Karl Krug, Georg Schmidt, Willi Schwalm, Herbert Urstadt und Helmut Weitzel. Die Gründungsversammlung wählte Otto Berg zum 1. Vorsitzenden.

Am 4. und 5. November 1972 wurde die erste Kaninchen-Ausstellung in Schwarz gehalten und im Juli 1973 wurde eine Werbeschau veranstaltet. Otto Berg trat am 20. Mai 1975 als 1. Vorsitzender zurück. Die Mitgliederversammlung wählte daraufhin Helmut Eifert zum neuen Vorsitzenden. Im Jahre 1976 fand wieder eine Jungtierschau statt. Seit dieser Zeit wird in Schwarz, im Abstand von zwei Jahren, die Kreisjungtierschau durchgeführt. Die Schwärzer Züchter beteiligen sich regelmäßig an Kreis- und Landesschauen. Ein Wandertag wird vom Kaninchenverein seit fast zehn Jahren ununterbrochen veranstaltet.

War nach dem Kriege die Kaninchenzucht überwiegend eine zusätzliche Nahrungsquelle und die Fellverwertung und der Verkauf von Schlachttieren ein kleines Zubrot zum Verdienst, so ist heute die Kaninchenzüchtung fast eine reine Liebhaberei. Allerdings steht die Liebe zu den Tieren bei den alten, und erfreulicherweise auch jungen Züchtern, im Vordergrund dieser schönen Freizeitbeschäftigung.

Burschenschaft Schwarz

Die Burschenschaft richtet die jährlich stattfindende Dorfkirmes aus. Der Ursprung dieser dörflichen Feste geht weit in die Jahrhunderte zurück. Die Kirmessen hatten von Ort zu Ort ein unterschiedliches Gesicht. Über frühere Abläufe der Veranstaltungen ist bei uns wenig bekannt. Soweit man zurückblicken kann, war die Kirmes immer auf eine Gastwirtschaft und einen Saal für die Tanzvergnügen angewiesen.

Seit ungefähr 1927 wurden in Schwarz zwei Saalkirmessen veranstaltet. Eine im Saal der Familie Krug, beim ›Hirsch‹, die andere im Saale Jöckel, bei ›Mo:gkes‹. Entsprechend gab es auch zwei Burschenschaften: ›Hirsch Jungen‹ und die ›Mo:gke Jungen‹, wobei beide natürlich auch ihren Anhang im Ort hatten. Gefeiert wurde stets am ersten Sonntag und Montag im November. Beide Burschenschaften wetteiferten miteinander, die beste Kapelle zu verpflichten, um damit den meisten Zuspruch aus der Bevölkerung zu bekommen. Später fanden die Kirmesveranstaltungen jährlich abwechselnd in beiden Sälen statt, seit 1957 nur noch bei Jöckels, da diese den größeren Saal besaßen.

Traditionell wurden vor der Kirmes die ledigen Mädchen versteigert. Die übriggebliebenen kamen in den sogenannten ›Pferch‹. Dieser konnte im Ganzen ersteigert werden. Die Kirmesjungen mußten einen jährlich neu festgelegten Geldbetrag ›legen‹, zur Absicherung der zu erwartenden Kosten. Der Sonntag war der Hauptfesttag. Montagmorgen wurden Ständchen im Dorf gespielt. Es gab Geldspenden aus dem Haus, vor dem man das gewünschte Lied von der Kapelle spielen ließ. Als Gegenleistung dafür gab es einen Schnaps. Am folgenden Dienstag wurde abends die Kirmes unter Heulen und Jammern mittels eines Herings begraben. Später wurde sie aus pietätischen Gründen verbrannt. Man zündete ein großes Feuer an und sprang paarweise darüber. Aus Tradition kauften sich die Burschen jedes Jahr einen neuen Kirmesanzug, die Mädchen legten sich neue Kleider zu. Diese Kleidungsstücke wurden das ganze folgende Jahr über an Sonn- und Festtagen aufgetragen.

Im Jahr 1976 wurde die 1. Zeltkirmes auf dem alten Sportplatz gefeiert. Heute dauert die Kirmes vier Tage. Sie beginnt am Freitag mit einer Disco und geht weiter am Samstagabend mit unterschiedlichem Tanzprogramm. Am Sonntagmorgen wird zum Frühschoppen aufgespielt und nachmittags mit kleinem Programm bis in die Abendstunden gefeiert und getanzt. Am Montag findet der Ausklang mit Tanz statt. Mit Beginn der Zeltkirmessen wurden auch Mädchen in der Burschenschaft zugelassen. Von dem verdienten Geld wird heute oft ein kleiner Geldbetrag für gemeinnützige Zwekke gestiftet. Das war früher nicht möglich, damals wurde fast alles wieder für die Unkosten aufgebraucht.

Brieftaubenzuchtverein ›Gute Reise‹ Schwarz

1942 gründeten 10 junge Männer aus Schwarz den Brieftaubenzuchtverein ›Gute Reise‹ Schwarz. Es waren dies die Mitglieder: Heinrich Grebe, Georg Grünewald, Hans Noll, Georg Rockel, Wilhelm Rockel, Willi Rockel, Heinrich Schreiner, Helmut Schwalm, Willi Schwalm und Heini Stieler. Zum 1. Vorsitzenden wurde Wilhelm Rockel, zum 2. Vorsitzenden Hans Noll und zum Rechner und Schriftführer Heinrich Rockel gewählt. Auch zwei Herren der RV Alsfeld waren anwesend, welche die Wahl überwachten. Der Beitrag wurde auf monatlich 50 Pfennige festgelegt. Die Gründung des Vereines fand im Gasthaus ›Zum Hirsch‹ statt. Schon in den Jahren vorher hatten einige Taubenfreunde von Schwarz mit ihren Tauben im Breitenbacher Verein gereist.

Damals, in den Kriegsjahren, waren die Gesetze streng, nur wer in einem Brieftaubenverein war, durfte Tauben halten. Wilde Schläge mußten mit dem Abschuß der Tauben rechnen. Der Dorfgendarm überwachte die Einhaltung der Vorschriften.

Die ersten Protokolle aus der Anfangszeit des Vereines sind interessant zu lesen, zeigen aber auch die Schwierigkeiten, welche die Züchter in den Kriegsjahren hatten. Die Einsatzstelle war am Schwärzer Bahnhof in einer alten Baracke eingerichtet. Der Transport der Tauben erfolgte mit der Eisenbahn. Aufgelassen wurde bei jedem Wetter. Der Verein besaß in dieser Zeit eine Uhr. Mit dem Fahrrad wurden die Ringe herangebracht, es wurde konstatiert und noch Preise errungen. Undenkbar für unsere heutige Zeit, in der seit einigen Jahren der Computer zum Einsatz kommt. In den ersten Jahren nach dem Krieg wurde teils in Alsfeld oder auch in Breitenbach eingesetzt. Dort wurde auch konstatiert. Die Ringe mußten mit dem Fahrrad oder Motorrad in die Einsatzstellen gefahren werden. Erich Dörr wurde nach dem Krieg zum Vorsitzenden gewählt und begleitet dieses Amt heute noch.

Wie aus den Protokollen zu entnehmen ist, wurden die Erfolge in den 50er Jahren immer besser. So wurden auf einem Frankreichflug im Jahre 1956 von 93 gesetzten Tieren 30 Preise errungen. Wilhelm Rockel stellte im gleichen Jahr den besten Jungvogel der RV Alsfeld. Die Entwicklung des Brieflaubensports ging weiter, die Mitgliederzahl nahm zu, so daß bald ein zweiter Verein gegründet wurde, der auch Voraussetzung für den Erhalt einer Einsatzstelle war. Inzwischen war man in Schwarz sehr erfolgreich bei der Alttierreise und auch bei der Jungtierreise. Die dominierenden Züchter aus Alsfeld und Umgebung hatten Konkurrenz bekommen. Über viele hervorragende Plazierungen kann man in den Protokollen nachlesen. Mehrere Ausstellungen auf Vereinsebene, RV- und KV-Ebene richtete der Verein ›Gute Reise‹ Schwarz in den letzten Jahrzehnten aus. Dabei engagierten sich die aktiven Züchter sehr zum Wohle des Vereins.

Mehr als 55 Jahre Brieftaubenzucht ist eine lange Zeit, die mit vielen Höhen und Tiefen verbunden ist, sowohl für jeden einzelnen Züchter, wie auch für den Verein. Eine kontinuierliche Vereinsarbeit hat den Verein ›Gute Reise‹ Schwarz viele Stürme überleben lassen, wobei hier besonders der langjährige 1. Vorsitzende Erich Dörr zu loben ist. In unserer schnellebigen Zeit wäre nur zu wünschen, daß in Zukunft mehr junge Leute Spaß an diesem schönen Hobby finden. Die Unterstützung der alten erfahrenen Züchter ist ihnen sicher.

Evangelischer Singkreis Schwarz

Frau Waltraud Baus, die Ehefrau des damaligen Gemeindepfarrers Herrn Helmut Baus, gab im Jahre 1965 die Anregung zur Gründung eines Kirchenchores in Schwarz. Kurz nach dem Zweiten Weltkrieg hatte es einen solchen schon einmal gegeben. Ein wenig experimentiert hatte man vorher schon, indem man mit ein paar Frauen und Mädchen sowie einigen jungen Herren aus dem Evangelischen Posaunenchor gesungen hatte. Da zu dieser Zeit der Männergesangverein schon wieder recht aktiv war, nahm man von einem Gemischten Chor Abstand und beschränkte sich auf einen Frauenchor. Dieser so entstandene Chor trägt bis heute den Namen ›Evangelischer Singkreis Schwarz‹ und betrachtet sich als ein musikalisches Glied der Kirchengemeinde.

In den Anfangsjahren hat dieser Chor einige Male seine Struktur gewechselt. Der Singkreis begann mit weit über 40 Sängerinnen. Es waren alle Altersstufen vertreten, vom Konfirmanden bis zur Großmutter. Leider blieb die Begeisterung nicht so, wie sie begann. Zuerst blieben einige ältere Damen dem Singkreis fern, so daß der Chor überwiegend mit jungen Stimmen besetzt war. Nach zwei Jahren blieben dann sehr viele Jugendliche weg, und der Chor reduzierte sich auf ca. 20 bis 23 aktive Sängerinnen. Diese Zahl blieb einige Zeit konstant, konnte aber mit den Jahren wieder gesteigert werden.

Abb. 92: Der Evangelische Singkreis von Schwarz.

Stehend: Lieselotte Ortwein; Käthe Koch, Ursula Döring, Margot Birkenstock, Gertrud Herget, Marie Habermehl, Dora Gerbig, Brunhilde Aßmann, Erna Rockel, Erna Döring, Pauline Rüffer, Helga Schäfer, Hilde Eifert, Elli Wolf, Emmi Eifert Erna Eidt, Brigitte Euler, Christa Eifert. Sitzend: Anni Eifert, Frieda Herget, Lina Krug, Liesel Weitzel, Lina Berg (†), Christel Stieler. In der Mitte: Chorleiter Heinrich Peter Eifert.

Hauptaufgabe ist es, als Kirchenchor alle Belange der evangelischen Kirchengemeinde hier in Schwarz wahrzunehmen. Selbstverständlich steht man auch den örtlichen Chören, dem Männergesangverein, jetzt Gemischter Chor und dem Evangelischen Posaunenchor gerne kooperativ zur Seite. Es werden jährlich ca. 50 Übungsstunden absolviert. Zu entsprechenden Anlässen wird der Gottesdienst mitgestaltet. Gelegentlich tritt man bei Silberhochzeiten und anderen Feiern auf. Der Evangelische Singkreis hat sich als Kirchenchor nun mehr als 30 Jahre durch alle Höhen und Tiefen gesungen, und es ist all denen Dank auszusprechen, die auf dem nicht immer ebenen Weg mitgegangen sind. Es bleibt die Hoffnung, auch in Zukunft singend auf dem Wege zu bleiben: Gott zum Lobe und den Menschen zur Freude.

Faschingsclub ›Schwarz Katz‹

›Gelebt hat sie vor zwanzig Jahr', was sie erzählt', war oft nicht wahr. Genährt hat sie der Schusters Fritz, der in der Bütt' stand, mit viel Witz.‹

So dichtete der Chronist des Faschingsclubs mit Rückblick auf die Anfangszeit der Schwärzer Fremdensitzungen. Die alte ›Schwärzer Schwarze Katz‹, 1963 ins Leben gerufen, hatte ihr Vorbild in den Mainzer Prunksitzungen. Ein Elferrat war, wie der Ortsprotokoller, die Büttenredner und zwei Funkenmariechen, fester Bestandteil jeder Fremdensitzung. Eckpfeiler der Veranstaltungen waren der oben erwähnte Schusters Fritz mit seiner Dorfchronik und Walters Schorsch als Präsident, sowie die beiden Funkenmariechen Irmtraud Krug (verh. Hamp) und Gerlinde Scheiba (verh. Ruppel). Weitere Funkenmariechen waren Irmtraud Schindler (verh. Röderstein) und Ursela Matjasowicz (verh. Ziegler).

In den 60er Jahren verschwand die ›Schwarze Katz‹ wieder, so wie sie aus der Mitte der Schwärzer Bürger entsprungen war. Im Jahre 1989 wurde sie von einigen jungen Leuten wieder zum Leben erweckt. Im Gasthaus Becker hielten die Sketche und Büttenreden die Zuhörer nicht mehr auf dem Hocker. Während des Golfkrieges wurden die Sitzungen ausgesetzt. Danach fanden die Veranstaltungen wegen der größeren Entfaltungsmöglichkeit im Saale ›Hirsch‹ statt. Wie bei der alten Katz' werden auch jetzt die Ortsbürger und Akteure wieder auf die Schippe genommen, wie der Chronist aus 1993 weiterberichtet:

›Der Saal war voll, das war ganz toll, der Nachwuchs tanzt 'nen Rock 'n Roll. Der Showmaster beim Herzblatt war Rudi Karell, so mancher Gast erkannte sich schnell.‹

Der Dorfalltag bietet häufig genug Stoff für so manchen Witz und den ein oder anderen Sketch. Junge Leute, unterstützt von Gleichgesinnten wie zum Beispiel den Funkenmariechen aus der Gymnastikgruppe, schicken sich an, Jahr für Jahr die Lachmuskeln der Zuhörer zu strapazieren.

Club '93 – Treffpunkt der Jugend

Der ›Club '93‹ ist die jüngste Vereinigung unter den mannigfaltigen Vereinen und Gruppierungen in unserem Heimatdorf. Er wurde gegründet, um der Schwärzer Jugend, die nach der Konfirmation noch zu jung für Gaststättenbesuche und Discoaufenthalte ist, eine Gemeinschaft zu bieten, die eigene Interessen bilden und sich eigene Ziele setzen konnte.

Im Schulbus wurden erste Verbindungen geknüpft. Auf der folgenden Gründungsversammlung trafen sich dann Dirk, Ingo und Timo Eifert, Marco und Mario Euler, Markus Fink, Jan Gerbig, Swen Franke, Christian Göttert, Alexander Lippert, Gert Matyasowicz, Markus und Peter Kirchner, Inka Ruppel, Daniel Streibler, Jens Volk und Lars Wicke. Es wurde beschlossen, die neue Jugendgruppe ›Club '93‹ zu nennen. Man wollte damit an die Vorläufergruppe ›Club '80‹ anschließen. Der erste Vorstand setzte sich wie folgt zusammen: Dirk Eifert (1. Vorsitzender), Jan Gerbig (2. Vorsitzender) und Lars Wicke (Kassenwart).

Ein Problem war die Beschaffung eines entsprechenden Jugendraumes. Die Schule war verkauft und das Feuerwehrgerätehaus schied wegen gegenteiliger Interessen aus. Nach langen Überlegungen kam man auf das alte Büro des Fuhrbetriebes Krug (›Bauersch‹) und es wurde eine Einigung mit dem Besitzer erzielt. Die Miete von 70,– DM bereitete einigen etwas Kopfzerbrechen, da die meisten doch ohne eigenes Einkommen waren. Schließlich einigte man sich auf einen Betrag von 10,– DM, der pro Mitglied und Monat erhoben werden sollte.

Man schätzte die Toleranz im Dorf nicht besonders hoch ein und ein etwas mulmiges Gefühl stellte sich ein, als sich im Januar 1994 das Jugendamt zu einer Visite anmeldete. Doch die Befürchtung von unerfüllbaren Auflagen und Einschränkungen geknebelt zu werden, war fehl am Platze. Es wurde sogar über die Erteilung von Kreiszuschüssen gesprochen. Schon im Frühjahr 1994 stellte sich wieder die Frage nach einer neuen Unterkunft, denn der Vermieter plante eine andere Nutzung für seine Räume. Als Lösung wurde an einen ausgemusterten Baucontainer gedacht. Dank des Engagements von Bernd und Alexander Lippert sowie eines Elternpaares und zweier Schwärzer Firmeninhaber konnte die Maßnahme realisiert werden. Als Standort des neuen ›Jugendraumes‹ wurde das Gelände unter dem alten Sportplatz gewählt, nachdem andere Möglichkeiten ausschieden. Mit einer Spende des Fördervereins wurde die neue Bleibe schließlich optisch verschönt.

Nach außen sichtbare Aktivitäten des Club '93 sind die Beteiligung an Wandertagen, Fußballturnieren und Veranstaltungen des Schützenvereins sowie die Instandhaltung des Club-Containers und des Umfeldes. Tagesausflüge und Grillfeiern zum 1. Mai runden die Treffen ab. An der Spitze des Clubs standen nach der Gründung noch Dirk Hornig, Marco Euler und Inka Ruppel. Im Jahre 1997 bestand der Club '93 aus 31 Mitgliedern, der Vorstand wurde von Markus Fink und Björn Krug gebildet. Es bleibt zu hoffen, daß der Club auch in Zukunft ein sicherer Anlaufpunkt und Hort zwischen Jungsein und Erwachsenenstand sein wird.

Förderverein Schwarz

Der ›Förderverein Schwarz‹ wurde Anfang 1990 gegründet. Vereinsziel ist die Förderung von Völkerverständigung sowie die Pflege des heimischen Brauchtums und der Kultur. Im Vordergrund stand zunächst die Kontaktpflege zu den Gemeinden namens Schwarz in den Neuen Bundesländern. Gegenseitige Besuche und persönliche Kontakte sollten hier für mehr Verständnis füreinander sorgen. Weiteres Anliegen des Fördervereins ist es, sich politisch und konfessionell neutral für das Wohl der Gemeinde Schwarz einzusetzen. Die Vielfalt der Schwärzer Vereine soll ein Sprachrohr haben, wenn es gilt, schnell gemeinsame Schwärzer Standpunkte zu vertreten. Zur demokratischen Wahrnehmung ihrer Interessen entsenden die Schwärzer Vereine einen Vertreter in den erweiterten Vorstand des Fördervereins. Dieses Gremium allein entscheidet auch über die satzungsgemäße Verwendung der durch Spenden und Veranstaltungen erzielten Mittel.

Die erfolgreichste Veranstaltung ist das schon zur Tradition zählende Backhausfest in Schwarz. Die Mithilfe breiter Bevölkerungsschichten und das Zusammenwirken vieler Vereine beweisen hier, daß nur gemeinsam etwas zu erreichen ist. Weitere beliebte Veranstaltungen sind die Eröffnung der Grillsaison am 1. Mai am Grillplatz und die jährliche historische Grenzwanderung. In Abstimmung mit dem Magistrat der Stadt Grebenau wurde dem Förderverein in Zusammenarbeit mit dem Ortsbeirat Schwarz die Gestaltung und Organisation der 700-Jahrfeier im Jahre 1995 übertragen und durchgeführt.

Die Überschüsse aus den Veranstaltungen der letzten Jahre wurden für eine dorfgemeinschaftliche Einrichtung angespart, die Schwarz dringend benötigt. Auch der Grillplatz wurde mit Mitteln des Fördervereins geschaffen. Da die politischen Gremien der Stadt Grebenau seinerzeit leider zu dem Schluß kamen, den berechtigten Wunsch der Schwärzer nach einem Dorfgemeinschaftshaus aus Finanznot nicht erfüllen zu können, war man zunächst bemüht, über die Mittelverwendung neu nachzudenken. Mittlerweile wird jedoch wieder geplant und es besteht die Hoffnung, daß mit den Bauarbeiten zu einem geeigneten Saal und den entsprechenden Nebenräumen noch im ausgehenden Jahrtausend begonnen werden kann.

Sonstige Interessen- u. Zweckgemeinschaften

Weitere Vereinigungen in Schwarz, über die leider keine Unterlagen vorliegen oder zur Verfügung gestellt wurden, sind die Gefriergemeinschaft, die Jagdgenossenschaft und der VDK. Man kann sie im weiteren Sinne auch als Zweckgemeinschaften bezeichnen. Hier ein kurzes Portrait.

Die Gefriergemeinschaft
Die Gefriergemeinschaft wurde 1963 gegründet. Als ersten Vorsitzenden wählte man Heinrich Blum. Zweck war die Erbauung eines gemeinschaftlichen Gefrierhauses mit Einzel-Gefrierfächern und einem größeren Gemeinschaftsfach, um die Vorratshaltung der Haushalte zu erleichtern. Klaus Zimmermann hatte 1997 den Vorsitz inne.

Die Jagdgenossenschaft
Die Jagdgenossenschaft setzt sich aus Personen mit landwirtschaftlichen Flächen in der Feldgemarkung zusammen. Ziel und Zweck ist es, die Jagd in der Gemarkung, soweit dies vom Gesetzgeber delegiert ist, gemäß den Vorschriften zu kontrollieren, und die Wildschadensregelung zwischen Jagdpächter und den Flächenbesitzern zu lenken. Von dem Jagdpachterlös werden Feldwege erneuert und gemeinschaftliche Geräte angeschafft. Ein bestimmter Teil ist für Ausflugsfahrten vorgesehen. Vorsitzender ist Klaus Krug.

Der VDK
Der VDK (Verband Deutscher Kriegsversehrten, Kriegshinterbliebenen) wurde in Deutschland nach dem Zweiten Weltkriege und in Schwarz im Jahre 1948 gegründet. Der Verband hat sich zur Aufgabe gemacht, die Versorgungsberechtigungen der angesprochenen Personengruppen zu unterstützen, und auch rechtliche Hilfestellung zu geben. Wertvolle Einrichtungen sind die Zusammenkünfte und gemeinsamen Ausflüge der Mitglieder und deren Angehörigen. 1998 war Johann Schweiner Vorsitzender, welcher dieses Amt schon viele Jahre mit unermüdlichem Einsatz führte.

Geldwerte, Maße und Gewichte

Die Vielzahl der verwendeten Einheiten allein innerhalb des Landes Hessen verbietet es, auf alle in schriftlichen Quellen aufgeführten Bezeichnungen und Werte einzugehen. Es sollen in diesem Abschnitt nur die bei den Forschungen zur Geschichte von Schwarz bekannt gewordenen Geldwerte, Maße und Gewichte aufgeführt und näher erläutert werden.

Das Geldwesen

Im Münz- und Geldwesen des Mittelalters muß unterschieden werden zwischen tatsächlich geprägten Münzen einerseits, und den nur als Recheneinheiten geführten Münzwerten andererseits. Das Karolingerreich hatte die urspr. römischen Währungseinheiten Pfennig (denarius, Abk.: d.), Schilling (solidus, s.) und Pfund (libra, lb.) übernommen.[105] Die älteren Mitbürger werden sich noch an die Abkürzung für Pfennig, ein kleines deutsches ›d‹, erinnern, welches für das römische ›denarius‹ stand. Genauso verhielt es sich mit der Abkürzung für Pfund, ein ›lb‹ mit einer Durchschleifung, was sich letztlich aus dem römischen ›libra‹ entwickelt hatte.

Seit 1252 wurde von Florenz aus der aus Gold geschlagene Floren oder Gulden (Abk.: fl.) eingeführt, zu dem 1284 als zweite Goldmünze der nach den Venediger Dogen benannte Dukat trat. Dazu wurden nördlich der Alpen konkurrierend die großen und schwergewichtigen Silbermünzen geprägt, die Tournose nach der französischen Stadt Tours, oder der Taler, benannt nach der erzgebirgischen Stadt Joachimstal. Bekannt sind die Bezeichnungen Joachimstaler und Reichstaler. Durch die Regionalisierung des Münzwesens kamen seit dem Mittelalter auch neue Münzen und Scheidemünzen in den Handel. Die Rechnungsmünzen waren vor allem für festgelegte Abgaben und auch Straf- und Bußgelder wichtig.

Nach den Kirchenrechnungen von 1581 und 1729 gab es den Gulden zu 26 Albus und den Albus zu 12 Heller. In 1743 wurden für den Gulden 30 Albus und den Albus 8 Pfennige berechnet. Von 1785 bis in die Mitte des 19. Jahrhunderts wurde der Gulden zu

[105] Hist. Verein für Hessen: Darmstädter Archivschriften 9

60 Kreuzer gehandelt. Im neuzeitlichen Münzsystem, das sich nach der Krise der sogenannten ›Kipper- und Wipperzeit‹ zu Beginn des 30jährigen Krieges wieder stabilisierte, lag das heutige Hessen an der Grenze zwischen der norddeutschen Taler- und der süddeutschen Guldenwährung, für die es noch im 19. Jahrhundert gesonderte Münzvereine gab.[106]

Daraus läßt sich auch die auf Seite 325 aufgestellte Rechnung von 1856 zum Kauf des Webergarnes erklären, in der mit den unterschiedlichsten Währungseinheiten gerechnet wurde. Beispiel: 4 Louis d'or zu à 5 fl. 15 Silbergroschen entsprachen 22 Reichstalern, 10 Louis d'or zu à 6 St. Preußische entsprachen 34 Reichstalern

Währungseinheiten im Betrachtungsgebiet	
Währung	**Beschreibung**
Albus, Weißpfennig	Silberne Groschenmünze des 14. bis 17. Jahrhunderts: = 8 Pfennig, = 2 Kreuzer.
Batzen	Silbermünze in der Schweiz und Süddeutschland seit Ende 15. Jh.: = 2 Albus; = 4 Kreutzer.
Binger Heller	In Bingen geprägter guter Heller: 3 Binger Heller = 4 übliche Heller.
Brakteat	Einseitig geprägte Pfennigmünze des Hochmittelalters.
Dreibätzer	Münze zu 3 Batzen: = 6 Albus 12 Kreuzer.
Dukat	Venezianische Goldmünze zu 3,5 g Gold (in der Reichsmünzordnung 1556 grundlegende Goldmünzeinheit): = 3 Gulden; = 9 Kopfstücke; = 90 Albus.
Groschen	Großer oder dicker Pfennig: = urspr. 12 Pfennige.
Gulden	Ursprünglich aus Florenz übernommene Goldmünze (Florener, fl.), später auch Silbermünze; im 19. Jh. in Hessen: = 60 Kreuzer; = 240 Pfennige.
Heller	Seit der Zeit Friedrich Barbarossas zunächst in Schwäbisch Hall geprägte leichte Pfennigmünze; seit dem Spätmittelalter: = ½ Pfennig.
Hessenbatzen	Kurhessische gute Groschen; 24 Hessenbatzen = 1 Taler.
Königstaler	deutscher Name für verschiedene niederländische Talermünzen
Konventionstaler	Talermünze nach dem 20 Gulden-Fuß der österreich-bayerischen Münzkonvention von 1753: = 32 Groschen, = 2 Gulden 24 Kreuzer.
Kopfstück	Silbermünze des 17/18. Jh. (auch: ›Zwanziger‹ gen.): = 20 Kreuzer; im süddeutschen Guldenfuß: = 24 Kreuzer.
Kreuzer	Ursprünglich kleine silberne Groschenmünze (Abk.: kr.; xr.); zuerst im 13. Jh. in Tirol geprägt; seit dem 18. Jh. generell als Kupfermünze: = 4 Pfennig; = 1/2 Albus; = 1/60 Gulden.
Louisdor	franz. Goldmünze (Abk.: L'dor)
Mark	1. Währung: = 160 Pfennige; 2. Gewichtseinh. f. Metalle: = 230–240 g.
Ortsgulden,Ortstaler	Viertel-Münzen; Ortsgulden: = 15 Kreuzer; Reichsort oder Ortstaler: = 6 Groschen.
Pfennig	Im Früh- und Hochmittelalter als Weiterführung des römischen Denars einzige geprägte Silbermünze; seit Einführung der Groschen und anderer Großmünzen zunehmend als Scheidemünze mit verringertem Wert.
Pfund	Im Mittelalter vorwiegend Rechnungseinheit: 1 Pfund Schilling = 20 Schilling; = 240 Pfennige.
Pistole	Urspr. Name der seit 1537 in Spanien geprägten goldenen Doppel-Escudo-Münze; als Louisdor (s. d.) nach Frankreich übernommen: = 5 Taler.
Reichstaler	Silberne Talermünze des Heiligen Römischen Reiches; im 17. Jh.: = 1 ½ Gulden; = 45 Albus; Im Jahr 1753: = 2 Gulden 13 Kreuzer.
Rheinische Gulden	Goldgulden der vier Rheinischen Kurfürstentümer; 1559: = 75 Kreuzer.
Schilling	Deutscher Name für den spätrömischen goldenen solidus; im Früh- und Hochmittelalter zunächst Recheneinheit: = 12 Pfennige; erst seit dem 13 Jh. als Münze geprägt.
Schreckenberger	In Hessen Recheneinheit der Steuererhebung; von 100 Gulden Steuerkapital: = 4 Albus 6 Heller.
Silbergroschen	Preußische Silbermünze des 19 Jh.
Taler	vorherrschende Großsilbermünze des 15. bis 19. Jh.; ursprünglich Joachimstaler nach dem Prägeort.
Tournose	Der französische Groschen von Tours, seit spätem 13. Jh. auch in deutschen Münzstätten nachgeprägt: = 24 Pfennige; = 2 Schilling.
Vereinstaler	Talermünze der Mitgliedstaaten des Deutschen Bundes, deren Wert durch Münzvertrag von 1857 festgelegt war.
Zwanziger	(siehe Kopfstück)

Tabelle 21: Die verschiedenen Währungen in unserem Betrachtungsgebiet.[106]

[106] Darmstädter Archivschriften 9

und 126 fl. Darmstädtische, 7 fl. zu à 4 Taler gerechnet, waren 72 Reichstaler. Da die verschiedenen Währungen jeweils ihr eigenes Herkunftsgebiet hatten, unterlagen sie mehr oder weniger starken Wechselkursschwankungen, ähnlich den heutigen Währungen. Wie an anderer Stelle schon aufgeführt, wurde nach der Bismarckschen Reichsgründung am 1. Januar 1875 für das gesamte Deutsche Reich die neue Markwährung eingeführt.

Maße und Gewichte

Auch das Maß- und Gewichtssystem war bis in das frühe 19. Jahrhunderts nicht einheitlich festgelegt. Bei Maßangaben in Verträgen, Heberegistern und Rechnungen ist genau zu beachten, welche Regional- oder Ortsmaße Anwendung fanden,[107] denn obwohl die Bezeichnungen für die wichtigsten Maße wie Elle und Fuß, Malter und Scheffel, Fuder und Klafter gleich oder ähnlich waren, variier-

Maße und Gewichte im Betrachtungsgebiet	
Einheit	**Beschreibung**
Achtel (GM)	= 1 Malter; = 4 Simmer; = 8 Mesten.
Bund, Gebund	Auch Haufen Frucht: = 8–10 Garben.
Elle (LM)	Von der Länge des Unterarmes abgeleitet; nach 1817: = 60 cm.
Faden	Flachsmaß, ursprünglich Umfang des Haspelrades 2–4 Ellen: 26 Faden = 1 Gebind.
Fuder	1. (HM) nach 1817: = 6 Ohm; = 960 l; 2. Stroh: = 60 Bund; 3. Ladung eines zweispännigen Wagens.
Fuß, Schuh (LM)	Ortsweise unterschiedl.; hier 28,8 cm; nach 1817: = 30 cm.
Gescheid (GM)	¼ Kumpf, Sechter oder Viertel: = 4 Mäßchen; nach 1817: = 2 l.
Klafter	1. (HM) ursprünglich regional unterschiedlich, nach 1817: = 2,50 m; 2. (FM) Quadratklafter, nach 1817: = 6,25 m^2; 3. (Holzmaß) in den hess. Staatswaldungen.
Klauder	Wollmaß.
Kumpf (GM)	= ¼ Simmer; nach 1817: = 8 l; (vergl. Sechter, Viertel).
Leppen, Leppgen (FM)	Kleines Acker- oder Wiesenstück: = ca. 1/8 Morgen.
Lot (Gew.)	1/32 Pfund; = 4 Quentchen; ab 1817: = 15,6 g.
Mäßchen (GM)	= ¼ Gescheid; nach 1817: = 0,5 l.
Malter (GM)	Urspr. Mahllast, örtlich unterschiedlich; nach 1817: = 128 l.
Mannsmahd (FM)	Wiesenmaß, soviel ein Mann an einem Morgen mähen kann: = ca. 1,5 Morgen, vor 1817: = 0,51 ha.
Maß	1. (HM) Zapfmaß; nach 1817: 80 Maß = 1 Ohm; 2. (GM) örtlich unterschiedl.: = ca. 1/8 Malter; 3. Futtermaß, Hafermaß: = 1/5 Malter.
Meile (LM)	Land- oder Postmeile; entspricht meist der geogr. Meile: = 7,5 km.
Meste (GM)	= ½ Simmer; nach 1817: = 16 l.
Metze (GM)	= 1 Kumpf, = ¼ Simmer; nach 1817: =8 l.
Morgen (FM)	Feldmaß; urspr. Fläche, die man an einem Vormittag pflügen konnte; nach dem örtl. Fuß- und Rutenmaß schwankend; Unterschiede bei Waldmorgen und Feldmorgen vor 1817; nach 1817: = 0,25 ha.
Ohm (HM)	Nach 1817: = 160 l.
Rute (LM)	Feldmessermaß, regional wechselnd; hess.-darmst. Steuermaß: = 16 Fuß; = 460,8 cm.
Scheffel (GM)	= ½ Viertel; = 4 Maß; ab 1873 neu eingeführt: = 50 l.
Schoppen (HM)	sogenanntes Echtmaß; 4 Schoppen = 1 Maß; nach 1817: = 0,5 l.
Sechter (GM)	= 1 Kumpf; = ¼ Simmer; = 4 Gescheid; nach 1817: = 8 l
Simmer (GM)	= 1/4 Malter; bei leichter Frucht = 1/5 Malter; nach 1817: = 32 l.
Stecken (Holzmaß)	Nach Neufestlegung 1819/20 für Hessen: = 50 Zoll hoch, 40 Zoll breit; = 100 Dezimalkubikfuß; = 1,56 m^3.
Ster (Holzmaß)	= 1 Raummeter; = 0,7 Festmeter.
Unze (Gew.)	1/16 Pfund = 2 Lot; ab 1817: = 31,25 g.
Viertel	1. (HM) = ¼ Eimer; = 4 Maß; nach 1817: = 8 l; 2. (GM) = 1 Malter (Alsfeld); 3. (FM) = ¼ Morgen.
Zentner (Gew.)	= 100 Pfund oder 108 leichte Pfund; ab 1817: = 50 kg.
Zoll (LM)	als Naturmaß urspr. Länge eines Daumengliedes; urspr.: 1/10 oder 1/12 Fuß; = ca. 2,4 cm; nach 1817: = 2,54 cm.

Tabelle 22: Die verschiedenen Maße und Gewichte in unserem Betrachtungsgebiet (s. a. folgende Seite).

[107] Darmstädter Archivschriften, a. a. O.

ten die genauen Werte von Ort zu Ort. In napoleonischer Zeit versuchte man, die revolutionären Dezimalmaße einzuführen, gab dieses Vorhaben aber bald wieder auf. Man legte mit dem Gesetz vom 10.12.1817 ein neues, landeseinheitliches Gewichtssystem für das Großherzogtum Hessen fest, das Umrechnungswerte für das metrisch-dezimale System angab. Die endgültige Umstellung auf das Meter-Kilogramm-System erfolgte erst nach der Gründung des Norddeutschen Bundes im Jahre 1869. Interessant ist hier der Blick nach Amerika. Auch die US-Regierung versucht aus Kostengründen seit Jahrzehnten eine Umstellung auf das metrische System; bisher allerdings erfolglos.

Es folgen die im Lande üblichen Maß- und Gewichtseinheiten nach den Festlegungen von 1817 in einer kurzen Gegenüberstellung der verschiedenen Einheiten:[108]

Längenmaß (LM)
A. 1 Klafter = 250 cm; = 100 Zoll à 2,5 cm.
B. 1 Elle = 60 cm; = 2 Fuß (Halbe Elle); = 24 Zoll.

Flächenmaß (FM)
A. 1 Morgen = 2500 m^2; = 4 Viertel.
B. 1 Viertel = 625 m^2; = 100 Quadratklafter à 6,25 m^2.

Hohlmaß Flüssigkeiten (HM)
A. 1 Fuder = 960 l; = 6 Ohm; = 30 Eimer.
B. 1 Eimer = 32 l; = 4 Viertel; = 16 Maß; = 64 Schoppen.
C. 1 Schoppen = 0,5 l; = 32 Kubikzoll.

Hohlmaß Getreide (GM)
A. 1 Malter = 32 l; = 4 Simmer; = 16 Kumpf.
B. 1 Kumpf = 8 l; = 4 Gescheid; = 16 Mäßchen.
C. 1 Mäßchen = 0,5 l; = 32 Kubikzoll.

Gewicht (Gew.)
A. 1 Zentner = 50 kg; = 100 Pfund; = 3200 Lot.
B. 1 Lot = 15,625 g; = 1 Kubikzoll Wasser; = 4 Quentchen; = 16 Richtpfennig.

[108] Darmstädter Archivschriften, a. a. O.

Witterung und Ernte

Die Witterung und die Ernte spielen im Tagesablauf eines landwirtschaftlich geprägten Dorfes natürlich eine große Rolle. Wenn man auch heutzutage nicht mehr die enge Bindung zur Natur hat, wie das vor Jahrzehnten der Fall war, so ist es doch interessant, einmal nachzulesen, was sich im Laufe von über 200 Jahren so alles an Wetterkapriolen abgespielt hat. Man stellt dabei fest, daß das Wetter schon immer so war, wie es auch heute noch ist; nämlich unberechenbar. In Bezug auf die Ernte hat sich jedoch gegenüber früher einiges verbessert, so ist vor allen Dingen die Ernährung wesentlich sicherer geworden.

Als Quelle für die Ausführungen in diesem Kapitel dienen die entsprechenden Einträge in der Kirchenchronik, die eine unersetzliche Grundlage für spätere Forschungen ist. Die Aufzeichnungen in der Kirchenchronik Schwarz wurden von den Pfarrern leider nur bis 1993 geführt. Die Einträge, welche die Witterung betreffen, enden sogar schon im Jahr 1987.

1749
Justement auf den 2ten Pfingsttag, als ich zu Eiffa das Abendmahl gehalten, wenige Stunden hernach, fielen ein solcher starcker Regen und Gewitter ein, dessen Schaden und Schrecken nicht genug beschrieben werden kann. Kurtz mit einem Wort, man glaubt der jüngste Tag breche ein, in einem Augenblick kam das Gewässer, setzte gantz Eiff ins Wasser nahm die Wagen, die Dung auf dem Hofe, das Holtz und alles was es ergriff und führte es mit sich. Viele Docken mit Ferckeln sind in den Stellen, welche man zu retten nicht vermocht, ersoffen, item Ziegen, Kälber u. dgl., es war niemand, der aus oder ein gehen kondte, zu Brauerschwend, wie auch Altenburk, Alsfeld u. so fort hat es viel großen Schaden gethan. Viele Gebäude weggerissen und mit sich geführt, viele Menschen ersoffen, zu Alsfeld die Brücke mit sich genommen, die Steine, so als ein Steg der Straße gelagert, sind weit fort geschwemmt. Zu Schwartz, obgleich das Wasser auch groß ongewalthigk geweßen, so hat es doch keine größeren Schäden gethan, daß es Gott lob und dank gesagt, er behüte uns ferner, amen.

1752

Donnerstag, als den 15ten Juni, ist dießes Dorff von Gott durch ein schweres Gewitter dermaßen heimgesucht worden, daß Kisseln so groß als Hüner Eyer, mit verschiedenen spitzen Zacken, mit solcher Hefftigkeit herunter gefallen, daß wo sie den Menschen die bloße Haut traffen, alßbald blutritzig machten und verwundeten, Verschiedene Gänß unter der Heerde blieben Tod, und ach! das Korn, so in voller Blüthe gestanden, gantz u. gar zerschlagen, darzu dießes grausamen Gewitters war auf dem Udenhäußer Berg, hinunter nach der Fincken Mühl und hat, alß Gott sey Ewig danck, dem Pfarr Acker und dieselbe Gegend nicht getroffen. Dießes Gewitter soll seinen Anfang bey Schotten genommen haben, u. hat seinen Strich bis Grebenau u. w. gehabt. Der gnädige Gott bewahre uns künfftig hin, vor dergl. schädlichen Gewittern, und erhalte uns und unser Früchte in gnade, amen.

1858

Der Sommer war trocken und es herrschte eine große Dürre. Die Bauern mußten ihr Vieh notschlachten oder verkaufen. Die Frucht war gering, aber die Qualität war gut.
In diesem Jahr zeigte sich ein Komet, der nach seinem Entdecker der ›Donatische Komet‹ genannt wurde.

1859

Der Sommer war trocken, aber die Heu- und Grummeternte war besser wie im Jahr zuvor.

1860

Es war anfangs ein sehr nasses Jahr. Bei der Ernte mußte man die Stunden ausnutzen, in denen es nicht regnete.

1861

Es gab eine gute Ernte und besonders der Klee war hervorragend gewachsen.

1862

Die gute Ernte vom vorigen Jahr wiederholte sich.

1863

Das Heu wurde wegen des langen Regens lange nicht gut. Aber es gab eine reichliche Ernte und besonders das Korn und die Kartoffeln fielen gut aus. Der Herbst war schön und trocken.

1864

Es war ein schlechtes Frühjahr. Bei der Winterfrucht war das Stroh gering, aber die Körner waren gut. Bei der Sommerfrucht waren trotz allem Korn und Stroh gut geraten. Kartoffeln und Klee ließen zu wünschen übrig.

1865
Der Winter war gelinde. Am 30./31. März war aber so viel Schnee gefallen, wie lange nicht mehr. Beim Tauen gab es viel Wasser. Es gab eine sehr gute Ernte, besonders bei den Kartoffeln. Die Keller waren so voll, wie seit 20 Jahren nicht. Der Herbst war heiß.

1866
Der Winter war wieder gelinde, mit wenig Schnee. Die Ernte war mittelmäßg. Die Winterfrucht brachte viel Stroh und wenig Korn. Auch die Kartoffeln waren nicht gut geraten.

1867
In diesem Jahr kam das Frühjahr spät. Der Sommer fing mit Regen an, worauf gutes Wetter folgte. Die Ernte war eine gute.

1868
Es war ein gelinder Winter mit einem zeitigen Frühjahr. Doch am 12. und 13 April fiel Schnee, der noch über Ostern liegen blieb. Der Mai war warm und es gab eine sehr gute Ernte. Auch das Obst war gut geraten. Im Sommer gab es sehr viele Gewitter.

1869
Der Winter war mild und es gab wenig Schnee. Im Mai gab es Nachtfröste und auch der Juni blieb noch kalt. Anfang August erfroren die Bohnen und Kartoffeln. Der Sommer war trocken und es gab allgemein eine schlechte Ernte.

1870
Es war ein mittelmäßiger Winter. Doch dann kamen 4 Wochen kalte Nord- und Ostwinde. Wegen des trockenen Sommers geriet die Sommerfrucht sehr schlecht. Die Kartoffelernte war eine gute.

1871
Es war ein heftiger und langer Winter von Anfang Dezember bis März. Am 18. Juli wurde das Unterfeld von einem Hagelschlag heimgesucht. Es gab großen Schaden und eine schwache Ernte.

1872
In diesem Jahr gab es eine gute Ernte.

1873
Die Ernte war eine sehr mittlere.

1874
Die Ernte dieses Jahres war eine sehr gute, besonders die Kartoffeln trugen reichlich. Das durch Lehrer Walther dahier gegründete landwirtschaftliche Komitee, machte sich durch Anschaffung neuer Kartoffelsorten verdient.

1875

Die Ernte, mit Ausnahme der Kartoffeln, fällt gut aus. Korn kostet per Malter noch nicht 10 fl. Auch Obst gibt es reichlich, besonders Steinobst.

1876

Das Frühjahr war kalt, mit viel Regen. Am 2. Februar gab es Hagelschlag mit Blitz und Donner. Es dauerte lange bis Gärten und Felder bestellt werden konnten. Die Obstbäume blühten spärlich wegen des Frostes. Im Sommer gab es viele Gewitter. Während sonst die Ernte gering war, ging es hier. August und Oktober war es trokken, dazwischen, im September, regnete es. Der Dezember war kalt.

1877

Der Januar war schön und frühlingshaft. Am 6. Januar gab es ein herrliches Nordlicht und am 27. Februar eine Mondfinsternis. Ende Februar bis 13. Mai war Winter und es gab Schneestürme. Der Mai war kalt, doch die Blüte war gut. Der Herbst war schön, ab November gab es Regen. Die Ernte war gut, wenn auch die Kartoffeln zu wünschen übrig ließen.

1878

Die erste Hälfte des Februar war mild, dann war es kalt und regnerisch. Am 2. Juni hat es gefroren. Ab August war schönes Wetter, bis 32 Grad warm. Die Ernte war relativ gut. Die Kartoffelernte war schlecht. Viele Kartoffeln faulten, dadurch kamen viele Leute in Not.

1879

Im Januar gab es Schnee und Glatteis auf den Straßen und auf den Bäumen. Es war wunderschön anzusehen. Aber die Äste und Zweige brachen ab. Das Frühjahr war kalt und Ostern (13./14. April) lagen 2 Fuß Schnee. Die letzte Hälfte des Monats Mai war weiß. O Wonnemonat !! Im September war 14 Tage schönes Wetter, das eigentlich einzig schöne des ganzen Jahres. Ab Oktober gab es wieder Frost. Die Ernte war wegen des anhaltenden Regens allgemein schlecht.

Die Leute sagen, nasses Salz in das Heu tun, wenn man es füttern will. Die Kartoffeln waren allgemein gut ausgefallen. Die schlauen und fleißigen Leute hatten Heu und Ernte während der wenigen schönen Tage eingebracht.

1880

Die Aussaat geschah bei schönem, warmem Wetter. Jedoch das folgende Frühjahr war sehr trocken, so daß man um die Ernte fürchtete. Aufgrund des kalten Vorjahres und des kalten Winters waren hier viele Menschen und Familien in Not geraten und mußten unterstützt werden. Manche waren geradezu dem Hungertode verfal-

len. Es wurde ein Lokalkomitee zur Unterstützung gebildet. Die Mitglieder waren der Ortsgeistliche Herr Jacobi, Gr. Bürgermeister Habermehl, Schullehrer Walther und Fabrikant Georg Heinrich Fuhr. Nach 2 Monaten Trockenheit ließ ein Landregen doch das Getreide und Gras wachsen. Jedoch ein Unwetter am 18. Juli machte alle Hoffnungen auf eine gute Ernte zunichte. Sturm und Hagelkörner wie Taubeneier zerschmetterten die Ähren und Früchte. Es war ein trauriger Anblick.
Am 14. Oktober, abends gegen 7 Uhr brach in der Hangesmühle ein Feuer aus, das die Scheune vollständig niederlegte. Das angrenzende Wohnhaus und die Mühle konnten gerettet werden.

1881
Im Juni ist ein Komet zu sehen.

1882
Lang anhaltende Regengüsse. In der Rheingegend gibt es große Überschwemmungen mit Verlusten an Menschen und Häusern.

1883
Am 10. November wird landesweit der Geburtstag Martin Luthers gefeiert. Am gleichen Tag ist in Schwarz Kirchweihtag. Der Bitte des Pfarrers die Kirmes zu verlegen, entspricht man hier nicht.

1884
Die Ernte fiel verhältnismäßig günstig aus, auch das Wetter war gut. Der Winter trat nicht zu heftig auf.

1885
Auf einen schönen April folgte ein schlimmer Mai, in dem manche Pflanzen erfroren. Die Mauer um den Pfarrgarten und ein Zaun wurden errichtet. Am 29. Juni zog ein schlimmes Gewitter über Schwarz, wobei die Kirche, hier hauptsächlich Turm und Dach, beschädigt wurde.

1886
Im März erst verließ uns der lange Winter, ohne jedoch irgend die Saaten geschädigt zu haben.

1887
Die Kirche wurde angestrichen. Ein langer Winter bahnte sich an.

1888
Es gab sehr viel Schnee und dann besonders schlimme Überschwemmungen, die besonders an Oder und Elbe großen Schaden anrichteten. Das Frühjahr kam spät.

1889
Gelinde Witterung am Anfang des Jahres. Im Februar kam aber eine solche Schneemasse, daß wir vom 11. bis 15. von jedem Außenverkehr abgeschlossen waren und auch die Post nicht mehr funktionierte. Auf den schweren Nachwinter folgte ein Frühjahr, so herrlich, wie wir es seit langen Jahren nicht hatten. Auch der Sommer war warm. Die Ernte brachte einen guten Ertrag.

1890
Am 2. Ostertag war in den zwei Sälen Tanz, wobei es zu einer Messerstecherei und Schlägerei zwischen zwei Parteien kam.
Die Ernte fiel recht gut aus, soweit es die Halmfrüchte betraf. Doch die Kartoffeln, das Brot der armen Leute, was Menge und Beschaffenheit betraf, sind weit hinter den Erwartungen zurückgeblieben. Der Winter trat bald ein.

1891
Der Winter fand erst im März sein Ende. Die Saaten eilten zwar, doch stellte sich die Hoffnung als zu groß heraus. Auch der Sommer war ein trüber und nasser. Doch ließ ein schöner Herbstanfang die Ernte besser ausfallen als man erwartet hatte.
Lehrer Walther feierte den 25jährigen Jahrestag seines Amtsantrittes dahier.

1892
Wir hatten dieses Jahr ein recht gutes Wetter für die Feldfrüchte. Die starke Hitze, die anderswo in anderen Orten großen Schaden tat, half hier nur das Wachstum fördern, so daß die Ernte gut ausfiel. Choleraepidemie in Deutschland. Allein in Hamburg fallen ihr 10 000 Menschen zum Opfer. Es ist diesem Umstand zu verdanken, daß im Pfarrgarten endlich eine Senkgrube angelegt wurde.

1893
Der Januar brachte nach gelinden Wintermonaten eine starke Kälte. Zu dieser Zeit herrschte eine geradezu erschreckende Lungenentzündung im Dorfe, welche viele Leute im besten Alter befiel. Anfang März wich der Winter und machte einem schönen Frühling Platz. Doch der Sommer war so trocken, daß eine Futtersnot entstand. Vieh mußte notgeschlachtet werden. Im Wald wurde Heid zur Streu freigegeben.
Verlobung der hessischen Prinzessin Alix mit dem russischen Thronfolger.

1894
Das Jahr war gegenüber dem vorhergehenden reich gesegnet, doch sanken die Getreidepreise infolge der Handelsverträge mit Rußland so tief, daß die Bauersleute bekümmert in die Zukunft sahen.

1895
Im Februar war es bis zu 24 Grad kalt, es gab viel Schnee. Jedoch gab es keine Schäden. Das Frühjahr war verheißungsvoll. Die Ernte fiel gut aus. Der Winter kam spät und war gelinde.

1896
Das Frühjahr wurde nach schönen Wochen Anfang März durch schlechte Witterung unterbrochen und die Vegetation zurückgehalten. Der Mai war sehr warm. Doch kamen im Juni starke Regengüsse und Gewitter. Die Ernte erlitt aber keinen Schaden daran, sondern war gut geraten. Es stellte sich aber während der Erntezeit schlechtes Wetter ein, so daß die Ernte zum großen Teil auf den Äckern verdarb. Der Winter kam spät und war mild, doch es fielen große Schneemassen.

1897
Ende Januar begannen wieder große Schneemassen zu fallen, so daß die Wege freigeschaufelt werden mußten. Der Frühling kam früh und es folgte ein heißer und trockener Sommer. Hackfrüchte und Heu gerieten besonders gut.

1898
Die Ernte fiel gut aus und besonders das Korn war gut geraten. Mitte November trat eine große Kälte ein, die starkem Regen bis Ende des Jahres wich.

1899
Der Winter war mild mit schönem Wetter im Januar. Bald trat große Kälte ein, am 11. März mit - 11 Grad R. Die Heuernte verzögerte sich, wie auch die Kornernte, die erst Mitte August stattfand. Oktober und Mitte Dezember war es sehr kalt. Es lag wenig Schnee. Später wurde es gelinder.

1900
Die Ernte war reichlich an Korn, das Stroh war mittelmäßig. Die Erdfrüchte waren alle gut geraten. Der Winter hielt lange an.

1901
Erst Anfang April trat gelindes Wetter ein. Im Frühling gab es viel Regen. Der Herbst war schön bis Mitte Dezember. Dann fiel Regen.

1902
Die 2. Hälfte des April war schön und gelind, so daß die Frühlingsbestellung schnell voranging. Der Mai begann jedoch mit Nachtfrösten, während es am Tage regnete. Am 1. Pfingsttag war es sehr regnerisch und kalt, am 2. Feiertag hellte sich das Wetter auf. Die Ernte war gut und kam vorzüglich heim.

1903
Der Anfang des Jahres brachte schönes Wetter mit Regen abwechselnd. Vom 12. bis 14. Januar trat Frost ein, dann wieder Regen bis Mitte Februar. Hier und da schöne Tage, so daß am 3. Januar und am 7. Februar die Bienen flogen.
Die Influenza befiel in diesem Jahr in hiesiger Gegend viele Leute, trat jedoch nicht bösartig auf. Während der Frühling am 21. März mit prachtvollem Wetter einsetzte, das etwa 10 Tage anhielt, folgte der April mit Sturm und Regen und brachte auf Ostern Schnee. Dabei war es kalt und regnerisch. Die Heuernte ging bei schönem Wetter schnell und zu jedermann zufriedenstellend von statten. Auch die Kornernte, die vorzüglich geraten, wurde gut eingebracht.

1904
Pfarrer Dannenberger wird angestellt und Lehrer Lippert wird die 2. Lehrerstelle übertragen.

1905
Im Mai ging hier ein Hagelschlag nieder, der eine Überschwemmung und Verseuchung des Gartens des Landwirts Krug rechts der Schwarza durch Überschwemmung von dem Sängerberg zur Folge hatte. Die Frucht war vielfach niedergelegt. Die Ernte fiel danach aber gut aus in Schwarz.

1906
Am 5. August feierte der Ev. Bund auf dem Festplatz des Kriegervereins ein Waldfest.

1907
Am 28. Juni und am 5. Juli erfolgten abends um 6 Uhr bzw. um 8 Uhr schwere Hagelschläge, die soviel zerschlugen, daß man knapp das Brotkorn und wenig Hafer erntete.

1908
Gewitter im Winter. Am 22./23. Februar zog über die Dörfer der ganzen Umgegend nachts 12 Uhr ein kurzes Gewitter mit 3–4 Schlägen.
Am 1. April wurde hier eine Postagentur eingerichtet und dem hiesigen Hilfsstelleninhaber Bürgermeister Krug übertragen.

1909
In den ersten Februartagen (2.–4.) ging der hohe Schnee auf gefrorenem Boden unter starkem Regen ab. Viel Ackerboden wurde fortgeschwemmt. Die Jossa setzte Grebenau unter Wasser. Die Fulda und das Mittelohmgebiet mit Nebenflüssen hatten Überschwemmungen mit ungeheueren Schäden.
Die Ernte stand gut bis auf das Heu. Durch Trockenheit wuchs kein Gras. In der Ernte wurde es im Regen nicht faul, auch die reiche

Grummeternte verfaulte nicht im Regen. Aber Körner- und Hackfrüchte brachten den reichsten Ertrag seit vielen Jahren.
Anfang November brach eine Masernepidemie hier aus, der innerhalb 10 Tagen 6 Kinder, im ganzen 7 Personen, zum Opfer fielen. Auch Scharlach und Diphterie suchte 10 Familien heim.

1910
Lehrer Walther geht in den Ruhestand. In einer Laudatio wird er als großer Förderer der hiesigen Ortsangelegenheiten gepriesen. Er hat durch seine Vorträge und Tätigkeiten die Landwirtschaft in Schwarz zur Blüte gebracht und hat die Schuljugend durch die Einführung der Fortbildungsklassen geschult. Die Heranführung und Verteilung der Düngemittel geht auf sein unerschöpfliches Konto, und so weiter.

1911
Es wird offiziell der Bahnbau und der Trassenverlauf Nieder Aula–Alsfeld bekanntgegeben.

1912
25jähriges Stiftungsfest des Kriegervereins. An zwei Tagen Fest mit Festzug, Spiel, Gesang und Vorträgen. Es war ein gelungenes Fest, das der Vorsitzende Dörr leitete. Interessant ist der Bericht des Zeitungsschreibers zu lesen, wie er das Spiel der Kinder sieht, die mit verbundenen Augen und mit Dreschflegeln alte Töpfe zerschlugen:
‚Wem fiele da nicht der ›Deutsche Michel‹ ein. Die Augen sind ihm verbunden, die Sinne werden ihm verwirrt (Drehen), blind wütet er umher, bis er auch einmal einen rechten Schlag tut.‘

1913
Wie überall in Deutschland findet am 18 Oktober in Schwarz das 100jährige Freiheitskriege-Jubiläum statt.

1914
Die Witterung hielt sich in normalen Grenzen. Am 14. März gab es das erste Gewitter. Am 14. und 15. Juli Sängerfest und Fahnenweihe bei bestem Wetter. Festplatz ist Seipels Maigarten. Die Ackerfrüchte geraten gut.
Dann Mobilmachung und Kriegsausbruch am 1. August. Erster Weltkrieg.

1915
Ein gelinder Winter und ein herrliches Frühjahr für die Aussaat. Nachdem die Frucht und das Gras gut standen, begann im Mai die große Dürre. Die Felder waren bald gelb, braungesengt und tot. Am 10. Juli kam endlich der Regen. Trotz allem war die Ernte, außer des Hafers, noch gut geraten.

1916
Trotz schlechten und kühlen Wetters eine gesegnete Ernte.

1917
Einem nassen, kalten Winter folgte auch ein naßkaltes Frühjahr. Trotzdem kam die Saat gut unter die Erde, aber die Kartoffeln wurden unter Schneeschauern gesteckt. Es folgte ein heißer Sommer wie 1915. Als das Korn auf Haufen stand , setzte Regen ein, so daß es zu wachsen anfing. Trotzdem war die Ernte in unserer Gegend verhältnismäßig gut.
Es machte sich bemerkbar, daß viele Männer wegen des Krieges fehlten. Es wurden Kriegsgefangene eingesetzt. Manche Frontkämpfer bekamen Ernteurlaub.

1918
Die ›Spanische Krankheit‹ die Grippe fordert 9 Opfer. Die 5. Kriegsernte. Nach einem milden Winter setzte Anfang März das Frühjahr ein. Die Frühjahrsbestellung erfolgte 4 Wochen früher wie sonst. Schon am 18. März wurde Hafer gesät. Doch wenn es nicht wintert, sommerts auch nicht. Es folgten viele Fröste verbunden mit Kälte und Dürre. Das Korn schien in der Blüte zu erfrieren. Dann zur rechten Zeit Regen. Gute Ernte bei Kartoffeln, Gemüse und Frucht wie selten zuvor. Kriegsende.

1919
Das Wetter war wie das Jahr, ganz abnorm. Bis Ende Januar war es warm, erst ab dem 25. ein wenig Winter. Ein wenig Schnee, der aber in der kalten, trockenen Luft bald dahinschmolz. Frost bis 16. Februar, Ende des Monats Tauwetter, naß, kalt und regnerisch. 16. April der erst Frühlingstag. Der Hafer lag aber drei Wochen im Schnee und nassem Wetter, daß er schon verloren schien. Doch besonders er wurde im Herbst einigermaßen gut. Im Mai setzte eine nicht enden wollende Trockenheit ein. Das Feld blieb 3–4 Wochen zurück. Der Herbst jedoch war schön und warm und mit genügend Feuchtigkeit gesegnet. Es wurde eine gute Ernte in Schwarz, im Gegensatz zu anderen Landstrichen, eingefahren. In der Nacht des 2. Dezember ging ein großes Unwetter und ein wolkenbruchartiger Regen über ganz Deutschland nieder, der in Ställe und Scheunen eindrang.

1920
Der Winter war sehr mild, wenig Schnee. Der Frühling kam bald und drei Wochen früher wie sonst begann die Aussaat, ebenso die Ernte. Prächtiges Wachstum im April und Mai, doch dann kam Kälte und Trockenheit bis in den Juni hinein. Das Heu wurde rasch eingebracht. Juli und August heiß und trocken. Im September genug Regen für die Kartoffeln. Eine gute Ernte. Dann kam Frühfrost der zum Einernten zwang. Maul- und Klauenseuche im Oktober. Der

November wolkenlos mit trockenem Frost. Der Dezember in rechtem Winterkleid mit Frost und Schnee bis 2 Tage vor Weihnachten. Da kam Regen und der Winter war vorbei.

1921

Trotzdem, von Oktober 1920 bis Oktober 1921 anhaltende, geradezu wüstenhafte Trockenheit. Der Januar war der erste Frühlingsmonat. Schon im Februar waren Quellen versiegt, die sonst nie versiegten, so die am Altarbrunnen, die Quelle am Pfaffenberger Backhaus und die obere Quelle in der Wisselbach. Selbst der Sandbrunnen, die Wasserleitungsquelle, lief so dünn, daß vom Februar bis Herbst kein Wasser auf den Pfaffenberg oder ins Hühnereck kam. Hier und da einmal nach ½ Stunde kam ein wenig Naß. Nur der Seibelsbrunnen lief gut. Wir waren noch glücklich dran. In hochgelegenen Dörfern, wie Wernges, mußten die Menschen in Nachbarorten wegen Wasser betteln gehen.
Der Sommer begann im Mai. Und von da an kann man einen umgekehrten Wetterverlauf beobachten. Maifröste hatten die Baumblüten fast vernichtet. Der Oktober, der sich sonst dem Winter schon anschließt brachte einen wahren Hochsommer mit schwülen und hohen Temperaturen und Sommergewittern.
Die Wetterrekorde: 1. Januar 1920: Temperatur 5–6 Grad (der wärmste gemessene Januartag); 28. Juli 1921: Temperatur nachts 30,2 Grad, mittags 36,2 Grad, abends um 10.00 Uhr 31 Grad (der heißeste Julitag); der trockenste Juli mit nur 1 mm Niederschlag; am 9. Oktober 1921 Temperatur 26,6 Grad im Schatten (die höchste gemessene Oktobertemperatur).Die Hitze und Trockenheit hatte das Land fast zur Wüste gemacht und trotzdem gab es eine gute Ernte.

1922

Der Winter war von Januar an ein strenger Herr. Im Februar bis -24 Grad und hoher Schnee. April und Mai regnerisch. Nur drei Frühlingstage, am 27. April schweres Gewitter. Der Mai bis zum 15. kalt, die Wiesen rauh, die Bäume blüten- und blattleer. Dann setzte eine heiße Sommerperiode ein. Alle Bäume blühten auf einmal, die Blumen alle zur gleichen Zeit. Trockenheit. Im Juni kam der Umschlag und Regen, viel Regen. Gras und Frucht wuchsen gut. Das Heu kam einigermaßen gut heim. Die Kälte und Nässe Ende Juli bis September ergab eine späte Ernte, die Kornernte Ende August. Die übrige Ernte verzögerte sich bis tief in den Oktober. Auf den großen Gütern steckten die Kartoffeln noch im November, trotzdem eine übergroße Ernte. Jede Menge Zwetschen.

1923

Das Kriegerdenkmal wird eingeweiht. Inflation, 1 Goldmark = 1 Billion Papiermark = 1 Rentenmark. (kein Wettereintrag, aber interessant; d. V.)

1924–1938
(Keine Wetterberichte in der Kirchenchronik; d. V.)

1939
Kriegsausbruch. Es war ein kalter Winter.

1940
Die Ernte fiel trotz des kalten lang anhaltenden Winters durchschnittlich zufriedenstellend aus.

1941
Die diesjährige Ernte war im ganzen gesehen recht zufriedenstellend ausgefallen, so daß die Ernährung in jeder Hinsicht gesichert war. Die Erntearbeiten gingen schnell vonstatten, durch herrliches Sommerwetter begünstigt.

1942
Es gab eine reiche Ernte.

1943
Mit dem Ausfall der Ernte konnte man zufrieden sein.

1944
Die Feldarbeiten der Bauern waren wegen der feindlichen Tiefflieger sehr oft mit großen Gefahren verbunden. Meist benutzen die Bauern die frühen Morgenstunden.
Trotz alledem kam die Ernte wieder gut und reichlich unter Dach und die Aussaat ging zur Zeit von statten.

1945
(Kriegsende. Es gibt Wichtigeres zu berichten als vom Wetter. Aber es folgt auch ein Schnitt in der Kirchenchronik. Es wird nicht mehr regelmäßig von der Ernte und der Witterung erzählt. Deshalb folgen nur noch ein paar sporadische Einwürfe; d. V.)

1966
Im Juli erlebte das Gründchen einen schweren Wolkenbruch, bei dem auch die Kartoffeln von den Feldern in das Dorf geschwemmt wurden. Auch Misthaufen gingen dabei auf die Reise und änderten ihren Standort.

1968
Am 14. Januar erlebten wir einen plötzlichen Temperatursturz – richtiger: Temperaturanstieg über 20 Grad Celsius. Kondenswasser, das dadurch entstand, legte das Tranformatorenhaus in Eulersdorf durch Kurzschlüsse still, so daß wir mehrere Tage ohne elektrischen Strom waren und dadurch einen kleinen Begriff davon

bekamen, wie sehr wir doch schon von der Technik und der Zivilisation abhängig sind.

1969

Am Abend des 14. August, einem Donnerstag, brach nach einem sehr heißen Tag um 20 Uhr ein Gewitter aus. Gleich einer der ersten Blitze schlug in das Stall- und Scheunengebäude des Hofes Gerbig/Kalbfleisch in der Udenhäuser Straße ein und setzte es sofort in Brand.

1971

Mitte Mai ging ein großes Unwetter und Wolkenbruch auf dem Udenhäuser Berg nieder und hat in beiden Dörfern großen Schaden hinterlassen. Die Bahngeleise wurden unterspült, der Bahndamm zum Teil weggerissen und der Schlamm hat die Udenhäuser Straße überschwemmt. Viele Keller standen voll Wasser und mußten von der Feuerwehr ausgepumpt werden.

1972

Die Getreideernte hat sich in diesem Jahr wegen des sehr nassen Sommers sehr verzögert. Das Getreide liegt auf vielen Äckern am Boden, der Maschineneinsatz ist damit sehr erschwert. Zudem muß das ausgedroschene Korn anschließend noch extra getrocknet werden. Mitte Oktober hatten wir dann die ersten Nachtfröste, und am 17. und 18. November den ersten und sehr ergiebigen Schneefall, der starke Verkehrsbehinderungen und Unfälle verursachte.

1975

Der Winter ging in diesem Jahr früh zu Ende. Der Februar soll der wärmste und sonnigste des ganzen Jahrhunderts gewesen sein und der März brachte schon richtigen Frühling.

1976

Das Wetter hat in diesem Jahr – mehr als in den meisten vorher geschehen – total verrückt gespielt. In der Woche nach Ostern, Ende April, kam der Winter mit Schnee- und Graupelschauern und vereisten Straßen noch einmal zurück. Aber knapp vier Wochen später sehnte sich alles nach ein bißchen Regen. Er blieb aus. Die Zeitungen schrieben von ›Wüstenklima‹, eine Hitzewelle folgte der anderen, und die Dürreschäden schienen in der Landwirtschaft Katastrophenausmaße anzunehmen. Die Edertalsperre bei Waldeck ist fast ganz ausgetrocknet. Dazwischen, um Pfingsten herum, war es noch einmal recht kühl bis kalt geworden, während dann der November noch einmal mit fast frühlingshaften Temperaturen aufwartete.

1981

Nachdem im Januar wegen Verkehrsbehinderungen durch starke Schneefälle der Schulunterricht an mehreren Tagen ausfallen mußte, richtete ein Kälteeinbruch nach Ostern große Schäden an der Obstblüte an. Schwere Schäden in der Flur, an Wegen und Straßen wurden dann Anfang Juni, in der Woche vor Pfingsten, durch Unwetter mit gewaltigen Regenmengen verursacht. Unsere kleinen Bäche wurden im Nu zu reißenden Flüssen. Am schlimmsten war es wohl in Grebenau, dort standen viele Straßen unter Wasser. Die Ortsdurchfahrt war so verschlammt, daß sie für jeglichen Verkehr gesperrt werden mußte. Im Juli wiederholte sich Ähnliches dann noch einmal, bei uns aber weniger schlimm.

1987

Eine bedrohliche Situation auf den Straßen rief Anfang März ein Eisregen hervor. Der Regen fror im kälteren Erdbereich, besonders an den Ästen der Sträucher und Bäume, zu einer dicken Eisschicht. Dieser schweren Belastung hielten viele Bäume nicht stand. Äste brachen ab und Bäume stürzten auf die Straßen. Die durch die Wälder führenden Straßen waren daher weithin nicht befahrbar. Wie mir der Förster sagte, dauert es Jahre, bis die Schäden in den Wäldern ganz behoben sein werden.

Hier enden die Aufzeichnungen über die Wetter- und Erntelagen in den Kirchenbüchern von Schwarz. Obwohl es mittlerweile genügend andere Quellen gibt, wäre es für spätere Forschungen und Chroniken doch erheblich einfacher, wenn solche Einträge vor Ort weitergeführt würden.

Anmerkung: Grundlage dieser Aufzeichnungen waren im wesentlichen die Kirchenbücher von 1662–1807 und die Kirchenchronik von 1858.

Schwärzer Schicksale

In diesem Abschnitt stehen Schwärzer Mitbürger im Mittelpunkt, die durch tragische Umstände ums Leben kamen. Bei den Vorüberlegungen hierzu stellte sich zwangsläufig die Frage, ob solche Berichte in ein Heimatbuch gehören. Das Schicksal von Personen aus der fernen Vergangenheit berührt uns sicher nicht so sehr, wie das von Menschen, die wir persönlich kannten. Je näher wir in den Berichten der Gegenwart kommen, desto betroffener werden wir. Um unseren Freunden, Bekannten oder auch Verwandten und Ahnen ein ewiges Gedenken zu bewahren, finden die folgenden Zeilen in diesem Buch eine Aufnahme.

Die Informationen zu diesem Kapitel stammen, wie bei dem vorhergehenden Abschnitt und vielen anderen Textstellen in diesem Buch, vorwiegend aus den Kirchenbüchern zu Schwarz.

12. August 1700
Johannes Korbin, ein Knabe von 14 Jahren, welcher von seinem Bruder Alberto, so einen Wagen Holtz nacher Lauterbach führen sollen, unterm Radte gefunden worden, seinen Angaben nach. Nach dem erstlichen von Herrn Medico Müßiggang und Barbieri Cleeberger anatomiert und besichtigt, zu Schwartz begraben worden.

27. Februar 1708
Eckhard Schultz von Lingelbach, so weiter von Angersbach kommend und beym Kalckoffen auf der Straße niedergefallen, geschlaffen und erfroren, zu Schwartz begraben.

14. November 1712
Johann Hermann Heddrich zu Schwarz begraben, als welcher den 11. vorher in seiner Scheuer vom Gerüst auf Kopff und Halß gestürzt, da von ihm allsbald das hören und sehen vergangen, das Blut aus dem rechten Ohr und Hals gelauffen, daß er gegen 9 Uhr des Nachts gestorben.

20. April 1716
Heinrich Krämer, ein Reformierter (im Niederhessischen gebürtig), genennt Lerchen Heinrich, zu Schwarz an einem separaten

Ort aufm Kirchhob begraben, darum, daß er zu keiner Kirch zum hl. abendmahl, bey seiner religion auch nicht länger alß 7 Jahre, sein Weib malitose verlassen und dem übermäßigen trincken stehtts ergeben. Ist mit einer Glock geläut worden, büßlieder gesungen und die Predigt nach seinem geführt leben eingerichtet worden. An der Leichenred sind aber wenige auß der gemeind in der Verhandlung gewesen und die Predigt wollen anhören.

19. Januar 1731
Anna Maria, Johannes Dörren Tochter, die von den Eltern in die Schlahe Mühle geschickt, so aber der Fuß an die Welle ergriff, von dem rechten Bein gantz zerquatschet, darzu der kalte Brand aus Verwahrlosigkeit geschlagen und darauf den dritten Tag gestorben.

26. September 1732
Johann Peter, Andreas Dörren Söhnlein, so in den Brunnen so beym feuer Herd stehet, gefallen und tod wieder herausgezogen.

1777
Arme Leute an der Seite des Kirchhofes bestattet. Johann Heinrich Himmelmann, ein armer Bettler, sonst von Grebenau gebürthig, wurde in der Stille auf dem Kirchhoff, wo die armen hin begraben, auch begraben.

24. April 1782
Johann Paul Eifländer starb den 24. April, begraben den 26. April, dießer war wegen Mangel des Holtzes im Wald auf einen Baum gestiegen, um eine dörr Dolle abzuhauen, da er sie abgehauen, schießt die Dolle herunter, stößet ihn von seiner Stelle, fallt herunter und die Doll fallet nach ihm auf den Bauch, thut ihm schaden, stirbt etl. Tage darauf. Er war ein Bräutigam und hat Catharina Homelin geschwängert, legt vorher seine Buß ab und empfing das Hl. abendmahl.

10. November 1784
Andreas Dörr, mein (des Pfarrers) Nachtbar, wollte Stein dem Johann Rausch, dem jetzigen Schultheiß, zu seinem neuen Bau, so gegen der Pfarr Hauß Wieß gegenüberstehet, holen, setzte sich hinter die Ochsen, fällt hinter sich herab, brach das Halßgenick und war knall und fall tod, geschehen den 8., begraben den 10. November 1784, alt 30 Jahr, 7 Monat. (Anm.: Andreas Dörr besaß eine Schildwirtschaft, den ›Hirschen‹, er war des Pfarrers Nachbar, weil nämlich das Pfarrhaus an der Ecke Pfaffenberg–Rainröder Weg stand).

4. Oktober 1789
Maria Elisabetha Dörr, Johannes Tochter, fuhr den 2. Oktober mit ihren Aeltern in die Wiesen Grummet zu holen und wurde von den-

selben zurückgelassen, das Vieh ein wenig zu weiden, kam aber des Abends mit dem Vieh nicht nach Hause. Der Vater lies es auch dabei bewenden, ohne in der Nacht die gehörigen Anstalten zu machen, des andern Tages gegen 9 Uhr ging die ganze Gemeinde hinaus, fand das Mädchen unbeschädigt todt daliegen und war also allem Vermuthen nach erfroren, weilen eine raue, windige, kalte Nacht war.
Die Tochter wurde von Gerichtsschöffen, Kirchenältesten und Pfarrer besehen, ob etwa Merkmale eines gewaltsamen Todtes sichtbar wären, allein es konnte nicht das mindeste entdeckt werden, dafür denn auch das Kindlein ohne weitere Umstände den 4ten Otbr. 1789 unter Begleitung einer großen Menge Volks beerdigt wurde alt 12 Jahr.

18. August 1791
Johannes Noll, Johann Heinrichs Sohn, fuhr des Morgens um 8 Uhr, den 18. August, mit einem schwer beladenen Wagen Flachs zum Wasser und da er einen sehr engen Weg zu durchfahren hatte, stellte er sich, um das Vieh zurecht weisen zu können, hinter die Ochsen, vorn auf den Wagen, weil es aber ein wenig bergab ging, schob ihn der Flachs wider vermuthen vom Wagen, da er kaum einige Minuten darauf gestanden, und büßte auf solche Art sein Leben so plötzlich ein, das Fall und Todt fast eins war. Denn da seine Schwester, die hinter dem Wagen herging, und Leute welche allernächst am Wege arbeiteten schnell herbei eilten, um ihn zu retten, so lag er schon ohne alle Empfindung ganz todt unter dem Wagen, der auf der Stelle stille stand und wovon das vürder Rad ihm den Kopf vom Schlaf an über die Stirn getroffen, so daß der vordere Theil der Hirnschale ganz zerknutscht war, ohne ihn doch eine offene Wunde wahr zu nehmen.
Seine trostlosen Aeltern und viel andere Menschen liefen unter Thränen und Wehklagen herbei und sahen den an seine Berufsgeschäften frisch und gesund gegangene und nun todt da liegenden Jüngling mit Wehmuth an, der der einzige Sohn seines Vaters Hauses war, und über dem so wohlgerathen, fromm, tugendhaft und rechtschaffen, daß sein Verlust mit Recht von allen der Gemeinde bedrauert wurde. Vor ungefähr 1 1/2 Jahr war er fast in ähnl. Todtesgefahr, da er auch von einem unbeladenen Wagen herunter fliel und am Kopf verletzt wurde, daß fast jedermann an seiner Aufkunft zweifelte, ward aber doch durch den Chyrurchus Muhel zu Alsfeld wieder glücklich kurirt. Den 19. August wurde dieser brave Jüngling mit großem Heulen und wehklagen der Seinigen und allen die ihn nur kannten, zur Erde bestattet.

1803
Herr Oberförster Reitz, zuständig für die Forsten Elbenrod und Brauerschwend (zu letzterem Forst gehörte das Revier und Gericht Schwarz) und wahrscheinlich der Erbauer des jetzigen Pfarrhau-

ses stirbt im Alter von 45 Jahren, 2 Monaten und 18 Tagen an der Auszehrung.

1805
Anna Maria Keitzin, 20 Jahre, 7 Monate und 22 Tage starb, da sie die gantze Zeit ihres Lebens in Schwächlichkeit und Mangel an Seelentrost zugebracht.

1821
Anna Maria Mogk starb an einer Verbrühung vor der Niederkunft.

1834
Johann Heinrich Noll starb im Zuchthaus zu Marienschloß. (Seine Leiche kommt, wie damals üblich, nach Gießen in die Anatomie.)

1852
Anna Margaretha Schmermund starb bei Wölfersheim als Schnitterin auf dem Feld im 46. Lebensjahr. (Viele Menschen von hier und aus dem Vogelsberggebiet verdingten sich im Sommerhalbjahr zu Feldarbeiten in der Wetterau, um ihren Lebensunterhalt zu bestreiten).

3. Februar 1855
Anna Margaretha Schmidt aus Schwarz ist auf dem Weg von Allmenrod nach Wallenrod erfroren.

1865
Heinrich Fink ertrinkt 2jährig im Flachsriß bei der Finkenmühle.

5. April 1871
Heinrich Ruppel fällt in die Kalkgrube und stirbt an den Folgen.

1872
Johann Heinrich Gerbig V. wird beim Holzmachen von einem umfallenden Baum erschlagen.

1875
Heinrich Dörr (aus Schützes) stirbt im 24. Lebensjahr zu Babenhausen als Soldat.

28. Juni 1882
Es ereignete sich dahier ein schwerer Unglücksfall, der eine hiesige, brave und geachtete Familie betroffen hat. Der Vater der Familie Heinrich Peter Becker, in den besten Jahren (37 Jahre) seiner Wirksamkeit stehend, allerdings etwas leichtsinnig, ließ eine neue Pumpe erstellen. Er wirkte bei der Herausnahme des alten Pumpenstocks, von schwerem Gewichte, mit und kam dabei in eine so unglückliche Stellung, daß der Stock, nachdem er gehoben war, auf

ihn stürtzte. Die inneren Theile des Körpers, insbesondere der Brust, wurden tödlich verletzt und erlag der Verunglückte schon am folgenden Tag seinen Verletzungen. Er hinterläßt, allgemein beklagt, eine Frau und drei unerzogene Kinder.

In einer Pressemitteilung liest es sich so:
Bei dem Herausnehmen eines Pumpenstocks aus dem Brunnen verunglückte vor einigen Tagen ein hiesiger Landwirth, so daß derselbe in Folge der erlittenen inneren Verletzungen schon am anderen Tage starb. Obgleich weder die Familie noch die Gemeinde viel an dem Verunglückten verloren haben, so ist der Fall doch ein trauriger und kann nur zur Warnung dienen.

20. Juli 1887
Heinrich Noll stirbt im Alter von 48 Jahren nach einem Sturz vom Heuboden.

1891
Zacharias Ploch, Zimmermann von Landenhausen, ein armer und körperlich elender Mann, brachte sich im Sommer 1891 um, nachdem ihn seine Frau schlecht behandelt hatte. Er kündigte seinen Selbstmord an, wurde aber trotz Suche der gesamten Gemeinde nicht gefunden. Erst im Juli 1892 fand man seine Knochen, die in einer Kiste gesammelt und in aller Stille hier beigesetzt wurden.

1912
Karl Eifert verünglückt tödlich beim Eisenbahnbau

1914–1918
Der Krieg schreibt seine eigenen traurigen Geschichten.

28. Januar 1931
Es verstarb Karl Kaspar Habermehl 24jährig an den Folgen eines Hufschlags. Er war Steinrichter, hatte sich aber, da arbeitslos, als Knecht nach Eulersdorf verdingt.

1933
Ludwig Urstadt verunglückt im Wald als er für die neue Scheune des Schwagers hilft, Bäume fällen. Trotz intensiver Rettungsversuche ist alle Hilfe vergebens.

19. Mai 1942
Johannes Gerbig fährt mit dem Fuhrwerk in den Wald und fällt von einem Herzschlag getroffen vom Wagen. Alt ungefähr 75 Jahre.

1939–1945
Ein neuer Krieg, ein neues Leid.

3. Januar 1945
Der Lokführer Karl Möller wird bei einem Bombenangriff auf Fulda tödlich getroffen und am 7. Januar auf dem Friedhof in Schwarz beigesetzt.

1946
Lorenz Dörr, der den Krieg als Soldat lebend überstanden hatte, verunglückte mit seinem Deutz-Schlepper an einer steilen Abfahrt. Trotz Überweisung in das Krankenhaus endete der Unfall für den Verunglückten tödlich.

1947
Metro Kuscak kommt beim Langholzabladen, beim Ausziehen der Rungen, unter die Stämme und stirbt an den Verletzungen.

1952
Dem Waldarbeiter Heinrich Falk stirbt bei der Waldarbeit, nachdem ihm eine Ader gerissen war.

1958
Heinrich Becker, Metzgermeister und Landwirt, stürzt in der Scheune und stirbt an den Folgen.

1961
Konrad Wegfahrt, Waldarbeiter und Maurer, stirbt nach Tagen, nachdem ihm beim Fällen eines Baumes ein Ast auf den Kopf gefallen war. Es war das erste Jahr, nachdem die Motorsägen bei der Waldarbeit eingeführt worden waren.

2. August 1971
Man fand Konrad Dörr, 72 Jahre alt, bewußtlos auf der Straße zwischen Eulersdorf und Grebenau neben seinem Kleinmotorad liegend. Er starb weinige Tage später im Krankenhaus, ohne das Bewußtsein wiedererlangt zu haben.

7. September 1977
Arno Keileweit verunglückt tödlich im Alter von 22 Jahren auf einer Safari in Kenia.

5. Mai 1978
Johann Heidl kommt bei einem Zimmerbrand in seiner Wohnung im alten Schulgebäude ums Leben.

14. Dezember 1980
Heinrich Gerbig erlitt beim Anzünden eines Ölofens schwere Verbrennungen und starb am folgenden Tag im Krankenhaus in Alsfeld.

21. Juni 1981

Peter Eifert verunglückte mit seinem Auto in der Nähe von Kirchheim, wo er mit einer kleinen Kapelle (›Castle Boys‹) Musik gemacht hatte. Er war in der engeren und weiteren Heimat bekannt und allseits beliebt. Eine große Trauergemeinde gab ihm das Letzte Geleit. Der Posaunenchor Schwarz, dem er angehörte, spielte Choräle, und ein Freund das Lied vom ›Guten Kameraden‹. Seine geliebte Trompete nahm er mit ins Grab.

23. Oktober 1983

Die beiden Schulkameraden und Freunde Volker Krug und Gerhard Wagner kamen bei einem Unfall auf der Autobahn Gießen-Frankfurt im 25. Lebensjahr ums Leben. Sie wurden unter einer großen Anteilnahme der Bevölkerung zur Erde bestattet.

17. Oktober 1993

Klaus Eifert verunglückte in Venezuela/Südamerika als Entwicklungshelfer tödlich. Er stand kurz vor der Vollendung seines 27. Lebensjahres

25. Januar 1995

Otmar Wettlaufer kam durch einen tragischen Verkehrsunfall am Ortseingang von Schwarz ums Leben. Er war nur 39 Jahre alt geworden.

Anmerkung: Geringe Abweichnungen der in diesem Kapitel angegebenen Daten sind dem Verfasser bekannt und sollten entschuldigt werden.

Epilog

Nach 10 Jahren Forschung zur Geschichte von Schwarz beschließe ich mit dem vorliegenden Buch nun einen Abschnitt meines Lebens. Er hat mich in viele Archive geführt und mit vielen Personen zusammengebracht. 26 Besuche im Staatsarchiv Darmstadt, 7 im Staatsarchiv Marburg, Einsichten in Akten der Landesbibliothek Fulda, der Landes- und Hochschulbiliothek Darmstadt, des Stadtarchivs Alsfeld, Benutzung des Buchbestandes der Universitätsbibliotheken Gießen und Marburg, Aktenstudium im Grebenauer Archiv und Arbeiten mit dem Kirchenbuchbestand der Pfarrei Schwarz sind die Grundlage dieser Heimatchronik. Dabei haben sich insgesamt 11 m Fachbücher Geschichte, Literatur und Fotokopien angesammelt.

Doch den ersten Schritt in die unendliche Geschichte unserer Landschaft habe ich in der Hohausbibliothek in Lauterbach gewagt. Das erste, was mir deren Leiter Herr Professor Helfenbein mit auf den Weg gab, war ein Rat, den ich immer beherzigt habe: *‚Wenn Sie die Geschichte Ihres Ortes erforschen wollen, dann tun es Sie gründlich. Machen Sie es nicht so, wie man meist eine Festschrift für eine Vereinsfeier zusammenstellt: ein paar herausragende Daten und fertig ist die Angelegenheit.'*

In vielen Gesprächen hat sich eine Vertrauensbasis zwischen Herrn Professor Helfenbein und mir aufgebaut. Wenn ich im Archiv über den Büchern saß und Herr Helfenbein die nebenanliegende Bücherei oder das ›Lauterbacher Zimmer‹ aufsuchte, rief er mir aus dem Nebenraum zu: *‚Ich muß Sie jetzt kurz einschließen, denn ich werde für einen Moment nicht anwesend sein.'* Dieses Ritual wiederholte sich des öfteren. Ich danke an dieser Stelle Herrn Professor Helfenbein für seine freundliche und äußerst hilfreiche Unterstützung, die er mir zukommen ließ.

Es stellt sich abschließend die Frage: Wie ist der Menschenschlag einzuordnen, von dem dieses Buch handelt, dessen Lebensraum hier beschrieben wurde, und von denen einige mit ihren Schreiben, Äußerungen und Handlungen aus der Masse der Allgemeinheit herausgetreten sind? Aus naheliegenden Gründen ist es schwierig für mich, ein objektives Urteil zu fällen.

Den Honoratioren des Ortes, dem Pfarrer und Schullehrer, haben es die Einwohner mit Sicherheit nicht leicht gemacht, soweit man die Geschichte verfolgen kann. Einheit und Einigkeit bei der Durchsetzung örtlicher Interessen ließen oft zu wünschen übrig. Daran wird wohl die Parteienlandschaft heute, und früher die oft in (Gast-) Wirtschaftsgruppen aufgeteilte Bevölkerung mitverantwortlich sein. Für die Schwärzer hat eine Sache eben immer zwei Seiten, die einer eingehenden Diskussion bedürfen.

Die Menschen sind zurückhaltend, jedoch für Neuerungen aufgeschlossen. Neubürgern gegenüber braucht es etwas Zeit, bis man vertraulich aufeinander zugeht, vor allem muß dies ein gegenseitiger Prozeß sein. Das karge dörfliche Leben, die Abhängigkeit armer Personengruppen von den einst besser gestellten Bauern, die Erkenntnis, daß das Leben so und nicht anders verläuft, sowie die schlichte Akzeptanz eines so oder so gearteten Status quo prägten die Menschen. Und Änderungen im Erbgut brauchen ihre Zeit. Die sachliche, verbale Auseinandersetzung, das Aufeinanderzugehen und die Akzeptanz anderer Meinungen sollte geübt werden.

Doch was rede ich. Ich bin selbst ein Schwärzer.

* * *

Persönliche Daten des Verfasssers:

- Geboren am 24. Dezember 1938 in Schwarz.
- Volksschule von 1944 bis 1953.
- Maurerlehre 1953 bis 1956.
- Eheschließung am 1. Mai 1964 mit Elke Kirchner.
- Kinder: Michele, Claudia, Steffen Georg.
- Meisterprüfung 1970 nach dem Besuch von Abendschulen und Wochenendkursen.
- Seit 1971 Planung und Bearbeitung mehrerer Bauvorhaben.
- Staatliche Technikerschule Alsfeld von 1970–1972 mit Abschluß ›Staatlich geprüfter Hochbautechniker‹ mit Schwerpunkt Statik.
- Seit 1953 Mitglied in mehreren örtlichen Vereinen.
- Seit 1985 Mitglied des evangelischen Kirchenvorstandes.
- Seit 1987 Mitglied des ›Historischen Vereins für Hessen‹ in Darmstadt.
- Seit 1993 Mitglied des ›Geschichts- und Museumsvereins Alsfeld‹.
- Seit 1996 Obmann für die ›Erfassung und Inventarisierung der historischen Grenzsteine und Kleindenkmäler im Altkreis Alsfeld‹.
- Seit 1989 Herausgabe mehrerer kleiner geschichtlicher Schriften und des Liederbuches ›So Klingt's in Schwarz‹.

Anhang A

Die Gemarkung

Schwarz liegt an der nordöstlichen Ecke des früheren Kreises Alsfeld und des nunmehrigen Vogelsbergkreises und gehört seit der Gebietsreform in 1972 zur Großgemeinde Grebenau. Die Gemarkungsgröße beträgt 1665 ha., davon sind 1041 ha. oder 62,52% Wald. Damit ist Schwarz die drittgrößte Flächengemeinde nach Zell (2244 ha) und Alsfeld (2236 ha) im Altkreis Alsfeld, gefolgt von Nieder-Ohmen mit 1651 ha. An der Schule beträgt die Höhenlage 315 m ü. NN. und als höchste Erhebung ragt der Auerberg mit seinen 501 m ü. NN. als der Schwärzer Hausberg westlich aus dem Talschluß empor. Die Kammlinie des Auerberges bildet mit dem Wolfsnacken und dem Rotzenberg auch die kleine Wasserscheide zwischen Jossa/Fulda und Schwalm im hiesigen Gebiet. Geprägt ist die Gemarkung durch den Buntsandstein, der durch die Basaltkegel der drei vorgenannten Berge Auerberg, Wolfsnacken und Rotzenberg sowie des Köllenberges durchbrochen wird. Vor dieser Höhenlinie befindet sich der Kalkberg, welcher seinen Rücken in das Tal der Schwarza hineinschiebt. In den Talgründen der Leimelbach und der nach Osten abfließenden Schwarza stößt man auf geringe Löß- und Lehmvorkommen.

Abb. 93: Der Höhenverlauf des Hausberges von Schwarz – der Auerberg, 501m ü. NN.

Als abbauwürdiger ›Bodenschatz‹ steht nur der Basalt des Köllenberges zur Verfügung. Am Kalkberg ist seit 1707 ein Brennofen bekannt. Kalk wurde bis zum Ende des 19. Jahrhunderts, allerdings nur in geringen Mengen, abgebaut und verwertet. Den Lehm der Leimenkaute an der Eulersdorfer Grenze hat man überwiegend in Strohlehm umgewandelt. Mit diesem Produkt als heimischem Baustoff wurden beim Bau der Fachwerkhäuser die Gefache und Holzbalkendecken, die vorher mit Fitzgerten und mit Stakhölzern ausgestellt waren, ausgefüllt. Auch zum Befestigen der Tennen wurde der Lehm genutzt und sogar in den Gemeindebackhäusern fand er als Bodenbelag der Öfen aus Kostengründen lange Verwendung, aber mit wenig Erfolg.

Karten

Die folgenden vier Karten zeigen die territorialen Verhältnisse in Deutschland kurz nach dem 2. Weltkrieg (Abb. 94), einen Ausschnitt der Landgrafschaft Hessen–Darmstadt zwischen Lahn und Fulda 1751 (Abb. 95), das Gründchen um 1526 (Abb. 96) und das Gebiet der Provinz Oberhessen im Jahr 1919 (Abb. 97).

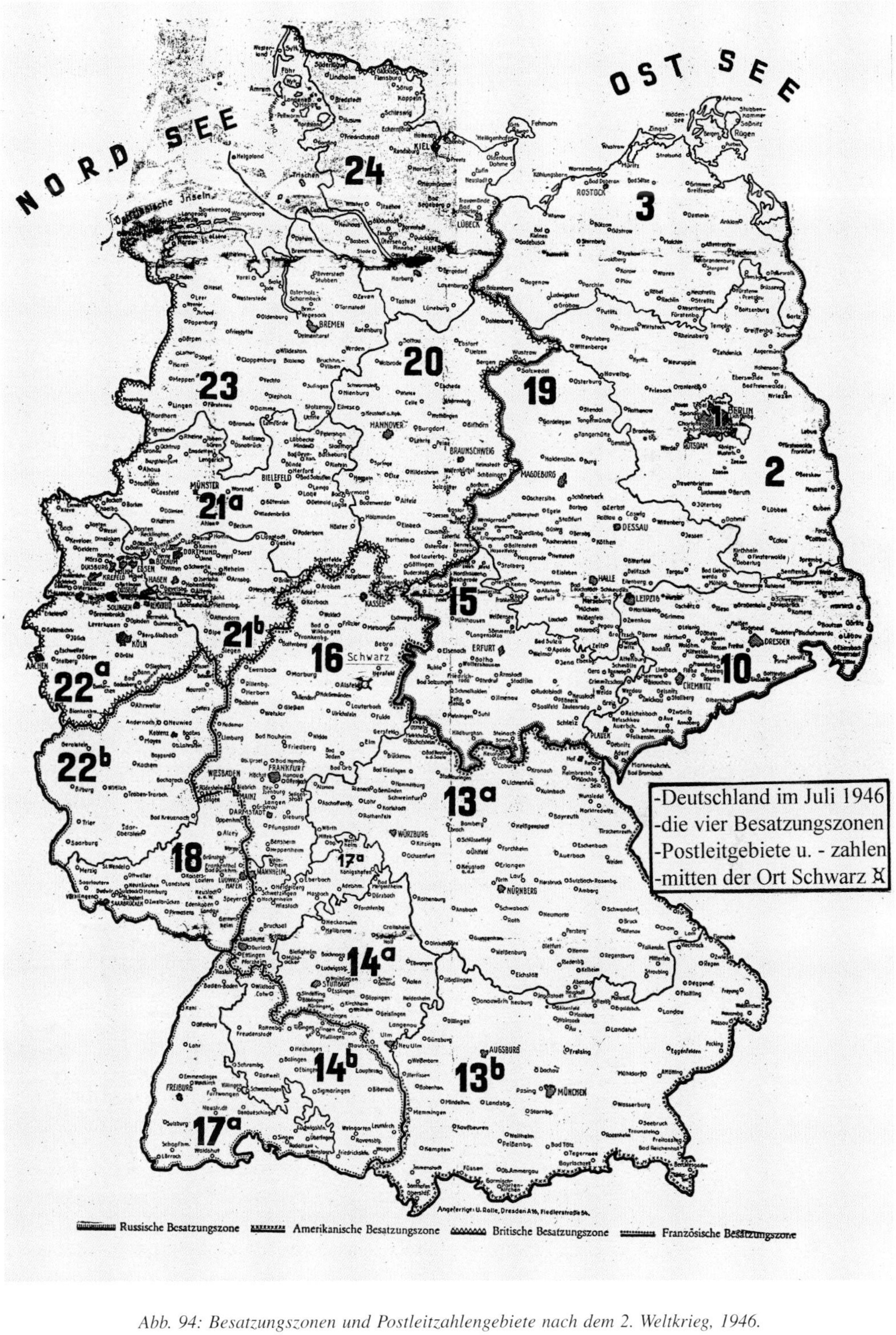

Abb. 94: Besatzungszonen und Postleitzahlengebiete nach dem 2. Weltkrieg, 1946.

Abb. 95: Landgrafschaft Hessen–Darmstadt zwischen Lahn und Fulda (Ausschnitt). Erscheinungsjahr 1751

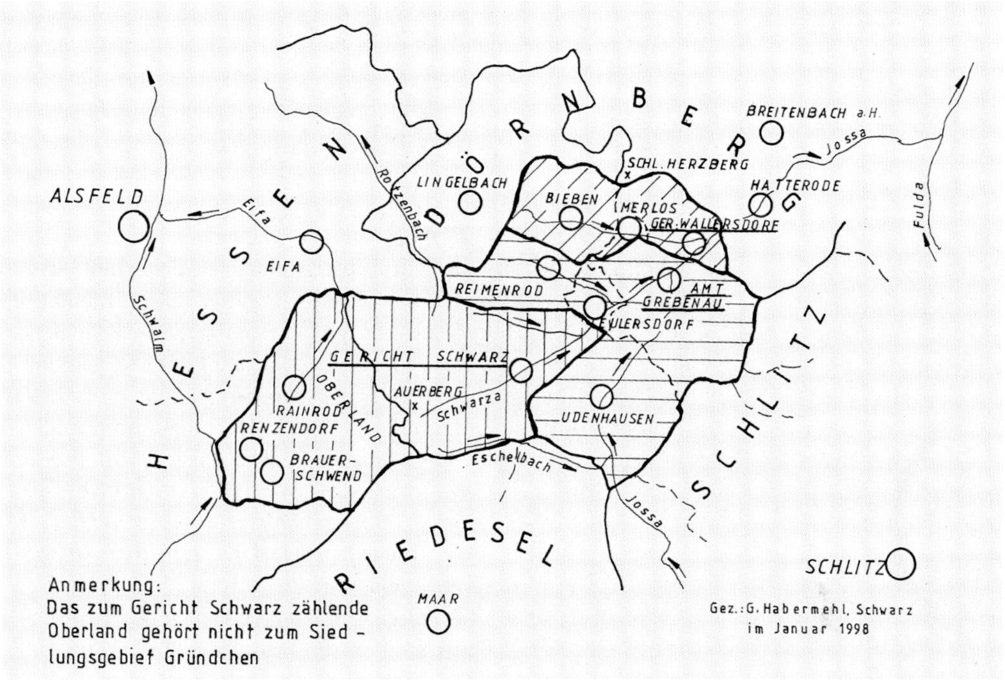

Abb. 96: Territoriale Verhältnisse im Gründchen um das Jahr 1526.

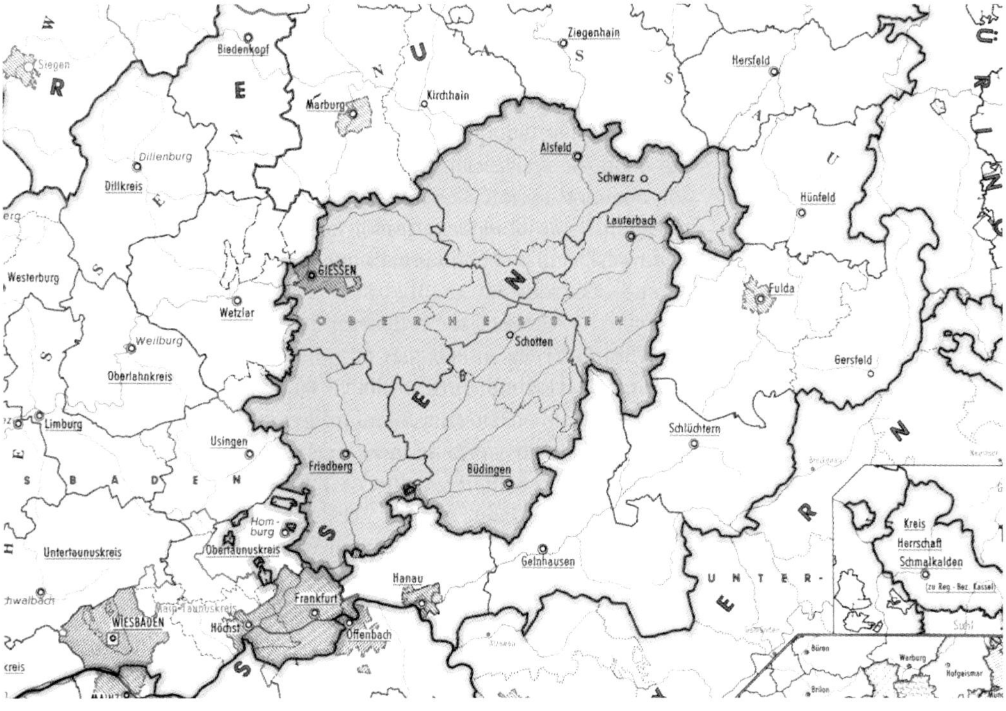

Abb. 97: Die Provinz Oberhessen 1919. (s. a. Seite 36).

Anhang B

Die Entwicklung der Einwohnerzahlen

Die Aufstellung unten weist drei markante Abschnitte in der Bevölkerungsentwicklung von Schwarz auf: Zum einen die Rückgänge der Einwohnerzahlen von 1852–1858 und von 1871–1885. In beiden Abschnitten machen sich die Auswanderungsströme nach Amerika bemerkbar. Zum anderen die Zunahme der Einwohnerzahlen von 1939–1950. Hierfür ist der Zustrom der Heimatvertriebenen und Evakuierten nach dem Kriege verantwortlich. Auffallend ist auch die rückläufige Entwicklung der Einwohnerzahl nach 1950.

Die Bezeichnung der Einwohnerzahlen in den Statistiken hat sich in den 150 Jahren des Betrachtungszeitraumes mehrmals geändert. So wurden beispielsweise die Zahlen von 1824–1858 unter dem Begriff ›Zollabrechnungs-Bevölkerung‹ geführt. Die Zahlen von 1864–1910 wurden mit ›Ortsanwesende Bevölkerung‹ bezeichnet. Danach, von 1919–1946, verwendete man den Terminus ›Wohnbevölkerung‹ und ab 1967 lautet die Bezeichnung ›Einwohner mit Hauptwohnung‹. Alle Begrifflichkeiten bezeichnen, mit kleinen Unterschieden, die Anzahl der hier wohnenden und auch gemeldeten Personen.

Zollabrechnungs-Bevölkerung				
12/1834	12/1840	12/1846	12/1852	12/1858
678	**689**	**722**	**729**	**605**

Ortsanwesende Bevölkerung						
12/1864	12/1871	12/1875	12/1885	12/1895	12/1905	12/1910
676	**675**	**602**	**563**	**611**	**613**	**624**

Wohnbevölkerung							
12/1919	06/1925	01/1934	05/1939	10/1946	09/1950	09/1956	06/1961
654	**679**	**685**	**657**	**951**	**985**	**855**	**800**

Einwohner mit Hauptwohnung			
06/1967	12/1971	12/1984	12/1997
807	**817**	**847**	**734**

Tabelle 24: Die Bevölkerungsentwicklung von Schwarz.

Anhang C

Das Kriegerdenkmal

Vor 75 Jahren, am 17. Juni 1923, wurde das Kriegerdenkmal für die Gefallenen des Ersten Weltkrieges eingeweiht. Das gibt Anlaß, einmal zurückzublicken. Die in den Schulen vermittelten Daten sind immer abstrakt. Sie erzählen etwas, das weit zurückliegt und können keinen persönlichen Bezug herstellen. Man fühlt sich nicht mehr direkt betroffen, auch wenn vielleicht ein Vorfahre in den Kriegsjahren umgekommen sein sollte und auf dem Denkmal verzeichnet ist. Die ältesten Mitbürger haben noch den Krieg und die Nachkriegszeit als Kinder erlebt und werden sich noch vage an einige Begebenheiten erinnern. Aber auch diese Quelle versiegt naturgemäß. Und so bleiben die schriftlichen Aufzeichnungen von Zeitzeugen die wichtigsten Informationen, die erhalten bleiben und auch Grundlage dieser Abhandlung sein werden.

Man mag geteilter Meinung sein, ob es sinnvoll ist, heute noch in alten Unterlagen zu blättern und Emotionen zu wecken, gerade, weil wir auf dem Wege zum vereinten Europa sind. Aber die Aufzeichnungen der früheren Chronisten sind erlebte Geschichte und spiegeln die Auffassungen der damaligen Zeit wider. Wer aber Geschichte nicht auch als Entwicklungstufe der heutigen Zeit betrachtet und damit verdrängt, der lebt ebenso rückständig, wie jemand, der nur das Alte als das Bewährte in den Vordergrund stellt. Wer nicht weiß, wo seine Wurzeln sind, der weiß auch nicht, welchen Weg er zu gehen hat. Wie bei allen anderen in diesem Buch verwendeten Quellen auch, handelt es sich bei den unten aufgeführten Aufzeichnungen um subjektive Meinungen von Menschen, die von ihrer jeweiligen Zeit geprägt wurden. Man sollte dies bei der Betrachtung und Beurteilung berücksichtigen.

Die Vorgeschichte zur Errichtung des Kriegerdenkmals, die Kriegsentwicklung, kann man den allgemeinen Lexika und dem Kapitel ›Kriegsereignisse‹ entnehmen. Der Abschnitt ›Der Weltkrieg (1914–1918)‹ ab Seite 313 sollte mit dem folgenden Artikel gleichsam betrachtet werden. Die nachfolgenden Berichte aus der örtlichen Kirchenchronik und die Zeitungsabschnitte bieten ein interessantes Bild von der Mobilmachung am 1. August 1914 bis hin zur Einweihungsfeier des Denkmals am 17. Juni 1923 aus der Sicht der damaligen kirchlichen und weltlichen Berichterstatter.

Aus der Ortschronik 1914

Am 1. August, als schon die Telegramme eilten und die Ultimata gestellt wurden, glaubte die große Mehrheit noch an eine friedliche Beilegung der Krise. Man kam zum Pfarrhaus und fragte, man saß im Garten und wartete, und wußte, dies ist die Stunde der Entscheidung. Der Samstag abend mußte Krieg oder Frieden bringen. Man schöpfte um halb sieben schon wieder Hoffnung. Die Mobilmachung hatte man in Schwarz jedoch verschlafen, denn der Postagent Krug befand sich mit seiner Familie gerade im Stall beim Füttern und hatte so das weltbewegende Telefonzeichen, das die Nachricht über den Krieg bringen sollte, überhört. Arbeiter, die von Alsfeld und Eifa nach Schwarz zurückkamen, brachten schließlich die schlechte Botschaft in den Ort.

Als man an regierender Stelle die Kriegsgefahr kommen sah, schreibt der Chronist, und entsprechende Vorkehrungen traf, lebte man hier noch verhältnismäßig unbesorgt im Schutze des Vaterlandes. Man war lustig und froh, zu oft, und sang Vaterlands- und Soldatenlieder von Kampf und Tod wie ›Ich hatt' einen Kameraden‹, ›Morgenrot‹, ›Steh ich in finst'rer Mitternacht‹, ›Ich hab mich ergeben‹ ohne zu ahnen, daß dies bald furchtbare Wahrheit werden würde. Sie ahnten nicht, daß sie bald weit in Ost und West in feindlicher Erde oder auf dem Meeresgrunde ruhen würden. Die Arbeiter warfen die Hacken weg, der Landwirt legte die Sense beiseite und in großen Gruppen stand man zusammen. Bald aber, nachdem man sich mit der Tatsache des Krieges abgefunden hatte, trat eine zuversichtliche Ruhe ein. Man war zum Kriege gezwungen worden. Gott würde mit uns sein. Glockenläuten und Trommelklang kündeten den Krieg, und draußen stand das Korn in voller Blüte.

Die Seeleute Briefbote Franz, Schneider Rockel und andere mußten gleich fort. Einige brachen in Tränen aus. Am folgenden Sonntag morgen war um ½ 10 Uhr Gottesdienst. Alle Dienstpflichtigen, alle Frauen und Bräute, alle Vereine, alle Kinder waren da. Es war eine bewegende Stunde in Gesang, Wort, Gebet und Seufzen. Die Predigt, die sich nicht hatte vorbereiten lassen, war 1. Petri 5, Verse 6-7 und 10-11 entlehnt. Die Lieder hatten noch nie so geklungen, wie an diesem Sonntag. Das Abendmahl wurde gefeiert. Zum Schlusse des Gottesdienstes sammelte der Pfarrer die Kämpfer noch einmal um den Altar und befahl sie in Wort und Gebet Gott, dem Herrn. Nach der Gottesdienstfeier hielt Herr Leutnant Leipold (zu der Zeit als Eisenbahnpraktikant in Schwarz wohnend) eine kurze kernige Rede an den Kriegerverein und forderte ihn auf zur Treue bis in den Tod. Leipold war einer der ersten, der fiel, bei Ypern.

Schon nachmittags ging es ans Abschiednehmen für diejenigen, die am 1. Tag einrücken mußten. Es war herzzerreißend als der letzte

Händedruck sich löste. Unserem älteren Mitbürger Jakob Jöckel (geb. 1907) hat sich besonders der Abschied des Briefträgers Franz von seiner Familie eingeprägt, als er sich über den Kinderwagen seines Nachkömmlings beugte und dann bewegt wegging. Jöckel hat dieses Erlebnis für alle Zeiten in sich behalten und es oft in den gemeinsamen Singstunden erzählt, hat er doch seinen Vater auch im Weltkrieg verloren. Auf bereitgestellten Pferdewagen ging es fort. Man schaute noch zurück, bis der Wald die Fuhre aufnahm. Bereits im Wald wurden die ersten vaterländischen Lieder angestimmt. Wohl, um das beklemmende Gefühl zu übertünchen. Es war zeitlich so gestaffelt, daß die ersten am 1. Tag, die anderen am 5. und weitere am 7. Tag ausrücken mußten, dann ging es fast täglich so weiter. Manchen war der Abschied schwergefallen, sie kamen nicht wieder. An manchen Gefallenen hat sich dieser Glaube bewahrheitet, an anderen auch nicht. Der Offizierstellvertreter Spahn ging mit der Gewißheit des Wiederkommens, er fiel in Frankreich, getroffen von einem verirrten Geschoß.

Kriegstrauungen erfolgten in den ersten Wochen und die ersten Siege wurden gefeiert. Es gab Auszeichnungen für tapfere Soldaten. Doch auch die ersten Verluste stellten sich ein, welche die Stimmung drückten und den Ort in tiefe Betrübnis stürzten. In der Kirche wurden für die Gefallenen Gedächtnisfeiern veranstaltet. Ob Siege oder Niederlagen, Kriege bringen immer das gleiche Ergebnis: Tod und Verderben. Der erste Sieg bei Mühlhausen gab Zuversicht, und man atmete auf, als die Glocken die Siege in Lothringen kündeten. Aber im Osten, wo sich der unermeßliche Koloß heranwälzte, vor sich alles zermalmend, hegte man die schlimmsten Befürchtungen.

Mittlerweile hatte sich auch die Heimatfront gebildet, die mit Sammlungen und Spenden die Kämpfer an der Front und die Krankenhäuser in der Etappe unterstützte. Ganz besonders fleißig waren die Strickschülerinnen unter der nimmermüden Leitung ihrer Lehrerin Frau Straßenwart Eifert. Wie aber auch die Schwärzer in Amerika sich sorgen, das beweist die Opferliebe der Mitglieder des New Yorker Kellnerheims, zu dem auch ein Schwärzer gehört. Sie haben dort 1600 Mark gesammelt. Damit das Geld nicht in feindliche Hände kam, hat Herr Oberkellner Heinrich Jöckel aus New York, der zu Beginn des Krieges gerade hier war, das Geld von seinen Ersparnissen vorgestreckt und dem Berliner Kellnerheim übersandt.

Dafür zeigen sich die Schwärzer Krieger aber auch als tapfere Soldaten und scheuen nicht Not und Tod. Zwei Mann haben schon das Eiserne Kreuz erworben, Herr Leutnant Leipold, der hier beim Bahnbau angestellt war und inzwischen bei Ypern gefallen ist und Herr Feldwebel Spahn, der zugleich auch zum Offiz.-Stellvertreter ernannt wurde. Noch waren die Verluste für hier nicht schwer. Die gewaltigen Schlachten um Lodz aber waren für die Unseren schwarze Tage und im Januar durchzuckte eine Hiobsbotschaft nach der anderen unseren Ort und wirkte lähmend auf alle.

Am 11. Dezember fiel mitten in der Nacht der Reservist Konrad Jöckel, ein Kriegsgetrauter, gerade als er einen Schwerverwundeten rücktransportieren half. Am 12. Dezember der Reservist August Schmidt infolge eines am 23. November erhaltenen Bauchschusses und am 23. Dezember der Reservist Heinrich Krug bei der Erstürmung einer feindlichen Stellung. Die 2 Ersten sind schon Familienväter und schweres Weh hat ihr Tod gebracht. Noch gelten vier andere Wehrmänner als vermißt. Die Gedächtnisfeier am Sonntag wird eine schwere und traurige sein. Aber sie wird keine schwachmütigen und verzagten Schwärzer sehen.

Bei den Siegen in Lothringen, bei Tannenberg am 30. August und am 9. September in den Masuren, wurde die Glocke geläutet. Nach all den Siegen dachte man, bis Weihnachten wieder Frieden zu haben. Der Krieg kann nicht mehr lange dauern, auch kostet er zuviel Geld. Ja, wenn England, der Anstifter dieses Krieges, nicht gewesen wäre (Zitat).

Aus der Ortschronik 1915

Erntedankfest, Todenfest und Weihnachten wurden ernste Feiern. Das Jahr 1915 lehrte, sich auf einen langen und mühseligen Krieg vorzubereiten. Vom erhofften und raschen Sieg zum mühseligen, keuchenden Ringen ohne Aussicht auf ein Ende. Doch dies alles kam nicht sofort, im Anfang des Jahres 1915 wirkte noch das vergangene Jahr. Das gegeben und genommen, verschwenderisch in unerhörter Fülle, das die Alltagshülle erbarmungslos wegriß, das Opfer forderte, die wir nie geahnt, und manchen stolzen Nacken beugte. 1915, ein schweres Kriegs-, Siegs- und Todesjahr - ganz besonders für Schwarz. Stieg hier die Zahl der Todesopfer doch auf 23 bis Ende 1915. Bald war man es ›gewöhnt‹, von solchen Heimatopfern zu hören. Viel Leid und Weh zog in die Gemeinden ein, besonders auch wenn man von den Vermißten und den Gefangenen hörte. Jeder tat seine Pflicht im Bewustsein der gerechten Sache. Frauen und Männer, die längst auf dem Altenteil saßen, arbeiteten als hätten sie Männerkräfte.

Zeitungsberichte 1915

Schwarz, 20. Juni

Fast genau auf denselben Sonntag wie im Jahre vorher so bewegte sich auch heute am Sonntag ein unübersehbarer Zug von Vereinen mit wehenden Fahnen von Mädchengruppen mit Blumen und Kränzen, von Hunderten von Männern und Frauen durch die Straßen unsres Ortes. Doch welch ein Unterschied: Voriges Jahr ein Jubelfest (Anm.: Die Fahnenweihe des Gesangvereines), zu dem Unzählige von Nah und Fern geeilt waren. Auch heute strömten außerordentlich viele Fremde von Nah und Fern unserem Orte zu von allen Seiten. Aber es war kein Jubelfest, es war kein Festzug, es war ein ernster Trauerzug. Es hätte ein der Gemeinde zur Ehre reichender Festzug sein können, wenn nicht in der Mitte ein von 8 Feldgrauen getragener mit Blumen und Eichenlaub geschmückter Sarg gewesen wäre. Statt der Musik die in diesem Jahre stets tief ergreifenden Klängen der Glocken, statt der leicht beschwingten Jubellieder und heiteren Reden traurig ernste Abschiedslieder und Abschiedsworte, die doch zum Schluß in dem Trost- und kraftvollen Siegesbewustsein unseres Volkes ihren Ausdruck fanden. Man spürte der Herr unser Gott geht durch die Lande.

Einer unserer Heldensöhne wurde heute auf seinem Heimatfriedhofe zur letzten Ruhe gebracht. Es war der am 21. April in Nordfrankreich im Schützengraben gefallene Karl Kalbfleisch, der in den wenigen Wochen, die er im Schützengraben stand, sich die Beliebtheit der ganzen Kompanie erworben hatte. Seine Kameraden hatten ihm ein schönes Einzelgrab auf dem Dorffriedhofe zu Nalln westlich von St. Quentin bereitet, und ein Steinkünstler ihm einen schönen Stein mit Namensschrift gehauen. Rosen und Blumen schmückten das Grab. Stein und Blumen sind mit in die Heimat gebracht worden. Nach einer kleinen Hausandacht wurde der Sarg von den Vereinen und Soldaten in die Kirche gebracht und vor dem Altare aufgebahrt. Noch nie wahrscheinlich hat die Kirche so viele Menschen gesehen. Die Gänge und Treppen bis oben hin besetzt, und auch vor den Türen der sehr geräumigen Kirche saßen Männer und Frauen. Die Gedächtnisfeier, die durch den Schülerchor ergreifend verschönt wurde, war so eine gewaltige demütige Kundgebung vor Gott, dem Lenker der Menschengeschicke. Nach dem Trauersalut der Soldaten grüßte der Veteran von 1870 den tapferen Kämpfer von 1915, grüßten die Schulkameradinnen den Altersgenossen durch Kranzniederlegung.

Aber nicht nur dem in die Heimat Überführten galt die Gedächtnisfeier in der Kirche, sondern noch zwei anderen jungen Heldensöhnen, die ebenso pflichttreu und ebenso begeistert in den Kampf gegangen waren, dem Georg Rockel und Johannes Habermehl. Der Erstere, den die Begeisterung trotz schwerer Krankheit nicht im Bette litt, starb nach 2maliger Verwundung in Torgau am 3. Juni, und der Andere, der einst die Stütze seiner Eltern im Hause werden sollte, fiel am 10. April durch einen Kopfschuß, nachdem er den ganzen furchtbaren Winterfeldzug in den Karpathen mitgemacht hatte.

So lagert sich schwere Trauer über unseren Ort. 14 Opfer hat bisher der Krieg gefordert, und schon wieder ist ein prächtiger junger Mensch den Heldentod gestorben. Wilhelm Stieler, der mit der hess. Tapferkeitsmedaille ausgezeichnet war. Er war schon einmal verwundet. Jetzt raffte ihn im Osten die Cholera hinweg. Doch wer darf jetzt lang klagen und trauern. Mut und Gottvertrauen, Opferbringen ist die Forderung des Tages.

Schwarz, 14. September
Welche Opfer manche Orte in diesem Kriege bringen, läßt sich gerade an Schwarz erkennen. 130 Mann etwa hat Schwarz bis jetzt gestellt, obwohl es nur 650 Einwohner hat. Davon sind 15 Mann gefallen, und bei den drei Vermißten aus dem August vorigen Jahres, ist mit deren Tode sicher zu rechnen. Wie tapfer sich die Schwärzer aber auch schlagen, beweist, daß bis jetzt neun Auszeichnungen an sie verliehen werden konnten. Es sind: Leutnant Ernst August Leipold, gefallen am 23. November, der als Eisenbahnpraktikant hier wohnte, Offizierstellvertreter Friedrich Spahn, gefallen am 5. August d. J., der zum Eisernen Kreuz die hessische Tapferkeitsmedaille sich erworben, der Feldwebel Lorenz Eifert und dessen Bruder Karl Eifert, der Unteroffizier Kaspar Habermehl, der Reservist Konrad Gerbig, Heinrich Krug, gefallen am 23. Dezember, der erst im Tode den Lohn für seine Tapferkeit empfing, und Wilhelm Stieler, gestorben an der Cholera am 2. Juni. Der Letztere hatte die hessische Tapferkeitsmedaille erhalten. Von den acht ausgezeichneten Helden sind schon vier dem Opfertode geweiht.

Schwarz, 14. September
Die letzte Gedächtnisfeier hier, die vierte nun schon im Kriege, galt wieder dreien unserer tapfersten Kämpfer, dem Offizierstellvertreter Friedrich Spahn, Unteroffizier Wilhelm Stieler und Unteroffizier Heinrich Grünewald. Sie waren alle drei der Stolz unsres Ortes und hatten ihre Beförderung sowie ihre Auszeichnungen ihrer Begeisterung und Tapferkeit zu danken. Innerhalb fünf Wochen raffte sie der Tod dahin. In fremder Erde ruhen sie, die ein Jahr so tapfer für uns gekämpft, und von denen man für ihre Zukunft soviel Gutes hoffen durfte. Zwei Witwen und ein Witwer sind die Betroffenen. Sie gehörten auch im Frieden schon zu den Besten, aus einfachen kleinen Familien stammend. Was ein Einzelner leisten kann und wie die ganzen gewaltigen Leistungen unserer Helden draußen die Gesamtsumme der Einzelleistungen sind, zeigen die Taten des ersten dieser drei Helden, der ununterbrochen an Kämpfen teilnahm. Er war der tapfersten einer. Aber nicht im offenen Kampfe suchte ihn die Kugel, ob sie ihn tausendfach umschwirrten, sondern in einer Ruhestunde beim Zeitungslesen im Schützengraben rief Ihn die ihm bestimmte Kugel ab. Ehre dem Andenken auch dieser drei Helden.

Schwarz, 14. September

Eine Überraschung, wie sie schöner nicht hätte sein können, wurde dieser Tage einem unserer Kämpfer vom August vorigen Jahres, Herrn Karl Eifert, zuteil. Er erhielt jetzt für persönliche Tapferkeit am 24. und 26. August 1914 das Eiserne Kreuz 2. Klasse. Um so wohltuender ist die Auszeichnung für ihn, als er, der am 24. seinen Hauptmann und am 26. seinen Oberleutnant im dichtesten Kugelregen vom Tode errettet, selbst am 26. schwer verwundet wurde, dann tagelang unverbunden auf offenem Wagen den Marnerückzug mitmachte, infolge dieser Wunde aus dem Militärdienste entlassen werden und selbst seinen Lebensberuf aufgeben mußte.

Schwarz, 25. Oktober

Nicht nur unter den Schwärzern, die in der Heimat sich eine ständige Existenz errungen fordert der Krieg so schwere Opfer, auch die, die ihr Beruf hinaus geführt hatte, stehen ihnen in Tüchtigkeit im Felde nicht nach. So ist in der Champagneschlacht jetzt, der vor 3 Jahren nach Eulersdorf verzogene Karl Wegfahrt am 25. September den Heldentod gestorben. Nach der Wiedereroberung des verloren gegangenen Grabens fand man ihn unter den Trümmern. Sein nächster Nebenmann, ebenfalls ein Schwärzer, war gerade auf Urlaub zuhause, ihn rettete so die gütige Fügung. […].

Aus der Ortschronik 1916

Ein schweres Jahr draußen, wo der Kampf hin und her tobte. Ebenso ernst wie draußen wurde auch daheim die Stimmung. Wenn auch die Engländer an den Dardanellen geschlagen sich zurückziehen mußten, wenn auch die russische Offensive in Galizien zusammenbrach und die Franzosen im Februar erfolglos kämpften. In den Orten wird es still und stiller. An den Abenden wegen des Petroliummangels nur wenig Lichter zu sehen und diese brannten so schwach. Man glaubt nicht, wie ein schwaches kleines Licht die Stimmung beeinflußt. Die Menschen gehen früh ohne Schlaf ins Bett. Das Herz blutet, wenn der Sturm, der Schnee oder das Unwetter an die Fenster schlägt, denkt man doch, die Lieben stehen draußen in diesem Wetter. So ist die Stimmung ernst und gedrückt. Züge von Lachen sind kaum zu sehen. Mut und Vertrauen fängt an zu erlahmen, mancher Zweifel kommt auf und bohrt in der Seele. Da auch von draußen wenig Hoffnungsstrahlen und Siege sich künden.

Drei Gedächtnisfeiern in Schwarz für 6 Gefallene ehrten in erhabener Weise das Gedächtnis der in 1916 Gefallenen. Zu ihrer Ehrung wurden in den Feldern der Empore Gedächtnistafeln angebracht. So grüßen die Toten bei jeder Zusammenkunft.

Zeitungsberichte 1916

Schwarz, 6. März

Im Laufe des Winters erhielten 2 Mann von hier ihre Belohnung für bewährte Tapferkeit. Dem Landwirt Konrad Eifländer, der infolge vollständig zerschossener Hand entlassen werden mußte, wurde nachträglich für im Herbst 1914 bei einem Nachtkampfe in einem Dorf bewiesene Tapferkeit das Eiserne Kreuz übersandt. Die hessische Tapferkeitsmedaille erwarb sich der Wehrmann Johannes Wegfahrt. Aber auch ein schweres Opfer forderte der Kampf wiederum, das 22. nun. Unser einziger Schuhmacher Johannes Krug II. fiel am 24. Januar im ruhigen gewöhnlichen Stellungskampfe im 33. Lebensjahre. Aus sehr bescheidenen Verhältnissen stammend hat er sich durch Fleiß und Sparsamkeit ein eigenes Häuschen erworben und lebte sehr glücklich mit den Seinen. Sein Heldentod ging der ganzen Gemeinde sehr zu Herzen. (Anm. d. V.: Das durchschossene und vom Herzblut getränkte Soldbuch des Gefallenen war immer im Besitz der Familie).

Schwarz, 21. August

Zu den 13 tapferen Männern unseres Ortes, die bisher Ehrenzeichen errungen haben, sind in den letzten Wochen wieder 5 neue hinzugekommen. Unsrer Tapfersten einer, der von Beginn des Krieges an ununterbrochen auf allen Fronten mitgekämpft hatte und bis jetzt immer gnädig bewahrt blieb, Kaspar Habermehl, hat zu seiner Beförderung, zum Eisernen Kreuz und der hessischen Tapferkeitsmedaille nun wiederum wegen erneut bewährter Tapferkeit ein öffentliches Lob erhalten. Bei einer kürzlichen Granatverschüttung erlitt er nur eine kleine Verwundung. Sein Schwager, der Freiwillige Konrad Neeb, erhielt infolge eines erfolgreichen Patrouillengangs im Osten das Eiserne Kreuz und wurde kurz darauf befördert. Auch der andere Freiwillige, Heinrich Jöckel, der bis zum Krieg in Amerika beheimatet und gerade hier zu Besuch war, sich aber dann mit seinen 4 Brüdern dem alten Vaterlande zur Verfügung gestellt hatte, errang sich jetzt die hessische Tapferkeitsmedaille. Er hatte ununterbrochen während eines furchtbaren Trommelfeuers am Fernsprecher ohne Schutz ausgehalten und wichtige Meldungen überbracht. Dieselbe Auszeichnung erhielt am 1. August vom Großherzog der zum Unteroffizier ernannte Heinrich Urstadt. Eine Tat mit weittragenden Folgen vollbrachte bei der Erstürmung einer feindl. Stellung unser früherer junger Lehrer Ludwig Lehr. Als die Mannschaften neben ihm ins Wanken gerieten bei einem furchtbaren feindlichen Gegenstoß, richtete er in vorderster Stellung aushaltend sein Maschinengewehr auf die Anstürmenden, die so überrascht wurden, daß sie nicht nur stutzen, sondern auch um der völligen Vernichtung zu entgehen, sich ergaben. Der Flügel faßte wieder Fuß und das Gelände war unser. Das Eiserne Kreuz und die Ernennung zum Unteroffizier waren der Lohn dieser tapferen Tat.

Allgemeine Lexika

Nach der Schlacht um Verdun wurde das erste deutsche Friedensangebot (12.12.1916) abgelehnt. Die Friedensfühler des österreichischen Kaisers Karl (Mai 1917), die Friedensresulution des deutschen Reichstages (Juli 1917) und der Vermittlungsversuch des Papstes (August 1917) blieben ohne Erfolg. Die Wiedereröffnung des uneingeschränkten U-Boot-Krieges (Februar 1917) hatte den Abbruch der Beziehungen zur USA und am 6.4. deren Kriegserklärung zur Folge, der fast alle süd- und mittelamerikanischen Staaten, sowie China folgten.

Aus der Ortschronik 1917

Bald nach Weihnachten mußte das deutsche Volk merken, daß die Feinde garnicht den Willen zu einem gerechten Frieden hatten. Die Hoffnungen, die sich an das Friedensangebot geknüpft hatten, zerrannen immer mehr und die Stimmung blieb nur infolge der unvergleichlichen Siege über Serbien und Rumänien hoch. Alle diese Stimmungen spiegelten sich auch in der Gemeinde wieder. Den Pessimismus überwog jedoch bald der Beginn des uneingeschränkten Unterseebot-Krieges, brachte die Gemüter für und wieder auf. Die negativen kamen aber nicht auf als so viel Seeerfolge gemeldet und besonders die russische Revolution ausbrach.

Man atmete erleichtert auf und manche Hoffnung begann sich zu regen. Die Kriegserklärung Nordamerikas aber am 5. April legte sich bleiern auf die Gemüter und erschwerte die Werbungen zur neuen Kriegsanleihe ungeheuer. Nun sind wir verloren! Man begann den Glauben an den Sieg zu verlieren.

Die furchtbaren Frühjahrskämpfe im Westen bei Aisne, Arras, Somme, wo jeder Leute stehen hatte, ließen angstvoll nach Westen blicken. Als der Feind im Osten niedergeworfen war, erlebten wir hier zum erstenmal nach 1914 große Kriegsbilder. In endlosen Wagenreihen fuhren hier auf unsrer Bahnstrecke gewaltige Militärzüge, 40–50 Wagen. Gewaltige Erregung packte uns, man sah ein Stück Krieg, hatte auch die Hoffnung, daß vielleicht einmal ein Schwärzer darin sei. Einer, Johannes Krug, ist damit hierdurch gefahren. Im Vorbeifahren warf er Briefe heraus und winkte seinen Lieben. Wie glücklich waren die Menschen, wenn einmal ein Zug hielt und man die Kämpfer erquicken konnte. Etwa 60 Militärzüge rollten in kürzester Zeit, bei Tag und Nacht hierdurch, über die Heimatschienen.

Die Ereignisse, die neuen Opfer: Heinrich Wagner (20 Jahre alt), Konrad Jöckel (19 Jahre alt), Heinrich Gerbig (19 Jahre alt) und Johannes Becker (19 Jahre alt), die sich mehrende Zahl der Vermißten und Gefangenen und das Schlimmste: Es war kein Ende abzusehen.

Ein tiefgreifender Herzstoß bildete für die Gemeinde die Beschlagnahme und Ablieferung der Glocken. Schwarz mußte die mittlere Schulglocke abgeben. Der Staat gab 750 Mark. Die abgelieferte Glocke war 1881 gegossen worden von Gebr. Ulrich Abolda. Ton cis. Durchmesser 70 cm. Gewicht 230 kg. Auch die Prospektpfeifen der Orgel wurden abgeliefert, dadurch ist die alte Orgel in Schwarz fast wertlos geworden. Die Pfeifen wurden ohne Einverständnis d. Pfarramtes rausgenommen und alle Beschwerden waren erfolglos.

An die Soldaten war das Sonntagsblatt ›Durch Kampf zum Sieg‹ über ein Jahr gesandt worden, 230 Stück in jedem Monat. Die Ausgaben wurden allmählich zu hoch, wir mußten es abbestellen. Mancher Soldat nahm es gerne, andere hatten ihren Spott daran.

Zeitungsberichte 1917

Schwarz, 30. März

Am 16. März wurde dem Gefr. Peter Dörr, Sohn des Kriegervereins-Vorsitzenden Konrad Dörr I., Schwarz, die Tapferkeitsmedaille verliehen. Derselbe meldete sich freiwillig in die Verbände zur Dekkung des Rückzuges an der Somme. Inhaber des Eisernen Kreuzes ist er bereits.

Schwarz, 28. April

Unserem früheren jungen Lehrer Ludwig Lehr wurde ein schöner Osterhase beschert. Er wurde zum Leutnant befördert. Sehr tapfer zeigten sich auch viele andere Schwärzer. So haben im Laufe des Winters nicht weniger als 8 Mann sich wieder Ehrenzeichen erkämpft, so daß die Zahl der Ausgezeichneten heute 34 beträgt. Die letzten 8 sind der Zeit nach: Pionier Gefreiter Wilhelm Krug erhielt das Eiserne Kreuz bei einem Sappenkampf, Minenwerfer Lorenz Stieler Eisernes Kreuz und hessische Tapferkeitsmedaille, Johannes Gerbig, Sohn des Beigeordneten Gerbig, das Eiserne Kreuz, Peter Dörr, Sohn vom Kriegervereinsvorsitzenden Dörr, beide Auszeichnungen. Landsturmmann Wilhelm Schnicker das Eiserne Kreuz, womit zugleich die Beförderung zum Unteroffizier verbunden war. Die beiden Söhne der Witwe Krug, Johannes und Georg, erhielten das Eiserne Kreuz, während dem Fahnenschmied Gefreiten Heinrich Merz die hessische Tapferkeitsmedaille verliehen wurde. Außerdem wurde auch Konrad Neeb z. Unteroffizier befördert.

Schwarz, 28. Mai

Eine außerordentliche Pfingstgabe erhielten zwei unserer tapferen Kämpfer. Gefreite Konrad Dörr, Sohn des Maurermeisters Dörr und Gefreite Lorenz Stiehler, Sohn des Landwirts Stiehler, die beide schon das Eiserne Kreuz 2. Klasse und die hessische Tapferkeitsmedaille besitzen, haben jetzt wegen mehrfach in entscheidenden Augenblicken bewiesener Tapferkeit das Eiserne Kreuz 1. Klasse erhalten. Der ganze Ort war darüber in freudiger Erregung und fühlte sich geehrt. Dieser Pfingstgeist mag die Klageweiber draußen und daheim verstummen lassen. Außerdem wurden noch mit dem Eisernen Kreuz 2. Klasse ausgezeichnet: der Wehrmann Konrad Becker, Sohn des Peter Becker Ww. und Landsturmmann Becker, ein Mann von 47 Jahren, während Musketier Konrad Stieler, Bruder des oben genannten, die hessische Tapferkeitsmedaille errang. Der älteste dieser beiden Brüder ein ebenso tapferer und begeisterter Kämpfer, ist vor 1 ½ Jahren den Heldentod gestorben, der jüngste mußte jetzt einrücken. Nicht weniger als 38 Mann haben hier nun Auszeichnungen erhalten, darunter eine ganze Anzahl zwei oder drei Stück.

Allgemein 1917

Kinderfürsorge: Um der Kriegsnot in den Städten zu steuern, kam eine Bewegung aufs Land, Stadtkinder 4–8 Wochen frei oder gegen Vergütung aufzunehmen. Hindenburgspende. Goldanleihe.

Schwarz, 28. April

Unser so weit abgelegener Ort war neben Bensheim der erste, der Ferienkinder aus Offenbach aufnahm. Am Karsamstag kamen 13 junge, hungrige und muntere Osterhäslein an, die trotz des kalten Wetters eine überaus warme und freundliche Aufnahme fanden. [...] so groß war die Herzlichkeit und das Mitempfinden [...], sodaß 46 Kinder allein in Schwarz unentgeltlich untergebracht werden.

Schwarz, o. Dat

Die Schulkinder in Schwarz haben uns 7 Körbe voll Heidelbeeren gesucht und hierher gebracht. An der Ausdauer der Kinder könnten sich manche Erwachsene ein Beispiel nehmen. Ich sage den Schwärzer Kindern aufrichtigen Dank. Frau Charlotte Reuscher.

Alsfeld, 1. Mai

Hessische Goldwoche. (Mittwoch den 25. April bis Mittwoch den 2. Mai). Verschiedene an die Goldankaufstelle gerichtete Anfragen geben Veranlassung, darauf hinzuweisen, daß von einer Einsammlung der Goldsachen von Haus zu Haus Abstand genommen wurde. Man warte also nicht auf eine solche Sammlung, sondern bringe seine Goldsachen – entbehrlich sind sie jetzt, wo es um die Erfüllung einer heiligen vaterländischen Pflicht geht, alle – morgen

Mittwoch in den Nachmittagsstunden zwischen 2 und 5 Uhr zur Goldankaufshilfsstelle Alsfeld. (Gold gab ich für Eisen!). Helft dem Vaterland! Helft uns siegen!

Aus der Ortschronik in 1918

Mit viel Hoffnung auf Krieg und Frieden begann das Jahr 1918. Die großen Vorbereitungen im Westen und nur noch eine Front. Mit aufkeimender Zuversicht wartete man auf die Ereignisse im Westen, obwohl man wußte, daß es beiderseits auf Leben und Tod ginge. Wenn nur die Spannkraft der inneren Kräfte bleibt. Unterernährung hier und da. Entartung, zermürbende Hetze von draußen und drinnen hatten schon viel Ernergie gelähmt. Der Gedanke absolut zum Frieden zu kommen, um jeden Preis, der Unwille überall, taten noch das Ihre dazu. Doch jetzt wußte jeder, daß es noch einmal galt, von unten bis oben. Draußen und daheim wußte man es. Die 8. Kriegsanleihe bewies es schlagend. Die letzte Energie wurde hervorgebracht, es ging ums Ganze. Welch herrliche Siege im Anfang des Jahres wieder, und doch, das Ganze sank i. d. Tiefe.

Überall ruft es nach Frieden, nach unbedingtem, ja bedingungslosem Frieden. Frauen stehen auf den Treppen mit ihrer Arbeit und rufen: Einfach die Waffen hinwerfen und heimgehen. Was dann kam, daran dachte man nicht. Wilson glaubte man mehr als allen anderen daheim. Wie gut der uns kannte. Alles Gegenreden bewirkte das Gegenteil, es half nichts. Als die Offensiven stecken blieben, da brach der Unwille aus allen Gassen und Häusern hervor. Überall konnte man disputieren hören, die Warnrede, daß wir dann in tiefstes Elend kämen, wurde boshaft zurückgewiesen. Die Feinde wären besser als unsere Kriegshetzer, das Volk solle sich nur frei machen. Alles, nur heim. O trostlose arme Verblendung. Wer hätte nicht längst den Frieden gewollt, aber noch wars nicht Zeit und schon am Tage der Revolution in den furchtbaren Waffenstillstandsbedingungen mußten vielen die Augen aufgehen. Doch das Verhängnis rollte unaufhaltsam.

Selbst in evangelischen Gemeinden war es den meisten aus der Seele gesprochen, was der ultramontane Erzberger an Weltbeglückung bringen wollte. Sie ahnten nicht, daß sie sich damit töteten. (Anm. d. V.: ultra montes bedeutet ›über den Alpen‹ d. h. in Rom; Ultramontanismus bezeichnet die starke Bindung der Katholiken zu Rom). Die Stimmung hatte auch gegen die Kirche und den Pfarrer ihr möglichstes getan. Zwar der Gottesdienstbesuch war wieder besser geworden, aber man sah, und wie sehr mit unrecht, überall in dem Pfarrer den Reaktionär. Ob einer Alldeutsch, ob er Demokrat oder Sozialdemokrat, einerlei, er gehörte zum alten Regime. Als die Telegramme den Ausbruch der Revolution und den bedingungslosen Waffenstillstand meldeten, fühlten sich doch einige betroffen. Die wenigsten aber zeigten Schmerz und Weh. Es gab doch wenigstens Frieden.

Wie freute sich alles, wenn ein Feldgrauer bald da, bald da über die Felder heim kam, nur für immer heim. Alles wollte man ertragen, nur daheim sein. Da wohnte das Glück und der Frieden. Die jahrelangen Sorgen waren schwerer als der unglückliche Ausgang des Krieges zu ertragen. Die Häuser der Heimkehrenden hatten festlichen Schmuck angelegt, an den Häusern und Türen Girlanden angemacht. Es war ein eigenartiges Gefühl der schmerzlichen Freude, die Lieben wieder ganz zu haben. Ihr Nachkommen könnt Ihr das verstehen? Versucht es, und Ihr werdet keinen Stein auf uns werfen. Die Gedächtnisfeier Ende 1918 wurde für die in diesem Jahr gefallenen Soldaten Karl Krug (24 Jahre), Karl Konrad Eifert (21 Jahre), Johannes Stieler (31 Jahre) und Heinrich Rockel (19 ½ Jahre) gehalten.

Allgemeine Lexika

Am 9. November 1918 brach in Deutschland die Revolution aus. Am 11. November unterzeichnete Erzberger im Walde von Compiègne den Waffenstillstand für Deutschland. Der Friedensvertrag für Deutschland wurde am 28. Juni 1919 in Versailles geschlossen, für Österreich am 10. November in St.-Germain. Erzberger, ein deutscher Zentrumspolitiker wurde später, 1921, von 2 Nationalisten erschossen.

Aus der Ortschronik 1919

Eine der Blüten der Revolution bildete die Bildung eines Bürgerrates. In einer öffentlichen Versammlung wurde er oder sollte er gewählt werden. Niemand wollte aber Präsident werden. Schließlich nahm einer das ›Ehrenamt‹ an. Doch die Revolution verlief hier im Sande. Weihnachten fand für die Kriegsgefangenen, die aus England zurückgekommen waren, eine Gemeindefeier unter Mitwirkung der Chöre statt.

Aus der Ortschronik 1920

Im Januar/Februar gab auch Frankreich seine Gefangenen frei. Es waren freudig schöne Stunden, wenn es hieß: Heute kommt ein Gefangener. Am Bahnhof hatten sich zur Begrüßung viele eingefunden, wenn man es vorher erfahren hatte. Besonders für die Schuljugend war es ein Fest, die den Heimgekehrten dann im Zug mit Gesang und mit einer Fahne an der Spitze in sein Heimathaus brachten.

Anfang März waren sie alle bis auf 2 da. Peter Dörr war noch in Rumänien und Heinrich Falk in Sibirien. Da deren Ankunft noch unbestimmt war, fand die Feier in Schwarz am 14. März statt.

Zeitungsberichte 1920

Schwarz, 18. März

Die Begrüßungsfeier am Sonntag den 14. d. Mts. für unsere heimgekehrten 15 Kriegsgefangenen gestaltete sich zu einer Gemeindefeier im besten Sinne des Wortes. Hatten doch alle vorhandenen Kräfte sich in den Dienst der Sache gestellt, um so zu zeigen, daß nicht nur die Angehörigen, sondern die ganze Gemeinde die Heimkehr ihrer Söhne als ein eigenes unvergeßliches Erlebnis betrachtet. So sehr sprach die Feier aus dem Herzen der Beteiligten, daß viele Familien, Bekannte und Verwandte dazu eingeladen hatten, so daß die große Kirche vor allem von Männern voll besetzt war. Besondere Freude erweckte die Mitwirkung des wieder in alter Kraft erstandenen Gesangvereins, der durch drei Lieder nur kurzer Übungszeit unter seinem alten Dirigenten, Herrn Döring aus Rainrod, wieder die Gedanken an die alten Friedenszeiten weckte. Als man aber aus Kindermund dreistimmig in geradezu vollendeter Weise das alte Lieblingslied: ›Im schönsten Wiesengrunde‹ vernahm, da taute manches Eis auf Herz und Gemüt. Das herrlich vorgetragene Lied der Kinder: ›Leb wohl, mein liebes Mütterlein‹ gab der Feier in Erinnerung an die Gefallenen und Vermißten, die das Größte hingegeben, den rechten ernsten Hintergrund. In einer Anzahl Begrüßungsgedichten durch die jungen Mädchen, Frl. Elisabeth Eifert, Christine Krug, Berta Krug, Juliane und Emma Eifländer, wurde die Freude über die Heimkehr ausgedrückt. Der Vortrag der Gedichte zeigte die freudige Hingabe an diese Stunde. Die Konfirmanten hatten den Altar mit den ersten Frühlingsboten geschmückt. An beiden Seiten des Altars gaben die Fahnen des Krieger- und Gesangvereins dem Schmucke eine packende Wirkung und die Gemeindelieder des evang. Presseverbandes der Stunde das besondere Gepräge.

Die Heimgekehrten, denen vorher Grußbücher zur Erinnerung überreicht worden waren, sind Konrad Habermehl, Jakob Gerbig, Johannes Schwing, Johannes Jöckel, Friedrich Urstadt, Georg Schreiner, Heinrich Weitzel, Johannes Dörr, Peter Schnell, Georg Krug, die Brüder Peter und Heinrich Eifert, Georg Habermehl, Georg Krug (Sohn von Gastwirt Krug), Heinrich Schött, Jakob Habermehl (entlassen 2. März 1920) und Johannes Gerbig. In sibirischer Gefangenschaft schmachtet noch Heinrich Falk, in Rumänien Peter Dörr. Komme bald der Tag auch ihrer Heimkehr. Eine weltliche Begrüßungsfeier im Gasthaus zum Hirsch war den Heimgekehrten zwei Sonntage vorher durch den Gesangverein bereitet worden.

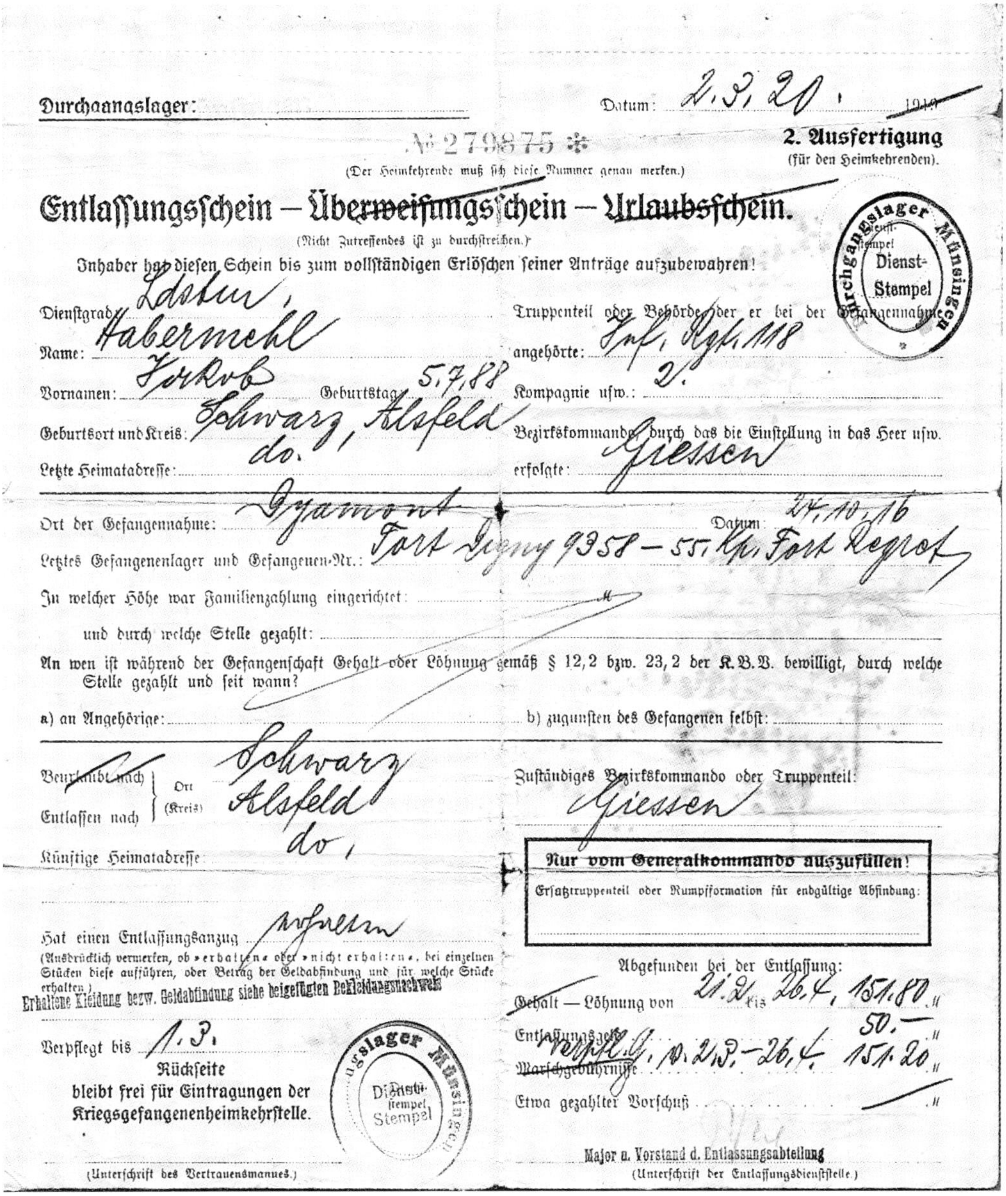

Durchgangslager: Datum: 2.3.20. ~~1919~~

№ 279875 2. Ausfertigung

(Der Heimkehrende muß sich diese Nummer genau merken.) (für den Heimkehrenden).

Entlassungsschein – ~~Überweisungs~~schein – ~~Urlaubsschein~~.

(Nicht Zutreffendes ist zu durchstreichen.)

Inhaber hat diesen Schein bis zum vollständigen Erlöschen seiner Anträge aufzubewahren!

Dienstgrad: Ldstm. Truppenteil ~~oder Behörde~~, der er bei der Gefangennahme

Name: Habermehl angehörte: Inf. Rgt. 118

Vornamen: Jakob Geburtstag: 5.7.88 Kompagnie usw.: 2.

Geburtsort und Kreis: Schwarz, Alsfeld Bezirkskommando, durch das die Einstellung in das Heer usw.

Letzte Heimatadresse: do. erfolgte: Giessen

Ort der Gefangennahme: Dyamont Datum: 24.10.16

Letztes Gefangenenlager und Gefangenen-Nr.: Fort Digny 9358 – 55. Kp. Fort Depot

In welcher Höhe war Familienzahlung eingerichtet: "

und durch welche Stelle gezahlt:

An wen ist während der Gefangenschaft Gehalt oder Löhnung gemäß § 12,2 bzw. 23,2 der K.B.V. bewilligt, durch welche Stelle gezahlt und seit wann?

a) an Angehörige: b) zugunsten des Gefangenen selbst:

~~Beurlaubt nach~~ / Entlassen nach – Ort (Kreis): Schwarz Alsfeld Zuständiges Bezirkskommando oder Truppenteil: Giessen

Künftige Heimatadresse: do.

Nur vom Generalkommando auszufüllen! Ersatztruppenteil oder Rumpfformation für endgültige Abfindung:

Hat einen Entlassungsanzug: erhalten

(Ausdrücklich vermerken, ob „erhalten“ oder „nicht erhalten“, bei einzelnen Stücken diese aufführen, oder Betrag der Geldabfindung und für welche Stücke erhalten.)

Erhaltene Kleidung bezw. Geldabfindung siehe beigefügten Bekleidungsnachweis

Abgefunden bei der Entlassung:

Gehalt – Löhnung von 21.2. bis 26.4. 151.80 M

Entlassungsgeld 50.– M

Marschgebührnisse Verpfl.g. v. 2.3.–26.4. 151.20 M

Etwa gezahlter Vorschuß – M

Verpflegt bis 1.3.

Rückseite bleibt frei für Eintragungen der Kriegsgefangenenheimkehrstelle.

Durchgangslager Münsingen Dienst-Stempel

Major u. Vorstand d. Entlassungsabteilung

(Unterschrift des Vertrauensmannes.) (Unterschrift der Entlassungsdienststelle.)

Abb. 98: Entlassungsschein des Jakob Habermehl.

Aus der Ortschronik 1921

Glockenweihe: Im Mittelpunkt des 1. Halbjahres stand die Glockenweihe. Die Einholung der Glocke, die von der Firma Rincker in Sinn gegossen wurde, das Aufhängen im Turme von außen her, der Tag der Weihe selbst am 6. März, die Weihe, das erste Geläute der da oben vereinigten Künder von Freud und Leid auf hoffentl. undenkbare Zeiten, die beiden übervollen Familienabende am 6. und 13., das alles waren erhabende, bleibende Stunden.

Eine neue Uhr wurde eingebaut und der Hammer schlägt seit dem 13. April auf die kleine Glocke, die wieder oben in der Turmspitze in der alten Vorrichtung aufgehängt wurde, und zeigt die halben und die ganzen Stunden an. Noch nie war ein rechtes Ziffernblatt an der Kirche. Aber jetzt sind drei Stück vorhanden, mit einem Durchmesser von 1,50 m. Auch der in 1917 vom Sturm heruntergewehte Hahn wurde am 2. Juni wieder durch e. größeren ersetzt.

Zeitungsberichte 1921

Schwarz, 6. März

(Glockenweihe) Eine Woche ereignisreicher Stunden liegt hinter uns. Am vergangenen Dienstag kam endlich unsere neue Glocke. Unter dem Begrüßungsläuten der beiden alten Glocken wurde sie auf einem mit Tannengrün und Tannenkränzen geschmückten Wagen in Begleitung der beiden Schulklassen mit ihren Lehrern und dem Pfarrer zur Kirche gebracht. Ein dreistimmiger Choral beschloß die Überbringung. Rüstig ging es dann an die Aufhängung der schönen Glocke, die mit ihren beiden Schwestern nun wieder in vollem Dreiklang der Gemeindeglieder frohe und wehe Schiksalsstunden begleiten soll. Die große alte Glocke wurde zugleich umgebaut und um 90 Grad gedreht, um neue Anschlagstellen zu bekommen. Die Weihe selbst fand am Sonntag um 1 Uhr statt. Unser großes geräumiges Gotteshaus war fast nicht imstande, die Zahl der Besucher aufzunehmen.

Das schöne Wetter hatte auch viele Leute aus der Nachbarschaft herbeigelockt. Unser Gesangverein, unter der Führung seines neuen rührigen Dirigenten, Herrn Noll aus Grebenau, sowie der neugegründete Frauen- und Mädchenchor, dem fast die gesamte weibliche Jugend angehört, gaben dem Gottesdienste die rechte Weihe. Als dann, nach der eigentlichen Weihe zuerst die neue Glocke, dann alle drei zusammen ihre Klänge erschallen ließen, und sie sich in ihrer fein abgestimmten Harmonie ins Gemüt der Gemeindeglieder senkten, wurde manches Auge feucht, und man erlebte eine Feierstunde, die wohl den Teilnehmern unvergeßlich bleiben wird. Ein Stück alten Heimatempfindens ist aufs neue in stärkerem Einklang erschlossen. ›Das sind Deine Glocken, Deine Heimatklänge wieder.‹ Die Vorgängerin der neuen Glocke war im Kriege geopfert worden, die neue dient nun wieder als Schul- und Vaterunserglocke. Sie hat aber auch eine besondere Weihe. Sie ist als ›Kriegergedächtnisglocke‹: dem Gedächtnis der Kriegsteilnehmer und besonders der 36 Gefallenen gewidmet, von denen allerding 4 nicht mehr in Schwarz wohnen, aber ihre Kindheit und Jugend hier verlebten und ihre Eltern noch hier wohnen haben. 195 Mann nahmen im Ganzen am Weltkriege teil, 18 waren in Gefangenschaft gewesen. Unter d. Angaben ziert Johs. 15, 13 die Glocke: ›Niemand hat größere Liebe denn die, daß er sein Leben läßt für seine Freunde‹.

Um den Tag noch besonders in der Erinnerung wach zu halten, wurde am Abend ein Familienabend abgehalten, dem sich der Gesangverein, Mädchenchor und eine Anzahl verheirateter Männer und junge Herren freiwillig zur Verfügung stellten. Ende Januar wurden die Vorbereitungen aufgenommen. Der begeisterten Hingabe an den Übungsabenden entsprach auch dann der Erfolg. Alle Mitwirkenden gaben ihr Bestes. Die Stücke wurden mit wahrer Begeisterung und vollkommen innerer Freiheit wiedergegeben. Die Grundgedanken des Abends waren die Glocke und Heimat. Schillers Gedicht: ›Die Glocke‹ wurde von 9 jungen Mädchen und 4 Herren in entsprechender Kostümierung und Darstellung ausgezeichnet zum Vortrag gebracht. Dieses große Gedicht umrahmten noch 7 kleine gemütstiefe Glockengedichte. Das Hauptstück des Abends: ›Ein Abend in einer Familie‹, bei dem 22 Mitwirkende aus jedem Alter nötig waren, führte in meisterhafter Darstellung einen von Liedern, Gedichten und Sagen erfüllten Familienabend vor. Die Handlungen, bezw. die Darsteller mußten dem Ganzen eine reiche Belebung zu geben. Dasselbe Stück , ein Zweiakter von eindreiviertelstündiger Dauer wurde auch schon von großen Bühnen gegeben. ›Eine perfekte Köchin‹, sowie ›Stadt- und Landluft‹ brachten die nötige Heiterkeit in den Abend und fanden bei vorzüglicher Darbietung reichen Beifall. Das munterste und reichste Bild bot die ›Spinnstube‹, von 12 Mädchen in Trachten und 15 Herren dargestellt. Die Spinnlieder (v. Hegar) wurden vorzüglich gesungen und die 12 Spinnräder surrten fleißig und versprachen manche Steige Leinen. Die vollkommene innere Freiheit der Spielenden gab dem Spiele echteste Ursprünglichkeit und Wirklichkeit. 3 Chöre des Gesangvereins und 2 des Mädchenchors erhöhten bestens die Wirkung des Abends. Die Namen der 39 Mitwirkenden, außer Gesangverein, anzugeben, verbietet leider der Raum. Die Gemeinde dankt allen herzlich für den Erfolg und den Segen des Tages. Freudig aufgenommen wurde auch die Mitwirkung einer Musikvereinigung, die zum erstenmale öffentlich auftrat; eine Anzahl junger Männer unseres Ortes mit Geigen, Trompeten und Klarinetten haben sich zusammengeschlossen. Ihre Darbietungen und ihr freudiger Eifer geben zu viel Hoffnung Anlaß. Zum größten Leidwesen des Familienabend-Leiters mußte der Saal schon lange vor Beginn der Darstellungen geschlossen werden, da die Überfüllung des Saales zu ernsten Befürchtungen Anlaß gab. Über die Hälfte aus dem Orte und der Nachbarschaft mußte leider wieder heimkehren. Die Vorführungen werden kommenden Sonntagabend halb acht Uhr wiederholt werden.

Schwarz, im März

Für die Volksabstimmung in Ober-Schlesien wurden als Grenzspende vom Überschuß aus dem Familienabend des Gesangvereins ›Eintracht‹ Schwarz 100 Mark gestiftet.

Aus der Ortschronik 1921

Gefallenenehrung. In Schwarz ergab eine Sammlung 5000 Mark. In 1922 soll das Denkmal bei der Kirche errichtet werden.

Aus der Ortschronik 1922

Wer berufen ist, in dieser Notzeit unseres Volkes eine Chronik zu schreiben, der taucht seine Feder nicht in Tinte ein, er muß schreiben mit Herzblut [...].

Denkmalfragen. Die Mitteilungen geben einige Begebenheiten in den Gemeinden (Schwarz und Eifa) wieder. Schmerzenskinder sind die Denkmalfragen für die Gefallenen geworden. So schon der Anfang in Schwarz, aber noch heute liegt der Stein wie damals. Die bronzene Tafel für die Gefallenen ist zwar fertig, sie kostet 16000 Mark und ist sehr schön, wenn auch nicht ganz korrekt. Sie soll nun im März, wenn die Waldarbeiten fertig sind, in Angriff genommen werden.

Zeitungsberichte 1922

Schwarz, 21. Januar

Endlich will auch in unserer Gemeinde die Frage der Ehrung der Gefallenen ›feste Gestalt‹ gewinnen. Und vielleicht darf man sagen, was lange währt, wird endlich gut. Die Denkmalfrage, die schon lange erwogen worden war, aber immer an der hohen Geldfrage zu scheitern drohte, wird hier nun nicht mehr mit dem Gelde allein gelöst, sondern ganz besonders mit dem Herzen und der freiwilligen Mitarbeit der Gesamtgemeinde. In einer Sitzung des Komitees, dessen Vorsitzender Herr Konrad Dörr ist, wurde durch Herrn Lehrer Lippert darauf hingewiesen , daß wir in unserer Gemarkung herrliche Gedenksteine liegen hätten. Man entschloß sich, einen Stein von 3,30 m Höhe, einer Breite von 1,20 bis 1,75 m und einer Tiefe von 90 cm aufzustellen. Das Gewicht war ca. 160 Zentner. Eine große Anzahl Männer brachte den Stein nach 7 Stunden auf eine Schleife. Der Schnee sollte den Transport erleichtern. Er schmolz jedoch unterm Wärmehauch des Westwindes zusammen. Auch hier behielt der menschliche Wille die Oberhand. 20 Pferde wurden vorgespannt und der Stein über immer vorgelegte Holzstammrollen vorwärts geschafft. Starke Winden mußten oft wieder das Ihre tun. Zu dem dreiviertelstündigen Weg brauchte der Riese ungefähr 9 Stunden. Man ließ nicht nach, wenn auch die stärksten Ketten wie dünne Fäden zersprangen und auch die dicksten Eisenachsen in Stücke gingen beim Anziehen der 20 Pferde. Es war ein feierlicher Anblick, als der Stein, der fernen Zeiten von den Heldenopfern dieses Weltkrieges künden soll, durch die Straßen des Orts von so vielen Menschen und Pferden seinem zukünftigen

Standorte auf dem Kirchplatze zubewegt wurde, und die vielen Zuschauer waren sichtlich bewegt. Diesem Hauptstein werden nun noch mehrere andere kleinere Gefährten zugesellt werden. Eine unvergängliche Broncetafel soll mit den Namen der Gefallenen auf dem Stein angebracht werden. So bekommen wir mit geringeren Kosten ein herrliches, einzigartiges Naturdenkmal, das keine Menschenkunst verschandeln kann. Die Herbeischaffung ist ein ehrendes Zeichen für den Gemeinsinn eines Ortes. Möge dieser Gemeinsinn so fest werden wie dieser Stein. Eine erste Sammlung ergab 5200 Mark. Eine zweite Sammlung wird nun noch die nötigen Geldmittel vervollständigen. Die Ausführung der Arbeiten wird der Firma Schmidt und Rüffer übertragen werden.

Aus der Ortschronik 1923

Eine ungeschlagene Armee und die von den Siegern aufgezwungenen Reparationen (siehe Versailler Vertrag) ließen einen bitteren Geschmack auf der Zunge zurück. Der Chronist schreibt, daß Frankreich noch nie soviel besessen habe, als die Deutschen ihnen nach dem verlorenen Kriege bezahlen mußten. Trotz Volksabstimmung, mit einem Votum für Deutschland, waren altdeutsche Gebiete abgetreten worden. Die ›Dolchstoßlegende‹ und die ›Erfüllungspolitik‹ wurden geflügelte Worte in der zukünftigen politischen Landschaft.

Die Erhebungen aus dem Jahr 1922 ergaben an deutschen Kriegsverlusten 1.808.555 Tote (1870/71 waren es 41.413 Tote) und 4.246.779 Verwundete. An jedem der 1623 Kriegstage gab es 1114 Tote und 2616 Verwundete. Aufgrund der Armut kamen Hilfesuchende aus den Städten, auch aus Westfalen, und versuchten Kartoffeln und Getreide zu ergattern. Der Schwarzhandel und der Wucher blühte. Die Inflation ließ allerlei ›Blüten‹ in die Höhe treiben. Als Deutschland seinen Zahlungsverpflichtungen nicht mehr nachkommen konnte, besetzte Frankreich in 1923 in ungerechtfertigter Weise das Ruhrgebiet, und es ward neuer Haß gesät. In dieser schwierigen Zeit wurde das Denkmal errichtet und eingeweiht.

Die Einweihungsfeier

Am 17. Juni 1923, genau an dem Tage, an dem der neue Pfarrer Stork in Schwarz ordiniert wurde, fand auch die Einweihungsfeier für das Kriegerdenkmal statt. Der Chronist schreibt:

Am Tage meiner Einführung, am 17. Juni, wurde endlich auch das Kriegerdenkmal eingeweiht. Die Feier war eine sehr würdige. Besonders ergreifend war als zum Abschluß der Feier die Feldzugskameraden sich um den Stein versammelten und miteinander das Lied ›Ich hatt' einen Kameraden‹ sangen, ebenso als die Jugend das alte Lied vom ›Holderstrauch‹ anstimmte.

Das Programm der Feier

1. Posaunenchor: Morgenrot.
2. Singverein: Es ist bestimmt in Gottes Rat.
3. Frl. Auguste Krug: Vergessen?
4. Lehrer Lippert: Begrüßungsansprache mit Enthüllung.
5. Gewehrsektion: Präsentieren des Gewehrs.
6. Marie Merz: Über ein Grab.
7. Lina Krug: Herr Gott, nun schließ.
8. Schülerchor: In stiller Nacht.
9. Gg. Kalbfleisch: An Deutschland.
10. Otto Krug: Wie sind die Helden gefallen.
11. Heinrich Gerbig: Für die h. Not, die große...
12. Gemeinde Gesang: Jesus meine Zuversicht.
13. Pfarrer: Weiherede.
14. Karharina Gerbig: Nimmer zu der Heimat Land...
15. Unter Glockenläuten kommt der Pfarrer mit den Kranzjungfrauen aus der Kirche.
16. Frl. Elise Möller: Das trübe Lied.
17. Frl. Kath. Wagner: Einer ist tot.
18. Pfarrer.: Verlesung der Gefallenen mit Kranzniederlegung.
19. Frl. Maria Jöckel: Vermißt.
20. Frl. Berta Krug: Gedicht u. Vortrag: Letzter Sohn.
21. Pfarrer: Einsegnung.
22. Gewehrsektion: Ehrensalve.
23. Gemeinde: Wo findet die Seele...
24. Kriegerverein: Kranzniederlegung u. Lied: Ich hatt' einen Kameraden.
25. Gesangverein: Kranzniederlegung. und Lied: Wie sie so sanft ruhn...
26. Frauenverein: Kranzniederlegung u. Vortrag Fr. Urstadt: 5 bei der Garde.
27. Dorfjugend: Kranzniederlegung u. Lied: Am Holderstrauch.
28. Schüler: Für uns; Lied: Treuschwur; Ich hab mich ergeben; In der Heimat, da gibt's ein Wiedersehn.
29. Pfarrer: Segen.

Ein zum Schluß stark einsetzender Regen vertrieb rasch die versammelte Gemeinde, soweit sie sich in die Kirche flüchtete, sang sie das Lied: ›Jesus lebt, mit ihm auch ich‹.

Zeitungsbericht 1923

Schwarz, 22. Juni

(Denkmalweihe). Nach Tagen reicher Mühe und Arbeit konnte unsere Gemeinde am vergangenen Sonntag zur Einweihung unseres schönen Denkmals schreiten, das zur Erinnerung und zu Ehren unserer im Weltkrieg gefallenen 39 Helden gesetzt worden ist. Trotz ungünstigen Wetters hatten sich auswärtige Vereine und Gäste in reicher Zahl eingefunden. Die Feier nahm einen erhebenden Verlauf.

Der Festzug stellte sich am Friedhof auf, von dort bewegte er sich unter dem Klang von ernsten Chorälen zum Kirchplatz. Voran marschierte Herr Lehrer Maul mit seinen A-B-C-Schützen, danach Herr Lehrer Lippert mit den größeren Schulkindern. Nachdem die Teilnehmer sich um das Denkmal geschart hatten, begrüßte Herr Lehrer Lippert in ernsten, die Bedeutung des Tages kurz streifenden Worten die Versammlung. Die Weiherede hielt in packenden, zu Herzen gehenden Worten unser am gleichen Sonntag in sein Amt eingetretener Pfarrer, Herr Stork. Auch unser früherer, gleichfalls anwesender Pfarrer, Herr Fritsch-Ruppertsburg, sprach eindrucks-

volle, allgemeinen Anklang findende Worte zu der Feier. Zur Weckung ernster weihevoller Stimmung trugen außer den Ansprachen bei der Gesangverein Schwarz und die Dorfjugend beiderlei Geschlechts mit ihren gesanglichen Darbietungen, ferner die Schuljugend mit Gedichtvorträgen und der Posaunenchor mit seinen feierlichen Chorälen. Sehr feierlich und herzbewegend war der Anblick, da aus der Kirche 39 Jungfrauen (teils Schwestern der Gefallenen) der Reihe nach heraustraten unter Ablesung der Namen der gefallenen Helden je einen Kranz am Denkmal niederlegten. Weitere Kranzniederlegungen erfolgten seitens aller Vereine sowie der Schuljugend. – Unser Denkmal ist ein gewaltiger Findling, der mit vieler Mühe und Anstrengung von der Stelle, da früher Ober-Schwarz gestanden, herangeschafft worden ist. Die Namen der 39 Helden sind in eine auf dem Steinblock befestigte Metallplatte eingegossen.

Die Umgebung des Denkmals ist mit gutem Geschmack zu einem reizvollen, dem Charakter des Steinriesen sich anpassenden Plätzchen umgewandelt worden. So steht nun das Denkmal in kraftvoller, schöner Schlichte da. Unvergänglich, wie es selbst ist, soll auch die Erinnerung und das ehrende Gedenken an unsere toten Helden sein. Allen, die bei dem Zustandekommen des Werkes und zum Gelingen der eindrucksvollen Einweihungsfeier beigetragen haben, ganz besonders auch Herrn Lehrer Lippert und seinen fleißigen Schülern sei von Herzen gedankt.

Schlußwort

Der Krieg 1939/45 erforderte, daß in 1962 das Kriegerdenkmal für die Gefallenen des Ersten Weltkrieges umgesetzt werden mußte. Denn es wurde in diesem Jahre das Ehrenmal für die Opfer des Zweiten Weltkrieges errichtet und am 18. November, dem Volkstrauertag, eingeweiht. Nun ›zieren‹ zwei Gedenkstätten unseren schönen Kirchenvorplatz und mahnen die Menschen zur Einsicht, zu Frieden und Freiheit.

Fast jeder von uns kann ein Stück seiner eigenen Geschichte und einen Teil seines verlorenen Lebensglücks hier suchen. Das sollten wir nie vergessen. Auf der Mittelkonsole des neuen Denkmals steht in erhabenen Buchstaben:

> *›Des Volkes Wohl, das Sterbend wir erstrebt,*
> *schafft ihr's, die ihr durch unser Opfer lebt.‹*

Anhang D

Urkunden und andere Dokumente

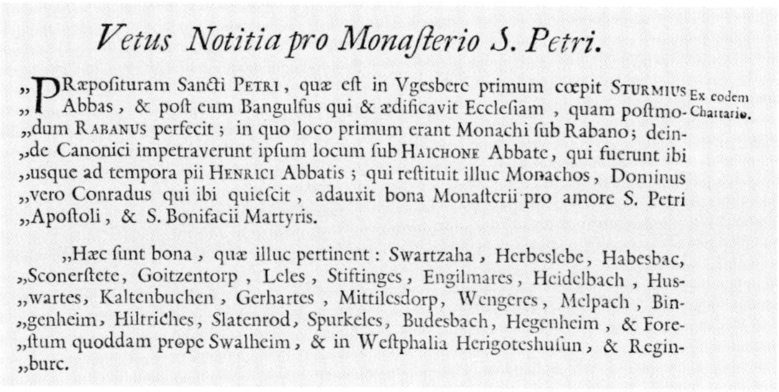

Vetus Notitia pro Monaſterio S. Petri.

„PRæpoſituram Sanɥi PETRI, quæ eſt in Vgesberc primum cœpit STURMIUS Ex eodem
„Abbas, & poſt eum Bangulfus qui & ædificavit Eccleſiam, quam poſtmo- Chartario.
„dum RABANUS perfecit; in quo loco primum erant Monachi ſub Rabano; dein-
„de Canonici impetraverunt ipſum locum ſub HAICHONE Abbate, qui fuerunt ibi
„usque ad tempora pii HENRICI Abbatis; qui reſtituit illuc Monachos, Dominus
„vero Conradus qui ibi quieſcit, adauxit bona Monaſterii pro amore S. Petri
„Apoſtoli, & S. Bonifacii Martyris.

„Hæc ſunt bona, quæ illuc pertinent: Swartzaha, Herbeslebe, Habesbac,
„Sconerſtete, Goitzentorp, Leles, Stiftinges, Engilmares, Heidelbach, Hus-
„wartes, Kaltenbuchen, Gerhartes, Mittilesdorp, Wengeres, Melpach, Bin-
„genheim, Hiltriches, Slatenrod, Spurkeles, Budesbach, Hegenheim, & Fore-
„ſtum quoddam prope Swalheim, & in Weſtphalia Herigoteshuſun, & Regin-
„burc.

Abb. 99: Erste Nennung in einem Fuldaer Kopialbuch 1140 n. Chr (Abschrift).

Übersetzung der ersten Erwähnung von Schwarz

Die erste Nennung von Schwarz um 1140 n. Chr. ist in einem Fuldaer Kopialbuch zu finden. Die Zeitangabe ergibt sich aus der Reihenfolge der Fuldaer Äbte. Hier die Übersetzung der lateinischen Abschrift[109] (Übersetzer: Herr Wilhelmy Senior):

Alte Kunde (Kenntnis) vom Kloster des Heiligen Petrus.
Das Amt des Hl. Petrus, das in Vgesbere ist, nahm zuerst der Abt Sturmius an und danach Bangulfus, der auch die Kirche erbaut hat, die hernach (später) Rabanus vollendet hat; an diesem Ort waren unter Rabanus zuerst Mönche; dann haben unter dem Abt Haichon Domherren (Canonici) diesen Ort in Besitz genommen, die dort bis zur Zeit des heiligen Abtes Heinrich gewesen sind, der dorthin wieder Mönche gebracht hat. Der Herr Konrad aber, der dort ruht, hat die Güter des Klosters vermehrt, zu Gunsten des Heiligen Apostels Petrus und des Heiligen Märtyrers Bonifatius.
Dies sind die Güter, die sich dorthin erstrecken: Swarzaha, Herbeslebe, Habesbac, Sconerstete, Goitzendorp, Lesles, Stiftinges, Engilmars, Heidelbach, Huswartes, Kaltenbuchen, Gerhartes, Mittilesdorp, Wengeres, Melpach, Bingenheim, Hiltriches, Slatenrod, Spurkeles, Budesbach, Hegenheim, & Forestum quoddam prope Swalheim (und ein gewisses Forestum nahe Schwalheim), & in Westfalia Herigoteshusun, & Reginburc.

---

[109] SCHANNAT, JOHANNES FRIEDRICH, in: Dioecesis Fuldensis cum annexa sua Hierarchia.; Frankfurt 1727. (Diözese Fulda mit ihrer dazugehörenden Hierarchie.; Frankfurt 1727.)

Übersetzung der Urkunde von 1295

Es folgt nun die Übersetzung der urkundlichen Ersterwähnung von Schwarz aus dem Jahre 1295. Diese Urkunde war auch die Grundlage für die 750-Jahrfeier 1995. Das Dokument ist auf den folgenden Seiten 528/529 abgebildet (Der Übersetzer: Prof. Dr. Polley, Archivschule Marburg):

Abb. 100: Kirche und Kloster Petersberg bei Fulda um 1683.

Wir, Meisterin, Priörin und der gesamte Konvent der Nonnen in Immichenhain, wollen bekanntgeben, daß sich über den Streit, der zwischen den frommen Männern, Kommendator und Brüdern des Ordens Sankt Johannes in Grebenau (Grebenauwe), sowie dem Herrn Herbord, Pfarrpriester in Schwarz (Suarzahe), unserem früheren Propst, auf der einen und uns auf der anderen Seite geführt worden war, ein gütlicher Vergleich in der Weise gegeben, daß die genannten Kommendator und Brüder in Grebenau die einstmals von Herbord gekauften Güter, um die der Streit sich drehte, nämlich in Wisendorf (Wizendorf, wüst), Holzburg (Halsborg), Schrecksbach (Schreckesbach), in Niederberfa (inferiori Berphe), Neukirchen (Nuwenkirchen) und in Sachsenhausen (Sassenhusen) durch unseren freien und willentlichen Verzicht nach vorangegangener reifer Überlegung für immer besitzen werden – mit Ausnahme einer Wiese, in Schrecksbach gelegen, die im Volksmund gebarit wise genannt wird, die auf uns durch Verzicht der bewußten Brüder und des vorgenannten Herbord auf jede Weise gekommen war. An Stelle dieser Wiese haben wir den dritten Teil der Güter in Neukirchen, der zu uns und unserem Kloster gehört von seiten Adelheids (Alheydis), der Tochter Rupert von Schrecksbach seligen Angedenkens, unserer Mitschwester, dem Kommendator und den Brüdern zu ewigem, ruhigem und friedvollem Besitz übertragen. Im übrigen wird der oben erwähnte Herbord weder uns noch unser Kloster wegen der Forderung irgendeiner ihm vielleicht einstmals übertragenen Präbende oder der Kapellen in Hattendorf (Hayhcendorf) und in Elbenrod (Elbinrode) oder wegen der ihm vielleicht versprochenen jährlich wiederkehrenden Zahlungen oder wegen eines anderen Grundes uns abgetretener gebäudebezogener Zahlung oder beliebigen anderen Rechtstitels, um den er sich streiten würde, fortan nicht belangen, sondern wenn er es etwa wagen sollte, denselben Vergleich zu verletzen, und uns wegen der vorgenannten oder anderer Dinge belangen sollte und uns daraus Schaden erwachsen sollte, werden die erwähnten Kommendator und Brüder des Hauses in Grebenau uns schadlos halten, wie sie es mit der Schwurhand gelobt haben.

Zeugen: Herr Johannes, Pfarrpriester in Alsfeld; Herr Gerlach von der Kapelle (Gerlacus de Capella), Kaplan in Immichenhain: Ritter Nodung (Nodungus miles), Schultheiß in Alsfeld; Benhard vom unteren Hof Altenburg (Benhardus de Inferiori curia Aldinborg), Hartmut genannt Kastellan (Hartmudus dictus Kastelan), Fried-

Abb. 101 (Seite 528/529): Das Original-Dokument der urkundlichen Ersterwähnung von Schwarz aus dem Jahre 1295.

Nos · · Magra · · priorissa totusque conventus sanctimonialium in ymmichenhan
continenciam audituris, quod super lite que inter religiosos viros · · commendator
herbordum plebanum in Suarzahe quondam nostrum prepositum ex una et nos ex parte altera
Brebenauwe bona quondam ab ipso herbordo empta pro quibus lis vertebatur videlicet
Sassenhusen per renunciacionem nostram liberam voluntariam et deliberacionem prehabitam
quod vulgariter dicitur gegrabin wise, quod ad nos per renunciacionem eorundem
bonorum in Sulbenkirchen que ad nos et nostrum cenobium spectabat ex parte Alhedis
bus commutavimus perpetue quiete et pacifice possidendam. Ceterum prefatus her
dam collate ut capellarum in Hayn-dorf et in Elbinrode sine aliquis pen
tius cause cuiuscumque, siqua sibi competeret de cetero nullatenus impugnabit. Sed si
si quod dampnum sustinuerimus memorati · · commendator et · · fratres eiusdem domus
rint. Testes huius rei sunt Dominus Johannes plebanus in Alsuelt, Dominus Gerlacus de
Benhardus de inferiori curia Aldinburg, hartmudus dictus kastelan, Fridericus
et alii quam plures fidedigni ad hoc rogati specialiter et vocati. In cuius rei
plebani et sculteti et universitatis in Alsuelt dedimus communitas. Actum

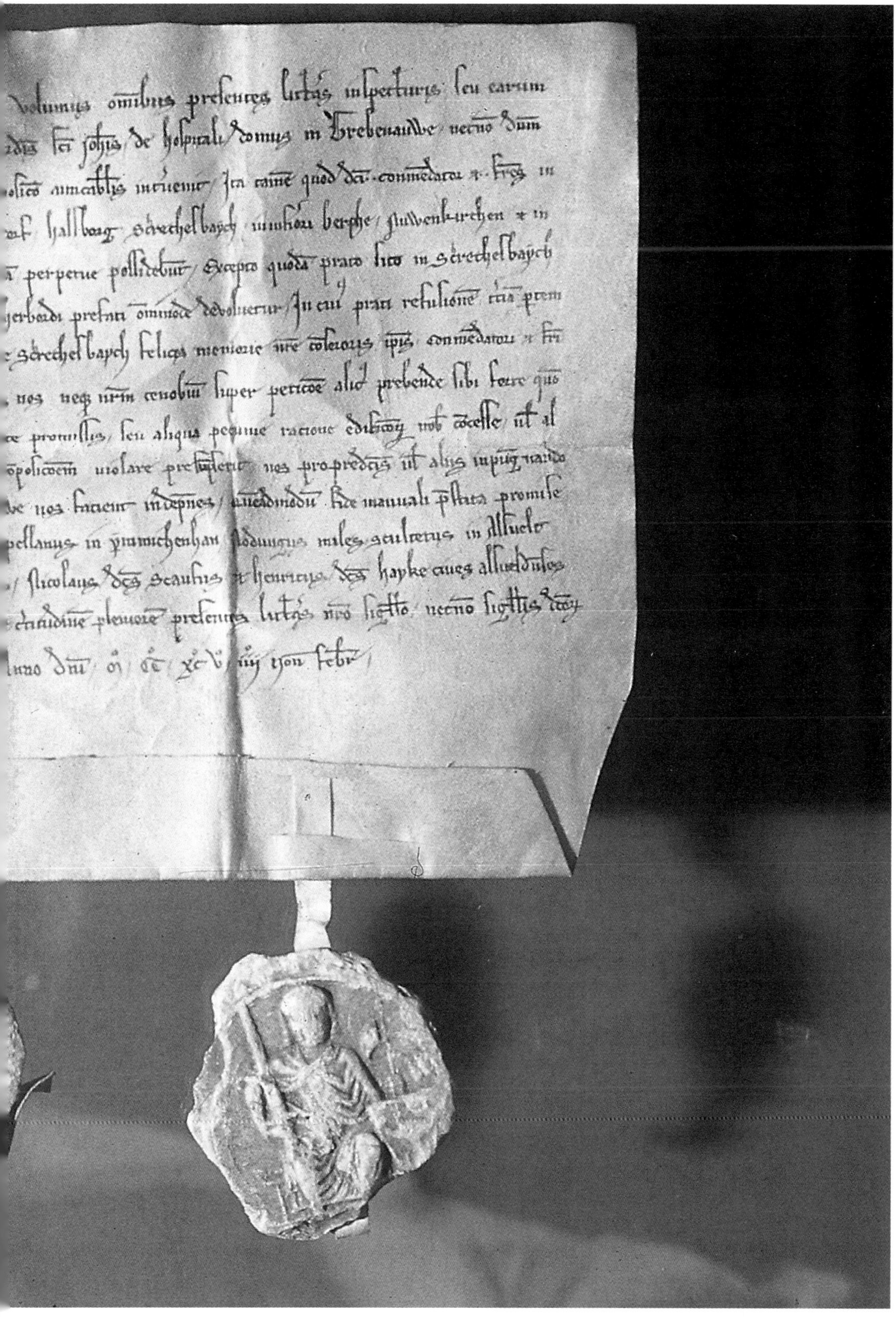

volumus omnibus presentes littas inspecturis seu earum
..dis sci johis de hospitali domus in Brebenauwe nec non dum
..olicis amicabilis invenimus. Ita tamen quod dci commendator et fres in
..uf hallberg Schrechelbach wimhou berghe gluvenkirchen et in
..a perpetue possidebunt. Excepto quodam prato sito in Schrechelbach
..herbardi prefati omnimode devolvitur. In cuius prati refusione tria prem
..e Schrechelbach felicis memorie nre coloni ipis commendatori et fri
.. nos neque nrm cenobium super peticoe alic prebende sibi facere quis
..e promissis seu aliqua pecunie ratione edificiorum nobis concesse ut al
..opositionem violare presumpserit nos pro predictis ut alijs impugnandis
..be nos facient indempnes. quemadmodum fide manuali pstita promise
..pellanus in pruwichenhan Lodwicus miles scultetus in Alluelo
../ Nicolaus dcs Seaufus et henricus dcs hayke cives alluelduses
..certitudine pleniore presentes littas nro sigillo nec non sigillis dcor
Anno dni m cc xc v iiij non febr

rich genannt der Lange (Friedericus dictus Longus), Nikolaus genannt Scausus (Nicolaus dictus Scausus, und Heinrich genannt Hayke (Henricus dictus Hayke), alle Bürger von Alsfeld; und weitere mehr. Zum Beweis dieser Angelegenheit und zur volleren Sicherheit haben wir diese Urkunde mit unserem Siegel wie auch mit dem Siegel der genannten Pfarrpriester , Schultheißen und Stadtgemeinde in Alsfeld bekräftigt. – Verhandelt und gegeben im Jahre des Herrn 1295, 2. Februar (IV Nonas Februarii).

Die Siegler der Urkunde der Ersterwähnung von Schwarz aus dem Jahre 1295 waren: Johannes, Pfarrpriester zu Alsfeld; Nodungus, Miles (Ritter Nodung); Die Stadt Alsfeld.

Der Lehensbrief an die Herren v. Liederbach 1460

Landgraf Ludwig belehnte Werner und Echarius v. Liederbach im Jahre 1460 mit dem halben Gericht Schwarz. Durch die Belehnung kam es zum Streit mit den Finke, die selbst schon die andere Hälfte des Gerichts besaßen:

Liederbach modo Schütz 1460. Wir Ludwigk von gottes gnaden Landgraue zu Hessen, Graue zu Zigenhayn ond zu Nidda Bekennen als der Erste fürste zu Hessen vor ons ond onßer lieben bruder ond Onßer erben offentlich in diessem brieffe vor allen Luten, daß wir Wernher ond Ekarius von Liederbach, gebrudern, Onßern lieben getrewen zue rechtem Manlehen geliehen han ond lyhen Jne zue rechtem Manlehen genwertlich Jn ond mit krafft dieses briefes das gericht zu Swartzen halb mit syne zugehörunge Jn maßen sie das von onßerm lieben Hern ond vatter seligen zu lehen gehabt ond her bracht han ond daraus soln der egnant Wernher ond Ekarius ond ire liebes leibes erben soliche egnante lehen im frone vor onß, onßern lieben bruder, onß, onßern erben zu rechtem manlehen haben tragen, verstehen, vordern ond emphahen als manlehen recht ond gewonheit ist, onßer, onßer lieben bruder ond onßer erben getrewen man darneb sine onßer bestes thun ond onßern schädigern merlichen warnde als getrewe man Jren Herren schuldigk ond plichtig syn zu thun, wan, wo ond wy dick deß nodt sin ond sich geberen werdet, doch hyrinne ossgeschidden onßer, onßer lieben bruder ond onßer man rechtenn, alles gerrede ond deß zue Orkunde so wir landgraue Ludewigk obgenant Onßer Jnsiegell an dyßen brieff thun hencken der gegeben ist uff mydewochen vor Anthony Anno Domini millesimo quadrogentosimo sexuagesime.

Auch für den folgenden Zeitraum war dieser Brief die Grundlage der Belehnungen, so in den Jahren 1469, 1472, 1490, 1512, 1517, 1519, 1536 und 1568. Die meisten Lehen wurden erneuert, wenn der sogenannte ›Fall‹ eintrat, also der Lehnsherr oder der Lehensnehmer mit dem Tode abging. Die auf den Vertragsunterlagen in Reihenfolge angegebenen Jahresdaten geben einen interessanten

Einblick, decken sie sich doch exakt mit den wesentlichen geschichtlichen Eckdaten.

Die Liederbacher wurden erstmals 1455 mit dem halben Gericht Schwarz belehnt, als sie den Bezirk von den Herrn von Romrod erwarben (s. a. ›Die Chronik von Schwarz‹, 06. Mai 1455; S. 54). Nachdem Landgraf Ludwig I. verstorben war, wurde das Lehen Schwarz mit vorstehendem Lehensbrief von Landgraf Ludwig II. in 1460 neu verliehen. Ludwig sprach in diesem Leihebrief von seinem Landgrafenbruder. Hintergrund dafür ist, daß Ludwig Landgraf in Niederhessen und sein Bruder (Heinrich III.) Landgraf in Oberhessen war. Die nächste Belehnung in 1469 erfolgte, als der Teilhaber Eckard von Liederbach starb und seine Töchter Anne und Else des Vaters, Eckards, Teil erhielten. Die Belehnung in 1472 geschah, nachdem Landgraf Ludwig II. in 1471 von dieser Welt abgetreten war. Die folgende Änderung im Jahr 1490 trat ein, als Eberhard von Merlau die Anne von Liederbach zur Frau genommen hatte und damit den vierten Teil von Schwarz erwarb. Im Jahre 1512 erhielten Eberhard von Merlau und seine Frau Anne von Liederbach das Lehen von der Regentschaft in Hessen, nachdem Landgraf Wihelm II. in 1509 verstorben war. Als man Landgraf Philipp (d. Großmütigen) in 1517 für volljährig erklärt hatte, erfolgte eine neue Lehensübertragung. 1536 kam Georg von Liederbach in den Besitz des Viertels von Schwarz und im Jahre 1568 starben die Gerichtsherren Liederbach im Mannesstamm aus.

Der Beschwerdebrief des Valten v. Merlau

Es folgt ein Beschwerdebrief des Valten v. Merlau über seine Vettern Hans, Bernhart und Emmerich von Liederbach. Er beschwerte sich über die unerlaubte Nutzung und den Liederbacher Frevel in dem Abschnitt des Gerichts Schwarz, den sich die Liederbacher und Merlauer teilten:

Durchlauchtiger Hochgeborner Fürst onnd Her, E. F. G. (Euer Fürstlichen Gnaden) gebenn ich clagende Bericht, wieder der halb Gericht Schwartzaw, E. F. G. Eigenthum, und meiner Vetternn Hannsenn, Bernhartenn ond Emmerichen vonn Liderbach ond ich vonn E. F. G. zu Lehen habenn. Des hat Hermann vonn Liderbach das geholtze mit verkaufenn Ecker ond Wießen mit sampt seinen Ondersassen, die er vor sich allein helt, verodt onnd laut dießer nebenn verzeichnung verwüstet. Wiewol ich ann gemeltenn halben gericht als teil solt haben, alles auf die Verträge onnd Kaufbrief gezogen, dieweil ich nuhnn stets im Hadder ond Zanck mit inen stehenn sol, hab ich Jhrenn Vetter ahn E. F. G. Hofgericht vor fünf Jarenn angenommen solche Rechtfertigung dann zu Recht beschloßen. Auch E. F. G. Stathalternn die Verwüstung des Holtz angezeigt. Die do möglichen Vleiß angewant ond zum Neunten mal verbieten laßenn. Aber khein gebot vonn Denn von Liderbachern gehalten worden. Das habenn die Stathalter dem Rentmeister onnd Oberförster zu Elsfelt Berichtigen laßenn onnd auf den selbigen Bericht denn vonn Liderbach mit Geholtz verkaufenn, Raumenn onnd Rodenn stilzustehen, biß Ausgang des Rechtens gebotten.

Wieviel nuhnn solchenn gebotten vonn denenn vonn Liderbach nicht gelopt ist ann E. F. G. Diener in verbot, bis ausgang Rechtenns legenn laßenn, domit ich irgent ein Stück behaltenn möcht. Auch bey E. F. G. Stathalter onnd Rethenn inn dießen Sachenn onnd der Ander als der Fincken (der andere Gerichtsherr) Fürmünder abhelfen das geholtz, gerode, Ecker onnd Wießenn im Gericht Schwartzaw, onnd zum Ende Orteil verholfenn werdenn möcht.

Solche omb E. F. G. ober meinn pflicht zuuerdienenn bin ich schuldig onnd willigk omb gnedige Antwort pittende. – E.F.G. onderthenig Valten vonn Merlaw zu Merlaw.

Nachdem Philipp der Großmütige in 1567 verstorben war, starb auch der Gerichtsherr Hermann v. Liederbach im Jahre 1568. Philipps Nachfolger in unserem Gebiet war gemäß Erbvertrag Landgraf Ludwig IV. zu Hessen–Marburg geworden. Der den Liederbachern gehörende Teil des Gerichts Schwarz, ein Mannlehen, fiel an den Lehnsherrn Landgraf Ludwig zurück. In einem Brief an seinen Rat Heinzenberger regelte Ludwig unter anderem auch das Einkommen der Witwe des Hermann v. Liederbach, Anna geb. v. Löwenstein:

Onnßern Rath onnd liebenn getrewenn Johan Heintzenberger, der Rechten Doctor. Vonn Gottes gnaden Ludwig Landgraue zue Hessenn, Graue zu Catzenelnpogen etc.

Rath onnd lieber getrewer. Es ist vergangener nacht omb ein Ohren ein schreiben an Ons gelangendt von Euch, beneben einem packet, darin etzlich Liederbachische onnd Merlauische Reuersalien, auch andere Copien ond Handlung das gericht Schwarz betreffende gewesene allhie ankommend, welche schreiben wir itzo gegen Morgen erbrechen, verlesen ond erstlich, das die Grauen von Dietz nicht zur Lehensendtpfengnus off angesagtem Tag zue Cassel erschienen sein, daraus vernemment. Zum anderen was onser freundlicher lieber Graue onnd Gevatter Landtgraff Wilhelm beim Churfürsten zu Sachsen off itziger wyße außgericht, wie auch zuuor aus G. onsers Bruders L. selbst schreyben an Churfürsten Pfalzgrauen beschehen, verstanden.

Zum Dritten, was gedachter onser Bruder an ons prodogation der Trancksteuer halber durch Euch vertraulich zu bringenn begehen, inngenommenn. Damitt nun dieße voremelte Ding alßo schneller beandtworttung nicht bedürfen, der lage ober nachuolgende punct ober die Liederbachische itzo angesagte rege leistung von wegen des Gerichts Schwartza berürende eilender Resolution bedarff.

So wollen wir Euch itzo des angeregten letzten punckts halber, die Liederbachischen Handlung betreffende, onser gemüt hiermitt eroffnen, was onsere meinung sey, ond die anderen punckten hiernach beandtwortten. Ond anfenglich, nachdem sich aus den Liederbachischen ond Merlauischen von Cassel oberschickten Reuersbriefen, anders nicht befindet, dan das beide Liederbach ond Merlaue das gericht Schwartza anderer gestaldt nicht, dan als ein Manlehen von onseren voraltern endtpfangen ond getragen haben. Derwegen sein wir keines wegs bedacht, oder gemeint, der withwen von Liederbach Tochter nunmehr nach Absterben des Agnatlichen sambt mitt solchem theil des Gerichts Schwartza zu belehnen, dan wir das zuthun nicht schuldig.

Was aber die Bewilligung, so die witwhe von Liederbach bey onserm Herrn Vatter loblicher gedechtnus ihres widdumbs halber, das sie deßen offs gericht Schwartza verwiesen werden mochte, erlangt onnd außgebracht hatt, dieweill alßo anlangt, haben wir dieselbige bewilligung wohl gesehen. Noch ongewiß, ob von Ihrem Junckhern soliche bewiddumbung eruolgt oder er Ihro brieff ond siegel darauff geben ond also off sein theil des Gerichts Schwartza des widdumbs halber nothwendige anweisung gethan, so muß vor allen darauff gesehen werden, das soliche verweisung mit gebürlichen Documentis bescheinet werde, darauff wir Euch dem achtung zu gebenn hiermitt genediglich bevehlenn.

Wie aber dem allen, dieweil wir Ihres armuts onnd mangels berichtet worden megen wir leiden onnd seindt gnediglich zufridden, das Ihr sampt onserm Stadthalter onnd Rethen, mit der witwen ond Ihrem beistandt Handlung pflegen, was Ihro offs nehist zu Ihrer leibzucht Jherlichs mecht geben werden. Doch das sich solche abhandlung nicht weitter noch ober die helfft des Jherlichen Inkommens, des theils so Ihr ein Junkhern am Gericht Schwarz zugestanden ist erstreckt. Aber bis off die helffte solchs inkommens seindt wir zufridden, das Ihro Jherlichs Ihr lebtag onnd nicht lenger geuolgt werde, onnd wir die gantze Verwaltung desselben theils am Gericht Schwartza haben.

Welchs wir Euch in der itzigen vorstehenden Handlung darnach zu richten, off euer Schreiben, so viel denselben punckten betrifft, mit widderschickung zugehoriger Reuersall ond anderer Handlung onangezeigtt nicht lassen wollen, ond seindt Euch mitt gnaden geneigt. – zu Wolckersdorff den 31ten December Anno 68.

Anhang E

Das Wappen von Schwarz

Die Idee und ein Vorentwurf zu dem Schwärzer Wappen kamen 1989 vom Verfasser selbst. Die heutige Form wurde 1994 entwikkelt und die Realisierung erfolgte durch einen Graphiker.

Beschreibung

Das Schild ist dreigeteilt. Im roten Schildhaupt verharrt ein balzender Auerhahn. Über dem schwarzen Schildgrund ist im silbernen Feld eine blaue Wellenlinie. Silberner Stechhelm mit einer dreiblättrigen goldenen Krone, darin der Auerhahn aus dem Schildhaupt. Die Helmdecke ist Blau–Gold.

Bedeutung des Wappens

Die blaue Wellenlinie über dem schwarzen Grund weist auf die Herkunft des Ortsnamens Schwarz hin. Der Name kommt vom keltischen ›Suarzaha‹, was soviel bedeutet wie: ›Schwarzwasser‹ oder ›über schwarzem Grund fließendes Wasser‹.

Der Auerhahn im Schildhaupt steht für das große Vorkommen dieses Flugwildes in der Schwärzer Gemarkung noch bis Anfang dieses Jahrhunderts. Zur Balzzeit des Auerwildes kamen die Großherzöge aus Darmstadt des öfteren in unser Gebiet. Zur Erinnerung an diese Jagdereignisse ließen sie die vier einmaligen Gedenksteine oder Auerhahnsteine (s. Seite 80–83) in der Waldgemarkung Schwarz errichten. Mit dem Auerwild ist der Hausberg von Schwarz, der Auerberg mit 501 m Höhe über NN, in Verbindung zu bringen, und sind die Auerbachwiesen zu nennen.

Abb. 102: Das Wappen von Schwarz aus dem Jahr 1989 (Entwurf) und 1994 (Erstellung).

Anhang F

Der Grundstein der Kirche zu Schwarz

Der Grundstein mit der eingeschlagenen Schrift befindet sich über dem Eingangsportal zur Kirche in Schwarz. Die aufgetragene Farbe und die fortgeschrittende Verwitterung des Steines lassen die Entzifferung der deutsch-lateinischen Inschrift zu einem langwierigen Geduldsspiel werden. Der Text lautet wie folgt:

Dir Ludwig gnädigster zur Freud und stetem Seegen
dir Untertan zu Schwartz zum Heil auf allen deinen Wegen
und dir o höchster Gott zum Ruhm u. Dienst soll dieser Stein
zu deines Haußes Grund hir mit geleget sein.

Adjuvante
Deo ter optimo maximo regnante annuente jubente
Srmo. Landgravio Patrice patre
Ludovico IX.
moderantibus

L. B. Ouvrier sacroium dioeceseos Alsfeldiace Antistite S.S.
Theol. Prof. P. O. in Amb. Ludov.
Joh. Conr. Hallwachs jurium Licentiato
Consillario a. Regimine et a. Satrap in Alsfeld.
Georg Lud. Venator Inspectore et Pastore primo.
Cura et opera
[...] Roth Past. loci
Sacra haecce Ardes extracta

ANNO MDCCLXXIV

Übersetzung

Durch die Förderung des allermächtigsten und erhabensten Gottes | und unter der Regentschaft seiner Majestät des Landgrafen und Landesvaters | Ludwig IX. | durch dessen Herrschaft, Zustimmung und Beauftragung | wurde diese Kirche errichtet.
L. B. Ouvrier, ordentlicher Professor der Theologie, und Superintendent | der Alsfelder Diözese. | Johann Conrad Hallwachs, Amtmann und Regierungsrat in Alsfeld. | Georg Ludwig Venator, erster Pfarrer und Inspektor. | Die Besorgung und Arbeit lag bei dem örtlichen Pfarrer | Johann Heinrich Roth.
Heiliges Feuer entflamme an diesem Ort | Im Jahre des Herrn 1774.

Das Richtfest

In der Kirchenchronik des Jahres 1858 ist die Urkunde vom Richtfest unserer Kirche in Schwarz eingefügt worden. Sie ist durch Vermoderung mittlerweile sehr stark zerstört. Das erstgenannte Datum, der 23. September 1773 (s. u.), weist auf die Abbruchverfügung der alten Kirche hin. Nachdem die Grundsteinlegung der neuen Kirche dann im Jahre 1774 erfolgt war, ist das Richtfest laut Urkunde am 27. September 1775 gefeiert worden.

Die folgenden Zeilen sind nur ein unzulänglicher Versuch, die stark beschädigte Urkunde zum Richtfest der Kirche zu entziffern. Dennoch soll das Schriftstück hier wiedergegeben werden, bevor es dem Verfall der Zeit endgültig preisgegeben wird. Fehler bei der Entzifferung des Textes können aber nicht ganz ausgeschlossen werden. Die Auslassungspunkte stehen für nicht mehr zu entziffernde Textstellen:

[...]
auf deinen [...] dieses ist geschen
den 23. September 1773 derzumalen
unter der Regierung Louis Landgrave (zu)
Hess. Darmstadt, zu dieser gehörigen
Kirche Herr Superintend(ent) u(nd)
hochwürdigster Herr Inspector Fenator,
gegenwärthiger Herr Pfarrer Roth zu Schwarz,
L. J. C. Hallwachs Regierungsrath und Amt-
mann zu Alsfeld, beyde Schulmeister
Johannes Sterz, deßen Sohn Michael Sterz
Adjunctus, die beyden Alsf. (?) [...]
Ouvrier (?) [...]
[...]
beyde Vorsteher [...] Noll [...]
[...]
Schmidt (?) [...]
Georg [...]
derw. [...]
[...] Zimmermeister [...]
Von Herrn Roth dieße Gott zu Ehren erbaunde
Kirche ist im Jahr 1774 angefangen worden
und zwar im Monath May auf güthige Hülfe Gottes
[...] Vor bericht (?) [...]
des großen Gottes heute als den [...]
Riechttag der Thurm soll aufgerichdet werden.

S. gesch. Schwarz, den 27. Sept. 1775.

Geldkopf
Ziegenberg
Lichtersteine
Harth
REINROD
Ziegenbergs Köppel
Dorrwiesen
Weberstrift
Lange Sandrük
Köllenberg
Fischbach
Schmaler Sandrük
Alte Auerbacher Wiesen
Winkelseck
Kohlstük
Auerberg
Rosenberg
Kohlkopf
Schönbuchenrük
Zinkelrük
Zinkelbach
Steinwiesen
Weberberg
Tannenwald
Oberschwarzer Wiesen
Tiergarten
Unterer
Thiergartsgraben
Buchwald
SCHWARTZ
Schwarz Fl.
SCHWARZER FELD
Klumpges Kopf
Hier bey dem Zeichen muß das Stück die Fin Pendel genannt in gerader Linie angehept werden.
Forst BRAUER SCHWEND
Ao 1781
50 100 150 200 250 300 350 400 450
Moßtab von 450 16 Schuhigen Ruthen oder einen halben Stunde

Anhang G

Abb. 103 (Seite links): Karte der Brauerschwender Forstdistrikte im Jahre 1781.

Der Brauerschwender Forst 1781

Die Abbildung auf der linken Seite zeigt eine Karte des Brauerschwender Forstes, zu dem auch Schwarz gehörte, aus dem Jahre 1781. Die Tabelle unten (Auszug) führt die einzelnen Distrikte dieses Forstes mit ihren jeweiligen Größen auf. Der Brauerschwender Forst hatte insgesamt 64 Distrikte. Die Nummern 15–21 gehörten zur sogenannten Auerhahn-Pfalz. Der Waldmorgen wurde zu 180, der Feldmorgen zu 160 16schuhigen Quadratruten gerechnet. Ein Schuh (Fuß) entsprach im Betrachtungsgebiet etwa 28,8 cm, eine Rute hatte dementsprechend ca. 460 cm (16 × 28,8). Ein Waldmorgen war also rund 3800 m^2 (4,6 × 4,6 × 180) oder 0,38 ha groß.

Tabelle 24 (unten): Die Brauerschwender Forstdistrikte und deren Größen 1781.

Brauerschwender Forst Carte								
Nr.	Namen derer Districte	Morgen	Ruthen		Nr.	Namen derer Districte	Morgen	Ruthen
1	Ziegenberg	128 3/8	1750		33	Auerbergs Köpfl	19 1/8	1950
2	Ziegenbergs Köpfl	51 5/8	1800		34	Auerberg	341 3/8	850
3	Wambach	4 5/8	200		35	Schmalerück	26	0
4	Lichtenstein	143 3/8	2100		36	Kohlstöck	82	1575
5	Geldkopf	58 6/8	550		37	Wildstrauch	18 7/8	250
6	Hardt	85 2/8	450		38	Liedgen	10	1500
7	Lange Sandrück	74 2/8	1300		39	Kohlhaupt	46 1/8	1850
8	Goßlars Kopf	28 6/8	1350		40	Tümmel	64 6/8	1800
9	Stockstrauch	9 6/8	650		41	Bienenäcker	33 1/8	700
10	Schmale Sandrück	39	700		42	Zinkelbach	41 7/8	100
11	Brunkelsberg	114 2/8	850		43	Zinkelrück	38 5/8	1100
12	Köllenberg	223 3/8	250		44	Wolfszehlrück	10 5/8	850
13	Heidberg	61 3/8	350		45	Großwiesenrück	23 1/8	1300
14	Fischbach	44 4/8	750		46	Schönbuchenrück	35 1/8	1750
15	Schmunkelgestück	15 5/8	1300		47	Scheuernwald	271/8	1700
16	Rotzen Tann	28 7/8	300		48	Winkelseck	38 1/8	1600
17	Köllenbergs Tann	6 7/8	950		49	Kohlhaupt	69 6/8	650
18	Ziegen Tann	17 6/8	1750		50	Kühtrenken	58 3/8	650
19	Geißrück	24 6/8	1950		51	Webersberg	105 2/8	800
20	Strutherheeg	97 3/8	2100		52	Baaßwald	31 5/8	350
21	Zimmer	43	2000		53	Wolfsnacken	9 3/8	1150
22	Salengrund	33 2/8	1525		54	Bindewaldswäldgen	17 7/8	350
23	Rotzenberg	53 1/8	2550		55	Schwarzrein	18 2/8	1400
24	Altstrauch	11 7/8	450		56	Obere Kalkberg	11 6/8	250
25	Berferkaut	40	1425		57	Untere Kalkberg	48 2/4	150
26	Heidwald	26 5/8	1275		58	Thiergarten	371/8	750
27	Schafhalt	11 1/8	650		59	Thiergartsgraben	98 6/8	1900
28	Knipstachel	31 1/2	400		60	Winterleith	19 6/8	800
29	Tannenwald	112 7/8	21000		61	Buchwald	135 1/8	1800
30	Schützischer Wald	71 3/8	2050		62	Rothäcker	132 3/8	1850
31	Scheuern Tann	22 2/8	1500		63	Klümgeskopf	77 2/8	1000
32	Schwärzer Strauch	3 4/8	650		64	Finkendell	37 1/8	1450

Archive, Quellen und Literatur

Archive

Gemeindearchiv Schwarz
Hessische Landesbibliothek Fulda
Hessische Landes- und Hochschulbibliothek Darmstadt
Hessisches Staatsarchiv Darmstadt
Hessisches Staatsarchiv Marburg
Hohausbibliothek Lauterbach
Pfarrarchiv Schwarz
Stadtarchiv Alsfeld
Universitätsbibliothek Gießen
Universitätsbibliothek Marburg

Gedruckte Quellen und Literatur

Bauer, L.: Hessische Urkunden ...
Becker, E. E.: Regesten a. d. Alsfd. Stadtarchiv, in MOGV 20; 21
O. V.: Archiv eines Alsfelder Patriziergeschlechtes, in MOGV 30
O. V.: Alsfd. Urkunden des Staatsarchivs Darmstadt, in MOGV 33
O. V.: Alsfd. Regesten des Staatsarchivs zu Marburg, in MOGV 34
O. V.: Die Salbücher des Kreises Alsfeld, 1940
O. V.: Die Urkunden des Augustinerklosters Alsfeld, in MOGV 38
O. V.: Die Riedesel zu Eisenbach, 3 Bde.
Brauer, F. A.: Die Grafschaft Ziegenhain, 1934
Classen, W.: Die kirchliche Organisation Althessens, 1929
Creselius, W.: Oberhessisches Wörterbuch
Crusius, Eberhard: Der Kreis Alsfeld, Dissertation 1933, (Nachdruck 1974)
Demandt, Karl E.: Geschichte des Landes Hessen, 1980
Dersch, W.: Hessisches Klosterbuch, 1940
Dotter, K.: Aus dem Grenzbuch der Ämter Alsfeld, Romrod, Eußergericht und Gericht Schwarz, in MGAA 6
Ebel, K.: Regesteten zur Geschichte d. Stadt Alsfeld, in MOGV 5
Ernst, Viktor: Die Entstehung des niederen Adels, 1965
Estor, J. G.: Auserlesene kleine Schriften, 2 Bde., 1734/36
Grimm, J.: Verzeichnis hessischer Weistümer, in Zeitschrift für hessische Geschichte und Landeskunde
Günter, C. F.: Bilder aus der hessischen Vorzeit, 1853
Haas, Th.: Alte Fuldaer Markbeschreib., in FuGbll. 10; 11; 13; 14
Herrmann, F.: Inventare der nichtstaatlichen Archive im Großherzogtum Hessen, 1913; 1926
Hirsch, H.: Die hohe Gerichtsbarkeit im deutsch. Mittelalter, 1922

Hofemann, Anneliese: Studien zur Entwicklung des Territoriums der Reichsabtei Fulda und seiner Ämter, 1958
Hofemann, Fritz: Niederhessisches Wörterbuch, 1926
Hölk, E.: Zehnten u. Zehntkämpfe d. Reichsabtei Hersfeld, 1933
Holder/Egger: Monumenta Germaniae Historica, Lamberti monachi opera
Kleinfeld, G. und **Weirich, H.**: Die mittelalterliche Kirchenorganisation im oberhessisch-nassauischen Raum, 1937
Krapp, H.: Hessische Schulstatistik, 1910; 1925
Kuchenbecker, J. Ph.: Analecta Hassiaca, 12 Teile, 1728–42
Kunkel, O.: Oberhessens vorgeschichtliche Altertümer, 1926
Kunz, R.: Wörterbuch für südhessische Heimat- und Familienforscher, 1995 (Darmstädter Archivschriften 9)
Landau, G.: D. hess. Ritterburgen u. ihre Besitzer, 4 Bd., 1832/39
O. V.: Die Beschreibung der hessischen Gaue, Bd. 2, Hessengau
Ledderhose, C. W.: Kleine Schriften I-V, 1787–1795
Müller, K. Th. Ch.: Alte Straßen und Wege in Oberhessen, in MOGV 28; 29
Müller, Wilhelm: Verzeichnis hessischer Weistümer, 1916
Reichardt, Lutz: Die Siedlungsnamen der Kreise Gießen, Alsfeld und Lauterbach in Hessen,
Reimer, Dr. Heinrich: Histor. Ortslexikon für Kurhessen, 1926
Retter, J. F. C.: Hessische Nachrichten, 4 Teile, 1738–70
Rommel, Chr. v.: Geschichte von Hessen, 1827
Rothamel, H. T.: Die Weberei in den Kreisen Alsfeld und Lauterbach, Dissertation 1927
Schannat, J. F.: Corpus traditionum Fuldensium, 1724
Schannat, J. F.: Dioeceses Fuld. cum annexa sua hierarchia, 1727
Schannat, J. F./Estor J. G. E.: Analecta Fuldensia ad clientelam Fuldensem beneficiariam, 1727
Schröder, E.: Urkundenstudien eines Germanisten in MIÖG
Schwindt Fred: Geschichtlicher Atlas von Hessen, 1984
Scriba, Dr. H. E.: Regesten von gedruckten Urkunden zur Landes- und Ortsgeschichte des Großherzogthums Hessen
Stengel, E. E.: Urkundenbuch des Klosters Fulda, 1913
O. V.: Die älteren Güterverzeichnisse der Reichsabtei Fulda (Marburger Studien 1942)
Vilmar, Dr. A. E. C.: Idiotikon von Kurhessen, 1883
Wagner, G. W. J.: Statistisch-topographisch historische Beschreibung des Großherzogtums Hessen, Teil III, Oberhessen, 1830
O. V.: Beiträge z. Gesch. erlosch. adliger Familien, in: AHG 5; 6; 7
O. V.: Die Wüstungen im Großherzotum Hessen, 1854
Weiss, Ulrich: Die Gerichtsverfassung in Oberhessen bis zum Ende des 16. Jahrhunderts, 1978
Weirich, H.: Urkundenbuch der Reichsabtei Hersfeld, 1936
Wenk, H. B.: Hessische Landesgeschichte, 3 Bde., 1785–1803
Wyss, A.: Urkundenbuch der Deutschordens-Ballei Hessen, 3 Bde.

Tabellen- u. Stammtafelverzeichnis

Abbildungsverzeichnis

Anmerkung: Alle Bilder bzw. Zeichnungen ohne weitere Eigentumsangaben befinden sich im Besitz des Verfassers.